普通高等教育“十一五”国家级规划教材

自动控制原理

（第二版）

田玉平　主编

田玉平　蒋　珉　李世华　编著

科学出版社

北　京

内 容 简 介

本书系统地介绍了自动控制的基本理论。全书共8章。第1章介绍自动控制的一些基本概念；第2章介绍控制系统的输入-输出模型，包括系统运动方程、传递函数、频率特性函数、框图和信号流图等；第3章介绍控制系统的状态空间模型；第4章介绍控制系统的稳定性分析；第5章介绍控制系统的时域运动分析；第6章介绍系统校正方法；第7章介绍线性控制系统的状态空间分析与设计；第8章介绍非线性控制系统，主要是描述函数法和相平面法。

本书的特色在于突破了传统的编排方式，以控制理论的三个主要任务——系统建模、系统分析和系统综合校正——为主线，统一处理经典控制和现代控制、连续时间系统和离散时间系统、频域方法和时域方法。

本书包含丰富的例题和习题，可作为高等院校电气信息类各专业以及非电类相关专业本科生的教材，也可供从事自动控制科研工作的专业工程技术人员自学和参考。

图书在版编目(CIP)数据

自动控制原理/田玉平主编；田玉平，蒋珉，李世华编著. —2版. —北京：科学出版社，2006.8

普通高等教育“十一五”国家级规划教材

ISBN 978-7-03-017427-7

Ⅰ. 自… Ⅱ. ①田…②田…③蒋…④李… Ⅲ. 自动控制理论-高等学校-教材 Ⅳ. TP13

中国版本图书馆CIP数据核字(2006)第062383号

责任编辑：余 江／责任校对：刘亚琦

责任印制：赵 博／封面设计 陈 敬

科学出版社出版

北京东黄城根北街16号

邮政编码：100717

http://www.sciencep.com

固安县铭成印刷有限公司印刷

科学出版社发行 各地新华书店经销

*

2006年8月第 二 版 开本：720×1000 1/16

2025年10月第十三次印刷 印张：31

字数：592 000

定价：98.00 元

（如有印装质量问题，我社负责调换）

作者简介

田玉平　东南大学自动控制系教授，博士生导师，“长江学者奖励计划”特聘教授，国家杰出青年基金和霍英东基金获得者。1986年清华大学自动化系本科毕业，获学士学位；1991年莫斯科动力学院自动化与计算机技术系研究生毕业，获前苏联自动控制专业哲学博士；1996年获俄罗斯技术科学博士学位。

蒋　珉　1986年在东南大学获硕士学位，现为东南大学自动化研究所副教授。

李世华　2001年在东南大学获博士学位，现为东南大学自动控制系副教授。

前　言

教材是为教学服务的。对于一个传统课程来说，出版新教材的目的无非有两个：一是帮助解决教学中存在的一些问题；二是随着学科的发展更新教学内容。

在学习“自动控制原理”的过程中，许多学生会感到，该课程的一些内容与“电路原理”、“信号与系统”等似乎很相似，因此在较长的一段时间内抓不住重点。而在教的过程中，教师会觉得，控制理论中存在多种体系，如基于输入-输出模型的“经典控制理论”和基于状态空间的“现代控制理论”、频域方法和时域方法、连续时间系统和离散时间系统等。如何处理各体系之间的关系一直困扰着授课者和教材编写者。目前通行的自动控制原理教材一般是讲完一个体系再讲另一个体系。自动化专业类的教材对各个体系的介绍通常都较为深入和详尽，这样篇幅一般都很长，有的还分为上、下两册；而非自动化专业类的教材，要么只介绍部分体系，要么各体系都只作较为简略的介绍。

本教材在选材上尽量避免与相关课程的交叉和重复，突出自动控制系统分析与设计中的基本问题和方法。在内容编排上，力图突破传统教材中经典和现代、连续和离散、时域和频域等框框，以控制理论的三个主要任务——系统建模、系统分析和系统综合校正——为主线，对教学内容进行重新规划。这样，频率特性函数作为数学模型的一种被安排在第2章，根轨迹分析、奈奎斯特判据和李雅普诺夫第二方法都作为稳定性的分析方法被安排在第4章。离散时间系统的内容不再作为单独的一章，而是按照前述的线索被安排在各章，和连续时间系统并行讲述。作者认为，这样做一方面可以避免在介绍不同方法时重复叙述相同的问题，从而节省教材篇幅和教学用时；另一方面可以在同一章针对同一问题讲解和比较不同方法，丰富了各知识点之间，尤其是频域方法和时域方法之间、连续时间系统与离散时间系统之间的联系，使学生融会贯通，加深理解。

本教材的第一版于2002年8月由电子工业出版社出版。教材出版后，在东南大学自动控制系、无线电系、数学系等多个专业的教学中使用，受到教师和学生的欢迎。同时，在教学过程中，教师和学生对教材中的不足之处也提出了许多宝贵的意见。因此，作者感到有必要在原教材的基础上进行改版重写。在保留了第一版主要体系和内容的基础上，这一版的改动主要有：

（1）删除了第一版中一些超出课程大纲的内容，如“系统辨识”、“极点配置的阿克曼法”和个别不恰当的例子。将Z变换从原第2章中摘出来，作为附录放在书末。这些处理有助于进一步突出课程的主要内容，使授课体系更加流畅。

(2) 将原第 2 章和第 5 章中关于状态空间模型的部分合并为第 3 章。这样，对于习惯将输入-输出模型和状态空间模型结合在一起讲述的教师，仍可把第 2 章和第 3 章当作一个整体；而对于习惯将两者分开（甚至是放在两个学期）的教师而言，不必再像第一版那样从第 2 章和第 5 章中挑出某些小节来讲。

(3) 增加了稳定性分析的李雅普诺夫第二方法，在除第 1 章外的各章中增加了利用 Matlab 仿真软件分析与设计控制系统的内容。这些内容都是作者在第一版的计划中准备编写但因时间关系没来得及编入的。

(4) 对一些知识难点和多个知识点的结合处（如输入-输出稳定性与内部状态稳定性之间的关系、输入-输出模型的能控性和能观性、采样系统的能控性和能观性、离散时间系统的根轨迹、描述函数法在 PID 参数调节中的应用等）增加了必要的说明、例题和习题。

(5) 更正了第一版中发现的错误和不妥之处。

本书由田玉平主编，第 1、2、7 章主要由田玉平执笔，第 5 章主要由蒋珉执笔，第 8 章主要由李世华执笔，第 3、4 章由田玉平和蒋珉共同执笔，第 6 章由田玉平和李世华共同执笔，各章的 Matlab 仿真部分由蒋珉和李世华共同执笔，全书由田玉平负责统稿和审定。此外，作者的研究生张亚、蒋南云等为本书部分插图的计算机绘制付出了辛勤的劳动。东南大学的孙琳、胡克定、张侃健等老师和同学们在使用本书的过程中提出了许多宝贵意见。本书的编写和出版，还得到东南大学教改项目和科学出版社的大力支持，在此一并表示真诚的感谢。

对于本版中的错误和不妥之处，恳请广大读者给予指正。

田玉平

2006 年 5 月于南京

目　　录

前言
第 1 章　绪论 …… (1)
1.1　引言 …… (1)
1.2　自动控制系统的构成 …… (2)
1.3　自动控制的基本原理 …… (4)
1.3.1　反馈控制 …… (4)
1.3.2　顺馈控制 …… (5)
1.4　控制系统的分类 …… (6)
1.4.1　恒值调节系统和随动系统 …… (6)
1.4.2　线性系统和非线性系统 …… (6)
1.4.3　定常系统和时变系统 …… (7)
1.4.4　连续系统和离散系统 …… (7)
1.5　控制系统的性能和典型测试信号 …… (8)
1.5.1　对控制系统的基本要求 …… (8)
1.5.2　控制系统中常用的典型测试信号 …… (9)
习题 …… (11)
第 2 章　控制系统的输入-输出模型 …… (13)
2.1　引言 …… (13)
2.2　列写输入-输出运动方程 …… (14)
2.2.1　机械系统 …… (14)
2.2.2　电路系统 …… (18)
2.2.3　机电系统 …… (19)
2.2.4　液位系统 …… (20)
2.3　传递函数与系统框图 …… (22)
2.3.1　传递函数 …… (22)
2.3.2　方框图及系统的连接 …… (25)
2.3.3　典型环节的传递函数 …… (29)
2.3.4　方框图化简 …… (34)
2.4　信号流图与梅森公式 …… (37)
2.4.1　信号流图 …… (37)

2.4.2 梅森公式 ……………………………………………………………… (40)
2.5 频率特性函数 ……………………………………………………………… (42)
2.5.1 频率特性函数的定义 …………………………………………………… (42)
2.5.2 频率特性的图示方法 …………………………………………………… (44)
2.5.3 典型环节的频率特性 …………………………………………………… (49)
2.5.4 开环系统频率特性图的绘制 …………………………………………… (57)
2.6 采样控制系统的数学描述 ………………………………………………… (64)
2.6.1 采样控制系统 …………………………………………………………… (64)
2.6.2 信号采样与恢复 ………………………………………………………… (66)
2.6.3 采样系统的差分方程描述 ……………………………………………… (70)
2.6.4 脉冲传递函数 …………………………………………………………… (72)
2.7 利用 Matlab 分析控制系统输入-输出模型 ……………………………… (78)
习题 …………………………………………………………………………… (82)
第 3 章 控制系统的状态空间模型 …………………………………………… (89)
3.1 状态与状态空间 ………………………………………………………… (89)
3.2 状态方程和输出方程 …………………………………………………… (91)
3.3 状态空间模型与输入-输出模型之间的关系 …………………………… (94)
3.3.1 由状态空间模型推导输入-输出模型 ………………………………… (94)
3.3.2 由输入-输出模型建立状态空间模型 ………………………………… (95)
3.4 利用状态空间模型求解线性定常系统 ………………………………… (102)
3.4.1 线性定常系统状态方程的零输入响应 ……………………………… (102)
3.4.2 线性定常系统非齐次状态方程的解 ………………………………… (104)
3.4.3 状态转移矩阵的计算 ………………………………………………… (106)
3.5 离散时间状态空间模型 ………………………………………………… (115)
3.5.1 采样系统的状态空间模型 …………………………………………… (115)
3.5.2 利用状态空间方程求解线性离散系统 ……………………………… (117)
3.5.3 离散系统的状态转移矩阵及计算 …………………………………… (119)
3.6 利用 Matlab 分析状态空间模型 ………………………………………… (122)
习题 …………………………………………………………………………… (124)
第 4 章 控制系统的稳定性分析 ……………………………………………… (128)
4.1 稳定性的概念和定义 …………………………………………………… (128)
4.2 线性定常系统稳定的充分必要条件 …………………………………… (130)
4.2.1 状态空间模型 ………………………………………………………… (130)
4.2.2 输入-输出模型 ………………………………………………………… (132)
4.2.3 离散时间控制系统 …………………………………………………… (135)

4.3 系统稳定性的代数判据 …… (137)
4.3.1 连续时间系统稳定性的代数判据 …… (137)
4.3.2 劳斯-霍尔维茨判据的应用 …… (143)
4.3.3 离散时间系统稳定性的代数判据 …… (146)
4.4 根轨迹图及系统稳定性分析 …… (152)
4.4.1 根轨迹图的基本概念 …… (152)
4.4.2 幅值条件和幅角条件 …… (153)
4.4.3 绘制根轨迹的基本法则 …… (156)
4.4.4 根轨迹图的绘制及系统稳定性分析 …… (166)
4.5 奈奎斯特稳定性判据 …… (172)
4.5.1 幅角定理 …… (173)
4.5.2 奈奎斯特稳定性判据 …… (177)
4.5.3 开环系统含有积分环节时奈奎斯特稳定性判据的应用 …… (181)
4.5.4 奈奎斯特稳定性判据在伯德图中的表示形式 …… (185)
4.5.5 稳定裕度 …… (187)
4.6 李雅普诺夫稳定性分析 …… (190)
4.6.1 能量函数与正定函数 …… (190)
4.6.2 李雅普诺夫第二方法 …… (192)
4.6.3 线性定常系统的李雅普诺夫稳定性分析 …… (195)
4.7 利用 Matlab 进行稳定性绘图分析 …… (197)
习题 …… (200)
第 5 章 控制系统的时域运动分析 …… (206)
5.1 控制系统的时域响应 …… (206)
5.1.1 连续时间系统输出响应 …… (206)
5.1.2 离散时间系统输出响应 …… (210)
5.2 控制系统瞬态性能分析 …… (211)
5.2.1 瞬态性能指标的定义 …… (212)
5.2.2 一阶系统瞬态性能分析 …… (213)
5.2.3 典型二阶系统瞬态性能分析 …… (216)
5.2.4 高阶系统瞬态性能分析 …… (238)
5.3 控制系统稳态性能分析 …… (240)
5.3.1 控制系统的误差与稳态误差 …… (240)
5.3.2 误差的数学模型 …… (242)
5.3.3 稳态误差分析与静态误差系数 …… (243)
5.3.4 控制系统的动态误差 …… (251)

5.3.5　扰动输入作用下的稳态误差 …………………………… (255)
5.3.6　减小或消除稳态误差的措施 …………………………… (258)
5.3.7　离散时间系统的稳态误差 …………………………… (259)
5.4　利用 Matlab 进行时域分析 …………………………… (263)
5.4.1　Matlab 时域响应命令及其应用 …………………………… (264)
5.4.2　用 Simulink 进行系统仿真 …………………………… (267)
习题…………………………… (275)
第 6 章　系统校正方法…………………………… (279)
6.1　引言 …………………………… (279)
6.2　系统校正的根轨迹法 …………………………… (282)
6.2.1　增加零、极点对根轨迹的影响 …………………………… (282)
6.2.2　根轨迹校正举例 …………………………… (285)
6.2.3　校正装置的实现 …………………………… (290)
6.3　系统校正的频率特性法 …………………………… (292)
6.3.1　开环频率特性与时域性能指标间的关系 …………………………… (292)
6.3.2　频率特性法校正举例 …………………………… (295)
6.4　基本控制规律分析 …………………………… (308)
6.4.1　比例控制规律 …………………………… (308)
6.4.2　积分控制规律 …………………………… (310)
6.4.3　比例加积分控制规律 …………………………… (310)
6.4.4　比例加微分控制规律 …………………………… (311)
6.4.5　比例加积分加微分控制规律 …………………………… (313)
6.4.6　PID 控制器的参数调整 …………………………… (314)
6.5　局部反馈校正 …………………………… (317)
6.6　离散系统的数字校正 …………………………… (321)
6.6.1　概述 …………………………… (321)
6.6.2　离散系统校正的根轨迹法 …………………………… (321)
6.6.3　离散系统校正的频域法 …………………………… (324)
6.6.4　离散系统的最少拍校正法 …………………………… (327)
习题…………………………… (334)
第 7 章　线性控制系统的状态空间分析与设计…………………………… (337)
7.1　特征值规范型 …………………………… (337)
7.1.1　对角线规范型 …………………………… (337)
7.1.2　若尔当规范型 …………………………… (342)
7.2　状态能控性 …………………………… (347)

7.2.1 状态能控性定义 …………………………………………………… (347)
7.2.2 能控性判据 ………………………………………………………… (349)
7.3 状态能观性 ………………………………………………………… (356)
7.3.1 状态能观性定义 …………………………………………………… (356)
7.3.2 能观性判据 ………………………………………………………… (357)
7.3.3 对偶性原理 ………………………………………………………… (360)
7.4 离散时间系统的能控性和能观性 ………………………………… (361)
7.5 控制系统的结构分解 ……………………………………………… (362)
7.5.1 按能控性分解 ……………………………………………………… (362)
7.5.2 按能观性分解 ……………………………………………………… (369)
7.5.3 按能控性和能观性分解 …………………………………………… (372)
7.6 能控规范型和能观规范型 ………………………………………… (373)
7.6.1 能控规范型 ………………………………………………………… (373)
7.6.2 能观规范型 ………………………………………………………… (376)
7.6.3 传递函数中零极点对消的影响 …………………………………… (377)
7.7 状态反馈与输出反馈 ……………………………………………… (378)
7.7.1 状态反馈和输出反馈的概念 ……………………………………… (378)
7.7.2 状态反馈和输出反馈对系统能控性和能观性的影响…………… (380)
7.8 闭环系统的极点配置 ……………………………………………… (381)
7.8.1 极点配置问题 ……………………………………………………… (381)
7.8.2 极点配置定理 ……………………………………………………… (384)
7.8.3 基于输出反馈的极点配置 ………………………………………… (388)
7.8.4 系统镇定 …………………………………………………………… (389)
7.9 状态观测器设计 …………………………………………………… (393)
7.9.1 全维状态观测器 …………………………………………………… (393)
7.9.2 降维观测器 ………………………………………………………… (397)
7.10 带有状态观测器的反馈控制系统………………………………… (401)
7.11 利用 Matlab 进行状态空间分析和设计 ………………………… (406)
习题…………………………………………………………………………… (408)
第 8 章 非线性控制系统…………………………………………………… (414)
8.1 非线性控制系统概述 ……………………………………………… (414)
8.1.1 典型的非线性特性及其对系统特性的影响 ……………………… (414)
8.1.2 非线性系统的特点…………………………………………………… (417)
8.1.3 非线性系统的分析方法 …………………………………………… (419)
8.2 描述函数法 ………………………………………………………… (420)

8.2.1　描述函数法的一般原理 …………………………………… (420)
8.2.2　典型非线性环节的描述函数 ……………………………… (422)
8.2.3　非线性系统的描述函数法分析 …………………………… (432)
8.3　相平面法 ………………………………………………… (441)
8.3.1　相平面法的有关概念 ……………………………………… (441)
8.3.2　相平面图的绘制方法 ……………………………………… (444)
8.3.3　线性系统的相轨迹 ………………………………………… (448)
8.3.4　非线性系统相平面分析 …………………………………… (454)
8.4　利用非线性特性改善系统的性能 ……………………………… (465)
8.5　非线性系统的 Matlab 仿真分析 ……………………………… (468)
习题 ……………………………………………………………… (472)
参考文献 …………………………………………………………… (478)
附录　*Z* 变换 ……………………………………………………… (479)

第1章 绪 论

1.1 引 言

人类进入20世纪以来,科学技术得到了突飞猛进的发展,在此过程中,自动控制始终扮演着重要的角色。特别是在航空、航天和国防工业等领域中,自动控制发挥着关键作用。比如飞机自动驾驶系统、宇宙飞船姿态控制系统和导弹制导系统,都是典型的自动控制系统。现代制造业和其他工业生产过程同样离不开自动控制,比如机器人的控制,数控机床的控制,工业过程中的流量、压力、温度、湿度的控制等。此外,在城市交通控制、通信网络控制、大型电网的调度与控制等问题中自动控制也都发挥着重要作用。

什么是自动控制呢?简而言之,自动控制就是在人不直接参与的情况下,使某些被控量(如飞机的飞行速度和仰角、工业加热炉的炉温等)按指定的规律变化。自动控制系统的发明和广泛应用极大地拓展了人类生产活动的领域和空间,极大地提高了劳动生产率和产品质量,使人们从繁重的体力劳动和大量重复性手工操作中解放出来。对大多数工程技术人员和科学工作者来说,懂得一些自动控制知识是十分必要的。

尽管自动控制的某些思想及应用或许可以追溯到久远的古代(如中国古代就有关于指南车和木牛流马的记载),但18世纪瓦特(Watt)为控制蒸汽机速度而设计的离心调节器可以说是自动控制领域中的第一项重大成果。不过,这一装置易于振荡。大约一百年之后,麦克斯韦(Maxwell)才对这一系统的稳定性进行了分析。19世纪末,劳斯(Routh)判据和霍尔维茨(Hurwitz)判据的提出,解决了线性定常系统的稳定性判别问题。而几乎在同一时期,李雅普诺夫(Lyapunov)建立了一般的运动稳定性理论,这一理论对后来自动控制理论的发展起到了巨大的推动作用。第一次世界大战爆发后,军事工业的需要促进了自动控制理论的发展。1922年米纳斯基(Minosky)首先研制出船舶操纵自动控制器,并给出了控制系统的稳定性分析。1932年奈奎斯特(Nyquist)提出一种利用系统频率特性图确定系统稳定性的简便方法。1934年赫曾(Hezen)首次提出"伺服"的概念,讨论了可以精确跟踪变化的输入信号的继电器伺服机构。到了第二次世界大战,由于设计和建造飞机自动驾驶仪、大炮定位系统、雷达跟踪系统等军用装备的需要,自动控制理论取得了长足的进步。1945年伯德(Bode)发表了关于控制系统频域设计方法的经典著作。稍后,伊万思(Evans)提出并且完善了根轨迹方法。至此,以频率特性法和根轨迹法为核心的经典控制理论的框架已构建完毕。然而，控制理论前进的脚步并未停止，相反，速度更快了。从 1950 年开始，由于工业、军事特别是空间技术的需求以及数字计算机的出现，以时域方法为主的诸多分析设计方法得以迅猛发展。比如，卡尔曼(Kalman)滤波理论、庞特利亚金(Pontryagin)极大值原理、贝尔曼(Bellman)动态规划理论、自适应控制理论等都是在 20 世纪 50～80 年代这一时期提出并发展起来的。在这一时期，控制的对象从单输入-单输出系统发展到多输入-多输出系统，从确定性系统发展到随机系统；控制器的设计从工程校正方法发展到指定性能指标的最优综合方法。自 1980 年至今，控制理论的主要成就集中在不确定系统的鲁棒控制和非线性控制方面，突出表现在 H^{∞} 控制理论和非线性系统几何控制理论的建立和发展。

1.2　自动控制系统的构成

为了考察自动控制系统的构成，我们先来考虑一个电加热炉炉温控制的例子。

图 1.1 是一个手动控制的电加热炉的示意图。从图 1.1 可看出，控制的过程主要有三个部分：一是测量炉温，并用眼观察温度计，将读数送至大脑；二是在大脑中将观察读数与给定温度(比如 700℃)比较，并根据比较的结果指挥手臂的动作；三是增加或减小加热电阻丝两端的电压，以使炉温尽可能接近给定值。

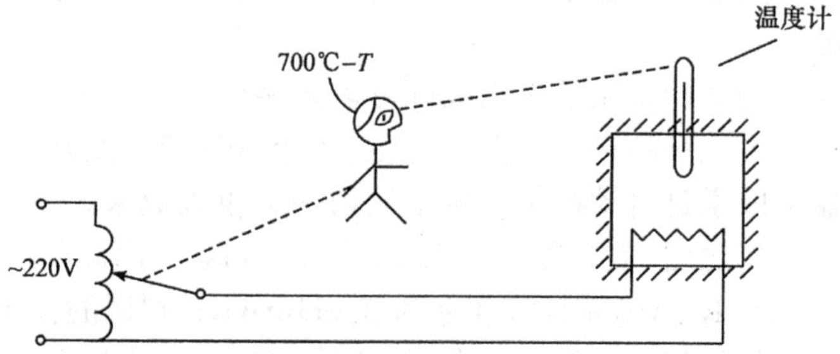

图 1.1　手动控制电加热炉

自动控制的作用就是要在人不直接参加的情况下实现同样的控制目的。为此可以建立如图 1.2 所示的自动控制系统。该系统中，炉温通过热电偶测量，并将温度值转换为一个电压值 U_2。给定炉温通过一个电位器的电压值 U_1 反映，这一给定值还可以通过调节可变电阻的大小来改变。通过 U_1 与 U_2 的反向串接，就可以实现人脑中的比较算法 $U_1-U_2=\Delta U$。ΔU 的大小反映了实测炉温与给定炉温的差别，而且它的正负决定了执行机构——电机的转向。显然，执行电机代替了人的手臂。图 1.3 给出了系统构成的框图。

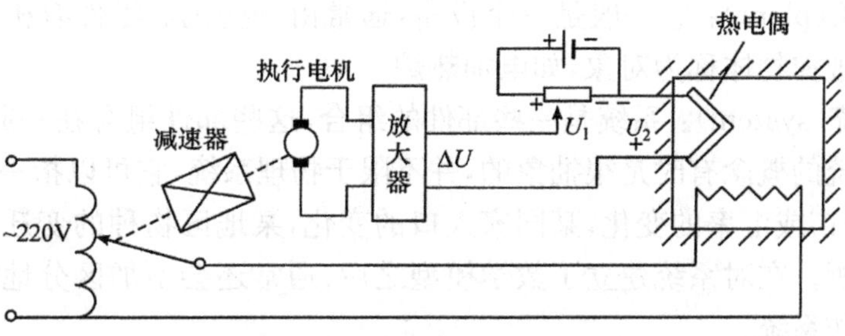

图 1.2 自动控制电加热炉

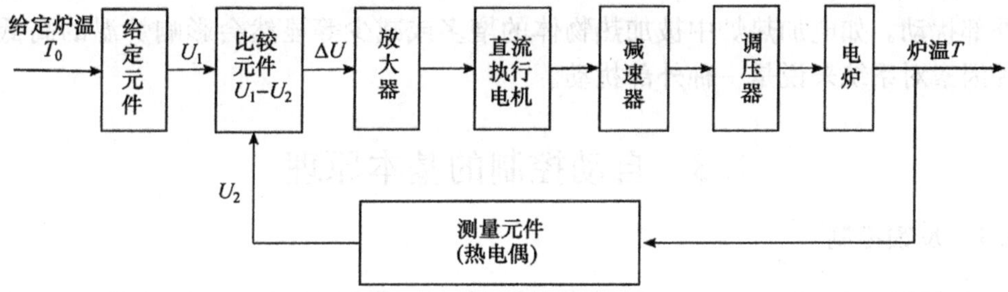

图 1.3 系统构成框图

通过分析这样一个简单的自动控制系统，我们知道，一个自动控制系统主要由以下基本元件构成：

(1) 给定元件：给出了被控量应取的值。在图 1.2 所示系统中，给定元件是通过一个电位器实现的。

(2) 测量元件：检测被控量的大小，如热电偶、测速电机等。

(3) 比较元件：用来得到给定值与被控量之间的误差，常用差动放大器、电桥等。在计算机控制系统中，由于直接进行数值计算，不需要特定的比较元件。

(4) 放大元件：用来将误差信号放大，以驱动执行机构。它可以是电子元件网络，也可以是电机放大器等。

(5) 执行元件：用来执行控制命令，驱动被控对象。电机是典型的执行元件。

(6) 校正元件：用来改善系统的瞬态和稳态性能，它可以用模拟/数字电路来实现，也可以用计算机程序来实现。

(7) 能源元件：用来提供控制系统所需的能量。

在研究控制理论和控制工程时常遇到一些专用术语，最常见的介绍如下：

(1) 被控量和控制量(controlled variable and controlling variable)：被控量是指被测量和被控制的量或状态，如上述系统中的炉温。控制量是一种由控制器改变的量或状态，它将影响被控量的值，如上述系统中加热电阻丝两端的电压。被控量通常是系统的输出量，而控制量是输入量。

(2) 对象(plant)：它一般是一个设备，通常由一些机器零件有机地组合在一起。通常将被控物体称为对象，如电加热炉。

(3) 系统(system)：系统是一些部件的组合，这些部件组合在一起，完成一定的任务。系统的概念有时是很抽象的，并不限于物理系统，它可以指一个特定的动态现象，如股市或汇率的变化，某国家人口的变化，某地区物种的变迁都可看成动态系统来分析。在对系统建立了数学模型之后，通常还会不加区分地将系统的数学模型也称作系统。

(4) 扰动(disturbance)：扰动是一种对系统的输出量产生不利影响的因素或信号。如果扰动来自于系统内部，称为内部扰动；如果扰动来自于系统外部，则称为外部扰动。如电加热炉中被加热物体的增多或减少等显然会影响炉温的高低，这种因素对系统来说是一种外部扰动。

1.3　自动控制的基本原理

1.3.1　反馈控制

反馈控制(feedback control)原理是设计自动控制系统的基本原理之一。所谓反馈，就是将被控输出量反向传递到系统的输入端并与给定输入信号比较，根据所得的偏差信号来实现对被控量的控制，并在有不可预知的扰动的情况下，使得输出量与给定量(也称参考输入量)之间的偏差尽可能小。由于在这种控制系统中，信号的流程构成一个闭环，所以也称为闭环控制。前面介绍的电加热炉炉温控制系统就是一个典型的闭环控制系统。

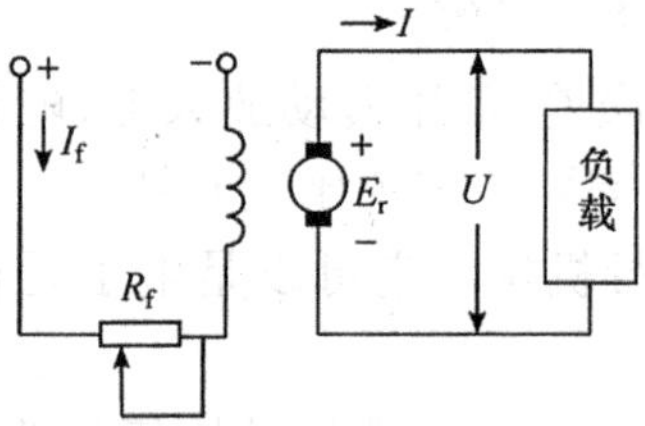

图 1.4　供电系统

闭环控制对扰动有较好的抑制作用。图 1.4 所示的是一台发电机向负载供电的系统示意图。显然，通过调节励磁电流可以改变发电机的电势 E_r，进而达到控制发电机端电压 U 的目的。然而，由于负载的变化，端电压 U 常常会波动，因为

$$U = E_r - IR - L\frac{\mathrm{d}I}{\mathrm{d}t}$$

其中 R 和 L 分别为发电机电阻和电感。为了减小 U 的波动，可采用图 1.5 所示的闭环控制。在这一系统中，端电压的给定值通过 U_0 来设定，当端电压 $U>U_0$ 时，$\Delta U>0$，驱动执行电机朝某一方向转动，增大可变电阻 R_f 的值，使 I_f 减小，从而减小 E_r，达到减小 U 的目的。当 $U<U_0$ 时，$\Delta U<0$，驱动电机反向旋转，减小 R_f，使 I_f 增大，从而增大 E_r，达到增大 U 的目的。只有当 $U=U_0$ 时，电机停转。可见，这样的一个自动控制系统可以很好地抑制因负载变化而引起的端电压的变化。

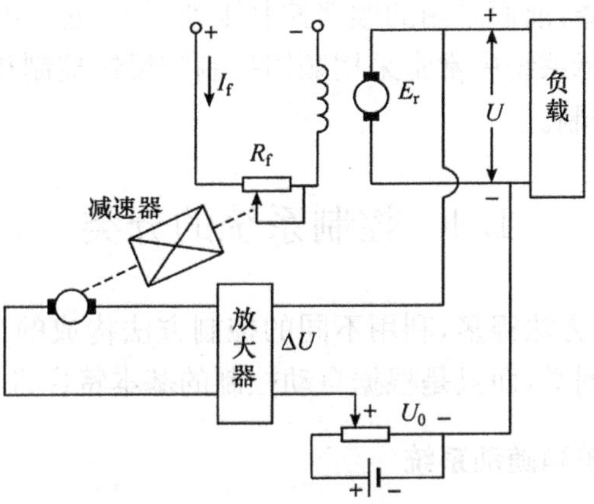

图 1.5 供电系统的闭环控制

1.3.2 顺馈控制

对于某些可以预知或可以测量的扰动,反馈控制并不是唯一的选择。为了克服扰动的影响,可以将预知的或测得的扰动折算到系统输入端,对控制量的大小进行修正,这种控制方法称为补偿控制。补偿控制常较反馈控制简单、经济。补偿控制没有在系统中形成信号流程的闭合回路,所以也称作顺馈控制(feed-forward control),它是一种开环控制。图 1.6 给出了顺馈控制的系统框图。

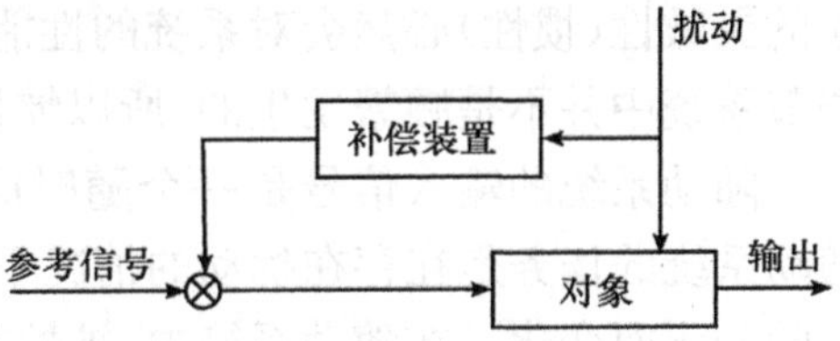

图 1.6 顺馈控制框图

在图 1.4 所示的供电系统中,如果对端电压的扰动来自负载电流的变化,则可以在负载回路中加测量电阻 R_m,其两端的电压降的变化反映了负载电流 I 的变化(图 1.7),然后将 U_m 通过适当的放大串联到励磁回路中。当负载电流突然增大时,已知端电压 U 会减小,但由于在励磁回路中 U_m 的增大会使励磁电流 I_f 增大,所以发电机电势 E_r 增大,从而使 U 回升,达到控制 U 的目的。

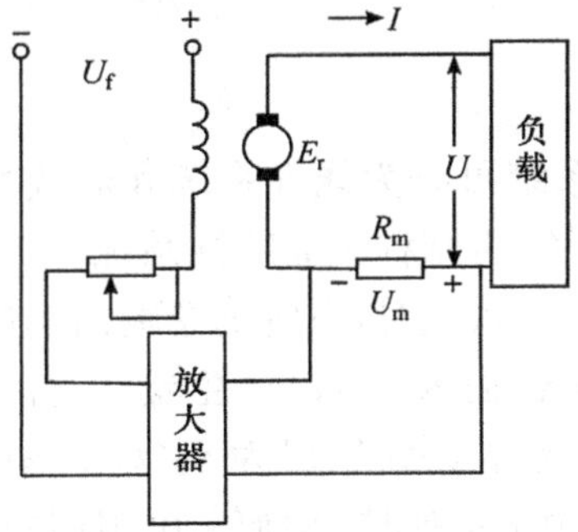

图 1.7 供电系统的顺馈控制

顺馈控制的局限在于它通常只能抵消一种扰动的作用,而对于其他扰动,不仅无益可能反倒有害。例如,在图 1.7 所示的系统中,发电机转速的波动也是一种扰动,当转速 Ω 下降时,E_r 下降,U 也下降。但此时，负载电流 I 也下降，前面采用的顺馈控制则使得 U 进一步下降，与期望的结果正相反。因此，在实际系统中常常采用顺馈控制与反馈控制相结合的办法，这种控制方案被称为复合控制。

1.4　控制系统的分类

控制系统的分类方法很多，利用不同的控制方法构成的自动控制系统种类繁多，这里不准备一一列举，而只是根据自动控制的基本特性进行粗略划分。

1.4.1　恒值调节系统和随动系统

恒值调节系统的输入信号是恒定的常量，系统的基本任务是在存在扰动的情况下，使被控制量保持在一个给定的期望值上。例如前面介绍的炉温控制系统、电压控制系统均是恒值调节系统。在恒值调节系统的设计中，应当考虑的主要问题是如何抑制各种能使系统输出量偏离常值的扰动。当然恒值调节系统的给定量也不是一成不变的，有时需要将被控量从一个常值调整到另一个常值。此时系统反应的灵敏性(惯性)必然会对系统的性能好坏产生影响。但由于改变给定量在恒值调节系统中并不是频繁发生的，所以惯性的问题在这里并不是主要矛盾。

随动系统的输入信号是一个随时间任意变化的函数，其变化规律无法预测。随动系统的任务是在存在扰动的情况下，保证被控制量以一定的精度跟随输入信号的变化而变化。在随动系统中，被控制量通常是机械位移、速度或加速度等。随动系统也称为跟踪系统或伺服系统。

随动系统中被跟踪的信号是随时变化且不可预测的。例如，雷达高射炮的角度控制系统必须使火炮时刻跟踪敌方飞行器，而敌方飞行器的位置是时刻变化的，又是不能预知的。在设计随动控制系统时，主要矛盾是如何克服系统的惯性，使之能随被跟踪信号而灵活地变动。此时，与系统灵敏性相比，抗干扰问题降为次要矛盾。

1.4.2　线性系统和非线性系统

根据系统输出对输入的响应特性，自动控制系统可分为线性系统和非线性系统。凡是具有叠加性和齐次性的系统称为线性系统，否则称为非线性系统。

所谓叠加性，是指当有几个输入信号同时作用于系统时，系统的总输出响应等于每个输入信号单独作用所产生的响应之和，即若输入 $u_1(t)$ 产生输出 $y_1(t)$，$u_2(t)$ 产生输出 $y_2(t)$，则当 $u_1(t)+u_2(t)$ 作用于系统时，系统输出为 $y_1(t)+y_2(t)$。

所谓齐次性，是指当输入信号乘以某一倍数作用于系统时，系统输出响应也在原基础上放大同一倍数，即若输入 $u(t)$ 产生输出 $y(t)$，则 $ku(t)$ 产生的输出为 $ky(t)$。

从数学模型来看，凡是用线性方程（线性微分方程、线性差分方程或线性代数方程等）描述的系统，称为线性系统；而用非线性方程描述的系统称为非线性系统。

线性系统具有许多良好的性质，处理线性系统的数学工具也相对较为成熟，因此，相对于非线性系统，线性系统的控制理论已相当完善。应当指出，绝对的线性系统在自然界和工程实际中是不存在的，实际系统严格来说都是非线性的。但有些系统非线性程度不高，可近似看作线性系统来处理。即使是一般的非线性系统，也通常可以在其工作点附近进行近似线性化，在一定范围内将它当作线性系统来处理。本书将重点阐述线性控制系统的分析和设计方法，同时也介绍处理常见非线性系统的简单实用的方法。

1.4.3 定常系统和时变系统

根据系统是否含有参数随时间变化的元件，自动控制系统可分为定常系统和时变系统两大类。定常系统又称为时不变系统，其特点是：系统的自身性质不随时间而变化。具体而言，系统响应的性态只取决于输入信号的性态和系统的特性，而与输入信号施加的时刻无关，即若输入 $u(t)$ 产生输出 $y(t)$，则当输入延时 τ 后施加于系统，$u(t-\tau)$ 产生的输出为 $y(t-\tau)$。

时变系统中含有时变元件，其数学模型中某些参数随时间而变化。例如，航天卫星是一个时变对象，在飞行的各阶段，由于燃料的不断减少其质量随时间而变化。时变系统的分析比定常系统要困难得多。

本书除个别地方特别说明外，只介绍定常系统的控制理论。这一方面是因为目前定常系统的控制理论远较时变系统控制理论成熟；另一方面，虽然严格说实际系统都具有时变的特性，但对大多数工业系统来说，其参数随时间变化并不明显，通常可以当作定常系统来处理。

1.4.4 连续系统和离散系统

根据系统中信号的特点，自动控制系统可分为连续（时间）系统和离散（时间）系统。连续系统中各部分的信号均是时间变量的连续函数，通常可用微分方程建立它的数学模型。有些系统中某处或多处的信号为脉冲序列或数码的形式，这些信号在时间上是离散的，这样的系统称为离散系统。对离散系统常采用差分方程建立数学模型。图 1.8 所示的是一个计算机控制的数字采样系统，炉温本是时间的连续变量，但经过 A/D 转换后，变成数码进入计算机，由于 A/D 转换含有一个采样开关，所以计算机得到的炉温信号是一个在时间上离散的变量。

除了上述分类之外，自动控制系统还可以按照其瞬态特性是否与系统的空间分布特性有关而分成集中参数系统和分布参数系统，等等，在此不一一列举。

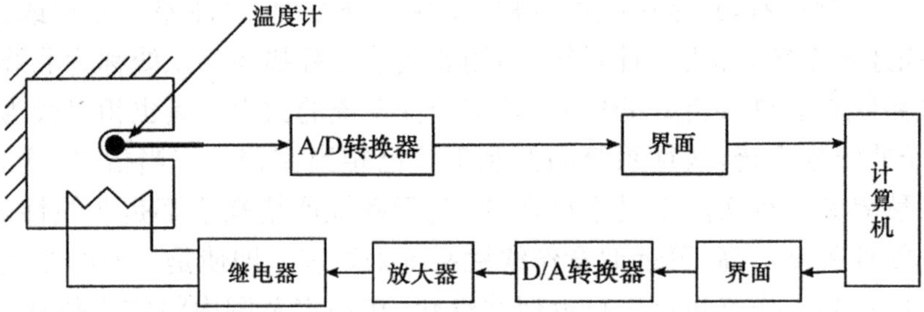

图 1.8 炉温的计算机控制系统

1.5 控制系统的性能和典型测试信号

1.5.1 对控制系统的基本要求

对控制系统的基本要求包括三个方面,即稳定性、瞬态性能和稳态性能。

1. 稳定性

稳定性是保证控制系统正常工作的先决条件。被控对象通常都是有惯性的,这就意味着控制信号不可能使系统输出在瞬间达到期望的值。于是,一个设计不好的反馈控制可能会引起系统的振荡甚至导致系统崩溃。比如,在对加热炉的反馈控制中,当系统测得实际炉温低于期望温度时,控制信号会驱动执行电机加大电加热器的端电压,希望使炉温保持在期望值。可是,由于炉温的升高是一个有惯性的过程,当测得炉温达到期望值时,尽管系统可以瞬间改变控制信号,减小加热器的端电压,但炉温还是会再持续升高一会儿。同样,当炉温从高到底降到期望值时,控制信号的瞬间切换也不能阻止炉温的继续降低。这样循环往复就产生了振荡。一个好的控制律应该能消除振荡,使系统保持平稳地工作。

2. 瞬态性能

对一个稳定的系统而言,当控制信号改变时,系统在经过一个过渡过程后进入稳定运行期。我们将系统在这一过渡过程中所表现出的性态称作系统的瞬态性能。瞬态性能包括过渡过程的长短、过渡过程中系统是否振荡、系统的输出在达到期望值之前是否有超调(即输出值超出期望值)、超调量的大小如何等。一个好的控制系统应该具有过渡过程短、振荡和超调量小的特点,即同时满足“快速性”和“平稳性”的要求。对不同的控制任务,瞬态性能的要求也可能是不一样的。例如,在前述的电加热炉系统中,一定的超调量和振荡通常是允许的。但在电梯的控制中则要求电梯能迅速准确地到达期望的楼层,任何振荡和超调都是不能忍受的。

3. 稳态性能

过渡过程结束后系统进入稳态。对系统稳态性能的要求就是被控输出量应以一定的精度达到期望值。控制精度要求高，就是要求稳态误差小。这一要求也称为系统的“准确性”。

综上所述，对控制系统的基本要求可以概括为：在保证稳定性的前提下，具有快速性、平稳性和准确性。然而，对同一个系统而言，快速性、平稳性和准确性常常是互相牵制的。提高了快速性，可能会引起系统强烈的振荡；改善了平稳性，过渡过程可能会变得很长，甚至精度也会下降。如何分析和解决这些矛盾，设计出符合要求的控制系统，正是自动控制理论所面临的重要任务。

1.5.2　控制系统中常用的典型测试信号

要了解控制系统的性能，需要对系统的瞬态过程进行测试。这种测试通常可以这样来实现：预先规定一些典型的测试信号，然后分析系统对这些输入信号的响应。为了方便后面各章的讨论，这里对常用的典型测试信号作简要的介绍。

1. 脉冲函数

脉冲函数的定义为

$$r(t)=A\delta(t) \tag{1.5.1}$$

其中，A 为脉冲函数的冲量值，$A=1$ 的脉冲函数称为单位脉冲函数。$\delta(t)$ 函数的定义为

$$\delta(t)=\begin{cases}0, & t\neq 0\\ \infty, & t=0\end{cases}$$

$$\int_{-\infty}^{+\infty}\delta(t)\mathrm{d}t=1 \tag{1.5.2}$$

δ 函数是一种理想脉冲信号，实际中是不存在的。工程中常常用实际脉冲近似地代替理想脉冲。如图 1.9 所示，实际的单位脉冲 $\delta_\Delta(t)$ 的数学关系为

$$\delta_\Delta(t)=\begin{cases}0, & t<0 \text{ 或 } t>\Delta\\ \dfrac{1}{\Delta}, & 0\leqslant t\leqslant \Delta\end{cases} \tag{1.5.3}$$

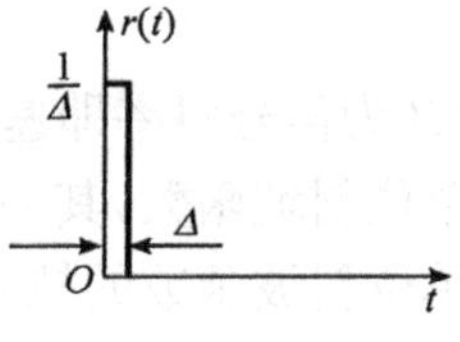

图 1.9　实际单位脉冲函数

其中，Δ 为脉冲宽度或称脉冲持续时间，$\dfrac{1}{\Delta}$为脉冲高度。它的积分面积为

$$\int_{-\infty}^{+\infty}\delta_\Delta(t)\mathrm{d}t=\Delta\times\frac{1}{\Delta}=1$$

显然，当 $\Delta\to 0$ 时，实际脉冲 $\delta_\Delta(t)$ 的极限即为理想脉冲 $\delta(t)$。

单位脉冲函数的拉普拉斯变换为 1，即

$$\mathscr{L}[\delta(t)]=1$$

相应的 Z 变换亦为 1，即

$$\mathscr{Z}[\delta(t)]=1$$

2. 阶跃函数

阶跃函数的定义为

$$r(t)=\begin{cases}0, & t<0\\ A, & t\geqslant 0\end{cases} \tag{1.5.4}$$

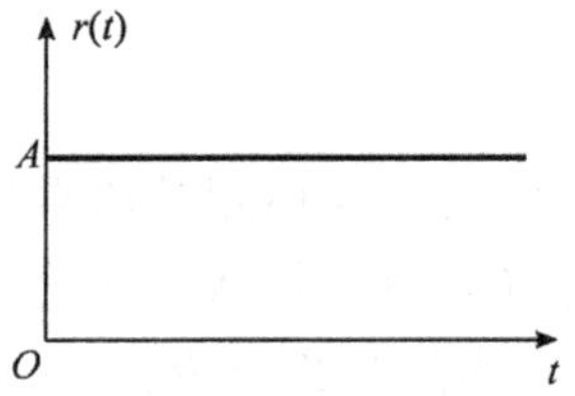

图 1.10　阶跃函数

其中，A 为阶跃函数的阶跃值(图 1.10)，$A=1$ 的阶跃函数为单位阶跃函数，记为 $1(t)$，其一阶微分为 $\delta(t)$。

单位阶跃函数的拉普拉斯变换为

$$\mathscr{L}[r(t)]=\frac{1}{s}$$

相应的离散时间信号的 Z 变换为

$$\mathscr{Z}[r(t)]=\frac{z}{z-1}$$

阶跃函数是应用最广的一种典型测试信号，例如，突然增加或卸掉电机的负载、输入电压的开与关等，都可看成阶跃函数的形式。通常用系统对阶跃函数的响应来评价系统的动态性能。

3. 斜坡函数

斜坡函数也称为速度函数，其定义为

$$r(t)=\begin{cases}0, & t<0\\ Bt, & t\geqslant 0\end{cases} \tag{1.5.5}$$

其中，B 为信号斜率即速度值(图 1.11)。$B=1$ 的斜坡函数为单位斜坡函数，其一阶微分为单位阶跃函数。

单位斜坡函数的拉普拉斯变换为

$$\mathscr{L}[r(t)]=\frac{1}{s^2}$$

相应的离散时间信号的 Z 变换为

$$\mathscr{Z}[r(t)]=\frac{Tz}{(z-1)^2}$$

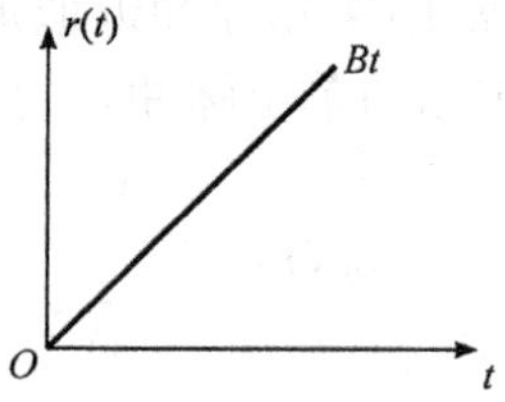

图 1.11　斜坡函数

其中，T 为采样周期(下同)。

斜坡函数可以用来测试控制系统对匀速变化的信号的跟踪能力。

4. 加速度函数

加速度函数也称为抛物线函数，其定义为

$$r(t)=\begin{cases}0, & t<0\\ \dfrac{1}{2}Ct^2, & t\geqslant 0\end{cases} \tag{1.5.6}$$

其中，C 为加速度值（图 1.12），$C=1$ 的加速度函数为单位加速度函数，其一阶微分为单位斜坡函数。

单位加速度函数的拉普拉斯变换为

$$\mathscr{L}[r(t)]=\frac{1}{s^3}$$

相应的离散时间信号的 Z 变换为

$$\mathscr{Z}[r(t)]=\frac{T^2z(z+1)}{2(z-1)^3}$$

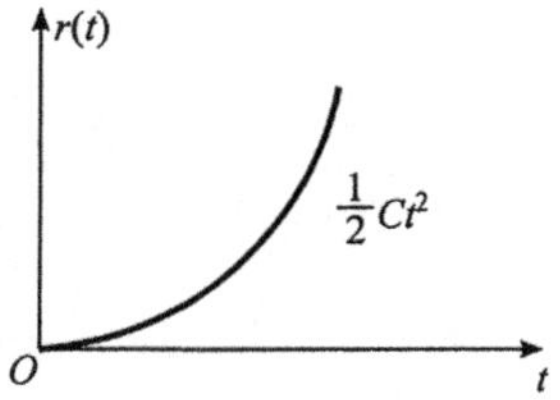

图 1.12 抛物线函数

5. 正弦函数

正弦函数的定义为

$$r(t)=\begin{cases}0, & t<0\\ A\sin\omega t, & t\geqslant 0\end{cases} \tag{1.5.7}$$

其中，A 为正弦函数的幅值；ω 为角频率（图 1.13）。$A=1$ 的正弦函数为单位正弦函数。

单位正弦函数的拉普拉斯变换为

$$\mathscr{L}[r(t)]=\frac{\omega}{s^2+\omega^2}$$

相应的离散时间信号的 Z 变换为

$$\mathscr{Z}[r(t)]=\frac{z\sin\omega T}{z^2-2z\cos\omega T+1}$$

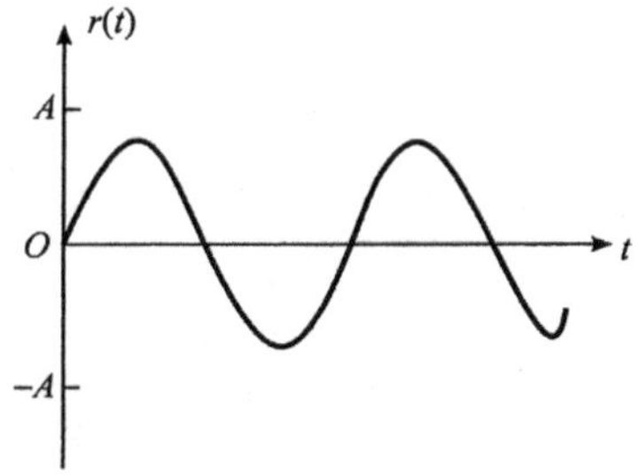

图 1.13 正弦函数

正弦函数在系统频率特性的测试中有重要作用。另外，在实际控制系统中，许多周期性的干扰，如海浪对舰船的影响、电源中的交流噪声、机械振动等，都可用正弦函数来近似。

习 题

1.1 试举出几个日常生活中见到的开环控制和闭环控制系统，并说明它们的工作原理。

1.2　试说明开环控制和闭环控制的优缺点。

1.3　顺馈控制和反馈控制的主要区别是什么？

1.4　试根据你的经验分析自行车的操作控制过程，并用方块图表示。

1.5　题1.5图所示为一个张力控制系统。当送料速度在短时间内突然变化时，控制系统如何工作？除送料速度的变化外，系统中的扰动还可能来自哪里？试画出控制系统的方块图。

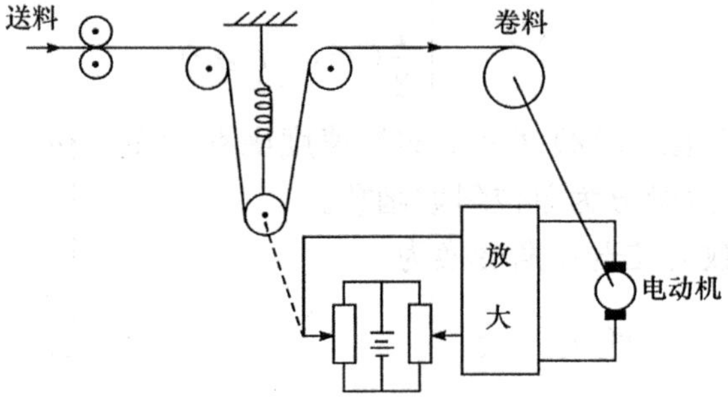

题1.5图

第 2 章　控制系统的输入-输出模型

2.1 引　言

自动控制系统不单纯是各种元器件的连接，用信息科学的观点来看，它是信号传递和转换的过程。数学模型就是用来描述系统中各种信号(或变量)的传递和转换关系的。

数学模型为自动控制原理的研究带来了极大的方便。它使我们得以暂时离开系统的物理特性，在一般意义下研究控制系统的普遍规律。当然，当把具有普遍性的规律运用到分析和设计具体系统时，仍要充分注意到系统的物理特性。

数学模型通常是描述系统各变量之间关系的一个或一组方程式，由于自动控制系统是动态系统(即以时间为变量的系统)，描述控制系统的基本工具是微分方程或差分方程。这种模型一般称为时域模型。对于线性系统，利用拉普拉斯变换和傅里叶变换，可以将时域模型转换为频域模型。时域模型和频域模型各有千秋，在控制系统的分析和设计中都有着非常重要的作用。

如果模型着重描述的是系统输入量和输出量之间的数学关系，则称这种模型为输入-输出模型；如果模型着重描述的是系统输入量与内部状态之间以及内部状态和输出量之间的关系，则这种模型通常称为状态空间模型。当然这两种模型在一定意义下也是可以相互转化的。

建立控制系统数学模型的方法主要有两种：根据系统的运行机理建模和根据输入、输出数据建模(如系统辨识)。本书只限于讨论第一种方法。根据运行机理建模通常要遵循以下几个步骤：

(1) 建立物理模型。由于不能将实际系统错综复杂的动态特性完全表示出来，为了分析与设计的目的，总是要作一些理想化的假设。一个理想化的物理系统称为物理模型。例如，一个电子放大器可以看成理想的线性放大环节，而忽略它的非线性成分；通信卫星在轨道控制中可以看成一个质点来建模，而不考虑其形状和质量分布。但这种理想化是有一定范围和前提条件的。例如，电子放大器的工作范围超出其线性区，就必须考虑其非线性因素(如饱和特性)对系统的影响；卫星在轨道控制中可以看成一个质点来建模，而在姿态控制中则要考虑其天线和太阳能帆板的柔性体特性。

(2) 列写原始方程。有了物理模型以后，利用适当的物理定律(如牛顿定律、基尔霍夫电流和电压定律、能量守恒定律等)建立各物理量之间的数学关系。

(3) 选定系统的输入量、输出量及状态变量(仅在建立状态空间模型时要求)，消去中间变量，建立适当的输入-输出模型或状态空间模型。

本章着重讨论如何建立控制系统的输入-输出模型，而状态空间模型将放在下一章介绍。

2.2 列写输入-输出运动方程

列写系统运动方程是机理建模中极其重要的一步，后面讨论的多种数学模型都是在此基础上建立的。

2.2.1 机械系统

在机械系统的分析中，常使用三种理想化的要素：质量、弹簧和阻尼器。用这三种要素可以方便地描述各种形式的机械系统。

表 2.1 列出了各要素的示意图及其运动方程式。表中 F(N)表示力，m(kg)表示质量，T(N·m)表示转矩，J(kg·m^2)表示物体的转动惯量，x_i(m)和 v_i(m/s)分别表示位移和速度，θ_i(rad)和 ω_i(rad/s)表示转角和角速度。对直线运动，k(N/m)表示弹簧的弹性系数，f(N/(m/s))表示阻尼器的阻尼系数；对旋转运动，k(N·m/rad)表示弹簧的扭转弹性系数，f(N·m/(rad/s))表示阻尼器的旋转阻尼系数。

表 2.1 机械系统中的基本要素

基本要素		示意图	运动方程
直线运动	质量要素	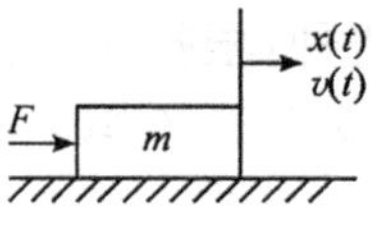	$F=m\dfrac{dv}{dt}=m\dfrac{d^2x}{dt^2}$
	弹性要素	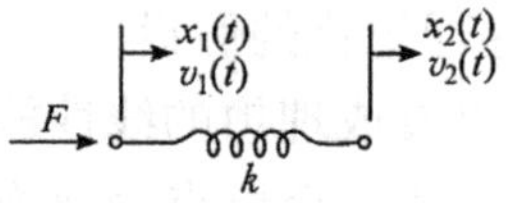	$F=k(x_1-x_2)=k\int_0^t(v_1-v_2)dt$
	阻尼要素	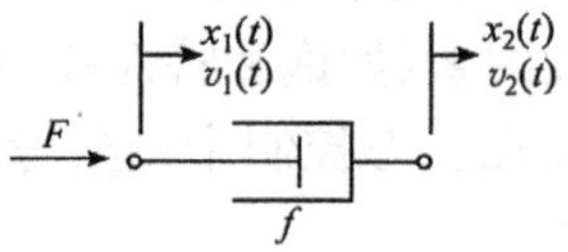	$F=f(v_1-v_2)=f\left(\dfrac{dx_1}{dt}-\dfrac{dx_2}{dt}\right)$

续表

基本要素		示 意 图	运动方程
旋转运动	惯性要素	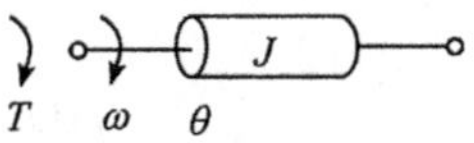	$T=J\dfrac{d\omega}{dt}=J\dfrac{d^2\theta}{dt^2}$
	弹性要素	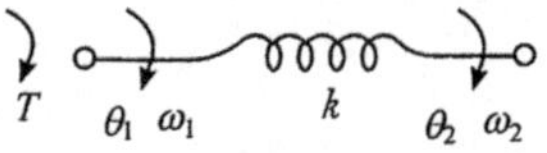	$T=k(\theta_1-\theta_2)=k\int_0^t(\omega_1-\omega_2)dt$
	阻尼要素	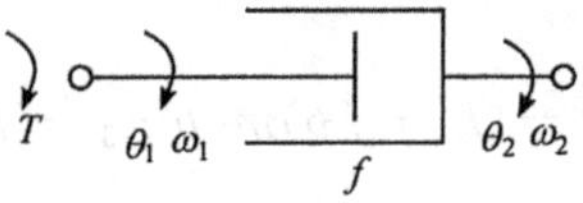	$T=f(\omega_1-\omega_2)=f\left(\dfrac{d\theta_1}{dt}-\dfrac{d\theta_2}{dt}\right)$

例 2.1　带阻尼的质量弹簧系统如图 2.1 所示。求位移 x 与外力 F 之间的运动方程。

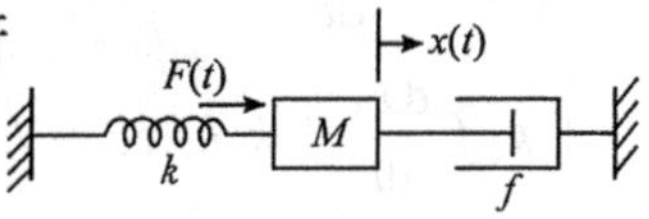

图 2.1　带阻尼的质量弹簧系统

解　根据牛顿定律得

$$F(t)-kx-f\frac{dx}{dt}=M\frac{d^2x}{dt^2} \quad (2.2.1)$$

选 F 为输入量,x 为输出量,则该系统的输入-输出运动方程为

$$M\frac{d^2x}{dt^2}+f\frac{dx}{dt}+kx=F \quad (2.2.2)$$

这是一个线性二阶常微分方程。

例 2.2　汽车的缓振系统如图 2.2 所示。设 m_1 为车厢及架重,m_2 为轮及轮轴重,缓振簧和充气轮胎的刚度(弹性系数)分别为 k_1 和 k_2,缓振器黏性阻尼系数为 f,x_3 为车厢垂直位移,x_1 为路面函数,求 x_3 和 x_1 之间的运动方程。

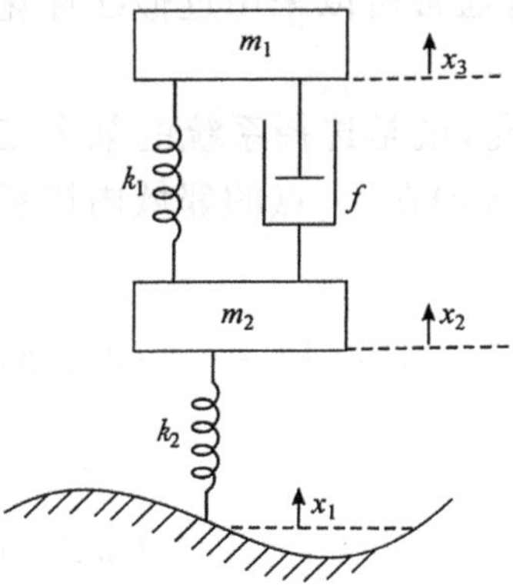

图 2.2　汽车缓振系统模型

解　为方便起见,记 m_2 的垂直位移为 x_2,并假设 x_1、x_2 和 x_3 的坐标原点位于系统处于静止时的位置。

m_1 的力平衡方程为

$$m_1\frac{d^2x_3}{dt^2}=f\left(\frac{dx_2}{dt}-\frac{dx_3}{dt}\right)+k_1(x_2-x_3) \quad (2.2.3)$$

注意，方程中并未出现重力，这是因为重力只是引起了弹簧 k_1 的初始形变，由于将坐标原点选择在系统静止时的位置（即初始形变之后），故重力的作用对运动方程(2.2.3)没有影响。

同理，可得到 m_2 的力平衡方程为

$$m_2\frac{\mathrm{d}^2x_2}{\mathrm{d}t^2}=k_2(x_1-x_2)-k_1(x_2-x_3)-f\left(\frac{\mathrm{d}x_2}{\mathrm{d}t}-\frac{\mathrm{d}x_3}{\mathrm{d}t}\right)\tag{2.2.4}$$

为消去中间变量 x_2，我们记 $p=\frac{\mathrm{d}}{\mathrm{d}t}$ 为微分算子，则式(2.2.3)和式(2.2.4)可分别写成

$$m_1p^2x_3=fp(x_2-x_3)+k_1(x_2-x_3)\tag{2.2.5}$$

$$m_2p^2x_2=k_2(x_1-x_2)-k_1(x_2-x_3)-fp(x_2-x_3)\tag{2.2.6}$$

在式(2.2.5)和式(2.2.6)中消去 x_2 得

$$(m_2p^2+k_2)(m_1p^2+k_1+fp)x_3=-(k_1+fp)m_1p^2x_3+(k_1+fp)k_2x_1$$

即

$$m_1m_2\frac{\mathrm{d}^4x_3}{\mathrm{d}t^4}+(m_2f+m_1f)\frac{\mathrm{d}^3x_3}{\mathrm{d}t^3}+(m_2k_1+m_1k_2+m_1k_1)\frac{\mathrm{d}^2x_3}{\mathrm{d}t^2}$$

$$+k_2f\frac{\mathrm{d}x_3}{\mathrm{d}t}+k_1k_2x_3=k_2f\frac{\mathrm{d}x_1}{\mathrm{d}t}+k_1k_2x_1\tag{2.2.7}$$

式(2.2.7)即为 x_3 和 x_1 之间的运动方程。

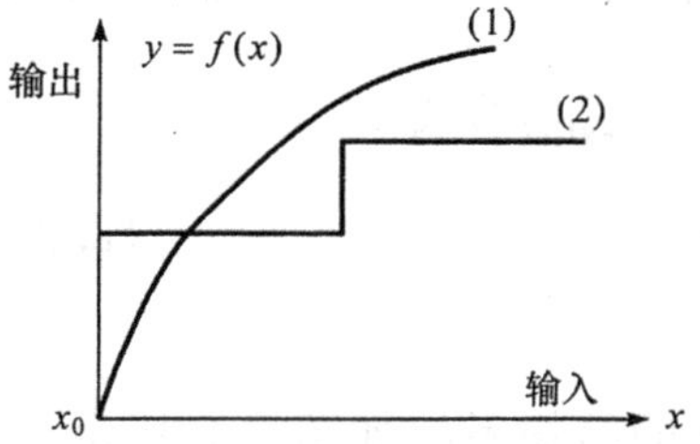

图 2.3　非线性输入输出关系

在前两个例子中，系统中的输入、输出关系都是线性的，但在实际生活中，非线性关系是不可避免的。图 2.3 中绘出了两大类不同的非线性函数关系：光滑函数(1)和非光滑函数(2)。对于非光滑函数的处理将在本书的第 8 章中讨论。对于光滑函数，通常可以采用近似线性化的方法来研究。

所谓近似线性化，就是选择系统的某个工作点 x_0（通常是系统平衡点），然后将非线性函数 $y=f(x)$ 在 x_0 点的邻域内按泰勒级数展开

$$y=f(x_0)+\left.\frac{\mathrm{d}y}{\mathrm{d}x}\right|_{x_0}(x-x_0)+\frac{1}{2!}\left.\frac{\mathrm{d}^2y}{\mathrm{d}x^2}\right|_{x_0}(x-x_0)^2+\cdots\tag{2.2.8}$$

忽略掉方程中的高阶项得到

$$y\approx f(x_0)+\left.\frac{\mathrm{d}y}{\mathrm{d}x}\right|_{x_0}(x-x_0)\tag{2.2.9}$$

记 $f(x_0)=y_0,\left.\frac{\mathrm{d}y}{\mathrm{d}x}\right|_{x_0}=k,\Delta y=y-y_0,\Delta x=x-x_0$，则得到如下线性增量方程

$$\Delta y = k\Delta x \tag{2.2.10}$$

它表示了系统的某个输入和某个输出在工作点附近的增量之间的线性关系。因此，在列写系统运动方程时，只要对所有物理量均取增量形式，便可得到近似的线性运动方程。

例 2.3　倒立摆如图 2.4 所示。设倒立摆的杆长为 l，质量为 m 集中在杆的顶端，摆所受的外力(折合到摆端)为 F，摆杆偏离垂直位置的角度为 θ，求角位移与外力之间的线性运动方程。

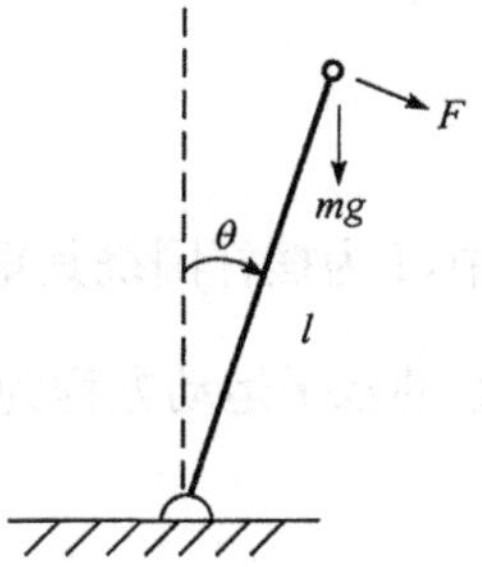

图 2.4　倒立摆

解　摆的力矩平衡方程为

$$(F+mg\sin\theta)l=ml^2\frac{\mathrm{d}^2\theta}{\mathrm{d}t^2}$$

或写成

$$F = ml\frac{\mathrm{d}^2\theta}{\mathrm{d}t^2}-mg\sin\theta \tag{2.2.11}$$

显然，方程中含有一个非线性项 $y=mg\sin\theta$，由于 $\theta_0=0$ 的位置是我们关心的平衡点，故可将上述非线性关系展开

$$y=\sin\theta_0+k(\theta-\theta_0)+\text{ 高阶项}$$

其中，$k=\left.\frac{\mathrm{d}y}{\mathrm{d}\theta}\right|_{\theta_0}=mg\cos\theta_0=mg$，于是得到近似线性化关系

$$y\approx mg(\theta-\theta_0) \tag{2.2.12}$$

将式(2.2.11)写成平衡点附近的增量方程

$$\Delta F=ml\frac{\mathrm{d}^2(\theta-\theta_0)}{\mathrm{d}t^2}-mg\sin(\theta-\theta_0)$$

利用式(2.2.12)得到近似线性增量方程

$$\Delta F\approx ml\frac{\mathrm{d}^2\Delta\theta}{\mathrm{d}t^2}-mg\Delta\theta \tag{2.2.13}$$

例 2.4　考虑如图 2.5(a)所示的小车倒立摆系统。该系统的控制目的是通过控制力 F 的作用使倒立摆保持在垂直位置。设小车的质量为 M，摆杆的质量为 m，摆杆长度为 $2l$，求系统的运动方程(摩擦忽略不计)。

解　记摆杆偏离垂直线的角度为 θ，小车位移记为 x，摆杆和小车的隔离体受力分析如图 2.5(b)所示。围绕摆杆重心的转动运动方程为

$$I\ddot{\theta} = Vl\sin\theta - Hl\cos\theta \tag{2.2.14}$$

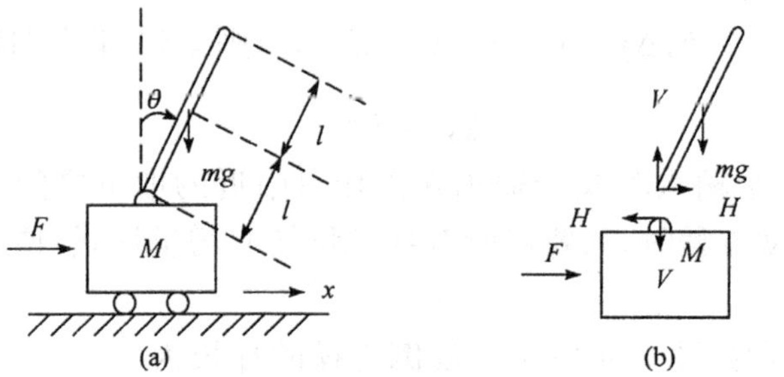

图 2.5　小车倒立摆系统及其受力图

其中，I 为摆杆围绕其重心的转动惯量。设摆杆质量均匀分布，则 $I=\frac{1}{3}ml^2$。摆杆重心的水平运动方程为

$$m\frac{\mathrm{d}^2}{\mathrm{d}t^2}(x+l\sin\theta)=H \tag{2.2.15}$$

摆杆重心的垂直运动方程为

$$m\frac{\mathrm{d}^2}{\mathrm{d}t^2}(l\cos\theta)=V-mg \tag{2.2.16}$$

小车的水平运动方程为

$$M\frac{\mathrm{d}^2x}{\mathrm{d}t^2}=F-H \tag{2.2.17}$$

方程中含有非线性项 $\sin\theta$ 和 $\cos\theta$。假设角度 θ 很小，则式(2.2.14)、式(2.2.15)、式(2.2.16)和式(2.2.17)可以用如下线性化方程表示

$$\frac{1}{3}ml^2\ddot{\theta}=Vl\theta-Hl \tag{2.2.18}$$

$$m(\ddot{x}+l\ddot{\theta})=H \tag{2.2.19}$$

$$0=V-mg \tag{2.2.20}$$

$$M\ddot{x}=F-H \tag{2.2.21}$$

消去中间变量 V、H、x 得到系统的输入-输出运动方程为

$$\left(\frac{1}{3}+\frac{M}{M+m}\right)l^2\ddot{\theta}-gl\theta=-\frac{l}{M+m}F \tag{2.2.22}$$

2.2.2　电路系统

电路系统的基本要素是电阻、电容和电感。

支配电路系统的基本定律是基尔霍夫电流定律和电压定律。基尔霍夫电流定律表明：在任意瞬间，流入和流出任意电路节点的所有电流的代数和等于零。基尔霍夫电压定律表明：在任意瞬间，在电路中沿任意环路的电压的代数和等于零。

例 2.5　*RLC* 串联电路如图 2.6 所示。该电路由一个电感 L(单位:H)、一个电阻 R(单位:Ω)和一个电容 C(单位:F)组成,求电容器上的电压 $u_C(t)$与端电压 $u(t)$之间的运动方程。

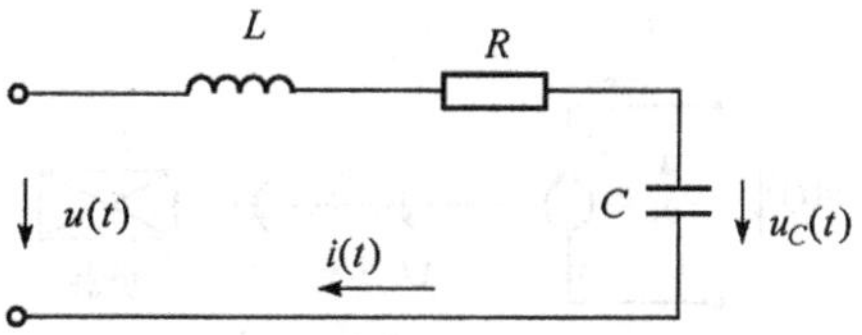

图 2.6　*RLC* 串联电流

解　由基尔霍夫电压定律得

$$L\frac{\mathrm{d}i}{\mathrm{d}t}+Ri+u_C=u(t) \tag{2.2.23}$$

$$i=C\frac{\mathrm{d}u_C}{\mathrm{d}t} \tag{2.2.24}$$

这里 $u(t)$为输入量,$u_C(t)$为输出量。为消去中间变量 $i(t)$,可对式(2.2.24)两边微分得

$$\frac{\mathrm{d}i}{\mathrm{d}t}=C\frac{\mathrm{d}^2u_C}{\mathrm{d}t^2} \tag{2.2.25}$$

将式(2.2.24)和式(2.2.25)代入式(2.2.23)得

$$LC\frac{\mathrm{d}^2u_C}{\mathrm{d}t^2}+RC\frac{\mathrm{d}u_C}{\mathrm{d}t}+u_C=u(t) \tag{2.2.26}$$

比较该方程与式(2.2.2),我们注意到,尽管图 2.1 和图 2.6 所示的两个系统原理不同,物理量和参数也不同,但系统的输入量和输出量之间的运动方程具有相同的形式。具有相同形式的微分方程的系统称为相似系统。利用相似系统的概念,我们可以将在一个系统上得到的分析结果或实验结论推广到它的所有相似系统上去。这给控制理论的应用带来了极大的方便。

2.2.3　机电系统

机电设备是工业中极为常见的一类系统,电机就是一个典型的机电系统。

例 2.6　图 2.7 为他励直流电动机的示意图,求电枢电压和电机角速度之间的运动方程。

解　他励直流电动机中既有电磁运动,又有机械运动。为了列写从输入量 $u(t)$到输出量 $\omega(t)$的运动方程,可将这一系统分为三个部分:

(1) 机械部分

$$M=J\frac{\mathrm{d}\omega}{\mathrm{d}t}+f\omega \tag{2.2.27}$$

(2) 电磁部分

$$u-e_\mathrm{a}=L_\mathrm{a}\frac{\mathrm{d}i_\mathrm{a}}{\mathrm{d}t}+R_\mathrm{a}i_\mathrm{a} \tag{2.2.28}$$

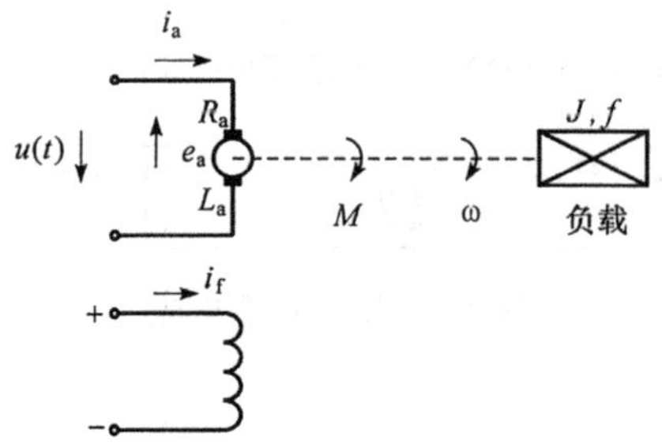

图 2.7 他励直流电动机

$u(t)$：电枢电压；e_a：反电动势；i_a：电枢电流；R_a：电枢电阻；L_a：电枢电感；M：电磁力矩；ω：电机轴的角速度；J：电动机（包括负载）总的转动惯量；f：电动机和负载折算到轴上的等效黏性阻尼系数；i_f：励磁电流，设为常数。

(3) 机电耦合

$$e_a = k_b\omega \tag{2.2.29}$$

$$M = k_d i_a \tag{2.2.30}$$

其中，k_b 为反电动势常数；k_d 是电动机的力矩系数。

为了消去中间变量，可将式(2.2.27)代入式(2.2.30)得

$$i_a = \frac{1}{k_d}(f\omega + J\dot{\omega}) \tag{2.2.31}$$

对式(2.2.31)两边微分得

$$\frac{di_a}{dt} = \frac{1}{k_d}(f\dot{\omega} + J\ddot{\omega}) \tag{2.2.32}$$

将式(2.2.29)、式(2.2.31)和式(2.2.32)代入式(2.2.28)即得

$$\frac{L_a J}{k_b k_d} \cdot \frac{d^2\omega}{dt^2} + \left(\frac{R_a J}{k_b k_d} + \frac{L_a f}{k_b k_d}\right)\frac{d\omega}{dt} + \left(1 + \frac{R_a f}{k_b k_d}\right)\omega = \frac{u}{k_b} \tag{2.2.33}$$

可见从电枢电压到电动机角速度的运动方程也是一个二阶常微分方程。当电枢回路的电感很小(可以忽略不计)时，式(2.2.33)可以简化为一阶微分方程

$$T_m \frac{d\omega}{dt} + \left(1 + \frac{R_a f}{k_b k_d}\right)\omega = \frac{u}{k_b} \tag{2.2.34}$$

其中，$T_m = \dfrac{R_a J}{k_b k_d}$称为机电时间常数。

2.2.4 液位系统

在工业过程中，常常涉及液流通过连接管道和油(水)箱，因此研究液位系统的建模是很有必要的。

液体流动状态通常分为层流和紊流。层流是液体由一层通向另一层的平滑运动，通常可用线性关系建模。而紊流则表现为液体不规则的运动，要用非线性方程描述其动态特性。从层流到紊流的飞越条件与一组无量纲的数有关，这些数统称为雷诺数。当雷诺数小于 2000 时管内液流为层流，而雷诺数大于 3000 时为紊流，当雷诺数在 2000～3000 时，液流的形式不可预测。

设有一液流通过连接两个容器的导管。这时导管的液阻定义为产生单位流量变化所需的液位差(两个容器的液面高度之差)的变化量，即

$$R = \frac{\text{液位差变化(m)}}{\text{流量变化}(\text{m}^3/\text{s})}$$

在层流和紊流时，流量与液位差之间的关系是不同的，下面分两种情况分别讨论。

考虑如图 2.8 所示的液位系统，图中 $Q+q_i$ 和 $Q+q_o$ 分别为输入流量和输出流量(m^3/s)，$H+h$ 为液面高度(m)，而 Q、H 分别为稳态时的流量和液面高度值。如果流过节流孔的液流是层流时，下列关系成立

$$Q = KH \tag{2.2.35}$$

其中，K 是与液体黏度及管的直径等因素有关的系数。此时的液阻为一常数

$$R_l = \frac{dH}{dQ} = \frac{H}{Q} = \frac{1}{K} \tag{2.2.36}$$

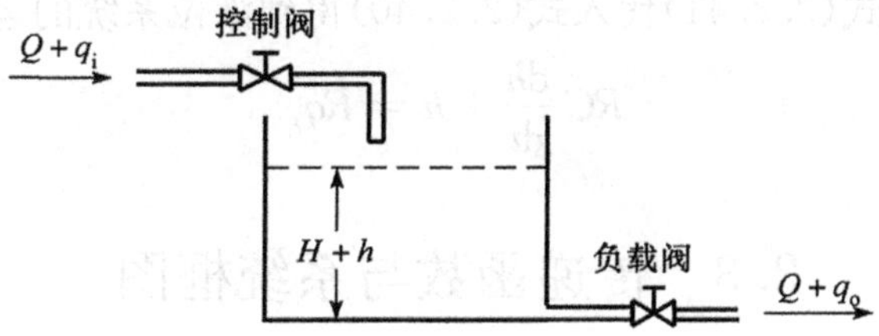

图 2.8　液位系统

如果通过节流器的是紊流，则稳态流量与液面高度的关系为

$$Q = K\sqrt{H} \tag{2.2.37}$$

其中，K 为系数($m^{2.5}/s$)，此时 Q 与 H 之间是非线性关系(图 2.9)。

由式(2.2.37)可得

$$dQ = \frac{K}{2\sqrt{H}}dH$$

因此根据定义知道此时的液阻为

$$R_t = \frac{dH}{dQ} = \frac{2\sqrt{H}}{K} = \frac{2\sqrt{H}\sqrt{H}}{Q} = \frac{2H}{Q} \tag{2.2.38}$$

显然此时 R_t 是一个与 Q 和 H 都有关的变数。但如果只考虑在某一稳态附近的变化情况，则 R_t 可近似看成一个常数，这样流量与液面高度之间的关系可以看成有如下线性关系：

$$Q = \frac{2H}{R_t} \tag{2.2.39}$$

而 R_t 可由图 2.9 中的曲线的切线斜率求出。

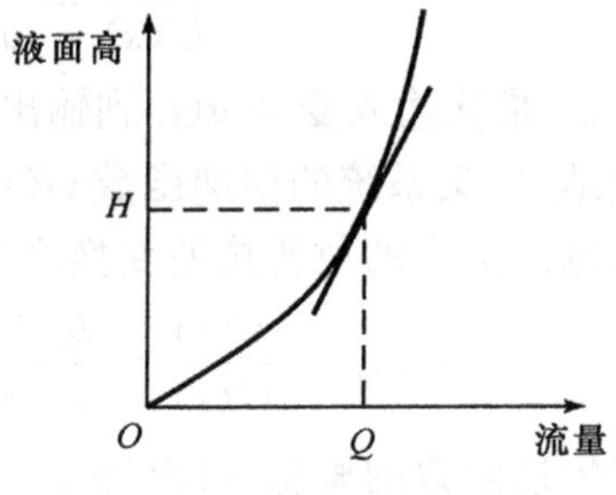

图 2.9　液面高度与流量间的关系

综上所述，我们可得出如下结论：当流过节流孔的液流是层流时，液面高度与

流量之间呈线性关系；而当液流是紊流时，液面高度与流量之间是非线性关系，但经过近似线性化，仍可以看成线性关系。

设 q_i 和 q_o 分别为输入和输出流量，C 为容器横截面积(m^2)，h 为当前液面高度(m)，则

$$C\mathrm{d}h = (q_i - q_o)\mathrm{d}t \tag{2.2.40}$$

根据前述的线性关系有

$$q_o = \frac{h}{R} \tag{2.2.41}$$

其中，R 为液阻，将式(2.2.41)代入式(2.2.40)得到液位系统的运动方程为

$$RC\frac{\mathrm{d}h}{\mathrm{d}t} + h = Rq_i \tag{2.2.42}$$

2.3 传递函数与系统框图

2.3.1 传递函数

我们已经知道，一个线性系统的输入-输出关系可以用线性微分方程描述，以最简单的一阶微分方程为例

$$a_1\frac{\mathrm{d}y(t)}{\mathrm{d}t} + a_0 y(t) = b_1\frac{\mathrm{d}u(t)}{\mathrm{d}t} + b_0 u(t) \tag{2.3.1}$$

对方程(2.3.1)的两端进行拉普拉斯变换

$$a_1[sY(s) - y(0)] + a_0 Y(s) = b_1[sU(s) - u(0)] + b_0 U(s)$$

假设变量的初始值均为零，即 $y(0) = u(0) = 0$，则

$$Y(s)(a_1 s + a_0) = U(s)(b_1 s + b_0)$$

于是得到

$$\frac{Y(s)}{U(s)} = \frac{b_1 s + b_0}{a_1 s + a_0} \triangleq G(s) \tag{2.3.2}$$

我们称 $G(s)$ 是从输入变量 $u(t)$ 到输出变量 $y(t)$ 的传递函数。

一般地，定义系统的传递函数 $G(s)$ 为零初始条件下系统的输出信号的拉普拉斯变换和输入信号的拉普拉斯变换之比，即

$$G(s) = \frac{Y(s)}{U(s)} = \frac{b_m s^m + b_{m-1}s^{m-1} + \cdots + b_1 s + b_0}{a_n s^n + a_{n-1}s^{n-1} + \cdots + a_1 s + a_0} \tag{2.3.3}$$

利用传递函数的概念，可以用以 s 为变量的代数方程来表示系统的动态特性。如果传递函数的分母中 s 的最高次数为 n，则称该系统为 n 阶系统。为保证系统的因果性，传递函数应是真有理函数，即 $m \leqslant n$。

根据多项式理论，一个 n 次的多项式可以唯一的分解成 n 个一次因式的乘积。

因此,式(2.3.3)可以写成

$$G(s)=\frac{b_m(s+z_1)(s+z_2)\cdots(s+z_m)}{a_n(s+p_1)(s+p_2)\cdots(s+p_n)}=K_g\frac{\prod\limits_{i=1}^{m}(s+z_i)}{\prod\limits_{j=1}^{n}(s+p_j)}$$

其中,K_g 叫作传递函数的传递系数,也是第 3 章将要介绍的根轨迹增益,$-z_i(i=1,2,\cdots,m)$称为传递函数的零点,$-p_j(j=1,2,\cdots,n)$称为传递函数的极点。今后我们将逐渐认识到,传递函数零、极点在复平面中的分布和位置直接决定了系统的品质好坏。

对于传递函数需要作如下说明:

(1) 传递函数只适用于描述线性定常系统。

(2) 传递函数是系统的数学模型,它和微分方程一样,刻画的是输入变量和输出变量之间的动态变化关系。不同的物理系统可以具有相同的传递函数。

(3) 传递函数表征的是系统本身的一种属性,即输出与输入之间的一种函数关系。它与输入信号的大小和性质无关。

(4) 传递函数是系统单位脉冲响应的拉普拉斯变换。设系统输入信号为单位脉冲信号 $\delta(t)$,此时 $U(s)=\mathscr{L}[\delta(t)]=1$,故系统的单位脉冲相应为 $g(t)=\mathscr{L}^{-1}[G(s)U(s)]=\mathscr{L}^{-1}[G(s)]$。于是得到,传递函数 $G(s)$的拉普拉斯反变换 $g(t)$ 就是系统的单位脉冲响应。

对于一个给定的实际系统,可以用写运动方程的方法求得传递函数。

例 2.7 考虑图 2.10 所示的液位系统。在平衡状态下,输入流量和输出流量均为 $\bar{Q}$,而两个容器之间的流量为零,此时容器 1 和容器 2 的水面高度均为 $\bar{H}$。改变输入阀门的位置,使输入流量从 $\bar{Q}$ 变化到 $\bar{Q}+q(t)$,此时,两个容器之间的流量、输出流量、容器 1 和容器 2 的水面高度随之发生变化,其值分别为 $q_1(t)$,$\bar{Q}+q_2(t)$,$\bar{H}+h_1(t)$和 $\bar{H}+h_2(t)$。容器 1 和容器 2 的横截面积分别设为 C_1 和 C_2,两个容器之间阀的液阻为 R_1,输出端阀的液阻为 R_2。

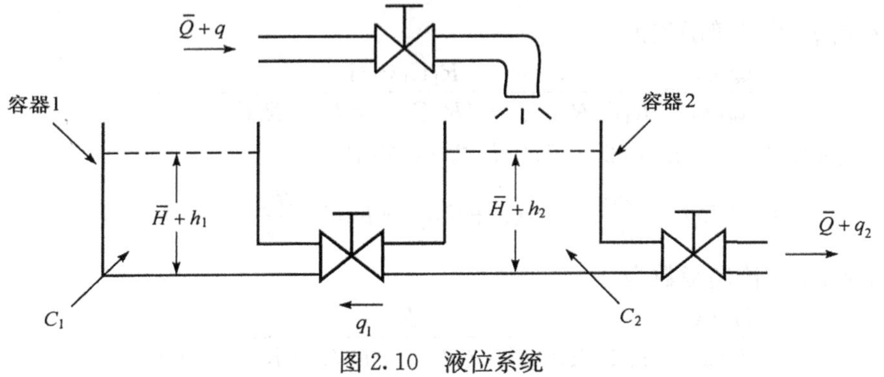

图 2.10　液位系统

(1) 求以 q 为输入量、h_2 为输出量的传递函数；

(2) 求以 q 为输入量、q_2 为输出量的传递函数；

(3) 求以 q 为输入量、h_1 为输出量的传递函数。

解 (1) 对于容器 1

$$C_1 \mathrm{d}h_1 = q_1 \mathrm{d}t$$

式中

$$q_1 = (h_2 - h_1)/R_1$$

因此

$$R_1 C_1 \frac{\mathrm{d}h_1}{\mathrm{d}t} + h_1 = h_2 \tag{2.3.4}$$

对于容器 2

$$C_2 \mathrm{d}h_2 = (q - q_1 - q_2)\mathrm{d}t$$

式中

$$q_2 = h_2/R_2$$

于是得到

$$R_2 C_2 \frac{\mathrm{d}h_2}{\mathrm{d}t} + \frac{R_2}{R_1} h_2 + h_2 = R_2 q + \frac{R_2}{R_1} h_1 \tag{2.3.5}$$

从式(2.3.4)和式(2.3.5)中消去 h_1，得到

$$R_1 C_1 R_2 C_2 \frac{\mathrm{d}^2 h_2}{\mathrm{d}t^2} + (R_1 C_1 + R_2 C_2 + R_2 C_1) \frac{\mathrm{d}h_2}{\mathrm{d}t} + h_2 = R_1 R_2 C_1 \frac{\mathrm{d}q}{\mathrm{d}t} + R_2 q \tag{2.3.6}$$

从而，q 到 h_2 的传递函数为

$$\frac{H_2(s)}{Q(s)} = \frac{R_1 R_2 C_1 s + R_2}{R_1 C_1 R_2 C_2 s^2 + (R_1 C_1 + R_2 C_2 + R_2 C_1)s + 1}$$

(2) 将 $h_2 = R_2 q_2$ 代入式(2.3.6)，得到

$$R_1 C_1 R_2 C_2 \frac{\mathrm{d}^2 q_2}{\mathrm{d}t^2} + (R_1 C_1 + R_2 C_2 + R_2 C_1) \frac{\mathrm{d}q_2}{\mathrm{d}t} + q_2 = R_1 C_1 \frac{\mathrm{d}q}{\mathrm{d}t} + q$$

从而，q 到 q_2 的传递函数为

$$\frac{Q_2(s)}{Q(s)} = \frac{R_1 C_1 s + 1}{R_1 C_1 R_2 C_2 s^2 + (R_1 C_1 + R_2 C_2 + R_2 C_1)s + 1}$$

(3) 从式(2.3.4)和式(2.3.5)中消去 h_2，得到

$$R_1 C_1 R_2 C_2 \frac{\mathrm{d}^2 h_1}{\mathrm{d}t^2} + (R_1 C_1 + R_2 C_2 + R_2 C_1) \frac{\mathrm{d}h_1}{\mathrm{d}t} + h_1 = R_2 q$$

从而，q 到 h_1 的传递函数为

$$\frac{H_1(s)}{Q(s)} = \frac{R_2}{R_1 C_1 R_2 C_2 s^2 + (R_1 C_1 + R_2 C_2 + R_2 C_1)s + 1}$$

2.3.2　方框图及系统的连接

有了传递函数以后，我们用如图 2.11 所示的方框图简洁地表示一个系统。指向方框的箭头表示输入信号，从方框出来的箭头表示输出信号。

方框图的优点是可以清晰地表明系统中信号的流向，还可以简明表示出系统中各部分的连接关系。下面考虑几种常见的连接方式。

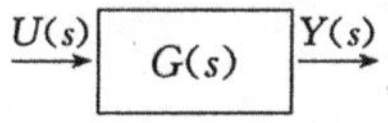

图 2.11　方框图单元

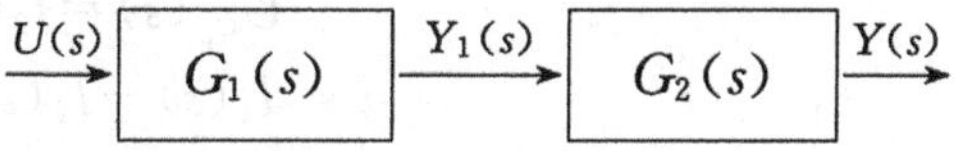

图 2.12　串联环节

1. 串联

两个传递函数分别为 $G_1(s)$ 和 $G_2(s)$ 的系统（环节）的串联用图 2.12 表示。所谓串联，即是将第一个环节 $G_1(s)$ 的输出信号作为第二个环节的输入信号连到第二个环节，第二个环节的输出即为整个系统的输出。因此，根据传递函数的定义不难得到

$$Y(s)=G_2(s)Y_1(s)=G_2(s)G_1(s)U(s)$$

因此，从 $U(s)$ 到 $Y(s)$ 的传递函数为

$$G(s)=\frac{Y(s)}{U(s)}=G_2(s)G_1(s) \tag{2.3.7}$$

式(2.3.7)可以推广到 n 个环节的串联，即 $G_1(s),G_2(s),\cdots,G_n(s)$ 串联后整个系统的传递函数是各个传递函数的乘积 $G_n(s)G_{n-1}(s)\cdots G_2(s)G_1(s)$。

需要指出的是，在串联连接中，每个环节应是相互独立的，后一个环节的串入，不应改变前一个环节的输入-输出关系，否则称第二个环节对第一个环节具有“负载效应”，而我们知道，传递函数是不应该受负载（输出）大小影响的。

例 2.8　求如图 2.13 所示的串联 RC 网络的传递函数。

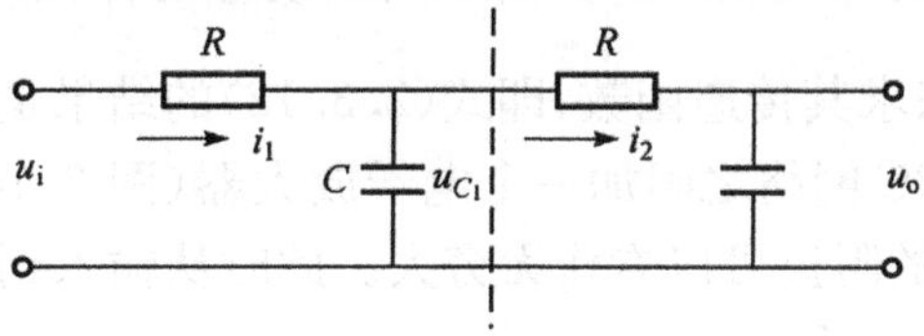

图 2.13　串联 RC 网络

根据基尔霍夫电压定律和电流定律容易得到

$$u_i = i_1R + u_{C_1} \tag{2.3.8}$$

$$u_{C_1} = i_2R + u_o \tag{2.3.9}$$

$$i_1 - i_2 = C\frac{\mathrm{d}u_{C_1}}{\mathrm{d}t} \tag{2.3.10}$$

$$i_2 = C\frac{\mathrm{d}u_o}{\mathrm{d}t} \tag{2.3.11}$$

对式(2.3.8)～式(2.3.11)的两端进行拉普拉斯变换得到

$$U_i(s)=I_1(s)R+U_{C_1}(s)$$
$$U_{C_1}(s)=I_2(s)R+U_o(s)$$
$$I_1(s)-I_2(s)=sCU_{C_1}(s)$$
$$I_2(s)=sCU_o(s)$$

消去中间变量 $I_1(s)$、$I_2(s)$和 $U_{C_1}(s)$得到

$$\frac{U_o(s)}{U_i(s)} = \frac{1}{(RC)^2s^2+3RCs+1} = G(s) \tag{2.3.12}$$

然而,如果将图 2.13 所示网络看成两个一阶的 RC 网络的串联,则会得到不同的结果。显然一阶 RC 网络的传递函数是

$$G_1(s)=\frac{1}{RCs+1}$$

由串联公式得

$$G'(s) = \frac{1}{RCs+1}\cdot\frac{1}{RCs+1} = \frac{1}{(RC)^2s^2+2RCs+1} \tag{2.3.13}$$

比较式(2.3.12)和式(2.3.13)我们会发现两者是不一样的。那么,为什么会出现这种差异呢?这是因为在计算一阶 RC 网络的传递函数时,它是空载的,而当第二个 RC 网络串接上去后,相当于在第一网络上接上了一个负载。在接上负载后,我们再来计算$\frac{U_{C_1}(s)}{U_i(s)}$,就会发现它不再等于$\frac{1}{RCs+1}$,而且负载大小的不同会改变$\frac{U_{C_1}(s)}{U_i(s)}$,这就是前述的“负载效应”。由于负载效应的存在,对于如图 2.13 所示的电路只能按照整体来求其传递函数,即式(2.3.12)的结果是正确的。

如果在两个一阶 RC 网络之间加一个电子放大器(图 2.14),则可以消除负载效应,因为电子放大器的阻抗可以看作无穷大。此时从输入到输出的传递函数为

$$\frac{U_o(s)}{U_i(s)} = K\frac{1}{RCs+1}\cdot\frac{1}{RCs+1} \tag{2.3.14}$$

2. 并联

图 2.15 表示两个环节的并联,在并联结构图中我们引入了信号分支点和信号相加点。所谓信号分支点,就是信号在该点分两路分别送入 $G_1(s)$和 $G_2(s)$。需要

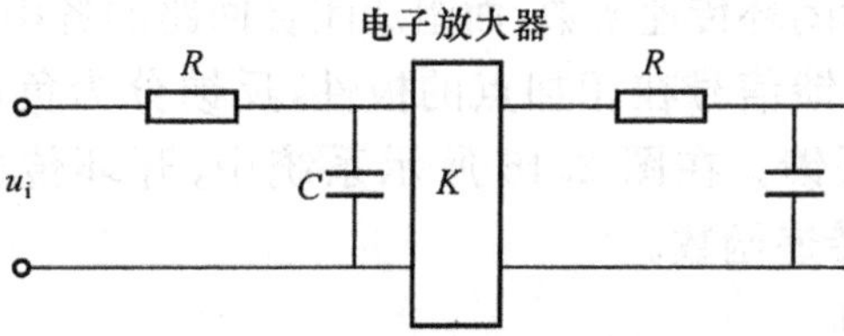

图 2.14　加电子放大器的 RC 串联网络

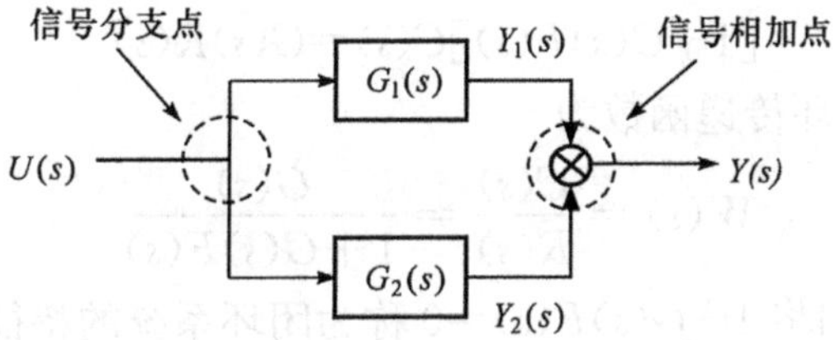

图 2.15　并联环节

指出的是，这里的“分支”不同于通常所说的“分流”，因为从分支点出来的两路信号都是 $U(s)$，与原信号一样，而不是将原信号一分为二。所谓信号相加点，是指两个信号在此处汇合，汇合后流出的信号是两个信号的(代数)和。分支点和相加点的概念可以推广到多个信号的情况。

不难得到并联情况下系统的输入-输出关系为

$$Y(s)=Y_1(s)+Y_2(s)=G_1(s)U(s)+G_2(s)U(s)=(G_1(s)+G_2(s))U(s)$$

因此，从 $U(s)$ 到 $Y(s)$ 的传递函数为

$$G(s)=\frac{Y(s)}{U(s)}=G_2(s)+G_1(s) \tag{2.3.15}$$

因此可以得到结论：n 个传递函数分别为 $G_1(s),G_2(s),\cdots,G_n(s)$ 的环节并联后，整个系统的传递函数等于这几个传递函数的和，即 $G(s)=G_1(s)+G_2(s)+\cdots+G_n(s)$。

3. 反馈

反馈是自动控制系统中经常遇到的一种联接方式。所谓反馈，简单地说，就是将一个对象的输出信号在经过某个环节后反向传送到其输入端。当然反向传回的输出信号在进入输入端之前，通常要与某个参考输入信号进行比较(图 2.16)。

在图 2.16 中，从 $E(s)$ 到 $C(s)$ 的通道称为前向通道，从 $C(s)$ 到 $B(s)$ 的通道称为反馈通道。前向通道和反馈通道在系统中形成一个闭合回路。因此，从 $R(s)$

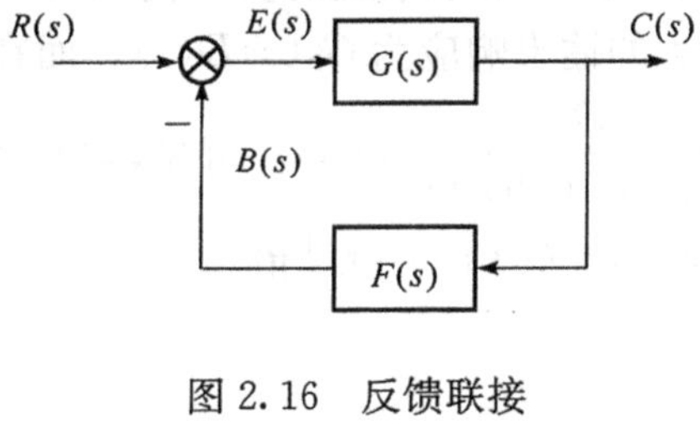

图 2.16　反馈联接

到 $C(s)$的传递函数称为闭环传递函数，而组成闭合回路的各串联环节的乘积称为开环传递函数。根据反馈信号在相加点的极性，反馈分为负反馈和正反馈。若 $F(s)=1$，则称为单位反馈。在图 2.16 所示系统中，开环传递函数为 $G_0(s)=G(s)F(s)$。下面求闭环传递函数。

由图 2.16 不难得到

$$C(s)=G(s)E(s)=G(s)[R(s)-B(s)]=G(s)[R(s)-F(s)C(s)]$$

所以有

$$[1+G(s)F(s)]C(s)=G(s)R(s)$$

故整个反馈系统的闭环传递函数为

$$W(s)=\frac{C(s)}{R(s)}=\frac{G(s)}{1+G(s)F(s)} \tag{2.3.16}$$

在后面的学习中，我们将 $1+G(s)F(s)=0$ 称为闭环系统的特征方程。

反馈系统对系统内部的参数扰动有较好的抑制作用。设在对象参数扰动下传递函数由 $G(s)$变为 $G(s)+\Delta G(s)$，在开环情况下系统输出为

$$\begin{aligned}C(s)&=(G(s)+\Delta G(s))R(s)=G(s)R(s)+\Delta G(s)R(s)\\&=C_0(s)+\Delta C(s)\end{aligned}$$

其中，$\Delta C(s)=\Delta G(s)R(s)$是参数扰动引起的输出变化量。在闭环情况下，系统输出为

$$\begin{aligned}C(s)&=\frac{G(s)+\Delta G(s)}{1+(G(s)+\Delta G(s))F(s)}R(s)\\&\approx\frac{G(s)}{1+G(s)F(s)}R(s)+\frac{\Delta G(s)}{1+G(s)F(s)}R(s)\quad(\text{假设}|G(s)|\gg|\Delta G(s)|)\\&=C'(s)+\Delta C'(s)\end{aligned}$$

因此，$\dfrac{\Delta C'(s)}{\Delta C(s)}=\dfrac{1}{1+G(s)F(s)}$。这说明：与开环系统相比，闭环系统输出的变化减小$|1+G(s)F(s)|$倍。在通常情况下$|1+G(s)F(s)|$远比 1 大。

反馈系统对系统外部的干扰也有较好的抑制作用。考虑如图 2.17 所示的系统，其中 $R(s)$表示系统的参考输入，$D(s)$为外部干扰信号。在开环情况下，干扰信号产生的输出响应为 $G_2(s)D(s)$。而在引入单位反馈后，干扰信号产生的输出响应为$\dfrac{G_2(s)}{1+G_1(s)G_2(s)}D(s)$。可见，与开环系统相比，闭环情况下干扰信号的输出响应减小$|1+G_1(s)G_2(s)|$倍。

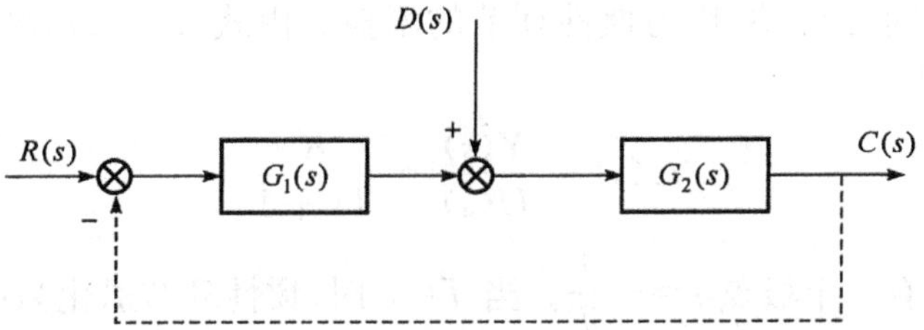

图 2.17　干扰信号的输出响应

2.3.3 典型环节的传递函数

在控制系统的分析中，常常将一个系统分解成若干个典型环节，分别考察各个环节对系统性能的影响；而在控制系统设计中，常在系统某处增加若干个典型环节，以改变系统的性能。所谓典型环节就是构成系统的一些基本要素，它们在系统分析和设计中起着重要的作用。

1. 放大环节

图 2.18 所示的是放大环节，又称比例环节，其输出量以一定比例复现输入信号，即

$$y(t)=Ku(t)$$

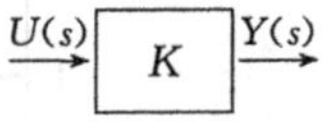

图 2.18　放大环节

其传递函数为

$$G(s)=\frac{Y(s)}{U(s)}=K$$

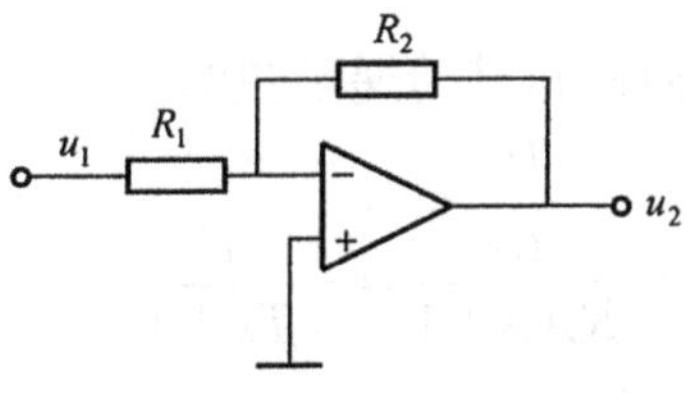

图 2.19　用运算放大器构成的放大环节

图 2.19 所示为一个用运算放大器构成的放大环节，其放大倍数为

$$K=\frac{U_2(s)}{U_1(s)}=-\frac{R_2}{R_1}$$

其他能构成放大环节的如齿轮传动变速箱、分压器等。

2. 惯性环节

惯性环节中因含有储能元件，故对突变的输入信号不能立即复现，其运动方程如下

$$T\frac{\mathrm{d}y(t)}{\mathrm{d}t}+y(t)=Ku(t) \tag{2.3.17}$$

其中，T 称为时间常数，K 称为惯性环节的增益。由式(2.3.17)容易得出惯性环节的传递函数为

$$G(s)=\frac{Y(s)}{U(s)}=\frac{K}{Ts+1} \tag{2.3.18}$$

可见，惯性环节有一个极点 $s=-\frac{1}{T}$。当 $T=0$ 时，惯性环节退化为比例环节。

当输入信号 $u(t)=1(t)$时，由式(2.3.17)不难求出惯性环节的输出响应为

$$y(t)=K(1-e^{-t/T}) \tag{2.3.19}$$

由图 2.20(a)和(b)看出，当输入信号从零突变到 1 后，输出信号并不能立即响应，而是逐渐增大。当 $t\to\infty$时，输出信号趋于稳态值 K。输出响应曲线在 $t=0$ 时的上升斜率为$\frac{K}{T}$，因为

$$y'(0)=\frac{K}{T}e^{-\frac{t}{T}}\Big|_{t=0}=\frac{K}{T}$$

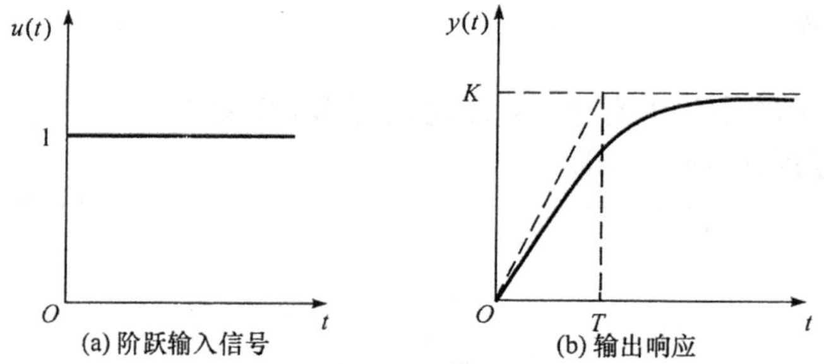

图 2.20 惯性环节的输入与输出

图 2.21 所示为一个由运算放大器构成的惯性环节，其传递函数为

$$G(s)=\frac{U_2(s)}{U_1(s)}=-\frac{R_2\cdot\frac{1}{Cs}\Big/\left(R_2+\frac{1}{Cs}\right)}{R_1}=-\frac{\frac{R_2}{R_1}}{R_2Cs+1}=-\frac{K}{Ts+1}$$

其中，$K=\frac{R_2}{R_1}$，$T=R_2C$，负号表示输出与输入反向。

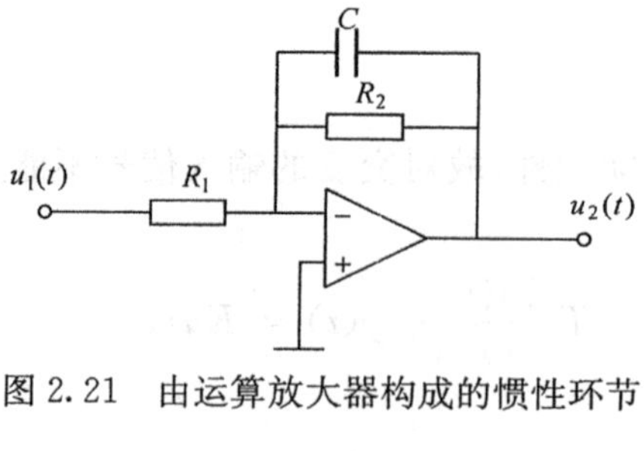

图 2.21 由运算放大器构成的惯性环节

实际系统中可以用惯性环节建模的对象还很多，如上一节介绍的液位系统、电加热的炉温随输入电压的变化、忽略电枢电感的直流电机，等等。

3. 积分环节

积分环节的输入-输出关系为

$$y(t)=\frac{1}{T_{\mathrm{i}}}\int_{0}^{t}u(\tau)\mathrm{d}\tau \tag{2.3.20}$$

其传递函数为

$$G(s)=\frac{Y(s)}{U(s)}=\frac{1}{T_{\mathrm{i}}s}=\frac{K_{\mathrm{i}}}{s} \tag{2.3.21}$$

因此积分环节有一个位于复平面坐标原点的极点。T_{i} 称为积分时间常数，$K_{\mathrm{i}}=\frac{1}{T_{\mathrm{i}}}$ 称为积分环节的增益。

当 $u(t)=1(t)$ 时，由式(2.3.20)不难求出

$$y(t)=t/T_{\mathrm{i}},\qquad t>0$$

由此可见，积分环节的单位阶跃响应是随时间线性增长的，增长的速度取决于增益 $K_{\mathrm{i}}=\frac{1}{T_{\mathrm{i}}}$，$K_{\mathrm{i}}$ 越大(或积分时间常数 T_{i} 越小)，则增长的越快。而当输入信号突然移去后，输出量维持在原值上不变，如图 2.22 所示，这说明积分环节具有记忆功能。

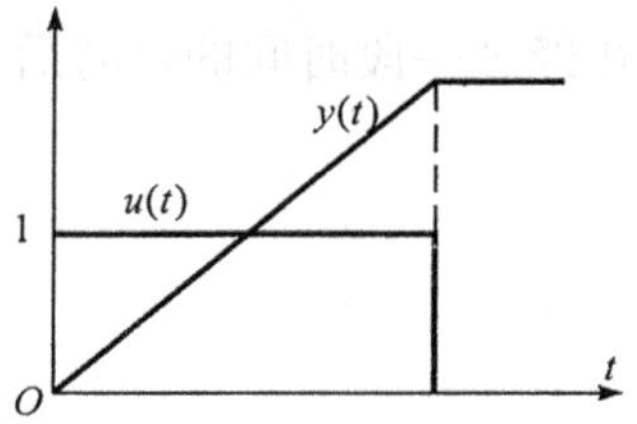

图 2.22　积分环节的单位阶跃响应

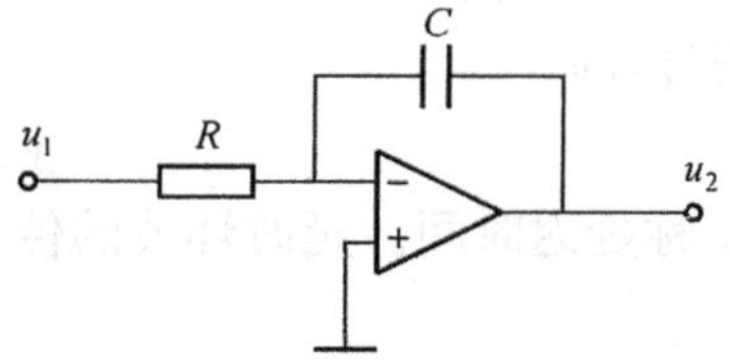

图 2.23　由运算放大器构成的积分环节

图 2.23 所示为一个由运算放大器构成的积分环节，其传递函数为

$$G(s)=\frac{U_2(s)}{U_1(s)}=-\frac{1}{RCs}=-\frac{1}{Ts}$$

4. 微分环节

理想的微分环节的输出和其输入量的导数成比例，即

$$y(t)=\tau\frac{\mathrm{d}u(t)}{\mathrm{d}t}$$

其传递函数为

$$G(s)=\frac{Y(s)}{U(s)}=\tau s$$

其中，τ 称为微分时间常数。

当输入信号为单位阶跃信号时，则微分环节的输出为

$$y(t)=\tau\frac{\mathrm{d}}{\mathrm{d}t}1(t)=\tau\delta(t)$$

它是一个幅值为无穷大而时间宽度为零的理想脉冲信号。

由于微分环节是非因果的，因此，在实际物理系统中是得不到的。用来执行微分作用的环节都是近似的，图 2.24 所示是一个近似的微分环节，其传递函数为

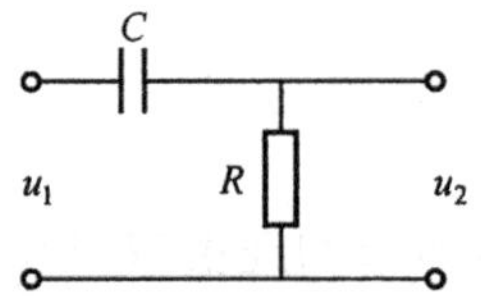

图 2.24　近似微分环节

$$G(s)=\frac{U_2(s)}{U_1(s)}=\frac{RCs}{RCs+1}$$

若 $RC\ll 1$，则 $G(s)\approx RCs$。

5. 延时环节

延时环节也称作时滞环节。延时环节的输出在经过一段时间的延时后才复现输入信号，即

$$y(t)=u(t-\tau)$$

其中，τ 称延迟时间。延时环节的传递函数为

$$G(s)=\frac{Y(s)}{U(s)}=\mathrm{e}^{-\tau s}$$

这是一个超越函数，可以认为它有无穷多个零点和极点。

图 2.25 中，$u(t)$ 和 $y(t)$ 分别表示某一输油管道的输入流量和输出流量，如果输入流量在某时刻 $t=t_0$ 时改变 $\Delta u(t)$，输出流量 $y(t)$ 并不马上改变，而是在经过某一延时 τ 后才有同样的改变，所以可看作是一个延时环节。延时环节对控制系统的稳定性等有较大影响，需要引起特别的注意。

图 2.25　延时环节示意图

6. 振荡环节

振荡环节的传递函数为

$$G(s)=\frac{\omega_n^2}{s^2+2\zeta\omega_n s+\omega_n^2}$$

它有一对共轭复极点

$$p_{1,2}=-\zeta\omega_n \pm \mathrm{j}\omega_n\sqrt{1-\zeta^2},\qquad 0\leqslant\zeta<1$$

因此,振荡环节不能简单地看成是两个惯性环节的串联。

上节介绍的 RLC 电路、质量弹簧系统、他励直流电机等在适当的参数配合下均是振荡环节。关于振荡环节的频域特性和时域特性,将分别在 2.5 节和 5.2 节中详细讨论。

在了解了典型环节的知识后,常常可将一个较为复杂的控制系统或对象看成是由若干典型环节通过串联、并联或反馈形式连接而成的。

例 2.9　考虑如图 2.7 所示的他励直流电动机,画出由典型环节构成的系统方框图并求出传递函数。

解　在该系统中电枢电压 $u(t)$是输入信号,电动机轴的角速度 $\omega(t)$被视为输出量。例 2.6 已给出电机各部分的运动方程为

$$M=J\,\frac{\mathrm{d}\omega}{\mathrm{d}t}+f\omega$$

$$u-e_{\mathrm{a}}=L_{\mathrm{a}}\,\frac{\mathrm{d}i_{\mathrm{a}}}{\mathrm{d}t}+R_{\mathrm{a}}i_{\mathrm{a}}$$

$$e_{\mathrm{a}}=k_{\mathrm{b}}\omega$$
$$M=k_{\mathrm{d}}i_{\mathrm{a}}$$

式中各符号的含义同例 2.6。对上面四式的两边均作拉普拉斯变换,可得

$$M(s)=(Js+f)\Omega(s)$$
$$U(s)-E_{\mathrm{a}}(s)=(L_{\mathrm{a}}s+R_{\mathrm{a}})I_{\mathrm{a}}(s)$$
$$E_{\mathrm{a}}(s)=k_{\mathrm{b}}\Omega(s)$$
$$M(s)=k_{\mathrm{d}}I_{\mathrm{a}}(s)$$

由此可见,电枢电路和电机轴的机械运动部分分别是一个惯性环节,而机-电耦合是两个比例环节,由此我们可画出系统结构图如图 2.26 所示。

这是一个反馈结构,其前向通道由三个环节串联而成,前向通道传递函数为

$$G(s)=\frac{1}{L_{\mathrm{a}}s+R_{\mathrm{a}}}\cdot k_{\mathrm{d}}\cdot\frac{1}{Js+f}$$

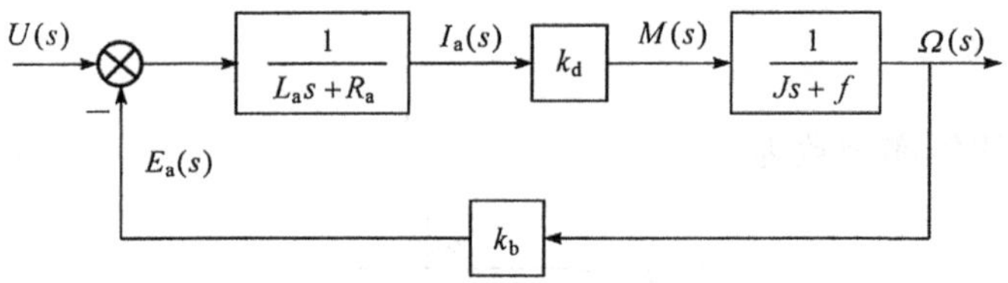

图 2.26　电动机的方框结构图

反馈通道传递函数的 $F(s)=k_b$，故系统的传递函数为

$$W(s)=\frac{G(s)}{1+G(s)F(s)}=\frac{k_d}{(L_a s+R_a)(Js+f)+k_b k_d}$$

2.3.4　方框图化简

系统的方框图有时很复杂，为了求取系统中某两个变量(通常是输入变量和输出变量)之间的传递函数，对方框图进行等效化简常常是行之有效的方法。所谓等效化简，是指化简前后，所感兴趣的输入和输出信号之间传递函数保持不变，而其内部结构则不一定是等价的。

等效化简的原则是尽量将多回路的结构化成单回路结构。在化简过程中常常要将信号的分支点或汇合点挪动位置。表 2.2 给出了挪动前后的等效结构，这些结构的等效性是很容易证明的，如表中第三栏表示的是信号汇合点挪动的原则，在左边的图中 $Y(s)=G_1(s)[U(s)\pm G_2(s)X(s)]$，而在右边的图中 $Y(s)=G_1(s)U(s)\pm G_1(s)G_2(s)X(s)$。很显然，从信号 $Y(s)$ 与 $U(s)$ 和 $X(s)$ 之间的关系而言，两者是完全等效的。其他的可以类似地证明。

表 2.2　框图化简中常用的等价关系

原 结 构	等效结构	等效关系
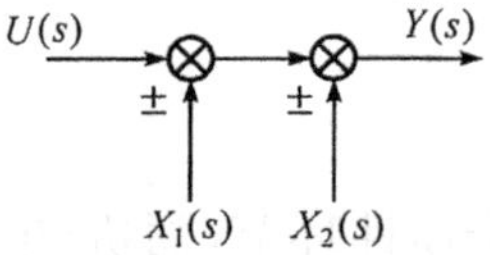	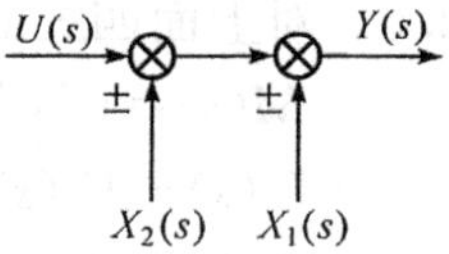 或者 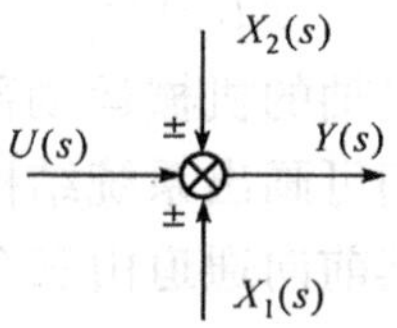	$(U\pm X_1)\pm X_2$ $=(U\pm X_2)\pm X_1$ $=U\pm X_1\pm X_2$

续表

原结构	等效结构	等效关系
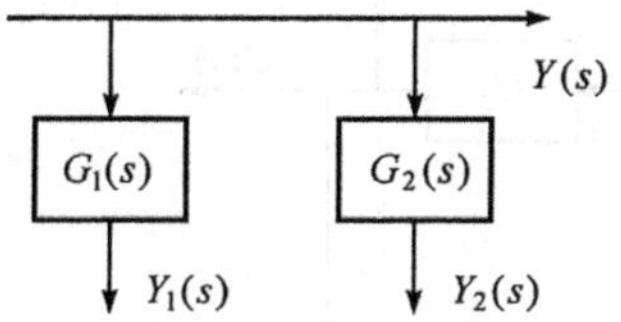	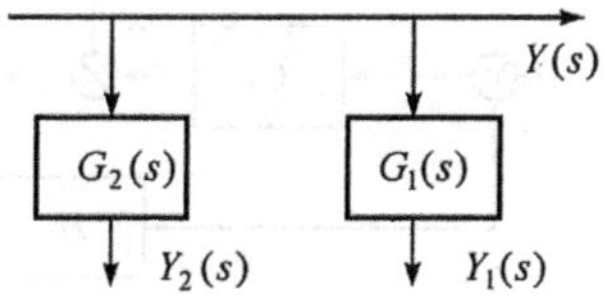	
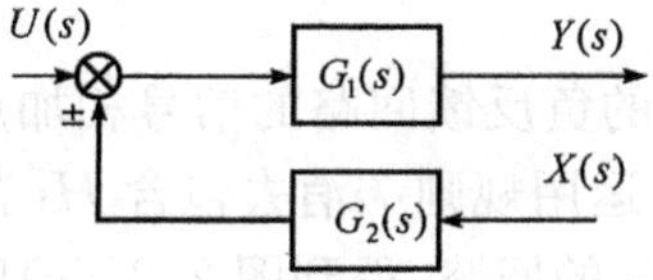	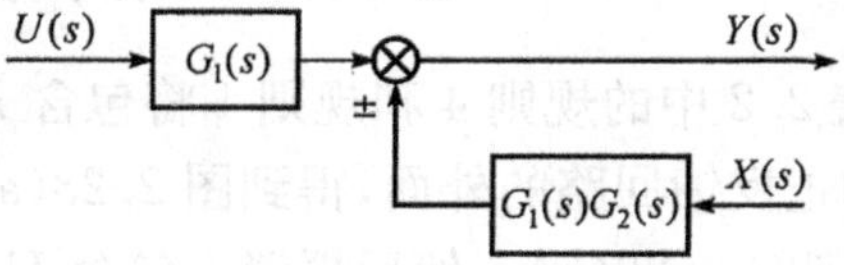	$G_1(U\pm G_2X)$ $=G_1U\pm G_1G_2X$
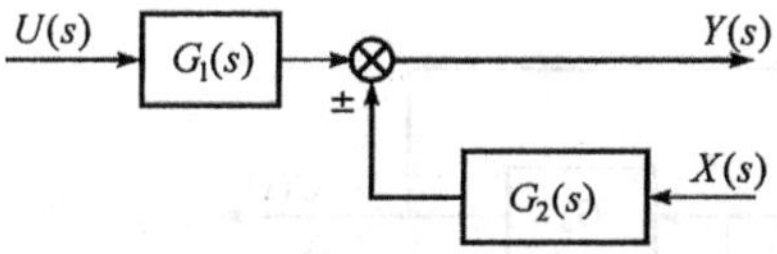	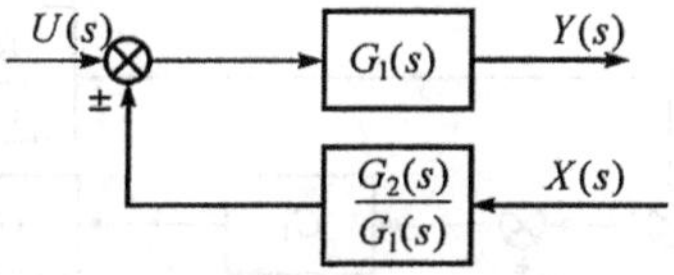	$G_1U\pm G_2X$ $=G_1\left[U\pm\frac{G_2}{G_1}X\right]$
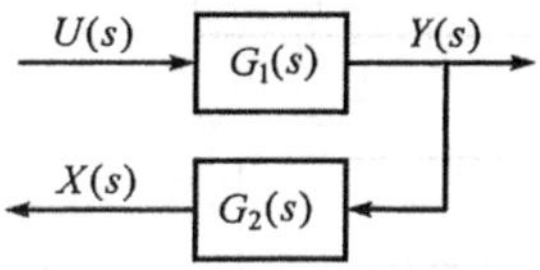	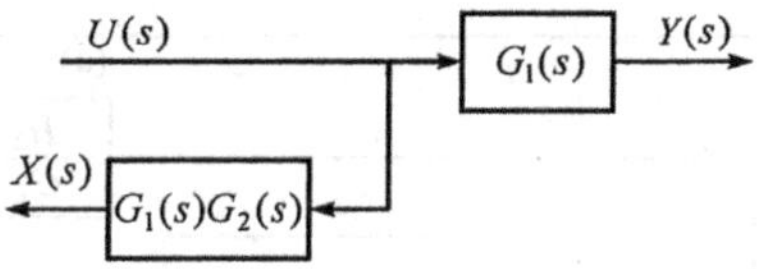	$Y=G_1U$ $X=G_1G_2U$
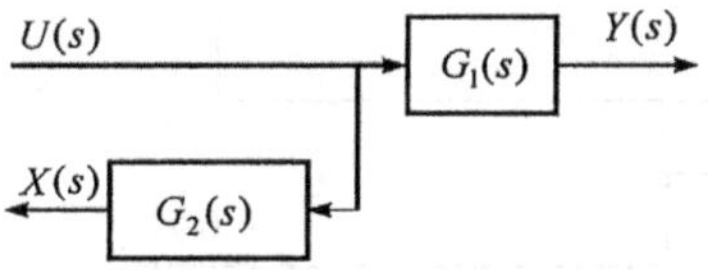	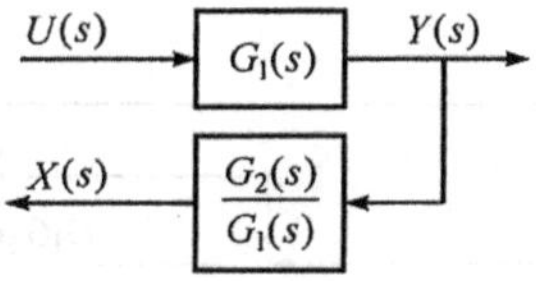	$Y=G_1U$ $X=G_2U$ $=\frac{G_2}{G_1}G_1U$
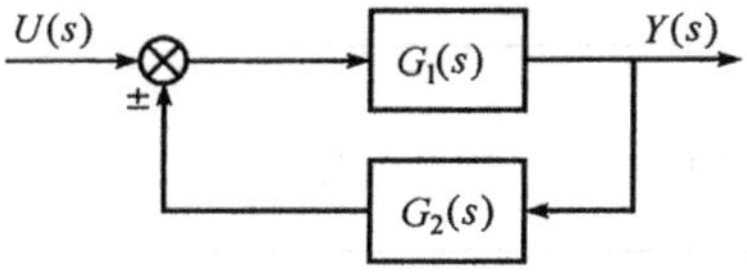	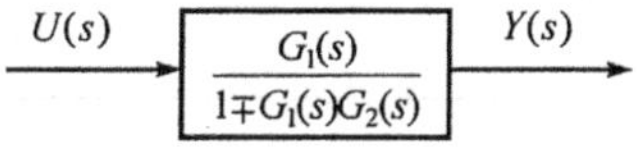	$Y=\frac{G_1}{1\mp G_1G_2}U$

例 2.10　求图 2.27 所示系统的传递函数。

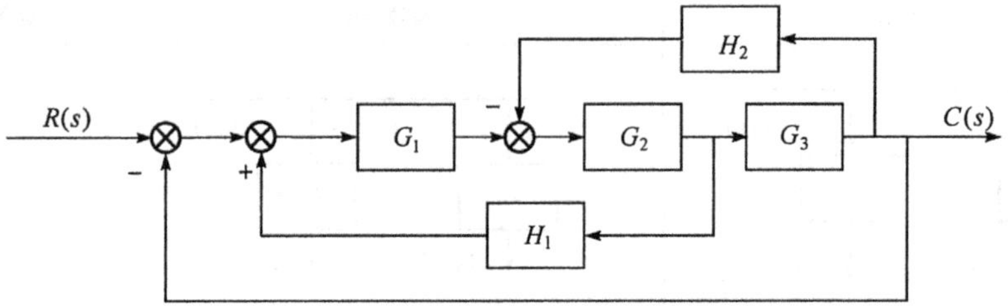

图 2.27　多回路系统

解　运用表 2.2 中的规则 4 和规则 1 将包含 H_2 的负反馈回路的信号相加点移到包含 H_2 的正反馈回路的外面，得到图 2.28(a)。运用规则 7 消去包含 H_1 的正反馈回路，得到图 2.28(b)。然后再消去包含 H_2/G_1 的回路，得到图 2.28(c)所示的单回路系统。最后运用反馈系统传递函数的计算公式得到图 2.28(d)。

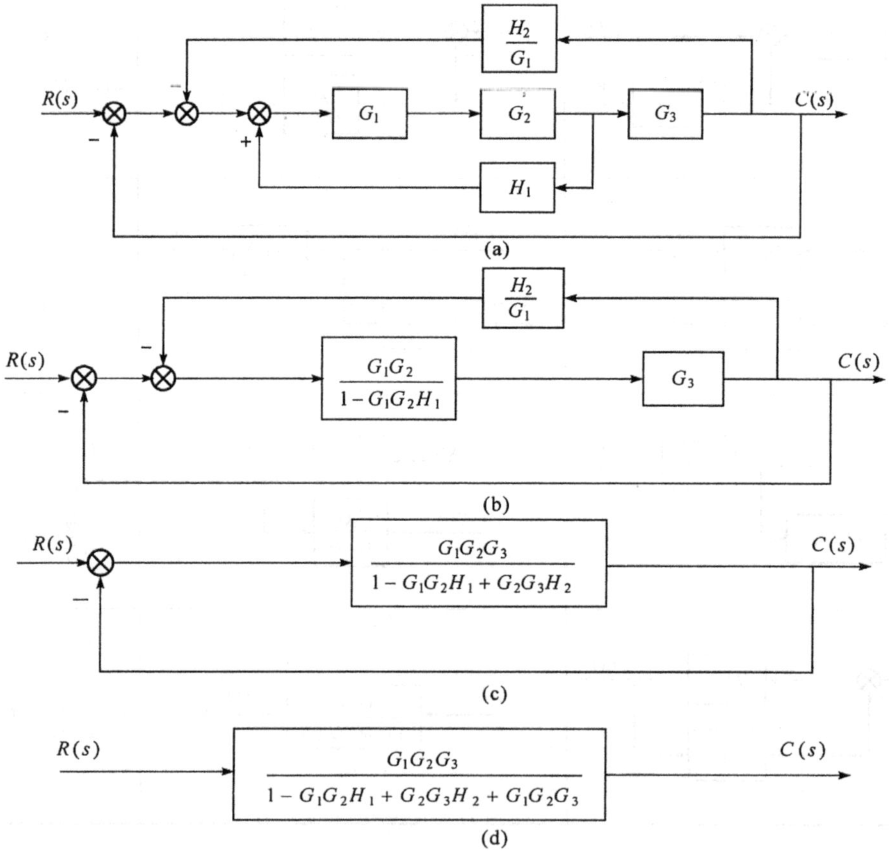

图 2.28　方框图的化简过程

注意，信号相加点和信号分支点通常是不能交换的，如对图 2.29(a)所示系统，图 2.29(b)和图 2.29(c)所作的变换都不是图 2.29(a)的等效图。

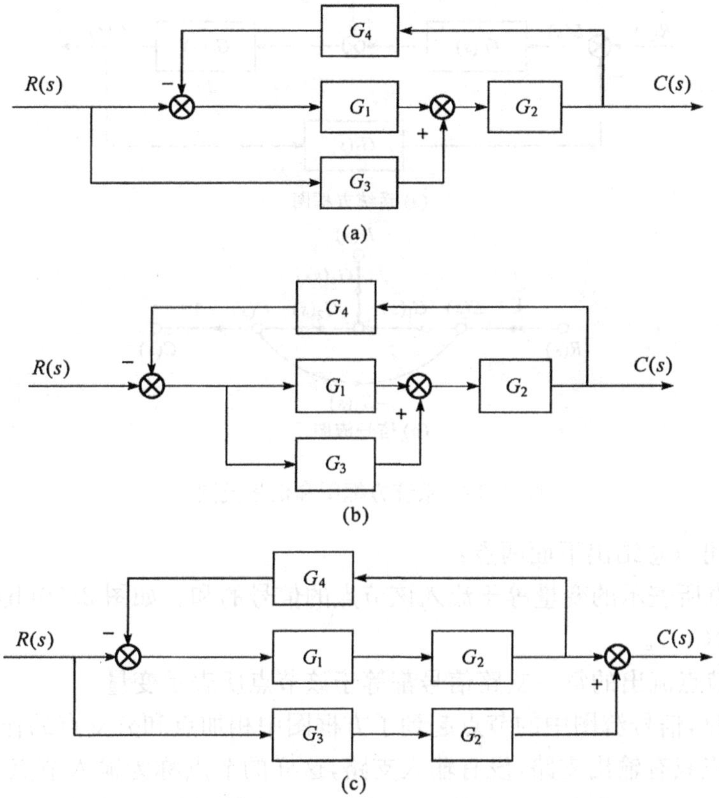

图 2.29　系统框图变换中的常见错误

2.4　信号流图与梅森公式

2.4.1　信号流图

信号流图是表示复杂系统的又一种图示方法。在信号流图中基本单元有两个：节点和支路，节点在图中用一圆圈表示，它代表系统中的变量。各变量之间的因果关系用一有向线段来表示，称为支路，信号沿着有向线段上箭头指明的方向传递。两个变量之间的因果关系式叫作增益，标在相应支路的旁边，实际上这里的增益就是两个变量之间的传递函数。但由于信号流图是通信学科中独立发展起来的，故所沿用的词汇与控制学科中略有不同。

如果已经有了系统的方框图，很容易画出对应的信号流图，如对图 2.30(a)所示的系统，可以画出相应的信号流图(图 2.30(b))。

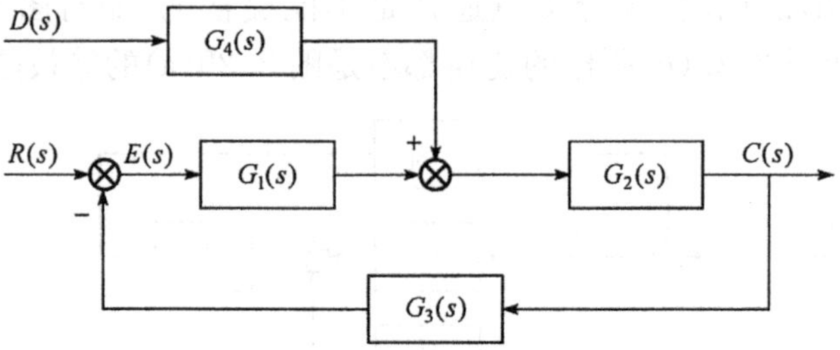

(a) 系统方框图

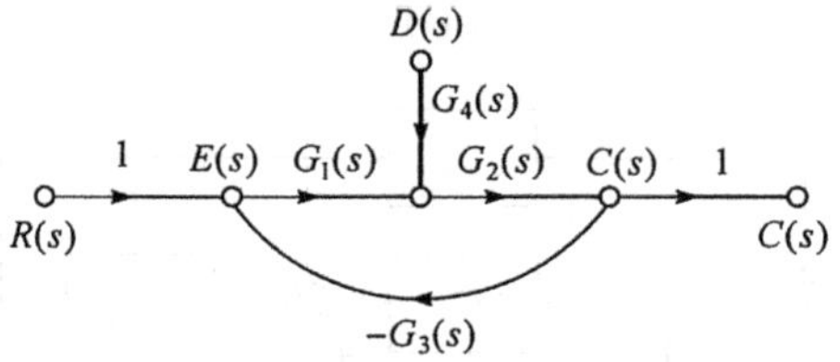

(b) 信号流图

图 2.30 系统方框图和信号流图

由图中可以总结出下面两点：

(1) 节点所表示的变量等于流入该节点的信号的和。如图 2.30(b)中 $E(s)=R(s)-G_3(s)C(s)$。

(2) 从节点流出的每一支路信号都等于该节点所表示变量。

由此可见，信号流图中的节点起到了方框图中相加点和分支点的作用。

有些节点只有输出支路，没有输入支路，这样的节点称为输入节点，如图 2.30(b)中的 $R(s)$所在的节点。而有些节点只有输入支路，没有输出支路，这样的节点称为输出节点，如图 2.30(b)中 $C(s)$所在的节点。

当然，绘制系统的信号流图，不一定要先给出方框图，可以直接从原始方程着手。

例 2.11 考虑如图 2.31 所示的速度反馈系统，画出系统的信号流图。

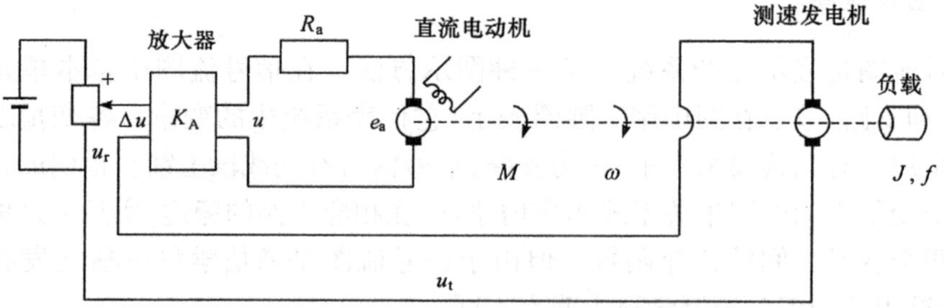

图 2.31 速度反馈系统

解　在该系统中，电动机轴的转速通过测速发电机测得，测速发电机的输出电压与转速成正比，即

$$u_t = k_t\omega \tag{2.4.1}$$

其中，ω 为电动机角速度；k_t 为系数；u_t 与代表指定转速的 u_r 比较后得误差信号 Δu，Δu 经过放大用来驱动电动机，因此有下列关系：

$$\Delta u = u_r - u_t \tag{2.4.2}$$

$$u = K_A\Delta u \tag{2.4.3}$$

$$u - e_a = i_a R_a \tag{2.4.4}$$

$$e_a = k_b\omega \tag{2.4.5}$$

其中，e_a 表示电动机的反电动势；i_a 为电枢电流；u 表示电枢电压，这里我们忽略了电枢电感。系统机械部分和机电耦合的关系式为

$$M = J\frac{\mathrm{d}\omega}{\mathrm{d}t} + f\omega + M_d \tag{2.4.6}$$

$$M = k_d i_a \tag{2.4.7}$$

M 为电动机产生转矩；M_d 为折合到电机轴上的干扰力矩；f 为黏滞阻尼系数；k_d 为系数。

对式(2.4.1)～式(2.4.7)两端进行拉普拉斯变换后得

$$U(s)=K_A\Delta U(s)$$

$$U(s)-E_a(s)=I_a(s)R_a$$

$$E_a(s)=k_b\Omega(s)$$

$$\Omega(s)=\frac{1}{Js+f}(M(s)-M_d(s))$$

$$M(s)=k_d I_a(s)$$

$$U_t(s)=k_t\Omega(s)$$

$$\Delta U(s)=U_r(s)-U_t(s)$$

据此画出系统的信号流图 2.32。

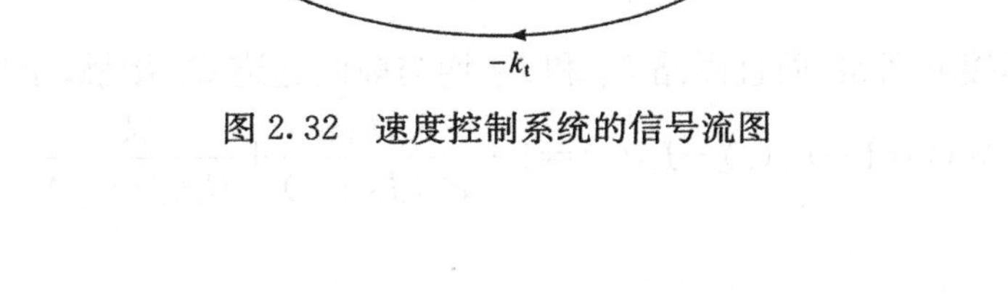

图 2.32　速度控制系统的信号流图

2.4.2 梅森公式

对于用信号流图表示的控制系统，可以用梅森(Mason)公式方便地求出从输入信号到输出信号的传递函数。为了给出梅森公式的表达式，先给出如下几个定义。

(1) 前向通道：从输入到输出的一条按箭头方向可以走通并且在每个节点只通过一次的通道。

(2) 回路：从某个节点出发按箭头方向回到该节点并且在每个节点只通过一次的通道。

(3) 不接触回路：若两个回路没有公共节点，则称它们为不接触回路。

梅森公式可以表示如下：

$$G(s) = \frac{1}{\Delta(s)}\sum_i Q_i(s)\Delta_i(s) \tag{2.4.8}$$

式中，$G(s)$表示从某个输入信号到某个输出信号的传递函数。表达式右边各项的意义如下：

$\Delta(s)=1-$ 所有不同回路的传递函数之和

$+$ 每两个不接触回路的传递函数乘积之和

$-$ 每三个不接触回路的传递函数乘积之和

$+\cdots$

$-\cdots$

$Q_i(s)$——从该输入到该输出的某前向通道的传递函数。

$\Delta_i(s)$——将$\Delta(s)$中与$Q_i(s)$通道接触的回路的传递函数令为零后得到的表达式。

$\Delta(s)$称为系统的特征式。

下面用梅森公式求图2.32所示的速度控制系统中的从$U_r(s)$到$\Omega(s)$的传递函数。从$U_r(s)$到$\Omega(s)$的前向通道只有一条，即

$$Q_1(s)=K_A\cdot\frac{1}{R_a}\cdot k_d\cdot\frac{1}{Js+f}$$

系统中有两个回路，分别为

$$L_1(s)=-K_A\cdot\frac{1}{R_a}\cdot k_d\cdot\frac{1}{Js+f}\cdot k_t$$

$$L_2(s)=-\frac{1}{R_a}\cdot k_d\cdot\frac{1}{Js+f}\cdot k_b$$

系统中没有不接触回路，而且回路L_1和L_2均与前向通道Q_1接触，于是得到

$$\Delta(s)=1-L_1(s)-L_2(s)=1+\frac{K_Ak_dk_t}{R_a(Js+f)}+\frac{k_dk_b}{R_a(Js+f)}$$

$$\Delta_1(s)=1$$

所以从 $U_r(s)$ 到 $\Omega(s)$ 的传递函数为

$$G(s)=\frac{Q_1(s)\cdot 1}{\Delta(s)}=\frac{\dfrac{K_A k_d}{R_a(Js+f)}}{1+\dfrac{K_A k_d k_t+k_d k_b}{R_a(Js+f)}}$$

$$=\frac{K_A k_d}{R_a Js+R_a f+K_A k_d k_t+k_d k_b}$$

例 2.12　求如图 2.33 所示系统的传递函数。

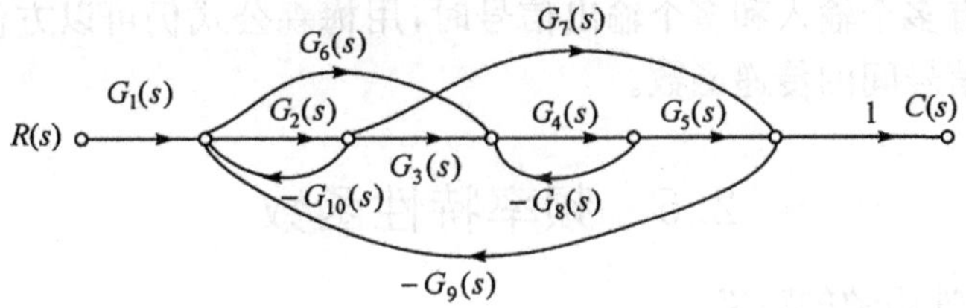

图 2.33　系统信号流图

解　在该系统中从输入信号 $R(s)$ 到输出信号 $C(s)$ 的前向通道共有 3 条，分别为

$$Q_1(s)=G_1(s)G_2(s)G_3(s)G_4(s)G_5(s)$$
$$Q_2(s)=G_1(s)G_6(s)G_4(s)G_5(s)$$
$$Q_3(s)=G_1(s)G_2(s)G_7(s)$$

系统中共有 5 个回路，分别为

$$L_1(s)=-G_2(s)G_{10}(s)$$
$$L_2(s)=-G_2(s)G_7(s)G_9(s)$$
$$L_3(s)=-G_4(s)G_8(s)$$
$$L_4(s)=-G_6(s)G_4(s)G_5(s)G_9(s)$$
$$L_5(s)=-G_2(s)G_3(s)G_4(s)G_5(s)G_9(s)$$

注意到 $L_1(s)$ 和 $L_3(s)$ 以及 $L_2(s)$ 和 $L_3(s)$ 是不接触回路，其他各回路之间均有公共节点，因此系统特征式为

$$\begin{aligned}\Delta(s) &= 1-\sum_{i=1}^{5} L_i + L_1L_3 + L_2L_3\\ &= 1+G_2G_{10}+G_4G_8+G_2G_7G_9+G_6G_4G_5G_9\\ &\quad +G_2G_3G_4G_5G_9+G_2G_{10}G_4G_8+G_2G_7G_9G_4G_8\end{aligned}$$

此外，还可得到

$\Delta_1(s)=1$　　(因为五个回路均与 Q_1 接触)

$\Delta_2(s)=1$　　(因为五个回路均与 Q_2 接触)

$\Delta_3(s)=1+G_4G_8$　　(因为 L_3 与 Q_3 不接触)

所以可得到系统的传递函数为

$$G(s)=\frac{C(s)}{R(s)}=\frac{Q_1(s)\times 1+Q_2(s)\times 1+Q_3(s)\times(1+G_4(s)G_8(s))}{\Delta(s)}$$

$$=\frac{G_1G_2G_3G_4G_5+G_1G_6G_4G_5+G_1G_2G_7(1+G_4G_8)}{1+G_2G_{10}+G_4G_8+G_2G_7G_9+G_6G_4G_5G_9+G_2G_3G_4G_5G_9+G_2G_{10}G_4G_8+G_2G_7G_9G_4G_8}$$

当系统中有多个输入和多个输出信号时，用梅森公式仍可以方便地求任意一对输入和输出信号间的传递函数。

2.5　频率特性函数

2.5.1　频率特性函数的定义

我们已经学习了如何用线性常微分方程和传递函数描述线性定常系统，这两种模型刻画了输入变量和输出变量之间在时域中的动态变化关系。本节将介绍另一种数学模型——频率特性函数，这种模型刻画的是系统输入变量和输出变量在频域中的相互关系。

图 2.34　线性定常系统的频率响应

如图 2.34 所示，在线性定常系统的输入端施加频率为 ω 的正弦信号，考察系统的输出响应。设系统由下面的线性常微分方程描述

$$a_n\frac{\mathrm{d}^n y(t)}{\mathrm{d}t^n}+a_{n-1}\frac{\mathrm{d}^{n-1} y(t)}{\mathrm{d}t^{n-1}}+\cdots+a_1\frac{\mathrm{d}y(t)}{\mathrm{d}t}+a_0y(t)$$

$$=b_m\frac{\mathrm{d}^m u(t)}{\mathrm{d}t^m}+\cdots+b_1\frac{\mathrm{d}u(t)}{\mathrm{d}t}+b_0u(t)\tag{2.5.1}$$

其中，$u(t)$和 $y(t)$分别是系统的输入量和输出量。

由微分方程的知识可知，当 $u(t)=A\sin\omega t$ 时

$$y(t)=\sum_{i=1}^{n}c_i\mathrm{e}^{\lambda_i t}+C_\mathrm{a}\sin\omega t+C_\mathrm{b}\cos\omega t$$

其中，$\lambda_i, i=1,\cdots,n$ 是系统(2.5.1)的特征方程的根。

当 λ_i 的实部均小于 0 时(在第 4 章中将介绍，为保证系统稳定，所有 λ_i 的实部应为负)，系统的输出响应 $y(t)$在经过一段时间后将趋于如下稳态解：

$$y_\mathrm{s}(t)=C_\mathrm{a}\sin\omega t+C_\mathrm{b}\cos\omega t=B\sin(\omega t+\theta)$$

由此可见，输出稳态解是一个和输入信号同频率的正弦信号，因此可用复数符号 $\dot{U}$ 和 $\dot{Y}$ 分别代表输入信号 $A\sin\omega t$ 和输出稳态解 $B\sin(\omega t+\theta)$。记两者之比为

$$G(\mathrm{j}\omega)=\frac{\dot{Y}}{\dot{U}}$$

由交流电路中复数符号的运算规则可知

$$G(\mathrm{j}\omega)=\frac{b_m(\mathrm{j}\omega)^m+\cdots+b_1\mathrm{j}\omega+b_0}{a_n(\mathrm{j}\omega)^n+\cdots+a_1\mathrm{j}\omega+a_0} \tag{2.5.2}$$

由上式可见 $G(\mathrm{j}\omega)$ 是一个与输入正弦信号的幅值及相角均无关的复变函数，我们将这一函数称为系统的频率特性函数，并将

$$F(\omega)=|G(\mathrm{j}\omega)|=\frac{|\dot{Y}|}{|\dot{U}|} \tag{2.5.3}$$

称为系统的幅频特性函数，而将

$$\varphi(\omega)=\angle G(\mathrm{j}\omega)=\angle\dot{Y}-\angle\dot{U} \tag{2.5.4}$$

称为系统的相频特性。由式(2.5.3)和式(2.5.4)可知，幅频特性反应了输出幅值与输入幅值之比和角频率 ω 的关系，而相频特性则反应了输出相角与输入相角之差与角频率的关系。

根据频率特性函数的定义可知，这种数学模型即使在不知道系统内部机理的情况下也可以通过做频率响应实验来确定，这正是引入这一数学模型的主要原因之一。

从式(2.5.2)可以看出，频率特性函数与系统的传递函数 $G(s)$ 有直接关系，因为在式(2.5.2)的右边，只要将 $\mathrm{j}\omega$ 换成复变量 s 便是系统的传递函数，即

$$G(\mathrm{j}\omega)=G(s)\big|_{s=\mathrm{j}\omega} \tag{2.5.5}$$

已经学过的三种数学模型之间的关系由图 2.35 简明示出。

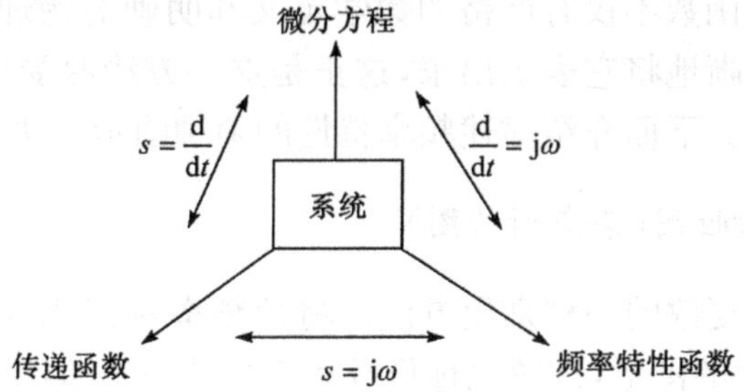

图 2.35　三种数学模型之间的关系

例 2.13　在如图 2.36 所示的 RC 网络的输入端施加输入信号 $A\sin\omega t$，求输出稳态响应 $y_s(t)$ 及网络的频率特性函数 $G(\mathrm{j}\omega)$。

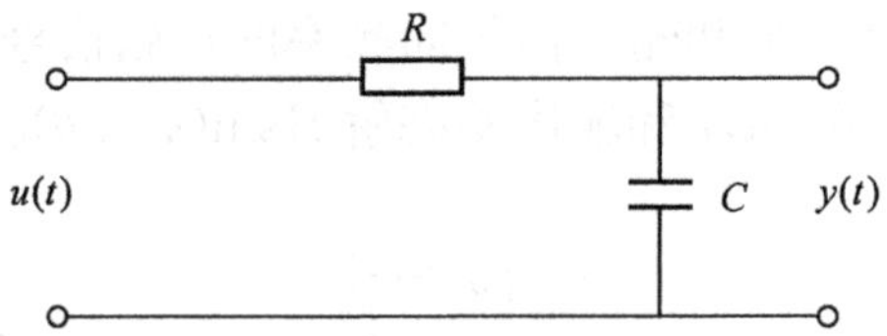

图 2.36 RC 网络

解 网络的复阻抗为

$$\frac{\frac{1}{\mathrm{j}\omega C}}{R+\frac{1}{\mathrm{j}\omega C}}=\frac{1}{\mathrm{j}RC\omega+1}$$

故

$$\dot{Y}=\dot{U}\frac{1}{\mathrm{j}RC\omega+1}=\frac{A}{\mathrm{j}RC\omega+1}$$

故输出稳态响应为

$$y_s(t)=B\sin(\omega t+\theta)$$

其中

$$B=\frac{A}{\sqrt{(RC\omega)^2+1}},\qquad \theta=-\arctan(RC\omega)$$

网络的频率特性为

$$G(\mathrm{j}\omega)=\frac{\dot{Y}}{\dot{U}}=\frac{1}{\mathrm{j}RC\omega+1}$$

2.5.2 频率特性的图示方法

系统的频率特性函数不仅有严格的数学定义和明确的物理意义，而且还可以用图示方法简明而清晰地将它表示出来，这正是这一方法深受广大工程技术人员欢迎的一个主要原因。下面介绍描述频率特性的两种图示方法。

1. 极坐标频率特性图(奈奎斯特图)

极坐标图是表示复数的一种常用方法。将角频率 ω 当成参量，在极坐标图上绘出 $G(\mathrm{j}\omega)(\omega:0\to\infty)$ 的图形，该图也称作频率特性的奈奎斯特图。

由于频率特性可以表示成

$$\begin{aligned}G(\mathrm{j}\omega)&=X(\omega)+\mathrm{j}Y(\omega) &&\text{代数式}\\&=|G(\mathrm{j}\omega)|\angle G(\mathrm{j}\omega) &&\text{极坐标式}\\&=F(\omega)\mathrm{e}^{\mathrm{j}\varphi(\omega)} &&\text{指数式}\end{aligned}$$

因此，画奈奎斯特图有两种方法：一是对每个 ω 求出 $G(j\omega)$ 的实部 $X(\omega)$ 和虚部 $Y(\omega)$ 并在图中标出相应位置；二是对每个 ω 求出 $G(j\omega)$ 的幅值 $|G(j\omega)|$ 和相角 $\angle G(j\omega)$，并在图中标出相应位置。

例 2.14 绘制例 2.13 中 RC 网络的频率特性极坐标图，其中 $R=1\text{k}\Omega$，$C=500\mu\text{F}$。

解 已知网络的频率特性为

$$G(j\omega)=\frac{1}{jRC\omega+1}=\frac{1}{j\omega T+1}$$

其中，$T=RC=0.5$。幅频特性函数和相频特性函数分别为

$$|G(j\omega)|=\frac{1}{\sqrt{\omega^2T^2+1}}=\frac{1}{\sqrt{0.25\omega^2+1}}$$

$$\angle G(j\omega)=-\arctan\omega T=-\arctan 0.5\omega$$

在不同 ω 下求出 $|G(j\omega)|$ 及 $\angle G(j\omega)$ 如表 2.3。

表 2.3 不同 ω 下求出 $|G(j\omega)|$ 和 $\arg G(j\omega)$ 值

ω	0	1	2	3	4	5	10	100	…
$\lvert G(j\omega)\rvert$	1	0.893	0.707	0.555	0.447	0.371	0.196	0.020	…
$\angle G(j\omega)$	0°	−26.6°	−45.0°	−56.3°	−63.4°	−68.2°	−78.7°	−88.9°	…

按表中数据在极坐标图中画出频率特性如图 2.37 所示。

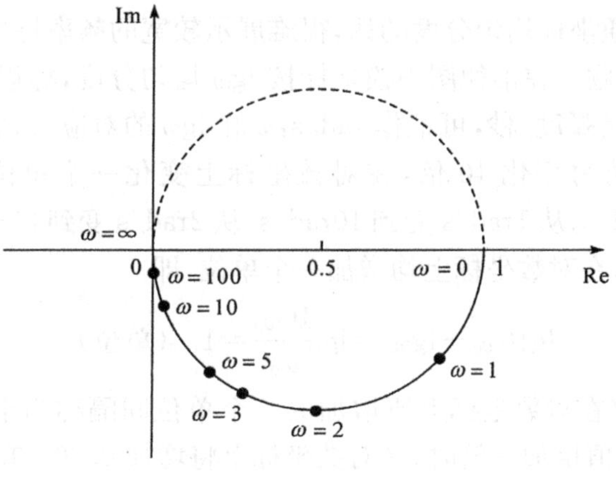

图 2.37 RC 网络的频率特性极坐标图

由于 $G(j\omega)$ 是复变量 $j\omega$ 的有理函数，因此 $\overline{G(-j\omega)}=G(j\omega)$，这里 $\overline{G(-j\omega)}$ 表示 $G(-j\omega)$ 的共轭复数。由此可见，$G(j\omega)$ 在 $\omega:-\infty\to0$ 部分的频率特性图与 $\omega:0\to\infty$ 部分的曲线是关于实轴对称的，如图 2.37 中虚线所示。当然，按频率特性的物

理意义，ω 应取正值或零。不过，在有些情况下（比如在第 4 章所介绍的稳定性分析中），绘出负频率特性曲线对系统的分析也是有帮助的。

根据频率特性函数的代数式不难验证，例 2.14 中的频率特性曲线是一个以 $\left(\frac{1}{2},j0\right)$ 为圆心，半径为 $\frac{1}{2}$ 的半圆，若包含负频率特性曲线则为一个整圆。因为频率特性函数的实部和虚部分别为

$$X(\omega)=\frac{1}{1+\omega^2T^2},\qquad Y(\omega)=\frac{-\omega T}{1+\omega^2T^2}$$

消去参变量 ω 得

$$X^2+Y^2=X$$

即

$$\left(X-\frac{1}{2}\right)^2+Y^2=\left(\frac{1}{2}\right)^2$$

这恰是一个圆的方程。

2. 对数坐标频率特性图（伯德图）

对数坐标图也称伯德（Bode）图，这是在一张图上把幅频特性和相频特性分别画成两条曲线，这两条曲线分别称为对数幅频特性和对数相频特性，统称为对数频率特性。

与极坐标图不同，在伯德图中 ω 以横坐标出现在图中。但 ω 的范围极宽，从 0 到∞，如果采用普通坐标均匀分度的话，很难展示较宽的频率特性图。对数坐标很好地解决了这一问题。在伯德图中横坐标按 $\lg\omega$ 均匀分度，标以 ω，即对标出值 ω 取对数分度，单位是弧度/秒，可记作 rad/s，ω 和 $\lg\omega$ 的对应关系见图 2.38。从图中可看出，ω 的数值每变化 10 倍，在对数坐标上变化一个单位，如 ω 的数值从 0.1rad/s 变到 1rad/s，从 1rad/s 变到 10rad/s，从 2rad/s 变到 20rad/s，或者从任意数值 ω_0 变到 $10\omega_0$，在对数坐标上均增加一个单位，即

$$\lg 10\omega_0-\lg\omega_0=\lg\frac{10\omega_0}{\omega_0}=1\quad(\text{单位})$$

ω 的数值变化 10 倍在对数坐标上所增加的一个单位间隔称为十倍频程，用“dec”表示。而当 ω 的数值增加一倍时，在对数坐标上将增加 0.301 单位，因为

$$\lg 2\omega_0-\lg\omega_0=\lg\frac{2\omega_0}{\omega_0}=0.301$$

对数幅频特性图的纵坐标按 $20\lg|G(j\omega)|$ 均匀分度，单位是分贝，记作 dB。通常以 $L(\omega)$ 代表纵坐标，即

$$L(\omega)=20\lg|G(j\omega)|\ \text{dB}$$

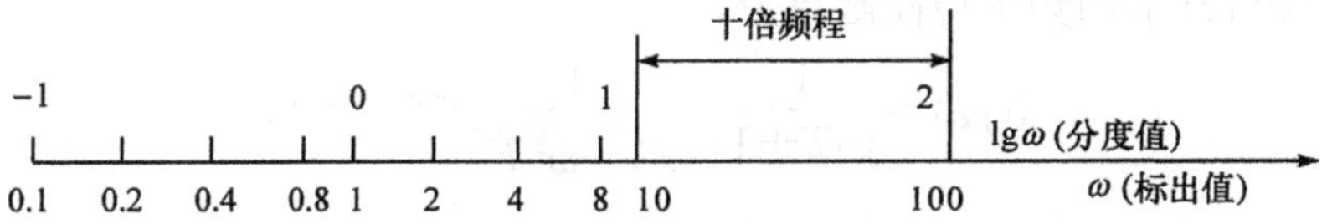

图 2.38　对数坐标

对数幅频特性的纵坐标按对数分度的主要原因是为了将乘法变成加法。我们知道,许多系统(或对象)是由多个基本环节串联而成的,根据串联公式有

$$|G(\mathrm{j}\omega)|=G_1(\mathrm{j}\omega)G_2(\mathrm{j}\omega)\cdots G_n(\mathrm{j}\omega) \tag{2.5.6}$$

因此

$$|G(\mathrm{j}\omega)|=|G_1(\mathrm{j}\omega)|\cdot|G_2(\mathrm{j}\omega)|\cdots|G_n(\mathrm{j}\omega)|$$

要在图中进行乘法运算是较为困难的,而取了对数坐标后有

$$\begin{aligned}L(\omega)&=20\lg|G(\mathrm{j}\omega)|=20\lg|G_1(\mathrm{j}\omega)|+20\lg|G_2(\mathrm{j}\omega)|+\cdots+20\lg|G_n(\mathrm{j}\omega)|\\&=L_1(\omega)+L_2(\omega)+\cdots+L_n(\omega)\end{aligned}$$

这样,在对数幅频特性图中只要将几个基本单元的幅频特性曲线简单叠加就可以得到串联后整个系统(或对象)的幅频特性图。纵坐标按对数值的 20 倍分度是因为 1 贝尔等于 20 分贝。

与横坐标不同的是,纵坐标既按 $20\lg|G(\mathrm{j}\omega)|$ 分度,同时也按 $20\lg|G(\mathrm{j}\omega)|$ 的值进行标注。如 $|G(\mathrm{j}\omega)|=1$, $L(\omega)=20\lg|G(\mathrm{j}\omega)|=0$ (dB);若 $|G(\mathrm{j}\omega)|=10$, $L(\omega)=20\lg|G(\mathrm{j}\omega)|=20$ (dB),等等,如图 2.39 所示。

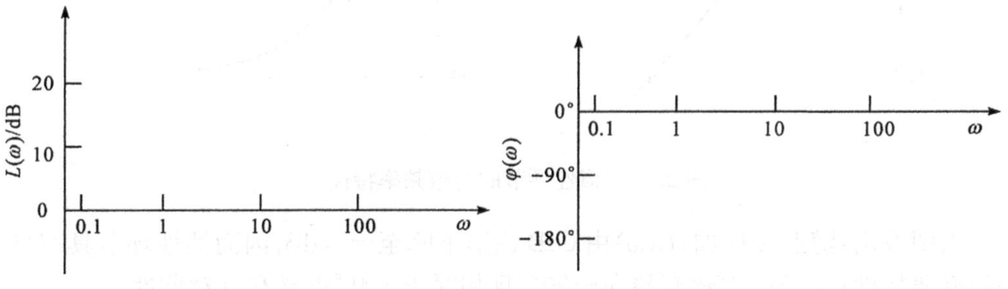

图 2.39　对数频率特性图坐标

对数相频特性图的横坐标与幅频特性图的横坐标完全一样,而纵坐标直接按 $\varphi(\omega)=\underline{/G(\mathrm{j}\omega)}$ 分度和标注(图 2.39)。因为按串联公式(2.5.6)有

$$\begin{aligned}\varphi(\omega)&=\underline{/G(\mathrm{j}\omega)}=\underline{/G_1(\mathrm{j}\omega)}+\underline{/G_2(\mathrm{j}\omega)}+\cdots+\underline{/G_n(\mathrm{j}\omega)}\\&=\varphi_1(\omega)+\varphi_2(\omega)+\cdots+\varphi_n(\omega)\end{aligned}$$

所以这样的分度方法便于多个曲线的叠加。

例 2.15　画出惯性环节 $G(s)=\dfrac{1}{Ts+1}$ 的伯德图($T=1\mathrm{s}$)。

解　惯性环节的频率特性函数为

$$G(j\omega)=\frac{1}{j\omega T+1}=\frac{1}{\sqrt{1+\omega^2T^2}}e^{-j\arctan(\omega T)}$$

所以有

$$L(\omega)=20\lg|G(j\omega)|=20\lg\frac{1}{\sqrt{1+\omega^2T^2}}=-20\lg\sqrt{1+\omega^2T^2}\tag{2.5.7}$$

$$\varphi(\omega)=\angle G(\omega)=-\arctan(\omega T)\tag{2.5.8}$$

对于不同的 ω 求出 $L(\omega)$ 和 $\varphi(\omega)$ 的值(表 2.4)，然后将它们绘在前述的坐标系上就得到惯性环节的对数频率特性曲线，如图 2.40。

表 2.4　不同 ω 对应的 $L(\omega)$ 和 $\varphi(\omega)$ 值

ω	0.1	0.5	1	5	10	100	…
$L(\omega)$	−0.04	−0.97	−3.01	−14.1	−20	−40	…
$\varphi(\omega)$	−5.7°	−26.6°	−45°	−78.7°	−84.3°	−89.4°	…

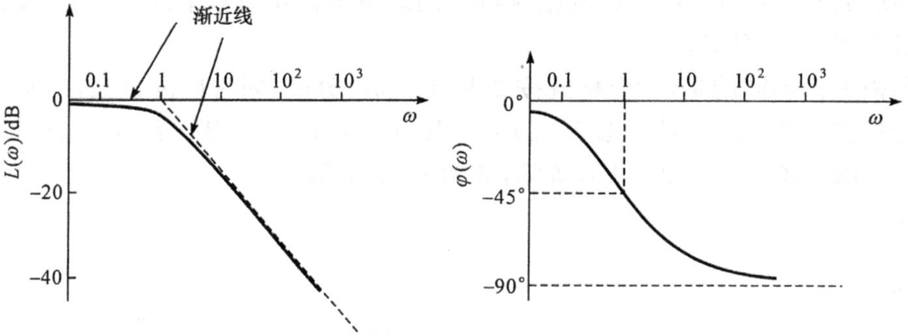

图 2.40　惯性环节的对数频率特性

由图看出：随着 ω 增加，$L(\omega)$ 由 0dB 逐渐下降至 $-\infty$dB；因而惯性环节具有良好的低通特性；$\varphi(\omega)$ 由 0°逐渐趋向 −90°，且相对于 −45°点具有奇对称性。

以上作图方法较麻烦。工程上常用折线来绘制近似对数幅频特性曲线，再按需要做必要的修正。

由式(2.5.7)可见，当 $\omega\ll\frac{1}{T}$ 即 $\omega\ll1$ 时

$$L(\omega)=-20\lg\sqrt{1+\omega^2T^2}\approx-20\lg1=0(\text{dB})$$

即在低频区，惯性环节幅频特性曲线近似与横坐标轴相重，而当 $\omega\gg\frac{1}{T}$，即 $\omega T\gg1$ 时，$L(\omega)\approx-20\lg\omega T$。这表示当 ω 每增加十倍频程时，$L(\omega)$ 增加 −20dB，故在高

频区惯性环节近似为斜率是−20dB/dec 的一条直线，该直线与横坐标轴的交点在 $\omega_c=\frac{1}{T}$处，因为当 $\omega_c=\frac{1}{T}$时，$-20\lg\omega_c T=-20\lg 1=0$，$\omega_c$ 也称作惯性环节的转折频率。因此可以得到惯性环节幅频特性的两条渐近线(图 2.40)，这两条渐近线也称作惯性环节的折线对数幅频特性，它们近似地表示了该环节幅频特性。为了得到更加精确的频率特性曲线，只要在转折频率 $\omega_c=\frac{1}{T}$处计算 $L(\omega)=-20\lg\sqrt{1+1}=-3.01$，然后便可大致绘出频率特性图。

2.5.3 典型环节的频率特性

1. 放大环节

放大环节的传递函数为 $G(s)=K$，故其频率特性函数为

$$G(j\omega)=Ke^{j0}$$

幅频特性和相频特性分别为

$$A(\omega)=|G(j\omega)|=K$$
$$\varphi(\omega)=\angle G(j\omega)=0^\circ$$

由此可见，放大环节的幅频和相频特性均为常数，与频率 ω 无关，在奈奎斯特图中其频率特性曲线为正实轴上坐标为$(K, j0)$的一个点，如图 2.41(a)所示。

放大环节的对数幅频特性为

$$L(\omega)=20\lg|G(j\omega)|=20\lg K$$

因此，其对数幅频特性曲线是一条平行于横坐标轴的直线，其纵坐标为 $20\lg K$，相频特性曲线是与 0°线重合的直线，如图 2.41(b)所示。

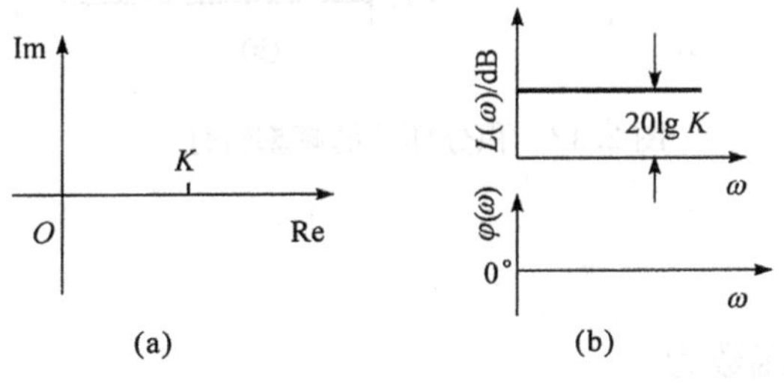

图 2.41　放大环节的频率特性

2. 积分环节

积分环节的传递函数为

$$G(s)=\frac{1}{s}$$

其频率特性为

$$G(\mathrm{j}\omega)=\frac{1}{\mathrm{j}\omega}=\frac{1}{\omega}\mathrm{e}^{-\mathrm{j}\frac{\pi}{2}}$$

幅频特性和相频特性为

$$A(\omega)=\frac{1}{\omega},\qquad \varphi(\omega)=-\frac{\pi}{2}=-90^{\circ} \tag{2.5.9}$$

对数幅频特性为

$$L(\omega)=20\lg A(\omega)=20\lg\frac{1}{\omega}=-20\lg\omega \tag{2.5.10}$$

因此，当ω从零到无穷大变化时，频率特性$G(\mathrm{j}\omega)$的幅值从无穷大变化到零，相位与ω无关，恒为-90°，故在奈奎斯特图中，积分环节的频率特性是虚轴的下半轴，由无穷远点指向原点，如图 2.42(a)所示。

由式(2.5.10)可知，积分环节的对数幅频特性$L(\omega)$是$\lg(\omega)$的一次线性函数，在对数坐标里为直线，直线斜率为-20dB/dce，直线在$\omega=1$时与横坐标相交，因为$L(\omega)|_{\omega=1}=-20\lg1=0$。相频特性在对数坐标中是一条平行于横坐标轴的直线，纵坐标为-90°，积分环节的对数幅频特性及相频特性见图 2.42(b)。

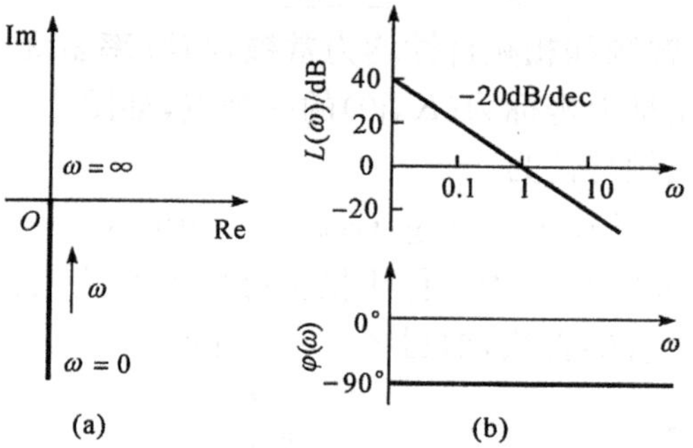

图 2.42　积分环节的频率特性

3. 微分环节

微分环节的传递函数为

$$G(s)=s$$

其频率特性为

$$G(\omega)=\mathrm{j}\omega=\omega\mathrm{e}^{\mathrm{j}\frac{\pi}{2}}$$

幅频和相频特性为

$$A(\omega)=\omega,\qquad \varphi(\omega)=90^{\circ} \tag{2.5.11}$$

对数幅频特性为

$$L(\omega)=20\lg A(\omega)=20\lg\omega \tag{2.5.12}$$

由式(2.5.11)可知，当 ω 从零到无穷大变化时，$G(j\omega)$的幅值从零度增加到无穷大，相位与 ω 无关，恒为 90°，故微分环节的频率特性在奈奎斯特图中是虚轴的上半轴，如图 2.43(a)，由式(2.5.12)可知，微分环节的对数幅频特性是一条直线，斜率是 20dB/dec，该直线与横坐标轴的交点在 $\omega_c=1$ 处，因为$L(\omega)|_{\omega=1}=20\lg1=0$，相频特性在对数坐标中是一条平行于横坐标轴的直线，其纵坐标为 90°，如图 2.43(b)。

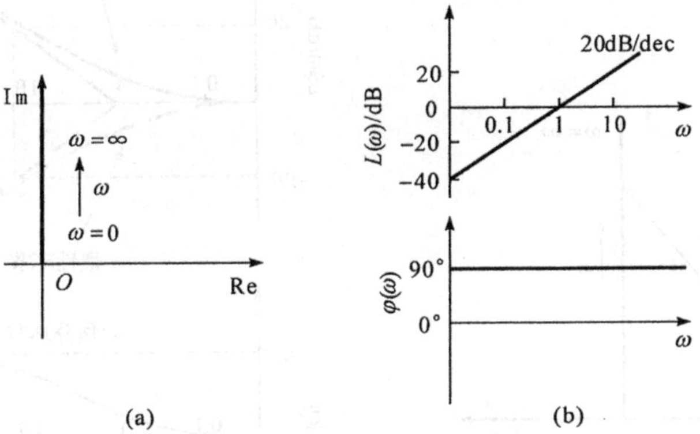

图 2.43　微分环节的频率特性

由于微分环节的频率特性与积分环节的频率特性互为倒数，故容易看出，它们的频率特性在伯德图关于横坐标对称。

4. 惯性环节

惯性环节的频率特性已在 2.5.2 节讨论过。

5. 一阶微分环节

一阶微分环节的传递函数为

$$G(s)=Ts+1$$

其频率特性为

$$G(j\omega)=j\omega T+1=\left(\sqrt{\omega^2T^2+1}\right)e^{j\arctan\omega T} \tag{2.5.13}$$

故其幅频特性和相频特性分别为

$$A(\omega)=|G(j\omega)|=\sqrt{\omega^2T^2+1}$$
$$\varphi(\omega)=\angle G(j\omega)=\arctan\omega T$$

由式(2.5.13)可知，在奈奎斯特图中，$G(j\omega)$的实部恒为 1，与 ω 无关，故其频率特性是一条平行于虚轴的射线，射线的顶点在(1,j0)，见图 2.44(a)。

一阶微分环节的对数幅频特性和对数相频特性分别为

$$L(\omega)=20\lg|G(\mathrm{j}\omega)|=20\lg\sqrt{\omega^2T^2+1}$$
$$\varphi(\omega)=\arctan\omega T$$

由于一阶微分环节的传递函数与惯性环节的传递函数互为倒数，故在伯德图中，一阶微分环节的频率特性与惯性环节的频率特性关于横坐标轴对称，如图2.44(b)所示(图中 T 取为1)。

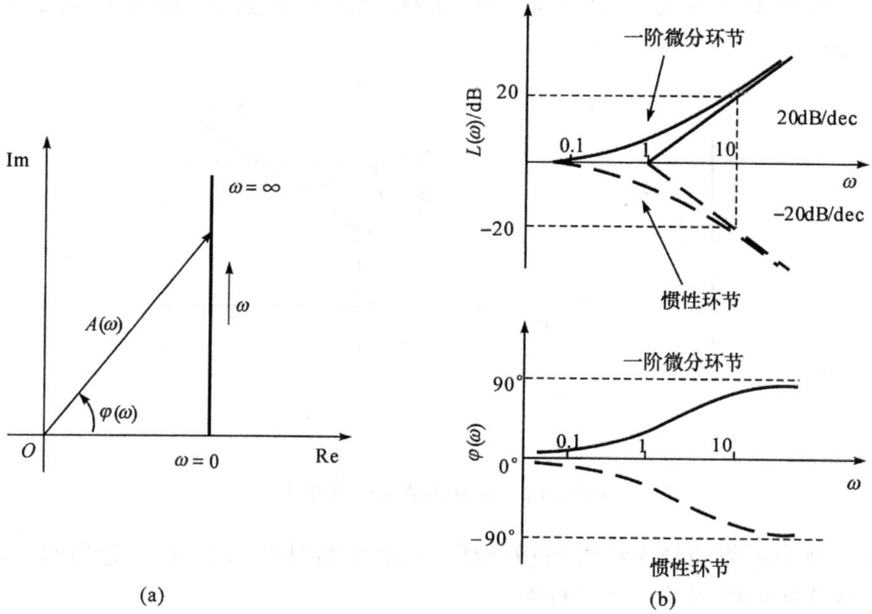

图 2.44　一阶微分环节的频率特性

6. 振荡环节

振荡环节的传递函数为

$$G(s)=\frac{\omega_n^2}{s^2+2\zeta\omega_n s+\omega_n^2}=\frac{1}{\dfrac{s^2}{\omega_n^2}+2\zeta\dfrac{s}{\omega_n}+1},\qquad 0\leqslant\zeta<1$$

其频率特性为

$$G(\mathrm{j}\omega)=\frac{1}{1-\left(\dfrac{\omega}{\omega_n}\right)^2+\mathrm{j}2\zeta\dfrac{\omega}{\omega_n}}$$

其中，ω_n 称为自然振荡频率；ζ 称为阻尼比。

振荡环节的幅频特性和相频特性分别为

$$A(\omega)=|G(\mathrm{j}\omega)|=\frac{1}{\sqrt{\left[1-\left(\frac{\omega}{\omega_n}\right)^2\right]^2+\left(2\zeta\frac{\omega}{\omega_n}\right)^2}} \tag{2.5.14}$$

$$\varphi(\omega)=\angle G(\mathrm{j}\omega)=-\operatorname{arcctan}\frac{1-\left(\frac{\omega}{\omega_n}\right)^2}{2\zeta\frac{\omega}{\omega_n}} \tag{2.5.15}$$

用描点法可以在奈奎斯特图中画出不同阻尼比下振荡环节的频率特性，如图 2.45 所示。

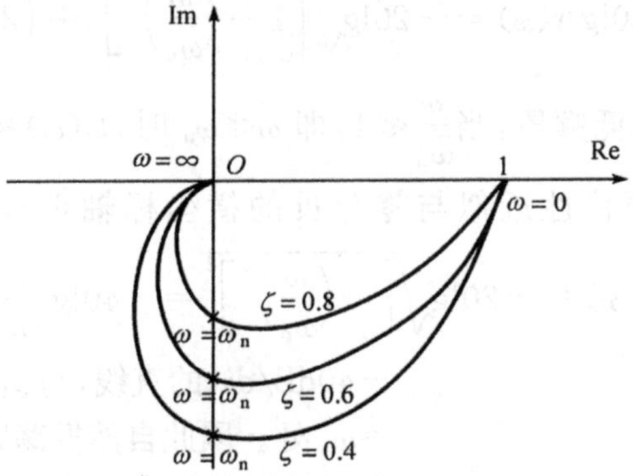

图 2.45　振荡环节的频率特性曲线

分析振荡环节的幅频特性和相频特性可以发现以下特点：

(1) 当 $\omega=0$ 时，$A(0)=1,\varphi(0)=0°$，这表明振荡环节的频率特性曲线起始于实轴上的(1,j0)点。当 ω 增大时，$\varphi(\omega)$变为负值，这说明曲线顺时针向下移动。

(2) 当 $\omega=\omega_n$ 时，$A(\omega)=\frac{1}{2\zeta},\varphi(\omega_n)=-90°$。这表明当 $\omega=\omega_n$ 时曲线与负虚轴相交，且阻尼比 ζ 越小，交点离原点越远。

(3) 当 $\omega\to\infty$时，$A(\infty)=0,\varphi(\infty)=-180°$。这表明频率特性曲线的终点在极坐标平面的原点，且与负实轴相切。

令$\frac{\mathrm{d}A(\omega)}{\mathrm{d}\omega}=0$，不难求得极值点的频率值

$$\omega_r=\omega_n\sqrt{1-2\zeta^2} \tag{2.5.16}$$

ω_r 称为振荡环节的谐振频率。将 ω_r 代入式(2.5.14)中得到

$$M_r=A(\omega_r)=\frac{1}{2\zeta\sqrt{1-\zeta^2}} \tag{2.5.17}$$

M_r 称为谐振峰值，它表示频率特性曲线上离原点最远点的幅值，将式(2.5.16)代

入(2.5.15)得到谐振时的相角为

$$\varphi(\omega_r) = -\arctan\frac{\zeta}{\sqrt{1-2\zeta^2}} \tag{2.5.18}$$

由此可见，ω_r，M_r，$\varphi(\omega_r)$都是阻尼比 ζ 的函数。当 $\zeta=1/\sqrt{2}=0.707$ 时，$\omega_r=0$，$M_r=1$，$\varphi(\omega_r)=0°$；当 $\zeta>0.707$ 时，ω_r 为虚数，说明幅频特性不存在谐振峰值；当 $0<\zeta<0.707$ 时，存在谐振峰值，且 ζ 越小，M_r 越大。当 $\zeta=0$ 时，$\omega_r=\omega_n$，$M_r\to\infty$，$\varphi(\omega_r)=-90°$，这是谐振最严重的情况。

对式(2.5.14)取对数可得到振荡环节的对数幅频特性

$$L(\omega) = 20\lg A(\omega) = -20\lg\sqrt{\left[1-\left(\frac{\omega}{\omega_n}\right)^2\right]^2+\left(2\zeta\frac{\omega}{\omega_n}\right)^2} \tag{2.5.19}$$

由式(2.5.19)可知，在低频段，当$\frac{\omega}{\omega_n}\ll 1$，即 $\omega\ll\omega_n$ 时，$L(\omega)\approx -20\lg 1=0(\mathrm{dB})$。即在低频段，对数幅频特性近似与零分贝的横坐标轴重合。而在高频段，当$\frac{\omega}{\omega_n}\gg 1$，即 $\omega\gg\omega_n$ 时，$L(\omega)\approx -20\lg\sqrt{\left[-\left(\frac{\omega}{\omega_n}\right)^2\right]^2}=-40\lg\frac{\omega}{\omega_n}$。这是一条斜率为 $-40\mathrm{dB/dec}$的直线，与横坐标轴的交点在 $\omega=\omega_n$ 处。因此自然振荡频率 ω_n 也称为高频渐近线与低频渐近线的交接频率或转折频率，振荡环节的渐近对数幅频特性（也称为折线对数幅频特性）如图 2.46 所示。

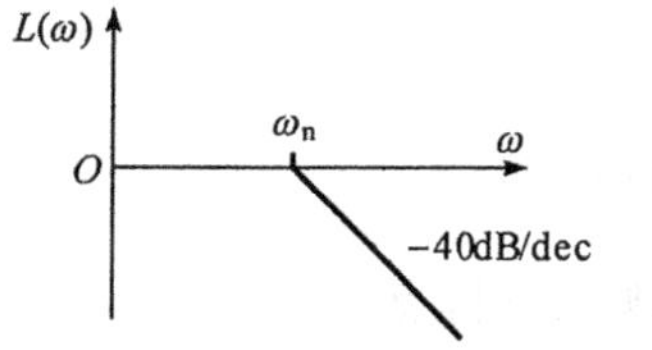

图 2.46　振荡环节的渐近对数幅频特性

在转折频率附近，用渐近幅频特性有较大误差，在 $\omega=\omega_n$ 时，该误差值为

$$\begin{aligned}L_n &= L(\omega_n)-0=-20\lg\sqrt{\left[1-\left(\frac{\omega}{\omega_n}\right)^2\right]^2+\left(2\zeta\frac{\omega}{\omega_n}\right)^2}\,\Bigg|_{\omega=\omega_n}\\ &=-20\lg 2\zeta(\mathrm{dB})\end{aligned} \tag{2.5.20}$$

在不同阻尼比下，振荡环节的对数幅频特性和相频特性示于图 2.47 中。在 $\zeta<0.707$时，L_n 略小于谐振峰值，因为对式(2.5.17)取对数不难得到

$$L_r=20\lg M_r=-20\lg 2\zeta\sqrt{1-\zeta^2}>-20\lg 2\zeta=L_n$$

当 ζ 很小时，转折频率 ω_n 与谐振频率 $\omega_r=\omega_n\sqrt{1-2\zeta^2}$很接近，$L_n$ 与谐振峰值 L_r 也很接近。

振荡环节是相位滞后环节，频率越高相位滞后越大，$\omega\to\infty$时，相位滞后可达 $-180°$，当 $\omega=0$ 时，$\varphi(0)=0°$；当 $\omega=\omega_n$ 时，$\varphi(\omega_n)=-90°$，由相频特性图可见，ζ 越小，相频特性曲线在 ω_n 处变化速度越大。

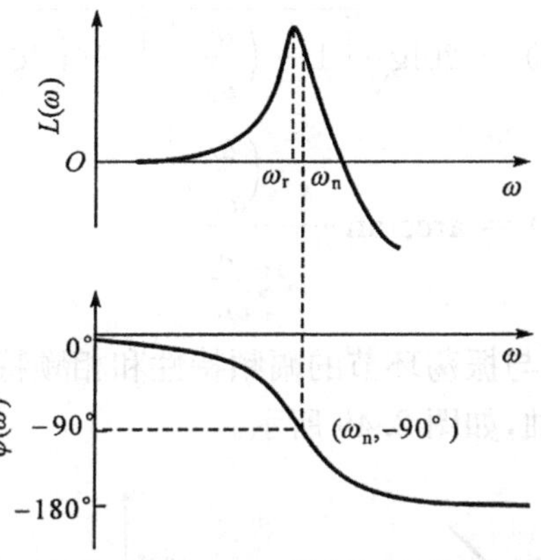

图 2.47　振荡环节的精确对数频率特性

7. 二阶微分环节

二阶微分环节的传递函数是

$$G(s)=\frac{s^2}{\omega_n^2}+2\zeta\frac{s}{\omega_n}+1,\qquad 0<\zeta<1 \tag{2.5.21}$$

二阶微分环节的频率特性为

$$G(j\omega)=\frac{(j\omega)^2}{\omega_n^2}+2\zeta\frac{j\omega}{\omega_n}+1=1-\left(\frac{\omega}{\omega_n}\right)^2+j2\zeta\frac{\omega}{\omega_n} \tag{2.5.22}$$

幅频及相频特性为

$$|G(j\omega)|=\sqrt{\left[1-\left(\frac{\omega}{\omega_n}\right)^2\right]^2+\left(2\zeta\frac{\omega}{\omega_n}\right)^2} \tag{2.5.23}$$

$$\angle G(j\omega)=\operatorname{arcctan}\frac{1-\left(\frac{\omega}{\omega_n}\right)^2}{2\zeta\frac{\omega}{\omega_n}} \tag{2.5.24}$$

当 ω 从零变化到无穷大时，根据式(2.5.23)和式(2.5.24)可画出二阶微分环节在不同 ζ 值时的奈奎斯特频率特性图，如图 2.48 所示。

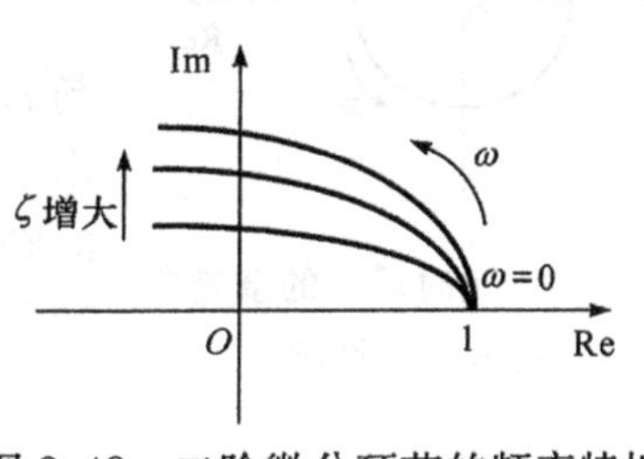

图 2.48　二阶微分环节的频率特性

二阶微分环节的对数幅频特性和对数相频特性分别为

$$L(\omega)=20\lg\sqrt{\left[1-\left(\frac{\omega}{\omega_n}\right)^2\right]^2+\left(2\zeta\frac{\omega}{\omega_n}\right)^2} \tag{2.5.25}$$

$$\varphi(\omega)=\arctan\frac{1-\left(\frac{\omega}{\omega_n}\right)^2}{2\zeta\frac{\omega}{\omega_n}} \tag{2.5.26}$$

显然，二阶微分环节与振荡环节的幅频特性和相频特性相比仅相差一个符号，因此它们对称于横坐标轴，如图 2.49 所示。

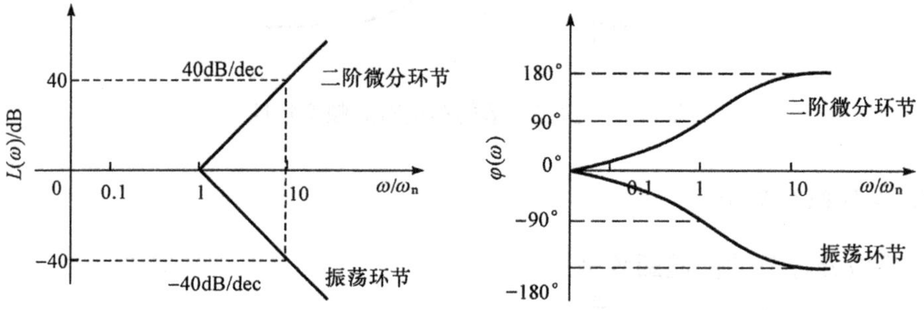

图 2.49　二阶微分环节和振荡环节的对数幅频特性和相频特性

8. 延时环节

延时环节的传递函数为

$$G(s)=e^{-\tau s} \tag{2.5.27}$$

其频率特性为

$$G(j\omega)=e^{-j\omega\tau} \tag{2.5.28}$$

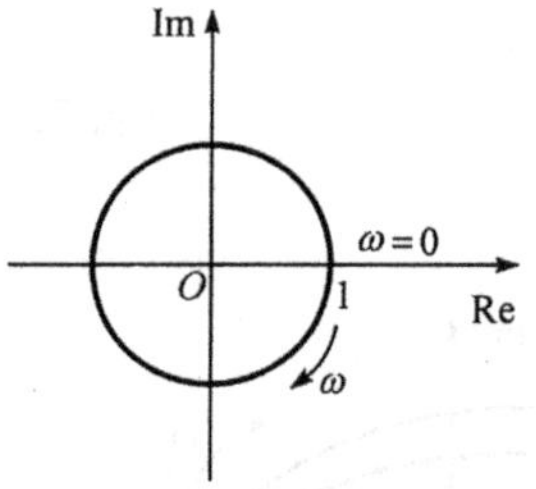

图 2.50　延时环节的奈奎斯特频率特性图

因此其幅频特性和相频特性分别为

$$A(\omega)=|G(j\omega)|=1 \tag{2.5.29}$$

$$\angle G(j\omega)=-\omega\tau \tag{2.5.30}$$

由此可见，当 ω 从零到无穷大变化时，幅频特性与 ω 无关，恒为 1；而相频特性是 ω 的线性函数，随 ω 由零变化到负无穷大。故在奈奎斯特图中延时环节的频率特性是以原点为圆心，以 1 为半径的单位圆，如图 2.50 所示。

延时环节的对数幅频特性和对数相频特性分别为

$$L(\omega)=20\lg A(\omega)=20\lg 1=0(\text{dB}) \tag{2.5.31}$$

$$\varphi(\omega)=-\omega\tau \tag{2.5.32}$$

根据式(2.5.31)和式(2.5.32)可绘出延时环节的对数频率特性如图 2.51 所示。

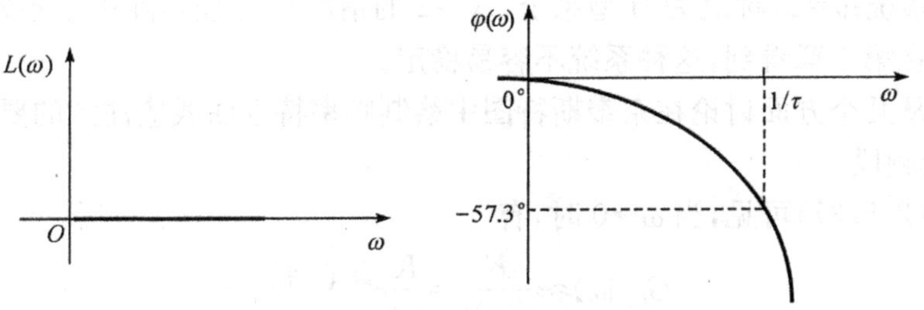

图 2.51　延时环节的对数频率特性图

2.5.4 开环系统频率特性图的绘制

在了解了典型环节的频率特性之后，就可以绘制一般系统的开环频率特性图了，因为系统的开环传递函数通常是由若干基本环节串联而成的。

1. 奈奎斯特图的绘制

设系统开环传递函数为

$$G_0(s) = G_1(s)G_2(s)\cdots G_n(s) \tag{2.5.33}$$

其中，$G_i(s)$，$i=1,\cdots,n$，是基本环节的传递函数。其频率特性为

$$G_0(\mathrm{j}\omega) = |G_1(\mathrm{j}\omega)|\mathrm{e}^{\mathrm{j}\angle G(\mathrm{j}\omega)}\cdots|G_n(\mathrm{j}\omega)|\mathrm{e}^{\mathrm{j}\angle G_n(\mathrm{j}\omega)} \tag{2.5.34}$$

所以幅频特性和相频特性分别为

$$A(\omega) = |G_0(\mathrm{j}\omega)| = |G_1(\mathrm{j}\omega)||G_2(\mathrm{j}\omega)|\cdots|G_n(\mathrm{j}\omega)| \tag{2.5.35}$$

$$\angle G_0(\mathrm{j}\omega) = \angle G_1(\mathrm{j}\omega) + \angle G_2(\mathrm{j}\omega) + \cdots + \angle G_n(\mathrm{j}\omega) \tag{2.5.36}$$

由式(2.5.35)和式(2.5.36)知，若干基本环节串联后所得开环系统的频率特性应按幅值相乘、相角相加的原则进行计算，根据 ω 由 0 到∞的变化时所得的计算结果可以绘制系统开环频率特性图。

然而，绘制准确的频率特性曲线是相当麻烦的，有时也是不必要的。在系统分析中，我们感兴趣的常常只是频率特性曲线的大致走向以及在某些关键位置的坐标值。因此应学会快速绘制粗略的频率特性曲线。

对于一般的线性定常系统，其频率特性为

$$\begin{aligned}G_0(\mathrm{j}\omega) &= \frac{b_m(\mathrm{j}\omega)^m + b_{m-1}(\mathrm{j}\omega)^{m-1} + \cdots + b_1\mathrm{j}\omega + b_0}{a_n(\mathrm{j}\omega)^n + a_{n-1}(\mathrm{j}\omega)^{n-1} + \cdots + a_1\mathrm{j}\omega + a_0} \\ &= \frac{K(\mathrm{j}\omega\tau_1+1)(\mathrm{j}\omega\tau_2+1)\cdots(\mathrm{j}\omega\tau_m+1)}{(\mathrm{j}\omega)^\nu(\mathrm{j}\omega T_1+1)(\mathrm{j}\omega T_2+1)\cdots(\mathrm{j}\omega T_{n-\nu}+1)}, \qquad m \leqslant n, b_0 \neq 0\end{aligned} \tag{2.5.37}$$

其中，ν 表示开环传递函数积分环节的个数，若 $\nu=0$，称系统为 0 型系统；$\nu=1$，称

之为 I 型系统；$\nu=2$，称之为 II 型系统。$\nu>2$ 的情况在工程实际中是不常见的，因为我们将在第 4 章看到，这种系统不容易稳定。

下面从几个方面讨论在奈奎斯特图中绘制频率特性曲线应注意的要点。

1) 低频段

从式(2.5.37)可见，当 $\omega\to 0$ 时，有

$$G_0(\mathrm{j}\omega)\approx\frac{K}{(\mathrm{j}\omega)^{\nu}}=\frac{K}{\omega^{\nu}}\mathrm{e}^{\mathrm{j}\nu\times\left(-\frac{\pi}{2}\right)}$$

所以 0 型系统($\nu=0$)的开环频率特性曲线由 K 决定，即起始于实轴上的(K,j0)点。I 型系统($\nu=1$)的开环频率特性曲线起始于相角为$-90°$的无穷远处，II 型系统($\nu=2$)的开环频率特性曲线起始于相角为$-180°$的无穷远处，……，见图 2.52(a)。

对于 I 型和 II 型系统，为了确定起始点位于负虚轴和负实轴的哪一边，应考虑(2.5.37)中时间常数 $\tau_1,\cdots,\tau_m$ 和 $T_1,\cdots T_{n-\nu}$ 的大小。设有 II 型系统的频率特性为

$$G_0(\mathrm{j}\omega)=\frac{K}{(\mathrm{j}\omega)^2}\cdot\frac{(\mathrm{j}\omega\tau+1)}{(\mathrm{j}\omega T+1)}$$

当 $\tau<T$ 时，$\angle(\mathrm{j}\omega\tau+1)<\angle(\mathrm{j}\omega T+1)$，所以在 $\omega\to 0$ 时有 $\angle G_0(\mathrm{j}\omega)\approx-(180°+\varepsilon)$，$\varepsilon>0$，这说明频率特性曲线起始于负实轴的上方。反之，若 $\tau>T$，则 $\angle(\mathrm{j}\omega\tau+1)>\angle(\mathrm{j}\omega T+1)$，当 $\omega\to 0$ 时，$\angle G_0(\mathrm{j}\omega)\approx-(180°-\varepsilon)$，$\varepsilon>0$，频率特性曲线起始于负实轴的下方，见图 2.52(b)。

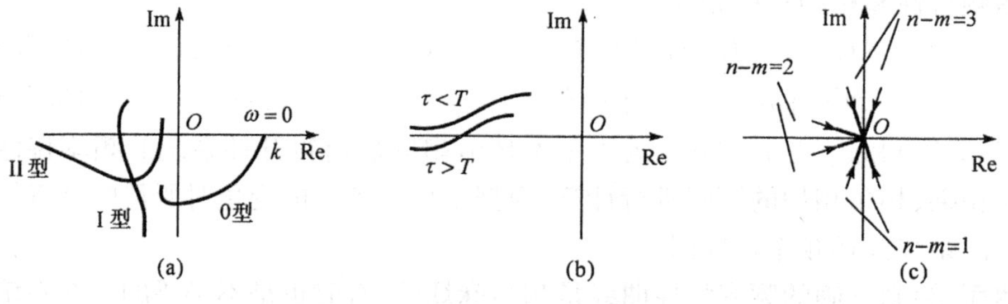

图 2.52 粗略频率特性曲线画法

2) 高频段

由式(2.5.37)可知，当 $\omega\to\infty$时，有

$$G_0(\mathrm{j}\omega)\approx\frac{K\tau_1\tau_2\cdots\tau_m}{T_1T_2\cdots T_{n-\nu}\omega^{n-m}}\mathrm{e}^{\mathrm{j}(n-m)\times(-\pi)}$$

因此，当 $n>m$ 时，$|G_0(\mathrm{j}\infty)|=0$，$\angle G_0(\mathrm{j}\infty)=-(n-m)\times 90°$，此时开环频率特性曲线以相角$-(n-m)\times 90°$终止于坐标原点，见图 2.52(c)。

当 $n=m$ 时，有

$$G_0(\mathrm{j}\infty)=\frac{K\tau_1\tau_2\cdots\tau_m}{T_1T_2\cdots T_{n-\nu}}$$

此时频率特性曲线终止于实轴上的有限点。

3) 与负实轴的交点

开环频率特性曲线与负实轴的交点位置与系统稳定性有密切关系(详细讨论见第 4 章),为求出交点的坐标,可令 $\mathrm{Im}(G_0(\mathrm{j}\omega))=0$,也可令$\angle G_0(\mathrm{j}\omega)=n\pi$ (n 为奇数),求出交点处的 ω_g,然后代入开环频率特性的实部便得到交点处的坐标。

2. 伯德图的绘制

利用典型环节的对数频率特性可以很方便地绘出开环系统的对数频率特性曲线。设系统开环传递函数为

$$G_0(s)=G_1(s)G_2(s)\cdots G_n(s)$$

则其对数幅频特性和对数相频特性分别为

$$\begin{aligned}L(\omega)&=20\lg|G_0(\mathrm{j}\omega)|=20\lg|G_1(\mathrm{j}\omega)|+20\lg|G_2(\mathrm{j}\omega)|+\cdots+20\lg|G_n(\mathrm{j}\omega)|\\&=L_1(\omega)+L_2(\omega)+\cdots+L_n(\omega)\end{aligned}$$

$$\begin{aligned}\varphi(\omega)&=\angle G_0(\mathrm{j}\omega)=\angle G_1(\mathrm{j}\omega)+\angle G_2(\mathrm{j}\omega)+\cdots+\angle G_N(\mathrm{j}\omega)\\&=\varphi_1(\omega)+\varphi_2(\omega)+\cdots+\varphi_n(\omega)\end{aligned}$$

由此可见,如果开环传递函数由若干个典型环节串联而成,那么它的对数幅频特性和对数相频特性分别为各典型环节的对数幅频特性和对数相频特性之和。绘制开环系统的对数幅频特性和对数相频特性时,只要将各典型环节的对数幅频特性和对数相频特性相叠加即可。

例 2.16　设系统的开环传递函数为

$$G_0(s)=\frac{K(\tau s+1)}{(Ts+1)},\qquad \tau<T$$

试画出开环系统的大致对数频率特性图。

解　开环系统可看成由三个典型环节串联而成,它们分别是比例环节、惯性环节和一阶微分环节,故其对数幅频特性和相频特性分别为

$$\begin{aligned}L(\omega)&=L_1(\omega)+L_2(\omega)+L_3(\omega)\\&=20\lg K+20\lg\frac{1}{\sqrt{(\omega T)^2+1}}+20\lg\sqrt{(\omega\tau)^2+1}\end{aligned}$$

$$\begin{aligned}\varphi(\omega)&=\varphi_1(\omega)+\varphi_2(\omega)+\varphi_3(\omega)\\&=0^\circ-\arctan\omega T+\arctan\omega\tau\end{aligned}$$

将三个环节的折线对数幅频特性及相频特性分别绘于图 2.53 中,将三者相叠加便得到开环系统的渐近对数幅频特性和对数相频特性情况。由图中看出,由于

该系统是 0 型系统，在低频段比例环节起主导作用，对数幅频特性近似为平行于横坐标的直线，纵坐标值为 $20\lg K$；而相频特性近似等于 0°。在转折频率 $1/T$ 处，由于惯性环节的作用，对数幅频特性近似以 −20dB/dec 的斜率开始下降，此时相频特性也由 0°逐渐变负。在第二个转折频率 $1/\tau$ 附近，由于一阶微分环节的作用，对数幅频特性叠加了一个斜率为 20dB/dec 的直线，因此开环系统的对数频率特性恢复成平行于横坐标的直线，此时纵坐标的值可按下式求出：

$$20\lg K-20\lg\omega T\Big|_{\omega=\frac{1}{\tau}}=20\lg K-20\lg\frac{T}{\tau}$$

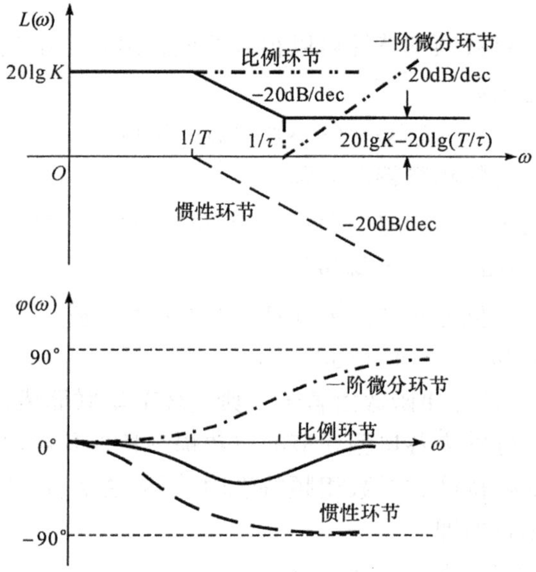

图 2.53　例 2.16 系统的对数幅频特性和对数相频特性

例 2.17　已知系统开环传递函数为

$$G_0(s)=\frac{s+2}{s(s+0.5)((0.125s)^2+0.05s+1)}$$

试画出系统的开环对数频率特性曲线。

解　首先将 $G_0(s)$ 化为典型环节串联的形式

$$G_0(s)=\frac{4(0.5s+1)}{s(2s+1)\left(\frac{s^2}{8^2}+\frac{2\times 0.2}{8}s+1\right)}$$

由此可见，系统由 5 个典型环节串联而成：

比例环节　$G_1(s)=4$；

积分环节　$G_2(s)=\frac{1}{s}$；

惯性环节　$G_3(s)=\frac{1}{2s+1}$，转折频率为 $\omega_1=\frac{1}{T}=0.5$；

一阶微分环节　$G_4(s)=0.5s+1$，转折频率为 $\omega_2=\frac{1}{\tau}=2$；

振荡环节　$G_5(s)=\frac{1}{\frac{s^2}{8^2}+\frac{2\times 0.2}{8}s+1}$，转折频率为 $\omega_3=\omega_n=8$，阻尼比 $\zeta=0.2$。

各环节的渐近对数幅频特性和对数相频特性曲线如图 2.54 中虚线所示。将各环节的对数幅频特性和对数相频特性相叠加便得到系统开环频率特性，如图 2.54中实线所示。

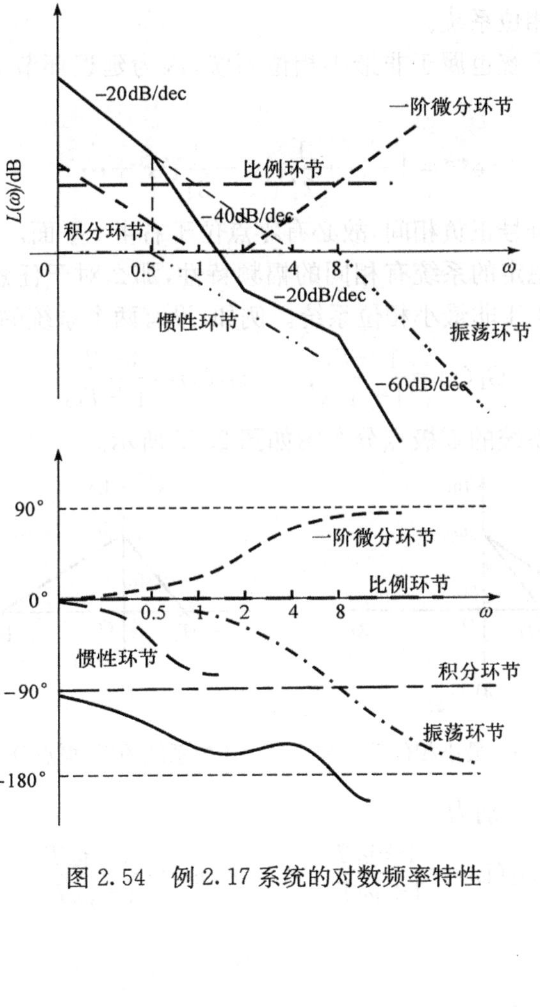

图 2.54　例 2.17 系统的对数频率特性

分析图 2.54 中渐近对数频率特性可知，它有如下一些特点：

(1) 在低频段，当 $\omega\to 0$ 时，幅频特性近似为斜率是 -20dB/dec 的直线。幅频特性在低频段的斜率完全取决于开环系统中所含积分环节的个数。

(2) 低频段对数幅频特性曲线的延长线，在 $\omega=1$ 处的分贝值，恰好等于比例环节的分贝值，即 20lg4；延长线与横坐标轴交点处的 $\omega=K=4$。

(3) 在惯性环节的转折频率 $\omega_1=0.5$(rad/s)处，曲线斜率从 -20dB/dec 变为 -40dB/dec；在一阶微分环节的转折频率 $\omega_2=2$(rad/s)处，斜率又由 -40dB/dec 变为 -20dB/dec；在振荡环节的转折频率 $\omega_3=8$(rad/s)处，斜率由 -20dB/dec 变为 -60dB/dec。

3. 最小相位系统

如果系统开环传递函数在右半 s 平面上没有零点和极点，那么称该系统为最小相位系统；相反，如果系统开环传递函数在右半 s 平面上有零点或(和)极点，则称该系统为非最小相位系统。

有延迟环节的系统也属于非最小相位系统，因为延迟环节 $\mathrm{e}^{-\tau s}$ 可用幂级数展开为

$$\mathrm{e}^{-\tau s}=1-\tau s+\frac{1}{2!}\tau^2 s^2-\frac{1}{3!}\tau^3 s^3+\cdots$$

由于上式各项系数符号正负相间，故必有零点位于右半 s 平面。

如果两个开环稳定的系统有相同的幅频特性，那么对于任意 $\omega\geqslant 0$，最小相位系统的相位滞后总小于非最小相位系统。例如，设有两个系统的传递函数为

$$G_1(s)=\frac{1+Ts}{1+T_1 s},\qquad G_2(s)=\frac{1-Ts}{1+T_1 s}$$

其中 $0<T<T_1$，两系统的零极点分布图如图 2.55 所示。

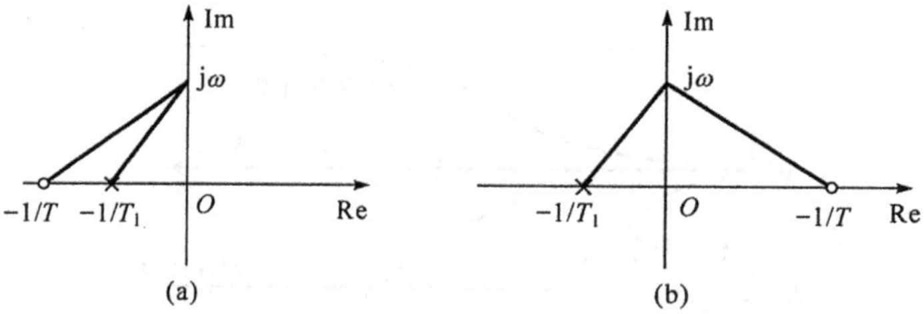

图 2.55　最小相位系统和非最小相位系统的零、极点分布

对应的频率特性分别为

$$G_1(\mathrm{j}\omega)=\frac{1+\mathrm{j}\omega T}{1+\mathrm{j}\omega T_1},\qquad G_2(\mathrm{j}\omega)=\frac{1-\mathrm{j}\omega T}{1+\mathrm{j}\omega T_1}$$

显然两者幅频特性相同，即

$$|G_1(j\omega)|=|G_2(j\omega)|=\sqrt{\frac{1+\omega^2T^2}{1+\omega^2T_1^2}}$$

但两者相频特性不同，且

$$\begin{aligned}|\angle G_1(j\omega)|&=|\arctan\omega T-\arctan\omega T_1|<|\angle G_2(j\omega)|\\&=|-\arctan\omega T-\arctan\omega T_1|\end{aligned}$$

两系统的对数相频特性示于图 2.56 中。

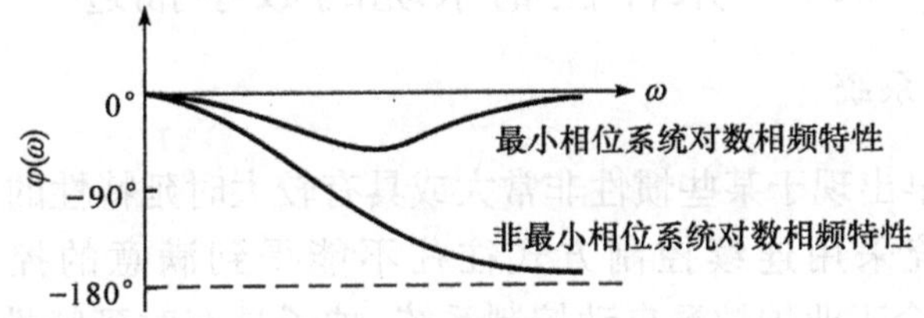

图 2.56　最小相位系统和非最小相位系统的对数相频特性

最小相位系统的对数幅频特性与对数相频特性具有一一对应关系，即对于给定的对数幅频特性只有唯一的对数相频特性与之相对应。而非最小相位系统，对于给定的幅频特性，与之对应的相频特性却不是唯一的。因此，对于最小相位系统，只要知道其对数幅频特性，就可以唯一地写出其传递函数；而对于非最小相位系统，则必须在对数幅频特性和对数相频特性都已知时，才可以确定其传递函数。由于最小相位系统具有上述特性，在利用伯德图进行系统分析时，只需要画出它的对数幅频特性就足够了。

例 2.18　设某最小相位系统的渐近对数幅频特性如图 2.57 所示，试写出系统传递函数。

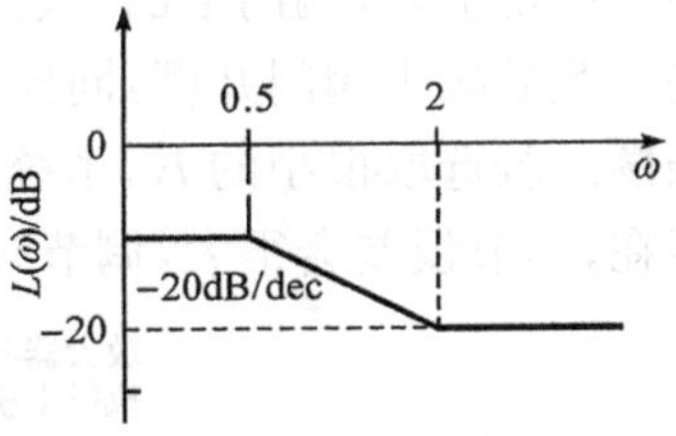

图 2.57　最小相位系统的渐近对数幅频特性

解　由于在低频段幅频特性的斜率为 0dB/dec，故知该系统为 0 型系统，即没有积分环节，在转折频率 $\omega_1=0.5$ 处斜率由 0dB/dec 变为 −20dB/dec，说明系统有一个惯性环节，其时间常数为 $T=1/\omega_1=2$。在转折频率 $\omega_2=2$ 处，斜率又由 −20dB/dec 变为 0dB/dec，说明系统有一个一阶微分环节，其时间常数为 $\tau=1/2=0.5$。因此系统的传递函数可写为

$$G_0(s)=\frac{K(0.5s+1)}{(2s+1)}$$

由于在 $\omega_2=2$ 处渐近幅频特性的分贝值为 −20dB，故有

$$20\lg K-20\lg\omega T|_{\omega=2}+20\lg\omega\tau|_{\omega=2}=-20$$

即 20lg$K$－20lg(2×2)＋20lg(2×0.5)＝－20，解之得 K＝0.4。故系统传递函数为

$$G_0(s)=\frac{0.4(0.5s+1)}{2s+1}$$

从本例看出，对于最小相位系统，可用实验方法得到系统频率特性的数据，然后在伯德图中画出其幅频特性图，便可以得到系统的传递函数。

2.6　采样控制系统的数学描述

2.6.1　采样控制系统

采样控制最早出现于某些惯性非常大或具有较大时延特性的被控对象的控制中，因为这类系统采用连续控制方式往往不能得到满意的控制效果。例如，图 2.58所示是一个工业炉炉温自动控制系统，炉子具有时延特性，且时延时间 τ_p 长达数秒或数十秒，而且惯性时间常数 T_p 可达千秒以上。当炉温与给定值有偏差时，偏差经放大驱动执行电机，由电动机去开大或关小燃料供应阀的阀门，达到控制炉温的目的。由于电机的时间常数相对于炉子的时间常数显得很小，可忽略不计，故执行电机与放大环节合并成比例环节 K，燃料供应阀是一个积分环节。在这样一个控制系统中，K 的设计显得极其困难。因为当选取较大 K 时，电机对很小的温度偏差也很敏感，即当有一个小的温度偏差时(炉温低于给定值)，电机很快转动，开大燃料供应阀，但由于炉子的延时作用和大惯性特性，炉温的上升很缓慢，在炉温到达给定值之前，电动机一直往一个方向转动，阀门开度持续增大，等炉温达到给定值时，阀门早已开过了头。这时电动机即使停转甚至反转，炉温仍继续升高。此后减小阀门开度，同样也会造成调节过度。如此循环往复，炉温必然大幅度振荡。若选取很小的 K，系统的灵敏度很低，反应迟钝，而且因为电动机“死区”的存在，调节误差会很大，调节时间也会变得很长。

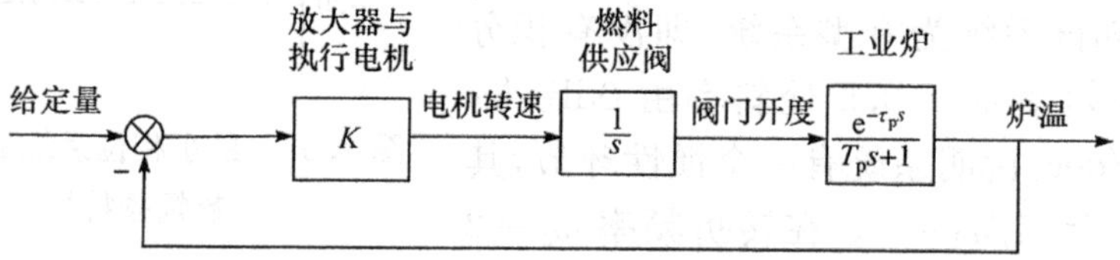

图 2.58　工业炉炉温的连续控制系统

为了克服连续控制的上述缺陷，一种可行的方法是采用采样控制。如图 2.59 所示，在这一系统中，采样开关每隔 T 秒接通一次，每次接通时间为 τ 秒。当炉温误差如图 2.60(a)所示连续变化时，采样开关的输出却是一串宽度为 τ 周期为 T 的脉冲信号 $e_\tau^*(t)$，如图 2.60(b)所示。由此可知，在每个周期 T 秒中，误差信号

只在很小的 τ 秒区间内被用来驱动电机，控制燃料供应阀，而在其余的大部分时间内，电机处于停机等待状态，所以调节过头的危险大大减轻，这样就可以用较大的开环比例系数 K 而仍能保持系统稳定。

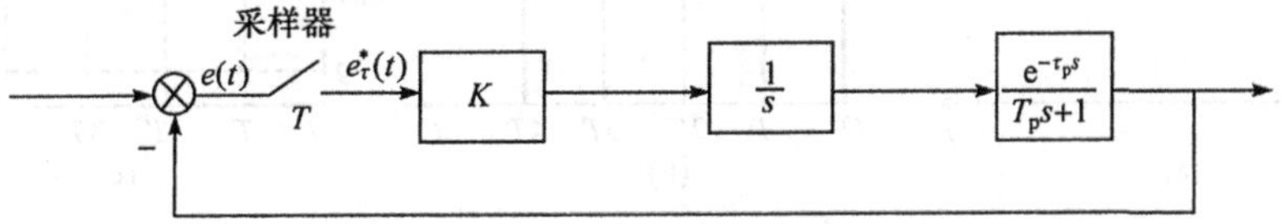

图 2.59　工业炉温的采样控制

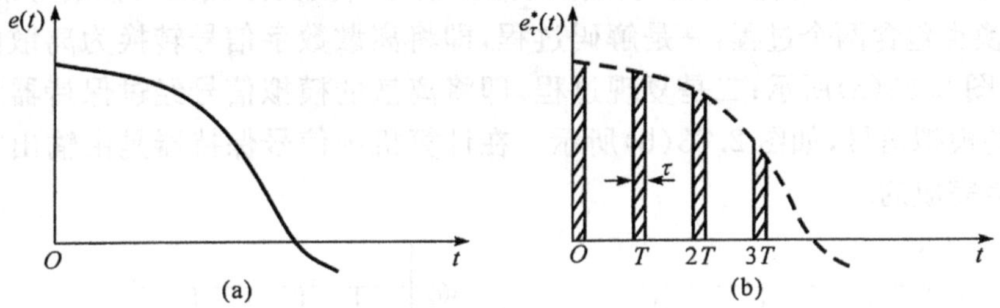

图 2.60　误差信号及其采样

在上述系统中，作用于电机上的信号不是连续变化的，而是一串脉冲，或者说，这样的变量是时间的离散函数。但同时系统中有些变量是时间的连续函数，如炉温。这类系统统称为采样控制系统。随着数字控制器和计算机的出现，采样控制方式在现代工业控制中应用非常广泛。图 2.61 是采样控制系统的典型框图。

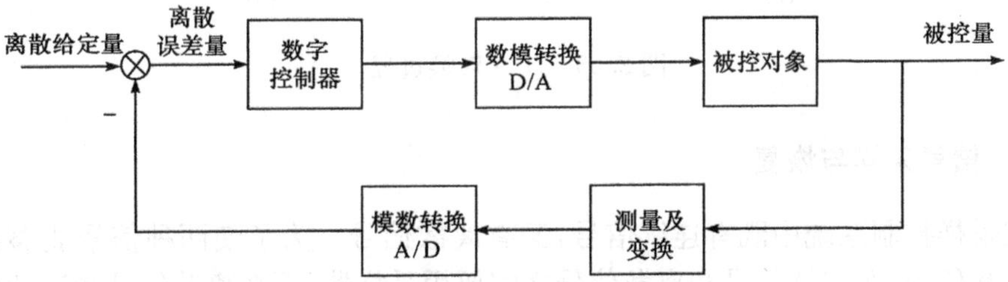

图 2.61　采样控制系统框图

图 2.61 中 A/D 转换器是将连续的模拟信号转换为离散数字信号的装置。A/D 转换包括两个过程：一是采样过程，即每隔 T 秒对如图 2.62(a)所示的连续信号 $x(t)$进行一次采样，得到采样后的离散信号为 $x^*(t)$，如图 2.62(b)所示；二是量化过程，因为在计算机中，任何数值的离散信号必须表示成最小二进制的整数倍，成为数字信号，才能进行运算，采样信号 $x^*(t)$经量化后变成数字信号 $\bar{x}^*$ 的过程也称为编码过程，如图 2.62(c)所示。

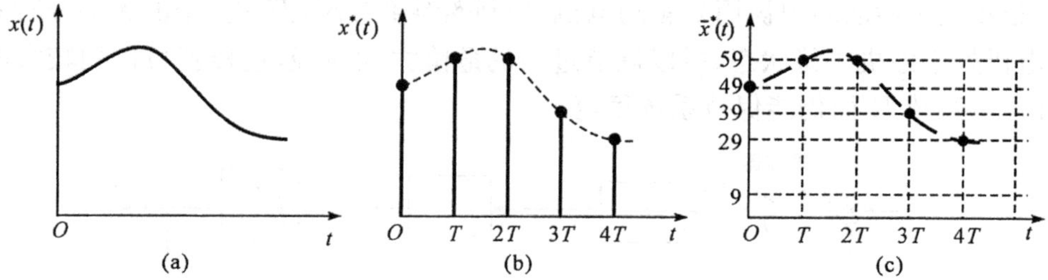

图 2.62　A/D 转换过程

图 2.61 中 D/A 转换器是将离散的数字信号转换为连续的模拟信号的装置。D/A 转换也包含两个过程：一是解码过程，即将离散数字信号转换为离散的模拟信号，如图 2.63(a)所示；二是复现过程，即将离散的模拟信号经过保持器后转换成连续的模拟信号，如图 2.63(b)所示。在计算机中信号保持器是由输出寄存器解码网络完成的。

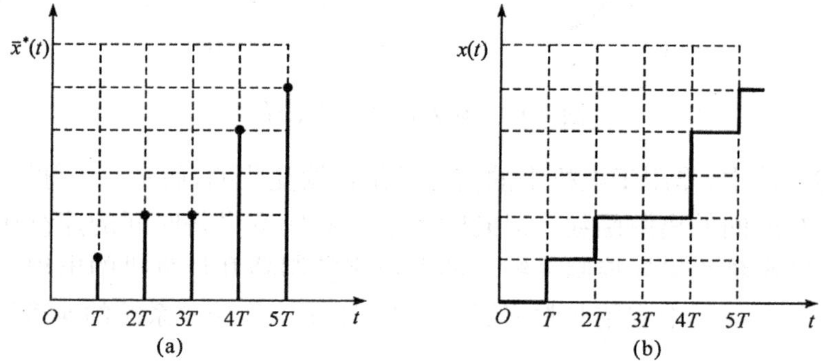

图 2.63　D/A 转换过程

2.6.2　信号采样与恢复

在采样控制系统中既有连续信号，又有离散信号。为了使两种信号能够在系统中相互传递，在连续信号和离散信号之间要用采样器，而在离散信号和连续信号之间要用保持器。

1. 采样器

将连续信号转变为离散信号的过程称为采样过程，实现该过程的装置称为采样器或采样开关。采样器的采样过程可以用一个周期性闭合的采样开关形象地表示，该开关闭合的周期为 T，每次闭合的时间为 τ。于是如图 2.64(a) 所示的连续信号 $x(t)$经过采样开关后，就变成周期为 T，宽度为 τ 的脉冲序列 $x_\tau^*(t)$，称为采样信号，如图 2.64(b)所示。

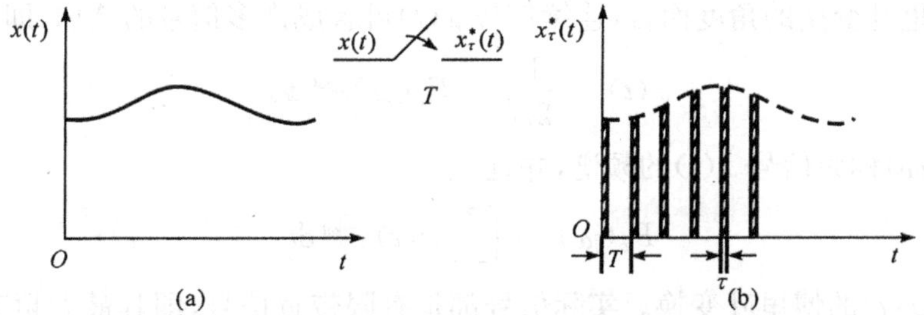

图 2.64　实际采样过程

在实际采样过程中，采样开关闭合时间极短，即采样持续时间 τ 远远小于采样周期 T，也远远小于系统连续部分的最大时间常数，因此在分析中可以认为 τ 趋于零。在此假设下，采样器的输出可以看成是理想的脉冲序列 $x^*(t)$。采样瞬时 $x^*(t)$ 的脉冲强度等于相应瞬时连续信号 $x(t)$ 的幅值，即 $x(0T), x(1T), \cdots, x(nT), \cdots$，如图 2.65 所示。理想采样后所得到脉冲序列可写成

$$
\begin{aligned}
x^*(t) &= x(0)\delta(t) + x(T)\delta(t-T) + x(2T)\delta(t-2T) + \cdots \\
&= \sum_{n=0}^{\infty} x(nT)\delta(t-nT) \\
&\stackrel{\Delta}{=} x(t)\delta_T(t)
\end{aligned}
\tag{2.6.1}
$$

其中

$$
\delta_T(t) = \sum_{n=0}^{\infty} \delta(t-nT) \tag{2.6.2}
$$

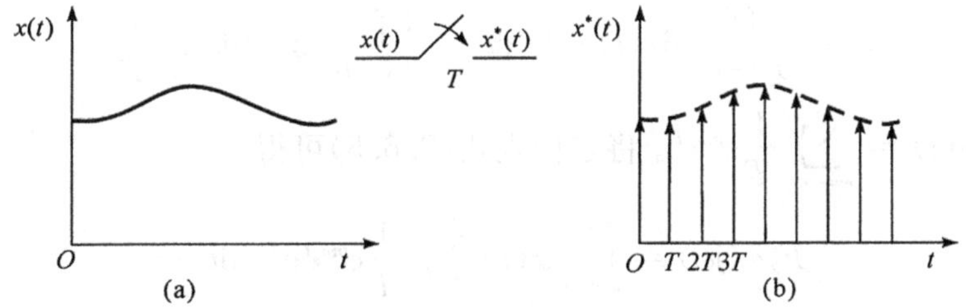

图 2.65　理想采样过程

为了实现数字控制或采样控制，需将连续信号转换成离散脉冲序列，但我们希望转换后的离散脉冲序列仍能保留原连续信号的信息，即从采样后得到的脉冲序列应能恢复原来的连续信号。直观地看，脉冲序列能否保留原连续信号的信息，与采样频率有密切关系。采样频率越高，连续信号的信息丢失越少；反之，采样频率过小，即采样周期过长，就可能丢失较多信息，由脉冲信号就不能恢复原连续信号。那么采样频率保持多大才合适呢？这需要对原信号和采样信号进行频谱分析。

从傅里叶变换的角度而言,连续信号 $x(t)$ 可看成许多信号的叠加,即

$$x(t)=\frac{1}{2\pi}\int_{-\infty}^{\infty}F_x(\mathrm{j}\omega)\mathrm{e}^{\mathrm{j}\omega t}\mathrm{d}\omega \tag{2.6.3}$$

其中,$F_x(\mathrm{j}\omega)$ 称为信号 $x(t)$ 的频谱,并且

$$F_x(\mathrm{j}\omega)=\int_{-\infty}^{\infty}x(t)\mathrm{e}^{-\mathrm{j}\omega t}\mathrm{d}t \tag{2.6.4}$$

上式称为 $x(t)$ 的傅里叶变换。实际信号都是有限带宽信号,即其最大频率是有限的。记其最大频率是 ω_m,如图 2.66 所示。显然,若 $F_x(\mathrm{j}\omega)$ 可由采样脉冲序列得到,则根据式(2.6.3),原连续信号 $x(t)$ 便得以恢复。现在对采样后得到的离散脉冲序列进行频谱分析,即对式(2.6.1)中的 $x^*(t)$ 进行傅里叶变换

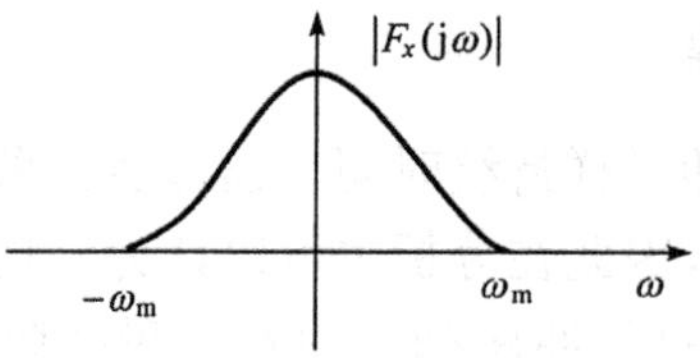

图 2.66　连续信号的频谱

$$\begin{aligned}F_{x^*}(\mathrm{j}\omega)&=\int_{-\infty}^{\infty}x^*(t)\mathrm{e}^{-\mathrm{j}\omega t}\mathrm{d}t\\&=\int_{-\infty}^{\infty}x(t)\delta_T(t)\mathrm{e}^{-\mathrm{j}\omega t}\mathrm{d}t\end{aligned} \tag{2.6.5}$$

其中,$\delta_T(t)=\sum\limits_{n=-\infty}^{\infty}\delta(t-nT)$ 是周期函数,故可以展为傅里叶级数

$$\delta_T(t)=\sum_{n=-\infty}^{\infty}C_n\mathrm{e}^{\mathrm{j}n\omega_s t} \tag{2.6.6}$$

其中,$\omega_s=\dfrac{2\pi}{T}$ 称为采样角频率。由傅里叶变换公式知

$$C_n=\frac{1}{T}\int_{-T/2}^{T/2}\delta_T(t)\mathrm{e}^{-\mathrm{j}n\omega_s t}\mathrm{d}t=\frac{1}{T}\int_{-T/2}^{T/2}\delta(t)\mathrm{d}t=\frac{1}{T} \tag{2.6.7}$$

由此可得 $\delta_T(t)=\sum\limits_{n=-\infty}^{\infty}\dfrac{1}{T}\mathrm{e}^{\mathrm{j}n\omega_s T}$。将之代入式(2.6.5)可得

$$\begin{aligned}F_{x^*}(\mathrm{j}\omega)&=\int_{-\infty}^{\infty}x(t)\sum_{n=-\infty}^{\infty}\frac{1}{T}\mathrm{e}^{\mathrm{j}n\omega_s t}\mathrm{e}^{-\mathrm{j}\omega t}\mathrm{d}t\\&=\frac{1}{T}\sum_{n=-\infty}^{\infty}\int_{-\infty}^{\infty}x(t)\mathrm{e}^{\mathrm{j}n\omega_s t}\mathrm{e}^{-\mathrm{j}\omega t}\mathrm{d}t\\&=\frac{1}{T}\sum_{n=-\infty}^{\infty}F_x(\mathrm{j}(\omega-n\omega_s))\end{aligned} \tag{2.6.8}$$

在式(2.6.8)的最后一个等式的推导中运用了傅里叶变换的延时定理。由式(2.6.8)可知,离散脉冲序列 $x^*(t)$ 的频谱可以看作是原连续信号 $x(t)$ 的频谱 $F_x(\mathrm{j}\omega)$ 经过无穷多次平移后叠加而成的,如图 2.67 所示。由图看出,当 $\omega_s>2\omega_m$ 时,采样信号的频谱中保留原信号的频谱,只要做一个带宽为 $\omega_s/2$ 的低通滤波器

就可以获得原连续信号的频谱，从而恢复原信号。相反，若 $\omega_s < 2\omega_m$，则由采样信号的频谱不能获得不失真的原连续信号的频谱，也就不能获得不失真的原连续信号。这一结论称作香农(Shannon)采样定理。

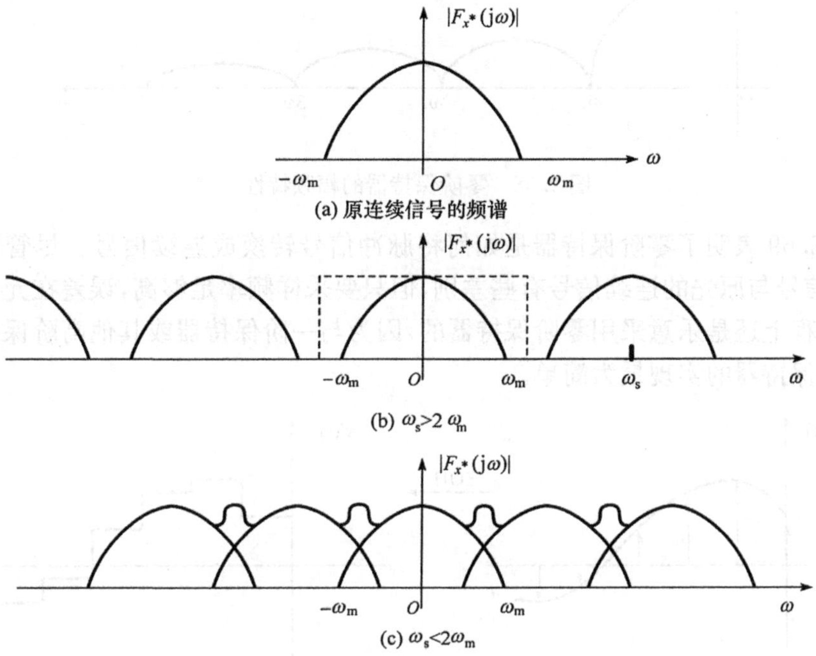

图 2.67　连续信号和采样信号的频谱

2. 保持器

将离散信号转换为连续信号的过程称为信号的恢复，该过程是靠保持器实现的。从频谱分析的角度而言，保持器的作用正是一个低通滤波器，它通过在低频打开一个适当的窗口，从采样脉冲信号的频谱中截取原连续信号的频谱。

最简单的保持器是零阶保持器(ZOH)，其脉冲响应函数为

$$g_h(t) = 1(t) - 1(t-T) \tag{2.6.9}$$

其中，T 取为采样脉冲信号的周期。因此零阶保持器的传递函数为

$$G_h(s) = \frac{1}{s} - \frac{1}{s}e^{-Ts} = \frac{1}{s}(1 - e^{-Ts}) \tag{2.6.10}$$

其频率特性为

$$G_h(j\omega) = \frac{1}{j\omega}(1 - e^{-j\omega T}) \tag{2.6.11}$$

零阶保持器的幅频特性绘于图 2.68 中。从该图看出，零阶保持器相当于一个近似

的带宽为 ω_s 的低通滤波器。

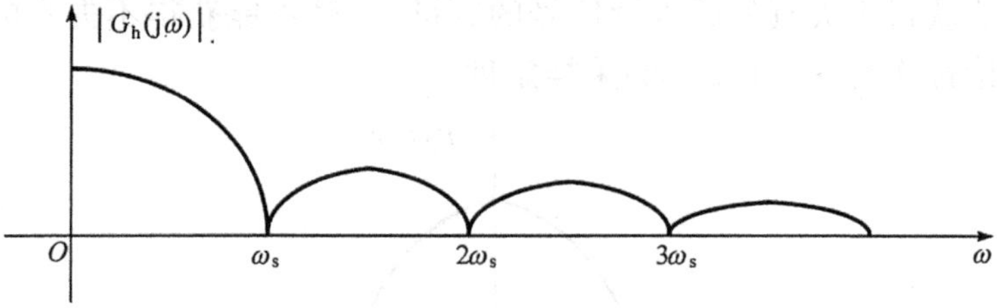

图 2.68　零阶保持器的幅频特性

图 2.69 表明了零阶保持器是如何将脉冲信号转换成连续信号。尽管恢复后的连续信号与原先的连续信号有些差别，但只要采样频率足够高，误差在允许的范围内，工程上还是乐意采用零阶保持器的，因为与一阶保持器或其他高阶保持器相比，零阶保持器的实现最为简单。

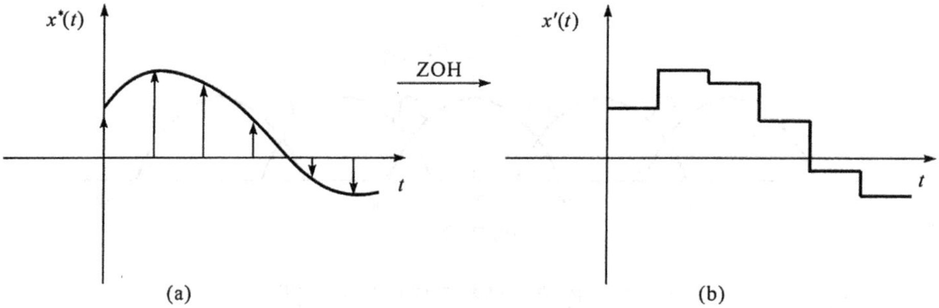

图 2.69　用零阶保持器进行信号恢复

2.6.3　采样系统的差分方程描述

连续系统的运动可以用微分方程刻画，而采样系统的运动情况通常可以用差分方程来描述。

考虑图 2.70 所示的一阶采样系统，由于采样器和零阶保持器的作用，在第 k 个时间间隔中零阶保持器的输出为

$$e_h(t)=e(kT),\qquad kT\leqslant t<(k+1)T$$

由于积分器 A/s 的作用，在该周期内系统输出 $y(t)$ 由下式给出

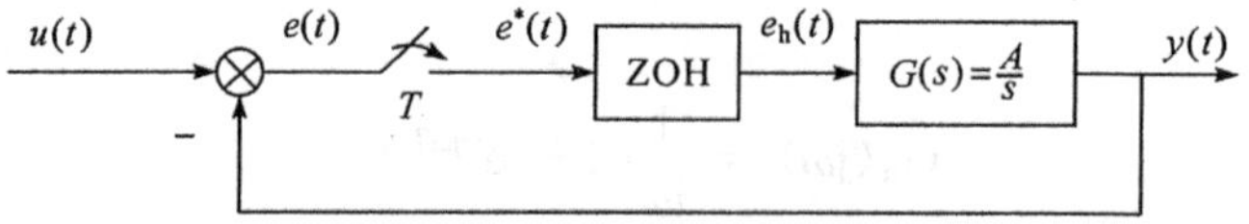

图 2.70　一阶数字采样系统

$$y(t)=y(kT)+Ae(kT)(t-kT),\qquad kT\leqslant t<(k+1)T$$

因此，在$(k+1)T$时刻系统的输出值为

$$\begin{aligned}y[(k+1)T]&=y(kT)+Ae(kT)[(k+1)T-kT]\\&=y(kT)+ATe(kT)\end{aligned}\tag{2.6.12}$$

由于

$$e(kT)=u(kT)-y(kT)$$

方程(2.6.12)可改写成

$$y[(k+1)T]=(1-AT)y(kT)+ATu(kT)\tag{2.6.13}$$

上式称为图 2.70 所示的数字采样系统的输入-输出差分方程模型。

差分方程的解可以用迭代法很容易地求出，对于式(2.6.13)而言，有

$$\begin{aligned}y(T)&=(1-AT)y(0)+ATu(0)\\y(2T)&=(1-AT)y(T)+ATu(T)\\&=(1-AT)[(1-AT)y(0)+ATu(0)]+ATu(T)\\&=(1-AT)^2y(0)+(1-AT)ATu(0)+ATu(T)\\&\vdots\\y(kT)&=\underbrace{(1-AT)^ky(0)}_{\text{零输入响应}}+\underbrace{AT\sum_{i=0}^{k-1}(1-AT)^{k-1-i}u(iT)}_{\text{零状态响应}}\end{aligned}\tag{2.6.14}$$

需要指出的是，差分方程的解$y(kT)$仅是实际输出量$y(t)$在采样瞬时的值，而在两个相邻采样瞬时之间的输出值不能由差分方程的解得到。当然，只要采样速率足够高，不至于丢失任何重要的输出信息，差分方程的描述通常是可以满足要求的。

不失一般性，可设采样周期$T=1(\mathrm{s})$，于是对n阶数字采样系统，可用如下差分方程描述其运动情况

$$\begin{aligned}&y(k+n)+a_1y(k+n-1)+\cdots+a_ny(k)\\&=b_0u(k+n)+b_1u(k+n-1)+\cdots+b_mu(k+n-m)\end{aligned}\tag{2.6.15}$$

方程(2.6.15)称为前向差分方程，该方程描述了$(k+n)$时刻输出值与此时刻之前的输出值和输入值之间的关系。因为方程中用到了当前时刻(即k时刻)之后的系统输入、输出值，故该模型被称作系统的预测模型。由于系统是定常(时不变)的，故可以将时间平移n个周期，于是得到如下等效的后向差分方程

$$\begin{aligned}&y(k)+a_1y(k-1)+\cdots+a_ny(k-n)\\&=b_0u(k)+b_1u(k-1)+\cdots+b_mu(k-m)\end{aligned}\tag{2.6.16}$$

对于高阶的采样控制系统，用上述直接建模法有时是相当不便的。下面介绍的基于Z变换的脉冲传递函数法是分析和设计线性采样控制系统的一种简便有

效的方法(关于 Z 变换参见本书附录)。

2.6.4　脉冲传递函数

1. 采样系统的脉冲传递函数

在输入和输出初值为零的情况下,对线性离散系统的后向差分方程模型(2.6.16)两端进行 Z 变换,并利用负位移定理得

$$Y(z)+a_1z^{-1}Y(z)+\cdots+a_nz^{-n}Y(z)$$
$$=b_0U(z)+b_1z^{-1}U(z)+\cdots+b_mz^{-m}U(z)$$

于是得到

$$\frac{Y(z)}{U(z)}=\frac{b_0+b_1z^{-1}+\cdots+b_mz^{-m}}{1+a_1z^{-1}+\cdots+a_nz^{-n}}\triangleq G(z) \tag{2.6.17}$$

我们称 $G(z)$ 是系统(2.6.16)的脉冲传递函数。和连续系统的传递函数一样,离散系统的脉冲传递函数与输入量 $u(k)$ 和输出量 $y(k)$ 的具体形式无关,而只取决于系统本身。

对于用前向差分方程(2.6.15)描述的线性定常系统,只要假设系统的初始条件为零,即

$$y(0)=y(1)=\cdots=y(n-1)=0,u(0)=u(1)=\cdots=u(n-m-1)=0$$

则求得的脉冲传递函数与式(2.6.16) 是一样的。

下面考虑如图 2.71 所示的采样系统,在该系统中 $u^*(t)=\sum_{k=0}^{\infty}u(kT)\delta(t-kT)$ 是离散信号,但系统输出 $y(t)$ 却是连续信号。为了考察系统的输入-输出关系,我们假想在系统输出端有一个理想采样开关,其采样速率与输入端的采样速率一样,这样便得到在采样瞬时的输出值序列 $y^*(t)=\sum_{k=0}^{\infty}y(kT)\delta(t-kT)$。记 $u^*(t)$ 和 $y^*(t)$ 的 Z 变换分别为 $U(z)$ 和 $Y(z)$,并假设系统初始条件为零,则该采样系统的脉冲传递函数定义为

$$G(z)=\frac{Y(z)}{U(z)} \tag{2.6.18}$$

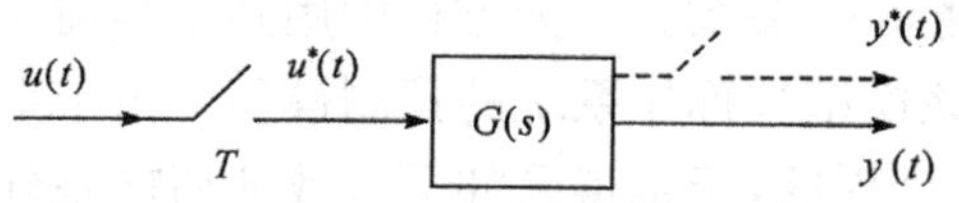

图 2.71　采样系统

和采样系统的差分方程模型一样,脉冲传递函数描述的也是系统输出量在采样瞬时的值与离散输入量之间的关系。

设 $u^*(t)$为单位脉冲函数,即 $u^*(t)=\delta(t)$,系统连续部分 $G(s)$的单位脉冲响应为 $g(t)=\mathscr{L}^{-1}[G(s)]$,由于 $U(z)=1$,于是得到

$$G(z)=Y(z)/1=\mathscr{Z}[g(t)]=\mathscr{Z}[\mathscr{L}^{-1}[G(s)]] \tag{2.6.19}$$

式(2.6.19)给出了采样系统脉冲传递函数 $G(z)$与连续部分传递函数 $G(s)$的关系,显然,$G(z)\neq G(s)|_{s=z}$,但利用附录中附表 1 可以方便地求出采样系统的脉冲传递函数。

例 2.19　求如图 2.72 所示的采样系统的脉冲传递函数。

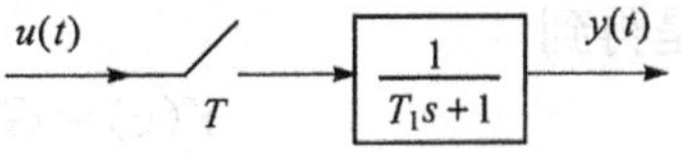

图 2.72　例 2.19 所述系统框图

解　$g(t)=\mathscr{L}^{-1}\left[\dfrac{1}{T_1s+1}\right]=\dfrac{1}{T_1}e^{-t/T_1}$,

$t\geqslant 0$

查附表 2 可知:

$$G(z)=\mathscr{Z}[g(t)]=\mathscr{Z}\left[\frac{1}{T_1}e^{-t/T_1}\right]=\frac{1}{T_1}\cdot\frac{z}{z-e^{-T/T_1}}$$

注意这里 T 是采样周期;T_1 是惯性环节的时间常数。

例 2.20　求如图 2.73 所示的采样系统的脉冲传递函数。

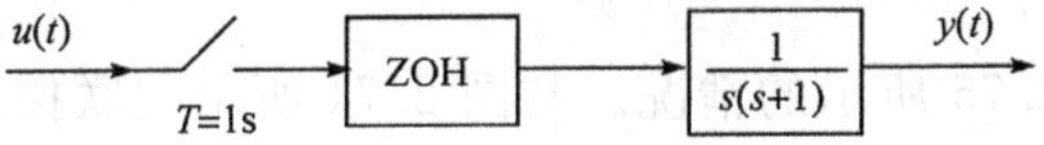

图 2.73　例 2.20 所述系统框图

解　零阶保持器 ZOH 的传递函数为 $G_h(s)=\dfrac{1}{s}(1-e^{-Ts})$,因此连续部分的传递函数为

$$G(s)=\frac{1-e^{-Ts}}{s^2(s+1)}=(1-e^{-Ts})\left(\frac{1}{s^2}-\frac{1}{s}+\frac{1}{s+1}\right)$$

$$=\left(\frac{1}{s^2}-\frac{1}{s}+\frac{1}{s+1}\right)-e^{-Ts}\left(\frac{1}{s^2}-\frac{1}{s}+\frac{1}{s+1}\right)$$

因此系统脉冲传递函数为

$$G(z)=\mathscr{Z}[g(t)]=\mathscr{Z}[\mathscr{L}^{-1}[G(s)]]$$

$$=\frac{z}{(z-1)^2}-\frac{z}{z-1}+\frac{z}{z-e^{-1}}-z^{-1}\left[\frac{z}{(z-1)^2}-\frac{z}{z-1}+\frac{z}{z-e^{-1}}\right]$$

$$=\frac{z-1}{(z-1)^2}-1+\frac{z-1}{z-e^{-1}}=\frac{e^{-1}z+1-2e^{-1}}{(z-1)(z-e^{-1})}$$

$$=\frac{0.368z+0.264}{(z-1)(z-0.368)}$$

2. 采样系统的联接

1）串联

具有两个同步采样器的环节串联如图 2.74 所示，显然有

$$Y_1(z)=G_1(z)U(z)$$
$$Y(z)=G_2(z)Y_1(z)$$

于是得到

$$Y(z)=G_2(z)G_1(z)U(z)=G(z)U(z)$$

式中

$$G(z)=G_2(z)G_1(z) \tag{2.6.20}$$

由此可见，如图所示的两个具有同步采样器的环节串联后，总的脉冲传递函数等于两个串联环节的脉冲传递函数的乘积，这里 $G_i(z)=\mathscr{Z}[\mathscr{L}^{-1}[G_i(s)]]$，　$i=1,2$。

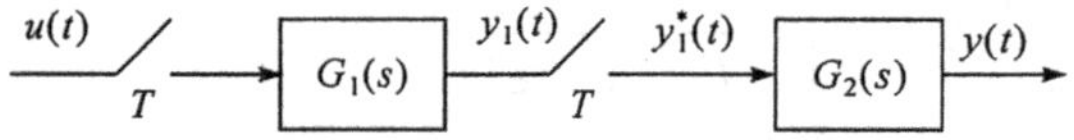

图 2.74　加同步采样器的串联方式

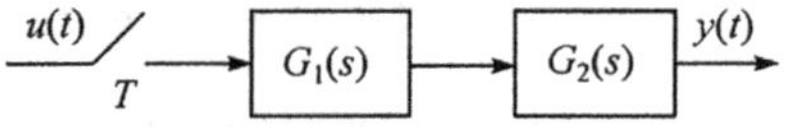

图 2.75　直接串联方式

现在考虑如图 2.75 所示的情况。与图 2.74 所示的联接方式相比，$G_1(s)$和$G_2(s)$之间没有同步采样器，而是直接串联，此时应将它们看成一个整体，即 $G(s)=G_2(s)G_1(s)$，然后再按照脉冲传递函数的定义求出串联后整个系统的脉冲传递函数

$$G(z)=\mathscr{Z}[\mathscr{L}^{-1}[G_2(s)G_1(s)]]$$

为区别起见，通常将上式求得的脉冲传递函数记为 $G_2G_1(z)$。一般来说，$G_2G_1(z)\neq G_2(z)G_1(z)$。

2）并联

考虑如图 2.76 所示的并联采样系统。显然有

$$Y(z)=G_1(z)U(z)+G_2(z)U(z)=[G_1(z)+G_2(z)]U(z) \tag{2.6.21}$$

因此，并联后总的脉冲传递函数等于各支路的脉冲传递函数的和。

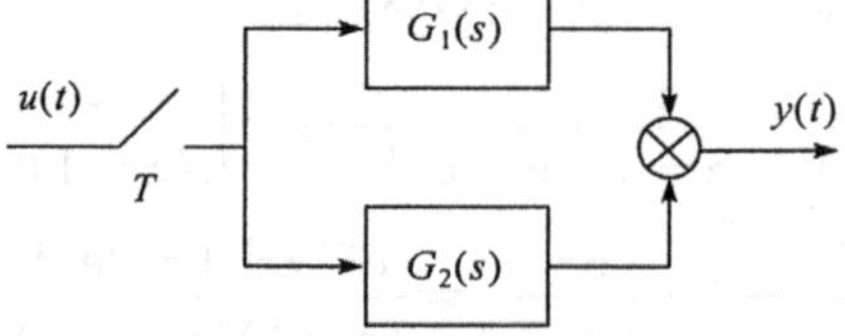

图 2.76　并联系统

3) 闭环系统的脉冲传递函数

考虑如图 2.77 所示的闭环采样系统。根据图示结构，有

$$Y(z)=G(z)E(z) \tag{2.6.22}$$

这里 $G(z)$ 是前向通道的脉冲传递函数，即 $G(z)=\mathscr{Z}[\mathscr{L}^{-1}[G(s)]]$。而

$$E(z)=\mathscr{Z}[e(t)]=\mathscr{Z}[u(t)-b(t)]=\mathscr{Z}[u(t)]-\mathscr{Z}[b(t)]=U(z)-B(z) \tag{2.6.23}$$

式中

$$B(z)=\mathscr{Z}[b(t)]=GH(z)E(z) \tag{2.6.24}$$

这里，$GH(z)=\mathscr{Z}[\mathscr{L}^{-1}[G(s)H(s)]]$。将式(2.6.24)代入式(2.6.23)中，得到

$$E(z)=U(z)-GH(z)E(z)$$

于是得到

$$E(z)=\frac{U(z)}{1+GH(z)} \tag{2.6.25}$$

将式(2.6.25)代入式(2.6.22)得到

$$Y(z)=\frac{G(z)}{1+GH(z)}U(z) \tag{2.6.26}$$

因此，闭环采样系统的脉冲传递函数为

$$W(z)=\frac{Y(z)}{U(z)}=\frac{G(z)}{1+GH(z)} \tag{2.6.27}$$

与连续系统相类似，将

$$1+GH(z)=0 \tag{2.6.28}$$

称为系统的特征方程。

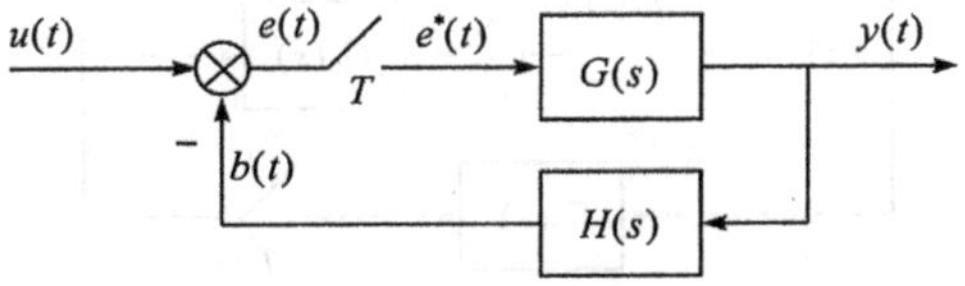

图 2.77　闭环采样系统

例 2.21　考虑 2.6.3 节所示的一阶采样系统(图 2.78)，求闭环系统的脉冲传递函数。

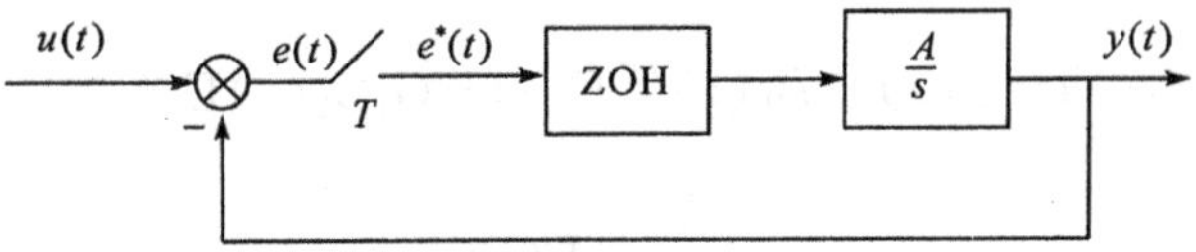

图 2.78　一阶采样系统

解　前向通道的传递函数为

$$G(s)=\frac{(1-e^{-Ts})}{s}\cdot\frac{A}{s}=\frac{A}{s^2}-e^{-Ts}\cdot\frac{A}{s^2}$$

因此，前向通道的脉冲传递函数为

$$G(z)=\mathscr{Z}[\mathscr{L}^{-1}[G(s)]]=\frac{ATz}{(z-1)^2}-z^{-1}\frac{ATz}{(z-1)^2}=\frac{AT}{z-1}$$

由于是单位反馈，故回路脉冲传递函数为

$$GH(z)=G(z)=\frac{AT}{z-1}$$

因此闭环采样系统的脉冲传递函数为

$$W(z)=\frac{Y(z)}{U(z)}=\frac{G(z)}{1+GH(z)}=\frac{\frac{AT}{z-1}}{1+\frac{AT}{z-1}}=\frac{AT}{z-1+AT}\tag{2.6.29}$$

根据式(2.6.29)也可以得到闭环系统的差分方程模型，由式(2.6.29)可得

$$zY(z)-(1-AT)Y(z)=ATU(z)$$

对上式两端进行 Z 反变换，有

$$y[(k+1)T]=(1-AT)y(kT)+ATu(kT)$$

与在 2.6.3 节所得到的式(2.6.13)完全一样。

例 2.22　求如图 2.79 所示的采样系统的脉冲传递函数。

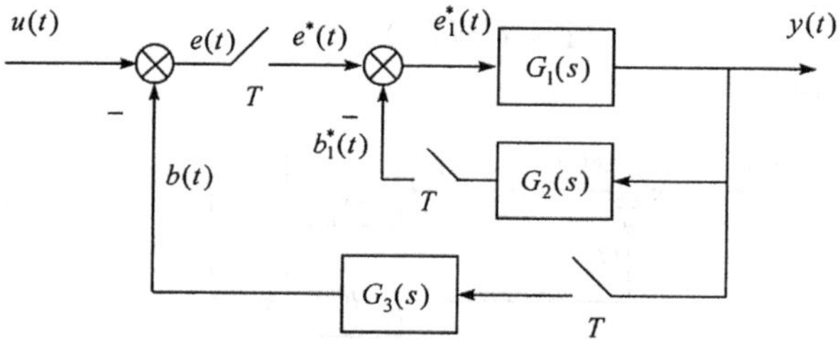

图 2.79　例 2.22 所述系统框图

解　先求从 $E(z)$ 到 $Y(z)$ 的脉冲传递函数。由于

$$e_1{}^*(t)=e^*(t)-b_1{}^*(t)$$

所以

$$E_1(z)=E(z)-B_1(z)=E(z)-G_1G_2(z)E_1(z)$$

由此可得

$$E_1(z)=\frac{E(z)}{1+G_1G_2(z)}\tag{2.6.30}$$

于是有

$$Y(z)=G_1(z)E_1(z)=\frac{G_1(z)}{1+G_1G_2(z)}E(z) \tag{2.6.31}$$

根据系统结构图，有

$$\begin{aligned}E(z)&=U(z)-B(z)=U(z)-G_3(z)Y(z)\\&=U(z)-\frac{G_3(z)G_1(z)}{1+G_1G_2(z)}E(z)\end{aligned}$$

于是得到

$$E(z)=\frac{U(z)}{1+\dfrac{G_3(z)G_1(z)}{1+G_1G_2(z)}} \tag{2.6.32}$$

将式(2.6.32)代入式(2.6.31)得到

$$Y(z)=\frac{\dfrac{G_1(z)}{1+G_1G_2(z)}}{1+\dfrac{G_3(z)G_1(z)}{1+G_1G_2(z)}}U(z)=\frac{G_1(z)U(z)}{1+G_1G_2(z)+G_3(z)G_1(z)}$$

因此闭环系统的脉冲传递函数为

$$W(z)=\frac{Y(z)}{U(z)}=\frac{G_1(z)}{1+G_1G_2(z)+G_3(z)G_1(z)}$$

表 2.5 给出了几种典型采样系统的方框图及输出量的 Z 变换。

表 2.5　典型采样系统的方框图

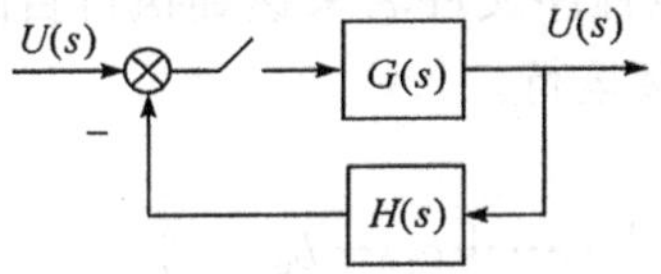	$Y(z)=\dfrac{G(z)U(z)}{1+GH(z)}$
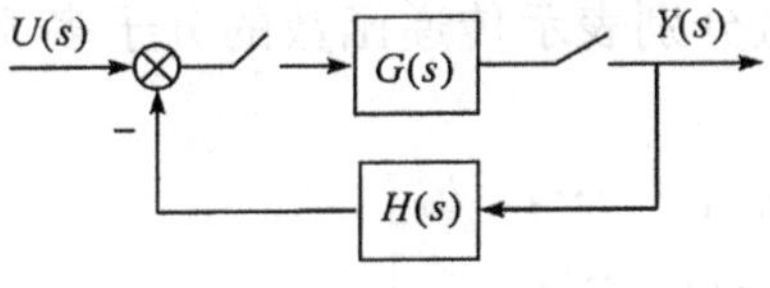	$Y(z)=\dfrac{G(z)U(z)}{1+G(z)H(z)}$
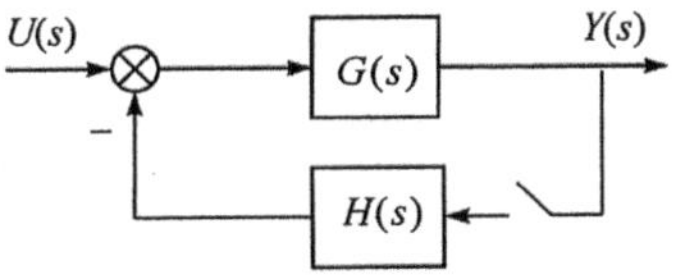	$Y(z)=\dfrac{UG(z)}{1+HG(z)}$

续表

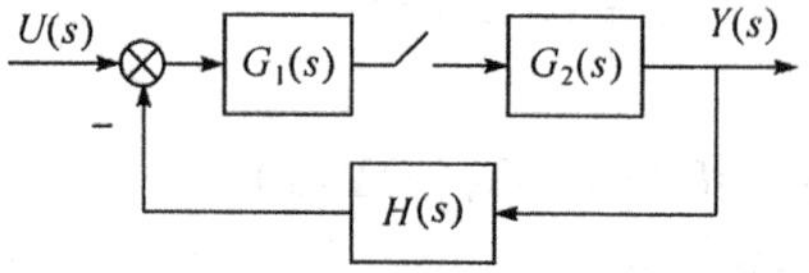	$Y(z)=\dfrac{G_2(z)UG_1(z)}{1+G_2HG_1(z)}$
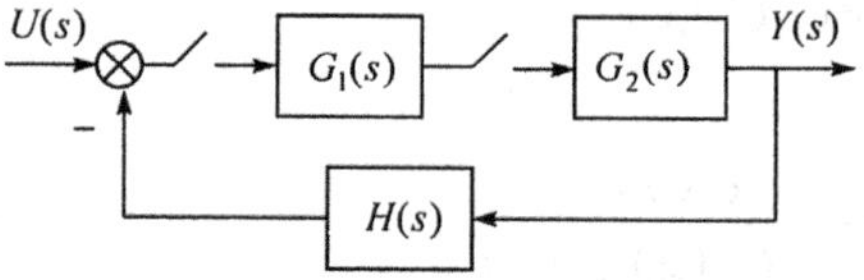	$Y(z)=\dfrac{G_1(z)G_2(z)U(z)}{1+G_1(z)G_2H(z)}$

2.7　利用 Matlab 分析控制系统输入-输出模型

Matlab 是美国 Mathworks 公司推出的一种高级科学计算软件，它具有强大的矩阵运算处理和绘图功能，可以进行独立的高级语言编程，使用灵活方便，已经被广泛应用于数值计算、数据分析、信号处理、自动控制系统等众多专业研究领域的仿真分析与设计中。

Matlab 的使用很方便。其启动后显示的窗口称为命令窗口（Command Window），提示符为"≫"。一般有两种基本方式完成运算。一种是在命令窗口中直接输入数据和各种计算命令，进行简单的算术运算和函数调用。当输入的表达式行数较多时，可采用另外一种方法，即利用软件提供的编辑器（Editor）先编辑以". m"为后缀的程序文件，然后在命令窗口运行该程序文件名来达到执行目的，也可以利用编辑器的菜单提供的运行（Run）命令直接运行。

考虑下列形式的传递函数

$$\frac{C(s)}{R(s)}=\frac{b_n s^n+b_{n-1}s^{n-1}+\cdots+b_1 s+b_0}{a_n s^n+a_{n-1}s^{n-1}+\cdots+a_1 s+a_0}$$

在 Matlab 中，可以用两个 $n\times1$ 的行向量分别表示传递函数的分子多项式和分母多项式（降幂排列），即

$$\text{num}=[b_n,\quad b_{n-1},\quad \cdots,\quad b_0]$$
$$\text{den}=[a_n,\quad a_{n-1},\quad \cdots,\quad a_0]$$

1. 传递函数的建立和运算

利用命令

```
G= tf(num,den)
```

可以得到传递函数 $G(s)=\dfrac{\text{num}(s)}{\text{den}(s)}$。

对于离散系统情况，利用命令

```
G= tf(num,den,T) 或 filt(num,den,T)
```

均可以得到离散系统的传递函数 $G(z)=\dfrac{\text{num}(z)}{\text{den}(z)}$，该命令中 T 为采样周期，如果不需要指定采样周期，则用 −1 或[]代替。

例 2.23 反馈系统如图 2.80 所示，求解其闭环传递函数。

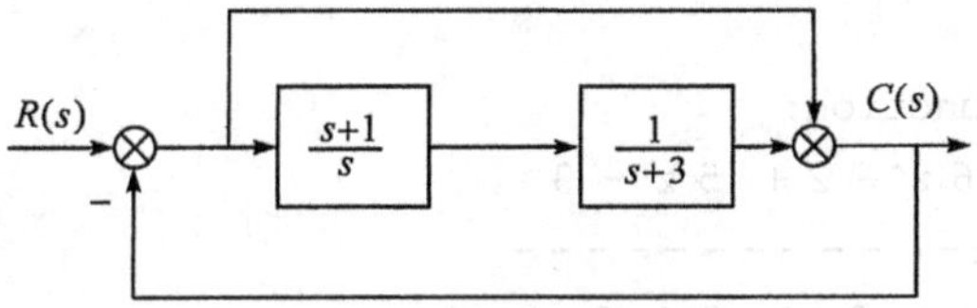

图 2.80 线性控制系统

解 程序为

```
G1= tf([1,1],[1,0]);
G2= tf([0,1],[1,2]);
FW= G1* G2+ 1;
G= feedback(FW,1)
```

运行结果为

```
Transfer function:
s^2 +  3 s +  1
-------------
2 s^2 +  5 s +  1
```

其中两个环节的串联可以直接用“ * ”号运算，并联用“＋”号运算，feedback(G1, G2)命令得到两个环节(G1,G2 分别表示前向和反馈通道的传递函数)的负反馈闭环传递函数。

例 2.24 离散系统传递函数为

$$G(z)=\frac{2z^2+6z+5}{z^3+4z^2+5z+2}$$

试建立系统模型。

解 程序为

```
num= [0,2,6,5];
den= [1,4,5,2];
sys= tf(num,den,- 1)
```

运行结果为

```
Transfer function:
2 z^2 + 6 z + 5
----------------
z^3 + 4 z^2 + 5 z + 2
```

若在上述程序,采用下列语句建模

```
sys= filt(num,den,- 1)
```

运行结果为

```
Transfer function:
2 z^- 1 + 6 z^- 2 + 5 z^- 3
--------------------
1 + 4 z^- 1 + 5 z^- 2 + 2 z^- 3
```

显然,虽然表示的是同一个传递函数,但两种命令得到的传递函数形式还是有区别的。

2. 传递函数的部分分式分解

利用命令

```
[r,p,k]= residue(num,den)
```

可以得到传递函数$G(s)=\dfrac{\text{num}(s)}{\text{den}(s)}$的部分分式分解,其中 r、p、k 分别为部分分式的留数、极点和余项。

例 2.25　求例 2.23 所得闭环传递函数的部分分式分解。

解　程序为

```
num= [1, 4, 1];
den= [2, 7, 1];
[r,p,k]= residue(num,den)
```

运行结果为

```
r =      0.1836     0.0664
p =    - 3.3508   - 0.1492
k =      0.5000
```

表示

$$G(s)=\frac{s^2+4s+1}{2s^2+7s+1}=\frac{0.1836}{s+3.3508}+\frac{0.0664}{s+0.1492}+0.5$$

3. 绘制频率特性图

利用命令

```
bode(num,den,w); nyquist(num,den)
```

可以分别在屏幕上绘制传递函数

$$G(s)=\frac{\mathrm{num}(s)}{\mathrm{den}(s)}$$

的伯德图和奈奎斯特图。

例 2.26　考虑下列传递函数

$$G(s)=\frac{1}{s^2+s+1}$$

试绘制该传递函数对应的伯德图和奈奎斯特图。

解　程序为

```
num=[0, 0, 1];
den=[1, 1, 1];
```

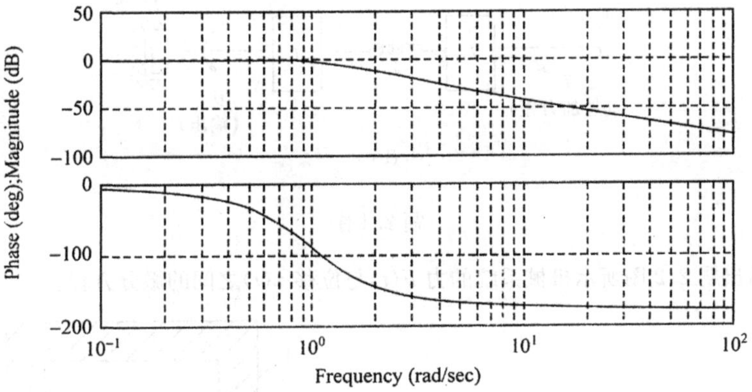

图 2.81　控制系统的伯德图

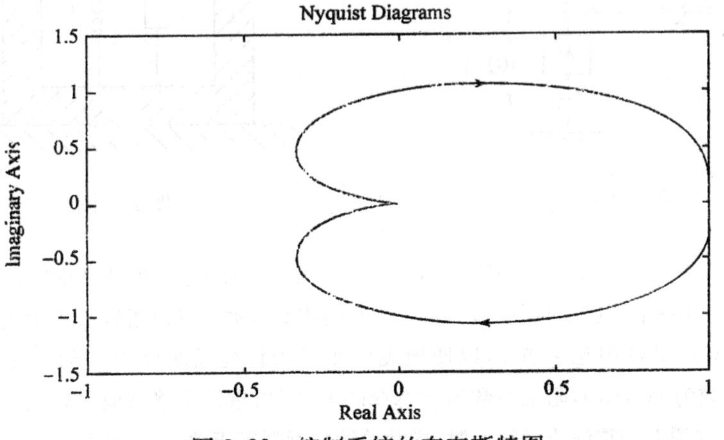

图 2.82　控制系统的奈奎斯特图

```
w= logspace (- 1,2); % 在对数空间定义频率
bode(num,den);
nyquist(num,den)
```

可以直接得到如图 2.81、图 2.82 所示的伯德图和奈奎斯特图。

习　题

2.1　求图题 2.1 图(a)和(b)所示的机械系统的运动方程和传递函数。

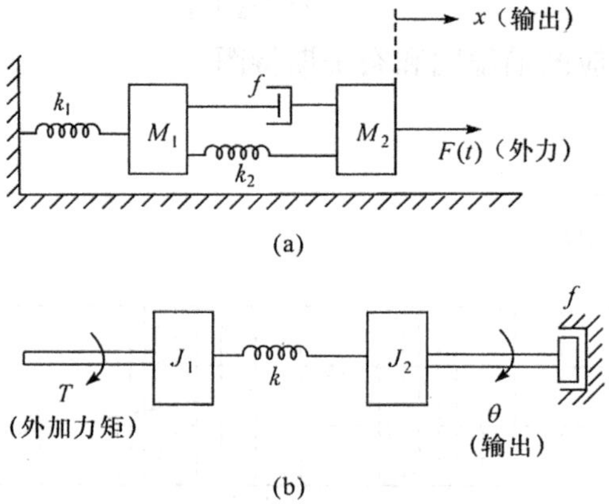

题 2.1 图

2.2　写出题 2.2 图所示机械系统的力 $F(t)$ 与位移 $x(t)$ 之间的微分方程。

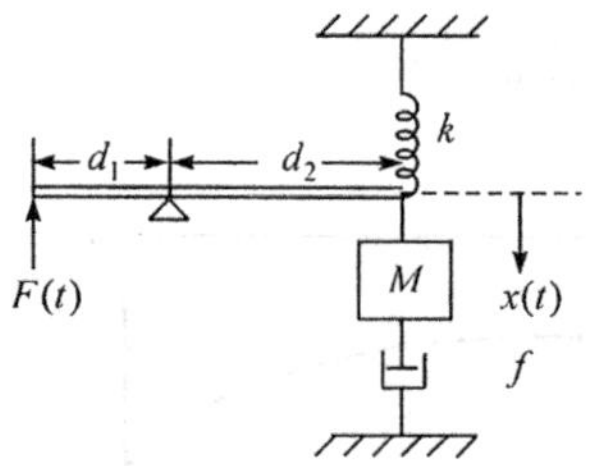

题 2.2 图

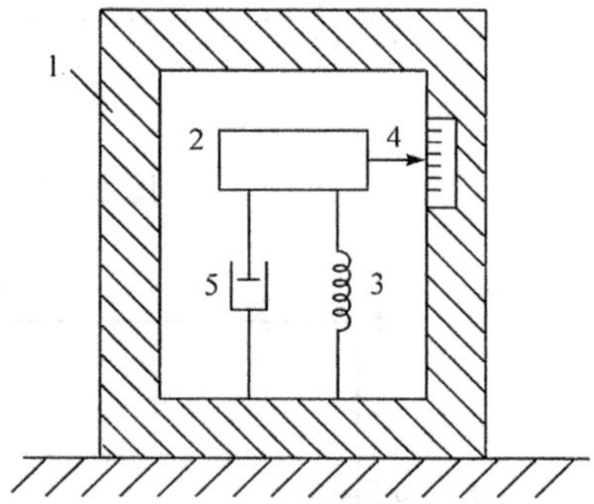

题 2.3 图

2.3　题 2.3 图是一种地震仪的原理图。壳体 1 固定在地基上,重锤 2 由固定于壳体上的弹簧 3 支撑。当地基上下震动时,重锤与壳体之间的相对运动幅度由指针 4 指示出来。在重锤和地基之间还有一黏性阻尼装置 5,以便地震停止后指针能及时停止震动。设重锤质量为 m(kg),弹簧系数为 k(N/m),阻尼系数为 f(N/m/s)。写出指针位移与地震幅度之间的运动方程和传递函数,并说明当重锤质量很大时,指针的读数近似等于地震的幅度。

2.4　写出题 2.4 图所示有源网络的传递函数 $U_o(s)/U_i(s)$。

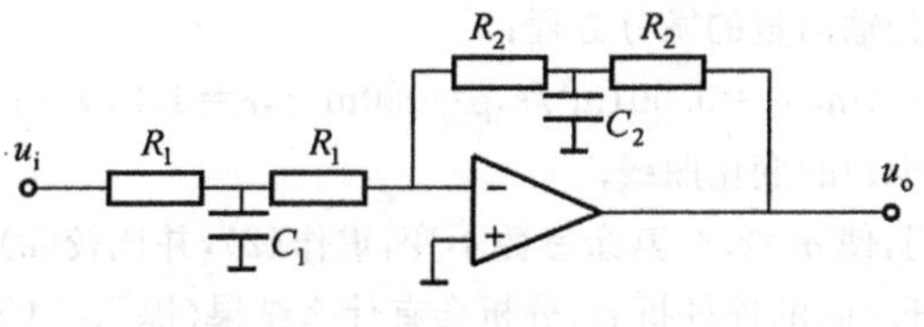

题 2.4 图

2.5　求题 2.5 图所示电-机械系统的传递函数 $X(s)/E(s)$。(提示:为简化分析,假设线圈具有反电动势 $e_b = k_1 \dfrac{dx}{dt}$,以及线圈电流 i 在质量 M 上产生力 $F_c = k_2 i$)。

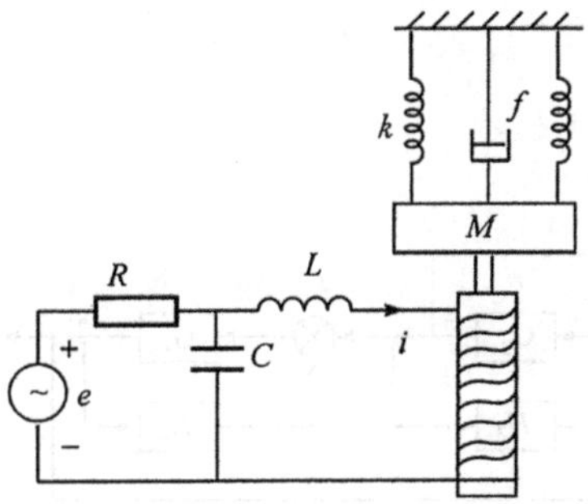

题 2.5 图

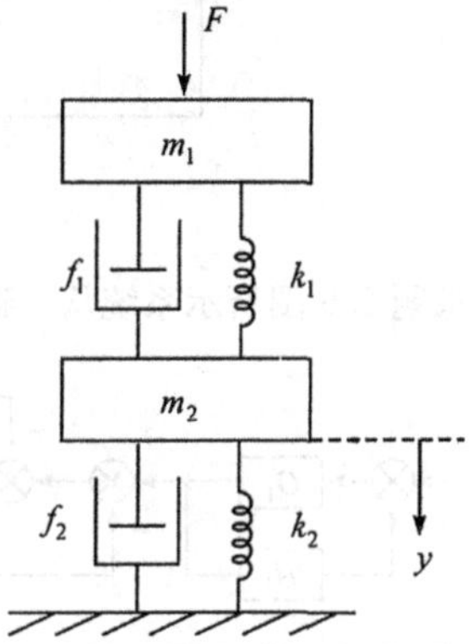

题 2.6 图

2.6　对于题 2.6 图所示的机械系统,求从外力 F 到位移 y 的传递函数。

2.7　题 2.7 图所示是一个液位控制系统,浮筒测量液位 H,并通过杠杆控制进液阀的开度,直到单位时间内流进容器的液体量与流出的量相等,浮筒和阀门才停止动作。假设,当液位为 H_1 时,进液阀门正好处于中间位置,此时进液流量为 u_1,阀门位置每单位位移使此流量变化 βu_1(β 为常数)。近似假设从容器流出的液体流量正比于液面高度 H,且已知当液位为 H_1 时,流出的流量为 αu_1(α 是由出液阀门开度决定的常数),杠杆两臂的长度比是 1∶k,容器截面

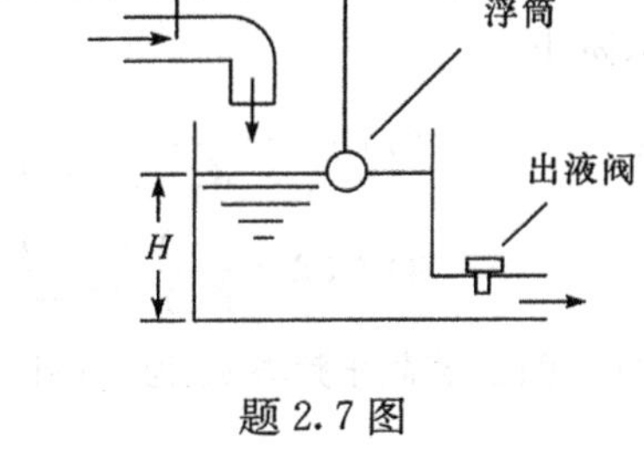

题 2.7 图

积为 S，上下均匀。

(1) 写出以液位 H 为输出量的微分方程；

(2) 设 $S=1\mathrm{m}^2$，$H_1=1\mathrm{m}$，$u_1=0.001\mathrm{m}^3/\mathrm{s}$，$\beta=100\mathrm{m}^{-1}$，$\alpha=1.2$，$k=10$，并且当 $t=0$ 时，$H=1.2\mathrm{m}$，求 $H(t)$，并绘出 $H(t)$ 的变化曲线；

(3) 设开大出液阀门，使 $\alpha=2.4$，其余参数不变，重作(2)，并比较(2)、(3)结果；

(4) 如果浮筒与杠杆之间的连杆折断，分析会有什么结果(提示：想像 $k\to\infty$)。

2.8　试对题 2.8 图所示的系统方块图进行化简，并求出其闭环传递函数 $C(s)/R(s)$。

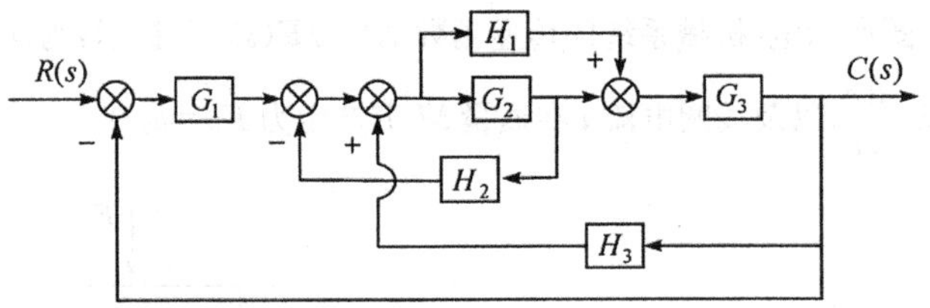

题 2.8 图

2.9　求题 2.9 图所示系统从 r 到 c 的传递函数。

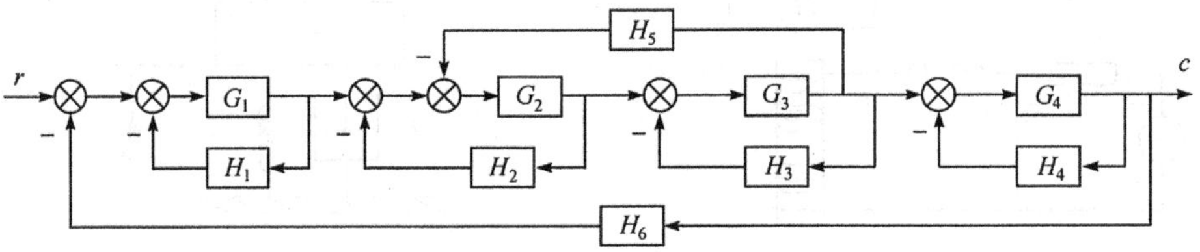

题 2.9 图

2.10　求题 2.10 图(a)、(b)、(c)、(d)所示的信号流图的传递函数 C/R。

2.11　画出与题 2.11 图所示方块图相对应的信号流图，并计算其闭环传递函数。

2.12　在题 2.12 图所示的速度控制系统中，发电机的励磁时间常数是可以忽略不计的，发电机的转速恒定，以每安培励磁电流产生 K_q 伏电压。电动机具有独立励磁，并具有反电势 k_b (V/(rad/s))，它产生 k_T(N · m/A)的力矩。电动机及其负载的总转动惯量为 J(kg · m²)，并且可以忽略摩擦。测速机的传输系数为 k_f(V/(rad/s))，放大器增益为 K_A(A/V)。试画出这个系统的方块图，并求传递函数 $\Omega(s)/E_i(s)$，这里 Ω 是负载转速。

2.13　画出下列给定传递函数的极坐标图。求这些曲线是否穿越实轴。若穿越，则求与实轴交点的频率及相应的幅值 $|G(\mathrm{j}\omega)|$。

(1) $G(s)=\dfrac{1}{(s+1)(2s+1)}$；　　(2) $G(s)=\dfrac{1}{s(s+1)(2s+1)}$；

(3) $G(s)=\dfrac{1}{s^2(s+1)(2s+1)}$；　　(4) $G(s)=\dfrac{(0.2s+1)(0.025s+1)}{s^3(0.005s+1)(0.001s+1)}$。

2.14　画出下列传递函数的伯德图，若截止频率 ω_c 为 5 rad/s 时，求每种情况下的系统增益 K。

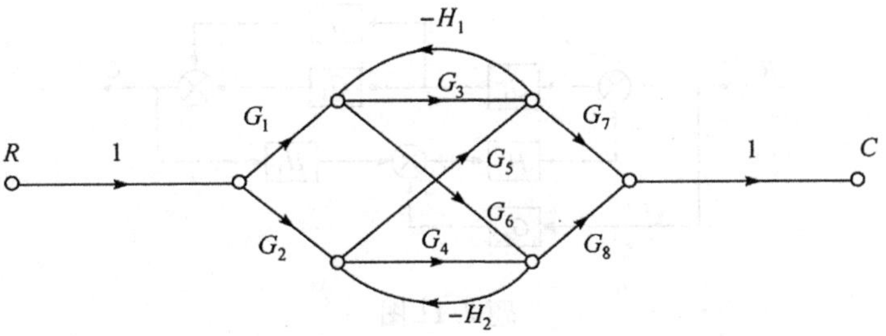
$-H_1$
G_3
G_1
G_7
R
1
G_5
1
C
G_6
G_2
G_4
G_8
$-H_2$

(a)

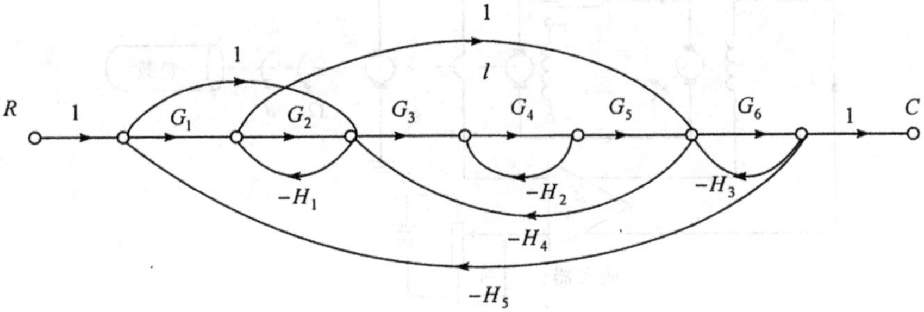
1
l
1
R
1
G_1
G_2
G_3
G_4
G_5
G_6
1
C
$-H_1$
$-H_2$
$-H_3$
$-H_4$
$-H_5$

(b)

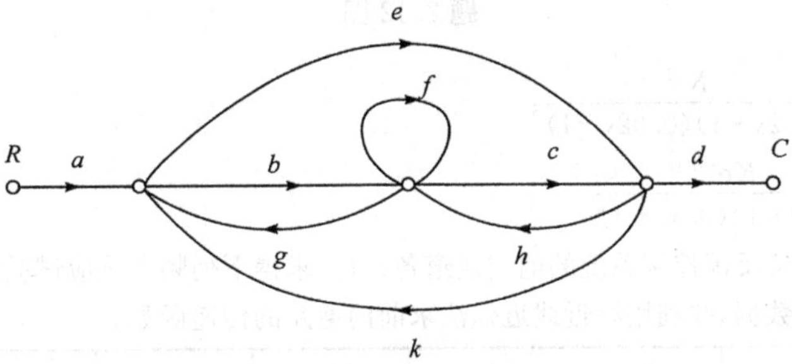
e
f
R
a
b
c
d
C
g
h
k

(c)

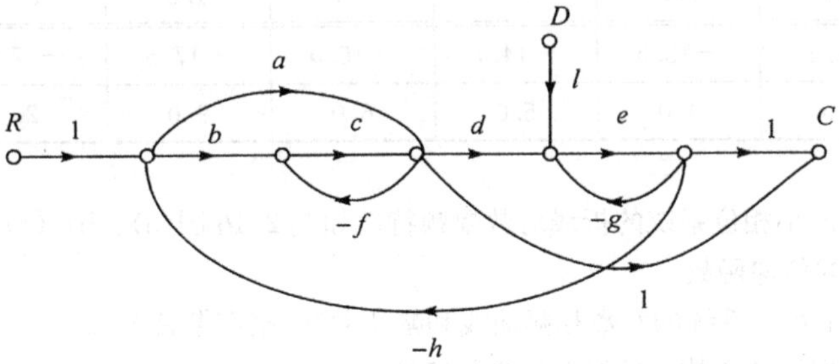
D
a
l
R
1
b
c
d
e
1
C
$-f$
$-g$
1
$-h$

(d)

题 2.10 图

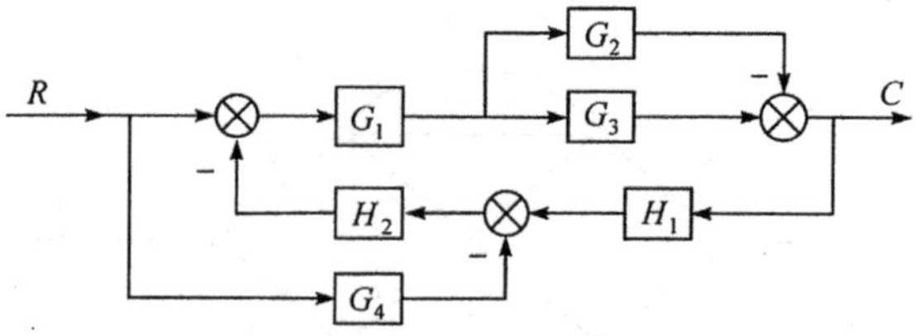

题 2.11 图

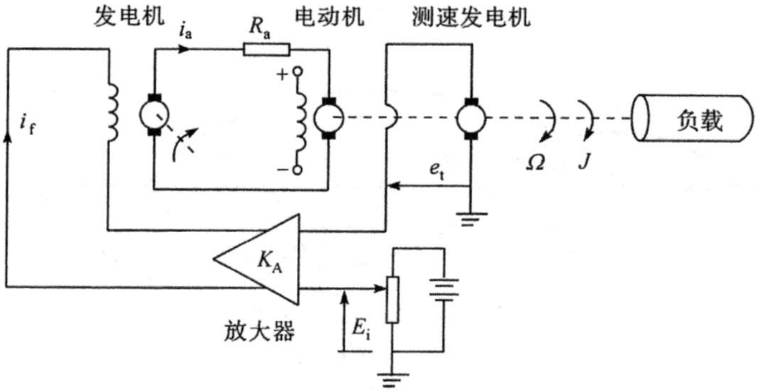

题 2.12 图

(1) $G(s)=\dfrac{Ks^2}{(0.2s+1)(0.02s+1)}$;

(2) $G(s)=\dfrac{Ke^{-0.1s}}{s(s+1)(0.1s+1)}$。

2.15　对于单位反馈控制系统的前向通道各元件,求得下列频率响应试验数据。试在对数坐标纸上标出这些数据,并利用渐近线近似法求前向通路的传递函数。

增益/dB	34	28	24.6	14.2	8	1.5	−3.5
频率/(rad/s)	0.1	0.2	0.3	0.7	1.0	1.5	2.0
增益/dB	−7.2	−12.5	−14.7	−16.0	−17.5	−17.5	−17.5
频率/(rad/s)	2.5	4.0	5.0	6.0	9.0	20	35

2.16　设三个最小相位系统的折线对数幅频特性如题 2.16 图(a)、(b)、(c)所示;

(1) 写出对应的传递函数;

(2) 概略地绘出每个系统的对数相频曲线和幅相曲线(奈奎斯特图)。

2.17　绘制下列传递函数的折线对数幅频特性:

(1) $G(s)=\dfrac{30}{3s+1}$;

(2) $G(s)=\dfrac{10}{(2s+1)(8s+1)}$;

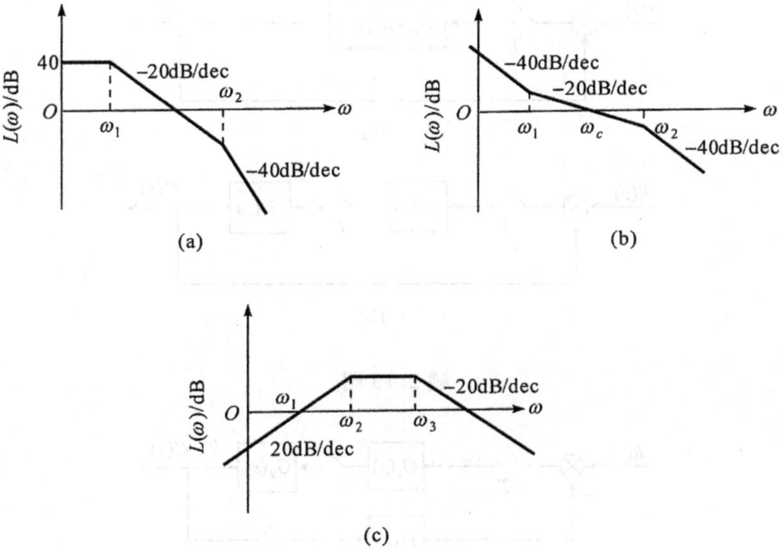

题 2.16 图

(3) $G(s)=\dfrac{100}{s(s+1)(10s+1)}$；

(4) $G(s)=\dfrac{200}{s^2(2s+1)(5s+1)}$；

(5) $G(s)=\dfrac{50}{s^2(s^2+s+1)(10s+1)}$；

(6) $G(s)=\dfrac{10(s+0.5)}{s(s+0.1)}$；

(7) $G(s)=\dfrac{10(3s+1)}{s(s^2+s+1)(s^2+4s+25)}$；

(8) $G(s)=\dfrac{5(5s+1)}{s^2(2s+1)}$。

2.18　求对应下列 s 域传递函数所对应的脉冲传递函数：

(1) $\dfrac{a}{(s+a)^2}$；　　(2) $\dfrac{s}{s^2+\omega^2}$；

(3) $\dfrac{a}{(s+b)^2+a^2}$；　　(4) $\dfrac{a}{s^2-a^2}$；

(5) $\dfrac{s+b}{(s+b)^2+a^2}$。

2.19　题 2.19 图(a)和(b)中 $G_1(s)=\dfrac{4}{2s+1}$，$G_2(s)=\dfrac{1}{5s+1}$，采样周期为 1s，求两种情况下闭环脉冲传递函数。

2.20　设题 2.20 图所示各系统中所有采样开关均同步工作，求各系统的闭环脉冲传递函数。

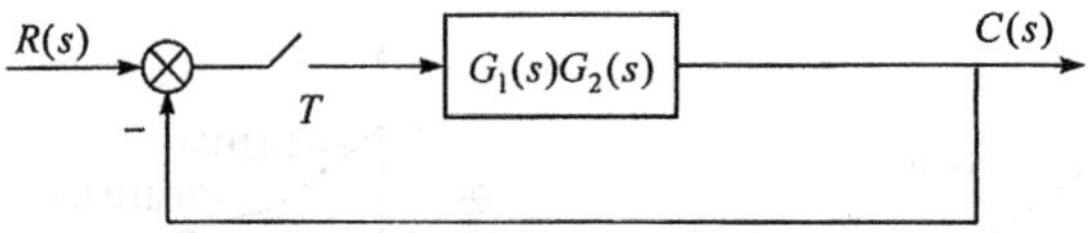

(a)

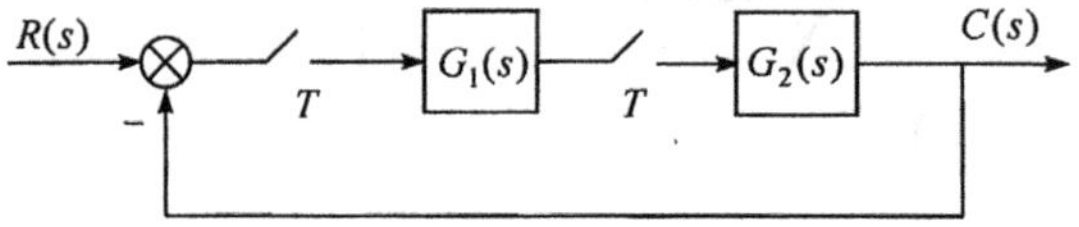

(b)

题 2.19 图

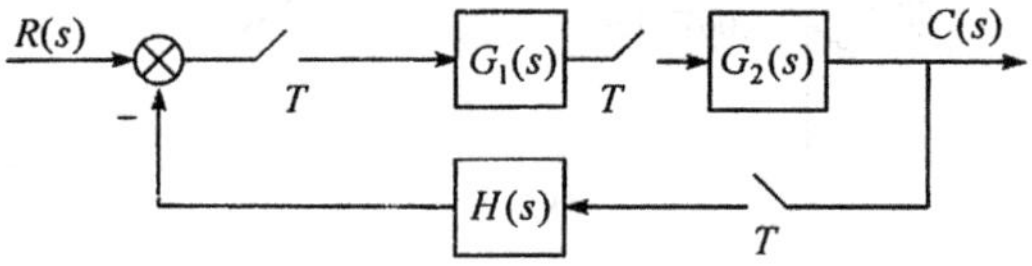

(a)

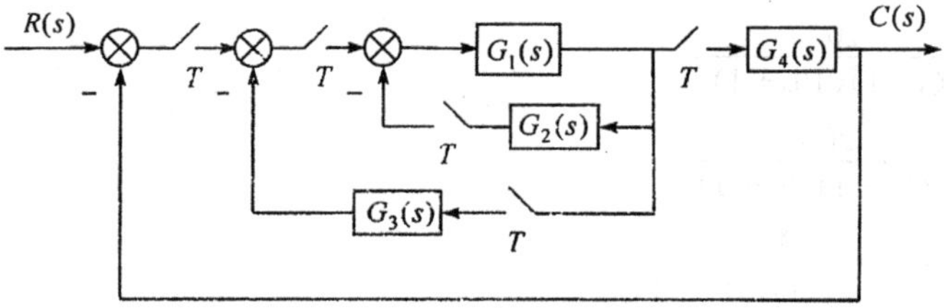

(b)

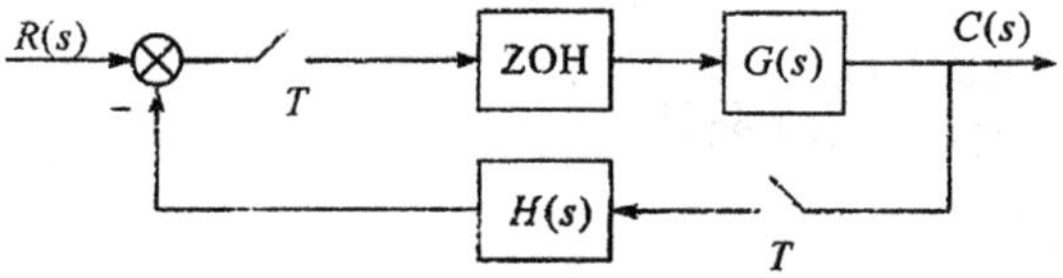

(c)

题 2.20 图

2.21　一个采样控制系统如题 2.21 图所示，试说明在采样时刻上系统的输出为零。

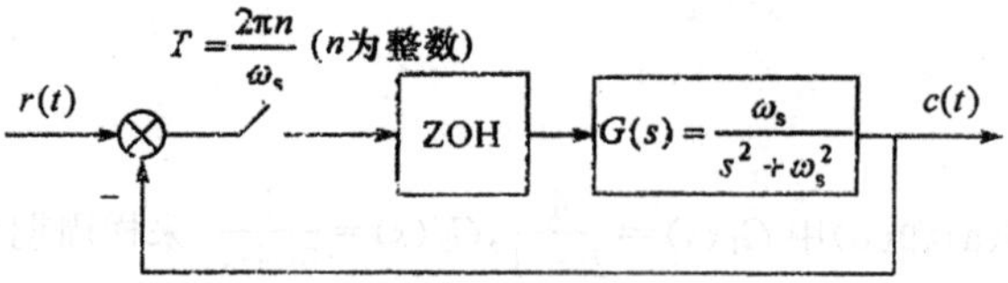

题 2.21 图

第 3 章　控制系统的状态空间模型

在第 2 章中我们讨论了控制系统的输入-输出模型。输入-输出模型是分析和设计控制系统的重要工具，特别是在经典控制理论的根轨迹方法和频率特性方法中，它发挥了极其重要的作用。然而，输入-输出模型也有它的局限性，例如，传递函数是定义在零初始条件下的，而且只适用于线性定常系统。其次，基于输入-输出模型的分析和设计方法(如本书第 4～6 章介绍的根轨迹法和频率特性法)在很大程度上借助于平面图解法，因此很难将它们推广到多输入-多输出系统。另外，输入-输出模型只能展示给定输入的系统输出，而不能提供该系统内部状态的有关信息；有时系统某些内部状态已经溢出，但从系统的输出却得不到反映(有关系统输入-输出稳定性和内部状态稳定性的讨论见本书第 4 章)。除此之外，在系统设计中，有时仅靠系统的输出反馈是不能达到要求的，必须借助于系统的内部状态来设计反馈控制(有关状态反馈的讨论见本书的第 7 章)。因此，有必要对控制系统建立一种新的模型——状态空间模型。

3.1　状态与状态空间

考虑如图 3.1 所示的动力学系统，其中外力 $F(t)$ 作用在质量 M 上，摩擦力忽略不计。$x(t)$ 是位移，$v(t)$ 是速度。

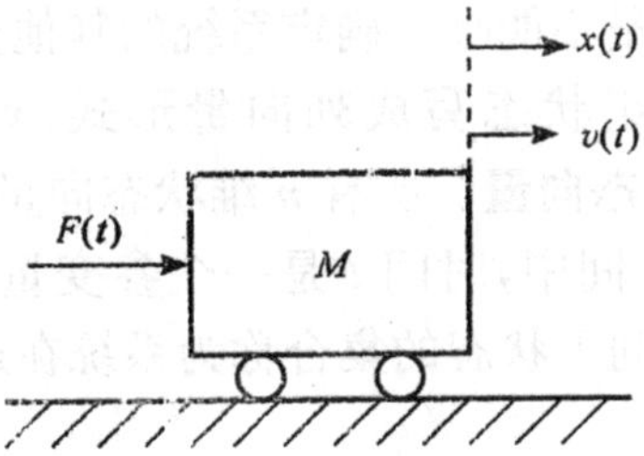

图 3.1　动力学系统

设位移 $x(t)$ 为输出量。利用牛顿定律不难建立起系统的输入-输出关系。然而，若仅靠系统的输入量和输出量，我们并不能唯一地确定该系统的动态行为，因为对于该系统有下列关系，$F(t)=M\dfrac{\mathrm{d}v}{\mathrm{d}t}$，$v(t)=\dfrac{\mathrm{d}x}{\mathrm{d}t}$，对两式积分得

$$\begin{aligned} v(t) &= \frac{1}{M}\int_{-\infty}^{t} F(t)\mathrm{d}t = \frac{1}{M}\int_{-\infty}^{t_0} F(t)\mathrm{d}t + \frac{1}{M}\int_{t_0}^{t} F(t)\mathrm{d}t \\ &= v(t_0) + \frac{1}{M}\int_{t_0}^{t} F(t)\mathrm{d}t \end{aligned} \tag{3.1.1}$$

$$\begin{aligned} x(t) &= \int_{-\infty}^{t} v(t)\mathrm{d}t = \int_{-\infty}^{t_0} v(t)\mathrm{d}t + \int_{t_0}^{t} v(t)\mathrm{d}t \\ &= x(t_0) + (t-t_0)v(t_0) + \frac{1}{M}\int_{t_0}^{t}\int_{t_0}^{\tau} F(\tau)\mathrm{d}\tau\mathrm{d}t \end{aligned} \tag{3.1.2}$$

由此可见,只有给定了初始速度 $v(t_0)$和初始位移 $x(t_0)$以及从 $t=t_0$ 时刻开始的输入量 $F(t)$,才能唯一地确定质量 M 在任意时刻的位移和速度。对于该系统而言,速度和位移称为系统的状态。

动力学系统的状态是描述系统的最小一组变量(通称为状态变量),只要已知在 $t=t_0$ 时刻的该组变量值和 $t\geqslant t_0$ 时刻的输入,便能够完全确定在 $t\geqslant t_0$ 任意时刻的系统的行为。

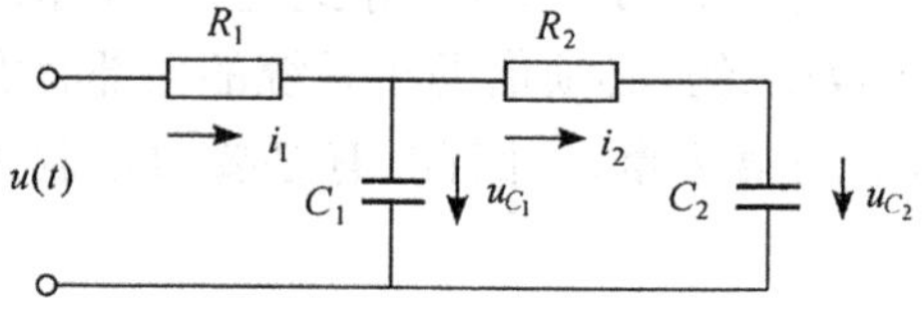

图 3.2 RC 网络

对某一系统而言,状态的选取不是唯一的,但状态的数目都是一定的。如对图 3.2所示的 RC 网络,u_{C_1} 和 i_2 是一组状态,因为用物理定律不难分析,当输入 $u(t)$已知时,由 u_{C_1} 可唯一确定 R_1 上的电压降 u_{R_1},进一步由 u_{R_1} 又可唯一确定 i_1;同时,由 i_2 可唯一确定 R_2 上的电压降 u_{R_2},继而唯一确定 u_{C_2},于是系统中的动态行为可以唯一确定。同理可知,u_{C_1} 和 u_{C_2},i_1 和 i_2,i_2 和 u_{C_2} 以及 i_1 和 u_{C_2} 也都是系统的一组状态。但 i_1 和 u_{C_1} 却不是一组状态,一方面这两个变量是相关的,另一方面,由系统输入和这一组变量不能唯一确定系统的其他变量。

通常我们将系统的一组状态写成列向量形式:$\boldsymbol{x}(t)=[x_1(t),x_2(t),\cdots,x_n(t)]^{\mathrm{T}}$,$\boldsymbol{x}(t)$称为系统的**状态向量**。所有 n 维状态向量的全体便构成了实数域上的 n 维**状态空间**。在这个空间中,时间 t 是一个参变量。某一时刻 t 下的状态是空间中的一个点,而一段时间下状态的集合称为系统在这一时间段的状态轨迹,有时也称作相轨迹。

同样,我们也可以将系统的各个输入量看成一个列向量,$\boldsymbol{u}(t)=[u_1(t),u_2(t),\cdots,u_m(t)]^{\mathrm{T}}$,$\boldsymbol{u}(t)$称为输入向量;将系统的各个输出量也看成一个列向量,$\boldsymbol{y}(t)=[y_1(t),y_2(t),\cdots,y_l(t)]^{\mathrm{T}}$,$\boldsymbol{y}(t)$称为输出向量。对一个系统而言,$n$、$m$、$l$ 可以不相同。

3.2　状态方程和输出方程

所谓状态方程，就是用一组一阶微分方程描述系统的状态之间以及输入和状态之间的动态关系。对一个有 n 个状态的系统，其状态方程为

$$\begin{cases} \dfrac{\mathrm{d}x_1}{\mathrm{d}t} = \dot{x}_1 = f_1(x_1,\cdots x_n;u_1,\cdots,u_m) \\ \quad\vdots \\ \dfrac{\mathrm{d}x_n}{\mathrm{d}t} = \dot{x}_n = f_n(x_1,\cdots,x_n;u_1,\cdots,u_m) \end{cases} \tag{3.2.1}$$

方程(3.2.1)的积分为

$$x_i(t) = x_i(t_0) + \int_{t_0}^{t} f_i(x_1,\cdots,x_n,u_1,\cdots,u_m)\mathrm{d}t, \qquad i = 1,\cdots,n$$

因此，当 $\boldsymbol{x}(t_0)$ 确定且 $\boldsymbol{u}(t)$ 在 $[t_0,t]$ 区间上已知时，$\boldsymbol{x}(t)$ 便可以唯一地确定了[①]。

通常将式(3.2.1)写成向量形式

$$\dot{\boldsymbol{x}}(t)=\boldsymbol{f}(\boldsymbol{x}(t),\boldsymbol{u}(t)) \tag{3.2.2}$$

这里 $\boldsymbol{f}(\cdot)=[f_1(\cdot),\cdots,f_n(\cdot)]^{\mathrm{T}}$ 是一个 $n\times1$ 维的函数向量。

式(3.2.2)描述的是一般非线性定常系统。对于线性定常系统，状态方程是一组一阶线性微分方程

$$\begin{cases} \dot{x}_1=a_{11}x_1+\cdots+a_{1n}x_n+b_{11}u_1+\cdots+b_{1m}u_m \\ \dot{x}_2=a_{21}x_1+\cdots+a_{2n}x_n+b_{21}u_1+\cdots+b_{2m}u_m \\ \quad\vdots \\ \dot{x}_n=a_{n1}x_1+\cdots+a_{nn}x_n+b_{n1}u_1+\cdots+b_{nm}u_m \end{cases} \tag{3.2.3}$$

其中，$a_{ij}(i=1,\cdots,n;j=1,\cdots,n)$ 和 $b_{ij}(i=1,\cdots,n;j=1,\cdots,m)$ 均是常数。

通常将式(3.2.3)写成向量矩阵形式

$$\dot{\boldsymbol{x}}(t)=\boldsymbol{A}\boldsymbol{x}(t)+\boldsymbol{B}\boldsymbol{u}(t) \tag{3.2.4}$$

其中，$\boldsymbol{x}(t)$ 是 $n\times1$ 维状态向量；$\boldsymbol{u}(t)$ 是 $m\times1$ 维输入向量；$\boldsymbol{A}$ 是 $n\times n$ 维方阵；$\boldsymbol{B}$ 是 $n\times m$ 维矩阵

$$\boldsymbol{A}=\begin{bmatrix} a_{11} & a_{12} & \cdots & a_{1n} \\ a_{21} & a_{22} & \cdots & a_{2n} \\ \vdots & \vdots & & \vdots \\ a_{n1} & a_{n2} & \cdots & a_{nn} \end{bmatrix}$$

---

① 为了保证 $\boldsymbol{x}(t)$ 存在且唯一，f_i 还需满足一定的连续性条件，这里假设该条件满足。

$$\boldsymbol{B}=\begin{bmatrix} b_{11} & b_{12} & \cdots & b_{1m} \\ b_{21} & b_{22} & \cdots & b_{2m} \\ \vdots & \vdots & & \vdots \\ b_{n1} & b_{n2} & \cdots & b_{nm} \end{bmatrix}$$

所谓输出方程，是描述系统输出量与状态和输入量之间相互关系的代数方程

$$\begin{cases} y_1=g_1(x_1,\cdots,x_n;u_1,\cdots,u_m) \\ \quad\vdots \\ y_l=g_l(x_1,\cdots,x_n;u_1,\cdots,u_m) \end{cases} \tag{3.2.5}$$

通常也将式(3.2.5)写成向量形式

$$\boldsymbol{y}(t)=\boldsymbol{g}(\boldsymbol{x}(t),\boldsymbol{u}(t)) \tag{3.2.6}$$

其中，$\boldsymbol{y}(t)$是 $l\times 1$ 维输出向量；$\boldsymbol{g}(\cdot)=[g_1(\cdot),\cdots,g_l(\cdot)]^{\mathrm{T}}$ 是 $l\times 1$ 维函数向量。

对于线性定常系统，输出量是状态变量和输入量的线性组合，即

$$\begin{cases} y_1=c_{11}x_1+c_{12}x_2+\cdots+c_{1n}x_n+d_{11}u_1+\cdots+d_{1m}u_m \\ y_2=c_{21}x_1+c_{22}x_2+\cdots+c_{2n}x_n+d_{21}u_1+\cdots+d_{2m}u_m \\ \quad\vdots \\ y_l=c_{l1}x_1+c_{l2}x_2+\cdots+c_{ln}x_n+d_{l1}u_1+\cdots+d_{lm}u_m \end{cases} \tag{3.2.7}$$

其中，c_{ij}和 d_{ij} 均是常数。

式(3.2.7)也可以写成向量矩阵形式

$$\boldsymbol{y}(t)=\boldsymbol{C}\boldsymbol{x}(t)+\boldsymbol{D}\boldsymbol{u}(t) \tag{3.2.8}$$

这里 $\boldsymbol{C}$ 和 $\boldsymbol{D}$ 分别是 $l\times n$ 维和 $l\times m$ 维的矩阵

$$\boldsymbol{C}=\begin{bmatrix} c_{11} & c_{12} & \cdots & c_{1n} \\ c_{21} & c_{22} & \cdots & c_{2n} \\ \vdots & \vdots & & \vdots \\ c_{l1} & c_{l2} & \cdots & c_{ln} \end{bmatrix}$$

$$\boldsymbol{D}=\begin{bmatrix} d_{11} & d_{12} & \cdots & d_{1m} \\ d_{21} & d_{22} & \cdots & d_{2m} \\ \vdots & \vdots & & \vdots \\ d_{l1} & d_{l2} & \cdots & d_{lm} \end{bmatrix}$$

将状态方程(3.2.4)和输出方程 (3.2.8) 合在一起，即

$$\begin{cases} \dot{\boldsymbol{x}}(t)=\boldsymbol{A}\boldsymbol{x}(t)+\boldsymbol{B}\boldsymbol{u}(t) \\ \boldsymbol{y}(t)=\boldsymbol{C}\boldsymbol{x}(t)+\boldsymbol{D}\boldsymbol{u}(t) \end{cases} \tag{3.2.9}$$

上式称为线性定常系统的状态空间模型。引入状态空间模型的一个好处是可以方便地描述多输入-多输出系统，另一个好处是可以运用线性空间中的运算方便地推

导线性系统的一些性质，并用计算机直接在时域中进行数值计算。显然，系统的状态空间模型(3.2.9)由矩阵 $\boldsymbol{A}$、$\boldsymbol{B}$、$\boldsymbol{C}$、$\boldsymbol{D}$ 唯一确定，因此可简记为 $\boldsymbol{\Sigma}(\boldsymbol{A},\boldsymbol{B},\boldsymbol{C},\boldsymbol{D})$ 或写成一个大矩阵的形式

$$\left[\begin{array}{c|c}\boldsymbol{A} & \boldsymbol{B}\\ \hline \boldsymbol{C} & \boldsymbol{D}\end{array}\right]$$

后一种表示方法在目前鲁棒控制的文献中很流行。

状态空间模型的方块图见图 3.3。

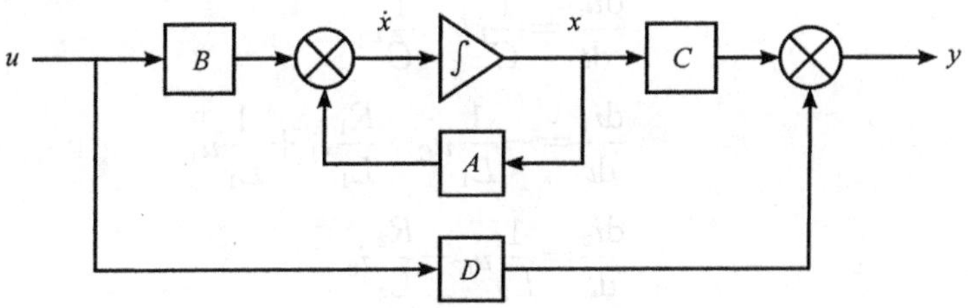

图 3.3　状态空间模型的方块图

对同一系统而言，状态的选取不是唯一的。实际上，对 n 维线性系统(3.2.9)，只要选取 $n\times n$ 维非奇异矩阵 $\boldsymbol{P}$（即 $\det(\boldsymbol{P})\neq 0$），则 $\boldsymbol{x}'=\boldsymbol{P}\boldsymbol{x}$ 构成系统的新的状态向量，新状态是原状态的线性组合。由于

$$\dot{\boldsymbol{x}}'=\boldsymbol{P}\dot{\boldsymbol{x}}=\boldsymbol{P}(\boldsymbol{A}\boldsymbol{x}+\boldsymbol{B}\boldsymbol{u})=\boldsymbol{P}\boldsymbol{A}\boldsymbol{P}^{-1}\boldsymbol{x}'+\boldsymbol{P}\boldsymbol{B}\boldsymbol{u}$$
$$\boldsymbol{y}=\boldsymbol{C}\boldsymbol{x}+\boldsymbol{D}\boldsymbol{u}=\boldsymbol{C}\boldsymbol{P}^{-1}\boldsymbol{x}'+\boldsymbol{D}\boldsymbol{u}$$

因此可得到系统在新状态选取下的模型为

$$\begin{cases}\dot{\boldsymbol{x}}'=\boldsymbol{A}'\boldsymbol{x}'+\boldsymbol{B}'\boldsymbol{u}\\ \boldsymbol{y}=\boldsymbol{C}'\boldsymbol{x}'+\boldsymbol{D}'\boldsymbol{u}\end{cases}\tag{3.2.10}$$

其中

$$\boldsymbol{A}'=\boldsymbol{P}\boldsymbol{A}\boldsymbol{P}^{-1},\quad \boldsymbol{B}'=\boldsymbol{P}\boldsymbol{B},\quad \boldsymbol{C}'=\boldsymbol{C}\boldsymbol{P}^{-1},\quad \boldsymbol{D}'=\boldsymbol{D}\tag{3.2.11}$$

例 3.1　在图 3.4 所示的 RLC 网络中，u_1 是输入量，u_2 是输出量，试选取适当的状态，并写出系统的状态空间模型。

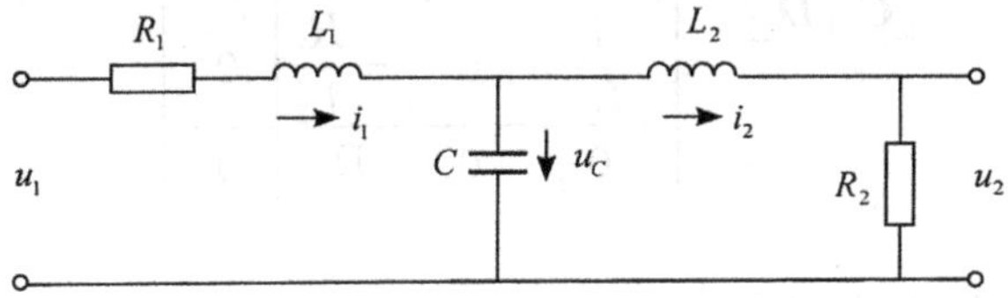

图 3.4　RLC 网络

解　网络中有三个储能元件，其能量函数分别由 i_1、i_2 和 u_C 决定，因此可选择 i_1、i_2 和 u_C 为系统的状态。决定系统行为的微分方程是

$$i_1 = C\frac{\mathrm{d}u_C}{\mathrm{d}t} + i_2$$

$$u_1 = R_1 i_1 + L_1\frac{\mathrm{d}i_1}{\mathrm{d}t} + u_C$$

$$u_C = L_2\frac{\mathrm{d}i_2}{\mathrm{d}t} + R_2 i_2$$

于是得到

$$\frac{\mathrm{d}u_C}{\mathrm{d}t} = \frac{1}{C}i_1 - \frac{1}{C}i_2$$

$$\frac{\mathrm{d}i_1}{\mathrm{d}t} = -\frac{1}{L_1}u_C - \frac{R_1}{L_1}i_1 + \frac{1}{L_1}u_1$$

$$\frac{\mathrm{d}i_2}{\mathrm{d}t} = \frac{1}{L_2}u_C - \frac{R_2}{L_2}i_2$$

记 $x_1 = u_C, x_2 = i_1, x_3 = i_2, y = u_2 = R_2 i_2, u = u_1$，则系统的状态空间模型为

$$\begin{cases} \begin{bmatrix} \dot{x}_1 \\ \dot{x}_2 \\ \dot{x}_3 \end{bmatrix} = \begin{bmatrix} 0 & \frac{1}{C} & -\frac{1}{C} \\ -\frac{1}{L_1} & -\frac{R_1}{L_1} & 0 \\ \frac{1}{L_2} & 0 & -\frac{R_2}{L_2} \end{bmatrix} \begin{bmatrix} x_1 \\ x_2 \\ x_3 \end{bmatrix} + \begin{bmatrix} 0 \\ \frac{1}{L_1} \\ 0 \end{bmatrix} u \\ y = \begin{bmatrix} 0 & 0 & R_2 \end{bmatrix} \begin{bmatrix} x_1 \\ x_2 \\ x_3 \end{bmatrix} \end{cases}$$

与标准形式(3.2.9)比较可知，系统的 $\boldsymbol{A}$、$\boldsymbol{B}$、$\boldsymbol{C}$、$\boldsymbol{D}$ 矩阵分别为

$$\left[\begin{array}{c|c} \boldsymbol{A} & \boldsymbol{B} \\ \hline \boldsymbol{C} & \boldsymbol{D} \end{array}\right] = \left[\begin{array}{ccc|c} 0 & \frac{1}{C} & -\frac{1}{C} & 0 \\ -\frac{1}{L_1} & -\frac{R_1}{L_1} & 0 & \frac{1}{L_1} \\ \frac{1}{L_2} & 0 & -\frac{R_2}{L_2} & 0 \\ \hline 0 & 0 & R_2 & 0 \end{array}\right]$$

3.3 状态空间模型与输入-输出模型之间的关系

3.3.1 由状态空间模型推导输入-输出模型

设系统状态空间模型为

$$\begin{cases}\dot{\boldsymbol{x}}=\boldsymbol{Ax}+\boldsymbol{Bu}\\ \boldsymbol{y}=\boldsymbol{Cx}+\boldsymbol{Du}\end{cases}$$

并假设 $\boldsymbol{x}(0)=0$。则对上面等式的两端进行拉普拉斯变换可得

$$\begin{cases}s\boldsymbol{X}(s)=\boldsymbol{AX}(s)+\boldsymbol{BU}(s)\\ \boldsymbol{Y}(s)=\boldsymbol{CX}(s)+\boldsymbol{DU}(s)\end{cases}$$

于是得到系统的传递函数(矩阵)为

$$\boldsymbol{G}(s)=\boldsymbol{C}(s\boldsymbol{I}-\boldsymbol{A})^{-1}\boldsymbol{B}+\boldsymbol{D} \tag{3.3.1}$$

需要指出的是,系统的输入-输出关系即传递函数是唯一的,它与系统状态的选取无关。假设系统在另一组状态下的模型为

$$\begin{cases}\dot{\boldsymbol{x}}'=\boldsymbol{A}'\boldsymbol{x}'+\boldsymbol{B}'\boldsymbol{u}\\ \boldsymbol{y}=\boldsymbol{C}'\boldsymbol{x}'+\boldsymbol{D}'\boldsymbol{u}\end{cases}$$

则利用式(3.2.11)可得

$$\begin{aligned}\boldsymbol{G}(s)&=\boldsymbol{C}'(s\boldsymbol{I}-\boldsymbol{A}')^{-1}\boldsymbol{B}'+\boldsymbol{D}'\\ &=\boldsymbol{CP}^{-1}(s\boldsymbol{I}-\boldsymbol{PAP}^{-1})^{-1}\boldsymbol{PB}+\boldsymbol{D}\\ &=\boldsymbol{CP}^{-1}\boldsymbol{P}(s\boldsymbol{I}-\boldsymbol{A})^{-1}\boldsymbol{P}^{-1}\boldsymbol{PB}+\boldsymbol{D}\\ &=\boldsymbol{C}(s\boldsymbol{I}-\boldsymbol{A})^{-1}\boldsymbol{B}+\boldsymbol{D}\end{aligned}$$

3.3.2　由输入-输出模型建立状态空间模型

由输入-输出模型建立状态空间模型的过程称为“实现”。显然,由于状态选取的多样性,系统的实现也不是唯一的。其中维数最低的实现称为该系统的“最小实现”。

下面讨论单输入-单输出系统的几种实现方法。

1. 虚拟输出法

先看下面二阶系统的例子。

例 3.2　系统传递函数为

$$G(s)=\frac{b_1s+b_0}{a_2s^2+a_1s+a_0}$$

求系统的一个状态空间实现 $\boldsymbol{\Sigma}(\boldsymbol{A},\boldsymbol{B},\boldsymbol{C},\boldsymbol{D})$。

解　根据传递函数的定义有

$$Y(s)=\frac{b_1s+b_0}{a_2s^2+a_1s+a_0}U(s)$$

其中,$U(s)$和 $Y(s)$分别表示输入量和输出量的拉普拉斯变换。引入虚拟输出量

$$\widetilde{Y}(s)=\frac{1}{a_2s^2+a_1s+a_0}U(s)$$

则容易得到

$$\begin{cases}a_2s^2\widetilde{Y}(s)+a_1s\widetilde{Y}(s)+a_0\widetilde{Y}(s)=U(s)\\Y(s)=b_1s\widetilde{Y}(s)+b_0\widetilde{Y}(s)\end{cases}\tag{3.3.2}$$

对上式进行拉普拉斯反变换可得到时域方程

$$\begin{cases}a_2\tilde{y}^{(2)}(t)+a_1\tilde{y}^{(1)}(t)+a_0\tilde{y}(t)=u(t)\\y(t)=b_1\tilde{y}^{(1)}(t)+b_0\tilde{y}(t)\end{cases}\tag{3.3.3}$$

其中，$\tilde{y}^{(i)}(t)=\dfrac{d^i\tilde{y}(t)}{dt^i}, i=1,2$。

选取系统的状态为 $x_1(t)=\tilde{y}(t), x_2(t)=\tilde{y}^{(1)}(t)$，则由式(3.3.3)可得状态空间模型如下：

$$\dot{x}_1(t)=x_2(t)$$

$$\dot{x}_2(t)=-\frac{a_0}{a_2}x_1(t)-\frac{a_1}{a_2}x_2(t)+\frac{1}{a_2}u(t)$$

$$y(t)=b_0x_1(t)+b_1x_2(t)$$

即系统状态空间实现为

$$\left[\begin{array}{c|c}\boldsymbol{A}&\boldsymbol{C}\\\hline\boldsymbol{B}&\boldsymbol{D}\end{array}\right]=\left[\begin{array}{cc|c}0&1&0\\-\dfrac{a_0}{a_2}&-\dfrac{a_1}{a_2}&\dfrac{1}{a_2}\\\hline b_0&b_1&0\end{array}\right]$$

在本例中，由于传递函数是真有理函数($m<n$)，从输入到输出的直输矩阵 $\boldsymbol{D}=0$。

用信号流图的方法可以绘出系统结构，如图 3.5 所示，这样表示系统状态关系的信号流图也称为系统的状态图。

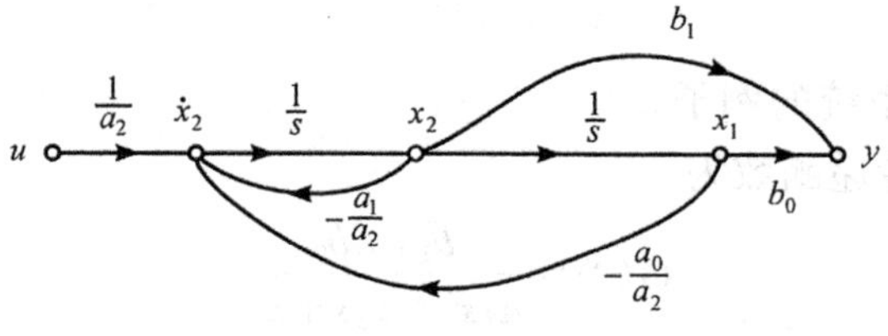

图 3.5　系统状态图

在本方法中第一个状态是我们引入的虚拟输出量 $\tilde{y}(t)$，而其他状态是 $\tilde{y}(t)$ 的各阶导数，故称之为虚拟输出法。

例 3.3　系统传递函数为

$$G(s)=\frac{b_2s^2+b_1s+b_0}{a_2s^2+a_1s+a_0}$$

求系统的一个状态空间实现。

解　本例与例 3.2 的区别在于，传递函数的分子与分母的最高次数相同，即 $m=n$，因此我们先将传递函数化成严格真有理函数与常数之和的形式：

$$G(s)=\frac{b_2}{a_2}+\frac{\left(b_1-\frac{a_1b_2}{a_2}\right)s+b_0-\frac{a_0b_2}{a_2}}{a_2s^2+a_1s+a_0}$$

本例因为传递函数的阶数较低，可用观察法或待定系数法求严格真有理函数的分子多项式的各系数。对于高阶系统，可用长除法，即

$$\begin{array}{r l}
 & \dfrac{b_2}{a_2} \\ \cline{2-2}
a_2s^2+a_1s+a_0 \big) & b_2s^2+b_1s+b_0 \\
 & b_2s^2+\dfrac{a_1b_2}{a_2}s+\dfrac{a_0b_2}{a_2} \\ \cline{2-2}
 & \left(b_1-\dfrac{a_1b_2}{a_2}\right)s+b_0-\dfrac{a_0b_2}{a_2}
\end{array}$$

根据传递函数的定义，有

$$Y(s)=\left[\frac{b_2}{a_2}+\frac{\left(b_1-\frac{a_1b_2}{a_2}\right)s+b_0-\frac{a_0b_2}{a_2}}{a_2s^2+a_1s+a_0}\right]U(s) \tag{3.3.4}$$

与例 3.2 相仿，令

$$\tilde{Y}(s)=\frac{1}{a_2s^2+a_1s+a_0}U(s) \tag{3.3.5}$$

即 $\tilde{y}^{(2)}(t)+\frac{a_1}{a_2}\tilde{y}^{(1)}+\frac{a_0}{a_2}\tilde{y}(t)=\frac{1}{a_2}u(t)$。选取系统状态为 $x_1(t)=\tilde{y}(t)$，$x_2(t)=\tilde{y}^{(1)}(t)$，则

$$\begin{cases}\dot{x}_1(t)=x_2(t)\\ \dot{x}_2(t)=-\dfrac{a_0}{a_2}x_1(t)-\dfrac{a_1}{a_2}x_2(t)+\dfrac{1}{a_2}u(t)\end{cases}$$

注意到状态方程与例 3.2 完全相同。再看输出方程，由式(3.3.4)和式(3.3.5)得

$$\begin{aligned}y(t)&=\frac{b_2}{a_2}u(t)+\left(b_1-\frac{a_1b_2}{a_2}\right)\tilde{y}^{(1)}(t)+\left(b_0-\frac{a_0b_2}{a_2}\right)\tilde{y}(t)\\&=\left(b_0-\frac{a_0b_2}{a_2}\right)x_1(t)+\left(b_1-\frac{a_1b_2}{a_2}\right)x_2(t)+\frac{b_2}{a_2}u(t)\end{aligned}$$

因此系统的一个状态空间实现为

$$\left[\begin{array}{c|c}\boldsymbol{A} & \boldsymbol{B}\\ \hline \boldsymbol{C} & \boldsymbol{D}\end{array}\right]=\left[\begin{array}{cc|c}0 & 1 & 0\\ -\dfrac{a_0}{a_2} & -\dfrac{a_1}{a_2} & \dfrac{1}{a_2}\\ \hline c_1 & c_2 & \dfrac{b_2}{a_2}\end{array}\right]$$

其中，$c_1=b_0-\dfrac{a_0b_2}{a_2}$，　$c_2=b_1-\dfrac{a_1b_2}{a_2}$。由此可见，对于非严格真有理函数，其状态空间模型中的输入输出直输矩阵 $\boldsymbol{D}\neq 0$。例 3.3 系统的状态图如图 3.6 所示。

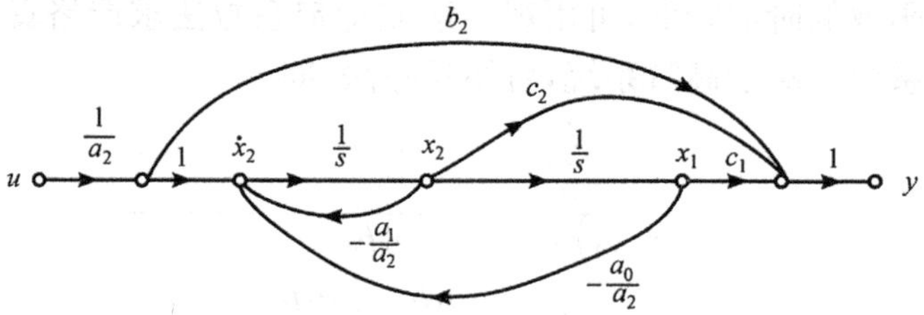

图 3.6　系统状态图

对于 n 阶线性系统的传递函数

$$G(s)=\frac{b_ns^n+b_{n-1}s^{n-1}+\cdots+b_1s+b_0}{s^n+a_{n-1}s^{n-1}+\cdots+a_1s+a_0}$$

采用与例 3.3 相同的方法，可绘出系统的状态图，如图 3.7 所示。

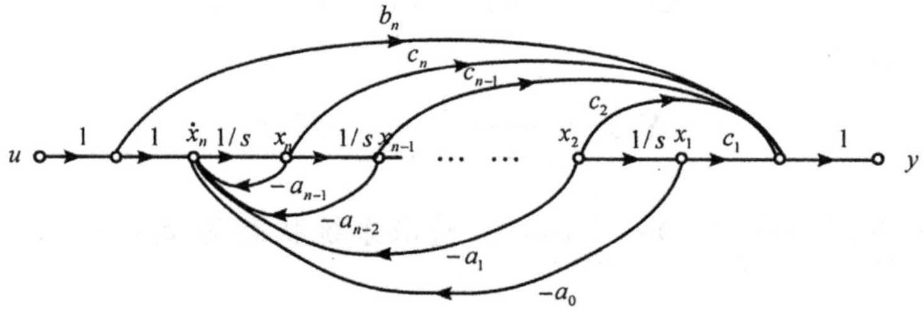

图 3.7　n 阶系统的状态图

系统的状态空间实现为

$$\left[\begin{array}{c|c}\boldsymbol{A} & \boldsymbol{B}\\ \hline \boldsymbol{C} & \boldsymbol{D}\end{array}\right]=\left[\begin{array}{cccc|c}0 & 1 & \cdots & 0 & 0\\ \vdots & \vdots & \ddots & \vdots & \vdots\\ 0 & 0 & \cdots & 1 & 0\\ -a_0 & -a_1 & \cdots & -a_{n-1} & 1\\ \hline c_1 & c_2 & \cdots & c_n & b_n\end{array}\right] \tag{3.3.6}$$

其中，$c_1=b_0-b_na_0$，$c_2=b_1-b_na_1$，…，$c_n=b_{n-1}-b_na_{n-1}$。按这种方法得到的状态空间模型通常称为能控规范型(关于能控规范型的进一步讨论参见本书 7.6 节)。

2. 部分分式法

将传递函数进行部分分式展开，可将一个高阶系统看成多个低阶系统的并联，便于建立系统的状态空间模型。

1) 极点互异时

当传递函数的各极点互异时，可展开为

$$G(s)=d+\sum_{i=1}^{n}\frac{c_i}{s+p_i} \tag{3.3.7}$$

其中，d 等于分子的 n 次项系数与分母的 n 次项系数之比，当 $m<n$ 时，$d=0$；而 c_i 则是 $G(s)$ 在极点 $-p_i$ 处的留数，即

$$c_i=\lim_{s\to -p_i}(s+p_i)G(s),\qquad i=1,\cdots,n \tag{3.3.8}$$

由传递函数的定义知

$$Y(s)=dU(s)+\sum_{i=1}^{n}c_i\frac{U(s)}{s+p_i}$$

其中，$U(s)$和 $Y(s)$分别是系统输入量和输出量的拉普拉斯变换。令

$$X_i(s)=\frac{U(s)}{s+p_i},\qquad i=1,\cdots,n \tag{3.3.9}$$

则有

$$\dot{x}_i(t)=-p_ix_i(t)+u(t)$$

$$y(t)=\sum_{i=1}^{n}c_ix_i(t)+du(t)$$

于是得到系统的状态空间实现为

$$\left[\begin{array}{c|c}\boldsymbol{A}&\boldsymbol{B}\\\hline\boldsymbol{C}&\boldsymbol{D}\end{array}\right]=\left[\begin{array}{ccc|c}-p_1&\cdots&0&1\\\vdots&\ddots&\vdots&\vdots\\0&\cdots&-p_n&1\\\hline c_1&\cdots&c_n&d\end{array}\right] \tag{3.3.10}$$

因为这里 $\boldsymbol{A}$ 矩阵是对角矩阵，故称这种实现方式为**对角线规范型**(关于对角线规范型的进一步讨论参见本书 7.1 节)。对角线型系统的状态图如图 3.8 所示，由状态图看出，整个系统可看成 n 个一阶系统的并联。

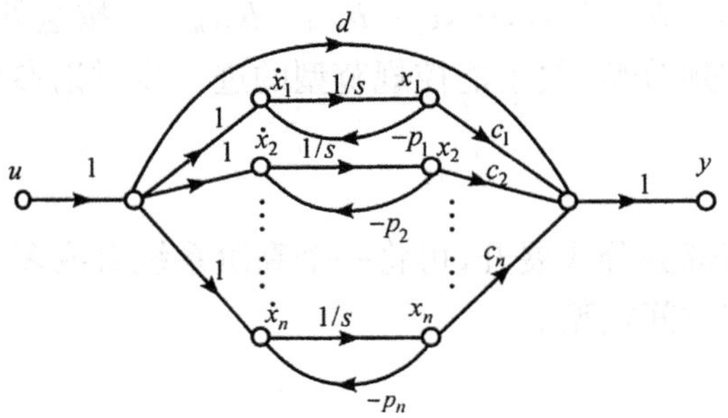

图 3.8 对角线型系统的状态图

2)当极点为重根时

假设系统传递函数有一个二重极点 $-p_0$,则

$$\begin{aligned} G(s) &= d + \sum_{i=3}^{n} \frac{c_i}{s+p_i} + \frac{c_{g_1}}{(s+p_0)^2} + \frac{c_{g_2}}{s+p_0} \\ &= d + \sum_{i=3}^{n} \frac{c_i}{s+p_i} + \frac{1}{s+p_0}\left(c_{g_2} + \frac{c_{g_1}}{s+p_0}\right) \end{aligned} \tag{3.3.11}$$

其中,c_i 由式(3.3.8)决定,而 c_{g_i} 由下式决定:

$$c_{g_i} = \lim_{s\to -p_0} \frac{1}{(i-1)!} \frac{\mathrm{d}^{i-1}}{\mathrm{d}s^{i-1}}[(s+p_0)^2 G(s)], \qquad i=1,2 \tag{3.3.12}$$

由式(3.3.11)得

$$Y(s) = dU(s) + \sum_{i=3}^{n} c_i \frac{U(s)}{s+p_i} + \frac{U(s)}{s+p_0}\left(c_{g_2} + \frac{c_{g_1}}{s+p_0}\right) \tag{3.3.13}$$

令

$$X_i(s) = \frac{U(s)}{s+p_i}, \qquad i=3,\cdots,n \tag{3.3.14}$$

$$X_2(s) = \frac{U(s)}{s+p_0} \tag{3.3.15}$$

$$X_1(s) = \frac{X_2(s)}{s+p_0} \tag{3.3.16}$$

则由式(3.3.14)~式(3.3.16)可得到系统的状态方程

$$\begin{gathered} \dot{x}_1(t) = -p_0 x_1(t) + x_2(t) \\ \dot{x}_2(t) = -p_0 x_2(t) + u(t) \\ \dot{x}_3(t) = -p_3 x_3(t) + u(t) \\ \vdots \\ \dot{x}_n(t) = -p_n x_n(t) + u(t) \end{gathered}$$

而从式(3.3.13)可得系统的输出方程:

$$y(t)=c_{g_1}x_1(t)+c_{g_2}x_2(t)+c_3x_3(t)+\cdots+c_nx_n(t)+du(t)$$

因此系统的状态空间实现为

$$\left[\begin{array}{c|c}\boldsymbol{A}&\boldsymbol{B}\\\hline\boldsymbol{C}&\boldsymbol{D}\end{array}\right]=\left[\begin{array}{ccccc|c}-p_0&1&0&\cdots&0&0\\0&-p_0&0&\cdots&0&1\\0&0&-p_3&\cdots&0&1\\\vdots&\vdots&\vdots&\ddots&\vdots&\vdots\\0&0&0&\cdots&-p_n&1\\\hline c_{g_1}&c_{g_2}&c_3&\cdots&c_n&d\end{array}\right]\tag{3.3.17}$$

由上式可见，系统矩阵 **A** 呈“准对角线”形式，这种形式的矩阵称为**若尔当(Jordan)规范型**，系统矩阵呈若尔当型的状态空间模型称为若尔当规范型(关于若尔当规范型的进一步讨论参见本书 7.1 节)，系统的状态图如图 3.9 所示。

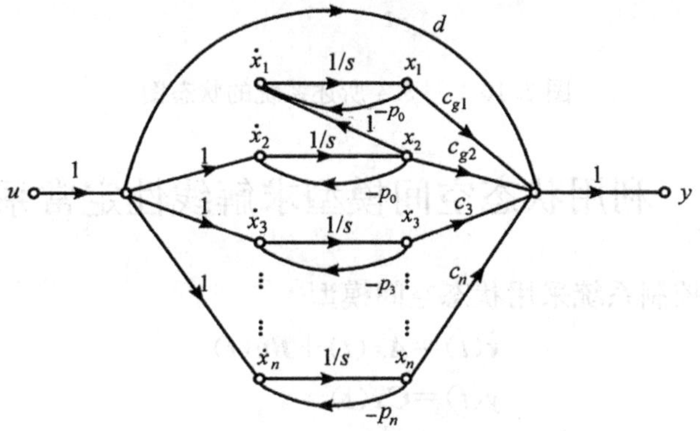

图 3.9　若尔当型系统的状态图

例 3.4　设系统的传递函数为

$$G(s)=\frac{2s^2+6s+5}{(s+1)^2(s+2)}$$

求系统的若尔当型状态空间实现。

解　将 $G(s)$ 进行部分分式展开

$$G(s)=\frac{Y(s)}{U(s)}=\frac{1}{(s+1)^2}+\frac{1}{s+1}+\frac{1}{s+2}=\frac{1}{s+1}(1+\frac{1}{s+1})+\frac{1}{s+2}$$

因此有

$$Y(s)=\frac{U(s)}{s+1}\left(1+\frac{1}{s+1}\right)+\frac{U(s)}{s+2}$$

令 $X_3(s)=\dfrac{U(s)}{s+2}$，$X_2(s)=\dfrac{U(s)}{s+1}$，$X_1(s)=\dfrac{X_2(s)}{s+1}$。于是得到系统的状态空间模型为

$$\begin{bmatrix}\dot{x}_1\\ \dot{x}_2\\ \dot{x}_3\end{bmatrix}=\begin{bmatrix}-1 & 1 & 0\\ 0 & -1 & 0\\ 0 & 0 & -2\end{bmatrix}\begin{bmatrix}x_1\\ x_2\\ x_3\end{bmatrix}+\begin{bmatrix}0\\ 1\\ 1\end{bmatrix}u$$

$$y=x_1+x_2+x_3$$

系统状态图如图 3.10 所示。

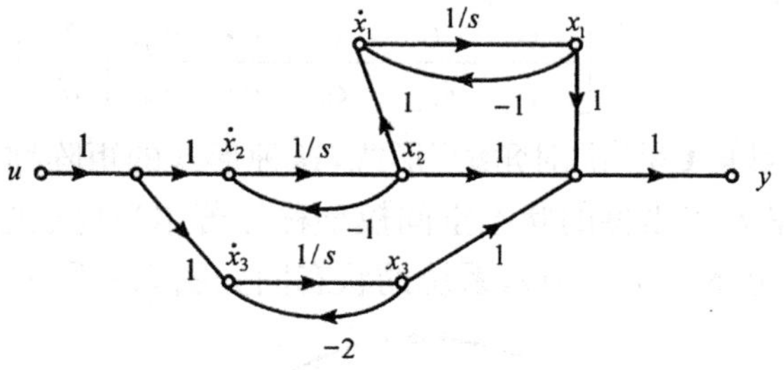

图 3.10　例 3.4 所述系统的状态图

3.4　利用状态空间模型求解线性定常系统

本节讨论当控制系统采用状态空间模型

$$\dot{\boldsymbol{x}}(t)=\boldsymbol{A}\boldsymbol{x}(t)+\boldsymbol{B}\boldsymbol{u}(t) \tag{3.4.1}$$

$$\boldsymbol{y}(t)=\boldsymbol{C}\boldsymbol{x}(t) \tag{3.4.2}$$

描述时，如何求取系统的时域响应。

3.4.1　线性定常系统状态方程的零输入响应

线性定常系统的零输入响应是指在式(3.4.1)中 $\boldsymbol{u}(t)\equiv 0$ 时，系统由初始状态激励而产生的自由运动。

设线性定常系统的齐次状态方程为

$$\dot{\boldsymbol{x}}(t)=\boldsymbol{A}\boldsymbol{x}(t) \tag{3.4.3}$$

初始时刻为 $t=t_0$，系统的初始状态为 $\boldsymbol{x}(t_0)$。

式(3.4.3)是一阶微分方程组，其求解过程与标量一阶微分方程

$$\dot{x}(t)=ax(t),\qquad x(t_0)$$

的求解相类似。该微分方程的解为

$$x(t)=\mathrm{e}^{a(t-t_0)}x(t_0),\qquad t\geqslant t_0$$

其中，指数函数 $\mathrm{e}^{a(t-t_0)}$ 可以展开成无穷级数

$$\mathrm{e}^{at}=1+a(t-t_0)+\frac{1}{2!}a^2(t-t_0)^2+\cdots+\frac{1}{k!}a^k(t-t_0)^k+\cdots$$

$$=\sum_{k=0}^{\infty}\frac{1}{k!}a^k(t-t_0)^k$$

与之类似，齐次状态方程(3.4.3)的解也有如下形式：

$$\boldsymbol{x}(t)=\mathrm{e}^{\boldsymbol{A}(t-t_0)}\boldsymbol{x}(t_0),\qquad t\geqslant t_0 \tag{3.4.4}$$

其中

$$\mathrm{e}^{\boldsymbol{A}(t-t_0)}=\boldsymbol{I}+\boldsymbol{A}(t-t_0)+\frac{1}{2!}\boldsymbol{A}^2(t-t_0)^2+\cdots+\frac{1}{k!}\boldsymbol{A}^k(t-t_0)^k+\cdots$$

$$=\sum_{k=0}^{\infty}\frac{1}{k!}\boldsymbol{A}^k(t-t_0)^k \tag{3.4.5}$$

对于线性定常系统，初始时刻 t_0 常常可以取为零，即 $t_0=0$。于是，当系统的初始状态为 $\boldsymbol{x}(0)$时，齐次状态方程(3.4.3)的解为

$$\boldsymbol{x}(t)=\mathrm{e}^{\boldsymbol{A}t}\boldsymbol{x}(0),\qquad t\geqslant 0 \tag{3.4.6}$$

式(3.4.4)中的 $\mathrm{e}^{\boldsymbol{A}(t-t_0)}$ 或式(3.4.6)中的 $\mathrm{e}^{\boldsymbol{A}t}$ 称为矩阵指数。由此二式可知，线性定常系统在状态空间中任一时刻 t 的状态 $\boldsymbol{x}(t)$，都可以认为是系统通过矩阵指数 $\mathrm{e}^{\boldsymbol{A}(t-t_0)}$，随着时间 t 的推移，该状态轨迹从初始时刻 t_0 的状态 $\boldsymbol{x}(t_0)$到任一时刻 t 的状态 $\boldsymbol{x}(t)$的转移，如图 3.11 所示。因此，矩阵指数 $\mathrm{e}^{\boldsymbol{A}(t-t_0)}$ 又称为线性定常系统的**状态转移矩阵**，记为 $\boldsymbol{\varphi}(t-t_0)$，即

$$\boldsymbol{\varphi}(t-t_0)=\mathrm{e}^{\boldsymbol{A}(t-t_0)} \tag{3.4.7}$$

$$\boldsymbol{\varphi}(t)=\mathrm{e}^{\boldsymbol{A}t} \tag{3.4.8}$$

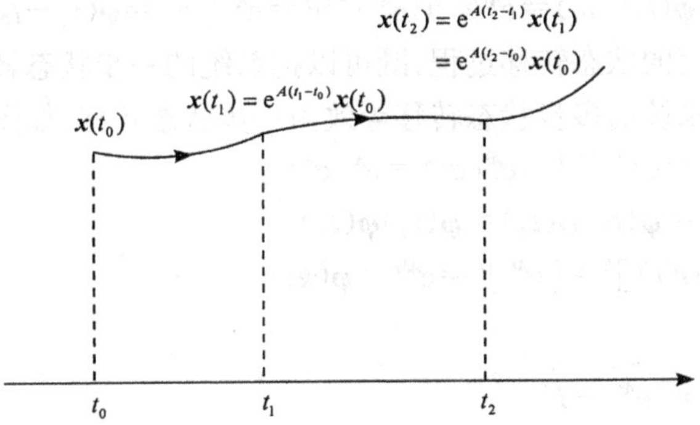

图 3.11　线性定常系统的状态转移

于是，齐次状态方程(3.4.3)的解(3.4.4)或式(3.4.6)可以表示为

$$\boldsymbol{x}(t)=\boldsymbol{\varphi}(t-t_0)\boldsymbol{x}(t_0),\qquad t\geqslant t_0 \tag{3.4.9}$$

$$\boldsymbol{x}(t)=\boldsymbol{\varphi}(t)\boldsymbol{x}(0),\qquad t\geqslant 0 \tag{3.4.10}$$

上述二式即为零输入($\boldsymbol{u}\equiv 0$)时，线性定常系统初始状态的转移，称为系统零输入的状态转移。此时，系统的输出(响应)为

$$y(t)=Cx(t)=C\varphi(t-t_0)x(t_0)\ ,\qquad t\geqslant t_0 \tag{3.4.11}$$

或

$$y(t)=C\varphi(t)x(0),\qquad t\geqslant 0 \tag{3.4.12}$$

它们称为系统的零输入响应。

状态转移矩阵 $\varphi(t)$是线性定常矩阵微分方程

$$\begin{cases}\dot{\varphi}(t)=A\varphi(t)\\ \varphi(0)=I\end{cases} \tag{3.4.13}$$

的唯一解。由该式可以看出状态转移矩阵 $\varphi(t)$的物理意义:它在输入量为零的时间区间内,描述了系统状态向量的运动。因此,$\varphi(t)$包含了系统自由运动的全部信息,完全表征系统的动态特性。

状态转移矩阵 $\varphi(t)$具有如下性质:

(1) $\dfrac{\mathrm{d}}{\mathrm{d}t}\mathrm{e}^{At}=A\mathrm{e}^{At}$ 即 $\dot{\varphi}(t)=A\varphi(t)$ (3.4.14)

(2) $\varphi(0)=\mathrm{e}^{A\cdot 0}=I$ (3.4.15)

(3) $\varphi(-t)=\mathrm{e}^{-At}=[\mathrm{e}^{At}]^{-1}=[\varphi(t)]^{-1}=\varphi^{-1}(t)$ (3.4.16)

利用式(3.4.16)可以将式(3.4.6)写成

$$x(0)=\mathrm{e}^{-At}x(t)=\varphi(-t)x(t)$$

这说明,系统的状态转移在时间上既可以正向推移,也可以反向推移(即时间可以倒退)。因此,系统的状态转移具有双向性。

(4) $\varphi(t_2-t_1)\varphi(t_1-t_0)=\mathrm{e}^{A(t_2-t_1)}\mathrm{e}^{A(t_1-t_0)}=\mathrm{e}^{A(t_2-t_0)}=\varphi(t_2-t_0)$ (3.4.17)

上式表明,系统的状态转移过程,既可以把系统的一步状态转移分解成多步状态转移,也可以把系统的多步状态转移等效为一步状态转移,如图 3.11 所示。

(5) $\varphi(t_1+t_2)=\mathrm{e}^{A(t_1+t_2)}=\mathrm{e}^{At_1}\mathrm{e}^{At_2}=\mathrm{e}^{At_2}\mathrm{e}^{At_1}$

$=\varphi(t_1)\varphi(t_2)=\varphi(t_2)\varphi(t_1)$ (3.4.18)

(6) $\varphi^k(t)=[\varphi(t)]^k=[\mathrm{e}^{At}]^k=\mathrm{e}^{Akt}=\varphi(kt)$ (3.4.19)

其中,k 为整数。

(7) $A\int_0^t \mathrm{e}^{A\tau}\mathrm{d}\tau=\mathrm{e}^{At}-I$ (3.4.20)

3.4.2 线性定常系统非齐次状态方程的解

线性定常系统的非齐次状态方程为式(3.4.1),即

$$\dot{x}(t)=Ax(t)+Bu(t)$$

设初始时刻 $t_0=0$,系统的初始状态为 $x(0)$。将上式改写为

$$\dot{x}(t)-Ax(t)=Bu(t)$$

用 e^{-At} 左乘等式的两边

$$e^{-At}[\dot{x}(t)-Ax(t)]=e^{-At}Bu(t)$$

即

$$\frac{d}{dt}[e^{-At}x(t)]=e^{-At}Bu(t)$$

等式两边在时间区间[0, t]内积分，有

$$e^{-At}x(t)\big|_0^t=\int_0^t e^{-A\tau}Bu(\tau)d\tau$$

即

$$e^{-At}x(t)-x(0)=\int_0^t e^{-A\tau}Bu(\tau)d\tau$$

整理后，得到

$$\begin{aligned}x(t)&=e^{At}x(0)+e^{At}\int_0^t e^{-A\tau}Bu(\tau)d\tau\\&=e^{At}x(0)+\int_0^t e^{At}e^{-A\tau}Bu(\tau)d\tau\\&=e^{At}x(0)+\int_0^t e^{A(t-\tau)}Bu(\tau)d\tau,\qquad t\geqslant 0\end{aligned}$$

即

$$x(t)=\varphi(t)x(0)+\int_0^t\varphi(t-\tau)Bu(\tau)d\tau,\qquad t\geqslant 0\tag{3.4.21}$$

上式就是初始状态为 $x(0)$，输入作用为 $u(t)$ 时，线性定常系统非齐次状态方程(3.4.1)的解。

研究控制系统，常常需要考虑更一般的初始时刻 t_0，于是我们要在初始状态为 $x(t_0)$，输入作用为 $u(t)$，$t\geqslant t_0$ 的情况下，求解式(3.4.1)。

由式(3.4.21)，取 $t=t_0$，得

$$x(t_0)=\varphi(t_0)x(0)+\int_0^{t_0}\varphi(t_0-\tau)Bu(\tau)d\tau$$

$$x(0)=\varphi(-t_0)x(t_0)-\varphi(-t_0)\int_0^{t_0}\varphi(t_0-\tau)Bu(\tau)d\tau\tag{3.4.22}$$

将上式代入式(3.4.21)中，并考虑到状态转移矩阵的性质式(3.4.17)，得

$$\begin{aligned}x(t)&=\varphi(t)\left[\varphi(-t_0)x(t_0)-\varphi(-t_0)\int_0^{t_0}\varphi(t_0-\tau)Bu(t)d\tau\right]+\int_0^t\varphi(t-\tau)Bu(\tau)d\tau\\&=\varphi(t-t_0)x(t_0)-\int_0^{t_0}\varphi(t-t_0)\varphi(t_0-\tau)Bu(\tau)d\tau+\int_0^t\varphi(t-\tau)Bu(\tau)d\tau\\&=\varphi(t-t_0)x(t_0)-\int_0^{t_0}\varphi(t-\tau)Bu(\tau)d\tau+\int_0^t\varphi(t-\tau)Bu(\tau)d\tau\\&=\varphi(t-t_0)x(t_0)+\int_{t_0}^t\varphi(t-\tau)Bu(\tau)d\tau\end{aligned}\tag{3.4.23}$$

上式即是初始状态为 $\boldsymbol{x}(t_0)$，输入作用为 $\boldsymbol{u}(t)$，$t \geqslant t_0$ 时，线性定常系统非齐次状态方程(3.4.1)的解。

式(3.4.21)和式(3.4.23)通常又称为线性定常系统的状态转移方程。其中等式右边第一项是输入作用为零时初始状态的转移，称为系统零输入的状态转移，第二项是系统初始状态为零时对应于输入作用的状态转移，称为系统零状态的状态转移。

将式(3.4.21)或式(3.4.23)代入系统的输出方程(3.4.2)，就得到系统在初始状态为 $\boldsymbol{x}(t_0)$，输入作用为 $\boldsymbol{u}(t)$时的系统输出响应：

$$\begin{aligned}\boldsymbol{y}(t) &= \boldsymbol{Cx}(t) \\ &= \boldsymbol{C\varphi}(t-t_0)\boldsymbol{x}(t_0) + \boldsymbol{C}\int_{t_0}^{t} \boldsymbol{\varphi}(t-t_0)\boldsymbol{Bu}(\tau)\mathrm{d}\tau, \qquad t \geqslant 0 \end{aligned} \tag{3.4.24}$$

或

$$\boldsymbol{y}(t) = \boldsymbol{C\varphi}(t)\boldsymbol{x}(0) + \boldsymbol{C}\int_{0}^{t} \boldsymbol{\varphi}(t)\boldsymbol{Bu}(\tau)\mathrm{d}\tau, \qquad t \geqslant 0 \tag{3.4.25}$$

上二式中等式右边第一项称为线性定常系统的零输入响应，第二项称为系统的零状态响应。

3.4.3 状态转移矩阵的计算

在求解线性定常系统状态方程时，首先要计算状态转移矩阵 $\boldsymbol{\varphi}(t)=\mathrm{e}^{\boldsymbol{A}t}$。可以用于计算的方法很多，这里仅介绍常用的三种。

1. 根据 $\mathrm{e}^{\boldsymbol{A}t}$的定义计算 $\boldsymbol{\varphi}(t)$

$$\boldsymbol{\varphi}(t)=\mathrm{e}^{\boldsymbol{A}t}=\boldsymbol{I}+\boldsymbol{A}t+\frac{1}{2!}\boldsymbol{A}^2t^2+\cdots+\frac{1}{k!}\boldsymbol{A}^kt^k+\cdots \tag{3.4.26}$$

式(3.4.26)是一个开放形式的表达式，因此计算时只能取有限项，计算其近似值。它特别适合于用计算机求 $\mathrm{e}^{\boldsymbol{A}t}$的近似值。如果采用手工计算，即使系统的阶数较低，其演算过程也是很烦琐、很困难的。

2. 应用拉普拉斯变换法计算 $\boldsymbol{\varphi}(t)$

设线性定常系统的齐次状态方程为式(3.4.3)

$$\dot{\boldsymbol{x}}(t)=\boldsymbol{Ax}(t)$$

初始时刻 $t_0=0$ 时，系统的初始状态为 $\boldsymbol{x}(0)$。

对上式两边取拉普拉斯变换，有

$$s\boldsymbol{X}(s)-\boldsymbol{x}(0)=\boldsymbol{AX}(s)$$

$$(s\boldsymbol{I}-\boldsymbol{A})\boldsymbol{X}(s)=\boldsymbol{x}(0)$$

等式两边左乘$(s\boldsymbol{I}-\boldsymbol{A})^{-1}$后，得

$$\boldsymbol{X}(s)=(s\boldsymbol{I}-\boldsymbol{A})^{-1}\boldsymbol{x}(0)$$

取拉普拉斯反变换，即得齐次状态方程(3.4.3)的解

$$\begin{aligned}\boldsymbol{x}(t) &= \mathscr{L}^{-1}[(s\boldsymbol{I}-\boldsymbol{A})^{-1}\boldsymbol{x}(0)] \\ &= \mathscr{L}^{-1}[(s\boldsymbol{I}-\boldsymbol{A})^{-1}]\boldsymbol{x}(0), \qquad t\geqslant 0\end{aligned} \tag{3.4.27}$$

由微分方程解的唯一性可知，式(3.4.6)与式(3.4.27)应相等，于是状态转移矩阵为

$$\boldsymbol{\varphi}(t)=\mathrm{e}^{\boldsymbol{A}t}=\mathscr{L}^{-1}[(s\boldsymbol{I}-\boldsymbol{A})^{-1}] \tag{3.4.28}$$

由于

$$\boldsymbol{\varphi}(t)=\mathscr{L}^{-1}[\boldsymbol{\Phi}(s)]$$

于是

$$\boldsymbol{\Phi}(s)=(s\boldsymbol{I}-\boldsymbol{A})^{-1} \tag{3.4.29}$$

$\boldsymbol{\Phi}(s)$称为线性定常系统的预解矩阵，它和状态转移矩阵$\boldsymbol{\varphi}(t)$构成了一个拉普拉斯变换对。

式(3.4.28)给出了$\boldsymbol{\varphi}(t)$的闭合形式，说明了式(3.4.26)所示级数的收敛性。那么$(s\boldsymbol{I}-\boldsymbol{A})^{-1}$一定存在吗？下面加以说明。

事实上，由于

$$\boldsymbol{X}(s)=\left(\frac{\boldsymbol{I}}{s}+\frac{\boldsymbol{A}}{s^2}+\frac{\boldsymbol{A}^2}{s^3}+\cdots+\frac{\boldsymbol{A}^k}{s^{k+1}}+\cdots\right)\boldsymbol{x}(0)$$

可以验证

$$\begin{aligned}&(s\boldsymbol{I}-\boldsymbol{A})\left(\frac{\boldsymbol{I}}{s}+\frac{\boldsymbol{A}}{s^2}+\frac{\boldsymbol{A}^2}{s^3}+\cdots+\frac{\boldsymbol{A}^k}{s^{k+1}}+\cdots\right)\\ &=\left(\boldsymbol{I}+\frac{\boldsymbol{A}}{s}+\frac{\boldsymbol{A}^2}{s^2}+\cdots+\frac{\boldsymbol{A}^k}{s^k}+\cdots\right)-\left(\frac{\boldsymbol{A}}{s}+\frac{\boldsymbol{A}^2}{s^2}+\cdots+\frac{\boldsymbol{A}^k}{s^k}+\cdots\right)\\ &=\boldsymbol{I}\end{aligned}$$

因此，无论矩阵$\boldsymbol{A}$是否奇异，$(s\boldsymbol{I}-\boldsymbol{A})$总是非奇异的，即$(s\boldsymbol{I}-\boldsymbol{A})^{-1}$一定存在。

3. 应用凯莱-哈密顿(Calay-Hamilton)定理计算 $\boldsymbol{\varphi}(t)$

凯莱-哈密顿定理　$n\times n$ 系统矩阵$\boldsymbol{A}$满足它自身的特征方程，即方阵$\boldsymbol{A}$的特征多项式是$\boldsymbol{A}$的零化多项式。

设线性定常系统的特征方程为

$$\Delta(\lambda)=\det[\lambda\boldsymbol{I}-\boldsymbol{A}]=\lambda^n+a_{n-1}\lambda^{n-1}+\cdots+a_1\lambda+a_0=0$$

于是

$$\lambda^n=-a_{n-1}\lambda^{n-1}\cdots-a_1\lambda-a_0$$

应用凯莱-哈密顿定理，$\boldsymbol{A}$ 满足它自身的特征方程，即 λ 与 $\boldsymbol{A}$ 互换，系统的特征方程仍成立，则有

$$\Delta(\boldsymbol{A})=\boldsymbol{A}^n+a_{n-1}\boldsymbol{A}^{n-1}+\cdots+a_1\boldsymbol{A}+a_0\boldsymbol{I}=0$$

从而

$$\boldsymbol{A}^n=-a_{n-1}\boldsymbol{A}^{n-1}\cdots-a_1\boldsymbol{A}-a_0\boldsymbol{I} \tag{3.4.30}$$

上式表明，$\boldsymbol{A}^n$ 是 $\boldsymbol{A}^{n-1}$，…，$\boldsymbol{A}$，$\boldsymbol{I}$ 的线性组合。由于

$$\boldsymbol{A}^{n+1}=\boldsymbol{A}\cdot\boldsymbol{A}^n=-a_{n-1}\boldsymbol{A}^n\cdots-a_1\boldsymbol{A}^2-a_0\boldsymbol{A}$$

将式(3.4.30)代入，得

$$\begin{aligned}\boldsymbol{A}^{n+1}=&(a_{n-1}^2-a_{n-2})\boldsymbol{A}^{n-1}+(a_{n-1}a_{n-2}-a_{n-3})\boldsymbol{A}^{n-2}+\cdots\\&+(a_{n-1}a_1-a_0)\boldsymbol{A}+a_{n-1}a_0\boldsymbol{I}\end{aligned} \tag{3.4.31}$$

即 $\boldsymbol{A}^{n+1}$ 亦是 $\boldsymbol{A}^{n-1}$，…，$\boldsymbol{A}$，$\boldsymbol{I}$ 的线性组合。依此类推，可知 $\boldsymbol{A}^{n+2}$，$\boldsymbol{A}^{n+3}$，…均为 $\boldsymbol{A}^{n-1}$，…，$\boldsymbol{A}$，$\boldsymbol{I}$ 的线性组合。因此，式(3.4.26)的 $e^{\boldsymbol{A}t}$ 中 $\boldsymbol{A}$ 高于$(n-1)$的幂次项均可以用 $\boldsymbol{A}^{n-1}$，…，$\boldsymbol{A}$，$\boldsymbol{I}$ 的线性组合来取代。这样，$e^{\boldsymbol{A}t}$ 由一个 $\boldsymbol{A}$ 的收敛无穷幂级数(开放形式)，化为一个 $\boldsymbol{A}$ 的最高幂次为$(n-1)$的 n 项幂级数(闭合形式)，从而得线性定常系统的状态转移矩阵为

$$\begin{aligned}\boldsymbol{\varphi}(t)=e^{\boldsymbol{A}t}&=\boldsymbol{I}+\boldsymbol{A}t+\frac{1}{2!}\boldsymbol{A}^2t^2+\cdots+\frac{1}{k!}\boldsymbol{A}^kt^k+\cdots\\&=\alpha_0(t)\boldsymbol{I}+\alpha_1(t)\boldsymbol{A}+\cdots+\alpha_{n-1}(t)\boldsymbol{A}^{n-1}\end{aligned} \tag{3.4.32}$$

其中，$\alpha_j(t)$，$j=0,1,\cdots,(n-1)$为待定系数。

待定系数 $\alpha_j(t)$的计算方法如下：

(1) 如果 $\boldsymbol{A}$ 的 n 个特征值互异，则 $\boldsymbol{A}$ 的 n 个互异特征值 λ_i，$i=1,2,\cdots,n$ 均应满足特征方程。应用凯莱-哈密顿定理，将式(3.4.32)中的方阵 $\boldsymbol{A}$ 用特征值 λ_i 置换，得到 n 个线性代数方程

$$e^{\lambda_i t}=\alpha_0(t)+\alpha_1(t)\lambda_i+\cdots+\alpha_{n-1}(t)\lambda_i^{n-1},\qquad i=1,2,\cdots,n \tag{3.4.33}$$

即

$$\begin{bmatrix}e^{\lambda_1 t}\\e^{\lambda_2 t}\\\vdots\\e^{\lambda_n t}\end{bmatrix}=\begin{bmatrix}1&\lambda_1&\lambda_1^2&\cdots&\lambda_1^{n-1}\\1&\lambda_2&\lambda_2^2&\cdots&\lambda_2^{n-1}\\\vdots&\vdots&\vdots&&\vdots\\1&\lambda_n&\lambda_n^2&\cdots&\lambda_n^{n-1}\end{bmatrix}\begin{bmatrix}\alpha_0(t)\\\alpha_1(t)\\\vdots\\\alpha_{n-1}(t)\end{bmatrix} \tag{3.4.34}$$

于是，求得的 n 个系数 $\alpha_0(t)$，$\alpha_1(t)$，…，$\alpha_{n-1}(t)$为

$$\begin{bmatrix}\alpha_0(t)\\\alpha_1(t)\\\vdots\\\alpha_{n-1}(t)\end{bmatrix}=\begin{bmatrix}1&\lambda_1&\lambda_1^2&\cdots&\lambda_1^{n-1}\\1&\lambda_2&\lambda_2^2&\cdots&\lambda_2^{n-1}\\\vdots&\vdots&\vdots&&\vdots\\1&\lambda_n&\lambda_n^2&\cdots&\lambda_n^{n-1}\end{bmatrix}^{-1}\begin{bmatrix}e^{\lambda_1 t}\\e^{\lambda_2 t}\\\vdots\\e^{\lambda_n t}\end{bmatrix} \tag{3.4.35}$$

(2) 如果$\boldsymbol{A}$的n个特征值中有k个重特征值$\lambda_1=\lambda_2=\cdots=\lambda_k$，其余$(n-k)$个特征值$\lambda_{k+1},\lambda_{k+2},\cdots,\lambda_n$互异，则$\boldsymbol{A}$的$(n-k)$个互异特征值均满足方程(3.4.33)，得到$(n-k)$个代数方程。对于$\boldsymbol{A}$的$k$重特征值，则有下列$k$个代数方程。

将λ_1代入式(3.4.33)，得

$$e^{\lambda_1 t}=\alpha_0(t)+\alpha_1(t)\lambda_1+\cdots+\alpha_{n-1}(t)\lambda_1^{n-1} \tag{3.4.36}$$

方程(3.4.36)对λ_1求1次导数，得

$$te^{\lambda_1 t}=\alpha_1(t)+2\alpha_2(t)\lambda_1+\cdots+(n-1)\alpha_{n-1}(t)\lambda_1^{n-2}$$

方程(3.4.36)对λ_1求2次导数，得

$$t^2e^{\lambda_1 t}=2\alpha_2(t)+6\alpha_3(t)\lambda_1+\cdots+(n-1)(n-2)\alpha_{n-1}(t)\lambda_1^{n-3}$$

依此类推，方程(3.4.36)对λ_1求$(k-1)$次导数，得

$$\begin{aligned}t^{k-1}e^{\lambda_1 t}=&(k-1)!\alpha_{k-1}(t)+k!\alpha_k(t)\lambda_1+\cdots\\&+(n-1)(n-2)\cdots(n-k+1)\alpha_{n-1}(t)\lambda_1^{n-k}\end{aligned}$$

总共有n个代数方程，写成向量矩阵代数方程形式为

$$\begin{bmatrix}\dfrac{1}{(k-1)!}t^{k-1}e^{\lambda_1 t}\\ \vdots\\ \dfrac{1}{2!}t^2e^{\lambda_1 t}\\ te^{\lambda_1 t}\\ e^{\lambda_1 t}\\ e^{\lambda_{k+1} t}\\ \vdots\\ e^{\lambda_n t}\end{bmatrix}=\begin{bmatrix}0 & \cdots & 0 & 1 & k\lambda_1 & \cdots & \dfrac{(n-1)\cdots(n-k+1)}{(k-1)!}\lambda_1^{n-k}\\ \vdots & & & & & & \vdots\\ 0 & 0 & 1 & 3\lambda_1 & & & \dfrac{(n-1)(n-2)}{2!}\lambda_1^{n-3}\\ 0 & 1 & 2\lambda_1 & & & & (n-1)\lambda_1^{n-2}\\ 1 & \lambda_1 & \lambda_1^2 & & & & \lambda_1^{n-1}\\ 1 & \lambda_{k+1} & \lambda_{k+1}^2 & & & & \lambda_{k+1}^{n-1}\\ \vdots & \vdots & \vdots & & & & \vdots\\ 1 & \lambda_n & \lambda_n^2 & & & & \lambda_n^{n-1}\end{bmatrix}\times\begin{bmatrix}\alpha_0(t)\\ \alpha_1(t)\\ \vdots\\ \alpha_{k-3}(t)\\ \alpha_{k-2}(t)\\ \alpha_{k-1}(t)\\ \alpha_k(t)\\ \vdots\\ \alpha_{n-1}(t)\end{bmatrix}$$

从而，求得的n个系数$\alpha_j(t),j=0,1,\cdots,(n-1)$为

$$\begin{bmatrix}\alpha_0(t)\\ \alpha_1(t)\\ \vdots\\ \alpha_{k-3}(t)\\ \alpha_{k-2}(t)\\ \alpha_{k-1}(t)\\ \alpha_k(t)\\ \vdots\\ \alpha_{n-1}(t)\end{bmatrix}=\begin{bmatrix}0 & \cdots & \cdots & 0 & 1 & k\lambda_1 & \cdots & \frac{(n-1)(n-2)-(n-k+1)}{(k-1)!}\lambda_1^{n-k}\\ \vdots & & & & & & & \vdots\\ \vdots & & & & & & & \vdots\\ \vdots & & & & & & & \vdots\\ 0 & 0 & 1 & 3\lambda_1 & \cdots & & & \frac{(n-1)(n-2)}{2!}\lambda_1^{n-3}\\ 0 & 1 & 2\lambda_1 & \cdots & & & & (n-1)\lambda_1^{n-2}\\ 1 & \lambda_1 & \lambda_1^2 & \cdots & & & & \lambda_1^{n-1}\\ 1 & \lambda_{k+1} & \lambda_{k+1}^2 & \cdots & & & & \lambda_{k+1}^{n-1}\\ \vdots & \vdots & \vdots & & & & & \vdots\\ 1 & \lambda_n & \lambda_n^2 & \cdots & & & & \lambda_n^{n-1}\end{bmatrix}^{-1}$$

$$\times\begin{bmatrix}\frac{1}{(k-1)!}t^{k-1}e^{\lambda_1 t}\\ \vdots\\ \frac{1}{2!}t^2e^{\lambda_1 t}\\ te^{\lambda_1 t}\\ e^{\lambda_1 t}\\ e^{\lambda_{k+1} t}\\ \vdots\\ e^{\lambda_n t}\end{bmatrix} \qquad (3.4.37)$$

例 3.5 线性定常系统的齐次状态方程为

$$\begin{bmatrix}\dot{x}_1\\ \dot{x}_2\end{bmatrix}=\begin{bmatrix}0 & 1\\ -2 & -3\end{bmatrix}\begin{bmatrix}x_1\\ x_2\end{bmatrix}$$

初始状态为

$$\boldsymbol{x}(0)=\begin{bmatrix}x_1(0)\\ x_2(0)\end{bmatrix}=\begin{bmatrix}1\\ 0\end{bmatrix}$$

求系统齐次状态方程的解 $x(t)$。

解 首先求系统的状态转移矩阵 $\boldsymbol{\varphi}(t)$。用上述三种方法分别计算。

(1) 方法 1：按定义计算 $\boldsymbol{\varphi}(t)$。

系统矩阵为

$$\boldsymbol{A}=\begin{bmatrix}0 & 1\\ -2 & -3\end{bmatrix}$$

将 $\boldsymbol{A}$ 代入式(3.4.26)，得

$$\begin{aligned}\boldsymbol{\varphi}(t)&=e^{\boldsymbol{A}t}=\boldsymbol{I}+\boldsymbol{A}t+\frac{1}{2!}\boldsymbol{A}^2t^2\cdots\\&=\begin{bmatrix}1&0\\0&1\end{bmatrix}+\begin{bmatrix}0&1\\-2&-3\end{bmatrix}t+\begin{bmatrix}0&1\\-2&-3\end{bmatrix}\frac{t^2}{2!}+\cdots\\&=\begin{bmatrix}1-t^2+t^3-\cdots & t-\frac{3}{2}t^2+\frac{7}{6}t^3+\cdots\\-2t+3t^2-\frac{7}{3}t^3+\cdots & 1-3t+\frac{7}{2}t^2-\frac{5}{2}t^3+\cdots\end{bmatrix}\end{aligned}$$

(2) 方法 2：应用拉普拉斯变换计算 $\boldsymbol{\varphi}(t)$。

根据式(3.4.28)，有

$$\begin{aligned}(s\boldsymbol{I}-\boldsymbol{A})^{-1}&=\begin{bmatrix}s&-1\\2&s+3\end{bmatrix}^{-1}=\frac{\operatorname{adj}\begin{bmatrix}s&-1\\2&s+3\end{bmatrix}}{\begin{vmatrix}s&-1\\2&s+3\end{vmatrix}}\\&=\frac{1}{(s+1)(s+2)}\begin{bmatrix}s+3&-2\\1&s\end{bmatrix}^{\mathrm{T}}\\&=\frac{1}{(s+1)(s+2)}\begin{bmatrix}s+3&1\\-2&s\end{bmatrix}\\&=\begin{bmatrix}\frac{s+3}{(s+1)(s+2)}&\frac{1}{(s+1)(s+2)}\\\frac{-2}{(s+1)(s+2)}&\frac{s}{(s+1)(s+2)}\end{bmatrix}\\&=\begin{bmatrix}\frac{2}{s+1}-\frac{1}{s+2}&\frac{1}{s+1}-\frac{1}{s+2}\\\frac{-2}{s+1}+\frac{2}{s+2}&\frac{-1}{s+1}+\frac{2}{s+2}\end{bmatrix}\end{aligned}$$

于是，系统的状态转移矩阵为

$$\begin{aligned}\boldsymbol{\varphi}(t)&=\mathscr{L}^{-1}[(s\boldsymbol{I}-\boldsymbol{A})^{-1}]\\&=\begin{bmatrix}2e^{-t}-e^{-2t}&e^{-t}-e^{-2t}\\-2e^{-t}+2e^{-2t}&-e^{-t}+2e^{-2t}\end{bmatrix}\end{aligned}$$

(3) 方法 3：应用凯莱-哈密顿定理计算 $\boldsymbol{\varphi}(t)$。

系统的特征方程为

$$\begin{aligned}\Delta(\lambda)&=\det[\lambda\boldsymbol{I}-\boldsymbol{A}]=\begin{vmatrix}\lambda&-1\\2&\lambda+3\end{vmatrix}\\&=\lambda^2+3\lambda+2=(\lambda+1)(\lambda+2)=0\end{aligned}$$

$\lambda_1=-1,\lambda_2=-2$，系统矩阵 $\boldsymbol{A}$ 有两个互异特征值。由式 (3.4.35)，有

$$\begin{bmatrix}\alpha_0(t)\\ \alpha_1(t)\end{bmatrix}=\begin{bmatrix}1 & \lambda_1\\ 1 & \lambda_2\end{bmatrix}^{-1}\begin{bmatrix}e^{\lambda_1 t}\\ e^{\lambda_2 t}\end{bmatrix}=\begin{bmatrix}1 & -1\\ 1 & -2\end{bmatrix}^{-1}\begin{bmatrix}e^{-t}\\ e^{-2t}\end{bmatrix}$$
$$=\begin{bmatrix}2 & -1\\ 1 & -1\end{bmatrix}\begin{bmatrix}e^{-t}\\ e^{-2t}\end{bmatrix}=\begin{bmatrix}2e^{-t}-e^{-2t}\\ e^{-t}-e^{-2t}\end{bmatrix}$$

即

$$\begin{cases}\alpha_0(t)=2e^{-t}-e^{-2t}\\ \alpha_1(t)=e^{-t}-e^{-2t}\end{cases}$$

将它们代入式(3.4.32)，得到系统的状态转移矩阵为

$$\boldsymbol{\varphi}(t)=e^{\boldsymbol{A}t}=\alpha_0(t)\boldsymbol{I}+\alpha_1(t)\boldsymbol{A}$$
$$=(2e^{-t}-e^{-2t})\begin{bmatrix}1 & 0\\ 0 & 1\end{bmatrix}+(e^{-t}-e^{-2t})\begin{bmatrix}0 & 1\\ -2 & -3\end{bmatrix}$$
$$=\begin{bmatrix}2e^{-t}-e^{-2t} & e^{-t}-e^{-2t}\\ -2e^{-t}+2e^{-2t} & -e^{-t}+2e^{-2t}\end{bmatrix}$$

方法 2 和方法 3 计算的 $\boldsymbol{\varphi}(t)$形式相同，而方法 1 计算的 $\boldsymbol{\varphi}(t)$为开放形式，化为闭合形式应与方法 2 和方法 3 的结果一致。事实上，如果把上式中矩阵各个元素按泰勒级数展开，就会发现各个元素的前几项与方法 1 计算的 $\boldsymbol{\varphi}(t)$中对应元素的前几项完全一致。

于是，由式(3.4.6)，系统齐次状态方程的解为

$$\boldsymbol{x}(t)=\boldsymbol{\varphi}(t)\boldsymbol{x}(0)$$
$$=\begin{bmatrix}2e^{-t}-e^{-2t} & e^{-t}-e^{-2t}\\ -2e^{-t}+2e^{-2t} & -e^{-t}+2e^{-2t}\end{bmatrix}\begin{bmatrix}1\\ 0\end{bmatrix}$$
$$=\begin{bmatrix}2e^{-t}-e^{-2t}\\ -2e^{-t}+2e^{-2t}\end{bmatrix},\qquad t\geqslant 0$$

例 3.6 三阶线性定常系统的系统矩阵为

$$\boldsymbol{A}=\begin{bmatrix}0 & 1 & 0\\ 0 & 0 & 1\\ -2 & -5 & -4\end{bmatrix}$$

求系统的状态转移矩阵 $\boldsymbol{\varphi}(t)$。

解 应用凯莱-哈密顿定理计算 $\boldsymbol{\varphi}(t)$。$\boldsymbol{A}$ 的特征多项式为

$$\Delta(\lambda)=\det[s\boldsymbol{I}-\boldsymbol{A}]=\begin{vmatrix}\lambda & -1 & 0\\ 0 & \lambda & -1\\ 2 & 5 & \lambda+4\end{vmatrix}$$
$$=(\lambda+1)^2(\lambda+2)$$

于是，$\boldsymbol{A}$ 的特征值为

$$\lambda_1=\lambda_2=-1, \lambda_3=-2$$

A 有两个重特征值。由式(3.4.37)，有

$$\begin{bmatrix}\alpha_0(t)\\ \alpha_1(t)\\ \alpha_2(t)\end{bmatrix}=\begin{bmatrix}0 & 1 & 2\lambda_1\\ 1 & \lambda_1 & \lambda_1^2\\ 1 & \lambda_3 & \lambda_3^2\end{bmatrix}^{-1}\begin{bmatrix}te^{\lambda_1 t}\\ e^{\lambda_1 t}\\ e^{\lambda_3 t}\end{bmatrix}$$

$$=\begin{bmatrix}0 & 1 & -2\\ 1 & -1 & 1\\ 1 & -2 & 4\end{bmatrix}^{-1}\begin{bmatrix}te^{-t}\\ e^{-t}\\ e^{-2t}\end{bmatrix}$$

$$=\begin{bmatrix}2te^{-t}+e^{-2t}\\ 3te^{-t}-2e^{-t}+2e^{-2t}\\ te^{-t}-e^{-t}+e^{-2t}\end{bmatrix}$$

于是，系统的状态转移矩阵为

$$\boldsymbol{\varphi}(t)=e^{\boldsymbol{A}t}=\alpha_0(t)\boldsymbol{I}+\alpha_1(t)\boldsymbol{A}+\alpha_2(t)\boldsymbol{A}^2$$

$$=(2te^{-t}+e^{-2t})\begin{bmatrix}1 & 0 & 0\\ 0 & 1 & 0\\ 0 & 0 & 1\end{bmatrix}+(3te^{-t}-2e^{-t}+2e^{-2t})\begin{bmatrix}0 & 1 & 0\\ 0 & 0 & 1\\ -2 & -5 & -4\end{bmatrix}$$

$$+(te^{-t}-e^{-t}+e^{-2t})\begin{bmatrix}0 & 1 & 0\\ 0 & 0 & 1\\ -2 & -5 & -4\end{bmatrix}^2$$

$$=\begin{bmatrix}(2te^{-t}+e^{-2t}) & (3te^{-t}-2e^{-t}+2e^{-2t}) & (te^{-t}-e^{-t}+e^{-2t})\\ (-2te^{-t}+2e^{-t}-2e^{-2t}) & (-3te^{-t}+5e^{-t}-4e^{-2t}) & (-te^{-t}+2e^{-t}-2e^{-2t})\\ (2te^{-t}-4e^{-t}+4e^{-2t}) & (3te^{-t}-8e^{-t}+8e^{-2t}) & (te^{-t}-3e^{-t}+4e^{-2t})\end{bmatrix}$$

本例如果应用其他方法计算 $\boldsymbol{\varphi}(t)$，则要复杂些，而且系统的阶数越高，应用凯莱-哈密顿定理计算 $\boldsymbol{\varphi}(t)$ 的优越性就越明显。

例 3.7　设系统由下述微分方程描述

$$\ddot{y}+2\dot{y}+y=\dot{r}+r$$

其中，$r(t)=\sin t$，系统初始条件为 $y(0)=1, \dot{y}(0)=0$，求系统输出响应 $y(t)$。

解　定义状态变量

$$x_1=y$$
$$x_2=\dot{y}$$

输入变量

$$u=\dot{r}+r$$

则系统可由二个一阶微分方程描述，即

$$\dot{x}_1=x_2$$
$$\dot{x}_2=-x_1-2x_2+u$$

从而可得系统的状态空间模型

$$\dot{\boldsymbol{x}}(t)=\boldsymbol{A}\boldsymbol{x}(t)+\boldsymbol{B}u(t)$$
$$y(t)=\boldsymbol{C}\boldsymbol{x}(t)$$

其中

$$\boldsymbol{x}=\begin{bmatrix}x_1\\x_2\end{bmatrix},\quad \boldsymbol{A}=\begin{bmatrix}0&1\\-1&-2\end{bmatrix},\quad \boldsymbol{B}=\begin{bmatrix}0\\1\end{bmatrix},\quad \boldsymbol{C}=[1\ 0]$$

由

$$(s\boldsymbol{I}-\boldsymbol{A})=\begin{bmatrix}s&0\\0&s\end{bmatrix}-\begin{bmatrix}0&1\\-1&-2\end{bmatrix}=\begin{bmatrix}s&-1\\1&s+2\end{bmatrix}$$

于是，有

$$\boldsymbol{\Phi}(s)=(s\boldsymbol{I}-\boldsymbol{A})^{-1}=\frac{\mathrm{adj}(s\boldsymbol{I}-\boldsymbol{A})}{|(s\boldsymbol{I}-\boldsymbol{A})|}=\frac{\begin{bmatrix}s+2&1\\-1&s\end{bmatrix}}{(s+1)^2}$$
$$=\begin{bmatrix}\dfrac{s+2}{(s+1)^2}&\dfrac{1}{(s+1)^2}\\-\dfrac{1}{(s+1)^2}&\dfrac{s}{(s+1)^2}\end{bmatrix}$$

因此，状态转移矩阵为

$$\boldsymbol{\varphi}(t)=\mathscr{L}^{-1}[(s\boldsymbol{I}-\boldsymbol{A})^{-1}]$$
$$=\begin{bmatrix}(1+t)\mathrm{e}^{-t}&t\mathrm{e}^{-t}\\-t\mathrm{e}^{-t}&(1-t)\mathrm{e}^{-t}\end{bmatrix}$$

将上述结果以及 $u(\tau)=\dot{r}+r=\sin\tau+\cos\tau$ 代入式(3.4.23)，并考虑初始条件，得

$$\boldsymbol{x}(t)=\begin{bmatrix}(1+t)\mathrm{e}^{-t}&t\mathrm{e}^{-t}\\-t\mathrm{e}^{-t}&(1-t)\mathrm{e}^{-t}\end{bmatrix}\begin{bmatrix}1\\0\end{bmatrix}$$
$$+\int_0^t\begin{bmatrix}(1+t+\tau)\mathrm{e}^{-(t-\tau)}&(t-\tau)\mathrm{e}^{-(t-\tau)}\\-(t-\tau)\mathrm{e}^{-(t-\tau)}&(1-t+\tau)\mathrm{e}^{-(t-\tau)}\end{bmatrix}\begin{bmatrix}0\\1\end{bmatrix}(\sin\tau+\cos\tau)\mathrm{d}\tau$$
$$=\begin{bmatrix}(1+t)\mathrm{e}^{-t}\\-t\mathrm{e}^{-t}\end{bmatrix}+\begin{bmatrix}\int_0^t(t-\tau)\mathrm{e}^{-(t-\tau)}(\sin\tau+\cos\tau)\mathrm{d}\tau\\\int_0^t(1-t+\tau)\mathrm{e}^{-(t-\tau)}(\sin\tau+\cos\tau)\mathrm{d}\tau\end{bmatrix}$$

系统的输出 $y(t)$ 实际上是标量，即

$$y(t)=[1\quad 0]\boldsymbol{x}(t)=x_1$$
$$=(1+t)\mathrm{e}^{-t}+\int_0^t(t-\tau)\mathrm{e}^{-(t-\tau)}(\sin\tau+\cos\tau)\mathrm{d}\tau$$

积分后简化，可得系统的输出为

$$y(t)=\frac{3}{2}e^{-t}+te^{-t}+\frac{1}{2}\sin t-\frac{1}{2}\cos t$$

3.5　离散时间状态空间模型

3.5.1　采样系统的状态空间模型

1. 连续时间系统的离散化

考虑如图 3.12 所示的采样控制系统。

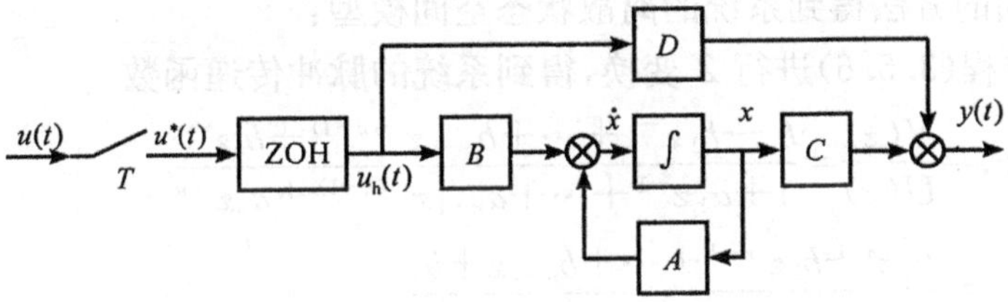

图 3.12　采样系统的状态空间模型

系统的连续部分由状态空间模型描述,即

$$\begin{cases}\dot{\boldsymbol{x}}=\boldsymbol{Ax}+\boldsymbol{B}u_h\\ y=\boldsymbol{Cx}+\boldsymbol{D}u_h\end{cases}\tag{3.5.1}$$

连续控制输入信号 $u(t)$经采样器离散化后再经零阶保持器连至系统输入端。系统的状态响应为

$$\boldsymbol{x}(t)=\exp[\boldsymbol{A}(t-t_0)]x(t_0)+\int_{t_0}^{t}\exp[\boldsymbol{A}(t-\tau)]\boldsymbol{B}u_h(\tau)d\tau$$

取 $t_0=kT,t=(k+1)T,k$ 为任意非负整数,则

$$\boldsymbol{x}[(k+1)T]=\exp(\boldsymbol{A}T)x(kT)+\int_{kT}^{(k+1)T}\exp[\boldsymbol{A}((k+1)T-\tau)]\boldsymbol{B}u(\tau)d\tau$$

注意到在 $kT\leqslant\tau<(k+1)T$ 时,$u(\tau)$保持不变,即 $u(\tau)=u(kT)$,因此

$$\boldsymbol{x}[(k+1)T]=\exp(\boldsymbol{A}T)\boldsymbol{x}(kT)+\int_{0}^{T}\exp(\boldsymbol{A}\tau)d\tau\cdot\boldsymbol{B}u(kT)\tag{3.5.2}$$

对输出 $y(t)$也进行离散化,得

$$y(kT)=\boldsymbol{Cx}(kT)+\boldsymbol{D}u(kT)\tag{3.5.3}$$

令

$$\begin{aligned}\boldsymbol{G}&=\exp(\boldsymbol{A}T)\\ \boldsymbol{H}&=\int_{0}^{T}\exp(\boldsymbol{A}\tau)d\tau\cdot\boldsymbol{B}\end{aligned}\tag{3.5.4}$$

则由式(3.5.2)和式(3.5.3)得到

$$\begin{cases} \boldsymbol{x}[(k+1)T]=\boldsymbol{Gx}(kT)+\boldsymbol{H}u(kT) \\ y(kT)=\boldsymbol{Cx}(kT)+\boldsymbol{D}u(kT) \end{cases} \tag{3.5.5}$$

我们将式(3.5.5)称为图 3.12 所示系统的离散状态空间模型。

2. 由输入-输出模型得到状态空间模型

如果已经得到采样控制系统的输入-输出差分方程描述如下：

$$\begin{aligned} &y(k)+a_1y(k-1)+\cdots+a_{n-1}y(k-n+1)+a_ny(k-n) \\ &=b_0u(k)+b_1u(k-1)+\cdots+b_nu(k-n) \end{aligned} \tag{3.5.6}$$

则可采用下面的方法得到系统的离散状态空间模型：

(1) 对方程(3.5.6)进行 Z 变换，得到系统的脉冲传递函数

$$\begin{aligned} W(z)&=\frac{Y(z)}{U(z)}=\frac{b_0+b_1z^{-1}+\cdots+b_{n-1}z^{-(n-1)}+b_nz^{-n}}{1+a_1z^{-1}+\cdots+a_{n-1}z^{-(n-1)}+a_nz^{-n}} \\ &=\frac{b_0z^n+b_1z^{n-1}+\cdots+b_{n-1}z+b_n}{z^n+a_1z^{n-1}+\cdots+a_{n-1}z+a_n} \\ &=b_0+\frac{(b_1-a_1b_0)z^{n-1}+\cdots+(b_{n-1}-a_{n-1}b_0)z+b_n-a_nb_0}{z^n+a_1z^{n-1}+\cdots+a_{n-1}z+a_n} \end{aligned} \tag{3.5.7}$$

(2) 选择系统状态

$$X_1(z)=\frac{1}{z^n+a_1z^{n-1}+\cdots+a_{n-1}z+a_n}U(z) \tag{3.5.8}$$

$$\begin{aligned} &x_2(k)=x_1(k+1) \\ &x_3(k)=x_2(k+1) \\ &\quad\vdots \\ &x_{n-1}(k)=x_{n-2}(k+1) \\ &x_n(k)=x_{n-1}(k+1) \end{aligned}$$

(3) 系统的状态方程

$$\begin{cases} x_1(k+1)=x_2(k) \\ x_2(k+1)=x_3(k) \\ \quad\vdots \\ x_{n-1}(k+1)=x_n(k) \\ x_n(k+1)=-a_nx_1(k)-a_{n-1}x_2(k)-\cdots-a_1x_n(k)+u(k) \end{cases} \tag{3.5.9}$$

由方程(3.5.7)得到系统的输出方程为

$$y(k)=(b_n-a_nb_0)x_1(k)+(b_{n-1}-a_{n-1}b_0)x_2(k)+\cdots+(b_1-a_1b_0)x_n(k)+b_0u(k) \tag{3.5.10}$$

于是得到系统状态空间模型

$$\begin{cases} \boldsymbol{x}(k+1)=\boldsymbol{G}\boldsymbol{x}(k)+\boldsymbol{H}u(k) \\ y(k)=\boldsymbol{C}\boldsymbol{x}(k)+\boldsymbol{D}u(k) \end{cases}$$

其中

$$\boldsymbol{G}=\begin{bmatrix} 0 & 1 & & 0 \\ & & \ddots & \\ & 0 & & 1 \\ -a_n & -a_{n-1} & \cdots & -a_1 \end{bmatrix},\quad \boldsymbol{H}=\begin{bmatrix} 0 \\ \vdots \\ 0 \\ 1 \end{bmatrix}$$

$$\boldsymbol{C}=[b_n-a_nb_0 \quad b_{n-1}-a_{n-1}b_0 \quad \cdots \quad b_1-a_1b_0],\quad \boldsymbol{D}=b_0$$

系统状态图如图 3.13 所示。

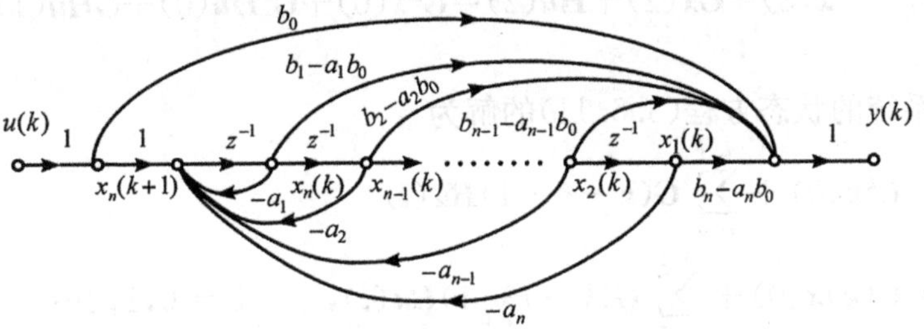

图 3.13　离散系统的状态图

3.5.2　利用状态空间方程求解线性离散系统

1. Z 变换法求解

线性定常离散系统的状态空间模型为

$$\boldsymbol{x}(k+1)=\boldsymbol{G}\boldsymbol{x}(k)+\boldsymbol{H}\boldsymbol{u}(k) \tag{3.5.11}$$

$$\boldsymbol{y}(k)=\boldsymbol{C}\boldsymbol{x}(k)+\boldsymbol{D}\boldsymbol{u}(k) \tag{3.5.12}$$

与应用 Z 变换求解差分方程类似，对方程(3.5.11)两边取 Z 变换，得

$$z\boldsymbol{X}(z)-z\boldsymbol{x}(0)=\boldsymbol{G}\boldsymbol{X}(z)+\boldsymbol{H}\boldsymbol{U}(z)$$

$$(z\boldsymbol{I}-\boldsymbol{G})\boldsymbol{X}(z)=z\boldsymbol{x}(0)+\boldsymbol{H}\boldsymbol{U}(z)$$

$$\boldsymbol{X}(z)=(z\boldsymbol{I}-\boldsymbol{G})^{-1}z\boldsymbol{x}(0)+(z\boldsymbol{I}-\boldsymbol{G})^{-1}\boldsymbol{H}\boldsymbol{U}(z) \tag{3.5.13}$$

对上式两边取 Z 反变换，得

$$\boldsymbol{x}(k)=\mathscr{Z}^{-1}[(z\boldsymbol{I}-\boldsymbol{G})^{-1}z]\boldsymbol{x}(0)+\mathscr{Z}^{-1}[(z\boldsymbol{I}-\boldsymbol{G})^{-1}\boldsymbol{H}\boldsymbol{U}(z)] \tag{3.5.14}$$

式(3.5.14)是在初始状态为 $\boldsymbol{x}(0)$、输入为 $\boldsymbol{u}(k)$，$k=0,1,2,\cdots$时，离散状态方程(3.5.11)的解，又称为线性定常离散系统的状态转移方程。它右边的第一项为离散系统零输入的状态转移，第二项为离散系统零状态的状态转移。

将式(3.5.14)代入输出方程(3.5.12)，就得到了离散系统的输出 $\boldsymbol{y}(k)$

$$\boldsymbol{y}(k)=\boldsymbol{C}\{\mathscr{Z}^{-1}[(z\boldsymbol{I}-\boldsymbol{G})^{-1}z]\boldsymbol{x}(0)+\mathscr{Z}^{-1}[(z\boldsymbol{I}-\boldsymbol{G})^{-1}\boldsymbol{H}\boldsymbol{U}(z)]\}+\boldsymbol{D}\boldsymbol{u}(k) \tag{3.5.15}$$

其中,右边的第一项为离散系统的零输入响应,第二项为离散系统的零状态响应。

2. 迭代法求解

差分方程可以采用迭代法求解,线性离散系统的状态方程(3.5.11)是一个向量矩阵差分方程(即为一组 n 个一阶差分方程),可以采用迭代法求解。

如果给定了离散系统的初始状态 $\boldsymbol{x}(0)$ 和系统的输入向量 $\boldsymbol{u}(k)$, $k=0,1,2,\cdots$,直接代入方程(3.5.11),可以得到:

$$k=0,\quad \boldsymbol{x}(1)=\boldsymbol{Gx}(0)+\boldsymbol{Hu}(0)$$

$$k=1,\quad \boldsymbol{x}(2)=\boldsymbol{Gx}(1)+\boldsymbol{Hu}(1)=\boldsymbol{G}^2\boldsymbol{x}(0)+\boldsymbol{GHu}(0)+\boldsymbol{Hu}(1)$$

$$k=2,\quad \boldsymbol{x}(3)=\boldsymbol{Gx}(2)+\boldsymbol{Hu}(2)=\boldsymbol{G}^3\boldsymbol{x}(0)+\boldsymbol{G}^2\boldsymbol{Hu}(0)+\boldsymbol{GHu}(1)+\boldsymbol{Hu}(2)$$

$$\vdots \qquad\qquad \vdots$$

于是,离散系统的状态方程(3.5.11)的解为

$$\begin{aligned}\boldsymbol{x}(k) &= \boldsymbol{G}^k\boldsymbol{x}(0)+\sum_{i=0}^{k-1}\boldsymbol{G}(k-i-1)\boldsymbol{Hu}(i)\\ &= \boldsymbol{G}(k)\boldsymbol{x}(0)+\sum_{i=0}^{k-1}\boldsymbol{G}(k-i-1)\boldsymbol{Hu}(i),\qquad k=0,1,2\cdots \end{aligned}\tag{3.5.16}$$

其中

$$\boldsymbol{G}(k)=\boldsymbol{G}(kT)\triangleq\boldsymbol{G}^k(T)=\boldsymbol{G}^k \tag{3.5.17}$$

$\boldsymbol{G}(k)$称为线性定常离散系统的状态转移矩阵,它是一个 $n\times n$ 矩阵。

若初始时刻为 hT(简记为 h),系统的初始状态为 $\boldsymbol{x}(h)$,则式(3.5.11)的解为

$$\boldsymbol{x}(h+N)=\boldsymbol{G}(N)\boldsymbol{x}(h)+\sum_{i=0}^{N-1}\boldsymbol{G}(N-i-1)\boldsymbol{Hu}(h+i),\qquad N=0,1,2,\cdots \tag{3.5.18}$$

显然,式(3.5.16)或式(3.5.18)均是线性定常离散系统状态方程(3.5.11)的解,因此它们亦均是线性定常离散系统的状态转移方程。等式右边的第一项为离散系统零输入的状态转移,第二项为离散系统零状态的状态转移。

同样,将式(3.5.16)代入输出方程(3.5.12),就得到了离散系统的输出 $\boldsymbol{y}(k)$

$$\begin{aligned}\boldsymbol{y}(k) &= \boldsymbol{Cx}(k)+\boldsymbol{Du}(k)\\ &= \boldsymbol{CG}(k)\boldsymbol{x}(0)+\boldsymbol{C}\sum_{i=0}^{k-1}\boldsymbol{G}(k-i-1)\boldsymbol{Hu}(i)+\boldsymbol{Du}(k),\qquad k=0,1,2,\cdots\end{aligned}\tag{3.5.19}$$

其中,等式右边第一项为离散系统的零输入响应,其余为离散系统的零状态响应。

式(3.5.14)和式(3.5.16)都是离散系统状态方程(3.5.11)的解,根据解的唯一性,有

$$\begin{cases}\boldsymbol{G}(k)=\mathscr{Z}^{-1}\left[(z\boldsymbol{I}-\boldsymbol{G})^{-1}z\right] \\ \sum_{i=0}^{k-1}\boldsymbol{G}(k-i-1)\boldsymbol{H}\boldsymbol{u}(i)=\mathscr{Z}^{-1}\left[(z\boldsymbol{I}-\boldsymbol{G})^{-1}\boldsymbol{H}\boldsymbol{u}(z)\right]\end{cases} \tag{3.5.20}$$

3.5.3　离散系统的状态转移矩阵及计算

线性定常离散系统的状态转移矩阵 $\boldsymbol{G}(k)$ 是矩阵差分方程

$$\boldsymbol{G}(k+1)=\boldsymbol{G}\boldsymbol{G}(k) \tag{3.5.21}$$

在初始条件 $\boldsymbol{G}(0)=\boldsymbol{I}$ 下的唯一矩阵解。它具有如下性质：

(1) $\boldsymbol{G}(0)=\boldsymbol{I}$ (3.5.22)

(2) $\boldsymbol{G}^{-1}(k)=\boldsymbol{G}(-k)$ (3.5.23)

(3) $\boldsymbol{G}(k-h)=\boldsymbol{G}(k-l)\boldsymbol{G}(l-h),\quad k>l>h$ (3.5.24)

对于给定的状态空间模型，只要状态转移矩阵 $\boldsymbol{G}(k)$ 求出后，系统的状态转移方程(3.5.16)和系统输出(3.5.19)就可以轻易求得。

通常可以用两种方法计算 $\boldsymbol{G}(k)$，第一种是用 Z 变换法按式(3.5.20)计算 $\boldsymbol{G}(k)$，第二种是应用凯莱-哈密顿定理计算 $\boldsymbol{G}(k)$，其计算方法及运算步骤类似于连续系统状态转移矩阵 $\boldsymbol{\varphi}(t)$ 的计算。

例 3.8　线性定常离散系统的齐次状态方程为

$$\boldsymbol{x}(k+1)=\begin{bmatrix}0 & 1\\ -0.16 & -1\end{bmatrix}\boldsymbol{x}(k)$$

试求其状态转移矩阵 $\boldsymbol{G}(k)$。

解　应用 Z 变换法。

因为

$$(z\boldsymbol{I}-\boldsymbol{G})^{-1}=\begin{bmatrix}z & -1\\ 0.16 & z+1\end{bmatrix}^{-1}=\frac{1}{(z+0.2)(z+0.8)}\begin{bmatrix}z+1 & 1\\ -0.16 & z\end{bmatrix}$$

所以

$$\begin{aligned}\boldsymbol{G}(k)&=\mathscr{Z}^{-1}\left[(z\boldsymbol{I}-\boldsymbol{G})^{-1}z\right]\\ &=\frac{1}{3}\mathscr{Z}^{-1}\begin{bmatrix}\dfrac{4z}{z+0.2}-\dfrac{z}{z+0.8} & \dfrac{5z}{z+0.2}-\dfrac{5z}{z+0.8}\\ -\dfrac{0.8z}{z+0.2}+\dfrac{0.8z}{z+0.8} & -\dfrac{z}{z+0.2}+\dfrac{4z}{z+0.8}\end{bmatrix}\\ &=\frac{1}{3}\begin{bmatrix}4(-0.2)^k-(-0.8)^k & 5(-0.2)^k-5(-0.8)^k\\ -0.8(-0.2)^k+0.8(-0.8)^k & -(-0.2)^k+4(-0.8)^k\end{bmatrix}\end{aligned}$$

例 3.9　线性定常离散系统的状态空间方程为

$$\boldsymbol{x}(k+1)=\begin{bmatrix}\frac{1}{4} & 0\\ \frac{1}{8} & \frac{1}{8}\end{bmatrix}\boldsymbol{x}(k)+\begin{bmatrix}1\\1\end{bmatrix}u(k)$$

$$y(k)=\begin{bmatrix}\frac{1}{2} & 0\end{bmatrix}\boldsymbol{x}(k)$$

设系统的初始状态为 $\boldsymbol{x}(0)=[1\quad 0]^{\mathrm{T}}$；系统的输入是在 $kT=0$ 时刻的单位脉冲 $\delta(t-0)$，于是，离散输入在各离散时刻的脉冲强度 $u(k)$ 为

$$u(k)=\begin{cases}1, & k=0\\ 0, & k=1,2,\cdots\end{cases}$$

试求离散系统方程的解 $\boldsymbol{x}(k)$ 及系统的输出 $y(k)$。

解　应用迭代法计算。

(1) 应用凯莱-哈密尔顿定理计算 $\boldsymbol{G}(k)$。

离散系统的特征方程为

$$\begin{aligned}\Delta(\lambda)&=|\lambda\boldsymbol{I}-\boldsymbol{G}|\\ &=\begin{vmatrix}\lambda-\frac{1}{4} & 0\\ -\frac{1}{8} & \lambda-\frac{1}{8}\end{vmatrix}=\left(\lambda-\frac{1}{4}\right)\left(\lambda-\frac{1}{8}\right)\\ &=\lambda^2-\frac{3}{8}\lambda+\frac{1}{32}=0\end{aligned}$$

该系统有两个互异特征根 $\lambda_1=\frac{1}{4}$，$\lambda_2=\frac{1}{8}$

由上述特征方程，有

$$\lambda^2=\frac{3}{8}\lambda-\frac{1}{32}$$

$$\lambda^3=\lambda\lambda^2=\frac{3}{8}\lambda^2-\frac{1}{32}\lambda=\frac{7}{64}\lambda-\frac{3}{8\times 32}$$

$$\vdots$$

于是

$$\lambda^k=\alpha_0+\alpha_1\lambda,\qquad k=2,3,\cdots$$

应用凯莱-哈密顿定理，系统矩阵 $\boldsymbol{G}$ 满足它自身的特征方程，即上式中的 λ 用 $\boldsymbol{G}$ 代替亦成立。

从而有

$$\boldsymbol{G}(k)=\boldsymbol{G}^k=\alpha_0\boldsymbol{I}+\alpha_1\boldsymbol{G}$$

其中,系数 α_0 和 α_1 可用类似于式(3.4.35)的方法计算如下:

$$\begin{bmatrix}\alpha_0\\ \alpha_1\end{bmatrix}=\begin{bmatrix}1 & \lambda_1\\ 1 & \lambda_2\end{bmatrix}^{-1}\begin{bmatrix}\lambda_1^k\\ \lambda_2^k\end{bmatrix}=\begin{bmatrix}1 & \frac{1}{4}\\ 1 & \frac{1}{8}\end{bmatrix}^{-1}\begin{bmatrix}\left(\frac{1}{4}\right)^k\\ \left(\frac{1}{8}\right)^k\end{bmatrix}=\begin{bmatrix}-1 & 2\\ 8 & -8\end{bmatrix}\begin{bmatrix}\left(\frac{1}{4}\right)^k\\ \left(\frac{1}{8}\right)^k\end{bmatrix}=\begin{bmatrix}-\left(\frac{1}{4}\right)^k+2\left(\frac{1}{8}\right)^k\\ 8\left(\frac{1}{4}\right)^k-8\left(\frac{1}{8}\right)^k\end{bmatrix}$$

于是

$$\alpha_0=-\left(\frac{1}{4}\right)^k+2\left(\frac{1}{8}\right)^k$$

$$\alpha_1=8\left(\frac{1}{4}\right)^k-8\left(\frac{1}{8}\right)^k$$

因此,离散系统的状态转移矩阵 $\boldsymbol{G}(k)$ 为

$$\boldsymbol{G}(k)=\boldsymbol{G}^k=\alpha_0\boldsymbol{I}+\alpha_1\boldsymbol{G}$$

$$=\begin{bmatrix}-\left(\frac{1}{4}\right)^k+2\left(\frac{1}{8}\right)^k & 0\\ 0 & -\left(\frac{1}{4}\right)^k+2\left(\frac{1}{8}\right)^k\end{bmatrix}+\left[8\left(\frac{1}{4}\right)^k-8\left(\frac{1}{8}\right)^k\right]\begin{bmatrix}\frac{1}{4} & 0\\ \frac{1}{8} & \frac{1}{8}\end{bmatrix}$$

$$=\begin{bmatrix}\left(\frac{1}{4}\right)^k & 0\\ \left(\frac{1}{4}\right)^k-\left(\frac{1}{8}\right)^k & \left(\frac{1}{8}\right)^k\end{bmatrix},\qquad k=0,1,2,\cdots$$

(2)求离散系统状态方程的解 $\boldsymbol{x}(k)$。

将 $\boldsymbol{G}(k)$、初始状态 $\boldsymbol{x}(0)$以及输入 $u(i)$,$i=0,1,\cdots,k$ 代入式(3.5.16),得

$$\boldsymbol{x}(k)=\boldsymbol{G}(k)\boldsymbol{x}(0)+\sum_{i=0}^{k-1}\boldsymbol{G}(k-i-1)\boldsymbol{H}u(i)$$

$$=\boldsymbol{G}(k)\boldsymbol{x}(0)+\boldsymbol{G}(k-1)\boldsymbol{H}u(0)$$

$$=\begin{bmatrix}\left(\frac{1}{4}\right)^k & 0\\ \left(\frac{1}{4}\right)^k-\left(\frac{1}{8}\right)^k & \left(\frac{1}{8}\right)^k\end{bmatrix}\begin{bmatrix}1\\0\end{bmatrix}+\begin{bmatrix}\left(\frac{1}{4}\right)^{k-1} & 0\\ \left(\frac{1}{4}\right)^{k-1}-\left(\frac{1}{8}\right)^{k-1} & \left(\frac{1}{8}\right)^{k-1}\end{bmatrix}\begin{bmatrix}1\\1\end{bmatrix}\times 1$$

$$=\begin{bmatrix}\left(\frac{1}{4}\right)^k\\ \left(\frac{1}{4}\right)^k-\left(\frac{1}{8}\right)^k\end{bmatrix}+\begin{bmatrix}\left(\frac{1}{4}\right)^{k-1}\\ \left(\frac{1}{4}\right)^{k-1}\end{bmatrix}$$

$$=\begin{bmatrix}\left(\frac{1}{4}\right)^k+\left(\frac{1}{4}\right)^{k-1}\\ \left(\frac{1}{4}\right)^k-\left(\frac{1}{8}\right)^{k-1}+\left(\frac{1}{4}\right)^{k-1}\end{bmatrix},\qquad k=1,2,3\cdots$$

(3)求离散系统的输出 $y(k)$

$$y(k)=\begin{bmatrix}\frac{1}{2} & 0\end{bmatrix}\boldsymbol{x}(k)$$

$$=\begin{bmatrix}\frac{1}{2} & 0\end{bmatrix}\begin{bmatrix}\left(\frac{1}{4}\right)^k+\left(\frac{1}{4}\right)^{k-1}\\ \left(\frac{1}{4}\right)^k-\left(\frac{1}{8}\right)^k+\left(\frac{1}{4}\right)^{k-1}\end{bmatrix}$$

$$=\frac{1}{2}\left[\left(\frac{1}{4}\right)^k+\left(\frac{1}{4}\right)^{k-1}\right],\qquad k=1,2,3,\cdots$$

3.6 利用 Matlab 分析状态空间模型

1. 状态模型的建立

利用命令

```
sys= ss[A,B,C,D,T]
```

可以建立线性系统的状态空间模型,T 为可选参数。

当命令不带参数 T 时,表示连续系统

$$\begin{cases}\dot{\boldsymbol{x}}=\boldsymbol{Ax}+\boldsymbol{Bu}\\ \boldsymbol{y}=\boldsymbol{Cx}+\boldsymbol{Du}\end{cases}$$

当命令带参数 T 时,表示离散系统

$$\begin{cases}\boldsymbol{x}[(k+1)T]=\boldsymbol{Ax}(kT)+\boldsymbol{Bu}(kT)\\ \boldsymbol{y}(kT)=\boldsymbol{Cx}(kT)+\boldsymbol{Du}(kT)\end{cases}$$

注意,当 T 取−1 或[]表示不需要确定采样周期。

2. 系统模型变换

利用命令

```
[A,B,C,D]= tf2ss(num,den)
```

可以得到传递函数$\frac{Y(s)}{R(s)}=\frac{\mathrm{num}(s)}{\mathrm{den}(s)}$对应的状态空间模型 $\boldsymbol{C}(s\boldsymbol{I}-\boldsymbol{A})^{-1}\boldsymbol{B}+\boldsymbol{D}$。

反之,利用命令

```
[num,den]= ss2tf(A,B,C,D)
```

可以得到状态空间模型对应的传递函数。

例 3.10　求下列系统

$$G(s)=\frac{2s^2+6s+5}{s^3+4s^2+5s+2}$$

的状态空间实现。

解　程序为

```
num= [0,2,6,5];
den= [1,4,5,2];
[A,B,C,D]= tf2ss(num,den)
```

运行结果为

```
A= - 4   - 5   - 2
      1     0     0
      0     1     0
B=    1
      0
      0
C=    2     6     5
D=    0
```

在上述程序执行完成后,直接在命令窗口键入下列语句

```
[num2,den2]= ss2tf(A,B,C,D)
```

运行结果为

```
num2 =  0    2.0000    6.0000    5.0000
den2 = 1.0000    4.0000    5.0000    2.0000
```

即可求出该状态空间模型对应的传递函数。

习　题

3.1　对于如题 3.1 图所示的系统，设 $u(t)$为输入变量，$v_1(t)$作为输出变量。试选择 $v_1(t)$和 $v_2(t)$作为状态变量，写出系统的状态方程和输出方程。

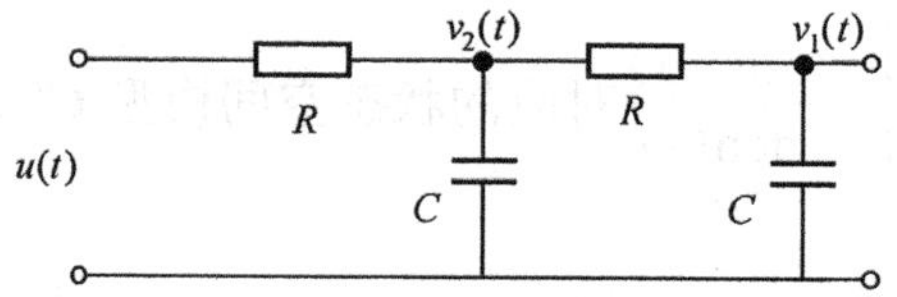

题 3.1 图

3.2　带有电压源和电流源的 RLC 电网络如题 3.2 图所示，其中 R、L、C 分别为电阻(Ω)、电感(H)、电容(F)，e_s 为电压源的电压(V)，i_s 为电流源的电流(A)。试以 e_s 和 i_s 为输入，b 点电压 u_0 为输出，并合理选择状态变量，建立系统的状态空间模型。

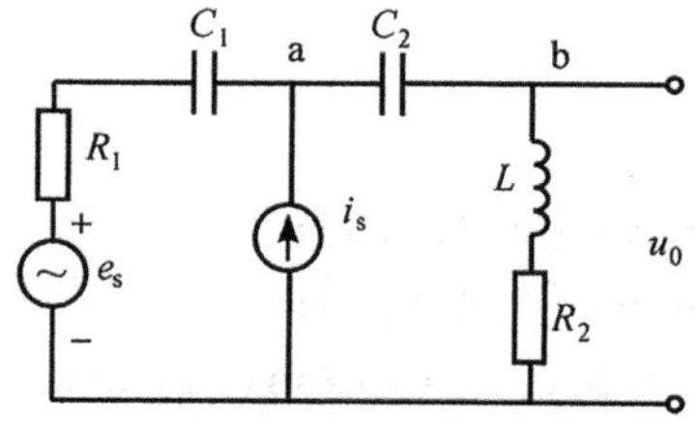

题 3.2 图

3.3　对如题 3.3 图所示的机械系统，试列写以拉力 f 为输入，质量块 m_1 和 m_2 的位移 y_1 和 y_2 为输出的状态空间表达式。

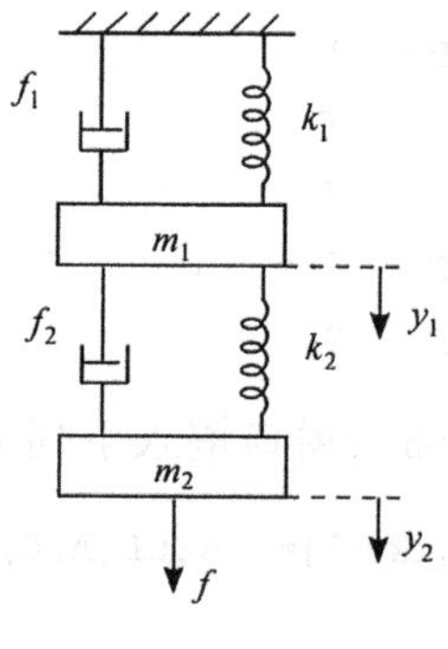

题 3.3 图

3.4　题 3.4 图所示为带载直流电机的原理图。在工作期间磁场保持恒定。设带载电机的转动惯量为 J，反电动势常数为 k_b，电动机的力矩系数为 k_d，带载电机的黏性阻尼系数为 f。输

入变量为电枢电压 $u(t)$，输出变量为电机轴的角位移 $\theta(t)$。试分别选状态变量为(1) $x^T=[\theta\ \ \dot{\theta}\ \ i_a]$，(2) $x^T=[\theta\ \ \dot{\theta}\ \ \ddot{\theta}]$，列出系统的状态空间模型。

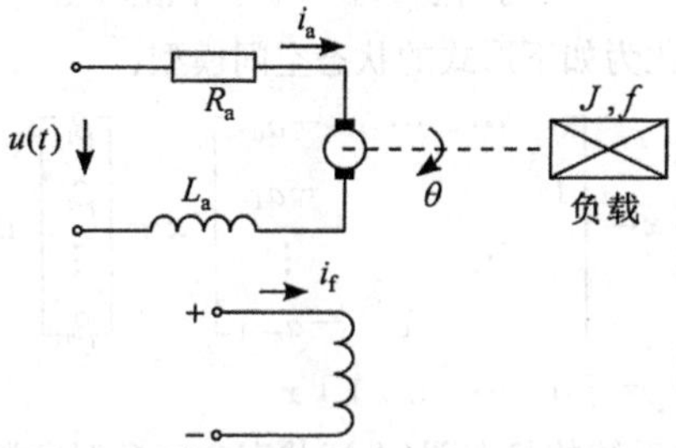

题 3.4 图

3.5　设系统的状态空间模型为

$$\begin{cases}\begin{bmatrix}\dot{x}_1\\ \dot{x}_2\end{bmatrix}=\begin{bmatrix}-4 & -1\\ 3 & -1\end{bmatrix}\begin{bmatrix}x_1\\ x_2\end{bmatrix}+\begin{bmatrix}1\\ 1\end{bmatrix}u\\ y=\begin{bmatrix}1 & 0\end{bmatrix}\begin{bmatrix}x_1\\ x_2\end{bmatrix}\end{cases}$$

试求该系统的传递函数。

3.6　系统框图如题 3.6 图所示，试选取合适的状态变量，列出该系统的状态空间模型。

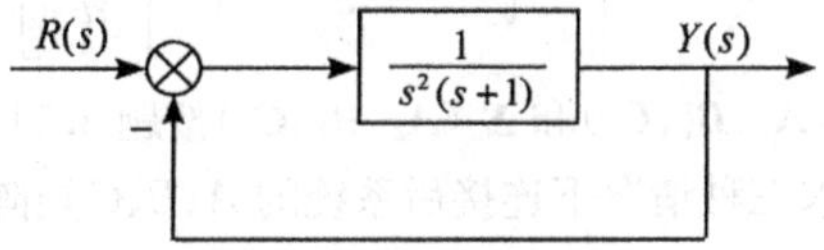

题 3.6 图

3.7　设系统的微分方程描述为

$$\dddot{y}+3\ddot{y}+2\dot{y}=2\dot{u}+u$$

试写出系统的状态空间表达式。

3.8　题 3.8 图所示为系统状态图。

(1) 确定状态变量并列写系统的状态方程。

(2) 求系统的传递函数。

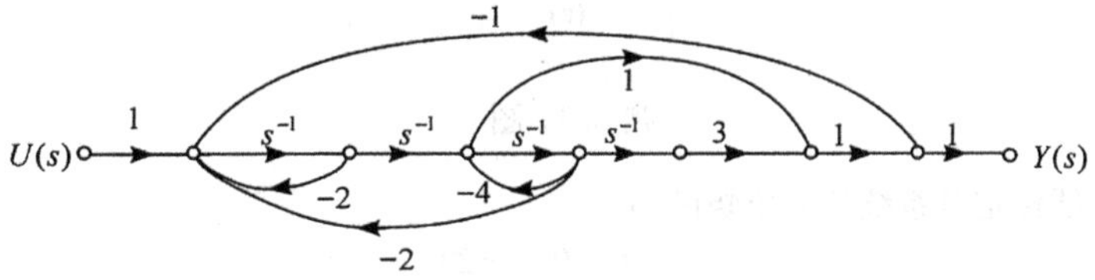

题 3.8 图

3.9　设 n 阶线性系统的传递函数为

$$G(s)=\frac{b_n s^n+b_{n-1}s^{n-1}+\cdots+b_1 s+b_0}{s^n+a_{n-1}s^{n-1}+\cdots+a_1 s+a_0}$$

试选择合适的状态将系统转化为如下形式的状态空间模型：

$$\begin{cases}\dot{\boldsymbol{x}}=\begin{bmatrix}0 & \cdots & \cdots & -a_0\\ 1 & & & -a_1\\ & \ddots & & \vdots\\ & & 1 & -a_{n-1}\end{bmatrix}\boldsymbol{x}+\begin{bmatrix}\beta_1\\ \beta_2\\ \vdots\\ \beta_n\end{bmatrix}u\\ y=[0\ \ \cdots\ \ 0\ \ 1]\ \boldsymbol{x}\end{cases}$$

并确定 $\beta_1,\beta_2,\cdots,\beta_n$ 值。绘出系统的状态图(上述状态空间模型通常称为能观规范型)。

3.10　当系统各极点互异时，其传递函数可表示为

$$G(s)=d+\sum_{i=1}^{n}\frac{c_i}{s+p_i}$$

试说明系统的另一种对角线规范型的状态空间实现为

$$\left[\begin{array}{c|c}\boldsymbol{A} & \boldsymbol{B}\\ \hline \boldsymbol{C} & \boldsymbol{D}\end{array}\right]=\left[\begin{array}{ccc|c}-p_1 & \cdots & 0 & c_1\\ \vdots & \ddots & \vdots & \vdots\\ 0 & \cdots & -p_n & c_n\\ \hline 1 & \cdots & 1 & d\end{array}\right]$$

3.11　设两个子系统 $\boldsymbol{\Sigma}_1(\boldsymbol{A}_1,\boldsymbol{B}_1,\boldsymbol{C}_1)$ 和 $\boldsymbol{\Sigma}_2(\boldsymbol{A}_2,\boldsymbol{B}_2,\boldsymbol{C}_2)$ 按题 3.11 图(a)、(b)、(c)所示分别进行串联、并联和反馈连接，试求三种情况下连接后系统的 A、B、C 矩阵。

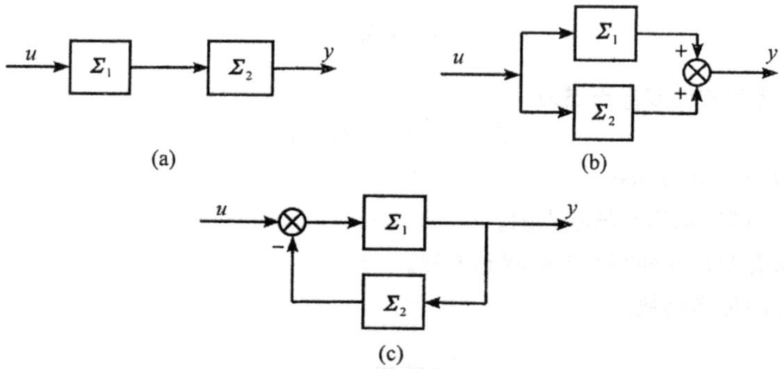

题 3.11 图

3.12　三阶线性定常系统的系统矩阵为

$$\boldsymbol{A}=\begin{bmatrix}0 & 0 & -2\\ 0 & 1 & 0\\ 1 & 0 & 3\end{bmatrix}$$

分别应用拉普拉斯变换法和凯莱-哈密顿法计算系统的状态转移矩阵 $\boldsymbol{\varphi}(t)$。

3.13　线性定常系统的状态方程为

$$\dot{\boldsymbol{x}}(t)=\begin{bmatrix}0 & 1\\ -2 & -3\end{bmatrix}\boldsymbol{x}(t)+\begin{bmatrix}2\\ 0\end{bmatrix}u(t)$$

初始状态为 $\boldsymbol{x}(0)=[0\quad 1]^{\mathrm{T}}$。

(1) 若输入量为 $u(t)=\mathrm{e}^{-t}(t\geqslant 0)$，试计算状态方程的零输入响应和零状态响应；

(2) 分别求取当 $u(t)=1(t)$ 和 $\delta(t)$ 时，状态方程的解。

3.14　已知矩阵

$$\boldsymbol{\Psi}(t)=\begin{bmatrix}1 & 0 & 0\\ 0 & \sin t & \cos t\\ 0 & -\cos t & \sin t\end{bmatrix}$$

试问，它可能是某个系统的状态转移矩阵吗？为什么？

3.15　设系统状态方程为 $\dot{\boldsymbol{x}}=\boldsymbol{A}\boldsymbol{x}$，当 $\boldsymbol{x}(0)=\begin{bmatrix}1\\ 1\end{bmatrix}$ 时，状态响应为 $\boldsymbol{x}(t)=\begin{bmatrix}2\mathrm{e}^{-t}-\mathrm{e}^{-3t}\\ -2\mathrm{e}^{-t}+3\mathrm{e}^{-3t}\end{bmatrix}$；当 $\boldsymbol{x}(0)=\begin{bmatrix}2\\ 1\end{bmatrix}$ 时，$\boldsymbol{x}(t)=\begin{bmatrix}\frac{7}{2}\mathrm{e}^{-t}-\frac{3}{2}\mathrm{e}^{-3t}\\ -\frac{7}{2}\mathrm{e}^{-t}+\frac{9}{2}\mathrm{e}^{-3t}\end{bmatrix}$。求该系统的 $\boldsymbol{A}$ 矩阵和状态转移矩阵。

3.16　一个离散时间系统的脉冲传递函数如下

$$G(z)=\frac{4z^3-12z^2+13z-7}{(z-1)^2(z-2)}$$

试写出系统的状态空间模型。

3.17　对于通过差分方程

$$y(k+2)+5y(k+1)+3y(k)=u(k)$$
$$y(0)=y(1)=0$$

描述的离散时间系统，试写出系统的状态空间模型，并画出状态图。

3.18　线性定常离散时间系统的状态方程为

$$\boldsymbol{x}(k+1)=\begin{bmatrix}1 & 0 & 0\\ 0 & 2 & -2\\ -1 & 1 & 0\end{bmatrix}\boldsymbol{x}(k)+\begin{bmatrix}1\\ 0\\ -1\end{bmatrix}u(k)$$

初始状态为 $\boldsymbol{x}(0)=[1,\ 2,\ 3]^{\mathrm{T}}$，控制序列为 $u(0)=3$，$u(1)=-6$，$u(2)=2$，求 $k=3$ 时离散时间系统的状态 $\boldsymbol{x}(3)$。

第 4 章　控制系统的稳定性分析

在第 1 章已经讲过，负反馈是实现控制的基本方法。但是，仅仅有了负反馈，并不一定能够实现满意的控制。试观察秋千，我们以秋千的垂直悬挂位置作为基准。在荡秋千时，如果秋千摆到右边，就把它向左推；如果秋千摆到左边，就把它向右推。显然，这是一种负反馈控制。然而，这样控制的结果，并不一定能使秋千回到其垂直位置不动，相反却可能使秋千越摆越高，最后在基准位置的两边形成大幅度的等幅振荡。设计得不好的负反馈控制系统的被控制量也会出现类似的振荡，如在炉温控制系统中简单的负反馈控制会使得温度在期望值左右来回摆动。这样的系统称为不稳定系统。显然，对于一个实际控制系统而言，首要的任务是使其保持一定的稳定性。

本章介绍稳定性的概念和定义，并讨论控制系统保持稳定的条件以及判断稳定性的方法。

4.1　稳定性的概念和定义

为了建立稳定性的概念，先考察两个直观的例子。

图 4.1(a) 是一个摆的示意图。如果在外界干扰力的作用下，摆由原平衡点"a"偏离到新的位置"b"。当外力去掉后，摆在重力的作用下，由位置"b"回到位置"a"，并由于惯性的作用，将继续向前摆动，最后到达"c"。此后，摆将以点"a"为中心反复振荡，经过一段时间，待摆因介质阻碍使其所有的能量耗尽后，就会重新停留在原平衡点"a"处。就平衡点"a"而言，在干扰力作用下，摆暂时偏离了它，但当

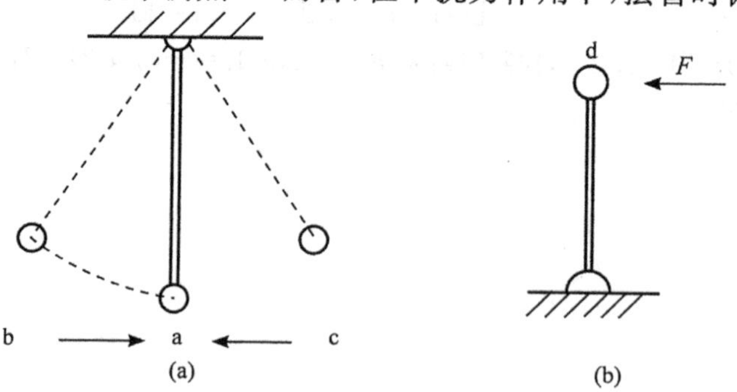

图 4.1　摆的平衡

干扰力消失后，经过一段时间，摆还可以再回到这个平衡点上。像这样的平衡点“a”称为稳定的平衡点。

如果让摆处于另一平衡点“d”，如图 4.1(b)所示，通常称之为倒立摆。显然，在干扰力 F 作用下，一旦摆离开了平衡点“d”以后，即使外力消失，无论经过多长时间，摆也不会再回到原平衡点“d”处。像这样的平衡点“d”称为不稳定的平衡点。

再观察如图 4.2 所示的小球。当小球处于“a”点时，“a”点是稳定平衡点，因为作用于小球的有限干扰力消失后，小球总会回到“a”点。当小球处于“b”、“c”点时，“b”、“c”点为不稳定平衡点，因为只要有干扰力作用于小球，小球便不再回到“b”点或“c”点。

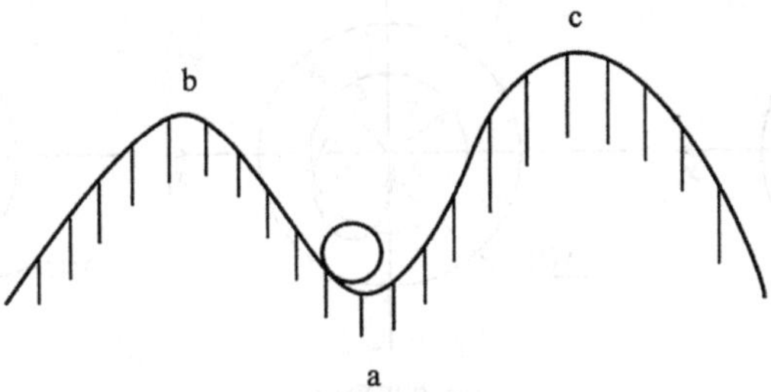

图 4.2　小球的稳定性

上述两个实例说明，动态系统的稳定性反映在外力消失后系统的运动特性上。大体上说，稳定性就是在外力消失后系统从初始偏差位置回到平衡点的能力。关于动态系统稳定性的精确定义，最早是由李雅普诺夫(Lyapunov)提出的，现简述如下。

已知系统在自由运动时，齐次状态方程一般形式为

$$\dot{\boldsymbol{x}}(t)=\boldsymbol{F}[\boldsymbol{x}(t),t] \tag{4.1.1}$$

系统处于平衡状态 $\boldsymbol{x}_e$ 时，$\dot{\boldsymbol{x}}_e=0$。若扰动使系统的平衡状态受到破坏，在 $t=t_0$ 时，产生初始状态 $\boldsymbol{x}(t_0)=\boldsymbol{x}_0$，则 $t>t_0$ 后，系统的运动会使状态 $\boldsymbol{x}(t)$ 随时间变化。如果对应于无论多么小的包含 $\boldsymbol{x}_e$ 的圆或球域 $S(\varepsilon)$，总存在一个包含 $\boldsymbol{x}_e$ 的圆或球域 $S(\delta)$，在初始状态 $\boldsymbol{x}_0$ 不超出 $S(\delta)$ 的条件下，当 $t>t_0$ 时，$\boldsymbol{x}(t)$ 的运动轨迹始终在 $S(\varepsilon)$ 的范围内，则称系统的平衡状态 $\boldsymbol{x}_e$ 是稳定的。用数学关系表示就是，若系统满足

$$\forall\varepsilon>0,\ \exists\delta>0,$$
$$\|\boldsymbol{x}_0-\boldsymbol{x}_e\|<\delta\ (\text{即 } \boldsymbol{x}_0\in S(\delta))\Rightarrow\|\boldsymbol{x}(t)-\boldsymbol{x}_e\|<\varepsilon\ (\text{即 } \boldsymbol{x}(t)\in S(\varepsilon))$$

则系统的平衡状态 $\boldsymbol{x}_e$ 就是稳定的，其中

$$\|\boldsymbol{x}-\boldsymbol{x}_e\|=\sqrt{\sum_{i=1}^{n}(x_i-x_{ie})^2}$$

为欧几里得(Euclidian)范数。

在保证稳定的前提下，当 t 无限增长时，若还存在

$$\lim_{t\to\infty}\|\boldsymbol{x}(t)-\boldsymbol{x}_e\|=0 \tag{4.1.2}$$

即系统状态最终将回到原有的平衡状态 $\boldsymbol{x}_e$，则称平衡状态 $\boldsymbol{x}_e$ 是渐近稳定的。

在上述(渐近)稳定性定义中，如果球域 $S(\delta)$ 的半径可以无限大，则称系统的平衡状态 $\boldsymbol{x}_e$ 是大范围(渐近)稳定的。

如果对于无论多么小的 $\varepsilon>0,\delta>0$，在 $S(\delta)$ 范围内的初始状态 $\boldsymbol{x}_0$，当 $t>t_0$ 后 $\boldsymbol{x}(t)$ 的轨迹将最终超越 $S(\varepsilon)$ 的范围之外，则称平衡状态 $\boldsymbol{x}_e$ 是不稳定的。

应用图 4.3 中二维平面的运动轨迹，可以说明系统的稳定性。

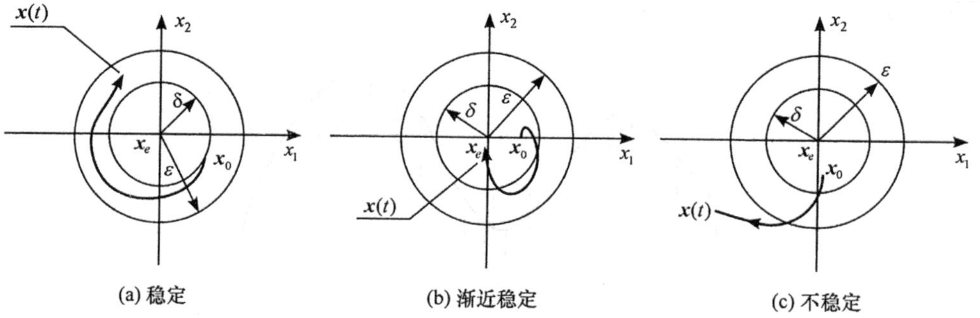

图 4.3　李雅普诺夫稳定性示意图

4.2　线性定常系统稳定的充分必要条件

4.2.1　状态空间模型

考虑连续时间线性定常系统的齐次状态方程

$$\dot{\boldsymbol{x}}(t)=\boldsymbol{A}\boldsymbol{x}(t) \tag{4.2.1}$$

设矩阵 $\boldsymbol{A}$ 非奇异，系统的平衡状态为 $\boldsymbol{x}_e=0$。由于扰动产生初始状态 $\boldsymbol{x}(t_0)$，则系统的运动轨迹为

$$\boldsymbol{x}(t)=\mathrm{e}^{\boldsymbol{A}t}\boldsymbol{x}(t_0) \tag{4.2.2}$$

如果对于任意初始状态 $\boldsymbol{x}(t_0)$，由它所引起的响应 $\boldsymbol{x}(t)$ 满足

$$\lim_{t\to\infty}\boldsymbol{x}(t)=\lim_{t\to\infty}\mathrm{e}^{\boldsymbol{A}t}\boldsymbol{x}(t_0)=0 \tag{4.2.3}$$

则按照李雅普诺夫定义，称系统是渐近稳定的。

对于系统(4.2.1)，如果采用由系数矩阵 $\boldsymbol{A}$ 的特征向量构成的变换矩阵 $\boldsymbol{P}$ 对系统作线性变换，即令 $\boldsymbol{x}(t)=\boldsymbol{P}\tilde{\boldsymbol{x}}(t)$，则有

$$\dot{\tilde{\boldsymbol{x}}}(t)=\boldsymbol{P}^{-1}\boldsymbol{A}\boldsymbol{P}\tilde{\boldsymbol{x}}(t)=\tilde{\boldsymbol{A}}\tilde{\boldsymbol{x}}(t) \tag{4.2.4}$$

由线性代数理论可知，$\tilde{\boldsymbol{A}}$ 或者为对角线矩阵或者为若尔当标准型矩阵，其对角线元

素为 $\boldsymbol{A}$ 的特征值，即特征方程

$$|s\boldsymbol{I}-\boldsymbol{A}|=0 \tag{4.2.5}$$

的根 $\lambda_1,\lambda_2,\cdots,\lambda_n$。

由于新方程的解为

$$\tilde{\boldsymbol{x}}(t)=\mathrm{e}^{\tilde{A}t}\tilde{\boldsymbol{x}}(t_0) \tag{4.2.6}$$

于是得到原方程的解为

$$\boldsymbol{x}(t)=\boldsymbol{P}\mathrm{e}^{\tilde{A}t}\boldsymbol{P}^{-1}\boldsymbol{x}(t_0) \tag{4.2.7}$$

如果 $\tilde{\boldsymbol{A}}$ 是对角线矩阵，状态向量 $\boldsymbol{x}(t)$ 的各分量 $\boldsymbol{x}_1(t),\boldsymbol{x}_2(t),\cdots,\boldsymbol{x}_n(t)$ 均为 $\mathrm{e}^{\lambda_1 t},\mathrm{e}^{\lambda_2 t},\cdots,\mathrm{e}^{\lambda_n t}$ 的线性组合。如果 $\tilde{\boldsymbol{A}}$ 是若尔当标准型矩阵，比如有 m 重特征值 λ_k，则各分量中相应地会出现 $\mathrm{e}^{\lambda_k t},t\mathrm{e}^{\lambda_k t},\dfrac{1}{2}t^2\mathrm{e}^{\lambda_k t},\cdots,\dfrac{1}{(m-1)!}t^{m-1}\mathrm{e}^{\lambda_k t}$ 的线性组合项。无论上述何种情况发生，只有当 $\boldsymbol{A}$ 的特征值 $\lambda_1,\lambda_2,\cdots,\lambda_k,\cdots,\lambda_n$ 具有负实部时，系统才能渐近稳定，即有

$$\lim_{t\to\infty}\boldsymbol{x}(t)=0 \tag{4.2.8}$$

因此，有如下结论：

一个连续线性定常系统，渐近稳定的充分必要条件是：它的系数矩阵 $\boldsymbol{A}$ 的特征值全都具有负实部。

如果系数矩阵存在正实部的特征值，那么其对应的动态响应分量必然随着时间的增长而趋于无穷大，系统将不稳定。

如果系数矩阵 $\boldsymbol{A}$ 存在实部为零的单重特征值①，那么其对应的动态响应分量会随着时间的增长而趋于常数值(或等幅振荡)。根据李雅普诺夫定义，系统将是稳定的，但不是渐近稳定的。在线性系统理论中通常将这种稳定称为临界稳定，因为系统稳定性处于临界状态。对线性系统而言，临界稳定是不可靠的，因为系统参数稍有变化，系统就会脱离临界状态，或者渐近稳定，或者不稳定②。因此，在考虑线性系统(特别是用输入-输出模型描述的线性系统)时，习惯把临界稳定看成是不稳定，而把渐近稳定称为稳定(注意，这一点与李雅普诺夫定义的稳定性有所不同，李雅普诺夫定义的“稳定”，包括了线性定常系统的临界稳定)。鉴于以上原因，本书只在讨论用状态空间描述的线性系统以及非线性系统时，采用“稳定”和“渐近稳定”两种术语加以区分；而对于用输入-输出模型描述的线性系统，所提到的“稳定”是指“渐近稳定”，“临界稳定”表示等幅振荡的情况。

对于用状态空间模型描述的系统，讨论的稳定性是基于系统内部状态的，因

---

① 这里指代数重数为 1 的特征值。关于特征值的几何重数和代数重数，可参见本书 7.1 节。

② 对非线性系统而言，可以存在较为稳定的等幅振荡，即稳定的极限环。关于极限环，可参见本书第 8 章。

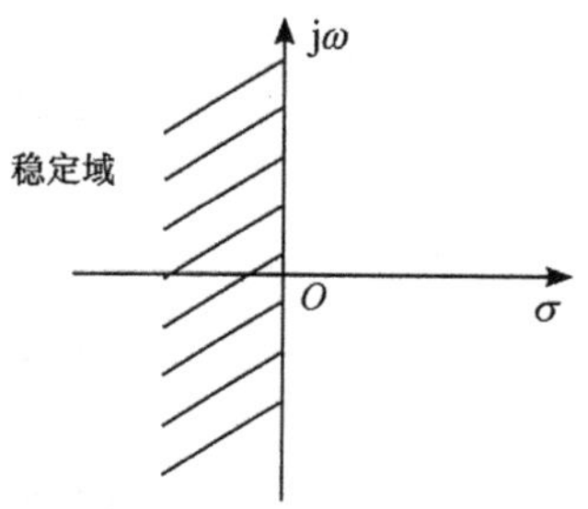

图 4.4 复平面上的稳定域

此,也称为内部稳定性。对连续时间线性定常控制系统而言,系统内部渐近稳定的充分必要条件是其系数矩阵 $\boldsymbol{A}$ 的特征值都在复平面的左半开平面内,见图 4.4(所谓开平面就是不包括虚轴)。如果有一个特征值在复平面的右半闭平面内(所谓闭平面就是包括虚轴),则系统不是内部渐近稳定的。

4.2.2 输入-输出模型

设控制系统由如下输入-输出运动方程描述

$$a_n \frac{\mathrm{d}^n}{\mathrm{d}t^n} y(t) + \cdots + a_1 \frac{\mathrm{d}y(t)}{\mathrm{d}t} + a_0 y(t) = b_m \frac{\mathrm{d}^m}{\mathrm{d}t^m} u(t) + \cdots + b_1 \frac{\mathrm{d}u(t)}{\mathrm{d}t} + b_0 u(t) \tag{4.2.9}$$

由于稳定性刻画的是系统在外部输入消失后的运动特性,我们考察 $u(t)\equiv 0$ 时系统的解。由微分方程理论可知,此时有

$$y(t) = \sum_{i=1}^{n} C_i \mathrm{e}^{\lambda_i t} \tag{4.2.10}$$

其中,常数 C_i 由方程的初始条件(即系统的初始状态)确定,λ_i 是特征方程

$$a_n \lambda^n + \cdots + a_1 \lambda + a_0 = 0 \tag{4.2.11}$$

的根,也是系统传递函数的极点。由式(4.2.10)可知,系统稳定与否完全取决于特征方程的根。如果特征方程的全部根都具有负实部,则系统是稳定的。如果特征方程的各根中即使只有一个根是正实数 α,或者只有一对根是实部为正的共轭复数 $\beta \pm \mathrm{j}\gamma$,则微分方程的解中将相应地出现诸如 $A\mathrm{e}^{\alpha t}$ 或者 $A\mathrm{e}^{\beta t}\sin(\gamma t+\theta)$ 的项,其中 $\alpha>0$,$\beta>0$。当 t 增大时,这些对应项的幅度将不断增大,因而这样的系统是不稳定的。由于这里在讨论稳定性时,是基于系统输入-输出模型而进行的,只考虑了系统输出值在输入量消失后是否收敛到有限值,因此,把这种稳定性称为输入-输出稳定性。

关于系统输入-输出稳定性有如下结论:

一个连续时间线性定常系统输入-输出稳定的充分必要条件是其微分方程的特征方程的根(即传递函数的极点)全都具有负的实部(即都在复平面的左半部内)。

如果特征方程在复平面的右半部内没有根,但在虚轴上有单重根,则称系统是输入-输出临界稳定的。

以上分别介绍了连续线性定常系统的内部稳定性和输入-输出稳定性的概念以及充分必要条件,那么这两种稳定性是否等价呢?回答是:如果一个系统是内部渐近稳定的,则它一定是输入-输出稳定的;反之,则不一定。

事实上，如果系统的状态空间模型为

$$\begin{cases}\dot{\boldsymbol{x}}(t)=\boldsymbol{A}\boldsymbol{x}(t)+\boldsymbol{B}u(t)\\ y(t)=\boldsymbol{C}\boldsymbol{x}(t)\end{cases}\tag{4.2.12}$$

并且系统是内部渐近稳定的，则当 $u(t)=0$ 时，必有

$$\lim_{t\to\infty}y(t)=\lim_{t\to\infty}\boldsymbol{C}\boldsymbol{x}(t)=0$$

成立，即系统是输入-输出稳定的。

例 4.1　判断系统

$$\dot{\boldsymbol{x}}(t)=\begin{bmatrix}-1 & 1\\ 0 & 0\end{bmatrix}\boldsymbol{x}(t)+\begin{bmatrix}1\\ 0\end{bmatrix}u(t)$$

$$y(t)=[2\quad 1]\boldsymbol{x}(t)$$

的稳定性。

解　因为

$$|s\boldsymbol{I}-\boldsymbol{A}|=\begin{bmatrix}s+1 & -1\\ 0 & s\end{bmatrix}=s(s+1)=0$$

系统的特征值为 $s_1=0, s_2=-1$，系统不是内部渐近稳定的。但是，由于

$$\begin{aligned}G(s)&=\boldsymbol{C}(s\boldsymbol{I}-\boldsymbol{A})^{-1}\boldsymbol{B}\\ &=[2\quad 1]\begin{bmatrix}s+1 & -1\\ 0 & s\end{bmatrix}^{-1}\begin{bmatrix}1\\ 0\end{bmatrix}\\ &=\frac{2s}{s(s+1)}=\frac{2}{s+1}\end{aligned}$$

传递函数 $G(s)$ 的极点 $s=-1$，因此系统是输入-输出稳定的。

例 4.2　判断系统

$$\dot{\boldsymbol{x}}(t)=\begin{bmatrix}-1 & 1\\ 0 & -2\end{bmatrix}\boldsymbol{x}(t)+\begin{bmatrix}1\\ 0\end{bmatrix}u(t)$$

$$y(t)=[2\quad 1]\boldsymbol{x}(t)$$

的稳定性。

解　因为

$$|s\boldsymbol{I}-\boldsymbol{A}|=\begin{vmatrix}s+1 & -1\\ 0 & s+2\end{vmatrix}=(s+1)(s+2)=0$$

系统的特征值为 $s_1=-1, s_2=-2$，系统是内部渐近稳定的。又由于

$$\begin{aligned}G(s)&=\boldsymbol{C}(s\boldsymbol{I}-\boldsymbol{A})^{-1}\boldsymbol{B}\\ &=[2\quad 1]\begin{bmatrix}s+1 & -1\\ 0 & s+2\end{bmatrix}^{-1}\begin{bmatrix}1\\ 0\end{bmatrix}\\ &=\frac{2(s+2)}{(s+1)(s+2)}=\frac{2}{s+1}\end{aligned}$$

传递函数 $G(s)$ 的极点 $s=-1$，因此系统是输入-输出稳定的。

从上面的两个例子可以看出，从系统的状态空间模型向输入-输出模型转化时，系统的一部分特征值可能会被对消掉，不出现在传递函数的极点中。如果被对消的极点在复平面的右半部，即使系统是输入-输出稳定的，它也不是内部稳定的。一个输入-输出稳定的系统不一定能正常工作，因为它的内部状态幅值可能不断增长，而使得一些元器件饱和(甚至损坏)。因此，如果只用传递函数的极点来判断系统的稳定性，就有可能导致错误。

那么在什么情况下，系统的输入-输出稳定性等价于内部稳定性呢？从前面的例子可以看出，如果系统没有极点对消，输入-输出稳定性也可以保证内部稳定性。此时，称系统可以由其传递函数完全表征。对于单输入-单输出系统而言，如果系统的传递函数是一个不可约的真有理函数，并且传递函数的阶次正好等于系统状态方程的维数，则称该系统可以由其传递函数完全表征。此时，传递函数的极点完全等于系统的特征值，而且状态空间描述是系统的最小实现。

例 4.3 系统

$$\dot{\boldsymbol{x}}(t)=\begin{bmatrix}0 & 1\\ -2 & -3\end{bmatrix}\boldsymbol{x}(t)+\begin{bmatrix}0\\1\end{bmatrix}u(t)$$

$$y(t)=\begin{bmatrix}1 & 0\end{bmatrix}\boldsymbol{x}(t)$$

是否由其传递函数完全表征？并判断其稳定性。

解 系统的传递函数为

$$\begin{aligned}G(s)&=\boldsymbol{C}(s\boldsymbol{I}-\boldsymbol{A})^{-1}\boldsymbol{B}\\&=\begin{bmatrix}1 & 0\end{bmatrix}\begin{bmatrix}s & -1\\ 2 & s+3\end{bmatrix}^{-1}\begin{bmatrix}0\\1\end{bmatrix}\\&=\frac{1}{(s+1)(s+2)}\end{aligned}$$

其特征方程为二阶的，与状态方程的维数相同，故此传递函数可以完全表征系统，并且由于特征根 $s_1=-1, s_2=-2$，故系统是内部渐近稳定的。

例 4.4 图 4.5 所示系统是否由其传递函数完全表征？并判断其稳定性。

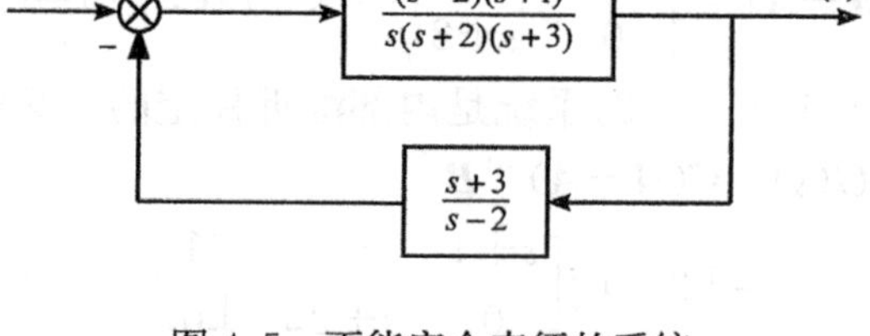

图 4.5 不能完全表征的系统

解 系统的闭环传递函数为

$$W(s)=\frac{\dfrac{(s-2)(s+1)}{s(s+2)(s+3)}}{1+\dfrac{(s-2)(s+1)}{s(s+2)(s+3)}\cdot\dfrac{s+3}{s-2}}=\frac{(s-2)(s+1)}{(s+3)(s^2+3s+1)}$$

这是一个四阶系统。在求 $W(s)$ 的过程中，$s=2$ 的极点被消去了，故系统不能由 $W(s)$ 完全表征。由于 $W(s)$ 的三个极点都具有负的实部，所以系统是输入-输出稳定的。但由于消去的极点是不稳定极点，因此系统不是内部稳定的。

4.2.3 离散时间控制系统

当线性系统用离散时间数学模型表述时，通常采用差分方程、脉冲传递函数和离散状态方程描述。离散时间控制系统稳定性的定义与连续时间控制系统稳定性的定义相类似，研究其稳定性的方法亦相同。

若给定离散时间线性定常系统的齐次状态方程为

$$\boldsymbol{x}(k+1)=\boldsymbol{G}\boldsymbol{x}(k) \tag{4.2.13}$$

初始值为 $\boldsymbol{x}(0)$。采用由系数矩阵 $\boldsymbol{G}$ 的特征向量构成的变换矩阵 $\boldsymbol{P}$ 对系统进行线性变换，即令 $\boldsymbol{x}(k)=\boldsymbol{P}\bar{\boldsymbol{x}}(k)$，则有

$$\bar{\boldsymbol{x}}(k+1)=\boldsymbol{P}^{-1}\boldsymbol{G}\boldsymbol{P}\bar{\boldsymbol{x}}(k)=\widetilde{\boldsymbol{G}}\bar{\boldsymbol{x}}(k) \tag{4.2.14}$$

和

$$\bar{\boldsymbol{x}}(0)=\boldsymbol{P}^{-1}\boldsymbol{x}(0)$$

其中，$\widetilde{\boldsymbol{G}}$ 或者为对角线矩阵，或者为若尔当标准型矩阵，其对角线元素为 $\boldsymbol{G}$ 的特征值，即特征方程

$$|z\boldsymbol{I}-\boldsymbol{G}|=0 \tag{4.2.15}$$

的根 $\lambda_1,\lambda_2,\cdots,\lambda_n$。

新方程的解为

$$\bar{\boldsymbol{x}}(k)=\widetilde{\boldsymbol{G}}^k\bar{\boldsymbol{x}}(0) \tag{4.2.16}$$

原方程的解为

$$\boldsymbol{x}(k)=\boldsymbol{P}^{-1}\widetilde{\boldsymbol{G}}^k\boldsymbol{P}\boldsymbol{x}(0) \tag{4.2.17}$$

如果 $\widetilde{\boldsymbol{G}}$ 为对角线矩阵，显然，状态变量 $\boldsymbol{x}(k)$ 的各分量 $x_1(k),x_2(k),\cdots,x_n(k)$ 均为 $\lambda_1^k,\lambda_2^k,\cdots,\lambda_n^k$ 的线性组合。如果 $\widetilde{\boldsymbol{G}}$ 是若尔当标准形矩阵，比如有 γ 重特征根 λ_t，则各分量中相应出现 $\lambda_t^{k-1},k\lambda_t^{k-1},k^2\lambda_t{}^{1-2},\cdots,k^{r-1}\lambda_t^{k-r+1}$ 的线性组合项。无论上述何种情况发生，根据系统稳定性的定义，如果需要 $k\to\infty$ 时，$\boldsymbol{x}(k)\to 0$，那么只有 $\boldsymbol{G}$ 的所有特征值满足

$$|\lambda_i|<1,\qquad i=1,2,\cdots,n \tag{4.2.18}$$

即其幅值均小于 1 时才有可能，因为此时必有

$$\lim_{k\to\infty}|\lambda_i^k|=0$$

或

$$\lim_{k\to\infty}|k^{r-1}\lambda_i^{k-r+1}|=0$$

成立。

因此，有如下结论：

一个离散时间线性定常系统内部渐近稳定的充分必要条件是：它的系数矩阵 $\boldsymbol{G}$ 的特征值全都在 z 平面以原点为中心的单位圆内部(图 4.6)。

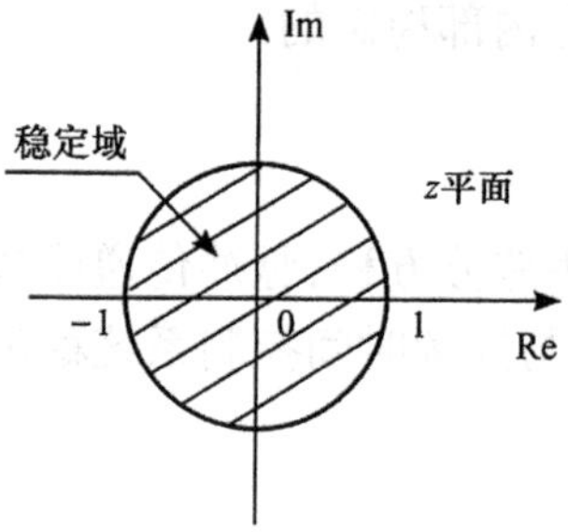

图 4.6 z 平面上的稳定域

如果系统有一个特征值在 z 平面的单位圆外，系统就不稳定。如果有一个(单重)特征值恰好在 z 平面的单位圆上，则系统处于临界稳定。在实际中通常认为临界稳定是不稳定。

一个离散时间线性定常系统输入-输出稳定的充分必要条件是，它的脉冲传递函数的特征根(即脉冲传递函数的极点)全部在 z 平面以原点为中心的单位圆内。

与连续时间系统类似，离散系统的内部渐近稳定性蕴含了它的输入-输出稳定性。反过来，系统的输入-输出稳定性并不蕴含它的内部渐近稳定性。只有当离散时间系统可以由其脉冲传递函数完全表征时，输入-输出稳定性才等价于内部渐近稳定性。

例 4.5 判断系统

$$\boldsymbol{x}(k+1)=\begin{bmatrix}-1 & 0\\ 0 & 0.5\end{bmatrix}\boldsymbol{x}(k)+\begin{bmatrix}0\\1\end{bmatrix}u(k)$$

$$y(k)=[2\quad 1]\boldsymbol{x}(k)$$

的稳定性。

解 因为

$$|z\boldsymbol{I}-\boldsymbol{G}|=\begin{vmatrix}z+1 & 0\\ 0 & z-0.5\end{vmatrix}=(z+1)(z-0.5)=0$$

系统的特征值为 $z_1=-1$，$z_2=0.5$，因此系统不是内部渐近稳定的。事实上，z_1 对应的运动模态为等幅振荡。然而，由于

$$\begin{aligned}G(z)&=\boldsymbol{C}(z\boldsymbol{I}-\boldsymbol{G})^{-1}\boldsymbol{H}\\&=[2\quad 1]\begin{bmatrix}z+1 & 0\\ 0 & z-0.5\end{bmatrix}^{-1}\begin{bmatrix}0\\1\end{bmatrix}\\&=\frac{1}{z-0.5}\end{aligned}$$

故系统是输入-输出稳定的。

4.3　系统稳定性的代数判据

由上节可知，对于一个线性定常系统而言，无论它是以连续时间形式还是以离散时间形式描述，其稳定性完全取决于特征根的位置。因此，我们只要解出特征方程就可以判定系统是否稳定了。然而，当特征方程的次数较高时，要想用代数方法求解是极其困难的，甚至是根本不可能的。在很多情况下，常常只需要了解系统是否稳定，而对特征根的确切数值并不一定感兴趣。因此在实践中，需要一种方法，不必求解特征方程就能判别它是否有位于 s 平面右半部（或 z 平面单位圆外）的根，以及有几个。这是代数学中已经解决的问题，我们用它来研究系统的稳定性，并称之为稳定性的代数判据。

4.3.1　连续时间系统稳定性的代数判据

本小节介绍的劳斯（Routh）判据和霍尔维茨（Hurwitz）判据是分别由劳斯于 1877 年和霍尔维茨于 1895 年各自独立提出的稳定性判据，通常合称为劳斯-霍尔维茨判据。它根据系统特征方程的各项系数，直接利用代数方法判别特征方程的根是否全在 s 平面的左半部内，以此判别系统是否稳定。因此，它也被称作稳定性的代数判据。

1. *劳斯判据*

设线性系统的特征方程为

$$a_n s^n + a_{n-1} s^{n-1} + \cdots + a_1 s + a_0 = 0, \qquad a_n > 0 \tag{4.3.1}$$

构造劳斯表如下：

$$\begin{array}{c|cccc}
s^n & a_n & a_{n-2} & a_{n-4} & \cdots \\
s^{n-1} & a_{n-1} & a_{n-3} & a_{n-5} & \cdots \\
s^{n-2} & b_1 & b_2 & b_3 & \cdots \\
s^{n-3} & c_1 & c_2 & c_3 & \cdots \\
s^{n-4} & d_1 & d_2 & d_3 & \cdots \\
\vdots & \vdots & & & \\
s^2 & e_1 & e_2 & & \\
s^1 & f_1 & & & \\
s^0 & g_1 & & &
\end{array}$$

劳斯表的前二行由特征方程的系数直接构成，第一行由第一、三、五……项系数组成；第二行由第二、四、六……项系数组成。以下各行按下列公式计算：

$$b_1=\frac{a_{n-1}a_{n-2}-a_na_{n-3}}{a_{n-1}}$$

$$b_2=\frac{a_{n-1}a_{n-4}-a_na_{n-5}}{a_{n-1}}$$

$$b_3=\frac{a_{n-1}a_{n-6}-a_na_{n-7}}{a_{n-1}}$$

$$\vdots$$

$$c_1=\frac{b_1a_{n-3}-b_2a_{n-1}}{b_1}$$

$$c_2=\frac{b_1a_{n-5}-b_3a_{n-1}}{b_1}$$

$$c_3=\frac{b_1a_{n-7}-b_4a_{n-1}}{b_1}$$

$$\vdots$$

$$d_1=\frac{c_1b_2-c_2b_1}{c_1}$$

$$d_2=\frac{c_1b_3-c_3b_1}{c_1}$$

$$\vdots$$

在劳斯表的第一行旁边注明 s^n，第二行旁边注明 $s^{n-1}\cdots$。上述计算一直进行到第 n 行，即旁边注有 s^1 的行为止。第 $n+1$ 行，即注有 s^0 的行是系数 a_0。显然，劳斯表的排列呈倒三角形。

劳斯判据　①线性系统渐近稳定的充分必要条件是，由特征方程系数组成的劳斯表的第一列的元素全为正数。②若系统不是渐近稳定的，则系统特征方程在复平面右半部内根的个数等于劳斯表第一列元素符号改变的次数。

例 4.6　三阶系统的特征方程为

$$a_3s^3+a_2s^2+a_1s+a_0=0$$

用劳斯判据分析系统稳定性与系数之间的关系。

解　劳斯表为

$$\begin{array}{c|cc}
s^3 & a_3 & a_1 \\
s^2 & a_2 & a_0 \\
s^1 & \dfrac{a_1a_2-a_0a_3}{a_2} & 0 \\
s^0 & a_0 &
\end{array}$$

显然，系统稳定的充分必要条件为 a_3、a_2、a_1、a_0 均大于 0 且 $a_1a_2>a_0a_3$ 成立。

在运用劳斯判据时，为了简化计算，可以用一个正数去乘或除某一整行的系数而不改变稳定性结论。

2. 特殊情况

在应用劳斯判据时，可能会遇到如下情况：

(1) 劳斯表某一行第一个元素为零，而其余元素不全为零。此时可以用一个很小的正数 ε 代替它，然后继续按上述公式计算下一行的项。

例 4.7　设系统的特征方程为

$$s^5+s^4+2s^3+2s^2+3s+5=0$$

判别系统的稳定性。

解　列出系统的劳斯表

$$\begin{array}{c|ccc}
s^5 & 1 & 2 & 3 \\
s^4 & 1 & 2 & 5 \\
s^3 & 0\leftarrow\varepsilon & -2 & \\
s^2 & \dfrac{2\varepsilon+2}{\varepsilon} & 5 & \\
s^1 & \dfrac{-4\varepsilon-5\varepsilon^2-4}{2\varepsilon+2} & & \\
s^0 & 5 & &
\end{array}$$

将 ε 看成无穷小的正数，则首列的变号次数为 2，这说明原系统存在两个右半开平面内的极点，系统不稳定。

(2) 劳斯表某一行元素全为零。此时特征方程具有一些对称于虚轴的根。例如，两个大小相等、符号相反的实根或(和)一对共轭虚根，或者为对称于虚轴的两对共轭复根。在这种情况下，可将不为全零的最后一行的各项组成一个辅助多项式，并用这个多项式各项对 s 求导所得的系数代替全为零行的各项，则可以继续计算劳斯表的以下各行。而那些大小相等而关于虚轴对称的根也可以通过求解这个辅助多项式得出。

例 4.8　系统的特征方程为

$$s^5+2s^4+24s^3+48s^2-25s-50=0$$

试确定其在复平面右半部根的个数。

解　列出系统的劳斯表

$$\begin{array}{c|ccl}
s^5 & 1 & 24 & -25 \\
s^4 & 2 & 48 & -50\rightarrow \text{辅助多项式 } P(s) \\
s^3 & 0 & 0 &
\end{array}$$

由于 s^3 行为全 0 行，于是用 s^4 行的各元素构成辅助多项式

$$P(s)=2s^4+48s^2-50$$

其导数为

$$P'(s)=8s^3+96s$$

用 $P'(s)$的系数 8 和 96 代替 s^3 行中相应的元素，并继续计算下去，有

s^5	1	24	−25
s^4	2	48	−50
s^3	8	96	
s^2	24	−50	
s^1	112.7		
s^0	−50	↵ 一次变号	

可以看出，在新得到的劳斯表的第 s^1 行和第 s^0 行之间有一次变号，表明原系统方程有一个正实根。通过求解辅助多项式 $P(s)=0$，得到 $s=\pm1,\ \pm j5$，可见它们是两对大小相等而关于原点对称的根。事实上，原系统的全部特征根是±1，±j5，−2，确实有一个正实根。

对于第一种情况，可以进一步讨论。事实上，特征方程的根随特征方程系数的变化而连续地变化。用 ε 代替 0，实际上可以看成将原多项式方程(4.3.1)的系数作微小摄动后再计算劳斯表中的元素。因此，此时方程的根实际上也在原来的基础上作了微小的变化。但只要 ε 足够小，方程在右半开平面(即不包含虚轴的右半平面)内的根也不会“跑”到左半平面；同样，左半开平面内的根不会“跑”到右半平面。但是，任意小的摄动却有可能使虚轴上的根脱离虚轴，或者进入左半平面，或者进入右半平面。这就说明：第一，对于虚轴上没有极点的情况，无论 ε 是正的还是负的，都不影响最后的结论；第二，对于虚轴上有根的情况，直接应用 ε 代替 0 有可能发生误判。

从上面第二种情况我们知道，当方程有一组对称于虚轴的根(虚根也属于这种情况)时，劳斯阵中会有一行元素全为零。因此，可以将第一种情况和第二种情况的处理结合起来，可以进一步判断当某一行第一个元素为零时，方程是否有虚根以及有几个虚根。具体方法如下：

某一行第一个元素为零时，用 ε 取代之，继续计算劳斯表的以下元素。然后，令 $\varepsilon\to0$，考察劳斯表中是否有一行元素为零或趋于零。若有，则表示多项式有一组对称于虚轴的根(可能包括虚根)。此时，用该行上一行的元素值或 $\varepsilon\to0$ 时的极限值，构成辅助多项式，求出对称于虚轴的根，判断是否有虚根。

此外，当虚轴上有虚根时，用 $-\varepsilon$ 代替 ε，比较两种情况下劳斯表中第一列的元素符号变化情况，也有助于了解虚根的情况。因为若有一对虚根在 ε 摄动下从虚轴进入右半平面，则在 $-\varepsilon$ 摄动下必然进入左半平面。

例 4.9 判断多项式方程

$$s^6+s^5+3s^4+3s^3+3s^2+2s+1=0$$

根的情况。

解　列出方程的劳斯表,并考虑 $\varepsilon>0$ 和 $\varepsilon<0$ 的两种情况,有

$\varepsilon<0$	$\varepsilon>0$					
+	+	s^6	1	3	3	1
+	+	s^5	1	3	2	
−	+	s^4	$0\leftarrow\varepsilon$	1	1	
+	−	s^3	$\dfrac{3\varepsilon-1}{\varepsilon}$	$\dfrac{2\varepsilon-1}{\varepsilon}$		
+	+	s^2	$\dfrac{-2\varepsilon^2+4\varepsilon-1}{3\varepsilon-1}$	1	$\xrightarrow{\text{极限值}}$ 1	1
+	−	s^1	$\dfrac{4\varepsilon^2-\varepsilon}{2\varepsilon^2-4\varepsilon+1}\xrightarrow[\varepsilon\to 0]{}0$		辅助多项式方程为 $s^2+1=0$,有一对虚根 $s=\pm \mathrm{j}$	
+	+	s^0	1			

用辅助多项式除原多项式,得 $q(s)=s^4+s^3+2s^2+2s+1$。对 $q(s)$ 再用劳斯判据,有

$\varepsilon<0$	$\varepsilon>0$				
+	+	s^4	1	2	1
+	+	s^3	1	2	
−	+	s^2	$0\leftarrow\varepsilon$	1	
+	−	s^1	$\dfrac{2\varepsilon-1}{\varepsilon}$		
+	+	s^0	1		

显然,当 $\varepsilon\to 0$ 时,劳斯表第一列元素符号变号两次,说明 $q(s)=0$ 有两个右半平面内的根。因此,原多项式方程有两个右半平面内的根,两个(或一对)虚根。

考虑 $\varepsilon>0$ 和 $\varepsilon<0$ 两种情况可以发现,对于原多项式方程的劳斯表,当 $\varepsilon>0$ 时,第一列元素符号改变 4 次,说明此时右半平面内有 4 个根(两个根实际上来自于虚轴);而当 $\varepsilon<0$ 时,第一列元素符号改变了 2 次,说明此时右半平面内只有 2 个根(一对虚根已进入左半平面)。

最后需要指出的是,如果仅仅对系统的渐近稳定性感兴趣,则无论遇到上述两种特殊情况的哪一种,都不必继续计算下去,因为根据劳斯判据的第一条已经可以断定,系统不是渐近稳定的。

3. 霍尔维茨判据

设系统的特征方程为式(4.3.1),霍尔维茨行列式 D 的形式为

$$D=\begin{vmatrix} a_{n-1} & a_{n-3} & a_{n-5} & \cdots & \cdots & 0 \\ a_n & a_{n-2} & a_{n-4} & \cdots & \cdots & \vdots \\ 0 & a_{n-1} & a_{n-3} & \cdots & \cdots & \vdots \\ 0 & a_n & a_{n-2} & \cdots & \cdots & \vdots \\ \vdots & 0 & a_{n-1} & \cdots & \cdots & \vdots \\ \vdots & \cdots & \cdots & \cdots & \cdots & \vdots \\ 0 & \cdots & \cdots & \cdots & a_1 & 0 \\ 0 & 0 & \cdots & \cdots & a_2 & a_0 \end{vmatrix} \tag{4.3.2}$$

它的构造方法如下:行列式的维数为 $n\times n$。在主对角线上,从 a_{n-1} 开始依次写入式(4.3.1)的系数,直到 a_0 为止。然后在每一列内从上到下按下标递增的顺序填入其他系数,不够之数用 0 补齐。

霍尔维茨判据 系统稳定的充分必要条件是:由特征方程系数组成的霍尔维茨行列式的各阶主子式均大于 0,即

$$D_1=a_{n-1}>0,\ D_2=\begin{vmatrix} a_{n-1} & a_{n-3} \\ a_n & a_{n-2} \end{vmatrix}>0,\ D_3=\begin{vmatrix} a_{n-1} & a_{n-3} & a_{n-5} \\ a_n & a_{n-2} & a_{n-4} \\ 0 & a_{n-1} & a_{n-3} \end{vmatrix}>0$$

$$\vdots$$

$$D_n=D>0$$

把这些主子式与劳斯表中第一列的元素比较,就会发现它们之间存在如下关系:

$$\begin{aligned} a_n &= a_n \\ a_{n-1} &= D_1 \\ b_1 &= D_2/D_1 \\ c_1 &= D_3/D_2 \\ &\ \vdots \\ e_1 &= D_{n-2}/D_{n-3} \\ f_1 &= D_{n-1}/D_{n-2} \\ g_1 &= D_n/D_{n-1} \end{aligned}$$

若劳斯阵的第一列元素均大于零,则 $D_1,D_2,\cdots,D_n$ 自然也都大于零;反之亦然。由此可见,劳斯判据和霍尔维茨判据在实质上是一致的。当 n 较大时,霍尔维茨判据的计算量会急剧增加,所以通常只对 $n\leqslant 6$ 的系统采用它。

需要指出的是,劳斯-霍尔维茨判据用于分析次数较高的特征方程时会出现数值计算稳定性问题。这一点在采用计算机编程实现劳斯-霍尔维茨判据时必须特别注意。

4.3.2　劳斯-霍尔维茨判据的应用

1. 判别反馈系统的稳定性

例 4.10　设系统的特征方程为

$$s^4+2s^3+3s^2+4s+5=0$$

试判别系统的稳定性。

解　由特征方程的系数组成的劳斯阵如下：

$$\begin{array}{c|ccc}
s^4 & 1 & 3 & 5 \\
s^3 & 2(1) & 4(2) & 0 \\
s^2 & 1 & 5 & \\
s^1 & -3 & & \\
s^0 & 5 & &
\end{array}$$

（用 2 除第二行各项）

一次变号

一次变号

特征方程全部系数均大于零，但劳斯阵第一列元素符号改变次数为 2（即由+1 变为−3，又由−3 变成+5），表明系统有两个右半复平面内的特征根，因此该系统是不稳定的。该劳斯阵的第二行的元素同除以 2 可使计算简化，而判别系统稳定性的结论不变。

例 4.11　设系统的特征方程为

$$0.001s^4+0.05s^3+0.2s^2+0.4s+1=0$$

试判别系统的稳定性。

解　$a_4=0.001>0$，由特征方程各项系数组成的霍尔维茨行列式为

$$D=\begin{vmatrix} 0.05 & 0.4 & 0 & 0 \\ 0.001 & 0.2 & 1 & 0 \\ 0 & 0.05 & 0.4 & 0 \\ 0 & 0.001 & 0.2 & 1 \end{vmatrix}$$

各主子式为

$$D_1=0.05>0$$
$$D_2=0.05\times0.2-0.001\times0.4>0$$
$$D_3=0.05\times0.2\times0.4-0.4^2\times0.001-0.05^2>0$$
$$D_4=1\times D_3>0$$

根据霍尔维茨判据，该系统是稳定的。

2. 分析系统参数变化对稳定性的影响

利用劳斯-霍尔维茨判据可确定个别参数变化对系统稳定性的影响，以及为使系统稳定这些参数的取值范围。

例 4.12 已知系统的结构如图 4.7 所示，试确定为使系统稳定的开环增益 K 的取值范围。

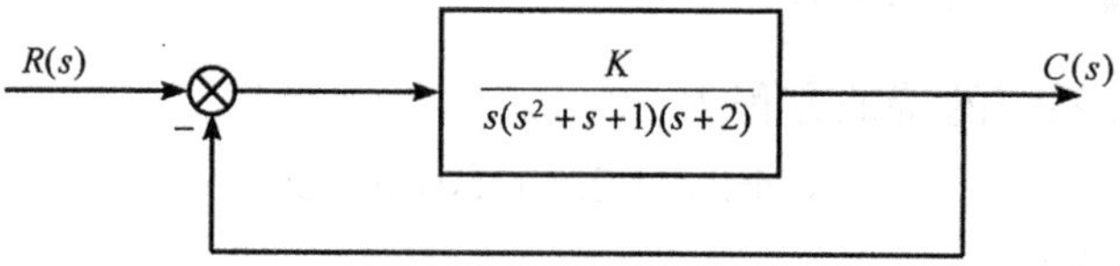

图 4.7 控制系统框图

解 系统的闭环传递函数为

$$\frac{C(s)}{R(s)}=\frac{K}{s(s^2+s+1)(s+2)+K}$$

特征方程为

$$s^4+3s^3+3s^2+2s+K=0$$

劳斯阵为

$$\begin{array}{c|ccc} s^4 & 1 & 3 & K \\ s^3 & 3 & 2 & \\ s^2 & \frac{7}{3} & K & \\ s^1 & 2-\frac{9}{7}K & & \\ s^0 & K & & \end{array}$$

为使系统稳定，K 必须大于零，并且该劳斯阵第一列所有元素必须为正值，从而可以求出

$$\frac{14}{9}>K>0$$

如果需要确定系统的其他参数，如时间常数对系统稳定性的影响，方法是类似的。但一般而言，这种待定的参数不能超过两个。

3. 确定系统的相对稳定性

上述判据判定系统是否稳定，是系统的绝对稳定性。在系统设计时，我们常常还用相对稳定性的概念，用它说明系统稳定裕度。在时域分析中，常常以实部最大的特征根和虚轴之间的距离 $\sigma(\sigma>0)$ 表示系统的相对稳定性和稳定裕度，如图 4.8 所示。作 $s=-\sigma$ 的垂线，若系统的全部特征根都在该线的左边，则称该系统具有 σ 的稳定裕度。

为此，我们可将 s 平面的纵轴向左平移 σ 个单位得到 p 平面（图 4.8），然后

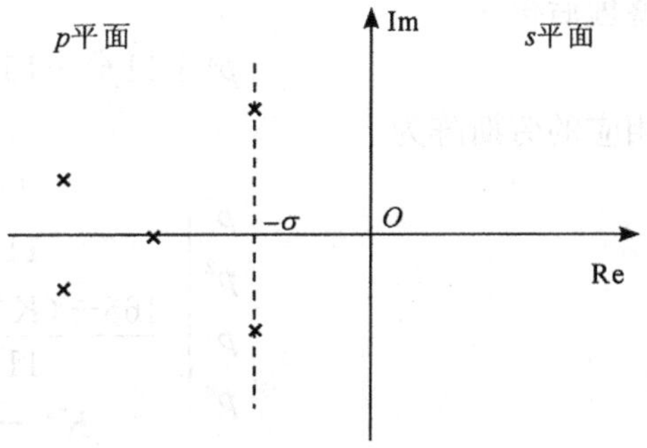

图 4.8　以 σ 为稳定裕度

利用劳斯-霍尔维茨判据对以 p 为变量的特征方程进行判别，便可确定使该特征方程开始不稳定时纵轴移动的距离。事实上，可以将 $s=p-\sigma$ 代入原系统特征方程，写出以 p 为变量的多项式方程，采用劳斯-霍尔维茨判据对以 p 为变量的多项式方程进行判别。若满足稳定性的充分必要条件，则系统具有 σ 的稳定裕度。一般而言，σ 值越大，系统的稳定程度越高。

例 4.13　设控制系统如图 4.9 所示，试确定使系统稳定的开环增益 K 的取值范围。如果要求闭环系统的极点全部位于 $s=-1$ 垂线的左边，问 K 值范围又应取多大?

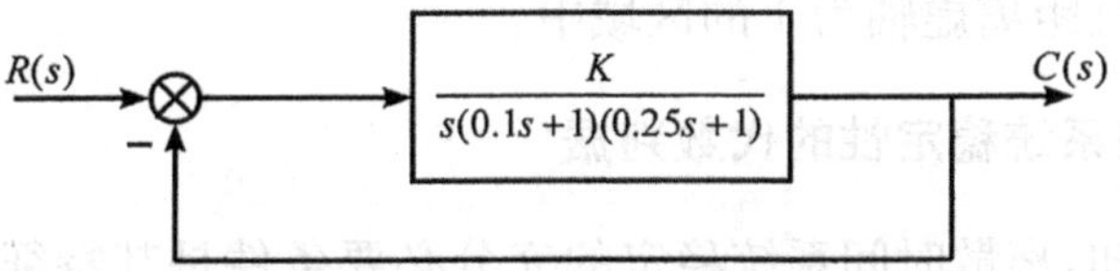

图 4.9　控制系统框图

解　根据图 4.9 可写出系统的闭环传递函数为

$$\frac{C(s)}{R(s)}=\frac{K^*}{s(s+4)(s+10)+K^*}$$

注意，上式中 $K^*=40K$。闭环系统特征方程对应的劳斯阵为

$$\begin{array}{c|cc} s^3 & 1 & 40 \\ s^2 & 14 & K^* \\ s^1 & \dfrac{560-K^*}{14} & \\ s^0 & K^* & \end{array}$$

为使系统稳定，劳斯阵中第一列各元素必须均大于零，从而有

$$0<K^*<560$$

即有

$$0<K<14$$

如果要求闭环系统的全部极点位于 $s=-1$ 垂线的左面，令 $s=p-1$ 代入原特征方程，得

$$(p-1)^3+14(p-1)^2+40(p-1)+K^*=0$$

整理后得

$$p^3+11p^2+15p+(K^*-27)=0$$

相应的劳斯阵为

$$\begin{array}{c|cc} p^3 & 1 & 15 \\ p^2 & 11 & K^*-27 \\ p^1 & \dfrac{165-(K^*-27)}{11} & \\ p^0 & K^*-27 & \end{array}$$

令劳斯阵中第一列各元素均大于零，得

$$27<K^*<192$$

即有

$$0.675<K<4.8$$

当开环增益 K 在上述范围内取值时，可保证闭环系统的三个极点全部位于复平面的左半部内且距离虚轴为 1 的区域中。

4.3.3　离散时间系统稳定性的代数判据

由 4.2 节可知，离散时间系统稳定的充分必要条件是其特征方程的根全部位于 z 平面上以原点为圆心的单位圆内。但对于高阶系统来说，求解特征方程是很困难的，所以必须找出简单实用的判别离散时间系统稳定性的方法。

1. 劳斯-霍尔维茨判据在离散时间系统中的应用

在分析连续时间系统稳定性时，我们采用劳斯-霍尔维茨判据，由特征方程的各项系数可以直接判断它的根是否全具有负实部，从而判断出系统是否稳定。但劳斯-霍尔维茨判据不能判别特征方程的根是否全在单位圆内，所以不能直接用来判断离散时间系统的稳定性，必须作适当的变换。

作变量代换，令

$$z=\frac{s+1}{s-1} \tag{4.3.3}$$

即

$$s=\frac{z+1}{z-1} \tag{4.3.4}$$

上两式表明，复变量 z 与 s 互为有理分式线性变换，通常称为双线性变换。

通过双线性变换，s 平面上的虚轴对应于 z 平面上的单位圆周，s 平面左半部对应于 z 平面上的单位圆内部，而 s 平面右半部对应于 z 平面上的单位圆外部。s 平面与 z 平面的这种对应关系，如图 4.10 所示。由于有这样的对应关系，就可以

由复变量 s 的实部是否大于零来判断 $|z|$ 是否小于 1。

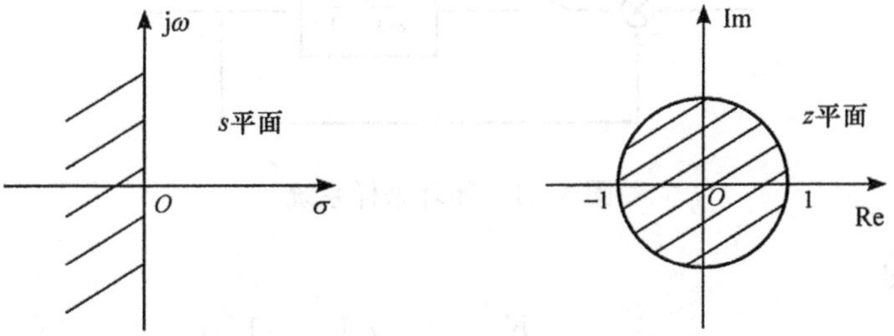

图 4.10　s 平面与 z 平面的映射

因此，可采用如下的方法判断离散时间系统的稳定性：

设离散时间系统的特征方程为 $D(z)=0$，在特征方程中用式(4.3.3)作变量代换，得到关于 s 的方程 $\overline{D}(s)=0$。如果 $\overline{D}(s)$ 的根全部具有负实部，则 $D(z)=0$ 的根全部在 z 平面的单位圆内部，离散时间系统是稳定的；反之，系统是不稳定的。

判断方程式 $\overline{D}(s)=0$ 的根是否全具有负实部，可以采用劳斯-霍尔维茨判据。判别离散时间系统稳定性的步骤可以归纳如下：

(1) 求出离散时间系统的特征方程 $D(z)=0$。

(2) 在 $D(z)$ 中令 $z=(s+1)/(s-1)$，得到方程式 $\overline{D}(s)=0$，

(3) 用劳斯-霍尔维茨判据，判断 $\overline{D}(s)=0$ 的根是否全部具有负实部，从而判别离散时间系统是否稳定。

例 4.14　设离散系统的特征方程为

$$D(z)=45z^3+117z^2+119z+39=0$$

试判别系统的稳定性。

解　在特征方程中作 $z=(s+1)/(s-1)$ 的变量代换，得

$$45\left(\frac{s+1}{s-1}\right)^3+117\left(\frac{s+1}{s-1}\right)^2+119\left(\frac{s+1}{s-1}\right)+39=0$$

上式经化简后，得

$$\overline{D}(s)=40s^3+2s^2+2s+1=0$$

相应的劳斯阵为

$$\begin{array}{c|cc} s^3 & 40 & 2 \\ s^2 & 2 & 1 \\ s^1 & -18 & \\ s^0 & 1 & \end{array}$$

其中第一列元素变号两次，说明 $\overline{D}(s)=0$ 有两个根具有正实部，即 $D(z)=0$ 有两个根在单位圆外。此离散时间系统不稳定。

例 4.15　试求图 4.11 中闭环采样系统稳定时的 K 值范围。

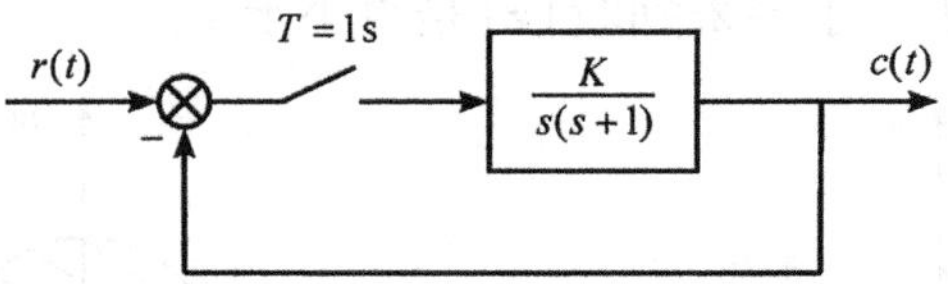

图 4.11 闭环采样系统

解 因为

$$G_0(s)=\frac{K}{s(s+1)}=K\left(\frac{1}{s}-\frac{1}{s+1}\right)$$

从而有

$$G_0(z)=\frac{Kz(1-e^{-T})}{(z-1)(z-e^{-T})}$$

在 $T=1s$ 时，闭环系统的特征方程为

$$\begin{aligned}D(z)&=(z-1)(z-e^{-T})+Kz(1-e^{-T})\\&=z^2+[K(1-e^{-T})-(1+e^{-T})]z+e^{-T}\\&=z^2+(0.63K-1.37)z+0.37=0\end{aligned}$$

作 $z=(s+1)/(s-1)$ 的变量代换，化简后得

$$\overline{D}(s)=0.63Ks^2+1.26s+2.74-0.63K=0$$

由劳斯判据可知，要使系统稳定，必须有

$$\begin{cases}2.74-0.63K>0\\0.63K>0\end{cases}$$

成立，从而使系统稳定时的 K 值范围为

$$0<K<4.35$$

对于没有采样开关的二阶连续系统，应用劳斯判据可知，只要开环增益 $K>0$，系统总是稳定的。但经过采样之后，就不一定了。一般而言，引入采样开关会降低系统的稳定性。而且采样周期越大，系统的稳定性越差。如果提高采样频率（即减小采样周期），或者降低开环增益，离散系统的稳定性将得到改善。

例 4.16 如图 4.11 所示的闭环采样系统，当开环增益 $K=10$ 时，为使系统稳定，求采样周期的取值范围。

解 仿照上例，闭环系统的特征方程为

$$D(z)=z^2+(9-11e^{-T})z+e^{-T}=0$$

作 $z=(s+1)/(s-1)$ 的变量代换，化简得

$$10(1-e^{-T})s^2+2(1-e^{-T})s+(12e^{-T}-8)=0$$

欲使系统稳定，必须有

$$\begin{cases}1-e^{-T}>0\\12e^{-T}-8>0\end{cases}$$

成立，从而使系统稳定的采样周期取值范围为

$$0<T<0.405$$

2. 朱利判据

朱利(Jury)判据是直接在 z 域内应用的稳定性判据。类似于连续时间系统中的霍尔维茨判据，它根据离散时间系统的闭环特征方程 $D(z)=0$ 的系数，检验其根是否全部位于 z 平面上以原点为圆心的单位圆内，从而判别离散时间系统是否稳定。

设离散时间系统的闭环特征方程为

$$D(z)=a_nz^n+a_nz^{n-1}+\cdots+a_1z+a_0=0,\qquad a_n>0 \tag{4.3.5}$$

利用特征方程的系数，按照下述方法构造 $(2n-3)\times(n+1)$ 维的朱利阵。

行＼列	z^0	z^1	z^2	$\cdots$	z^{n-k}	$\cdots$	z^{n-2}	z^{n-1}	z^n
1	a_0	a_1	a_2	$\cdots$	a_{n-k}	$\cdots$	a_{n-2}	a_{n-1}	a_n
2	a_n	a_{n-1}	a_{n-2}	$\cdots$	a_k	$\cdots$	a_2	a_1	a_0
3	b_0	b_1	b_2	$\cdots$	b_{n-k}	$\cdots$	b_{n-2}	b_{n-1}	
4	b_{n-1}	b_{n-2}	b_{n-3}	$\cdots$	b_{k-1}	$\cdots$	b_1	b_0	
5	c_0	c_1	c_2	$\cdots$	c_{n-k}	$\cdots$	c_{n-2}		
6	c_{n-2}	c_{n-3}	c_{n-4}	$\cdots$	c_{k-2}	$\cdots$	c_0		
$\vdots$	$\vdots$	$\vdots$	$\vdots$						
$2n-5$	l_0	l_1	l_2	l_3					
$2n-4$	l_3	l_2	l_1	l_0					
$2n-3$	m_0	m_1	m_2						

在朱利阵中，第 $2i+2$ 行元素是第 $2i+1$ 行元素的反序排列。第 1、2 行元素由 $D(z)$ 的各系数 $a_k(k=0,1,2,3,\cdots,n)$ 构成。从第 3 行开始，奇数行第 k 列的元素如下：

$$b_k=\begin{vmatrix} a_0 & a_{n-k} \\ a_n & a_k \end{vmatrix},\qquad k=0,1,\cdots,n-1$$

$$c_k=\begin{vmatrix} b_0 & b_{n-k-1} \\ b_{n-1} & b_k \end{vmatrix},\qquad k=0,1,\cdots,n-2$$

$$d_k=\begin{vmatrix} c_0 & c_{n-k-2} \\ c_{n-2} & c_k \end{vmatrix},\qquad k=0,1,\cdots,n-3$$

$$\vdots$$

$$m_0=\begin{vmatrix} l_0 & l_3 \\ l_3 & l_0 \end{vmatrix},\qquad m_1=\begin{vmatrix} l_0 & l_2 \\ l_3 & l_1 \end{vmatrix},\qquad m_2=\begin{vmatrix} l_0 & l_1 \\ l_3 & l_2 \end{vmatrix}$$

朱利判据　离散时间线性定常系统稳定的充分必要条件是：

(1) $D(1)=D(z)|_{z=1}>0$　　(4.3.6)

(2) $(-1)^n D(-1)=(-1)^n D(z)|_{z=-1}>0$　　(4.3.7)

(3) 朱利阵中的元素满足下列$(n-1)$个约束条件

$$|a_0|<a_n;\ |b_0|>|b_{n-1}|;\ |c_0|>|c_{n-2}|;\ \cdots;\ |l_0|>|l_3|;\ |m_0|>|m_2| \tag{4.3.8}$$

例 4.17　应用朱利判据确定图 4.12 中采样系统稳定时 K 的取值范围。

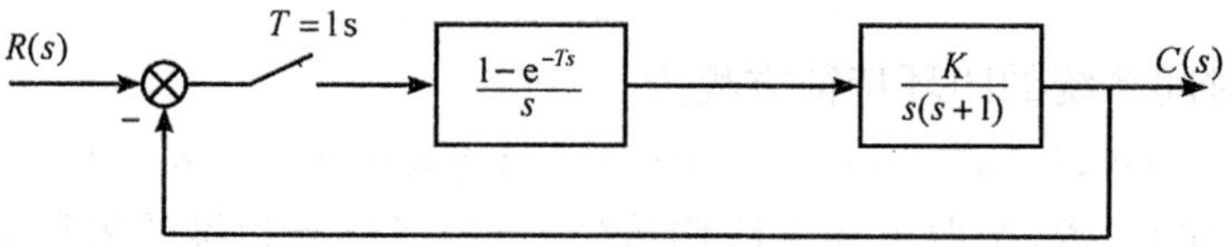

图 4.12　采样系统

解　系统的开环脉冲传递函数为

$$G_0(z)=\mathscr{Z}\left\{\frac{K(1-e^{-Ts})}{s^2(s+1)}\right\}$$
$$=K\left(\frac{z-1}{z}\right)\mathscr{Z}\left\{\frac{1}{s^2(s+1)}\right\}$$
$$=K\left(\frac{z-1}{z}\right)\frac{z[(T+e^{-T}-1)z+(1-e^{-T}-Te^{-T})]}{(z-1)^2(z-e^{-T})}$$
$$=\frac{K(0.368z+0.264)}{z^2-1.368z+0.368}$$

离散时间系统的闭环脉冲传递函数为

$$G(z)=\frac{G_0(z)}{1+G_0(z)}$$
$$=\frac{K(0.368z+0.264)}{z^2+(0.368K-1.368)z+(0.264K+0.368)}$$

于是，系统的闭环特征方程为

$$D(z)=z^2+(0.386K-1.368)z+(0.264K+0.368)=0$$
$$a_2=1,\ a_1=0.386K-1.368,\ a_0=0.264K+0.368$$

应用朱利稳定性判据，该离散时间系统稳定的充分必要条件为

(1)　$D(1)=D(z)|_{z=1}=a_2+a_1+a_0>0$

即

$$1+(0.386K-1.368)+(0.264K+0.368)>0$$

于是

$$K>0$$

(2) $$(-1)^n D(-1)=(-1)^2 D(z)\big|_{z=-1}=a_2-a_1+a_0>0$$

即

$$1-(0.386K-1.368)+(0.264K+0.368)>0$$

于是

$$K<\frac{2.736}{0.104}=26.31$$

(3) 朱利阵中的元素应满足 1 个约束条件

$$|a_0|<a_n$$

即

$$|0.264K+0.368|<1$$

于是

$$K<\frac{1-0.368}{0.264}=2.394$$

由上述三个不等式可知，系统稳定时，K 的取值范围为

$$0<K<2.394$$

值得一提的是，在上例中，如果将采样开关和保持器去掉，则只要 $K>0$，连续时间系统总是稳定的。由于加入了采样开关和保持器，对开环增益提出了更多的限制以保持系统的稳定性。该例说明，原来稳定的连续时间系统，由于增加了采样开关和保持器，系统可能会变得不稳定。

例 4.18　离散时间系统的特征多项式为

$$D(z)=2z^4+7z^3+10z^2+4z+1$$

应用朱利判据确定系统的稳定性。

解　由 $D(z)$ 的系数列出朱利阵，其行数和列数分别为 $2n-3=5$ 和 $n+1=5$。

行＼列	z^0	z^1	z^2	z^3	z^4
1	1	4	10	7	2
2	2	7	10	4	1
3	$\begin{vmatrix}1 & 2\\ 2 & 1\end{vmatrix}=-3$	$\begin{vmatrix}1 & 7\\ 2 & 4\end{vmatrix}=-10$	$\begin{vmatrix}1 & 10\\ 2 & 10\end{vmatrix}=-10$	$\begin{vmatrix}1 & 4\\ 2 & 7\end{vmatrix}=-1$	
4	−1	−10	−10	−3	
5	$\begin{vmatrix}-3 & -1\\ -1 & -3\end{vmatrix}=8$	$\begin{vmatrix}-3 & -10\\ -1 & -10\end{vmatrix}=20$	$\begin{vmatrix}-3 & -10\\ -1 & -10\end{vmatrix}=20$		

朱利稳定性判据的充分必要条件检验如下：

(1) $D(1)=D(z)\big|_{z=1}=2+7+10+4+1=24>0$，满足条件式(4.3.6)。

(2) $(-1)^n D(-1)=(-1)^4 D(z)\big|_{z=-1}=2-7+10-4+1=2>0$，满足条件

式(4.3.7)。

(3) 朱利阵中的元素所应满足的 $n-1=3$ 个约束条件：

① $a_0=1, a_4=2$，满足第一个约束条件 $|a_0|<a_4$；

② $|b_0|=|-3|=3, |b_3|=|-1|=1$，满足第二个约束条件 $|b_0|>|b_3|$；

③ $|c_0|=8, |c_2|=20$，不满足第三个约束条件 $|c_0|>|c_2|$。

因此，该离散时间系统是不稳定的。

4.4 根轨迹图及系统稳定性分析

控制系统的稳定性完全由它的特征方程的根所确定，而特征方程的根又与系统参数有密切关系。上节曾经多次讨论为了保证系统稳定而对系统中某一参数取值范围的要求。现在反过来问，如果系统中某个参数(如开环增益)发生变化，特征方程的根会发生什么样的变化，从而导致系统稳定性发生改变？显然，反复计算高阶代数方程的根是完全不现实的。即使采用劳斯-霍尔维茨判据也需要反复计算劳斯阵，其过程也是很复杂的。

1948 年，伊万斯(W. R. Evans)提出了一种求解闭环特征方程根的简便的图解方法。它根据系统开环传递函数极点和零点的分布，依照一些简单的规则，用作图的方法求出随系统某个参数(如开环增益)变化时闭环极点的变化轨迹，从而避免了复杂的数学计算。而且，系统中某个参数的变化对闭环极点的分布会产生什么影响，可以很容易地从图中看出来。

我们将在本书的后续章节中看到，不仅系统的稳定性取决于特征方程的根，系统的其他许多性能(如快速性、平稳性等)也都和系统的闭环极点位置有密切的关系。因此，根轨迹图不仅用于分析系统稳定性，而且是设计控制系统的一种简便而实用的工具。但在本章，我们只将注意力放在系统的稳定性上。

4.4.1 根轨迹图的基本概念

为了具体说明根轨迹图的基本概念，以图 4.13 所示的二阶系统为例来说明当开环增益 K 由 0 变化到 $+\infty$ 时，闭环极点在 s 平面上的变化轨迹——根轨迹。

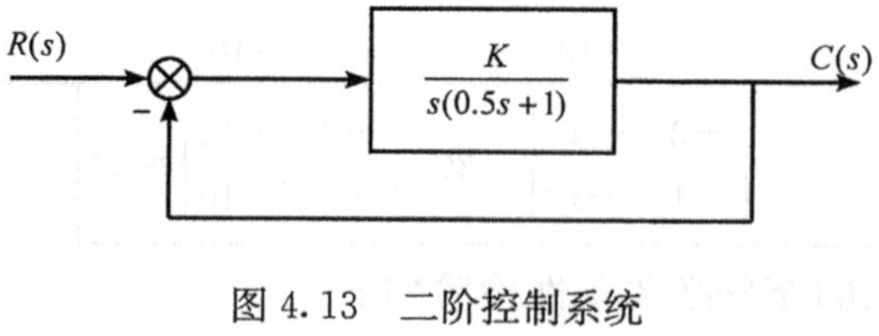

图 4.13 二阶控制系统

系统的闭环传递函数为

$$\frac{C(s)}{R(s)}=\frac{2K}{s^2+2s+2K}$$

系统的特征方程为

$$s^2+2s+2K=0$$

特征方程的根(闭环极点)为

$$s_{1,2}=-1\pm\sqrt{1-2K}$$

当 K 取不同值时,可以求得相应的不同特征根。将特征根的全部数值标在 s 平面上,并连成线,如图 4.14 中粗实线所示,这条粗实线就是该系统的根轨迹。图 4.14 中箭头表示开环增益 K 增大时闭环极点移动的方向,而根轨迹上某点所标的值表示与该闭环极点相对应的开环增益的值。图 4.14 就称为图 4.13 所示系统的根轨迹图。

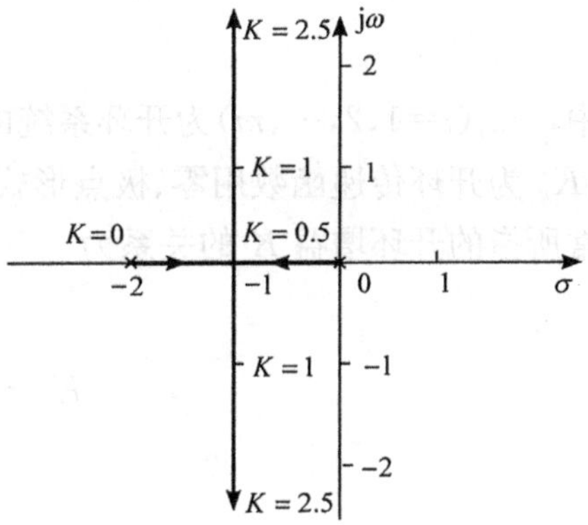

图 4.14　二阶控制系统的根轨迹

从图中可以看出,系统的开环极点为 $s=0$ 和 $s=-2$,它们在平面上的位置用“×”标出。当 $K=0$ 时,两个闭环极点与开环极点相一致。当 K 从 0→0.5 时,两个闭环极点汇合在 $s=-1$ 点。当 K 从 0.5→$+\infty$时,两个闭环极点将从 $s=-1$ 点分离,并分别沿着图中箭头方向通向无穷远处。

由图 4.14,很容易得到这样的结论:对于如图 4.13 所示的二阶系统,只要开环增益 $K>0$,系统必然是稳定的。

根轨迹法就是根据系统的开环零、极点绘制根轨迹,用作图方法求出闭环极点,以便进一步分析系统的性能。

本节仅以开环增益 K 作为变量来研究根的轨迹。至于以其他参数(如时间常数)作变量的情况,方法是类似的。

4.4.2　幅值条件和幅角条件

上面用解出闭环特征方程的根,然后画成曲线得到根轨迹的办法并没有实际意义,因为这又回到求解高阶代数方程的问题上了。根轨迹图之所以能被广泛应用,就是因为由简便的作图方法可以画出根轨迹而不必求解高阶代数方程。

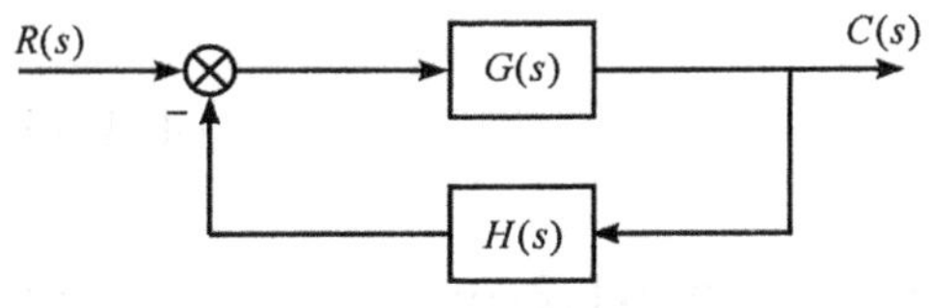

图 4.15　系统方块图

假设系统是图 4.15 所示的一般形式,其闭环传递函数为

$$W(s)=\frac{C(s)}{R(s)}=\frac{G(s)}{1+G(s)H(s)}=\frac{G(s)}{1+G_0(s)} \tag{4.4.1}$$

其中，$G_0(s)=G(s)H(s)$为开环传递函数。

将$G_0(s)$写成如下含零、极点的形式

$$G_0(s)=K_g\frac{\prod_{i=1}^{m}(s+z_i)}{\prod_{j=1}^{n}(s+p_j)} \tag{4.4.2}$$

其中，$-z_i(i=1,2,\cdots,m)$为开环系统的零点；$-p_j(j=1,2,\cdots,n)$为开环系统的极点；K_g为开环传递函数用零、极点形式表示时的传递系数，称为根轨迹增益，它和通常所指的开环增益K的关系为

$$K=K_g\frac{\prod_{j=1}^{m}z_i}{\prod_{j=1}^{n}p_j} \tag{4.4.3}$$

注意，式(4.4.3)中p_j不计零值极点；$m=0$时，$\prod_{i=1}^{m}z_i$取1计算。

由式(4.4.1)可知，闭环系统传递函数的极点就是闭环系统特征方程

$$1+G_0(s)=0 \tag{4.4.4}$$

的根。如果用开环系统传递函数讨论，则在复平面上满足方程

$$G_0(s)=-1 \tag{4.4.5}$$

或

$$K_g\frac{\prod_{i=1}^{m}(s+z_i)}{\prod_{j=1}^{n}(s+p_j)}=-1 \tag{4.4.6}$$

的点就是闭环系统特征方程的根。

系统的根轨迹，就是指当开环系统传递函数的开环增益K(或根轨迹增益K_g)发生变化时，闭环系统特征方程的根在复平面上变化的轨迹。我们称式(4.4.5)或式(4.4.6)为根轨迹方程。由于$G_0(s)$是复数，由式(4.4.5)或式(4.4.6)分别得到幅值和幅角分别相等的两个方程，即

$$|G_0(s)|=1 \tag{4.4.7}$$

和

$$\angle G_0(s)=\pm 180^\circ(2k+1),\qquad k=0,1,2,\cdots \tag{4.4.8}$$

或

$$\left| K_g \frac{\prod_{i=1}^{m}(s+z_i)}{\prod_{j=1}^{n}(s+p_j)} \right| = K_g \frac{\prod_{i=1}^{m}|s+z_i|}{\prod_{j=1}^{n}|s+p_j|} = 1 \tag{4.4.9}$$

和

$$\sum_{i=1}^{m} \angle(s+z_i) - \sum_{j=1}^{n} \angle(s+p_j) = \pm 180^\circ(2k+1), \qquad k=0,1,2,\cdots \tag{4.4.10}$$

复平面上的点若满足式(4.4.5)或式(4.4.6),则必然同时满足式(4.4.7)和式(4.4.8)(或式(4.4.9)和式(4.4.10))。这些点就是闭环系统特征方程的根。称式(4.4.7)和式(4.4.8)(或式(4.4.9)和式(4.4.10))分别为满足根轨迹方程的**幅值条件和幅角条件**。

需要指出的是,幅值条件仅是根轨迹的必要条件,即根轨迹上的所有点均应满足幅值条件,但复平面中满足幅值条件的点未必都是根轨迹上的点。然而,幅角条件却是根轨迹所应满足的充分必要条件,即根轨迹上所有的点均满足幅角条件,同时,复平面中满足幅角条件的点都在根轨迹上。后面介绍的绘制根轨迹图的基本法则中有很多都是从幅角条件推出的。

根据系统开环传递函数,以及上述幅角条件和幅值条件,很容易确定复平面上的任意一点是否为根轨迹上的一个点,即是否为系统的闭环极点。

例 4.19　已知 $G(s)H(s)=\dfrac{K_g(s+z_1)}{s(s+p_2)(s+p_3)}$ 的零点、极点分别如图 4.16 所示,试确定 s 平面上的某点 s_i 是否为根轨迹上的一个点。

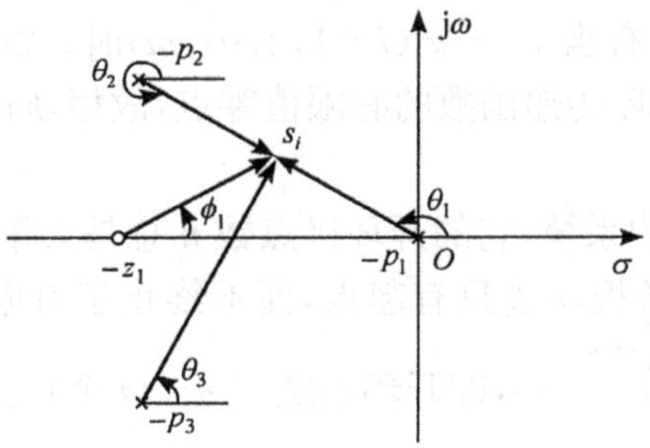

图 4.16　向量图

解　系统有一个开环零点 $-z_1$ 和三个开环极点 $-p_1=0,-p_2,-p_3$。作从 $G(s)H(s)$ 零点、极点到 s_i 的各向量 $-p_1s_i$,$-p_2s_i$,$-p_3s_i$,$-z_1s_i$。根据式(4.4.10),若

$$\angle -z_1 s_i - (\angle p_1 s_i + \angle -p_2 s_i + \angle -p_3 s_i) = \phi_1 - (\theta_1 + \theta_2 + \theta_3)$$
$$= \pm 180°(2k+1), \qquad k=0,1,2,\cdots$$

则 s_i 就是根轨迹上的一个点。应当注意,幅角以逆时针为正。

根据式(4.4.9)可以确定当 s_i 为根轨迹上一点时,其对应的根轨迹增益为

$$K_{g_i} = \frac{|-p_1 s_i| \cdot |-p_2 s_i| \cdot |-p_3 s_i|}{|-z_1 s_i|}$$

4.4.3 绘制根轨迹的基本法则

根据下面介绍的绘制根轨迹的基本法则,只需要通过简单的计算就可以画出根轨迹的大致图形,从而看出系统参数的变化对闭环极点影响的趋势。由于开环增益 K 与根轨迹增益 K_g 之间有着极其简单的对应关系(见式(4.4.3)),因此仅介绍以根轨迹增益 K_g 为可变参数时绘制根轨迹的法则。

在绘制根轨迹前,应当先把系统的开环传递函数写成式(4.4.2)所示形式。为了便于在图上进行运算,根轨迹图的坐标(横轴和纵轴)应取相同比例尺。

1. 根轨迹的起点和终点

由根轨迹方程(4.4.6),有

$$\frac{\prod_{i=1}^{m}(s+z_i)}{\prod_{i=1}^{n}(s+p_j)} = -\frac{1}{K_g} \tag{4.4.11}$$

若 $K_g=0$,只有当 $s=-p_j(j=1,2,\cdots,n)$时,式(4.4.11)才能成立。而$-p_j(j=1,2,\cdots,n)$是开环传递函数的极点,故根轨迹的起点就是开环极点。

同理,若 $K_g\to\infty$,只有当 $s=-z_i(i=1,2,\cdots,m)$时,式(4.4.11)才能成立。而$-z_i(i=1,2,\cdots,m)$是开环传递函数的有限值零点,故根轨迹的终点就是系统的开环零点。

对于物理上可实现的系统,它的开环极点数 n 总是大于或等于开环零点数 m。若 $n>m$,则将有 $n-m$ 条根轨迹只有起点,而不终止于有限零点。由式(4.4.2),当 $s\to\infty$时,$G_0(s)\to\left(\frac{1}{s}\right)^{n-m}\to 0$,即开环系统有 $n-m$ 个在无穷远处的零点。

2. 根轨迹的分支数

每一个开环极点就是一条根轨迹的起点,所以系统的根轨迹共有 n 条分支。

3. 根轨迹的对称性

根轨迹上的任何一点都是闭环系统特征方程的根。特征根中若出现复根,必

然成对共轭地出现，所以根轨迹对称于复平面上的实轴。

4. 根轨迹的渐近线

若 $n>m$，则当 $K_g\to\infty$时，有 $n-m$ 条根轨迹趋于复平面上的无穷远处。现在讨论这 $n-m$ 条根轨迹将如何趋于无穷远的问题。

式(4.4.11)可写成

$$\frac{\prod_{i=1}^{m}(s+z_i)}{\prod_{j=1}^{n}(s+p_j)}=\frac{s^m+b_{m-1}s^{m-1}+\cdots+b_1s+b_0}{s^n+a_{n-1}s^{n-1}+\cdots+a_1s+a_0}=-\frac{1}{K_g} \tag{4.4.12}$$

其中，$b_{m-1}=\sum_{i=1}^{m}z_i$，$a_{n-1}=\sum_{j=1}^{n}p_j$。

当 $K_g\to\infty$时，由于 $m<n$，故 $s\to\infty$一定满足根轨迹方程。当 $s\to\infty$时，上式可近似表示成

$$s^{m-n}+(b_{m-1}-a_{n-1})s^{m-n-1}=-\frac{1}{K_g}$$

$$s^{m-n}\left(1+\frac{b_{m-1}-a_{n-1}}{s}\right)=-\frac{1}{K_g}$$

$$s\left(1+\frac{b_{m-1}-a_{n-1}}{s}\right)^{\frac{1}{m-n}}=\left(-\frac{1}{K_g}\right)^{\frac{1}{m-n}}$$

由于 $s\to\infty$，将上式左边按牛顿二项式定理展开，近似取线性项(略去高次项)，有

$$s\left(1+\frac{1}{m-n}\frac{b_{m-1}-a_{n-1}}{s}\right)=\left(-\frac{1}{K_g}\right)^{\frac{1}{m-n}}$$

令

$$\frac{b_{m-1}-a_{n-1}}{m-n}=\frac{a_{n-1}-b_{m-1}}{n-m}=\sigma$$

则上式变成

$$(s+\sigma)=\left(-\frac{1}{K_g}\right)^{\frac{1}{m-n}}$$

即

$$s=-\sigma+(-K_g)^{\frac{1}{n-m}}$$

将

$$-1=\mathrm{e}^{\mathrm{j}180^\circ(2k+1)},\qquad k=0,1,2,\cdots$$

代入上式，有

$$s=-\sigma+K_g^{\frac{1}{n-m}}\cdot\mathrm{e}^{\mathrm{j}180^\circ\frac{2k+1}{n-m}} \tag{4.4.13}$$

这就是当 $s\to\infty$ 时根轨迹的渐近线方程。它由两项组成:第一项为实轴上的常数向量,表示当 $s\to\infty$ 时根轨迹的渐近线与实轴的交点,坐标为

$$-\sigma=-\frac{a_{n-1}-b_{m-1}}{n-m}=-\frac{\sum_{j=1}^{n}p_j-\sum_{i=1}^{m}z_i}{n-m} \tag{4.4.14}$$

第二项为通过坐标原点的直线。可得渐近线与实轴的夹角(称之为渐近线的倾斜角)为

$$\theta=\frac{180^\circ(2k+1)}{n-m},\qquad k=0,1,2\cdots \tag{4.4.15}$$

由于幅角的周期为 360°,k 取到 $n-m-1$ 即可。

例 4.20 已知控制系统的开环传递函数为

$$G_0(s)=\frac{K_g}{s(s+1)(s+5)}$$

试确定根轨迹的数目、起点和终点。若终点在无穷远处,试确定渐近线和实轴的交点以及渐近线的倾斜角。

解 $n=3$,根轨迹有 3 条,起点分别在 $-p_1=0$,$-p_2=-1$ 和 $-p_3=-5$ 处。$m=0$,三条根轨迹的终点都在无穷远处。渐近线与实轴的交点 $-\sigma$ 及倾斜角 θ 分别为

$$-\sigma=-\frac{\sum_{j=1}^{3}p_j}{n-m}=-\left(\frac{0+1+5}{3-0}\right)=-2$$

$$\theta=\frac{180^\circ(2k+1)}{n-m}=\frac{180^\circ(2k+1)}{3}$$

当 $k=0$ 时,$\theta_1=60^\circ$;当 $k=1$ 时,$\theta_2=180^\circ$;当 $k=2$ 时,$\theta_3=300^\circ$。根轨迹的起点和三条渐近线如图 4.17 所示。

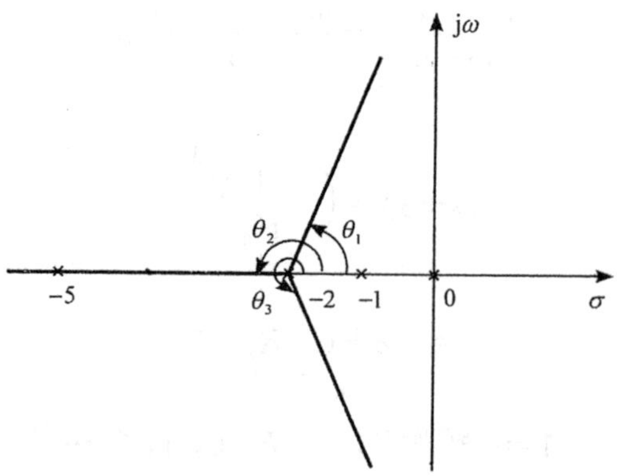

图 4.17 根轨迹的渐近线

5. 实轴上的根轨迹

实轴上的任意点，只要在它右方的开环零、极点数目的总和为奇数，则该点必为根轨迹上的点。应用幅角条件可以很容易证明这一法则。

如图 4.18 所示，成对出现的开环共轭复数零点或极点对实轴上任一试探点 s 构成的两向量的相角之和在任何情况下都等于 360°，即

$$\angle(s+z_1)+\angle(s+z_2)=360^\circ$$
$$\angle(s+p_1)+\angle(s+p_2)=360^\circ$$

试探点 s 点左方实轴上的开环零点或极点对该点构成的向量的相角为 0°，即

$$\angle(s+z_3)=0^\circ$$

试探点 s 右方实轴上任一开环零点或极点对该点构成的向量的相角为 180°，即

$$\angle(s+p_3)=180^\circ$$

而 180°的奇数倍满足根轨迹方程的幅角条件式(4.4.10)。所以实轴上的点若在根轨迹上，则其右方实轴上的开环零点数和极点数的和必为奇数。

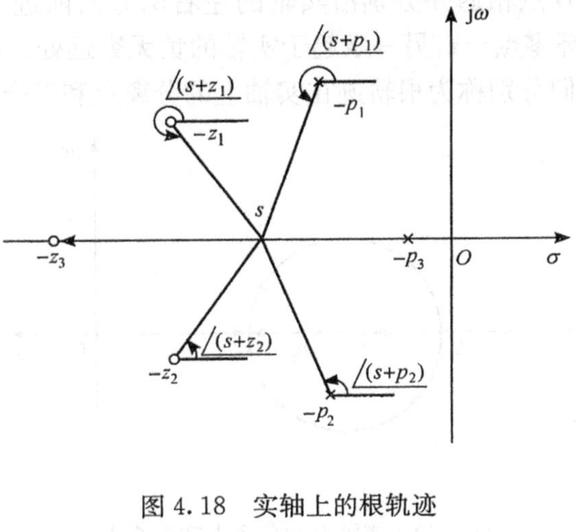

图 4.18　实轴上的根轨迹

例 4.21　设系统开环传递函数为

$$G_0(s)=\frac{K_g(s+1)}{s^2(s+2)(s+5)(s+20)}$$

试求实轴上的根轨迹。

解　系统的开环零点为−1，开环极点为−2，−5，−20 以及原点(两重极点，用“#”表示)，如图 4.19 所示。

区间(−20，−5)右方的开环零点数和极点数总和为 5，区间(−2，−1)右方的开环零点和数点数总和为 3。故实轴上的根轨迹在上述两区间内。

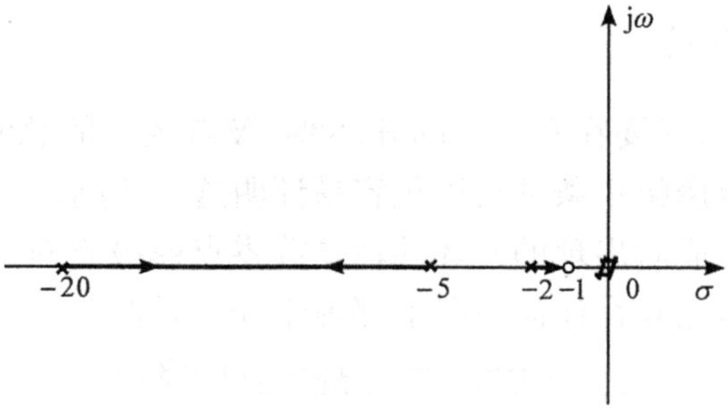

图 4.19　实轴上的根轨迹

6. 实轴上根轨迹的分离点和汇合点

若干支根轨迹从实轴离开或进入实轴的那一点，叫作分离点或汇合点。图 4.20所示为某系统的根轨迹图。由开环极点 $-p_1$ 和 $-p_2$ 出发的两条根轨迹，随着 K_g 的增大在实轴上 A 点相遇后即分离进入复平面。当 K_g 继续增大后，根轨迹又在实轴上的 B 点相遇并分别沿实轴的左右两方向前进。当 $K_g \to \infty$ 时，一条根轨迹终止于开环零点 $-z$，另一条趋于实轴的负无穷远处。根轨迹与实轴有两个交点 A 和 B。它们分别称为根轨迹在实轴上的分离点和汇合点。

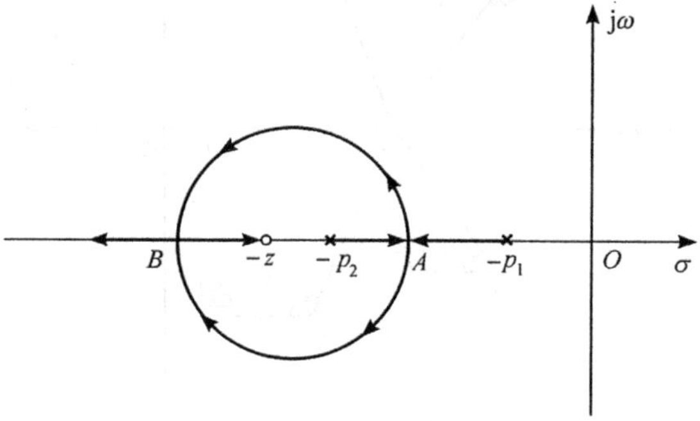

图 4.20　实轴上的分离点和汇合点

一般而言，如果实轴上两相邻开环极点之间有根轨迹，则在这两个相邻极点之间必有分离点；如果实轴上两相邻开环零点（其中一个可有无穷远零点）之间有根轨迹，则在这两相邻零点之间必有汇合点；如果实轴上的根轨迹在开环零点与极点之间，则它们之间可能既无分离点也无汇合点，也可能既有分离点也有汇合点。

在分离点或汇合点处，根轨迹的切线和实轴的夹角称为分离角。分离角 θ_d 与相分离的极轨迹的支数 k 有关，即

$$\theta_d = \frac{180^\circ}{k} \tag{4.4.16}$$

确定分离点和汇合点的位置对于绘制根轨迹自然重要。通常采用下列两种方法：

方法 1　重根法。

根轨迹的分离点和汇合点都是特征方程的重根，因此可用求重根的方法确定它们的位置。

设系统开环传递函数为

$$G_0(s)=K_g\frac{\prod_{i=1}^{m}(s+z_i)}{\prod_{j=1}^{n}(s+p_j)}=K_g\frac{N(s)}{D(s)} \tag{4.4.17}$$

则闭环系统特征方程可写成

$$1+K_g\frac{N(s)}{D(s)}=0 \tag{4.4.18}$$

即

$$D(s)+K_gN(s)=0$$

设当 $K_g=K_{gd}$ 时，特征方程在实轴上有重根 $-\sigma_d$，则必有如下关系成立

$$D(-\sigma_d)+K_{gd}N(-\sigma_d)=0 \tag{4.4.19}$$

$$D'(-\sigma_d)+K_{gd}N'(-\sigma_d)=0 \tag{4.4.20}$$

从上两式中消去 K_{gd}，可得

$$N(-\sigma_d)D'(-\sigma_d)-N'(-\sigma_d)D(-\sigma_d)=0 \tag{4.4.21}$$

由上式可求出分离点（汇合点）坐标 $-\sigma_d$。将求出的 $-\sigma_d$ 代入式(4.4.19)或式(4.4.20)可求得在分离点（汇合点）的根轨迹增益 K_{gd}。

显然，这种方法适合于系统开环传递函数阶次不太高的情况。

例 4.22　单位反馈系统的开环传递函数为

$$G_0(s)=\frac{K_g(s+1)}{(s+0.1)(s+0.5)}$$

试确定实轴上根轨迹的分离点和汇合点的位置。

解　$-z_1=-1$，$-p_1=-0.1$，$-p_2=-0.5$，因此实轴上根轨迹位于$(-\infty,-1)$和$(-0.5,-0.1)$区间，由 $G_0(s)$，可得

$$N(s)=s+1$$

$$D(s)=(s+0.1)(s+0.5)=s^2+0.6s+0.05$$

及

$$N'(s)=1$$

$$D'(s)=2s+0.6$$

根轨迹在实轴上的分离点和汇合点的方程为

$$N'(s)D(s)-N(s)D'(s)=0$$

即

$$s^2+0.6s+0.05-(s+1)(2s+0.6)=0$$
$$s^2+2s+0.55=0$$

解之，得

$$s_{1,2}=-1\pm0.67=-1.67，或\ -0.33$$

显然，在区间(−0.5，−0.1)上，根轨迹具有分离点$-\sigma_{d1}=-0.33$；在区间(−∞，−1)上，根轨迹具有汇合点$-\sigma_{d2}=-1.67$。将$-\sigma_{d1}$和$-\sigma_{d2}$的值代入式(4.4.19)，可得$K_{gd1}=0.06$和$K_{gd2}=2.74$。

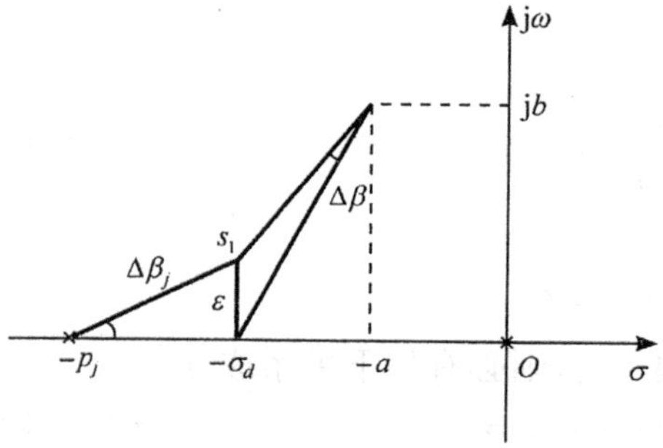

图 4.21　分离点位置的确定

方法 2　利用幅角条件求实轴上的分离点或汇合点。

如图 4.21 所示，设$-\sigma_d$为实轴上根轨迹的分离点，s_1为离$-\sigma_d$很近的、进入复平面的根轨迹上的一点，s_1与$-\sigma_d$之间的距离为ε。由于$-\sigma_d$和s_1都在根轨迹上，根据幅角条件式(4.4.10)，可以确定所有开环零、极点相对于$-\sigma_d$和s_1幅角变化的总和应为零。即有

$$\sum_{i=1}^{m}\Delta\angle(s_1+z_i)-\sum_{j=1}^{n}\Delta\angle(s_1+p_j)=0 \tag{4.4.22}$$

利用上式可以求出分离点或汇合点的坐标$-\sigma_d$。事实上，若$-p_j$为实数，则由图 4.21 可知，幅角的变化量为

$$\Delta\beta_j=\Delta\angle(s_1+p_j)=\arctan\frac{\varepsilon}{p_j-\sigma_d}$$

当$\varepsilon\to0$时，可近似取为

$$\Delta\beta_j=\frac{\varepsilon}{p_j-\sigma_d}$$

同时，对于一对共轭复数极点$-a\pm jb$引起的幅角变化可近似取为

$$\Delta\beta=\frac{2\varepsilon(a-\sigma_d)}{(a-\sigma_d)^2+b^2}$$

同样结论对于开环零点亦成立。将上式两个关系代入式(4.4.22)可求得$-\sigma_d$值。若开环系统无复数零、极点或复数零、极点距分离点、汇合点较远时，则可略去其影响。此时式(4.4.22)变为

$$\sum_{i=1}^{m_1}\frac{1}{y_i-\sigma_d}=\sum_{j=1}^{n_1}\frac{1}{p_j-\sigma_d} \tag{4.4.23}$$

其中，m_1、n_1 分别为开环系统在实轴上的零、极点数。

7. 根轨迹的出射角和入射角

当开环系统的零、极点位于复平面上时，根轨迹离开复数极点的出发角（与正实轴的夹角，下同）称为根轨迹的出射角，用 φ_x 表示；根轨迹趋于有限复数零点的终止角称为根轨迹的入射角，用 φ_y 表示。根据幅角条件，可求得根轨迹的出射角和入射角。

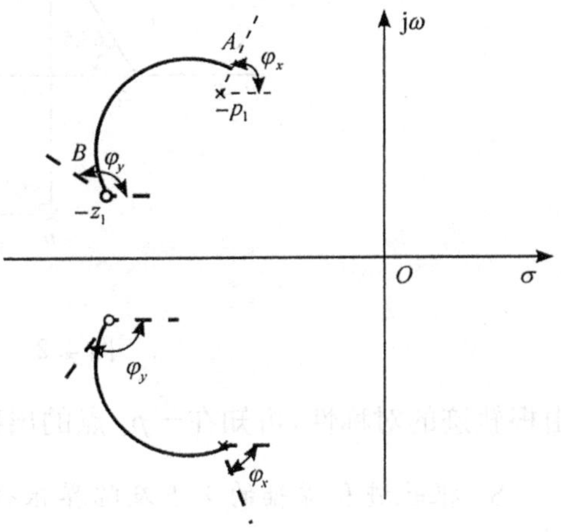

图 4.22　出射角和入射角

设在离开开环极点的根轨迹上，取一点 $A(S_A)$，使 A 与 $-p_1$ 点非常靠近，如图 4.22所示。直线 $-p_1A$ 可以看成是根轨迹在 $-p_1$ 点的切线。这时，除了 $-p_1$ 点以外的所有开环零、极点到 $A(S_A)$ 的向量都可以用这些零、极点到 $-p_1$ 点的向量来近似。而向量 $-p_1A$ 的幅角正是所要求的出射角 φ_x。根据式(4.4.10)，有

$$\sum_{i=1}^{m}\angle(-p_1+z_i)-\angle(S_A+p_1)-\sum_{j=2}^{n}\angle(-p_1+p_j)=\pm 180^\circ(2k+1)$$

从而

$$\angle(S_A+p_1)=\varphi_x=\mp 180^\circ(2k+1)+\sum_{i=1}^{m}\angle(-p_1+z_i)-\sum_{j=2}^{n}\angle(-p_1+p_j) \tag{4.4.24}$$

同理，根轨迹趋于开环零点 $-z_1$ 的入射角 φ_y 为

$$\angle(S_B+z_1)=\varphi_y=\pm 180^\circ(2k+1)+\sum_{j=1}^{n}\angle(-z_1+p_j)-\sum_{i=2}^{m}\angle(-z_1+z_i) \tag{4.4.25}$$

例 4.23　试求图 4.23 所示开环复数极点 $-p_1$，$-p_2$ 的出射角。已知：$-z_1=-1.5$，$-p_1=-1+\mathrm{j}$，$-p_2=-1-\mathrm{j}$，$-p_3=0$。

解　在坐标纸上画出各开环零、极点，如图 4.23 所示。用量角器量得各有关角度，按式(4.4.24)，计算得：

$$\varphi_x=\mp 180^\circ+63.5^\circ-135^\circ-90^\circ=\begin{cases}-341.5^\circ\\ 18.5^\circ\end{cases}$$

而 18.5°和-341.5°是完全相同的角度，故在 $-p_1$ 点的出射角为

$$\varphi_x=18.5^\circ$$

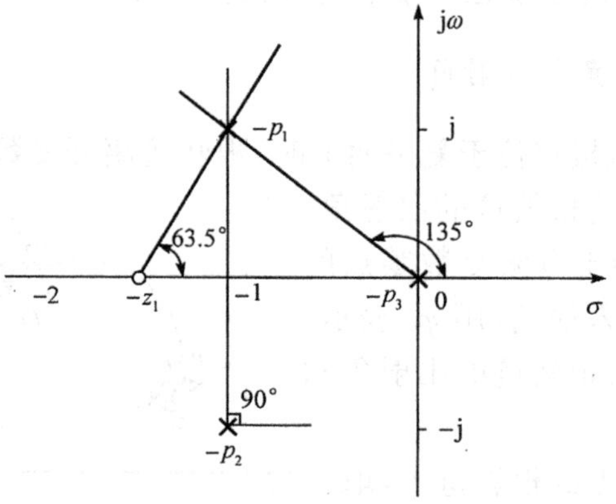

图 4.23　确定出射角

由根轨迹的对称性，可知在 $-p_2$ 点的出射角为 $-18.5°$。

8. 根轨迹和虚轴的交点及临界根轨迹增益值

根轨迹可能与虚轴相交，交点坐标 ω 值以及相应的 K_g 可由劳斯判据求得，也可在特征方程中令 $s=\mathrm{j}\omega$，然后使特征方程的实部和虚部分别等于零求得。根轨迹和虚轴的交点对应于系统处于临界稳定状态，此时对应的增益 K_g 称为临界根轨迹增益，用 K_{gp} 表示。

例 4.24　设系统的开环传递函数为

$$G_0(s)=\frac{K_g}{s(s+1)(s+2)}$$

试求根轨迹和虚轴的交点，并计算临界根轨迹增益。

解　闭环系统的特征方程为

$$s^3+3s^2+2s+K_g=0$$

当 $K_g=K_{gp}$ 时，根轨迹与虚轴相交。将 $s=\mathrm{j}\omega$ 代入，则特征方程为

$$(\mathrm{j}\omega)^3+3(\mathrm{j}\omega)^2+2(\mathrm{j}\omega)+K_g=0$$

上式可以分解成实部和虚部，即有

$$K_{gp}-3\omega^2=0$$
$$2\omega-\omega^3=0$$

解之，得 $\omega=0,\pm\sqrt{2}$，相应的 $K_{gp}=0$，6。$K_{gp}=0$ 时，为根轨迹的起点。$K_{gp}=6$ 时，根轨迹与虚轴相交，交点坐标为 $\pm\mathrm{j}\sqrt{2}$，$K_{gp}=6$ 为临界根轨迹增益。根据式(4.4.3)，临界开环增益为

$$K_p=K_{gp}\cdot\frac{1}{p_1p_2}=6\times\frac{1}{1\times2}=3$$

也可以利用劳斯判据来确定 K_{gp} 和 ω 值。由闭环系统的特征方程，可列出劳斯阵为

$$
\begin{array}{c|cc}
s^3 & 1 & 2 \\
s^2 & 3 & K_{gp} \\
s^1 & \dfrac{6-K_{gp}}{3} & 0 \\
s^0 & K_{gp} &
\end{array}
$$

当劳斯阵的 s^1 行等于 0 时，特征方程可能出现共轭虚根。令 s^1 行等于 0，则得

$$K_{gp}=6$$

共轭虚根值可由 s^2 行元素构成的辅助多项式求得，即有

$$3s^2+K_{gp}=3s^2+6=0$$

从而

$$s=\pm \mathrm{j}\sqrt{2}$$

9. 闭环系统极点之和与闭环系统极点之积

设开环系统传递函数为

$$G_0(s)=K_g\frac{\prod\limits_{i=1}^{m}(s+z_j)}{\prod\limits_{j=1}^{n}(s+p_j)}=K_g\frac{s^m+b_{m-1}s^{m-1}+\cdots+b_1s+b_0}{s^n+a_{n-1}s^{n-1}+\cdots+a_1s+a_0}$$

其中

$$b_{m-1}=\sum_{i=1}^{m}z_i,\qquad b_0=\prod_{i=1}^{m}z_i$$

$$a_{n-1}=\sum_{j=1}^{n}p_j,\qquad a_0=\prod_{j=1}^{n}p_i$$

闭环系统特征方程为

$$s^n+a_{n-1}s^{n-1}+\cdots+a_1s+a_0+K_g(s^m+b_{m-1}s^{m-1}+\cdots+b_1s+b_0)=0 \tag{4.4.26}$$

设闭环系统的极点为 $-s_1,-s_2,\cdots,-s_n$，则有

$$(s+s_1)(s+s_2)\cdots(s+s_n)=s^n+(s_1+s_2+\cdots+s_n)s^{n-1}+\cdots+s_1s_2\cdots s_n$$

将上式与式(4.4.26)比较，可得如下结论：

(1) 当 $n-m\geqslant 2$ 时，闭环系统极点之和等于开环系统极点之和且为常数，即

$$\sum_{j=1}^{n}s_j=\sum_{j=1}^{n}p_j=a_{n-1} \tag{4.4.27}$$

上式表明，随着 K_g 的增加（或减小），如果一些闭环系统极点在复平面上向右移动，则另一些闭环系统极点必向左移动。对应于任一 K_g 值，闭环系统极点之和保

持不变。

(2) 闭环系统极点之积和开环系统零、极点之间有如下关系：

$$\prod_{j=1}^{n} s_j = \prod_{j=1}^{n} p_j + K_g \prod_{i=1}^{m} z_i \tag{4.4.28}$$

当开环系统具有等于零的极点时(即 $a_0=0$)，则有

$$\prod_{j=1}^{n} s_j = K_g \prod_{i=1}^{m} z_i \tag{4.4.29}$$

即闭环极点之积和根轨迹增益成正比。

对于某些简单系统，在已知其部分闭环极点的情况下，利用式(4.4.27)、式(4.4.28)和式(4.4.29)，有时可以很容易地确定其余的闭环极点。

仍以例 4.24 为例。$n=3$，$m=0$，满足 $n-m\geqslant 2$。前面已求得根轨迹与虚轴的交点的两个闭环极点为 $\pm \mathrm{j}\sqrt{2}$，要求第三个闭环极点 s_3。根据式(4.4.27)，有

$$\mathrm{j}\sqrt{2}-\mathrm{j}\sqrt{2}+s_3=0+(-1)+(-2)$$

从而

$$s_3=-3$$

综上所述，在给出开环零、极点的情况下，利用以上基本法则可以迅速地确定根轨迹的大致形状。为了准确地绘制系统的根轨迹，可根据幅角条件利用试探法确定若干点。一般而言，靠近虚轴和原点附近的根轨迹是比较重要的，应尽可能精确绘制。

4.4.4 根轨迹图的绘制及系统稳定性分析

上一小节介绍了绘制根轨迹的基本法则。本节将举例说明如何应用这些法则绘制控制系统的根轨迹图，并在此基础上分析系统的稳定性。

例 4.25 设开环系统传递函数为

$$G_0(s)=\frac{K_g(s+1)}{(s+0.1)(s+0.5)}$$

试绘制系统的根轨迹图并判断闭环系统的稳定性。

解 绘制根轨迹的步骤如下：

(1) 根轨迹共有两条，起点在开环极点 $s=-0.1$，-0.5，一支根轨迹的终点在 $s=-1$，另一支沿负实轴趋于无穷远处。

(2) 实轴上的根轨迹在区间$(-\infty,-1)$和$(-0.5,-0.1)$上。

(3) 根轨迹在实轴上的分离点和汇合点已在例 4.22 中求得：分离点坐标为 $-\sigma_{d1}=-0.33$，$K_{gd1}=0.06$；汇合点坐标为 $-\sigma_{d2}=-1.67$，$K_{gd2}=2.74$。

(4) 在复平面上系统的根轨迹是圆。关于这一点证明如下：

证明　设 s 点在根轨迹上，则应满足根轨迹幅角条件

$$\angle(s+1)-\angle(s+0.1)-\angle(s+0.5)=180^\circ$$

将 $s=\sigma+j\omega$ 代入，有

$$\angle(\sigma+j\omega+1)-\angle(\sigma+j\omega+0.1)=180^\circ+\angle(\sigma+j\omega+0.5)$$

即

$$\arctan\frac{\omega}{1+\sigma}-\arctan\frac{\omega}{0.1+\sigma}=180^\circ+\arctan\frac{\omega}{0.5+\sigma}$$

利用反正切公式

$$\arctan x\mp\arctan y=\arctan\frac{x\mp y}{1\pm xy}$$

有

$$\arctan\frac{\dfrac{\omega}{1+\sigma}-\dfrac{\omega}{0.1+\sigma}}{1+\dfrac{\omega}{1+\sigma}\cdot\dfrac{\omega}{0.1+\sigma}}=180^\circ+\arctan\frac{\omega}{0.5+\sigma}$$

上式两边取正切后，得

$$\frac{(0.1-1)\omega}{(1+\sigma)(0.1+\sigma)+\omega^2}=\frac{\omega}{0.5+\sigma}$$

整理后，得

$$(\sigma+1)^2+\omega^2=0.67^2$$

该式是圆方程。圆心位于$(-1,j0)$，半径为 0.67。此圆与实轴的交点就是根轨迹在实轴上的分离点和汇合点。完整的根轨迹如图 4.24 所示。

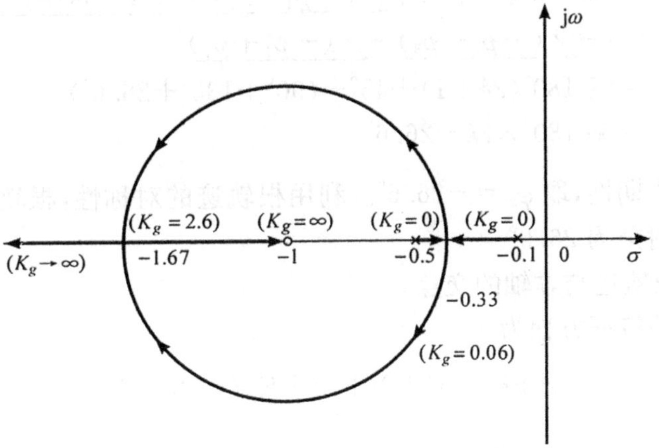

图 4.24　零、极点分布及根轨迹图

由图 4.24 可知，只要系统开环增益大于零，闭环系统总是稳定的。

例 4.26　设开环系统传递函数为

$$G_0(s)=\frac{K_g(s+2)}{s(s+3)(s^2+2s+2)}$$

试绘制系统的根轨迹，并分析系统的稳定性。

解　绘制步骤如下：

(1) 求得开环系统共轭复数极点为 $-1\pm \mathrm{j}$。

(2) 根轨迹共有四条。起点在开环极点 $0,-3,-1\pm \mathrm{j}$，一条根轨迹的终点在开环零点 -2，其余三条终点在无穷远处。

(3) 趋于无穷远处的根轨迹的渐近线与实轴的交点以及渐近线的倾斜角为

$$\begin{aligned}-\sigma&=-\frac{1}{n-m}\left(\sum_{j=1}^{n}p_j-\sum_{i=1}^{m}z_i\right)\\&=\frac{1}{3}[(-1+\mathrm{j}-1-\mathrm{j}-0-3)-(-2)]=-1\end{aligned}$$

$$\theta=\frac{180^\circ(2k+1)}{n-m}=\frac{180^\circ(2k+1)}{3}$$

当 $k=0,1,2$ 时，分别得到倾斜角为 $60^\circ,180^\circ,300^\circ$。

(4) 实轴上的根轨迹为 $(-\infty,-3)$ 和 $(-2,0)$。

(5) 实轴上无分离点和汇合点。

(6) 利用式(4.4.24)，由作图可得根轨迹离开复数极点 $-1+\mathrm{j}$ 的出射角为

$$\begin{aligned}\varphi_x&=\mp180^\circ(2k+1)+\underline{\angle(-p_1+z_1)}-\underline{\angle(-p_1+p_2)}\\&\quad-\underline{\angle(-p_1+p_3)}-\underline{\angle(-p_1+p_4)}\\&=\mp180^\circ(2k+1)+45^\circ-(90^\circ+135^\circ+26.6^\circ)\\&=\mp180^\circ\times2k-26.6^\circ\end{aligned}$$

考虑到幅角的周期性，取 $\varphi_x=-26.6^\circ$。利用根轨迹的对称性，根轨迹离开复数极点 $-1-\mathrm{j}$ 的出射角为 26.6°。

(7) 计算根轨迹与虚轴的交点。

闭环系统的特征方程为

$$s(s+3)(s^2+2s+2)+K_g(s+2)=0$$

即

$$s^4+5s^3+8s^2+(6+K_g)s+2K_g=0$$

劳斯阵为

$$
\begin{array}{c|ccc}
s^4 & 1 & 8 & 2K_g \\
s^3 & 5 & 6+K_g & \\
s^2 & \dfrac{40-(6+K_g)}{5} & 2K_g & \\
s^1 & 6+K_g-\dfrac{50K_g}{34-K_g} & & \\
s^0 & 2K_g & &
\end{array}
$$

由于 $K_g>0$，若劳斯阵的 s^1 行等于零，则系统有共轭虚根，即满足

$$6+K_g-\frac{50K_g}{34-K_g}=0$$

解之，得 $K_{gp}=7.0$。对应的开环增益为

$$K_p=7\times\frac{1\times 2}{(1+\mathrm{j})(1-\mathrm{j})\times 3}=\frac{7}{3}$$

相应的 ω 值由 s^2 行元素组成的辅助多项式确定，即有 $[40-(6+7)]s^2+5\times 2\times 7=0$，将 $s=\mathrm{j}\omega$ 代入，得

$$\omega=\pm 1.6$$

完整的根轨迹如图 4.25 所示。

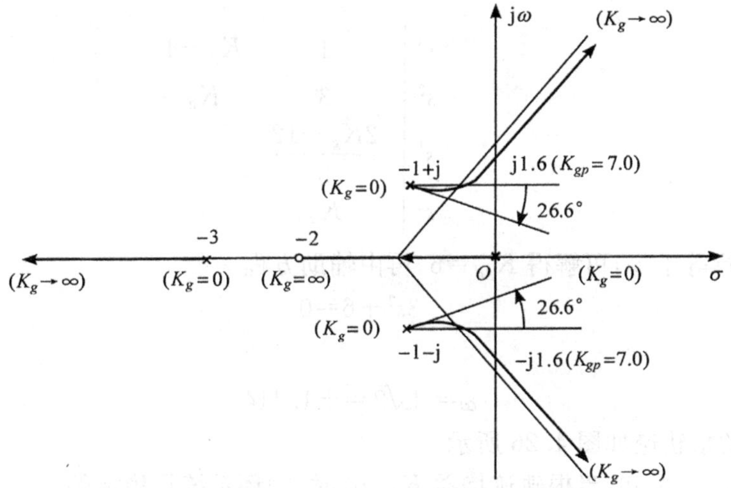

图 4.25　零、极点分布及根轨迹图

由图 4.25 可以看出，当 $0<K_g<7.0$ 时 $\left(\text{对应于开环增益 } 0<K<\frac{7}{3}\right)$，闭环系统是稳定的。

例 4.27　设系统的开环传递函数为

$$G_0(s)=\frac{K_g(s+1)}{s(s-1)(s+4)}$$

试绘制其根轨迹图，并分析系统稳定性。

解　绘制步骤如下：

(1) 根轨迹共有三条，起点在开环极点 0，−4，+1 处，一条根轨迹的终点在开环零点−1，其余两条终点在无穷远处。

(2) 渐近线有两条，与实轴的交点为

$$-\sigma=-\frac{1}{3-1}[(0-1+4)-1]=-1$$

倾斜角为±90°。

(3) 实轴上的根轨迹在区间(−4，−1)和(0，1)上。

(4) 在区间(0，1)中根轨迹有分离点，由式(4.4.21)，有

$$(s+1)[s(s-1)(s+4)]'-(s+1)'[s(s-1)(s+4)]=0$$

解之，并去除不在实轴上的根，得分离点为 0.44，$K_{gd}=0.76$。

(5) 由闭环系统的特征方程

$$s^3+3s^2+(K_g-4)s+K_g=0$$

有劳斯阵

$$\begin{array}{c|cc} s^3 & 1 & K_g-4 \\ s^2 & 3 & K_g \\ s^1 & \dfrac{2K_g-12}{3} & \\ s^0 & K_g & \end{array}$$

令 s^1 行等于零，可解得 $K_{gp}=6$，再由辅助方程

$$3s^2+6=0$$

解得

$$\omega=\pm\sqrt{2}=\pm 1.414$$

完整的根轨迹如图 4.26 所示。

由图 4.26 可知，当根轨迹增益 $K_g>6$ 时，闭环系统是稳定的。

下例表明，除开环增益外，根轨迹方法也可以用于分析系统其他参数对稳定性的影响。

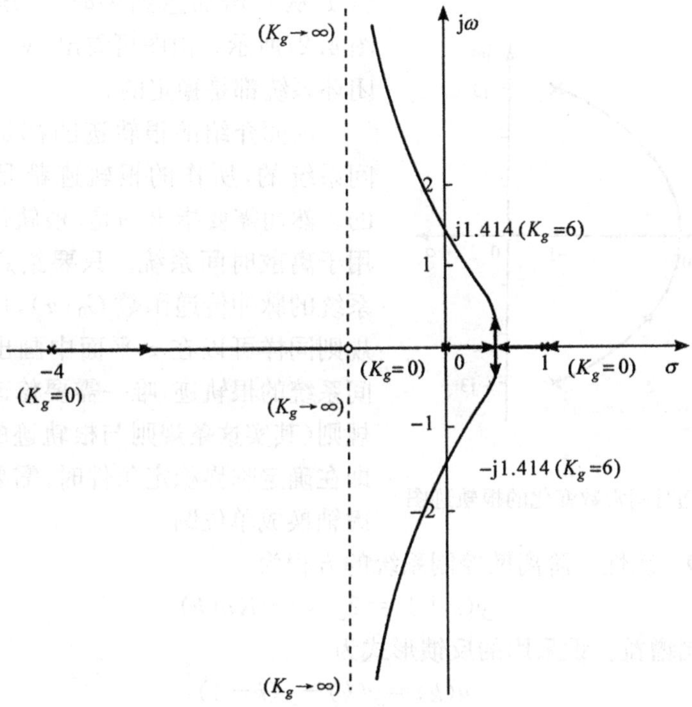

图 4.26　零、极点分布及根轨迹图

例 4.28　设系统的开环传递函数为

$$G_0(s)=\frac{10(Ts+1)}{s(s+2)}$$

试绘制随时间常数 T 变化的根轨迹图，并分析系统稳定性。

解　本例中时间常数 T 并不在我们已经习惯了的根轨迹常数的位置。但只需将闭环系统的特征方程

$$1+\frac{10(Ts+1)}{s(s+2)}=0$$

等价变换成

$$s(s+2)+10Ts+10=0$$

或者

$$1+\frac{10Ts}{s^2+2s+10}=0$$

就可看出，原系统的根轨迹图与开环传递函数为

$$G'_0(s)=\frac{10Ts}{s^2+2s+10}$$

的闭环系统根轨迹是完全一样的。$G'_0(s)$ 的开环极点为 $-1\pm j3$，开环零点为 0。

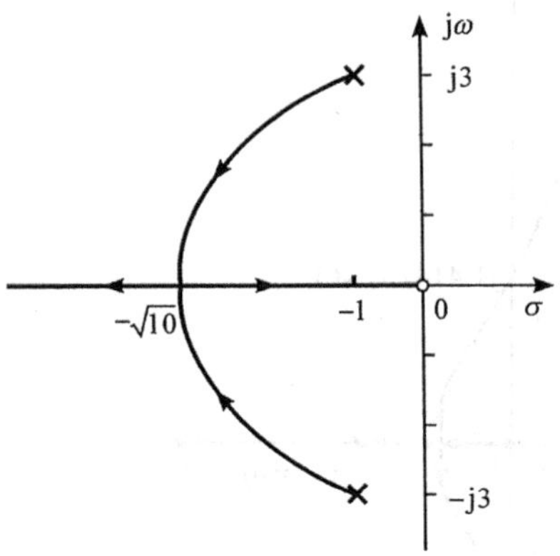

图 4.27 随时间常数变化的根轨迹图

当 T 从 0 增加达到∞时，系统的根轨迹如图 4.27所示。由图可看出，对于任意 $T>0$，闭环系统都是稳定的。

前面介绍的根轨迹图都是针对连续时间系统的，所作的根轨迹都是在 s 平面中的。然而需要指出的是，根轨迹方法同样适用于离散时间系统。只要给定了离散时间系统的脉冲传递函数 $G_0(z)$，用前面介绍的规则同样可以在 z 平面中画出闭环离散时间系统的根轨迹，唯一需要修改的是第 8 条规则(其实这条规则与根轨迹的画法无关)，即在确定临界稳定条件时，需要将复平面的虚轴换成单位圆。

例 4.29 线性一阶离散控制系统的方程为

$$y(k+1)=2y(k)-Ku(k) \tag{4.4.30}$$

$K>0$ 为控制增益。设采用的反馈形式为

$$u(k)=y(k)-y(k-1) \tag{4.4.31}$$

画出闭环系统的根轨迹法，并分析系统的稳定性。

解 将式(4.4.31)代入式(4.4.30)，得到闭环系统的差分方程为

$$y(k+1)-2y(k)+K(y(k)-y(k-1))=0$$

其特征方程为

$$z^2-2z+K(z-1)=0$$

上式可等价地写成

$$1+\frac{K(z-1)}{z(z-2)}$$

其根轨迹如图 4.28 所示。由图可知，无论 K 取何值，都有根轨迹在单位圆外，故闭环系统不能渐近稳定。

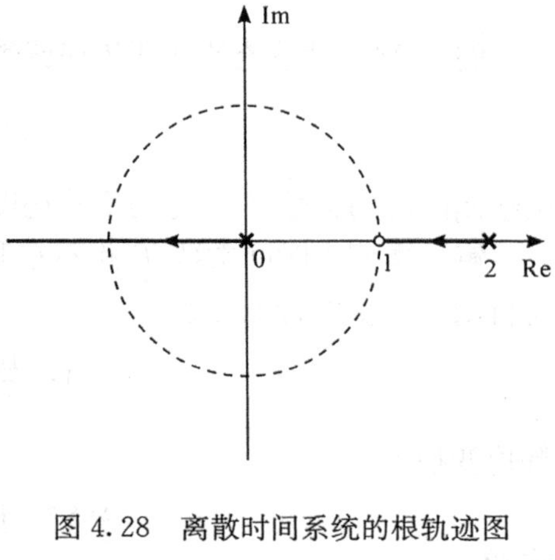

图 4.28 离散时间系统的根轨迹图

4.5 奈奎斯特稳定性判据

前面介绍了劳斯-霍尔维茨稳定判据和根轨迹图，分别用系统的闭环特征方程和开环传递函数来判别系统的稳定性。这两种方法在应用时必须知道系统的闭环或开环传递函数，而在实际中有些系统的传递函数是写不出来的。

1933 年,奈奎斯特(H. Nyquist)提出了一种判别系统稳定性的方法——奈奎斯特稳定性判据。这个判据是利用系统的开环频率特性分析闭环系统的稳定性。我们知道,系统的开环频率特性既可以从传递函数获得,也可以直接由实验获得。因此,对于不能列写微分方程的系统,它也能分析其稳定性。另外,该判据不仅能判别闭环系统是否稳定,而且还能指出稳定的程度。

4.5.1　幅角定理

奈奎斯特稳定性判据的数学基础是复变函数中的柯西(Cauchy)幅角原理。鉴于该原理在一般复变函数教科书中均有介绍,本小节的叙述属于说明性的而不进行数学证明。

先看一个自变量为 s 的复变函数

$$F(s)=1+\frac{2}{s} \tag{4.5.1}$$

因为 $s=\sigma+\mathrm{j}\omega$ 为复变量,故 $F(s)$ 也是复变量,即

$$F(s)=1+\frac{2\sigma}{\sigma^2+\omega^2}-\mathrm{j}\left(\frac{2\omega}{\sigma^2+\omega^2}\right) \tag{4.5.2}$$

$F(s)$ 的实部和虚部分别为

$$u=1+\frac{2\sigma}{\sigma^2+\omega^2},\qquad v=\frac{-2\omega}{\sigma^2+\omega^2}$$

如果 s 平面上的点 A 位于 $s=-1+\mathrm{j}1$ 处,则相应的 $F(s)$ 平面上有 A' 点与之对应。它的实部和虚部分别为

$$u'=1-\frac{2}{2}=0,\qquad v'=\frac{-2}{2}=-1$$

图 4.29 表示出 s 与 $F(s)$ 二平面上的 A 和 A',用箭头说明 A 到 A' 的映射。

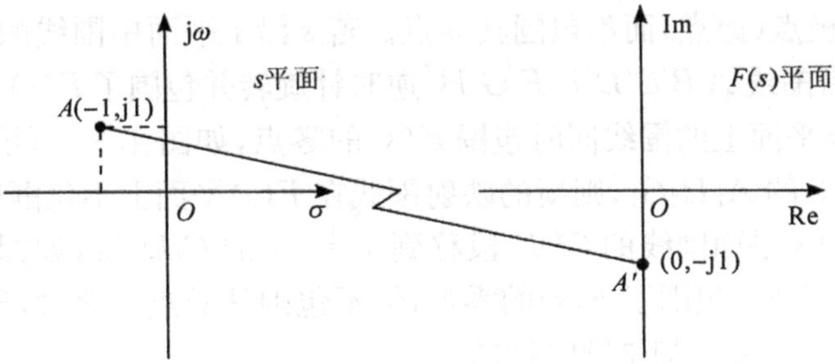

图 4.29　A 点到 A' 的映射

进一步,考虑 s 平面上的一个围线(封闭曲线),如图 4.30(a) s 平面中的 $ABCDEFGH$ 所示。要观察该围线在 $F(s)$ 平面上的映射,先考虑 A、C、E、G 四个

点，有如下结果：

$$s_A = -1 + j1,\quad u_{A'} + jv_{A'} = 0 - j1$$
$$s_C = +1 + j1,\quad u_{C'} + jv_{C'} = 2 - j1$$
$$s_E = +1 - j1,\quad u_{E'} + jv_{E'} = 2 + j1$$
$$s_G = -1 - j1,\quad u_{G'} + jv_{G'} = 0 + j1$$

当然，仅此四点还不足以确定 $F(s)$ 平面上的全部映射围线。事实上，它是如图 4.30(b)所示的形状。

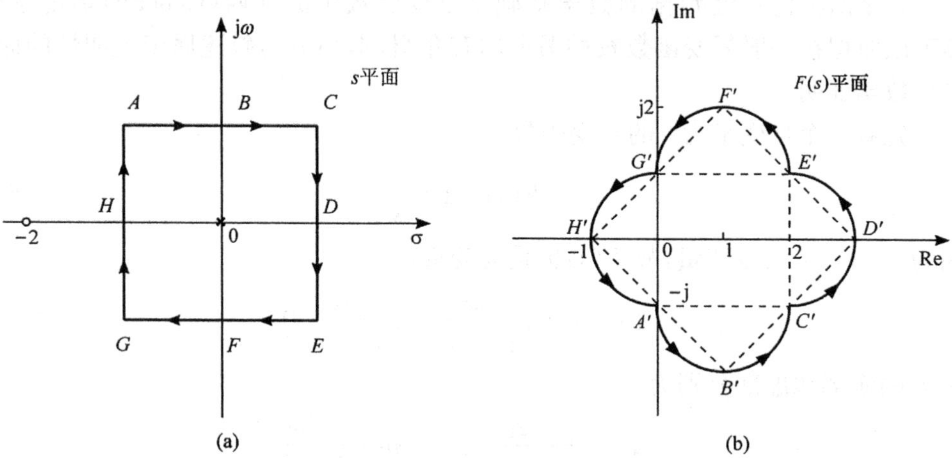

图 4.30　s 平面围线在 $F(s)$ 平面的映射之一

现在来看一些重要的事实，如果把式(4.5.1)改写成

$$F(s) = \frac{s+2}{s} \tag{4.5.3}$$

可见 $F(s)$ 有一个极点 $s=0$ 和一个零点 $s=-2$。图 4.30(a)中 s 平面上的围线包围了 $F(s)$ 的极点（原点）而不包围其零点。若 s 沿 s 平面中围线顺时针变化，则对应的映射点沿围线 $A'B'C'D'E'F'G'H'$ 逆时针旋转并包围了 $F(s)$ 平面上的原点。

如果让 s 平面上的围线同时包围 $F(s)$ 的零点，如图 4.31 所示，把 AHG 段移到通过 $\sigma=-3$ 的 $A_1H_1G_1$，则新的映射围线在 $F(s)$ 平面上不包围原点。

如果再把 s 平面围线的 CDE 段移到 $\sigma=-1$ 的 $C_2D_2E_2$，如图 4.32 所示。这时 $A_1C_2D_2E_2G_1H_1$ 包围了 $F(s)$ 的零点，但不包围其极点。此时，$F(s)$ 平面上的围线包围了原点，而方向却是顺时针的！

上面以式(4.5.3)为例的 $F(s)$ 所表现的映射关系可以推广到一般情况。事实上，如果把 $F(s)$ 写成如下形式：

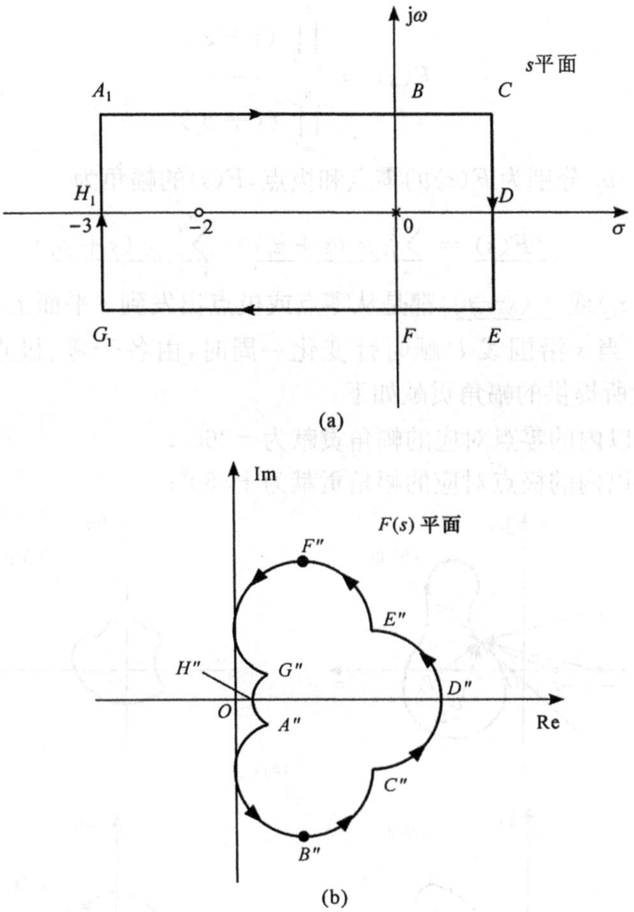

图 4.31　s 平面围线在 $F(s)$ 平面的映射之二

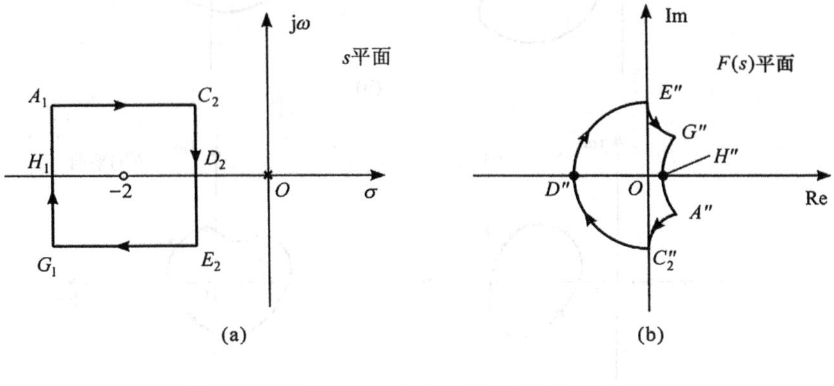

图 4.32　s 平面围线在 $F(s)$ 平面的映射之三

$$F(s)=\frac{\prod_{i=1}^{m}(s+z_i)}{\prod_{j=1}^{n}(s+p_j)}$$

其中，$-z_i$ 和 $-p_j$ 分别为 $F(s)$ 的零点和极点，$F(s)$ 的幅角为

$$\angle F(s)=\sum_{i=1}^{m}\angle(s+z_i)-\sum_{j=1}^{n}\angle(s+p_j)$$

每一个 $\angle(s+z_i)$ 或 $\angle(s+p_j)$ 都是从零点或极点出发到 s 平面上某一点向量的幅角(图 4.33)。当 s 沿围线 Γ 顺时针变化一周时，由各个零、极点出发的向量对 $\angle F(s)$ 的增量所提供的幅角贡献如下：

(1) 在 Γ 以内的零点对应的幅角贡献为 $-360°$；

(2) 在 Γ 以内的极点对应的幅角贡献为 $+360°$；

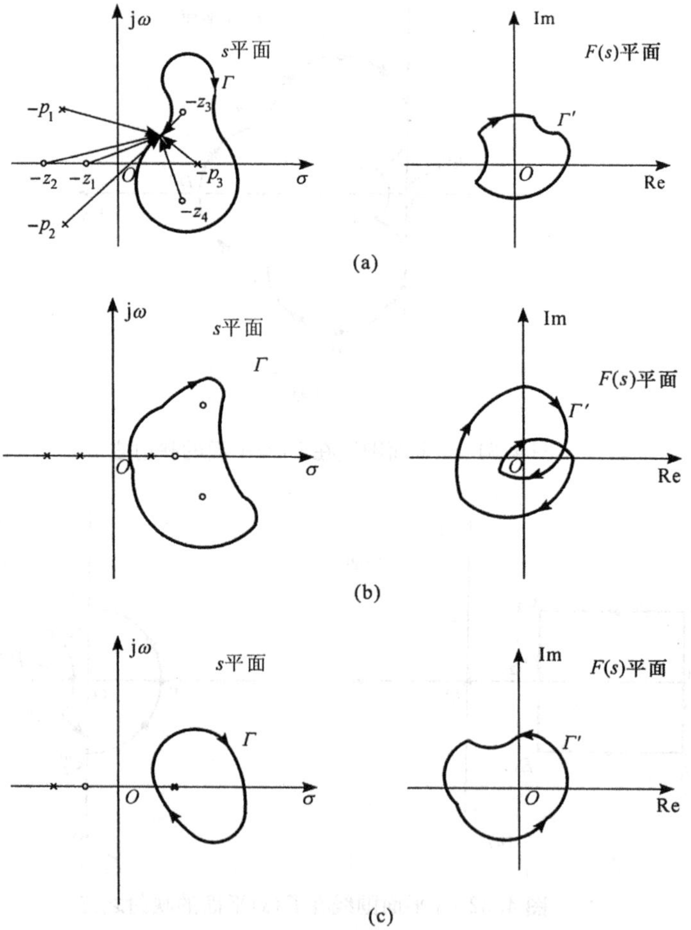

图 4.33　幅角定理说明

(3) 在 Γ 以外的零点或极点对应的幅角贡献为零。

因此，如果 $F(s)$在围线 Γ 内有 Z 个零点和 P 个极点，则当 s 沿围线 Γ 顺时针变化一周时，映射围线 Γ 的幅角增量为

$$\Delta \angle F(s) = Z(-360^\circ) + P(+360^\circ) = (Z-P)(-360^\circ)$$

显然，其中$(Z-P)$表示映射围线 Γ' 顺时针包围原点的次数。由此，**柯西幅角定理**可叙述如下：

设 $F(s)$在 Γ 上及 Γ 内除有限个数的极点外是处处解析的，$F(s)$在 Γ 上既无极点也无零点，则当围线 Γ 走向为顺时针时，映射围线 Γ' 包围 $F(s)$平面原点的次数为

$$N = Z - P \tag{4.5.4}$$

其中，Z 为 $F(s)$在 Γ 内的零点个数；P 为 $F(s)$在 Γ 内的极点个数。N 为正表示顺时针包围，N 为负表示逆时针包围。

图 4.33(a)、(b)、(c)分别表示的三种情况是 (a) $N=2-1=1$；(b)$N=3-1=2$；(c)$N=0-1=-1$。

在图 4.30 中，$Z=0$，$P=1$，$N=0-1=-1$，故 Γ' 逆时针包围原点一周。在图 4.31中，$Z=1$，$P=1$，$N=1-1=0$，故 Γ' 不包围原点。在图 4.32 中，$Z=1$，$P=0$，$N=1-0=1$，故 Γ' 顺时针包围原点一周。

柯西幅角定理对于 s 平面中满足定理条件的任何封闭曲线都成立。奈奎斯特稳定性判据就是在 s 平面上选取一个特定的封闭曲线，并利用式(4.5.4)得出的。

4.5.2 奈奎斯特稳定性判据

设开环系统的传递函数为

$$G_0(s) = G(s)H(s) = \frac{B(s)}{A(s)}$$

则闭环传递函数为

$$W(s) = \frac{G(s)}{1+G_0(s)} = \frac{G(s)A(s)}{A(s)+B(s)}$$

其中，$A(s)$和 $A(s)+B(s)$分别为开环系统和闭环系统的特征多项式。现以它们构成一个辅助函数

$$F(s) = \frac{A(s)+B(s)}{A(s)} = 1 + G_0(s) \tag{4.5.5}$$

显然，$F(s)$的零点为闭环特征方程的根(即闭环极点)，$F(s)$的极点为开环特征方程的根(即开环极点)。由于实际物理系统的传递函数分母多项式的阶次 n 大于或等于分子多项式的阶次 m，所以辅助函数的零点数等于极点数。如果闭环系统是稳定的，则 $F(s)$的零点必须全部在 s 平面的左半部内。

如果有一条 s 平面的封闭围线 Γ 能包围整个右半平面，则 Γ 在 $F(s)$ 平面上的映射围线 Γ' 包围原点的次数 N 应为

$$N=(\text{闭环右极点数})-(\text{开环右极点数})$$

当已知开环右极点数时(通常可以做到)，便可由 N 判断闭环右极点数，从而确定闭环系统的稳定性。

上述想法是可以实现的，但是需要解决两个问题。

(1) 如何构造一个能包围整个右半 s 平面的封闭围线 Γ，而且它是符合幅角定理条件的。

(2) 如何确定相应的映射围线 Γ' 对原点的包围次数 N，并将它与开环频率特性 $G_0(j\omega)=G(j\omega)H(j\omega)$ 相联系。

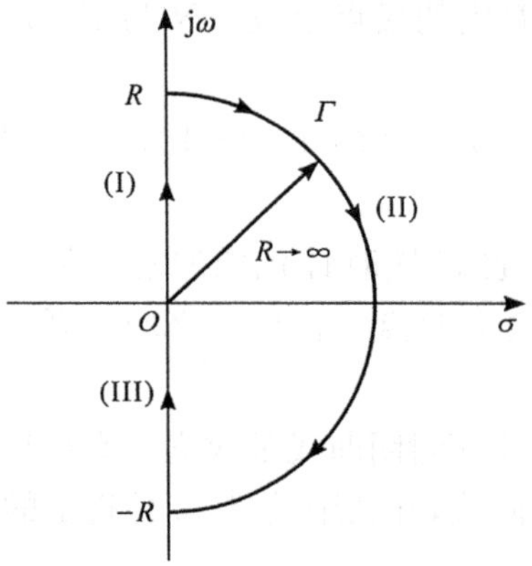

图 4.34 奈奎斯特围线

假定 $F(s)$ 在虚轴上没有零、极点。首先构造一条封闭曲线 Γ，如图 4.34 所示。该封闭曲线按顺时针方向包围整个右半 s 平面，称之为奈奎斯特围线(或奈奎斯特路径)。它可以分为三部分：(I) 正虚轴 $s=j\omega$：ω 由 0 变化到 $+\infty$；(II) 半径为无限大的右半圆 $s=Re^{j\theta}$：$R\to+\infty$，θ 由 $\frac{\pi}{2}$ 变化到 $-\frac{\pi}{2}$；(III) 负虚轴 $s=j\omega$：ω 由 $-\infty$ 变化到 0。

如果已获得奈奎斯特围线 Γ 的 $F(s)$ 映射 Γ'，则可得知映射围线 Γ' 对原点的包围次数 N。根据幅角定理式(4.5.4)，当 $F(s)$ 在右半 s 平面上的零点数为 Z，极点数为 P 时，应有

$$N=Z-P \tag{4.5.6}$$

因此，若 P 已知，便可以求得 Z，即闭环特征方程在右半 s 平面内的根。$Z=0$ 时，闭环系统稳定；否则不稳定。

至此，虽然我们尚未将奈奎斯特围线与开环频率特性 $G(j\omega)H(j\omega)$ 直接联系起来，但结果已经是很明显的。由式(4.5.5)可以引出以下三点关系：

(1) 奈奎斯特围线 Γ 对 $F(s)$ 的映射可以由对 $G_0(s)$ 的映射求得。它们之间只相差一个右移单位。

(2) Γ 的映射围线 Γ' 在 $F(s)$ 平面，即 $1+G_0(s)$ 平面上对原点的包围，相当于 Γ' 在 $G_0(s)$ 平面上的映射曲线对 $(-1,j0)$ 点的包围。把奈奎斯特围线 Γ 关于 $G_0(s)$ 的映射曲线 Γ' 称为奈奎斯特曲线，它就是开环频率特性曲线的直角坐标(以 $G_0(j\omega)$ 的实部和虚部为坐标)形式或者极坐标(以 $G_0(j\omega)$ 的模和幅角为坐标)形式。映射围线 Γ' 对原点的包围次数 N 等于奈奎斯特曲线对 $(-1,j0)$ 点的包围次数。

(3) $F(s)$的极点就是$G_0(s)$的极点，因此$F(s)$在右半s平面内的极点数P就是$G_0(s)$的右极点数。

根据上述关系，给出**奈奎斯特稳定性判据**如下：

如果系统开环传递函数在右半s平面内有P个极点，且奈奎斯特曲线对$(-1,\mathrm{j}0)$点的包围次数为N（$N>0$表示顺时针，$N<0$表示逆时针），则系统闭环特征方程在右半s平面内根的个数为

$$Z=N+P \tag{4.5.7}$$

若$Z=0$，闭环系统稳定；否则不稳定。

例 4.30　考虑如图 4.35 所示的闭环系统，其中T和K均为正实数，试用奈奎斯特稳定性判据判别其稳定性。

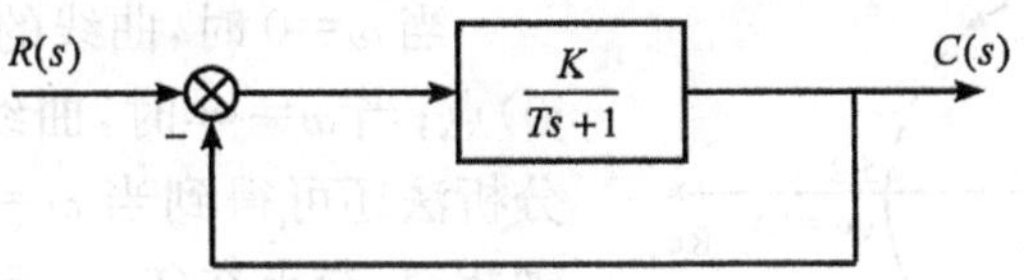

图 4.35　反馈系统框图

解　为了分析闭环系统的稳定性，先要作开环频率特性的奈奎斯特曲线。

将$s=\mathrm{j}\omega$代入$G_0(s)$中，有

$$G_0(\mathrm{j}\omega)=\frac{K}{1+\mathrm{j}T\omega}=K\frac{1-\mathrm{j}T\omega}{1+T^2\omega^2}$$

则$G_0(\mathrm{j}\omega)$的实部和虚部分别为

$$u=\frac{K}{1+T^2\omega^2},\qquad v=\frac{-KT\omega}{1+T^2\omega^2}$$

将以上二式平方后相加，有

$$u^2+v^2=Ku$$

即

$$\left(u-\frac{K}{2}\right)^2+v^2=\left(\frac{K}{2}\right)^2$$

它是圆心在$\left(\frac{K}{2},\mathrm{j}0\right)$处，半径为$\frac{K}{2}$的圆，如图 4.36所示。

当$\omega=0$时，$G_0(0)=K$；当$\omega=\frac{1}{T}$时，$G_0\left(\mathrm{j}\frac{1}{T}\right)=\frac{K}{1+\mathrm{j}}=0.707K\angle-45°$；当$\omega\to\infty$时，$\lim\limits_{\omega\to\infty}G_0(\mathrm{j}\omega)=\lim\limits_{\omega\to\infty}\frac{K}{1+\mathrm{j}T\omega}=0\angle-90°$。显然，对于任何$K>0$的$G_0(\mathrm{j}\omega)$曲线都在$G_0(s)$

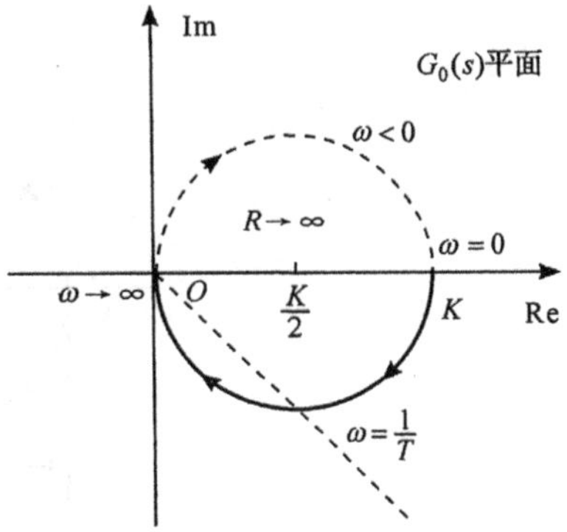

图 4.36　惯性环节的奈奎斯特曲线

平面的第四象限的半圆中，而且当 $\omega=1/T$ 时的相角均为 45°。

至于 $-\infty<\omega<0$ 的 $G_0(j\omega)$，则是正频率 $G_0(j\omega)$ 曲线对实轴的镜像。从图 4.36 可以看出，奈奎斯特曲线没有包围 $(-1,j0)$ 点，即 $N=0$，而 $G_0(j\omega)$ 无右极点 $(P=0)$，因此闭环右极点数 $Z=0$，闭环系统在任何 $K>0$ 的情况下都是稳定的。

例 4.31　设开环系统传递函数为

$$G_0(s)=\frac{52}{(s+2)(s^2+2s+5)}$$

试用奈奎斯特稳定性判据判别闭环系统的稳定性。

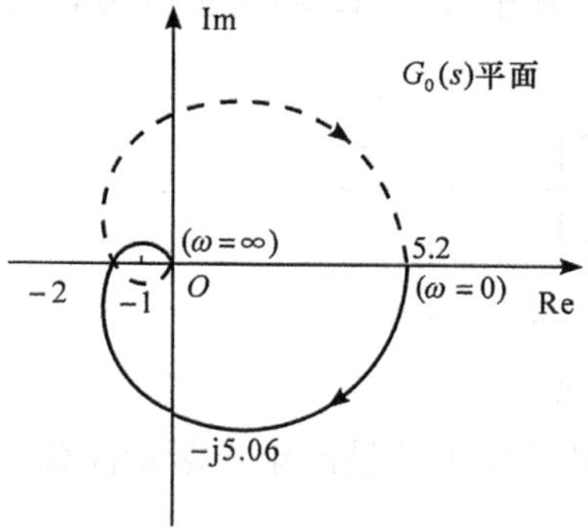

图 4.37　三阶系统的奈奎斯特曲线

解　绘出开环系统的奈奎斯特曲线，如图 4.37 所示。

当 $\omega=0$ 时，曲线的起点在实轴上 $(5.2, j0)$ 点；当 $\omega=\infty$ 时，曲线的终点在原点。用分析法还可得到当 $\omega=2.5$ 时，曲线与负虚轴相交，交点在 $(0,-j5.06)$ 处；当 $\omega=3$ 时，曲线与负实轴相交，交点在 $(-2.0,j0)$ 处。

开环系统无右极点 $(P=0)$，而奈奎斯特曲线以顺时针包围 $(-1,j0)$ 点两圈 $(N=2)$。所以，根据奈奎斯特稳定性判据可知闭环系统是不稳定的，闭环右极点数 $Z=N+P=2+0=2$。

例 4.32　系统结构如图 4.38 所示，试判别闭环系统的稳定性并讨论稳定性和 K 的关系。

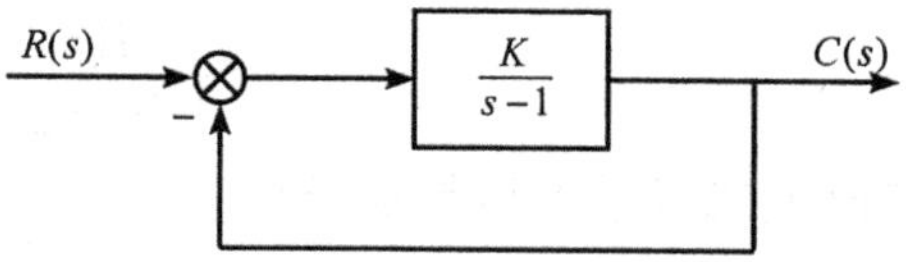

图 4.38　具有开环右极点的反馈系统

解　$G_0(s)$ 的右极点数 $P=1$，其奈奎斯特曲线如图 4.39 所示。它顺时针包围 $(-1,j0)$ 点的圈数 N 和 K 有关。

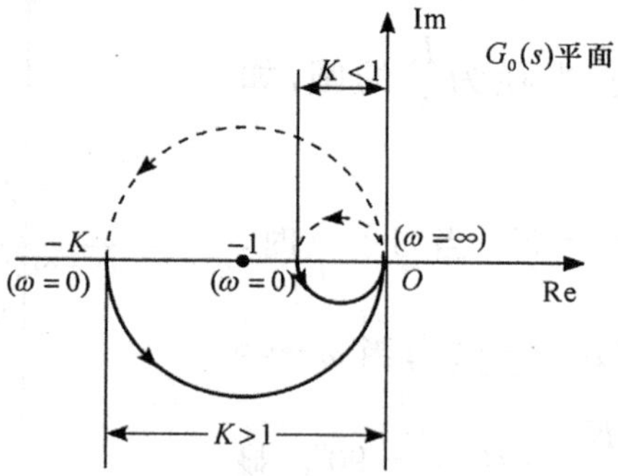

图 4.39　奈奎斯特曲线与参数 K 的关系

(1) 当$K>1$时，$N=-1$，闭环系统是稳定的。

(2) 当$K<1$时，$N=0$，闭环系统是不稳定的。

例 4.33　某单位反馈系统的开环传递函数为

$$G_0(s)=\frac{10e^{-0.5s}}{s+1}$$

试判别闭环系统的稳定性。

解　由$G_0(s)$的表达式，可知$P=0$，其奈奎斯特曲线如图 4.40 所示。显然，曲线包围了$(-1,j0)$点，而$N\neq P$。由奈奎斯特稳定性判据，闭环系统不稳定。

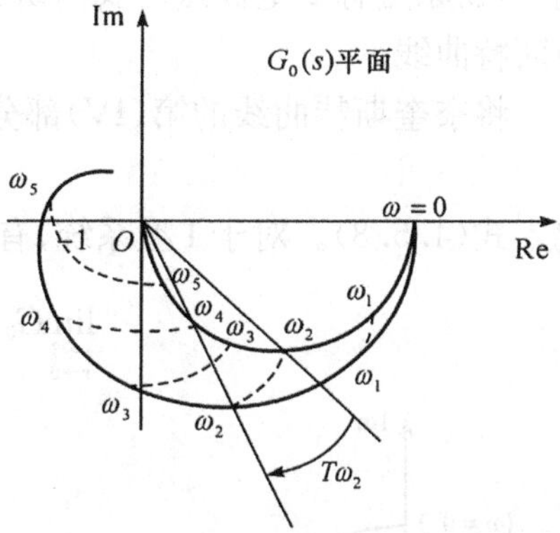

图 4.40　$\frac{10e^{-0.5s}}{s+1}$的奈奎斯特曲线

4.5.3　开环系统含有积分环节时奈奎斯特稳定性判据的应用

根据柯西幅角定理，奈奎斯特围线Γ上应当没有开环传递函数$G_0(s)$的极点和(或)零点，但实际控制系统的$G_0(s)$中常常含有积分环节，因而在Γ的路径上(s平面的原点处)存在极点，从而不能应用幅角定理。为了使奈奎斯特围线不经过原点而又能包围整个右半s平面，修正如下：

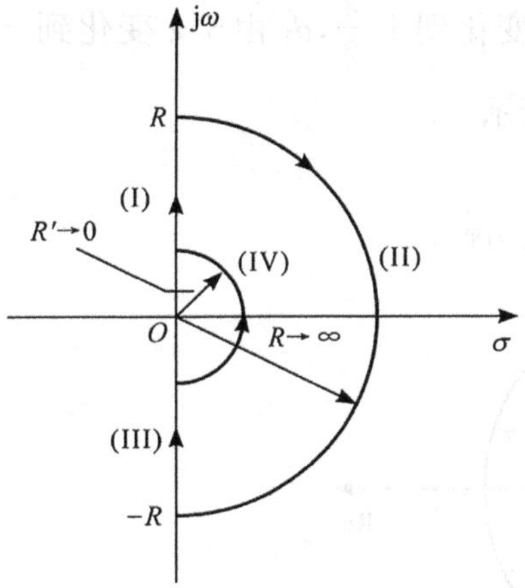

图 4.41　开环系统含积分环节的奈奎斯特围线

以原点为圆心作一半径为无穷小的右半圆，并用以下四段曲线构成奈奎斯特圈线(图 4.41)：(I)正虚轴$s=j\omega$，ω由0^+变化到$+\infty$；(II)半径为无穷大的右半圆$s=Re^{j\theta}$，$R\to\infty$，θ由$\frac{\pi}{2}$变化到$-\infty$；(III)负虚轴$s=j\omega$：ω由$-\infty$变化到0^-；(IV)半径为无穷小的右半圆$s=R'e^{j\theta'}$：$R'\to 0$，θ'由$-\frac{\pi}{2}$变化到$+\frac{\pi}{2}$。

设开环系统的传递函数为

$$G_0(s)=\frac{K\prod_{i=1}^{m}(\tau_i s+1)}{s^v\prod_{j=1}^{n-v}(T_j s+1)},\qquad v\geqslant 1 \tag{4.5.8}$$

$G_0(s)$在原点有 v 重极点。我们研究当 $v=1$(I 型系统)和 $v=2$(II 型系统)时的奈奎斯特曲线。

将奈奎斯特曲线的第(IV)部分

$$s=R'e^{j\theta'} \tag{4.5.9}$$

代入式(4.5.8)。对于 I 型系统,有

$$\lim_{\substack{v=1\\s\to0}}G_0(s)=\frac{K}{R'e^{j\theta'}}=K_1e^{j\theta_1} \tag{4.5.10}$$

它是半径为无限大的右半圆,$K_1\to\infty$,$\theta_1=-\theta'$。当 θ' 由 $-\frac{\pi}{2}$ 变化到 $+\frac{\pi}{2}$ 时,θ_1 由 $+\frac{\pi}{2}$ 变化到 $-\frac{\pi}{2}$,如图 4.42 所示。

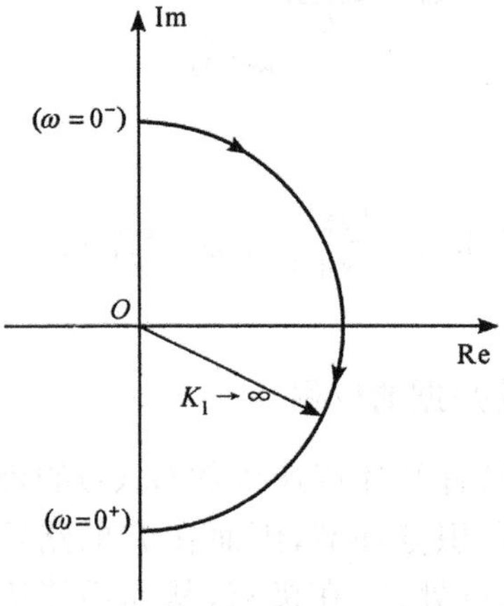

图 4.42　修正奈奎斯特围线圈线(IV)部分在 $G_0(s)$ 平面上映射($v=1$)

将式(4.5.9)代入式(4.5.8)。对于 II 型系统,有

$$\lim_{\substack{v=2\\s\to0}}G_0(s)=\frac{K}{(R'e^{j\theta'})^2}=K_2e^{j\theta_2} \tag{4.5.11}$$

它是半径为无穷大的圆,$K_2\to\infty$,$\theta_2=-2\theta'$。当 θ' 由 $-\frac{\pi}{2}$ 变化到 $+\frac{\pi}{2}$,θ_2 由 $+\pi$ 变化到 $-\pi$,如图 4.43 所示。

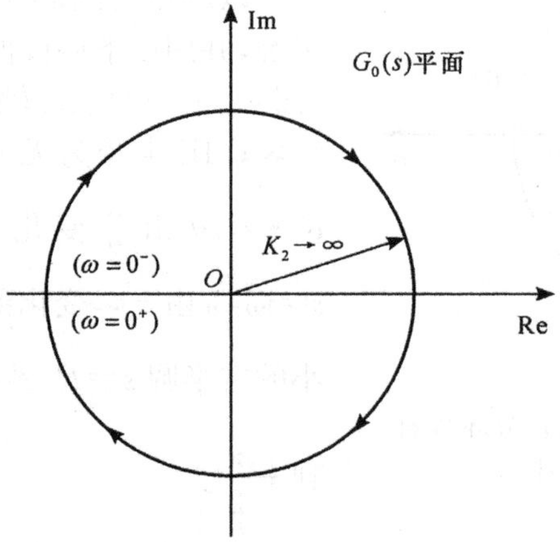

图 4.43　修正奈奎斯特围线圈线(IV)部分在 $G_0(s)$ 平面上映射($v=2$)

用图 4.41 所示的修正奈奎斯特围线进行讨论,则上述的奈奎斯特稳定性判据仍可应用于 I 型和 II 型系统。

例 4.34　设 I 型系统的开环频率特征如图 4.44 所示。开环系统在右半 s 平面内无极点。试用奈奎斯特稳定性判据判别闭环系统的稳定性。

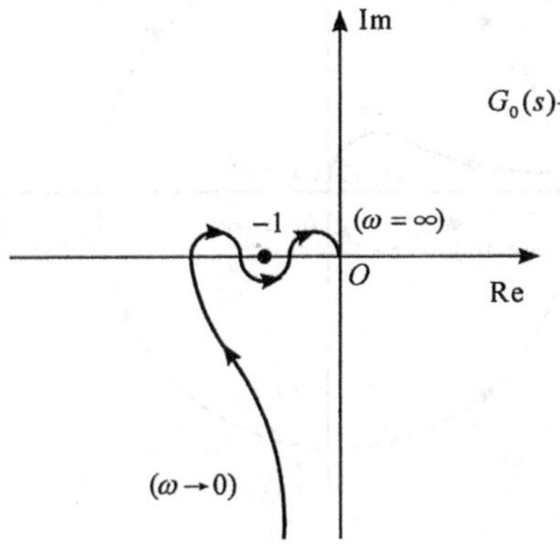

图 4.44　某 I 型系统的开环频率特性

解　作出开环频率特性的镜像，如图 4.45 所示。用如图 4.42 所示的右半圆将 $\omega \to 0^+$ 和 $\omega \to 0^-$ 的特性曲线相连，如图 4.45 所示。当 s 沿修正奈奎斯特围线顺时针变化一周时，$G_0(s)$平面上相应的奈奎斯特曲线包围$(-1,j0)$点的总圈数 $N=0$。由奈奎斯特稳定性判据可知，闭环系统是稳定的。

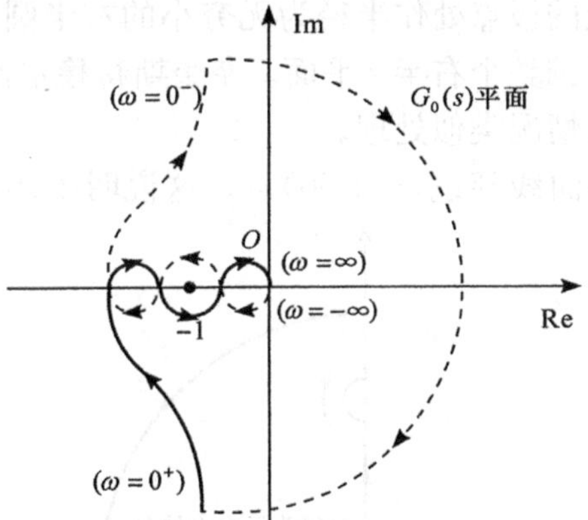

图 4.45　某 I 型系统的奈奎斯特曲线

例 4.35　某 II 型系统的开环频率特性如图 4.46 所示。开环系统在右半 s 平面内无极点，试用奈奎斯特稳定性判据判别闭环系统的稳定性。

解　在图 4.46 上作出开环频率特性曲线的镜像，并用图 4.43 所示的半径为无穷大的圆将 $\omega \to 0^-$ 和 $\omega \to 0^+$ 的特性曲线相连，得到一个封闭曲线。显然，沿 ω 增加的方向，此封闭曲线顺时针包围$(-1,j0)$两圈。因此闭环系统是不稳定。由式

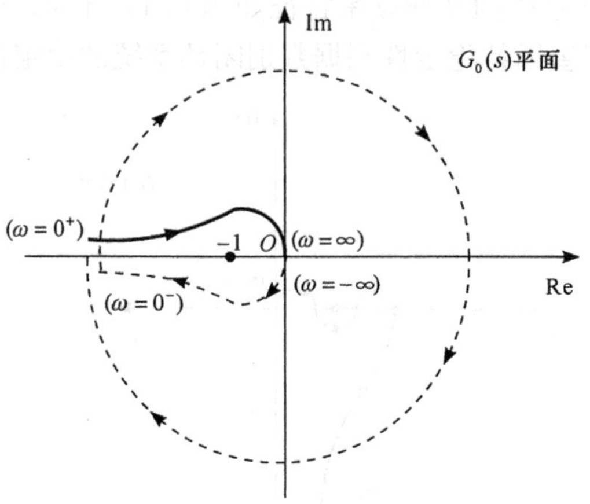

图 4.46　某 II 型系统的开环频率特性

(4.5.7)可知,闭环系统在右半 s 平面上有两个极点。

III 型以上的系统在控制工程中比较少见,但奈奎斯特稳定性判据仍然可以应用。

在使用奈奎斯特稳定性判据时可能会遇到两种情况。

(1) 开环系统在虚轴上有极点。此时,应将奈奎斯特围线相作相应的修改,如图 4.47 所示,在虚轴上的极点处作半径为无穷小的右半圆,使奈奎斯特围线不通过虚轴上的极点但仍包围整个右半 s 平面。奈奎斯特稳定性判据仍可应用。开环系统在虚轴上有零点的情况类似处理。

(2) 开环频率特性曲线穿过(－1,j0)点。这说明闭环系统临界稳定的,此时

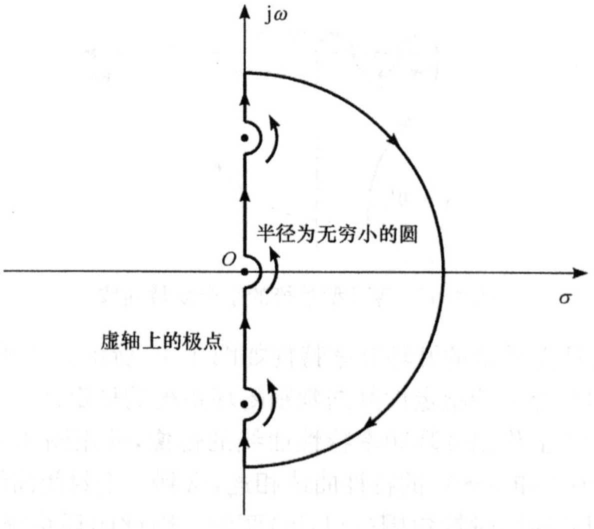

图 4.47　虚轴上有极点时的奈奎斯特围线

闭环系统将有极点在虚轴上。

通常，在利用奈奎斯特图（极坐标图）判别闭环系统稳定性时，为了简便起见，只要画出 ω 从 0 变化到∞的频率特性曲线。此时，应把确定闭环系统在右半 s 平面内极点数 Z 的式(4.5.7)改为

$$Z=2N'+P \tag{4.5.12}$$

其中，P 为开环系统在右半 s 平面内的极点数；N' 为 ω 从 0 变化到∞时，开环频率特性曲线顺时针包围(−1,j0)点的圈数。对Ⅰ型以上的系统还应考虑 $\omega\to0^+$ 时与修正奈奎斯特围线的半径为无穷小的半圆上半部分相对应的曲线。

4.5.4　奈奎斯特稳定性判据在伯德图中的表示形式

绘制开环系统的奈奎斯特图比较麻烦，而绘制伯德图（对数频率特性图）比较容易。而且，用奈奎斯特图分析稳定性时系统中某个环节或某些参数的改变对系统稳定性的影响不容易看出来。因此，有必要将奈奎斯特稳定性判据“翻译”到伯德图中。

解决这个问题的关键在于如何在伯德图中将奈奎斯特曲线包围(−1,j0)点的情况表示出来。

我们知道，开环系统的奈奎斯特图和伯德图之间有如下对应关系：

(1) 奈奎斯特图上的单位圆对应于伯德图上的零分贝线；

(2) 奈奎斯特图上的负实轴对应于伯德图上的−180°相位线。

如图 4.48(a)所示，在 $|G_0(j\omega)|>1$ 的频段内，随着 ω 的增加，开环频率特性曲线由第三象限经过负实轴进入第二象限（或者相反，由第二象限经负实轴进入第三象限），则表示奈奎斯特曲线顺时针（或逆时针）包围(−1,j0)点一圈。否则就不包围(−1,j0)点，如图 4.48(b)所示。

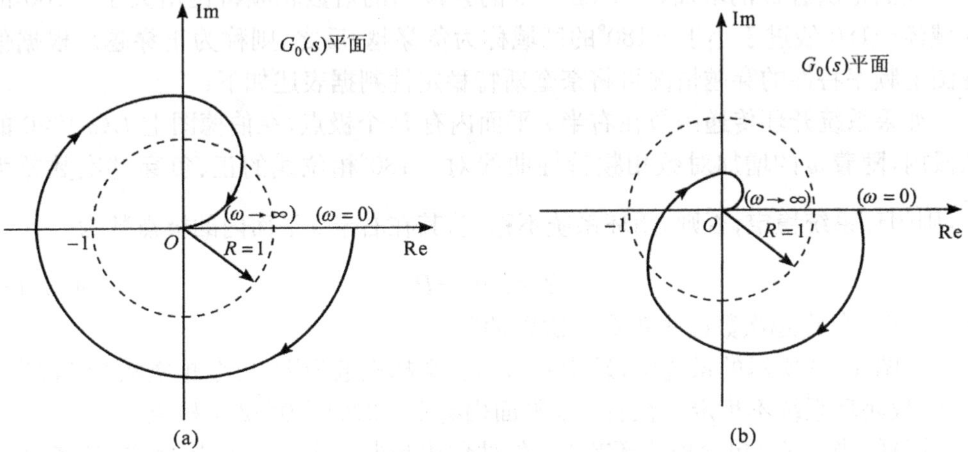

图 4.48　系统的奈奎斯特图

因为 20lg1=0，所以 $|G_0(j\omega)|>1$ 在伯德图上表示为 $L(\omega)>0$。因此，用奈奎斯特图表示的奈奎斯特稳定性判据“翻译”到伯德图中就是：在 $L(\omega)>0$ 的频段内，随着 ω 的增加，对数相幅特性由大于 $-180°$ 的区域经 $-180°$ 线进入小于 $-180°$ 的区域就相当于奈奎斯特曲线顺时针包围 $(-1, j0)$ 点一圈。

在图 4.49(a)中，当 $\omega<\omega_c$ 时，$L(\omega)>0$。而在 $\omega=\omega_g$ 处，对数相频特性随着 ω 的增加由大于 $-180°$ 的区域经 $-180°$ 线进入小于 $-180°$ 的区域，故对应的奈奎斯特曲线顺时针包围 $(-1, j0)$ 点一次，如图 4.49(b)所示。因为是顺时针包围，所以无论开环系统是否稳定，对应的闭环系统总是不稳定的。

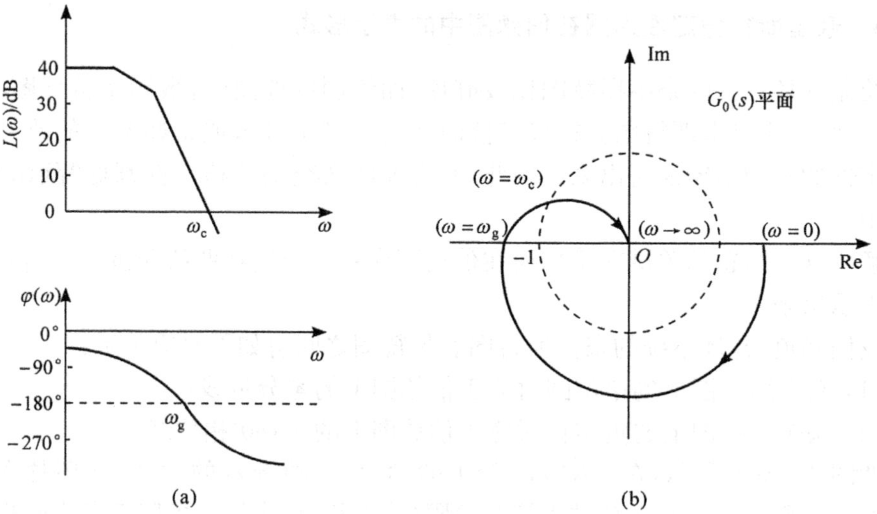

图 4.49　开环稳定闭环不稳定的系统

我们把随着 ω 的增加，在 $L(\omega)>0$ 的频段内的对数相频特性由大于 $-180°$ 的区域经 $-180°$ 线进于小于 $-180°$ 的区域称为负穿越；反之，则称为正穿越。根据伯德图上频率特性的穿越情况可将奈奎斯特稳定性判据表述如下：

如果系统开环传递函数在右半 s 平面内有 P 个极点，在伯德图上 $L(\omega)>0$ 的频段内，随着 ω 的增加对数相频特性曲线对 $-180°$ 相位线的正、负穿越次数差为 $\frac{P}{2}$，则闭环系统稳定；否则，闭环系统不稳定，其在右半 s 平面内的极点数为

$$Z=2N'+P \tag{4.5.13}$$

其中，N' 为负穿越次数减去正穿越次数的差。

在图 4.49 所示的系统中，设 $P=0$，而正穿越次数为零，负穿越次数为 1，$N'=1-0$，故闭环系统不稳定。在右半 s 平面内有 $Z=2\times1+0=2$ 个极点。

同样，当 $G_0(s)$ 包含积分环节时，在对数相频曲线上 $\omega=0^+$ 的地方，应该补画一条从相角 $\angle G_0(j0^+)+v\cdot 90°$ 到 $\angle G_0(j0^+)$ 的虚线，这里是 v 是积分环节个数(见式

(4.5.8))。在计算正负穿越次数时,应将补上的虚线看成对数相频曲线的一部分。

例 4.36　某反馈控制系统的开环传递函数为

$$G_0(s)=\frac{K}{s^2(Ts+1)}$$

试判别闭环系统的稳定性。

解　开环系统的伯德图如图 4.50 所示。由于 $G_0(s)$ 有两个积分环节,因此在对数相频曲线上 $\omega=0^+$ 处,补画了一条从 $0°$ 到 $-180°$ 的虚线,作为对数相频曲线的一部分。显然,在 $L(\omega)>0$ 的频段,负穿越次数为 1,正穿越次数为 0。即 $N'=1-0=1$。而由 $G_0(s)$ 的表达式可知 $P=0$,因此闭环系统不稳定,在右半 s 平面内有 $Z=2N'+P=2\times1+0=2$ 个极点。

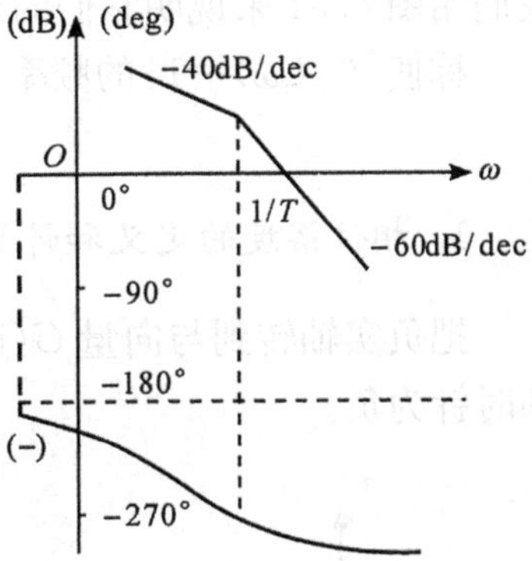

图 4.50　$\frac{K}{s^2(Ts+1)}$ 的伯德图

4.5.5　稳定裕度

奈奎斯特稳定性判据不仅能判别闭环系统的稳定性,而且还能指出稳定的程度。后者是奈奎斯特稳定性判据的重要优点,有着极为重要的实际意义。事实上,在用微分方程式建立系统的数学模型时,为了便于处理,常常要进行一些近似,忽略一些次要的因素。因此,微分方程式并不能准确地反映系统的运动状态,特别是当环境变化或因为元件老化而使系统中某些参数值发生变化时,更是如此。要把这些因素准确地考虑到系统的微分方程中去是很复杂的,甚至是不可能的。和其他工程方法一样,对这些因素的考虑往往是采用安全系数的方法来进行处理,在控制系统中就是留有稳定裕度。另外,稳定裕度的重要性还在于它和系统的瞬态性

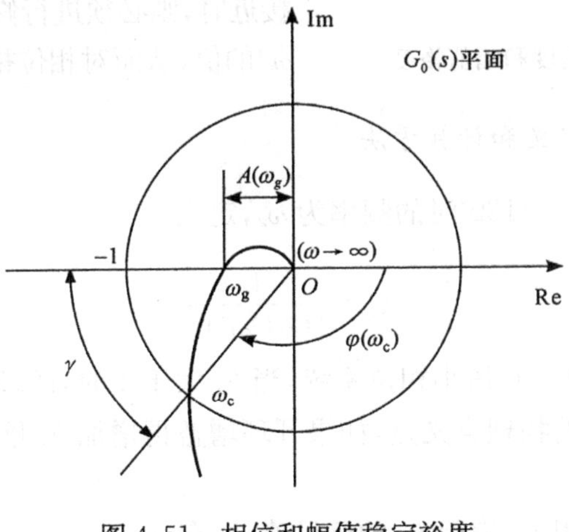

图 4.51　相位和幅值稳定裕度

能有着密切的关系。

稳定裕度包括相位稳定裕度和幅值稳定裕度(简称为相位裕度和幅值裕度)。我们用图 4.51 来说明它们的定义和计算方法。

称使$|G_0(j\omega)=1|$的频率为系统的截止频率,用 ω_c 表示,即

$$|G_0(j\omega_c)|=1 \tag{4.5.14}$$

1. 相位裕度的定义和计算方法

把负实轴转到与向量 $G(j\omega_c)$相重合所需的角度就是相位裕度,逆时针为正,顺时针为负。

把上述定义写成一般数学表达式就是

$$-180°+\gamma=\underline{/G_0(j\omega_c)}$$

或

$$\gamma=180°+\underline{/G_0(j\omega_c)} \tag{4.5.15}$$

相位裕度 γ 的物理意义是:如果系统对频率为 ω_c 的信号的相位滞后再增加 $\gamma(°)$,系统将处于临界稳定状态。

相位裕度在伯德图中的表示如图 4.52所示。

需要指出的是,在手工绘制开环系统的伯德图时,常常用渐近特性代替精确特性而不进行修正。但是如果某个环节的转折频率和系统的截止频率 ω_c 相重合或很接近时,则必须进行修正,因为误差会影响 ω_c 的值,从而对相位裕度产生较大的影响。

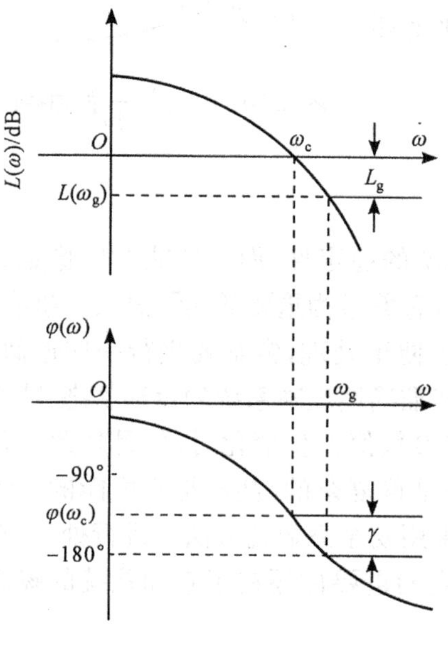

图 4.52　相位裕度和幅值裕度

2. 幅值裕度的定义和计算方法

设使 $\underline{/G_0(j\omega)}=-180°$时的频率为 ω_g,定义

$$k_g=\frac{1}{|G_0(j\omega_g)|} \tag{4.5.16}$$

k_g 为系统的幅值裕度。对最小相位系统,当 k_g 大于 1 时,闭环系统是稳定的。

显然,幅值裕度的物理意义是,如果开环增益再增加 k_g 倍时,系统将处于临界稳定状态(图 4.51)。

在伯德图上,采用 L_g 表示 k_g 的分贝值,即有

$$L_g = 20\lg k_g = -20\lg|G_0(j\omega_g)| \quad (4.5.17)$$

L_g 称为对数幅值稳定裕度或增益稳定裕度，简称为幅值裕度。

对于稳定的最小相位系统，应有 $|G_0(j\omega_g)| < 1$。所以，$L_g > 0$ 被定义为正的对数幅值裕度。对数幅值裕度在伯德图中的表示如图 4.52 所示，其中相位裕度和幅值裕度均为正值。对于稳定的最小相位系统，它的相位裕度和对数幅值裕度都应该是正的。

一般来说，只有同时考虑相位裕度和幅值裕度才能反映系统的稳定程度。为了使系统既有适当的稳定裕度，又有较好的瞬态性能，一般希望相位裕度在 30°～60°，而幅值裕度大于 6dB。

例 4.37　某控制系统如图 4.53 所示。当 $K=10$ 或 100 时，试分析闭环系统的稳定性并指出相位裕度和幅值裕度。

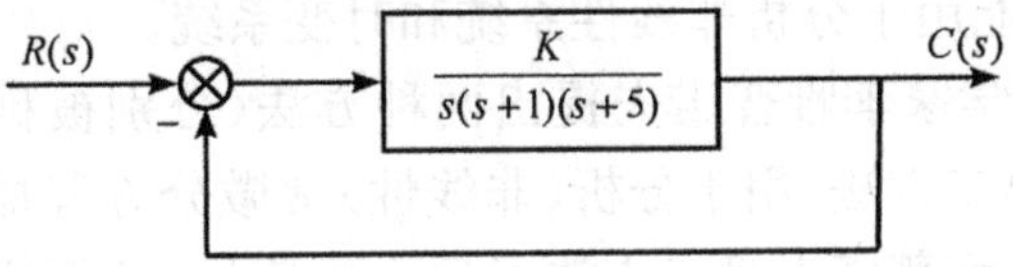

图 4.53　控制系统

解　该系统的开环放大倍数为 $\dfrac{K}{5}$，转折频率是 $\omega_1 = 1, \omega_2 = 5$。根据这些参数绘制的 $K=10$ 和 $K=100$ 的伯德图，如图 4.54 所示。

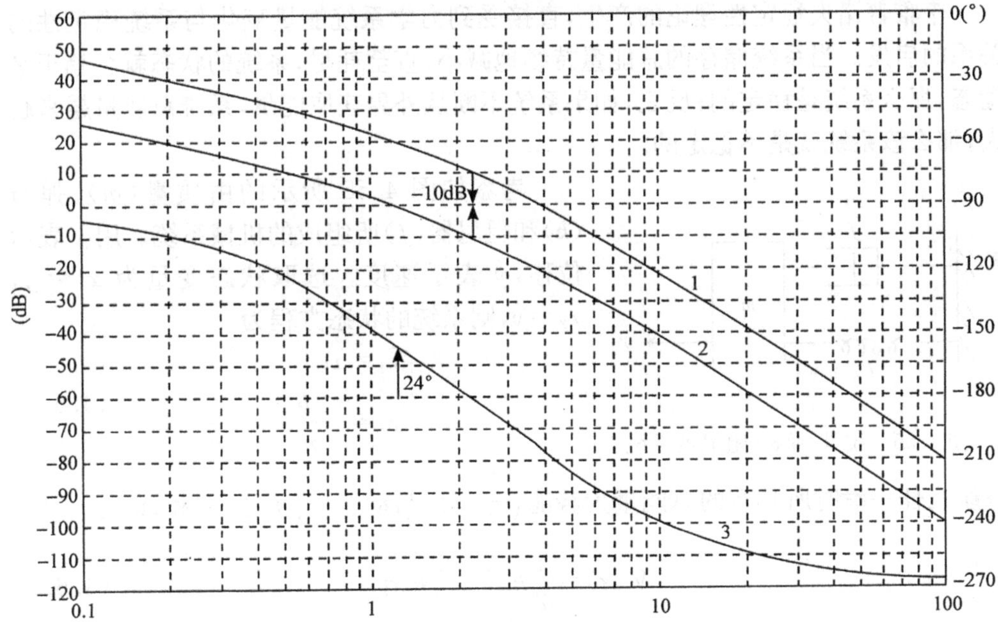

图 4.54　控制系统的伯德图

由该系统的开环传递函数可知，这是一个 $P=0$ 的最小相位系统。

由图 4.54 可知，$K=10$ 时，负穿越次数和正穿越次数之差为零，故闭环系统稳定，相位裕量为$+25.4°$，幅值裕度为$+9.54$dB。

由图 4.54 可知，$K=100$ 时，负穿越次数和正穿越次数之差为 1。故闭环系统不稳定，相位裕度为$-23.7°$，幅值裕度为-10.5dB。

4.6 李雅普诺夫稳定性分析

本章前面几节已经介绍了判别系统稳定性的代数判据、根轨迹法和奈奎斯特判据。这些方法都是基于系统输入-输出模型的，因此，它们所判断的是系统的输入-输出稳定性，不能直接用于分析系统内部状态稳定性。而且，上述方法只适用于线性定常系统，不能用于分析非线性系统和时变系统。

1892 年，俄国力学家李雅普诺夫提出两种方法（分别被称为李雅普诺夫第一方法和李雅普诺夫第二方法）用于分析（非线性）常微分方程描述的动力学系统的内部状态稳定性。李雅普诺夫第二方法经后人推广后，还可用于分析非线性时变系统。考虑到本书只是控制理论的入门书，只介绍用李雅普诺夫第二方法分析定常系统状态稳定性的基本知识。

4.6.1 能量函数与正定函数

李雅普诺夫稳定性理论的产生，直接受到力学系统能量变化与系统稳定性的关系的启发。当系统储存的总能量持续地减小，直至耗尽，系统的状态就会趋于平衡态，那么系统是稳定的；反之，如果系统不断从外界获取能量，系统总能量越来越大，那么该系统就是不稳定的。

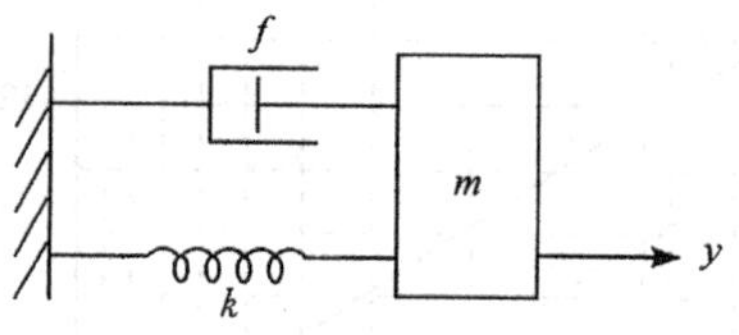

图 4.55 质量-弹簧-阻尼器系统

考察如图 4.55 所示的由质量（m）、弹簧（k）和阻尼器（f）所组成的机械系统。用 y 表示位移，$\dot{y}$ 表示速度。选取状态变量为 $x_1=y$，$x_2=\dot{y}$，则系统的状态方程为

$$\begin{cases}\dot{x}_1=x_2\\ \dot{x}_2=-\dfrac{k}{m}x_1-\dfrac{f}{m}x_2\end{cases} \tag{4.6.1}$$

系统在任一瞬时所具有的总能量为势能$\left(\dfrac{1}{2}kx_1^2\right)$与动能$\left(\dfrac{1}{2}mx_2^2\right)$之和，记为

$$V(\boldsymbol{x})=\frac{1}{2}kx_1^2+\frac{1}{2}mx_2^2 \tag{4.6.2}$$

显然 $V(\boldsymbol{x})$ 总是一个正值函数。将 $V(\boldsymbol{x})$ 对时间 t 求导，并代入式(4.6.1)得到

$$\dot{V}(\boldsymbol{x})=kx_1\dot{x}_1+mx_2\dot{x}_2=-fx_2^2$$

由此可见，无论 x_1 和 x_2 取何值，$\dot{V}(\boldsymbol{x})$ 都为负值。这说明阻尼器不断消耗系统能量，系统总能量不断减少，直至最终静止下来。

由上例可见，系统的稳定性可以通过考察一个正值的能量函数 $V(\boldsymbol{x})$ 和它的变化率 $\dot{V}(\boldsymbol{x})$ 来判断。若 $\dot{V}(\boldsymbol{x})$ 始终为负，则系统稳定。然而对于一般的动态系统，并不是总能明确地定义一个能量函数。为克服这一困难，李雅普诺夫用一个正定的标量函数作为系统的广义能量函数。

下面介绍与正定函数有关的几个概念。

正定函数　若对域 Ω 中所有的非零向量 $\boldsymbol{x}$，恒有 $V(\boldsymbol{x})>0$，且在 $\boldsymbol{x}=0$ 处有 $V(0)=0$，则称标量函数 $V(\boldsymbol{x})$ 在域 Ω 内是正定的。$V(\boldsymbol{x})$ 是正定的简记为 $V(\boldsymbol{x})>0$。例如，$V(\boldsymbol{x})=x_1^2+x_2^2$ 在二维状态空间中是正定。

半正定函数　若 $V(0)=0$，而对域 Ω 中所有的非零向量 $\boldsymbol{x}$，恒有 $V(\boldsymbol{x})\geqslant 0$，则称标量函数 $V(\boldsymbol{x})$ 在域 Ω 内是半正定的。$V(\boldsymbol{x})$ 是半正定的简记为 $V(\boldsymbol{x})\geqslant 0$。例如，$V(\boldsymbol{x})=(x_1+x_2)^2$ 和 $V(\boldsymbol{x})=x_1^2$ 在二维状态空间中都是半正定。前者在直线 $x_1+x_2=0$ 上为零，后者在直线 $x_1=0$ 上为零。

负定函数和半负定函数　若 $-V(\boldsymbol{x})$ 是正定的，则 $V(\boldsymbol{x})$ 是负定的；若 $-V(\boldsymbol{x})$ 是半正定的，则 $V(\boldsymbol{x})$ 是半负定的。

如果无论 Ω 取多么小，$V(\boldsymbol{x})$ 在域 Ω 中的值既可以正，也可以负，则这类函数称为不定的。例如，$V(\boldsymbol{x})=x_1^2+2x_1x_2$。

在运用李雅普诺夫第二方法判断系统稳定性时，常常采用二次型的标量函数。所谓二次型函数，是指形如 $V(\boldsymbol{x})=\boldsymbol{x}^{\mathrm{T}}\boldsymbol{P}\boldsymbol{x}$ 的函数，这里 $\boldsymbol{P}=\boldsymbol{P}^{\mathrm{T}}$ 是实对称矩阵。设

$$\boldsymbol{P}=\begin{bmatrix}P_{11} & P_{12} & \cdots & P_{1n}\\ P_{21} & P_{22} & \cdots & P_{2n}\\ \vdots & \vdots & & \vdots\\ P_{n1} & P_{n2} & \cdots & P_{nn}\end{bmatrix}$$

则二次型 $V(\boldsymbol{x})=\boldsymbol{x}^{\mathrm{T}}\boldsymbol{P}\boldsymbol{x}$ 的正定性可以用**西尔维斯特**(Sylvester)**准则**来判断，该准则叙述如下：

(1) 二次型 $V(\boldsymbol{x})=\boldsymbol{x}^{\mathrm{T}}\boldsymbol{P}\boldsymbol{x}$(或对称矩阵 $\boldsymbol{P}$)为正定的充要条件是矩阵 $\boldsymbol{P}$ 的各阶主子行列式均为正，即

$$\Delta_1=P_{11}>0,\ \Delta_2=\begin{vmatrix}P_{11} & P_{12}\\ P_{21} & P_{22}\end{vmatrix}>0,\ \cdots,\ \Delta_n=|\boldsymbol{P}|>0$$

(2) 二次型 $V(\boldsymbol{x})=\boldsymbol{x}^{\mathrm{T}}\boldsymbol{P}\boldsymbol{x}$(或对称矩阵 $\boldsymbol{P}$)为负定的充要条件是矩阵 $\boldsymbol{P}$ 的各阶主子行列式满足下列条件：

$$\Delta_{2i-1}<0,\qquad \Delta_{2i}>0,\qquad i=1,2,\cdots$$

4.6.2 李雅普诺夫第二方法

设非线性定常系统的状态方程为：

$$\dot{\boldsymbol{x}}(t)=\boldsymbol{F}(\boldsymbol{x}(t)) \tag{4.6.3}$$

系统平衡状态为 $\boldsymbol{x}_e=0$(对于平衡状态不在坐标原点的系统,可以通过简单的状态变换 $\boldsymbol{x}'=\boldsymbol{x}-\boldsymbol{x}_e$ 将平衡状态平移到坐标原点)。下面介绍用李雅普诺夫第二方法判断稳定性的几个基本定理。

定理 1 对系统(4.6.3),如果可以找到具有连续一阶偏导数的标量函数 $V(\boldsymbol{x})$,且 $V(\boldsymbol{x})$满足下列条件：

(1) $V(\boldsymbol{x})>0$,即 $V(\boldsymbol{x})$是正定的；

(2) $\dot{V}(\boldsymbol{x})<0$,即 $\dot{V}(\boldsymbol{x})$是负定的；

则系统的平衡状态 $\boldsymbol{x}_e=0$ 是渐近稳定的,并称 $V(\boldsymbol{x})$是系统(4.6.3)的一个李雅普诺夫函数。

进一步,如果 $V(\boldsymbol{x})$还满足径向无界条件,即

(3) $\lim\limits_{\|\boldsymbol{x}\|\to\infty} V(\boldsymbol{x})=\infty$,其中$\|\boldsymbol{x}\|=\sqrt{\sum\limits_{i=1}^{n} x_i^2}$,

则平衡状态 $\boldsymbol{x}_e=0$ 在整个状态空间中是大范围渐近稳定的。

例 4.38 设非线性定常系统的状态方程为

$$\begin{cases}\dot{x}_1=x_2-ax_1(x_1^2+x_2^2)\\ \dot{x}_2=-x_1-ax_2(x_1^2+x_2^2)\end{cases},\qquad a>0 \tag{4.6.4}$$

试判断系统的稳定性。

解 (1) 确定系统的平衡状态。

在式(4.6.4)中令 $\dot{x}_1=\dot{x}_2=0$,解得 $x_1=x_2=0$。所以平衡状态是 $\boldsymbol{x}_e=[0\quad 0]^{\mathrm{T}}$。

(2) 选取正定的李雅普诺夫函数

$$V(\boldsymbol{x})=\boldsymbol{x}^{\mathrm{T}}\begin{bmatrix}1 & 0\\ 0 & 1\end{bmatrix}\boldsymbol{x}=x_1^2+x_2^2>0$$

(3) 判定李雅普诺夫函数变化率的负定性

$$\begin{aligned}\dot{V}(\boldsymbol{x})&=2x_1\dot{x}_1+2x_2\dot{x}_2\\&=2x_1[x_2-ax_1(x_1^2+x_2^2)]+2x_2[-x_1-ax_2(x_1^2+x_2^2)]\\&=-2a(x_1^2+x_2^2)^2\end{aligned}$$

于是可以断定 $\dot{V}(\boldsymbol{x})<0$,即 $\dot{V}(\boldsymbol{x})$是负定的。由此可知,平衡状态 $\boldsymbol{x}_e=0$ 是渐近稳定的。

(4) 判断大范围渐近稳定性。

当$\|\boldsymbol{x}\|$趋于无限大时,$V(\boldsymbol{x})$显然也趋于无限大。因此,系统(4.6.4)在整个状态空间中是大范围渐近稳定的。

注意，若使 $V(\boldsymbol{x})$ 取一系列常值 $0, C_1, C_2, \cdots (0<C_1<C_2\cdots)$，则 $V(\boldsymbol{x})=0$ 对应于状态平面的原点，而 $V(\boldsymbol{x})=C_1$，$V(\boldsymbol{x})=C_2$，…所对应的几何图形是平面中以原点为圆心、$\sqrt{C_i}$ 为半径的一簇同心圆(图 4.56)。由于 $V(\boldsymbol{x})$ 是径向无界的，这簇圆可以扩展到整个状态平面。因为 $\dot{V}(\boldsymbol{x})$ 是负定的，所以当 $t\to\infty$ 时，$V(\boldsymbol{x})$ 的值不断减小，直至收敛到零，这意味着系统的状态轨迹无论从平面中哪一点出发，都将收敛于坐标原点。

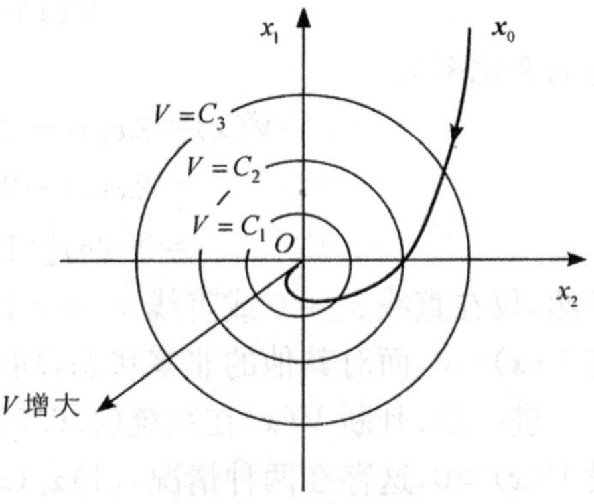

图 4.56 例 4.38 中李雅普诺夫函数的几何解释

在定理 1 中，如果 $\dot{V}(\boldsymbol{x})$ 只是半负定的，一般只能确定系统平衡状态在李雅普诺夫意义下是稳定的，但不能确定其渐近稳定性。不过下面的定理表明，只要对 $\dot{V}(\boldsymbol{x})$ 附加一个限制条件，则半负定的 $\dot{V}(\boldsymbol{x})$ 也可以用来判断渐近稳定性。

定理 2 对系统(4.6.3)，如果可以找到具有连续一阶偏导数的标量函数 $V(\boldsymbol{x})$，且 $V(\boldsymbol{x})$ 满足下列条件：

(1) $V(\boldsymbol{x})>0$，即 $V(\boldsymbol{x})$ 是正定的；

(2) $\dot{V}(\boldsymbol{x})\leqslant 0$，即 $\dot{V}(\boldsymbol{x})$ 是半负定的；

(3) $\dot{V}(\boldsymbol{x})$ 在方程(4.6.3)的任一非零解的状态运动轨迹上不恒为零。

则系统的平衡状态 $\boldsymbol{x}_e=0$ 是渐近稳定的。进一步，如果 $V(\boldsymbol{x})$ 是径向无界的，则系统是大范围渐近稳定的。

下面对定理 2 做一些解释。由于条件(2)只要求 $\dot{V}(\boldsymbol{x})$ 是半负定的，$V(\boldsymbol{x})$ 的值可能不会最终减小到零，这就意味着系统的状态轨迹也未必会收敛到坐标原点，而是收敛到 $\dot{V}(\boldsymbol{x})=0$ 所对应的那些状态的集合上(注意，$\dot{V}(\boldsymbol{x})$ 可以在 $\boldsymbol{x}_e=0$ 之外的一些点上等于零)。但是条件(3)告诉我们，虽然 $\dot{V}(\boldsymbol{x})$ 只是半负定的，但 $\dot{V}(\boldsymbol{x})$ 在方程(4.6.3)的任一非零解的状态运动轨迹上不恒为零，这就意味着系统的状态轨迹不会永远停留在 $\dot{V}(\boldsymbol{x})=0$ 所对应的状态集合内，而它一旦出了该集合，就有 $\dot{V}(\boldsymbol{x})<0$，这说明 $V(\boldsymbol{x})$ 的值会继续减小。如此不断地进行下去，$V(\boldsymbol{x})$ 收敛于零，而系统的状态运动轨迹最终收敛于坐标原点。

例 4.39 设非线性定常系统的状态方程为

$$\begin{cases}\dot{x}_1=x_2\\ \dot{x}_2=-b(1+x_2)^2x_2-x_1\end{cases},\qquad b>0 \tag{4.6.5}$$

试判断系统的稳定性。

解 显然，$\boldsymbol{x}_e=[0\quad 0]^{\mathrm{T}}$ 是系统的平衡状态。

选择李雅普诺夫函数

$$V(\boldsymbol{x})=x_1^2+x_2^2>0$$

它的变化率为

$$\begin{aligned}\dot{V}(\boldsymbol{x})&=2x_1\dot{x}_1+2x_2\dot{x}_2\\&=2x_1x_2+2x_2[-b(1+x_2)^2x_2-x_1]\\&=-2bx_2^2(1+x_2)^2\end{aligned}$$

显然，仅在直线 $x_2=0$ 或直线 $x_2=-1$ 上（注意，在这两条直线上 x_1 可取任意值）有 $\dot{V}(\boldsymbol{x})=0$，而对其他的非零状态，均有 $\dot{V}(\boldsymbol{x})<0$。因此，$\dot{V}(\boldsymbol{x})$是半负定的。

进一步，判断 $\dot{V}(\boldsymbol{x})$在系统(4.6.5)的非零解状态运动轨迹上是否恒为零。反设 $\dot{V}(\boldsymbol{x})\equiv0$，这存在两种情况：(1)$x_2(t)\equiv0$，$x_1$ 任意；(2)$x_2(t)\equiv-1$，x_1 任意。

先看第一种情况。$x_2(t)\equiv0$ 意味着 $x_2(t)=0$ 且 $\dot{x}_2(t)=0$，将其代入方程(4.6.5)中得到 $x_1(t)=0$ 且 $\dot{x}_1(t)=0$。所以，在这种情况下，只有在平衡状态 $\boldsymbol{x}_e=0$ 处满足 $\dot{V}(\boldsymbol{x})\equiv0$。

再看第二种情况。$x_2(t)\equiv-1$ 意味着 $x_2(t)=-1$ 且 $\dot{x}_2(t)=0$，将其代入方程(4.6.5)中得到 $x_1(t)\equiv0$ 且 $\dot{x}_1(t)\equiv-1$。这是一个矛盾的结果，不可能发生在方程(4.6.5)的解运动轨迹上。

综上所述，在系统(4.6.5)的非零解状态运动轨迹上 $\dot{V}(\boldsymbol{x})$不恒为零。所以，系统的平衡状态 $\boldsymbol{x}_e=0$ 是渐近稳定的。进一步，由于所取的 $V(\boldsymbol{x})$是径向无界的，因此系统是大范围渐近稳定的。

下面的定理可以用来判断系统的不稳定性。

定理 3　对系统(4.6.3)，如果可以找到具有连续一阶偏导数的标量函数 $V(\boldsymbol{x})$，且 $V(\boldsymbol{x})$满足下列条件：

(1) $V(\boldsymbol{x})>0$，即 $V(\boldsymbol{x})$是正定的；

(2) $\dot{V}(\boldsymbol{x})>0$，即 $\dot{V}(\boldsymbol{x})$也是正定的，

则系统的平衡状态 $\boldsymbol{x}_e=0$ 是不稳定的。

例 4.40　设线性定常系统的状态方程为

$$\begin{cases}\dot{x}_1=x_1+x_2\\\dot{x}_2=-x_1+x_2\end{cases}\tag{4.6.6}$$

试判断系统的稳定性。

解　显然，$\boldsymbol{x}_e=[0\quad 0]^{\mathrm{T}}$是系统的平衡状态。

选择李雅普诺夫函数

$$V(\boldsymbol{x})=x_1^2+x_2^2>0$$

它的变化率为

$$\begin{aligned}\dot{V}(\boldsymbol{x})&=2x_1\dot{x}_1+2x_2\dot{x}_2\\&=2x_1^2+2x_2^2>0\end{aligned}$$

即 $\dot{V}(\boldsymbol{x})$是正定的。所以，平衡状态 $\boldsymbol{x}_e=0$ 是不稳定的。

4.6.3　线性定常系统的李雅普诺夫稳定性分析

对于只有唯一平衡状态的线性定常系统，平衡状态的大范围稳定性与系统的稳定性是一回事，因此就不加区分了。下面将分别介绍用李雅普诺夫第二方法来分析线性定常连续时间系统和线性定常离散时间系统的稳定性。

1. 线性定常连续时间系统

设线性定常连续时间系统的状态方程为

$$\dot{\boldsymbol{x}}(t)=\boldsymbol{A}\boldsymbol{x}(t) \tag{4.6.7}$$

并设 $\boldsymbol{x}_e=0$ 是系统的唯一平衡状态。若取李雅普诺夫函数为 $V(\boldsymbol{x})=\boldsymbol{x}^{\mathrm{T}}\boldsymbol{P}\boldsymbol{x}$，其中 $\boldsymbol{P}=\boldsymbol{P}^{\mathrm{T}}$ 是正定矩阵，则有

$$\begin{aligned}\dot{V}(\boldsymbol{x})&=\dot{\boldsymbol{x}}^{\mathrm{T}}\boldsymbol{P}\boldsymbol{x}+\boldsymbol{x}^{\mathrm{T}}\boldsymbol{P}\dot{\boldsymbol{x}}\\&=(\boldsymbol{A}\boldsymbol{x})^{\mathrm{T}}\boldsymbol{P}\boldsymbol{x}+\boldsymbol{x}^{\mathrm{T}}\boldsymbol{P}\boldsymbol{A}\boldsymbol{x}\\&=\boldsymbol{x}^{\mathrm{T}}(\boldsymbol{A}^{\mathrm{T}}\boldsymbol{P}+\boldsymbol{P}\boldsymbol{A})\boldsymbol{x}\end{aligned}$$

为使系统渐近稳定，矩阵 $\boldsymbol{Q}=-(\boldsymbol{A}^{\mathrm{T}}\boldsymbol{P}+\boldsymbol{P}\boldsymbol{A})$ 应正定。但常常会出现这样的情况：由于 $\boldsymbol{P}$ 矩阵选得不合适，对于给定的系统，所得到的 $\boldsymbol{Q}$ 既不是正定的也不是负定的。这样一来，用李雅普诺夫第二方法就无法判断系统的稳定性（注意李雅普诺夫稳定性定理都是按充分性条件来叙述的）。为此，在实际运用这一方法时，常常反过来，先确定一个正定的 $\boldsymbol{Q}$，然后通过解下面的李雅普诺夫方程

$$\boldsymbol{A}^{\mathrm{T}}\boldsymbol{P}+\boldsymbol{P}\boldsymbol{A}=-\boldsymbol{Q} \tag{4.6.8}$$

找出一个正定的 $\boldsymbol{P}$ 矩阵。而且只要系统(4.6.7)是渐近稳定的，上述方程就一定存在一个正定的解矩阵。我们不加证明地给出如下定理。

定理 4　线性定常连续时间系统(4.6.7)渐近稳定的充要条件是：对任意给定的正定矩阵 $\boldsymbol{Q}$，存在正定矩阵 $\boldsymbol{P}$ 为方程(4.6.8)的解。

由于 $\boldsymbol{Q}$ 是任意给定的，在实际运用中常常取为单位矩阵。

例 4.41　设线性定常系统的状态方程为

$$\begin{cases}\dot{x}_1=x_2\\ \dot{x}_2=-x_1-x_2\end{cases}$$

试判断系统的稳定性。

解　显然，坐标原点是系统的唯一平衡状态。取 $\boldsymbol{Q}$ 为单位矩阵，则李雅普诺夫方程为

$$\begin{bmatrix}0&-1\\1&-1\end{bmatrix}\begin{bmatrix}P_{11}&P_{12}\\P_{21}&P_{22}\end{bmatrix}+\begin{bmatrix}P_{11}&P_{12}\\P_{21}&P_{22}\end{bmatrix}\begin{bmatrix}0&1\\-1&-1\end{bmatrix}=\begin{bmatrix}-1&0\\0&-1\end{bmatrix}$$

将以上矩阵方程写成联立方程组的形式，即

$$\begin{cases}-2P_{12}=-1\\ P_{11}-P_{12}-P_{22}=0\\ 2P_{21}-2P_{22}=-1\end{cases}$$

考虑到 $P_{12}=P_{21}$，可解得

$$\begin{bmatrix}P_{11} & P_{12}\\ P_{21} & P_{22}\end{bmatrix}=\begin{bmatrix}\frac{3}{2} & \frac{1}{2}\\ \frac{1}{2} & 1\end{bmatrix}$$

运用西尔维斯特准则，可以验证

$$\Delta_1=P_{11}=\frac{3}{2}>0,\qquad \Delta_2=\begin{vmatrix}P_{11} & P_{12}\\ P_{21} & P_{22}\end{vmatrix}=\begin{vmatrix}\frac{3}{2} & \frac{1}{2}\\ \frac{1}{2} & 1\end{vmatrix}>0$$

故 $\boldsymbol{P}$ 是正定矩阵。因此，系统是渐近稳定的。

2. 线性定常离散时间系统

设线性定常离散时间系统的状态方程为

$$\boldsymbol{x}(k+1)=\boldsymbol{A}\boldsymbol{x}(k) \tag{4.6.9}$$

并设 $\boldsymbol{x}_e=0$ 是系统的唯一平衡状态。取李雅普诺夫函数为 $V(\boldsymbol{x})=\boldsymbol{x}^{\mathrm{T}}\boldsymbol{P}\boldsymbol{x}$，其中 $\boldsymbol{P}=\boldsymbol{P}^{\mathrm{T}}$ 是正定矩阵。对离散时间系统，可用 $V(\boldsymbol{x}(k+1))$ 和 $V(\boldsymbol{x}(k))$ 的差代替 $\dot{V}(\boldsymbol{x})$ 反映 $V(\boldsymbol{x})$ 的变化率，即

$$\begin{aligned}\Delta V(\boldsymbol{x})&=V(\boldsymbol{x}(k+1))-V(\boldsymbol{x}(k))\\ &=\boldsymbol{x}^{\mathrm{T}}(k+1)\boldsymbol{P}\boldsymbol{x}(k+1)-\boldsymbol{x}^{\mathrm{T}}(k)\boldsymbol{P}\boldsymbol{x}(k)\\ &=\boldsymbol{x}^{\mathrm{T}}(k)\boldsymbol{A}^{\mathrm{T}}\boldsymbol{P}\boldsymbol{A}\boldsymbol{x}(k)-\boldsymbol{x}^{\mathrm{T}}(k)\boldsymbol{P}\boldsymbol{x}(k)\\ &=\boldsymbol{x}^{\mathrm{T}}(k)(\boldsymbol{A}^{\mathrm{T}}\boldsymbol{P}\boldsymbol{A}-\boldsymbol{P})\boldsymbol{x}(k)\end{aligned}$$

为使系统渐近稳定，矩阵 $\boldsymbol{Q}=-(\boldsymbol{A}^{\mathrm{T}}\boldsymbol{P}\boldsymbol{A}-\boldsymbol{P})$ 应正定。和连续时间系统一样，在实际运用李雅普诺夫第二方法时，常常反过来，先确定一个正定的 $\boldsymbol{Q}$，然后通过解下面的方程

$$\boldsymbol{A}^{\mathrm{T}}\boldsymbol{P}\boldsymbol{A}-\boldsymbol{P}=-\boldsymbol{Q} \tag{4.6.10}$$

找出一个正定的 $\boldsymbol{P}$ 矩阵。而且只要系统(4.6.9)是渐近稳定的，上述方程就一定存在一个正定的解矩阵。

定理 5　线性定常离散时间系统(4.6.9)渐近稳定的充要条件是：对任意给定的正定矩阵 $\boldsymbol{Q}$，存在正定矩阵 $\boldsymbol{P}$ 为方程(4.6.10)的解。

同样，由于 $\boldsymbol{Q}$ 是任意给定的，在实际运用中常常取为单位矩阵。

例 4.42　设线性定常离散时间系统的状态方程为

$$\begin{cases} x_1(k+1)=\lambda_1 x_1(k) \\ x_2(k+1)=\lambda_2 x_2(k) \end{cases}$$

试求取系统渐近稳定的条件。

解　取 $\boldsymbol{Q}$ 为单位矩阵，代入方程(4.6.10)可得

$$\begin{bmatrix} \lambda_1 & 0 \\ 0 & \lambda_2 \end{bmatrix}\begin{bmatrix} P_{11} & P_{12} \\ P_{21} & P_{22} \end{bmatrix}\begin{bmatrix} \lambda_1 & 0 \\ 0 & \lambda_2 \end{bmatrix}-\begin{bmatrix} P_{11} & P_{12} \\ P_{21} & P_{22} \end{bmatrix}=\begin{bmatrix} -1 & 0 \\ 0 & -1 \end{bmatrix}$$

将以上矩阵方程写成联立方程组的形式，并考虑到 $P_{12}=P_{21}$，得

$$\begin{cases} P_{12}(1-\lambda_1\lambda_2)=0 \\ P_{11}(1-\lambda_1^2)=1 \\ P_{22}(1-\lambda_2^2)=1 \end{cases}$$

于是解得

$$\begin{bmatrix} P_{11} & P_{12} \\ P_{21} & P_{22} \end{bmatrix}=\begin{bmatrix} \dfrac{1}{1-\lambda_1^2} & 0 \\ 0 & \dfrac{1}{1-\lambda_2^2} \end{bmatrix}$$

根据西尔维斯特准则，矩阵 $\boldsymbol{P}$ 为正定的充要条件是

$$\begin{cases} \Delta_1=P_{11}=\dfrac{1}{1-\lambda_1^2}>0 \\ \Delta_2=\begin{vmatrix} P_{11} & P_{12} \\ P_{21} & P_{22} \end{vmatrix}=\dfrac{1}{(1-\lambda_1^2)(1-\lambda_2^2)}>0 \end{cases}$$

由上列不等式组解出使系统渐近稳定的充要条件为

$$\begin{cases} |\lambda_1|<1 \\ |\lambda_2|<1 \end{cases}$$

这与用离散时间系统稳定性代数判据得到的结论是一致的。

4.7　利用 Matlab 进行稳定性绘图分析

1. 绘制根轨迹图

采用下列命令

```
[r,k]= rlocus(num, den)
```

可以绘制形如

$$1+K\frac{\text{num}(s)}{\text{den}(s)}=0$$

系统的根轨迹。

为了进行稳定性分析,可以利用命令

```
[r, k]= rlocus (num, den)
```

得到增益和极点数组,通过查询求得系统临界稳定时对应的开环增益值。

例 4.43 考虑如图 4.57 所示的控制系统,试绘制轨迹图,并求出系统临界稳定时的开环增益值。

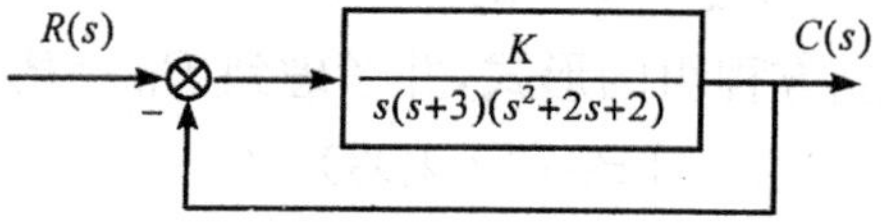

图 4.57 控制系统

解 程序为

```
num= [0,0,0,0,1];
d1= [1,0];
d2= [1,3];
d3= [1,2,2];
d4= conv(d1,d2);                 % 多项式相乘
den= conv(d3,d4);                % den= [1,5,8,6,0];
rlocus(num,den)
```

运行后得到根轨迹图如图 4.58 所示,图中的垂直虚线为 s 平面虚轴。

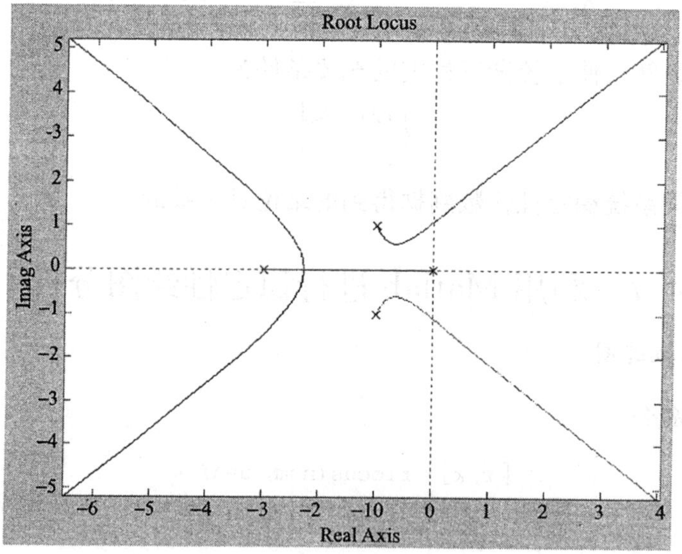

图 4.58 控制系统的根轨迹

键入语句

```
[r, k]= rlocus (num, den)
```

通过查询可知，当 $K=8.1$ 时，系统为临界稳定。这时，有一对极点为 $-0.0025\pm j1.0929$，即将进入不稳定区域。另外两个极点随 K 的增大趋于负无穷远处。

例 4.44　考虑例 4.17 所示的离散控制系统（图 4.59），试绘制其根轨迹图。

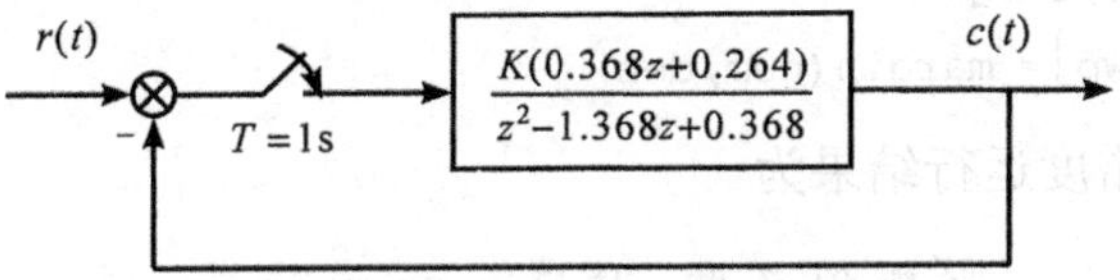

图 4.59　离散系统

解　程序为

```
num= [0,0.368,0.264];
den= [1,- 1.368,0.368];
sys= tf(num,den,- 1);
rlocus(sys)
```

程序的运行后得到系统的根轨迹如图 4.60 所示。

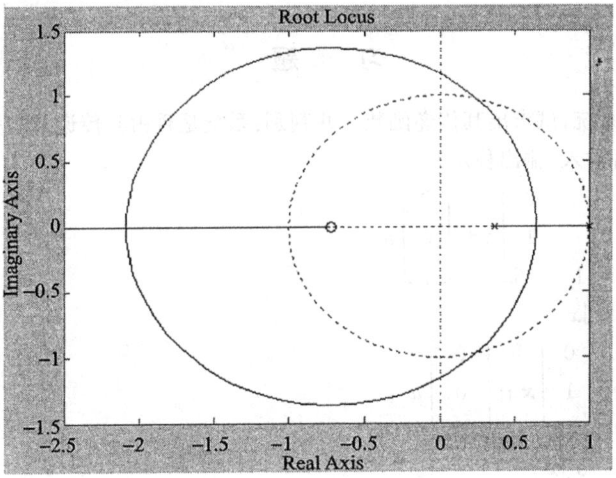

图 4.60　控制系统的根轨迹

2. 求系统的稳定裕度

利用第 2 章提到的频率特性绘图命令得到频率特性后，还可以利用命令

```
[g,p,wg,wp]= margin(num,den)
```

求出系统的幅值和相位稳定裕度，其中 g、p、wg、wp 分别表示系统的幅值裕度、相角裕度、−180°相角频率、截止频率。

例 4.45　求例 4.37 系统当增益 K 分别为 10 和 100 时的裕度。

解　程序为

```
num= [10];
den= [1,6,5,0];
[g,p,wg,wp]= margin(num,den)
```

K 为 10 时的裕度运行结果为

```
g= 3              %幅值裕度，对应 9.54dB
p= 25.3898        %相角裕度(25.3898°)
wg= 2.2361        %- 180°相角频率(2.2361rad/s)
wp= 1.2271        %截止频率(2.2361rad/s)
```

修改程序第 1 行中的 10 为 100，得到 K 为 100 时的裕度运行结果为

```
g= 0.3000         %幅值裕度，对应- 10.46dB
p= - 23.6504
wg= 2.2361
wp= 3.9073
```

习　　题

4.1　对于如下系统，试求出其传递函数。并判别：系统是否由其传递函数完全表征？系统是否渐近稳定？是否输入-输出稳定？

(1) $\dot{\boldsymbol{x}}=\begin{bmatrix}0 & 1 & 0\\ 0 & 0 & 1\\ -6 & -11 & -6\end{bmatrix}\boldsymbol{x}+\begin{bmatrix}0\\0\\1\end{bmatrix}u$

$y=[3\quad 1\quad 0]\boldsymbol{x}$

(2) $\dot{\boldsymbol{x}}=\begin{bmatrix}0 & 1 & 0\\ 0 & 0 & 1\\ 250 & 0 & -5\end{bmatrix}\boldsymbol{x}+\begin{bmatrix}0\\0\\50\end{bmatrix}u$

$y=[-5\quad 1\quad 0]\boldsymbol{x}$

(3) $\dot{\boldsymbol{x}}=\begin{bmatrix}-1 & 1 & 0\\ 0 & -1 & 0\\ 0 & 0 & 0\end{bmatrix}\boldsymbol{x}+\begin{bmatrix}0\\1\\2\end{bmatrix}u$

$y=[1\quad -1\quad 0]\boldsymbol{x}$

(4) 控制系统如题 4.1 图(a)、(b)、(c)所示。

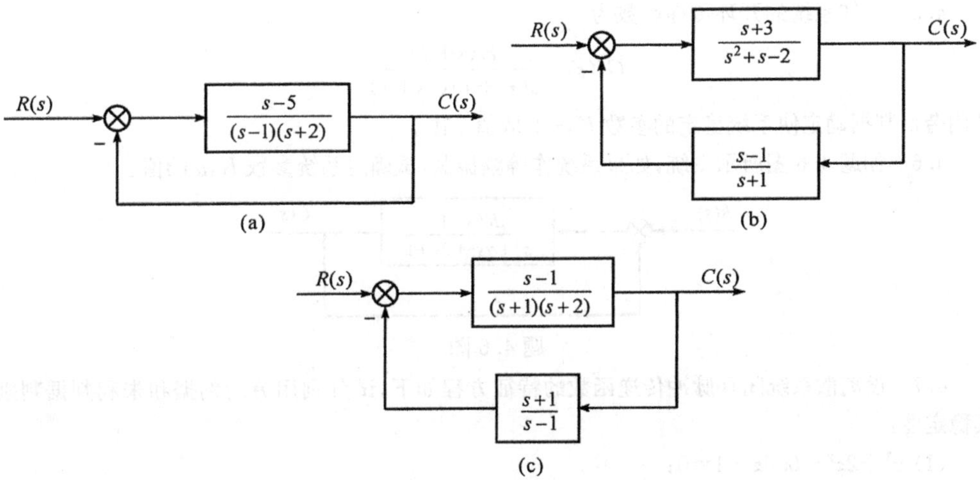

题 4.1 图

4.2　已知系统的特征方程如下，试分别用劳斯判据和霍尔维茨判据判别系统的稳定性：

(1) $s^3+20s^2+9s+100=0$；

(2) $s^3+20s^2+9s+200=0$；

(3) $3s^4+10s^3+5s^2+s+2=0$；

(4) $s^6+4s^5-4s^4+4s^3-7s^2-8s+10=0$；

(5) $(s+2)(s+4)(s^2+6s+25)+666.25=0$；

(6) $s^4+8s^3+18s^2+16s+5=0$。

4.3　设控制系统如题 4.3 图所示，试确定使系统稳定的 K_1 及 K_2 的范围。

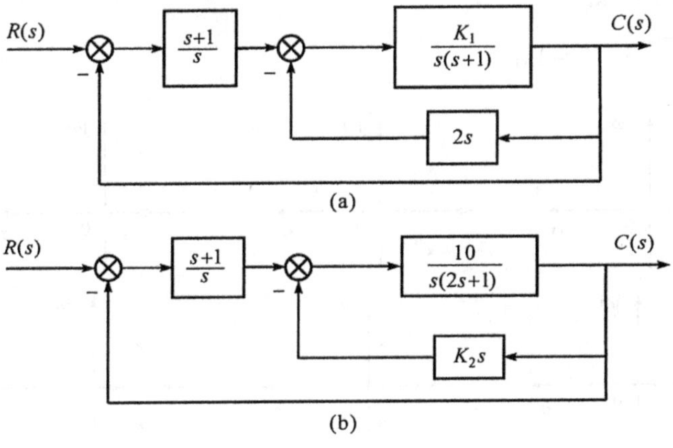

题 4.3 图

4.4　某单位反馈系统的开环传递函数为

$$G_0(s)=\frac{K}{s(s^2+7s+17)}$$

(1) 确定使系统稳定的 K 的临界值；

(2) 若要求闭环极点的实部均小于 -2，求 K 的取值范围。

4.5 已知系统的开环传递函数为

$$G_0(s)=\frac{K(s+1)}{s(\tau s+1)(2s+1)}$$

试用劳斯判据确定使系统稳定的参数 K,τ 的取值范围。

4.6 如题 4.6 图所示系统,如果系统作等幅振荡,试确定系统参数 K,α 的值。

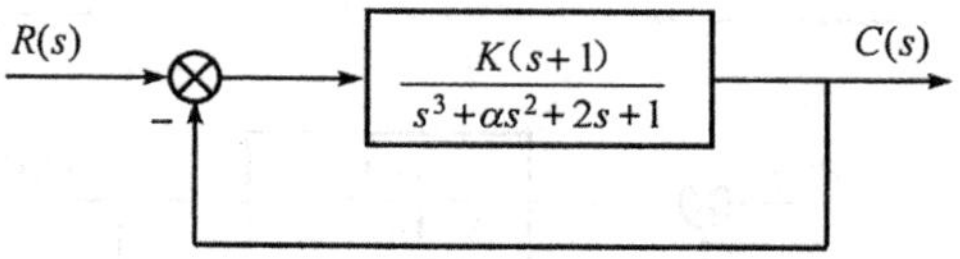

题 4.6 图

4.7 设离散系统闭环脉冲传递函数的特征方程如下,试分别用劳斯判据和朱利判据判别其稳定性:

(1) $z^3+2z^2-0.5z-1=0$;

(2) $z^4-1.4z^3+0.4z^2+0.08z+0.002=0$;

(3) $z^2+3z+2=0$;

(4) $z^3+3.5z^2+3.5z+1=0$。

4.8 某采样控制系统如题 4.8 图所示,试在以下条件下确定系统的临界开环增益值 K。

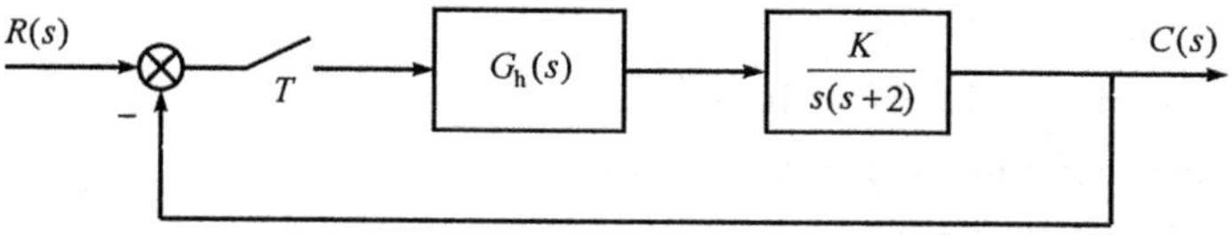

题 4.8 图

(1) $G_h(s)=1, T=1\text{s}$;

(2) $G_h(s)=\dfrac{1-e^{-Ts}}{s}, T=1\text{s}$;

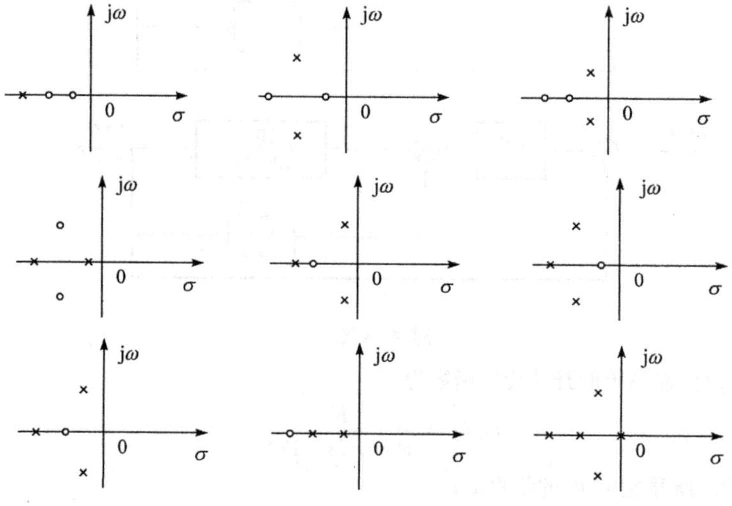

题 4.9 图

(3) $G_h(s)=\dfrac{1-e^{-Ts}}{s}$，$T=0.1$s。

4.9　设开环系统的零、极点分布如题 4.9 图所示，试绘制相应的根轨迹草图。

4.10　设系统的开环传递函数分别为：

(1) $G_0(s)=\dfrac{K_1}{(s+0.2)(s+0.5)(s+1)}$；

(2) $G_0(s)=\dfrac{K_2(s+2)}{s^2+2s+10}$；

(3) $G_0(s)=\dfrac{K_3}{(s+1)(s+5)(s^2+6s+13)}$；

(4) $G_0(s)=\dfrac{K_4(1-0.5s)}{s(1+0.2s)}$；

(5) $G_0(s)=\dfrac{K_5e^{-0.5s}}{s(s+2)}$。

试绘制系统的根轨迹图，并确定使闭环系统稳定的开环增益范围。

4.11　系统的开环传递函数为

$$G_0(s)=\frac{K}{(s+1)(s+2)(s+4)}$$

试证明 $s_1=-1+j\sqrt{3}$ 在该系统根轨迹上，并求出相应的 K 值。

4.12　设开环系统的奈奎斯特曲线如题 4.12 图所示，试判别闭环系统的稳定性。其中，P 表示开环系统在右半 s 平面上极点的个数。若系统不稳定，试计算闭环系统在右半 s 平面上极点的数目。

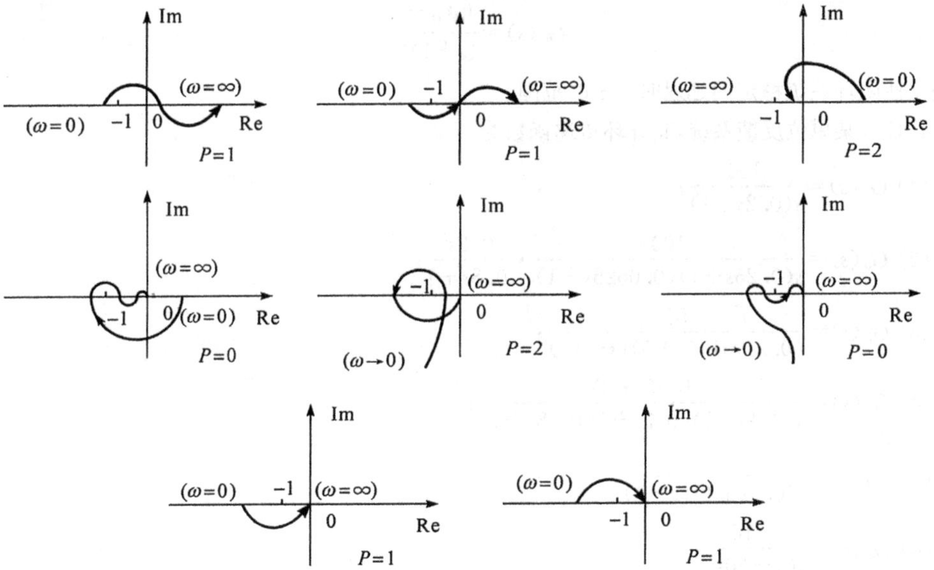

题 4.12 图

4.13　绘制下列开环系统的奈奎斯特曲线，并判别系统稳定性和比例系数 K 的关系：

(1) $G_0(s)=\dfrac{K}{s(0.1s+1)(0.5s+1)}$；

(2) $G_0(s)=\dfrac{K}{(s+1)(s+2)(s+3)}$；

(3) $G_0(s)=\dfrac{K(2s+1)}{s(s-1)}$；

(4) $G_0(s)=\dfrac{Ke^{-0.05s}}{s+1}$。

4.14　开环系统的传递函数为

$$G_0(s)=\frac{K(s+2)}{s(s^2+50s+625)(s+1)}$$

要求：

(1) 在伯德图上判别闭环系统的稳定性($K=10000$)；

(2) 求系统的相角裕度和幅值裕度；

(3) 确定使系统稳定的临界开环系统放大系数值；

(4) 确定使系统具有 40°的相角裕度的 K 值。

4.15　开环系统传递函数为

$$G_0(s)=\frac{\tau s+1}{s^2}$$

试计算使相角裕度为 45°的时间常数 τ 的值。

4.16　设单位反馈系统的开环传递函数为

$$G_0(s)=\frac{5s^2e^{-\tau s}}{(s+1)^4}$$

试确定使闭环系统稳定的延迟时间 τ 的范围。

4.17　某单位反馈系统，其开环传递函数为

(1) $G_0(s)=\dfrac{100}{s(0.2s+1)}$；

(2) $G_0(s)=\dfrac{100}{s(0.25s+1)(0.0625s+1)}\cdot\dfrac{0.2s^3}{0.8s+1}$；

(3) $G_0(s)=\dfrac{50}{(0.2s+1)(s+5)(s+10)}$；

(4) $G_0(s)=\dfrac{100(s+2)}{s(0.1s+1)(0.2s+1)(0.8s+1)}$；

(5) $G_0(s)=\dfrac{10}{s(0.5s+1)(s-1)}$；

(6) $G_0(s)=\dfrac{-10}{s(1-20s)}$；

(7) $G_0(s)=\dfrac{10(1-0.5s)}{2s(1+0.1s)(1-0.2s)}$；

(8) $G_0(s)=\dfrac{100}{s(s^2+25)(0.5s+1)}$。

试用奈奎斯特稳定性判据，判别对应闭环系统的稳定性，并确定稳定系统的相位裕度和幅值裕度。

4.18　在如题 4.18 图所示的反馈控制系统中

$$G(s)=\frac{10}{s(s-1)},\qquad H(s)=1+K_h s$$

试确定闭环系统临界稳定时的 K_h。

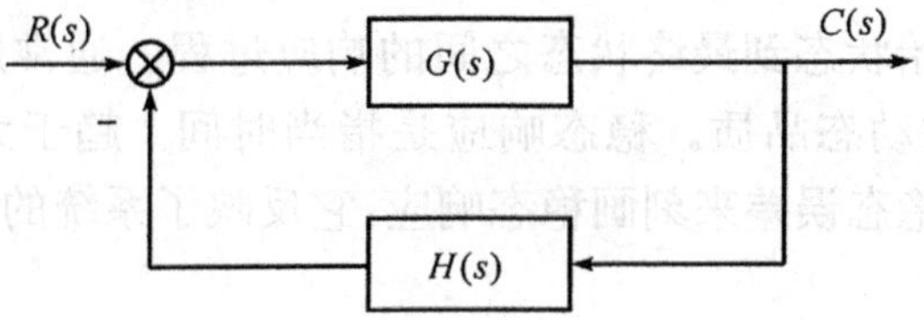

题 4.18 图

4.19　设线性定常系统的状态方程为

$$\begin{cases}\dot{x}_1=-x_1-2x_2\\ \dot{x}_2=x_1-4x_2\end{cases}$$

试用李雅普诺夫第二方法分析系统的稳定性。

4.20　设线性定常系统的状态方程为

$$\begin{cases}\dot{x}_1=x_1+3x_2\\ \dot{x}_2=-3x_1-2x_2-3x_3\\ \dot{x}_3=x_1\end{cases}$$

试用李雅普诺夫第二方法分析系统的稳定性。

4.21　设线性定常离散时间系统的状态方程为

$$\begin{cases}x_1(k+1)=x_1(k)+3x_2(k)\\ x_2(k+1)=-3x_1(k)-2x_2(k)-3x_3(k)\\ x_3(k+1)=x_1(k)\end{cases}$$

试用李雅普诺夫第二方法分析系统的稳定性。

第 5 章　控制系统的时域运动分析

系统受外加作用所引起的随时间变化的输出信号，被称为系统的“时域响应”。系统的时域响应由两部分组成：瞬态响应和稳态响应。瞬态响应(亦称为动态响应)是指系统从初始状态到最终状态之间的响应过程。通常用瞬态性能指标来刻画瞬态响应过程的动态品质。稳态响应是指当时间 t 趋于无穷大时系统的输出(或状态)，通常用稳态误差来刻画稳态响应，它反映了系统的精度。

5.1　控制系统的时域响应

评价控制系统的性能，通常是通过分析系统对典型测试信号的时域响应来进行的。当系统的数学模型建立以后，在一定的初始条件和给定的输入信号下，就可以确定它的时域响应，从而对系统的运动性能进行分析。因此，如何求出系统的时域响应是进行系统时域运动性能分析的基本出发点之一。

对于线性定常系统，可以用传递函数(或脉冲传递函数)求解系统的输出响应，用状态方程(或离散状态方程)求解系统的状态响应。

5.1.1　连续时间系统输出响应

考虑如图 5.1 所示连续时间系统，其闭环传递函数为

$$W(s)=\frac{C(s)}{R(s)}=\frac{G(s)}{1+G(s)H(s)}$$

在一般情况下，$G(s)$和 $H(s)$都是关于 s 的有理函数，从而 $W(s)$可以写成

$$W(s)=\frac{B(s)}{A(s)}=\frac{b_m s^m+b_{m-1}s^{m-1}+\cdots+b_1 s+b_0}{a_n s^n+a_{n-1}s^{n-1}+\cdots+a_1 s_1+a_0} \tag{5.1.1}$$

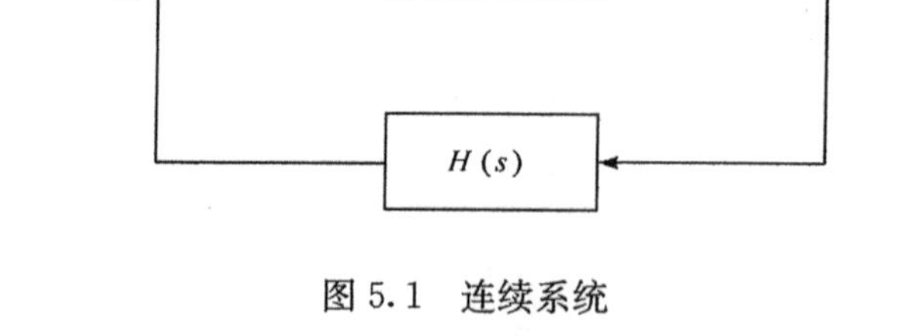

图 5.1　连续系统

其中，$n \geqslant m$。经过因式分解后，又可以得到如下形式：

$$W(s)=\frac{B(s)}{A(s)}=\frac{K(s+z_1)(s+z_2)\cdots(s+z_m)}{(s+p_1)(s+p_2)\cdots(s+p_n)} \tag{5.1.2}$$

其中，

$$B(s)=K(s+z_1)(s+z_2)\cdots(s+z_m) \tag{5.1.3}$$

$$A(s)=(s+p_1)(s+p_2)\cdots(s+p_n) \tag{5.1.4}$$

假定分子 $B(s)$和分母 $A(s)$之间没有公因式，即 $W(s)$是不可约的。

有了系统的传递函数 $W(s)$，如果给定输入信号 $r(t)$的拉普拉斯变换 $R(s)$也是有理函数的话，输出响应的拉普拉斯变换可以写成

$$C(s)=W(s)R(s)=\frac{Q(s)}{\prod_{i=1}^{p}(s+\lambda_i)^{n_i}} \tag{5.1.5}$$

其中，λ_i 是 $W(s)R(s)$的相异极点，可为实数或复数，如为复数极点必定共轭成对出现，n_i 是极点重数。对 $C(s)$用部分分式展开，可得

$$C(s)=\sum_{i=1}^{p}\left[\frac{k_{i1}}{s+\lambda_i}+\frac{k_{i2}}{(s+\lambda_i)^2}+\cdots+\frac{k_{in_i}}{(s+\lambda_i)^{n_i}}\right] \tag{5.1.6}$$

其中

$$k_{in_i}=W(s)R(s)(s+\lambda_i)^{n_i}\big|_{s=-\lambda_i}$$

$$k_{i(n_i-1)}=\frac{\mathrm{d}}{\mathrm{d}s}\left[W(s)R(s)(s+\lambda_i)^{n_i}\right]\bigg|_{s=-\lambda_i}$$

$$\vdots$$

$$k_{i1}=\frac{1}{(n_i-1)!}\frac{\mathrm{d}^{n_i-1}}{\mathrm{d}s^{n_i-1}}\left[W(s)R(s)(s+\lambda_i)^{n_i}\right]\bigg|_{s=-\lambda_i}$$

注意，与复数共轭极点相对应的系数也互为共轭复数。最后，对式(5.1.6)的 $C(s)$取拉普拉斯反变换，就可以求得输出响应

$$c(t)=\sum_{i=1}^{p}\left[k_{i1}\mathrm{e}^{-\lambda_i t}+k_{i2}t\mathrm{e}^{-\lambda_i t}+\cdots+\frac{k_{in_i}}{(n_i-1)!}t^{n_i-1}\mathrm{e}^{-\lambda_i t}\right] \tag{5.1.7}$$

由式(5.1.7)可以看出，输出响应 $c(t)$是 $t^{n_j-1}\mathrm{e}^{-\lambda_i t}$ $(i=1,2,\cdots,p;n_j=1,2,\cdots,n_i)$各项的线性组合，各项的性质由 $W(s)R(s)$的极点决定，而相应系数的大小则还与 $W(s)R(s)$的零点有关。

例 5.1　图 5.2 所示为一单位反馈控制系统，试求当输入为单位阶跃函数时所引起的输出响应。

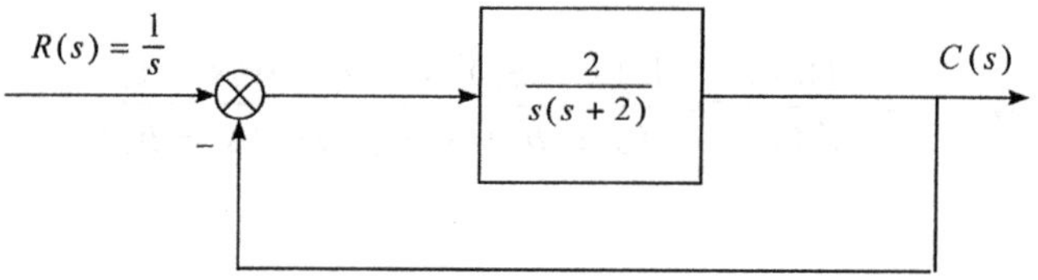

图 5.2　单位反馈系统

解　系统的闭环传递函数为

$$W(s)=\frac{\dfrac{2}{s(s+2)}}{1+\dfrac{2}{s(s+2)}}=\frac{2}{s^2+2s+2}$$

系统输出的拉普拉斯变换为

$$C(s)=W(s)R(s)=\frac{2}{s(s^2+2s+2)}$$

经过部分分式展开，有

$$C(s)=\frac{1}{s}-\frac{s+2}{(s+1)^2+1}=\frac{1}{s}-\frac{s+1}{(s+1)^2+1}-\frac{1}{(s+1)^2+1}$$

经过拉普拉斯反变换后，得时域响应为

$$c(t)=1-\mathrm{e}^{-t}\cos t-\mathrm{e}^{-t}\sin t=1-\sqrt{2}\mathrm{e}^{-t}\sin\left(t+\frac{\pi}{4}\right)$$

应当指出，由于传递函数是在零值初始条件下定义的，所以根据它所求得的输出响应只是系统的零状态响应。

对于非零值初始条件的情况，有两种方法可用来求系统的响应。第一种方法，假设系统的运动方程已经得到，这时可利用线性常微分方程的通常解法，求出对应齐次微分方程在非零初始条件下的通解以及非齐次微分方程在零初始条件下的特解，将二者叠加即为系统的响应。在这一过程中需要利用初始条件求积分常数的值。第二种方法，对运动方程的两端进行拉普拉斯变换，得到响应函数的拉普拉斯变换后，再求其拉普拉斯反变换即为系统的响应。在这一过程中，拉普拉斯变换把初始条件自动地包含在微分方程的拉普拉斯变换式中，从而不需要根据初始条件求积分常数的值。

需要注意的是，运用拉普拉斯变换法求解运动方程时，常常会遇到实际系统中信号函数的不连续性以及初值跳变问题。为此，有必要把信号函数 $f(t)$ 的拉普拉斯变换定义成

$$F(s)=\lim_{\substack{\varepsilon\to 0\\(\varepsilon<0)}}\int_{\varepsilon}^{\infty}f(t)\mathrm{e}^{-st}\,\mathrm{d}t$$

或简记成

$$F(s)=\int_{0^-}^{\infty} f(t)\mathrm{e}^{-st}\mathrm{d}t \tag{5.1.8}$$

对于在 $t=0$ 处满足 $f(0^+)=f(0^-)$ 的函数而言，上述定义与常规定义

$$F(s)=\int_{0}^{\infty} f(t)\mathrm{e}^{-st}\mathrm{d}t$$

并无区别。但是，对于 $f(0^+)\neq f(0^-)$ 的情况，运用式(5.1.8)定义的拉普拉斯变换，则更加方便。在式(5.1.8)的定义下，拉普拉斯变换的微分定理将成为

$$F'(s)=sF(s)-f(0^-) \tag{5.1.9}$$

这里 $f(0^-)$ 具有明确的含义，表示信号突变前的值。而在常规的定义下，拉普拉斯变换的微分定理为

$$F'(s)=sF(s)-f(0)$$

对于在 $t=0$ 处有跳变的函数来说，上式中末项 $f(0)$ 的含义是不明确的。

例 5.2　RC 电路如图 5.3 所示。求当输入 $u(t)=v\cdot 1(t)$（v 为常数）时，输出 $u_R(t)$ 的数学表达式（假设阶跃信号加入前，电路中无电流）。

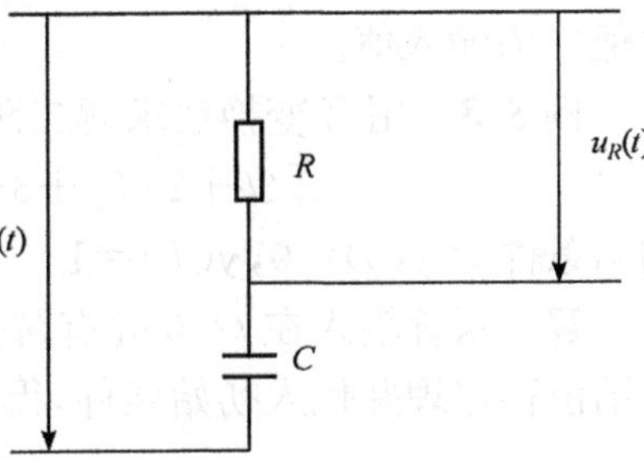

图 5.3　RC 电路

解　该系统的运动方程组为

$$\begin{cases} T\dfrac{\mathrm{d}u_C}{\mathrm{d}t}+u_C=u \\ u_R=u-u_C \end{cases}$$

即有

$$T\frac{\mathrm{d}u_R}{\mathrm{d}t}+u_R=T\frac{\mathrm{d}u}{\mathrm{d}t}$$

其中，$T=RC$。注意到，$1(t)$ 在 $t=0$ 处不连续，所以在 $t=0$ 点 $\dfrac{\mathrm{d}u}{\mathrm{d}t}$ 不存在。由式(5.1.9)有

$$\mathscr{L}\left[\frac{\mathrm{d}}{\mathrm{d}t}1(t)\right]=\left[s\frac{1}{s}-1(0^-)\right]=1$$

利用拉普拉斯变换式(5.1.8)，得

$$TsU_R(s)+U_R(s)=Tv$$

解之，得

$$U_R(s)=\frac{Tv}{Ts+1}$$

从而求得

$$u_R(t)=v\mathrm{e}^{-\frac{t}{T}},\qquad t>0$$

值得一提的是，当采用式(5.1.8)作为拉普拉斯变换的定义时，相应的拉普拉斯变换的初值定理应改成

$$\lim_{s\to\infty} sF(s) = f(0^+) \tag{5.1.10}$$

在上例中，利用初值定理应有

$$u_R(0^+)=\lim_{s\to\infty} s\frac{Tv}{Ts+1}=v$$

这一点与电路分析的结果一致。

5.1.2 离散时间系统输出响应

当离散时间系统的输入-输出模型以差分方程来描述时，可用 Z 变换法求解输出响应。其实质是应用 Z 变换的位移定理，将差分方程变换为以 z 为变量的代数方程，然后进行 Z 反变换，求出各采样时刻的输出值。

与连续时间系统中的处理类似，当输入信号在采样点上有跳变时，可用其右极限值作为输入值。

例 5.3 用 Z 变换法求解二阶差分方程

$$y[(k+2)T]+3y[(k+1)T]+2y(kT)=1(kT)$$

初始条件为 $y(0)=0, y(T)=1$。

解 系统输入在 $t=0$ 处有跳变，取 $1(0)=1(0^+)=1$。对差分方程取 Z 变换，利用位移定理并代入初始条件，得

$$[z^2Y(z)-z^2y(0)-zy(T)]+3[zY(z)-zy(0)]+2Y(z)=\frac{z}{z-1}$$

解之，得

$$Y(z)=\frac{z^2}{(z-1)(z+1)(z+2)}$$

用部分分式展开 $Y(z)$，得

$$Y(z)=z\left[\frac{z}{(z-1)(z+1)(z+2)}\right]=z\left[\frac{\frac{1}{6}}{z-1}+\frac{\frac{1}{2}}{z+1}-\frac{\frac{2}{3}}{z+2}\right]$$

$$=\frac{1}{6}\frac{z}{z-1}+\frac{1}{2}\frac{z}{z+1}-\frac{2}{3}\frac{z}{z+2}$$

求 $Y(z)$ 的 Z 反变换，得

$$y(kT)=\mathscr{Z}^{-1}[y(z)]$$

$$=\frac{1}{6}(1)^k+\frac{1}{2}(-1)^k-\frac{2}{3}(-2)^k,\qquad k=0,1,2,\cdots$$

例 5.4 采样控制系统如图 5.4 所示，$D(z)=\dfrac{z}{z-1}$，$G(s)=\dfrac{1}{s+4}$，采样周期 T

=0.5s，参考输入 $r(t)=1(t)$，求系统输出响应 $c(t)$。

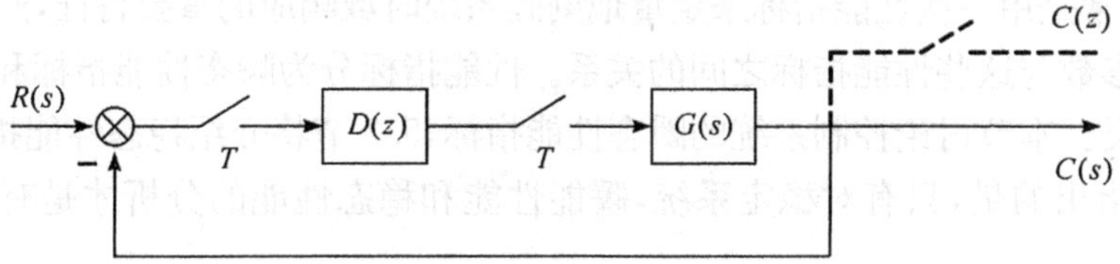

图 5.4　采样控制系统

解　系统输出量的 Z 变换 $C(z)$ 为

$$C(z)=\frac{D(z)G(z)}{1+D(z)G(z)}R(z)$$

由 $r(t)=1(t)$ 和 $G(s)=\dfrac{1}{s+4}$，查附录中 Z 变换表(附表 1)得

$$R(z)=\frac{z}{z-1}$$

$$G(z)=\frac{z}{z-\mathrm{e}^{-4T}}\bigg|_{T=0.5}=\frac{z}{z-\mathrm{e}^{-2}}$$

于是

$$\begin{aligned}C(z)&=\frac{\dfrac{z}{z-1}\cdot\dfrac{z}{z-\mathrm{e}^{-2}}\cdot\dfrac{z}{z-1}}{1+\dfrac{z}{z-1}\cdot\dfrac{z}{z-\mathrm{e}^{-2}}}\\&=\frac{z^3}{2(z-1)(z-0.3973)(z-0.1704)}\\&=\frac{z}{z-1}-\frac{0.577z}{z-0.3973}+\frac{0.077z}{z-0.1704}\\&=\frac{z}{z-1}-\frac{0.577z}{z-\mathrm{e}^{-0.923}}+\frac{0.077z}{z-\mathrm{e}^{-1.77}}\end{aligned}$$

从而，系统输出量的采样值为

$$\begin{aligned}c(kT)&=\mathscr{Z}^{-1}[C(z)]\\&=1-0.577\mathrm{e}^{-0.923k}+0.077\mathrm{e}^{-1.77k},\qquad k=0,1,2,\cdots\end{aligned}$$

5.2　控制系统瞬态性能分析

对于任何一个控制系统，如果其数学模型及初始条件、外界输入给定，总可以通过求出其时域响应表达式来对其瞬态响应特性和稳态响应特性进行分析。然

而,对系统时域性能的分析,并不一定要完全依赖于系统时域响应的表达式。在工程实际中,通常是用一些性能指标来定量地刻画系统时域响应的重要特征,然后分析系统结构和参数与这些性能指标之间的关系。性能指标分为瞬态性能指标和稳态性能指标两大类。本节讨论控制系统的瞬态性能指标,5.3 节将介绍稳态性能指标。

需要指出的是,只有对稳定系统,瞬能性能和稳态性能的分析才是有意义的。

5.2.1　瞬态性能指标的定义

瞬态性能指的是一个控制系统在过渡过程中的输出(或状态)响应的瞬态行为。所谓过渡过程,是指系统在外部输入信号的作用下从一个稳态转移到另一个稳态的过程。下面着重分析零初始条件下,线性定常连续时间系统受到单位阶跃函数输入作用时,输出响应的瞬态性能指标。在控制系统中,把阶跃信号当作对系统性能考验最为严重的输入信号。若系统对该类输入信号的响应良好,则该系统对其他信号的响应一般也是良好的。

一个稳定的线性定常连续时间系统对单位阶跃函数的响应,通常有衰减振荡和单调变化两种类型。具有衰减振荡的瞬态过程如图 5.5 所示。

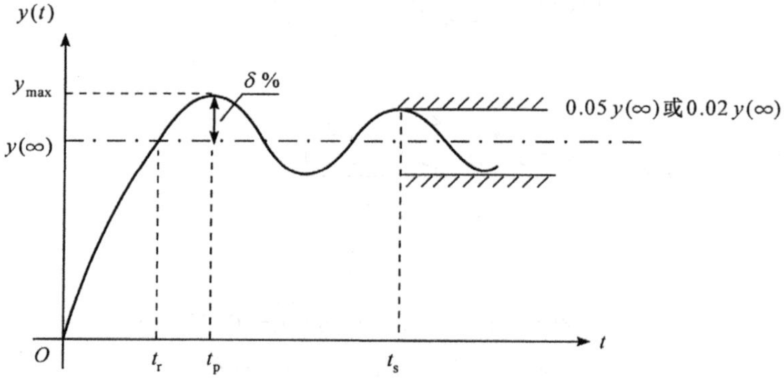

图 5.5　具有衰减振荡的单位阶跃响应

根据图中所显示的响应特性,定义常用的瞬态性能指标如下。

1) 上升时间 t_r

输出响应第一次达到稳态值的时间。考虑到不敏感区或者允许误差,有时定义为从输出响应稳态值的 10%上升到 90%所需的时间。后一种定义方法还适用于非振荡的瞬态过程。

2) 峰值时间 t_p

输出响应超过稳态值达到第一个峰值(即 y_{max})所需的时间。

3) 最大超调量(简称超调量)$\delta\%$

瞬态过程中输出响应的最大值超过稳态值的百分数,即

$$\delta\% = \frac{y_{max} - y(\infty)}{y(\infty)} \times 100\% \tag{5.2.1}$$

4）调节时间（或过渡时间）t_s

当 $y(t)$ 和 $y(\infty)$ 之间的误差达到规定的允许值（一般取 $y(\infty)$ 的 5%或 2%，称为允许误差范围，用 Δ 表示），并且以后不再超过此值所需的最小时间。即当 $t \geqslant t_s$ 后，有

$$|y(t) - y(\infty)| \leqslant |y(\infty)| \times \Delta\%, \quad \Delta = 5 \text{ 或 } 2 \tag{5.2.2}$$

5）振荡次数 N

在调节时间内，$y(t)$ 偏离 $y(\infty)$ 的振荡次数。

以上各项瞬态性能指标中，上升时间、峰值时间和调节时间表示瞬态过程进行的快慢，是快速性指标。超调量和振荡次数反映瞬态过程的振荡激烈程度，是平稳性指标。超调量和调节时间是最常用的两种瞬态性能指标。具有单调变化的单位阶跃响应过程如图 5.6 所示。由于它不可能有超调量，所以通常只用调节时间这一瞬态性能指标表示动态过程的快速性，有时也采用上升时间（由稳态值的 10%上升到 90%所需时间）这一指标。

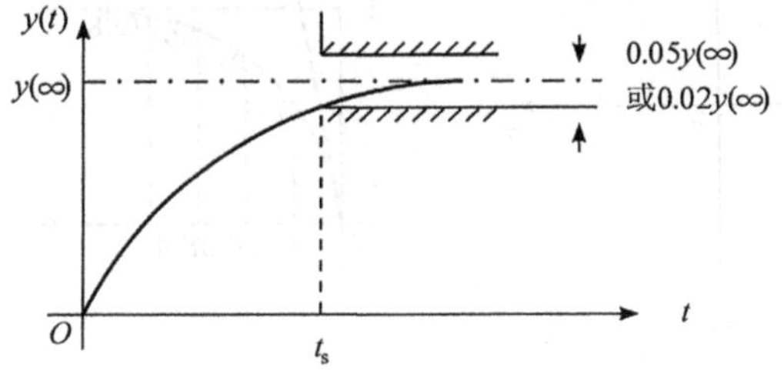

图 5.6　单调变化的单位阶跃响应

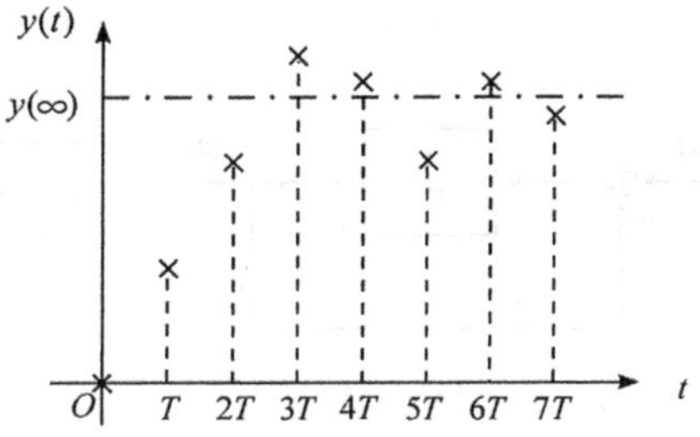

图 5.7　离散系统的单位阶跃响应

上述瞬态性能指标是针对连续时间系统定义的。它们也可以类似地针对离散时间系统定义。例如，一个具有衰减变化的线性定常离散时间系统的单位阶跃响应过程如图 5.7 所示。定义调节时间为 $t_s = NT$。当 $k \geqslant N$ 时，有

$$|y(kT) - y(\infty)| \leqslant |y(\infty)| \times \Delta\% \tag{5.2.3}$$

对于实际中最常见的用传递函数描述的单输入-单输出系统，通常人们不是通过其时域响应函数来计算其性能指标，而是将这些性能指标用系统结构参数来具体标定，从而制成各种图表，简化工程计算，提供种种便利。

5.2.2　一阶系统瞬态性能分析

虽然实际控制系统很少单独由一阶环节构成，但可用它说明系统特征方程以

一个实根为主时，阶跃响应的特点。

典型一阶系统的结构如图 5.8(a)所示。在物理上，这个系统可以表示一个RC 电路，也可以表示一个加热过程。其闭环传递函数为

$$W(s)=\frac{C(s)}{R(s)}=\frac{1}{Ts+1} \tag{5.2.4}$$

其中，T 称为系统的时间常数。式(5.2.4)表示的系统为一阶惯性系统，它在 s 平面上的极点分布为 $s=-\frac{1}{T}$，如图 5.8(b)所示。

一阶系统的单位阶跃响应可由下式求出

$$C(s)=\frac{1}{Ts+1}R(s)=\frac{1}{Ts+1}\cdot\frac{1}{s} \tag{5.2.5}$$

$$c(t)=\mathscr{L}^{-1}[C(s)]=1-\mathrm{e}^{-\frac{t}{T}},\qquad t\geqslant 0$$

图 5.8(c)所示为一阶惯性系统的单位阶跃响应曲线。

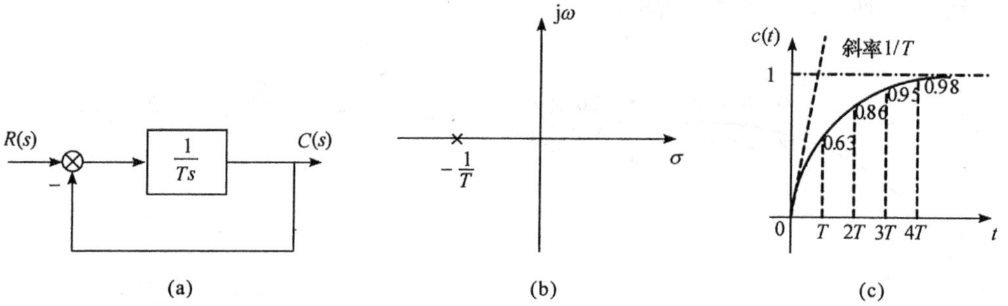

图 5.8　一阶系统及其单位阶跃响应曲线

从图中可以看出，当极点为负时，在单位阶跃信号作用下，一阶系统响应曲线为单调上升的曲线。随着时间的增加，系统的输出响应 $c(t)$逐渐趋近于稳态值，在初始时刻 $t=0$ 时，系统的输出响应 $c(t)$有最大的变化率$\frac{1}{T}$。

根据响应曲线，可以得到一阶系统瞬态性能指标的定量描述如下。

1)快速性

因为一阶系统的运动是单调的，只考虑调节时间 t_s 即可。一阶系统只有一个系统参数 T，即系统时间常数。当以时间常数 T 来考察系统的运动时，由图 5.8(c)，可以得到下列结论：

$$t_s=\begin{cases}4T, & 取\ \Delta=2\\ 3T, & 取\ \Delta=5\end{cases} \tag{5.2.6}$$

另外,还可以根据时间常数 T 去度量系统输出的数值。例如,当 $t=T$ 时,$c(t)=0.632$,而当 t 分别等于 $2T$、$3T$、$4T$ 时,$c(t)$的值将分别达到稳态值的 86.5%、95%和 98%。根据这一特点,可以用实验方法测定一阶系统的时间常数,或者判定所测系统是否属于一阶系统。

2)平稳性

平稳性的指标为超调量 $\delta\%$。因为一阶系统是没有超调量的,因此认为其平稳性是好的。

综上所述,对于一阶惯性系统,不必求出系统的时域响应,仅根据系统的唯一特征参数,即时间常数 T,就可以完成对其瞬态性能的分析。

例 5.5　已知一阶系统如图 5.9 所示,前置放大器的增益 $K=1$,计算该系统单位阶跃响应的调节时间 t_s。如果要实现调节时间 $t_s \leqslant 1$s(取 $\Delta=2$),确定前置放大器增益 K 值的大小。

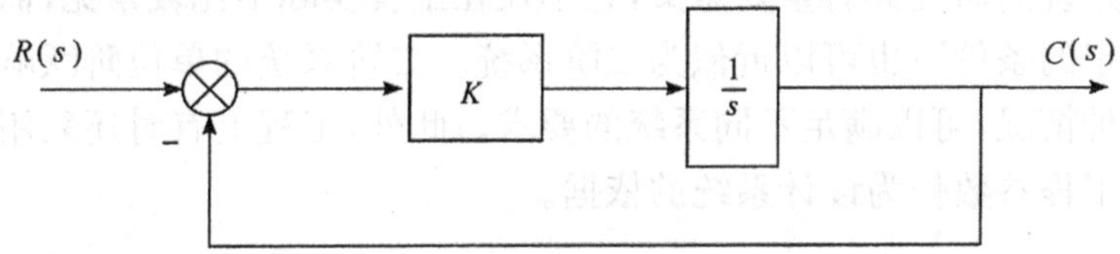

图 5.9　带前置放大器的一阶系统

解　系统的闭环传递函数为

$$W(s)=\frac{K/s}{1+K/s}=\frac{1}{s/K+1}$$

所以系统的时间常数 T 为

$$T=1/K$$

系统单位阶跃响应的调节时间为

$$t_s=3T=3/K\,|_{K=1}=3(\text{s}),\qquad 取\ \Delta=5$$

$$t_s=4T=4/K\,|_{K=1}=4(\text{s}),\qquad 取\ \Delta=2$$

如果要求调节时间小于 1s,则有

$$t_s=4T\leqslant 1$$

因为

$$T=\frac{1}{K}\leqslant\frac{1}{4}$$

所以前置放大器的增益为

$$K\geqslant 4$$

前置放大器增益取不同值时的响应曲线如图 5.10 所示。从图中可以很明显地看出,增大前置放大器的增益,可以起到使一阶系统阶跃响应加速的作用。

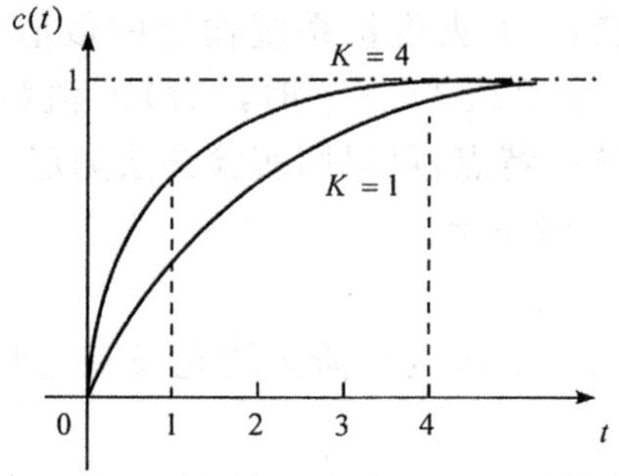

图 5.10　不同前置增益时的响应曲线

5.2.3　典型二阶系统瞬态性能分析

对二阶系统的研究具有重要意义，它不仅在工程实际中比较常见，而且许多高阶系统在一定的条件下也可以近似为二阶系统。二阶系统的单位阶跃响应有振荡和非振荡两种情况，可以满足不同系统的要求。此外，工程上有时还采用所谓二阶系统的最佳工程参数作为设计系统的依据。

1. 典型二阶系统的传递函数

图 5.11 所示是一个二阶随动系统的方块图，其闭环传递函数为

$$W(s)=\frac{C(s)}{R(s)}=\frac{K}{s(Ts+1)+K} \tag{5.2.7}$$

其中，K 为系统的开环增益；T 为时间常数。由式(5.2.7)可以求得系统的运动方程

$$T\frac{\mathrm{d}^2c(t)}{\mathrm{d}t^2}+\frac{\mathrm{d}c(t)}{\mathrm{d}t}+Kc(t)=Kr(t) \tag{5.2.8}$$

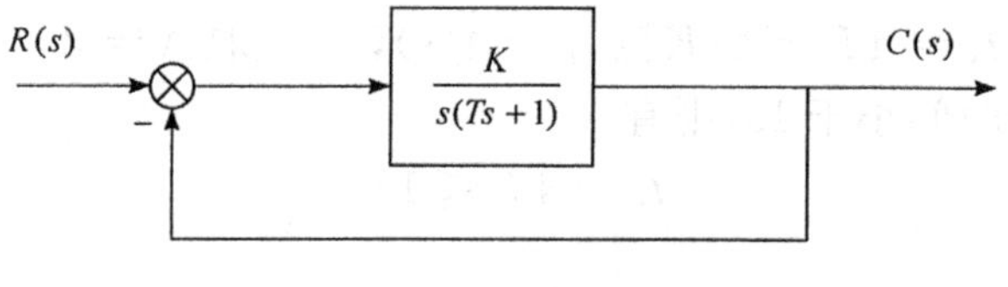

图 5.11　二阶随动系统方块图

式(5.2.8)实际上就是典型二阶系统的运动方程。为了分析方便，常常把典型二阶系统的闭环传递函数写成如下标准形式

$$\frac{C(s)}{R(s)}=\frac{\omega_n^2}{s^2+2\zeta\omega_n s+\omega_n^2} \tag{5.2.9}$$

其中，ζ 称为系统的阻尼比，ω_n 称为无阻尼振荡频率或自然频率。

比较系统(5.2.7)的闭环传递函数和典型二阶系统的标准形式(5.2.9)，有

$$\omega_n = \sqrt{\frac{K}{T}} \tag{5.2.10}$$

$$\zeta = \frac{1}{2\sqrt{KT}} \tag{5.2.11}$$

于是，图 5.11 可以变换为图 5.12。这样，二阶系统的过渡过程，就可以用 ζ 和 ω_n 这两个参数来加以刻画。

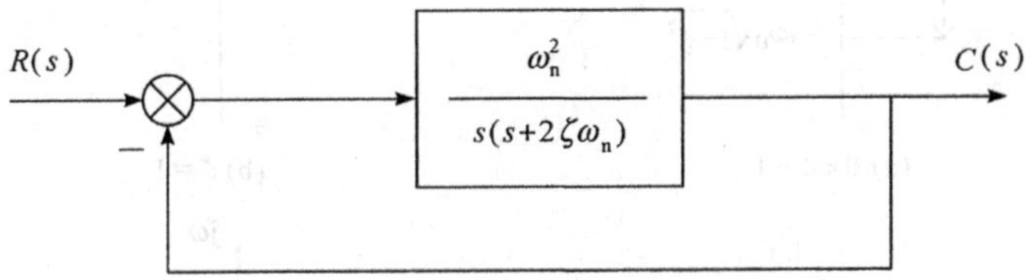

图 5.12　典型二阶系统方块图

由式(5.2.9)可知，典型二阶系统的特征方程为

$$s^2 + 2\zeta\omega_n s + \omega_n^2 = 0 \tag{5.2.12}$$

从而解得两个特征根(即闭环极点)为

$$s_{1,2} = -\zeta\omega_n \pm \omega_n\sqrt{\zeta^2 - 1} \tag{5.2.13}$$

式(5.2.13)表明，随着阻尼比 ζ 取值的不同，二阶系统的特征根也不相同。下面逐一加以说明。

1) 欠阻尼($0<\zeta<1$)

当 $0<\zeta<1$ 时，两个特征根为

$$s_{1,2} = -\zeta\omega_n \pm j\omega_n\sqrt{1-\zeta^2}$$

它们是一对共轭复根，如图 5.13(a)所示。

2) 临界阻尼($\zeta=1$)

当 $\zeta=1$ 时，特征方程有两个相同的负实根，即

$$s_{1,2} = -\omega_n$$

此时的 s_1，s_2 如图 5.13(b)所示。

3) 过阻尼($\zeta>1$)

当 $\zeta>1$ 时，两个特征根为

$$s_{1,2} = -\zeta\omega_n \pm \omega_n\sqrt{\zeta^2-1}$$

它们是两个不同的负实根，如图 5.13(c)，所示。

4) 无阻尼($\zeta=0$)

当 $\zeta=0$ 时,特征方程具有一对共轭纯虚根

$$s_{1,2}=\pm j\omega_n$$

如图 5.13(d)所示,这是欠阻尼的特殊情况。

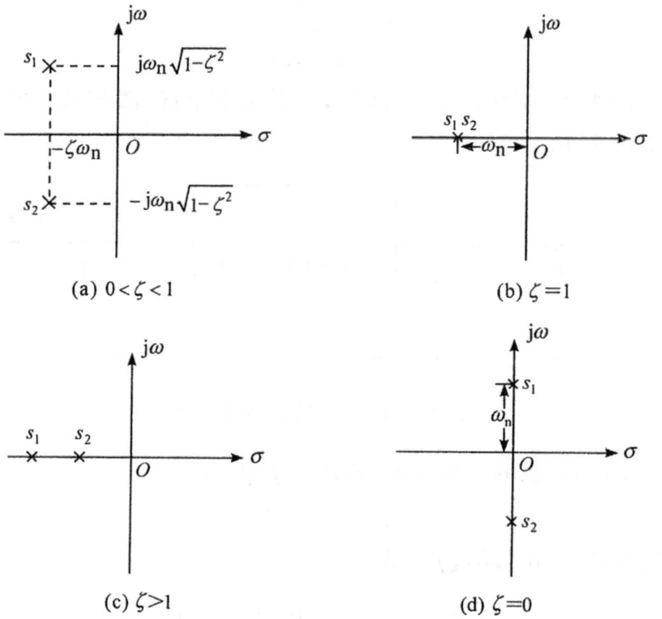

图 5.13　典型二阶系统的闭环极点分布

根据上述四种情况,下面分别讨论在单位阶跃信号作用下典型二阶系统的瞬态过程。一律假设系统的初始条件为零,即当控制信号 $r(t)$ 作用于系统之前,系统处于静止状态。

2. 典型二阶系统的单位阶跃响应

由式(5.2.9)可求得典型二阶系统在单位阶跃信号作用下输出响应的拉普拉斯变换,即

$$C(s)=\frac{\omega_n^2}{s^2+2\zeta\omega_n s+\omega_n^2}\cdot\frac{1}{s} \tag{5.2.14}$$

对上式进行拉普拉斯反变换就可以得到典型二阶系统的单位阶跃响应,即

$$c(t)=\mathscr{L}^{-1}[C(s)]$$

下面根据阻尼比的不同取值,对系统的阶跃响应加以详细讨论。

1) 欠阻尼($0<\zeta<1$)

在这种情况下,式(5.2.14)可以展开成如下的部分分式:

$$C(s)=\frac{1}{s}-\frac{s+2\zeta\omega_n}{(s+\zeta\omega_n+j\omega_d)(s+\zeta\omega_n-j\omega_d)}$$
$$=\frac{1}{s}-\frac{s+\zeta\omega_n}{(s+\zeta\omega_n)^2+\omega_d^2}-\frac{\zeta\omega_n}{\omega_d}\cdot\frac{\omega_d}{(s+\zeta\omega_n)^2+\omega_d^{\ 2}} \qquad (5.2.15)$$

其中，$\omega_d=\omega_n\sqrt{1-\zeta^2}$ 称为阻尼振荡频率。对上式进行拉普拉斯反变换，得

$$c(t)=1-e^{-\zeta\omega_n t}\cos\omega_d t-\frac{\zeta\omega_n}{\omega_d}e^{-\zeta\omega_n t}\sin\omega_d t$$
$$=1-e^{-\zeta\omega_n t}\left(\cos\omega_d t+\frac{\zeta}{\sqrt{1-\zeta^2}}\sin\omega_d t\right),\qquad t\geqslant 0 \qquad (5.2.16)$$

上式还可以改写成

$$c(t)=1-\frac{e^{-\zeta\omega_n t}}{\sqrt{1-\zeta^2}}(\sqrt{1-\zeta^2}\cos\omega_d t+\zeta\sin\omega_d t)$$
$$=1-\frac{e^{-\zeta\omega_n t}}{\sqrt{1-\zeta^2}}\sin(\omega_d t+\varphi),\qquad t\geqslant 0 \qquad (5.2.17)$$

其中，$\varphi=\arctan\dfrac{\sqrt{1-\zeta^2}}{\zeta}$，如图 5.14 所示。

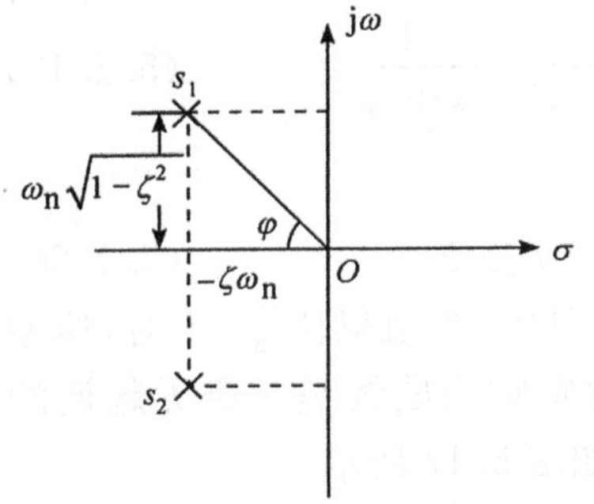

图 5.14　欠阻尼二阶系统闭环极点分布及 φ 角的定义

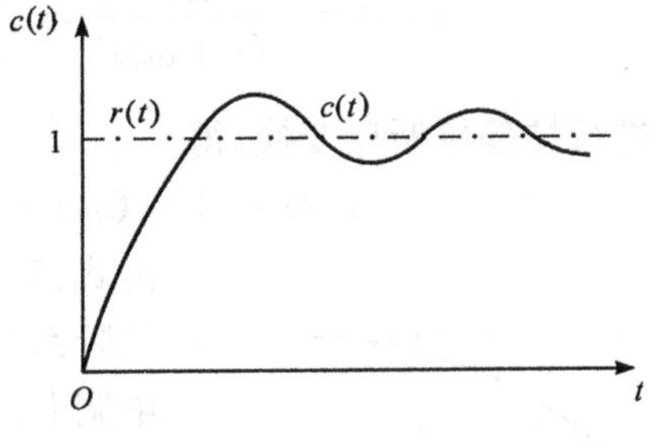

图 5.15　欠阻尼二阶系统的单位阶跃响应

从式(5.2.17)可以看出，对应于 $0<\zeta<1$ 时的瞬态过程，$c(t)$ 为一衰减的正弦振荡曲线(图 5.15)，其衰减速度取决于 $\zeta\omega_n$ 值的大小，而衰减振荡的周期为

$$T_d=\frac{2\pi}{\omega_d}=\frac{2\pi}{\omega_n\sqrt{1-\zeta^2}}$$

$\zeta=0$ 是欠阻尼的一种特殊情况。将 $\zeta=0$ 代入式(5.2.16)，可直接得到

$$c(t)=1-\cos\omega_n t,\qquad t\geqslant 0 \qquad (5.2.18)$$

从上式可以看出，无阻尼($\zeta=0$)时典型二阶系统的单位阶跃响应是等幅正弦振荡(图 5.16)，振荡频率为 ω_n。

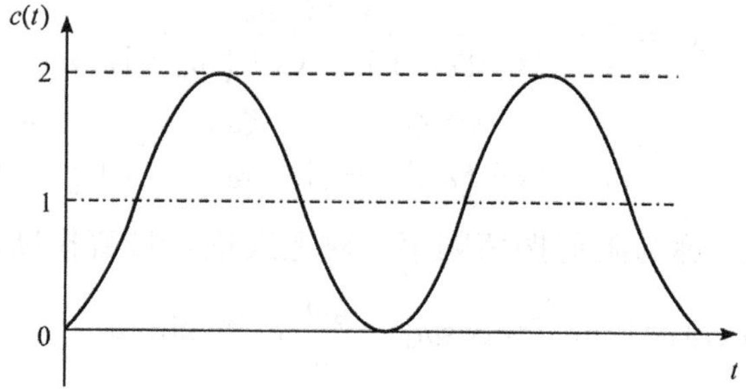

图 5.16　无阻尼二阶系统的单位阶跃响应

从以上分析可以看出频率 ω_n 和 ω_d 的鲜明物理意义。ω_n 是当无阻尼($\zeta=0$)时二阶系统瞬态响应作等幅正弦振荡的角频率；ω_d 是欠阻尼($0<\zeta<1$)时二阶系统瞬态响应作衰减正弦振荡的角频率。这就是它们分别被称为无阻尼振荡频率和阻尼振荡频率的原因。而 $\omega_d=\omega_n\sqrt{1-\zeta^2}$，显然 $\omega_d<\omega_n$，并且随着 ζ 值的增大，ω_d 的值将减小。

2) 临界阻尼($\zeta=1$)

此时，式(5.2.14)可以展开成如下部分分式：

$$C(s)=\frac{\omega_n^2}{s(s+\omega_n)^2}=\frac{1}{s}-\frac{\omega_n}{(s+\omega_n)^2}-\frac{1}{s+\omega_n} \tag{5.2.19}$$

对上式进行拉普拉斯反变换，得

$$c(t)=1-(\omega_n t+1)e^{-\omega_n t},\qquad t\geqslant 0 \tag{5.2.20}$$

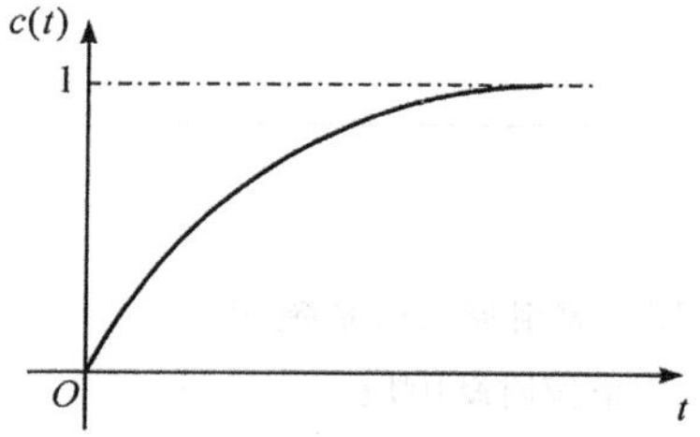

图 5.17　临界阻尼二阶系统的单位阶跃响应

由式(5.2.20)可以看出，当阻尼比 $\zeta=1$ 时，典型二阶系统的单位阶跃响应曲线是一条无超调的单调上升的曲线，如图 5.17 所示。

3) 过阻尼($\zeta>1$)

这时，系统有两个不同的负实根，即

$$s_1=-(\zeta+\sqrt{\zeta^2-1})\omega_n$$

$$s_2=-(\zeta-\sqrt{\zeta^2-1})\omega_n$$

于是，式(5.2.14)可以展开成如下的部分分式：

$$\begin{aligned}C(s)&=\frac{\omega_n^2}{s(s-s_1)(s-s_2)}\\&=\frac{1}{s}+\frac{1}{2\sqrt{\zeta^2-1}(\zeta+\sqrt{\zeta^2-1})}\cdot\frac{1}{s+\zeta\omega_n+\omega_n\sqrt{\zeta^2-1}}\end{aligned}$$

$$
-\frac{1}{2\sqrt{\zeta^2-1}(\zeta-\sqrt{\zeta^2-1})}\cdot\frac{1}{s+\zeta\omega_n-\omega_n\sqrt{\zeta^2-1}} \tag{5.2.21}
$$

取上式的拉普拉斯反变换,得

$$
\begin{aligned}
c(t)=&1+\frac{1}{2\sqrt{\zeta^2-1}(\zeta+\sqrt{\zeta^2-1})}e^{-(\zeta+\sqrt{\zeta^2-1})\omega_n t}\\
&-\frac{1}{2\sqrt{\zeta^2-1}(\zeta-\sqrt{\zeta^2-1})}e^{-(\zeta-\sqrt{\zeta^2-1})\omega_n t}\\
=&1+\frac{\omega_n}{2\sqrt{\zeta^2-1}}\left(\frac{e^{s_1 t}}{-s_1}-\frac{e^{s_2 t}}{-s_2}\right),\quad t\geqslant 0
\end{aligned} \tag{5.2.22}
$$

显然,这时系统的输出响应 $c(t)$ 中包含了两个衰减的指数项,其瞬态过程曲线如图 5.18 所示。当 ζ 远大于 1 时,闭环极点 s_1 将比 s_2 到虚轴的距离远得多。在式(5.2.22)的两个衰减的指数项中,包含 s_1 的项要比包含 s_2 的项衰减的快得多,所以 s_1 对系统过渡过程的影响,要比 s_2 对系统过渡过程的影响小得多。因此,在求取输出信号 $c(t)$ 的近似解时,可以忽略 s_1 对系统的影响,把二阶系统近似地看成一阶系统,近似一阶系统的传递函数为

$$
\frac{C(s)}{R(s)}=\frac{\zeta\omega_n-\omega_n\sqrt{\zeta^2-1}}{s+\zeta\omega_n-\omega_n\sqrt{\zeta^2-1}}=\frac{-s_2}{s-s_2} \tag{5.2.23}
$$

这个近似函数形式是根据下述条件直接得到的,即原来的函数 $\frac{C(s)}{R(s)}$ 与近似函数的初始值和终值,两者是完全相等的。

仿照式(5.2.5),可以得到近似一阶系统的单位阶跃响应

$$
c(t)=1-e^{-(\zeta-\sqrt{\zeta^2-1})\omega_n t},\quad t\geqslant 0 \tag{5.2.24}
$$

当 $\zeta=2,\omega_n=1$ 时,近似阶跃响应曲线和准确阶跃响应曲线均画在图 5.18 中,这时,系统的近似解为

$$
c(t)=1-e^{-0.27t},\quad t\geqslant 0
$$

准确解为

$$
c(t)=1+0.077e^{-3.78t}-1.077e^{-0.27t},\quad t\geqslant 0
$$

近似曲线和准确曲线之间,仅仅在过渡过程的起始段上有比较显著的差别。这说明:只要 $\zeta>2$,用式(5.2.24)表示的近似瞬态过程代替原系统的准确瞬态过程可以得到满意的结果。

以上三种情况的单位阶跃响应曲线如图 5.19 所示。图中画出了对应于不同阻尼比 ζ 的一簇曲线。应当指出,在图 5.19 中,横坐标不是时间 t,而是相对时间 $\omega_n t$,因而曲线只是 ζ 的函数。这样取标度是为了更好地反映 ζ 对系统输出响应的影响。

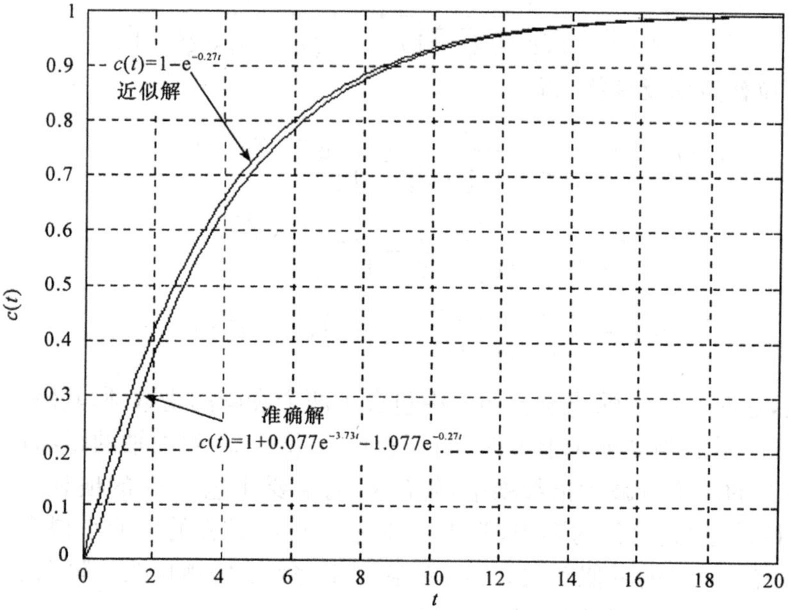

图 5.18 二阶系统的过渡过程($\zeta=2,\omega_n=1$)

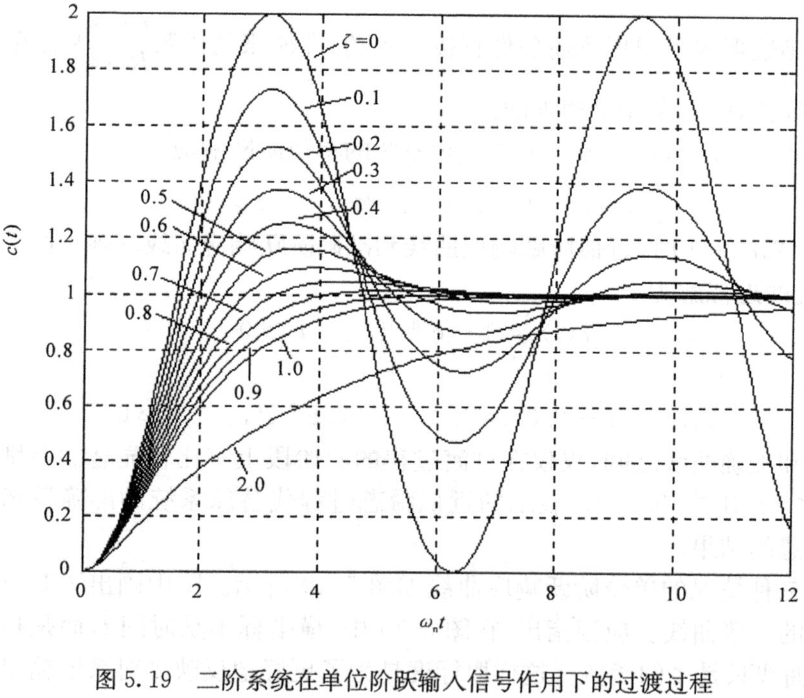

图 5.19 二阶系统在单位阶跃输入信号作用下的过渡过程

从图 5.19 中的一簇曲线可以看出，阻尼比 ζ 越小，超调量越大，上升时间越短，振荡程度越严重，以致当 $\zeta=0$ 时出现等幅不衰减振荡。当 $\zeta\geqslant1$ 时，动态过程具有单调上升的特性。从瞬态过程的持续时间来看，在无振荡响应曲线中，以临界阻尼（$\zeta=1$）的调节时间 t_s 最短。在欠阻尼（$0<\zeta<1$）系统中，对应 $\zeta=0.4\sim0.8$ 的动态过程，不仅具有比 $\zeta=1$ 时更短的调节时间，而且振荡程度也不严重。因此，在一般情况下，希望二阶系统工作在 $\zeta=0.4\sim0.8$ 的欠阻尼状态，因为在这种状态下系统将有一个振荡特性适度、持续时间较短的瞬态过程。而对于有些不允许瞬态过程出现超调的情况（如指示仪表系统和记录仪表系统），则需要采用临界阻尼系统或过阻尼系统。

从图中还可看出，在相同的 ζ 下，若系统的瞬态过程在 $\omega_n t$ 时刻进入稳态，则对应于较大的 ω_n 值，其实际过渡时间 t_s 较短，即瞬态过程较快；反之，对应于较小的 ω_n 值，则瞬态过程较慢，即实际过渡时间 t_s 较长。另外，ω_n 的大小与实际上升时间 t_r 的长短也成反比。

3. 典型二阶系统瞬态性能指标

1）衰减振荡的瞬态过程

这里着重介绍欠阻尼（$0<\zeta<1$）衰减振荡过程的瞬态性能指标。这时，各瞬态性能指标可由式(5.2.16)或式(5.2.17)进行计算。

(1) 上升时间 t_r。

由于系统响应有振荡，取上升时间的第一种定义。根据定义，当 $t=t_r$ 时，$c(t_r)=1$。由式(5.2.16)得

$$1-\mathrm{e}^{-\zeta\omega_n t_r}\left(\cos\omega_d t_r+\frac{\zeta}{\sqrt{1-\zeta^2}}\sin\omega_d t_r\right)=1$$

即

$$\mathrm{e}^{-\zeta\omega_n t_r}\left(\cos\omega_d t_r+\frac{\zeta}{\sqrt{1-\zeta^2}}\sin\omega_d t_r\right)=0$$

因为

$$\mathrm{e}^{-\zeta\omega_n t_r}\neq0$$

所以，应有

$$\cos\omega_d t_r+\frac{\zeta}{\sqrt{1-\zeta^2}}\sin\omega_d t_r=0$$

即

$$\tan\omega_d t_r=\frac{\omega_n\sqrt{1-\zeta^2}}{-\zeta\omega_n}$$

由图 5.14 可得

$$\tan\omega_d t_r = \tan(\pi - \varphi)$$

因此，上升时间为

$$t_r = \frac{\pi - \varphi}{\omega_n\sqrt{1-\zeta^2}} = \frac{\pi - \varphi}{\omega_d} \tag{5.2.25}$$

显然，当阻尼比 ζ 不变化时，φ 角就不变。如果增大自然频率 ω_n，即增大闭环极点虚轴的距离，就会导致上升时间缩短，从而加快系统的响应速度；而当阻尼振荡频率 ω_d 不变时，即当闭环极点到实轴之间的距离不变时，阻尼比越小，上升时间越短。

(2) 峰值时间 t_p。

将式(5.2.17)对时间求导，并令其等于零，即

$$\left.\frac{dc(t)}{dt}\right|_{t=t_p} = 0$$

得

$$\frac{\zeta\omega_n e^{-\zeta\omega_n t_p}}{\sqrt{1-\zeta^2}}\sin(\omega_d t_p + \varphi) - \frac{\omega_d e^{-\zeta\omega_n t_p}}{\sqrt{1-\zeta^2}}\cos(\omega_d t_p + \varphi) = 0$$

整理后，得

$$\sin(\omega_d t_p + \varphi) = \frac{\sqrt{1-\zeta^2}}{\zeta}\cos(\omega_d t_p + \varphi)$$

将上式变换为

$$\tan(\omega_d t_p + \varphi) = \tan\varphi$$

从而

$$\omega_d t_p = 0, \pi, 2\pi, \cdots$$

由于峰值时间 t_p 是输出响应 $c(t)$ 达到第一峰值所对应的时间，所以取

$$\omega_d t_p = \pi$$

即

$$t_p = \frac{\pi}{\omega_d} = \frac{\pi}{\omega_n\sqrt{1-\zeta^2}} \tag{5.2.26}$$

上式表明，峰值时间等于阻尼振荡周期的一半。或者说，峰值时间与闭环极点的虚部数值成反比。当阻尼比 ζ 一定时，极点离实轴的距离越远，系统的峰值时间越短。

(3) 最大超调量 $\delta\%$。

当 $t=t_p$ 时，$c(t)$ 有最大值 $c_{max}=c(t_p)$。由于 $c(\infty)=1$。所以，将式(5.2.16)代入式(5.2.1)，有

$$\delta\% = [c(t_p) - 1] \times 100\%$$

$$=-e^{-\zeta\omega_n t_p}\left(\cos\omega_d t_p+\frac{\zeta}{\sqrt{1-\zeta^2}}\sin\omega_d t_p\right)\times 100\%$$

$$=-e^{-\zeta\omega_n\left(\frac{\pi}{\omega_n\sqrt{1-\zeta^2}}\right)}\left(\cos\omega_d\frac{\pi}{\omega_d}+\frac{\zeta}{\sqrt{1-\zeta^2}}\sin\omega_d\frac{\pi}{\omega_d}\right)\times 100\%$$

$$=e^{-\frac{\zeta\pi}{\sqrt{1-\zeta^2}}}\times 100\% \tag{5.2.27}$$

显然，最大超调量完全由阻尼比 ζ 决定，与自然频率 ω_n 的大小无关。ζ 越小，$\delta\%$ 越大，反之亦然；或者说，闭环极点越接近虚轴，超调量就越大。$\delta\%$ 和 ζ 的关系见图 5.20。若系统的超调量已经确定，则系统的阻尼比就可以被相应地计算出来，通常取控制系统的最大超调量 $\delta\%=25\%\sim1.5\%$，所以阻尼比为 $\zeta=0.4\sim0.8$。

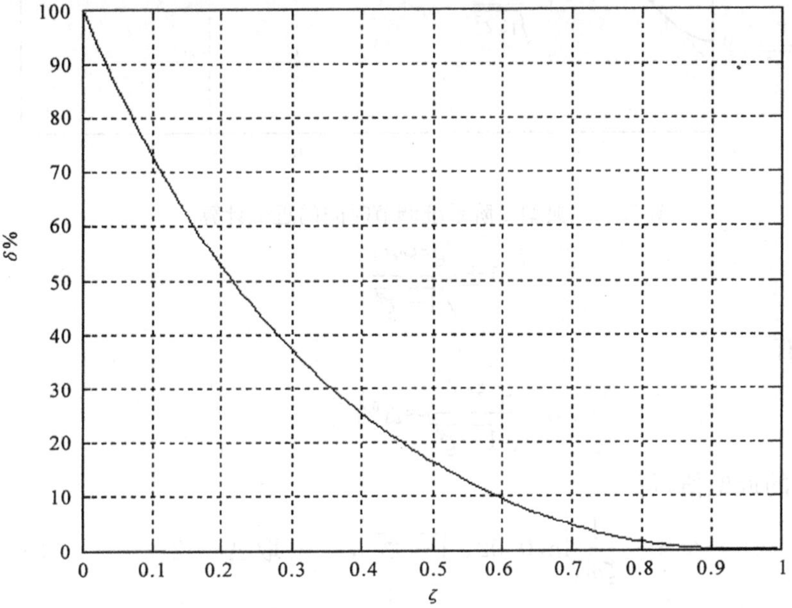

图 5.20　欠阻尼二阶系统超调量与阻尼比关系曲线

(4) 调节时间 t_s。

根据定义，当 $t\geqslant t_s$ 时，应有

$$|c(t)-c(\infty)|\leqslant c(\infty)\times\Delta\%$$

这里 $\Delta=2$ 或 $\Delta=5$。对于式(5.2.17)，当 $t\geqslant t_s$ 时，有

$$\left|\frac{e^{-\zeta\omega_n t}}{\sqrt{1-\zeta^2}}\sin\left(\omega_d t+\arctan\frac{\sqrt{1-\zeta^2}}{\zeta}\right)\right|\leqslant\Delta\% \tag{5.2.28}$$

为了简便起见，用 $c(t)$ 的包络线近似地代替 $c(t)$ 作为求 t_s 的第一次近似，由图 5.21可见，$c(t)$ 的曲线总在一对包络线内。包络线为

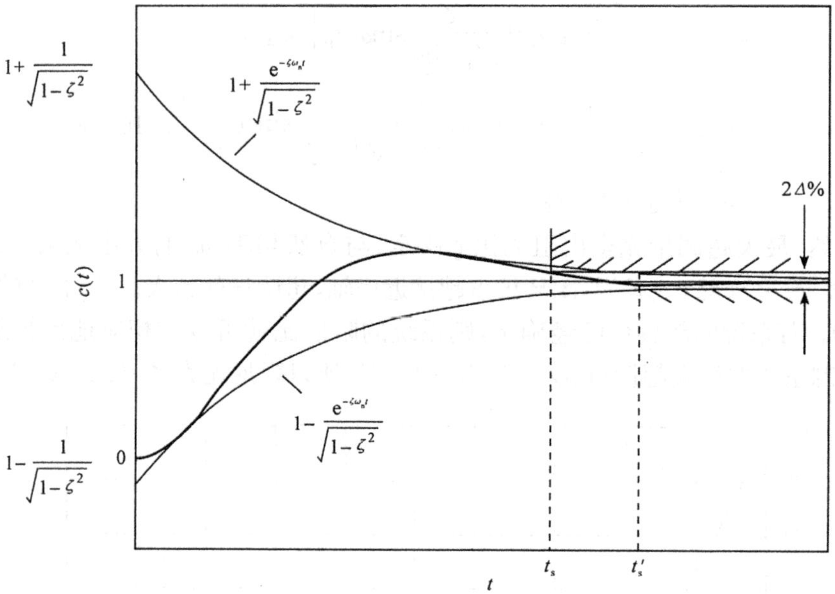

图 5.21　典型二阶系统调节时间的近似计算

$$1\pm\frac{e^{-\zeta\omega_n t}}{\sqrt{1-\zeta^2}}$$

当 $t=t_s'$ 时，有

$$\frac{e^{-\zeta\omega_n t'_s}}{\sqrt{1-\zeta^2}}=\Delta\%$$

用 t_s' 作为 t_s 的近似值，得

$$t_s\approx-\frac{1}{\zeta\omega_n}\ln(0.02\sqrt{1-\zeta^2}),\qquad 取\ \Delta=2 \tag{5.2.29}$$

或

$$t_s\approx-\frac{1}{\zeta\omega_n}\ln(0.05\sqrt{1-\zeta^2}),\qquad 取\ \Delta=5 \tag{5.2.30}$$

当 ζ 较小时，可取 $\sqrt{1-\zeta^2}=1$ 做第二次近似，有

$$t_s\approx\frac{4}{\zeta\omega_n},\qquad 取\ \Delta=2 \tag{5.2.31}$$

或

$$t_s\approx\frac{3}{\zeta\omega_n},\qquad 取\ \Delta=5 \tag{5.2.32}$$

式(5.2.31)和式(5.2.32)表明，调节时间与闭环极点的实部数值成反比。极点的实部数值越大，即极点与虚轴之间的距离越远，系统的调节时间就越短。或者

说，调节时间与系统阻尼比和自然频率的乘积成反比。由于阻尼比的值主要是根据对系统超调量的要求来确定的，所以调节时间主要是由自然频率决定的。若保持阻尼比不变而加大自然频率值，可以在不影响超调量的前提下减少调节时间。

(5) 振荡次数 N。

根据定义，有

$$N=\frac{t_s}{T_d}$$

其中

$$T_d=\frac{2\pi}{\omega_d}=\frac{2\pi}{\omega_n\sqrt{1-\zeta^2}}$$

是系统的阻尼振荡周期。

取 $\Delta=2$ 时，$t_s=\dfrac{4}{\zeta\omega_n}$，有

$$N=\frac{2\sqrt{1-\zeta^2}}{\pi\zeta} \tag{5.2.33}$$

取 $\Delta=5$，$t_s=\dfrac{3}{\zeta\omega_n}$，有

$$N=\frac{1.5\sqrt{1-\zeta^2}}{\pi\zeta} \tag{5.2.34}$$

若已知 δ，考虑到 $\delta\%=\mathrm{e}^{-\frac{\pi\zeta}{\sqrt{1-\zeta^2}}}$，即

$$\ln\delta\%=-\frac{\pi\zeta}{\sqrt{1-\zeta^2}}$$

从而可以求得振荡次数与超调量 $\delta\%$ 的关系为

$$N=\frac{-2}{\ln\delta\%},\qquad 取\ \Delta=2 \tag{5.2.35}$$

或

$$N=\frac{-1.5}{\ln\delta\%},\qquad 取\ \Delta=5 \tag{5.2.36}$$

振荡次数 N 只与阻尼比 ζ 有关，它们之间的关系见图 5.22。

从各瞬态性能指标的计算公式以及有关说明可以看出，各指标之间是有矛盾的。例如，上升时间和超调量不能同时达到满意的数值，如果其中一个比较小，则另一个必然比较大。当阻尼比 ζ 一定时，如果允许变动自然频率，则加大 ω_n 值可以减小上升时间、峰值时间以及调节时间的数值，同时使超调量保持不变。

从图 5.19 可以看出，当 $\zeta=0.707$ 时，t_s 具有最小值(取 $\Delta=5$)；从图 5.20 还可以看出，这时的 $\delta\%<5\%$。这是比较理想的瞬态过程。工程设计上常常以 $\zeta=$

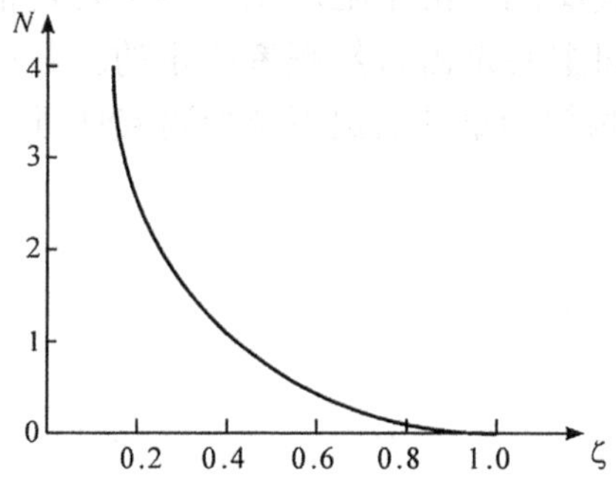

图 5.22　振荡次数 N 与 ζ 的关系曲线

0.707 作为设计的依据，并将 $\zeta=0.707$ 称为最佳阻尼系数。

2）非振荡的瞬态过程

下面简单介绍非振荡过程的瞬态性能指标，包括临界阻尼情况和过阻尼情况。由于过阻尼系统的响应较慢（图 5.19），因此通常不希望采用过阻尼系统。但是，这不排除在某些情况下需要采用过阻尼系统。例如，在低增益、大惯性的温度控制系统中，常采用过阻尼系统防止振荡。此外，在有些系统（如指示仪表系统和记录仪表系统）中，不允许瞬态响应出现超调，但又希望响应速度较快，此时可采用临界阻尼系统。应当指出的是，有些高阶系统的瞬态过程往往可以用过阻尼二阶系统的瞬态过程来近似，因此研究非振荡二阶系统的瞬态性能指标也有一定的实际意义。

显然，由于系统单调上升到稳态值，只需要考虑调节时间。系统的单位阶跃响应已分别由式（5.2.20）和式（5.2.22）给出。然而，这两个关系式均为超越方程，无法根据瞬态性能指标的定义求出准确的计算公式。目前工程上采用的方法是利用数值解法求出不同 ζ 值下的相对调节时间，然后制成曲线以供查用；或者根据所得曲线，利用曲线拟合方法，求出近似计算公式。

根据式（5.2.22），令 $(-s_1)/(-s_2)$ 为不同值，可以解出对应的相对调节时间 $(-s_2)t_s$。图 5.23 是取 $\Delta=5$ 时的调节时间特性，其中，$(-s_1)/(-s_2)=1$ 相当于临界阻尼情况，其调节时间为

$$t_s=\frac{4.75}{-s_2},\qquad \zeta=1 \tag{5.2.37}$$

从图中还可以看出，当 $(-s_1)\geqslant 4(-s_2)$，即过阻尼系统第一个闭环极点到虚轴的距离比第二个闭环极点到虚轴的距离大四倍以上时，系统可以等效为具有 s_2 闭环极点的一阶系统，其调节时间可用 $\dfrac{3}{-s_2}$ 估算，相对误差不超过 10%。此外，阻尼比 ζ 在图中以参变量形式标出。由于

$$s^2+2\zeta\omega_n s+\omega_n{}^2=(s-s_1)(s-s_2)$$

根据对应项函数相等关系，立刻得到 ζ 与自变量 $(-s_2)/(-s_1)$ 的关系如下：

$$\zeta=\frac{1+\dfrac{-s_2}{-s_1}}{2\cdot\sqrt{\dfrac{-s_2}{-s_1}}} \tag{5.2.38}$$

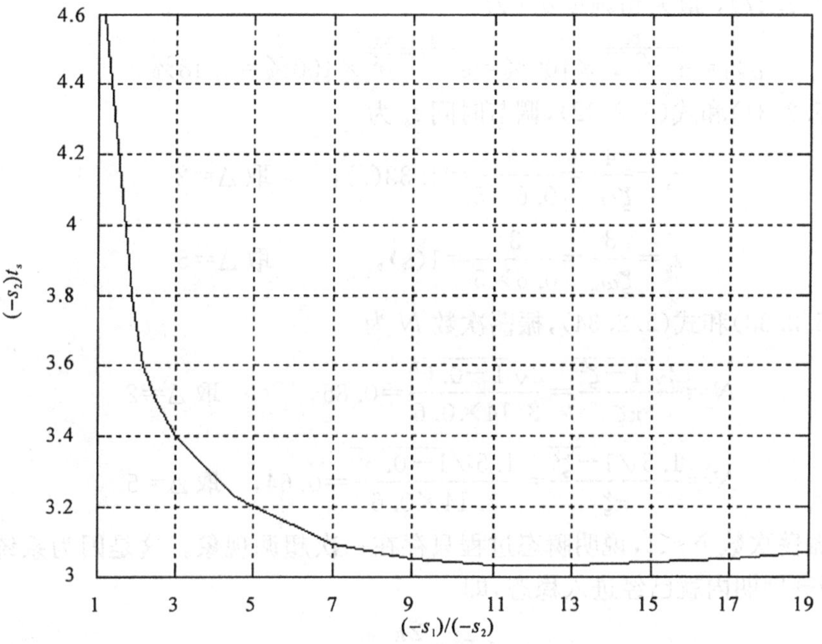

图 5.23　过阻尼二阶系统的调节时间特性

4. 二阶系统计算举例及系统性能的改善

从上述内容可知，典型二阶系统瞬态过程的主要特征完全由 ζ 和 ω_n 决定，通常把它们称为二阶系统的特征参数。有了性能指标的计算公式，就可以对二阶系统进行分析研究。

例 5.6　设二阶系统如图 5.12 所示，其中 $\zeta=0.6$，$\omega_n=4\text{rad/s}$。当输入信号为单位阶跃函数时，试求系统的瞬态性能指标。

解　由给定的 ζ 和 ω_n 值，可得

$$\omega_d=\omega_n\sqrt{1-\zeta^2}=5\sqrt{1-0.6^2}=4(\text{rad/s})$$

$$\varphi=\arctan\frac{\sqrt{1-\zeta^2}}{\zeta}=\arctan\frac{\sqrt{1-0.6^2}}{0.6}=0.93(\text{rad})$$

由式(5.2.25)，上升时间 t_r 为

$$t_r=\frac{\pi-\varphi}{\omega_d}=\frac{3.14-0.93}{4}=0.55(\text{s})$$

由式(5.2.26)，峰值时间 t_p 为

$$t_p=\frac{\pi}{\omega_d}=\frac{3.14}{4}=0.785(\text{s})$$

由式(5.2.27)，最大超调量 $\delta\%$ 为

$$\delta\%=e^{-\frac{\zeta\pi}{\sqrt{1-\zeta^2}}}\times100\%=e^{-\frac{3.14\times0.6}{\sqrt{1-0.6^2}}}\times100\%=9.48\%$$

由式(5.2.31)和式(5.2.32)，调节时间 t_s 为

$$t_s=\frac{4}{\zeta\omega_n}=\frac{4}{0.6\times5}=1.33(s),\qquad 取\ \Delta=2$$

$$t_s=\frac{3}{\zeta\omega_n}=\frac{3}{0.6\times5}=1(s),\qquad 取\ \Delta=5$$

由式(5.2.33)和式(5.2.34)，振荡次数 N 为

$$N=\frac{2\sqrt{1-\zeta^2}}{\pi\zeta}=\frac{2\sqrt{1-0.6^2}}{3.14\times0.6}=0.85,\qquad 取\ \Delta=2$$

$$N=\frac{1.5\sqrt{1-\zeta^2}}{\pi\zeta}=\frac{1.5\sqrt{1-0.6^2}}{3.14\times0.6}=0.64,\quad 取\ \Delta=5$$

注意，振荡次数 $N<1$，说明瞬态过程只存在一次超调现象。这是因为系统在一个阻尼振荡周期内就已经进入稳态，即

$$t_s<T_d=\frac{2\pi}{\omega_d}$$

例 5.7 考虑如图 5.11 所示的随动系统，设 $K=16$，$T=0.25$ s。(1)计算瞬态性能指标 $\delta\%$ 和 t_s；(2)若要求 $\delta\%=16\%$，当 T 不变时 K 应取何值？(3)若要求系统的单位阶跃响应无超调，且调节时间 $t_s\leqslant3$ s，开环增益 K 应取多大？此时 t_s 为多少？

解 (1) 由式(5.2.10)和式(5.2.11)，容易得到实际参数 K、T 和特征参数 ζ、ω_n 的关系，有

$$\zeta=\frac{1}{2\sqrt{KT}}=\frac{1}{2\sqrt{16\times0.25}}=0.25$$

$$\omega_n=\sqrt{\frac{K}{T}}=\sqrt{\frac{16}{0.25}}=8(\text{rad/s})$$

由式(5.2.27)，得

$$\delta\%=e^{-\frac{\zeta\pi}{\sqrt{1-\zeta^2}}}\times100\%=e^{-\frac{3.14\times0.25}{\sqrt{1-0.25^2}}}\times100\%=44.43\%$$

由式(5.2.31)和式(5.2.32)，得

$$t_s=\frac{4}{\zeta\omega_n}=\frac{4}{0.25\times8}=2(s),\qquad 取\ \Delta=2$$

$$t_s=\frac{3}{\zeta\omega_n}=\frac{3}{0.25\times8}=1.5(s),\qquad 取\ \Delta=5$$

(2) 为使 $\delta\%=16\%$，由式(5.2.27)，有

$$-\frac{\zeta\pi}{\sqrt{1-\zeta^2}}=\ln\delta\%$$

将 $\delta\%=0.16$ 代入，可得 $\zeta=0.5$，即应使 ζ 由 0.25 增大至 0.5。当 T 不变时。K 应为

$$K=\frac{1}{4T\zeta^2}=\frac{1}{4\times0.25\times(0.5)^2}=4$$

即 K 应缩小 4 倍。

(3) 根据题意，应取 $\zeta\geqslant1$。而 $\zeta=1$ 时系统的响应速度最快，所以取 $\zeta=1$。由式(5.2.37)，调节时间 t_s 为

$$t_s=4.75/(-s_2)$$

将闭环系统特征方程

$$s^2+\frac{1}{T}s+\frac{K}{T}=0$$

与典型二阶系统特征方程

$$s^2+2\zeta\omega_n s+\omega_n^2=0$$

进行对比，并将 $T=0.25$，$\zeta=1$ 代入，有

$$\omega_n=\sqrt{4K}=2$$

从而解出要求的开环增益 $K=1$，即系统闭环特征方程为

$$s^2+4s+4=0$$

特征根为

$$s_1=s_2=-2$$

所以调节时间为

$$t_s=4.75/(-s_2)=2.375(\mathrm{s})$$

满足指标要求。

从上例可以看出，瞬态性能指标和实际系统参数 K、T 之间的关系。

(1) 当阻尼系数 $0<\zeta<1$ 时，K 增大，ζ 值下降，$\delta\%$上升，N 增加。即 K 越大，系统振荡越严重。当 T 增大时，ζ 值下降，$\delta\%$和 N 都增大，同时又引起 ω_n 减小，从而会引起 t_s 增大，所以 T 增大将使 t_s 上升。由此可见，T 增大对系统的瞬态性能指标是不利的。

(2) 若 $\zeta>1$，K 增大将引起 ζ 下降，ω_n 上升，使 t_s 减小。T 增大使 ζ 和 ω_n 均下降，总的效果仍然使 t_s 上升。

为了改善系统性能，可以在不改变 K 的情况下，采用附加速度反馈(即微分反馈)使阻尼系统数提高。

在图 5.24(a)中，速度反馈环节为 τs。将(a)图等效为(b)图，则闭环系统传递函数为

$$W(s)=\frac{K}{s(Ts+1)+K(\tau s+1)}=\frac{\dfrac{K}{T}}{s^2+\dfrac{1+K\tau}{T}s+\dfrac{K}{T}}$$

令

$$W(s)=\frac{\omega_{n1}^2}{s^2+2\zeta_1\omega_{n1}s+\omega_{n1}^2}$$

系统仍为二阶系统，特征参数 ζ_1、ω_{n1} 与实际系统参数的关系为

$$\omega_{n1}=\sqrt{\frac{K}{T}} \tag{5.2.39}$$

$$\zeta_1=\frac{1+K\tau}{2\sqrt{KT}} \tag{5.2.40}$$

将上两式与式(5.2.10)、式(5.2.11)对比可知，加入速度反馈后不改变 ω_n 值，但阻尼系数增大，从而可以减小超调量。

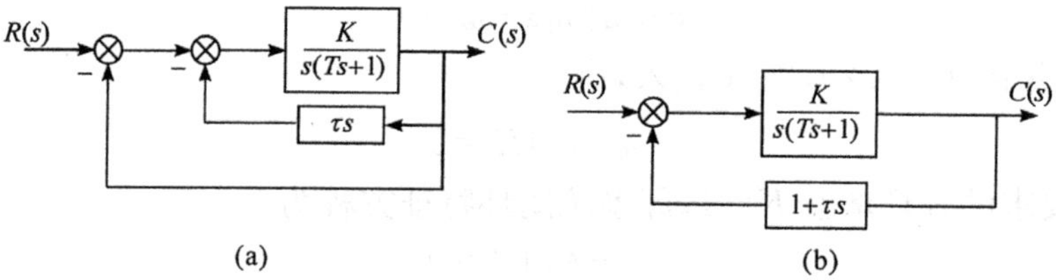

图 5.24　附加速度反馈的二阶系统

例 5.8　原系统同例 5.7，现采用速度反馈改善系统性能，如图 5.24 所示。为使 $\zeta_1=0.5$，求 τ 值，并计算加入速度反馈后系统的瞬态性能指标 $\delta\%$ 和 t_s。

解　原系统 $K=16$，$T=0.25$ s。由式(5.2.40)，可得

$$\tau=\frac{2\zeta\sqrt{KT}-1}{K}=\frac{2\times0.5\sqrt{16\times0.25}-1}{16}=0.0625(\mathrm{s})$$

加入速度反馈后，系统参数 $\zeta_1=0.5$，$\omega_{n1}=8$ rad/s。计算可得

$$\delta\%=\mathrm{e}^{\frac{-\zeta_1\pi}{\sqrt{1-\zeta_1^2}}}\times100\%=16.3\%$$

以及

$$t_s=\frac{4}{\zeta_1\omega_{n1}}=1.0(\mathrm{s}),\qquad \text{取 } \Delta=2$$

或

$$t_s=\frac{3}{\zeta_1\omega_{n1}}=0.75(\mathrm{s}),\qquad \text{取 } \Delta=5$$

上面通过附加速度反馈来改善系统的性能。它的实质是引入了一个时间常数为 τ 的微分器,将输出量的速度信号反馈到系统输入端,并与误差信号相比较,从而可以增大系统阻尼,改善系统动态性能。那么,这种处置方式是否具有普遍意义呢? 我们来研究如图 5.25(a)所示的二阶系统,其等效为(b)图,相当于在前向通道中增加了一个时间常数为 τ 的微分器,系统变成了一个具有附加零点的二阶系统。

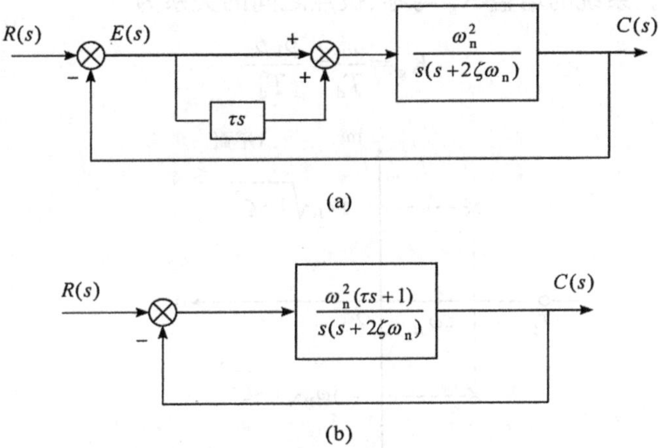

图 5.25　具有附加零点的二阶系统

从图 5.25 可以看出,系统输出量同时受误差信号及其速度信号的双重控制,通常把这种情况称为比例-微分控制。显然,这是一种超前控制。如果把图 5.25 所示系统看成是一个位置控制系统,则这种控制可以在出现位置误差之前,提前产生修正作用,从而达到改善系统性能的目的。我们来具体加以分析。

在图 5.25 中,系统的闭环传递函数为

$$W(s) = \frac{\omega_n^2(\tau s + 1)}{s^2 + (2\zeta\omega_n + \omega_n^2\tau)s + \omega_n^2} \tag{5.2.41}$$

令

$$W(s) = \frac{\omega_{nd}^2(\tau s + 1)}{s^2 + 2\zeta_d\omega_{nd}s + \omega_{nd}^2}$$

则

$$\omega_{nd} = \omega_n \tag{5.2.42}$$

$$\zeta_d = \zeta + \frac{\tau\omega_n}{2} \tag{5.2.43}$$

可见,比例-微分控制不改变系统的自然频率,但可以增大系统阻尼比。由于 ζ_d 和 ω_n 均与开环增益 K 有关,所以适当选择开环增益和微分器时间常数,可以使系统

获得满意的瞬态性能。

此外,式(5.2.41)还表示闭环系统具有零点$-T_d=-\frac{1}{\tau}$。$W(s)$也可以写成

$$W(s)=K_g\frac{(s+T_d)}{(s+p_1)(s+p_2)} \tag{5.2.44}$$

其中,$-p_1$、$-p_2$为传递函数的极点,当$0<\zeta_d<1$时,$-p_1$、$-p_2$为一对共轭复数极点(图5.26)。系统的增益K_g与零、极点之间的关系为

$$K_g=\frac{\omega_n^2}{T_d}=\frac{p_1p_2}{T_d}$$

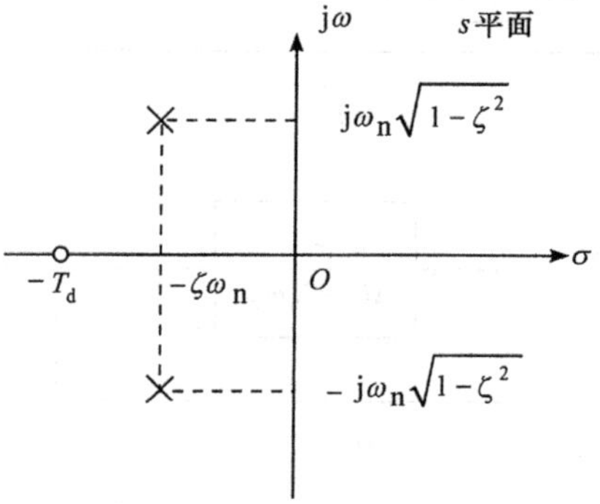

图5.26　具有附加零点的二阶系统的零、极点位置

为了定量地估算具有零点的二阶系统的瞬态性能,写出当$0<\zeta_d<1$时单位阶跃信号作用下的输出响应

$$C(s)=W(s)R(s)=\frac{\omega_n^2(\tau s+1)}{(s^2+2\zeta_d\omega_n s+\omega_n^2)s}$$

$$=\frac{\omega_n^2}{(s^2+2\zeta_d\omega_n s+\omega_n^2)s}+\frac{\omega_n^2\tau}{s^2+2\zeta_d\omega_n s+\omega_n^2}$$

$C(s)$由两部分组成,即

$$C_1(s)=\frac{\omega_n^2}{(s^2+2\zeta_d\omega_n s+\omega_n^2)s} \tag{5.2.45}$$

$$C_2(s)=\frac{\omega_n^2\tau}{s^2+2\zeta_d\omega_n s+\omega_n^2} \tag{5.2.46}$$

分别求拉普拉斯反变换,有

$$c(t)=c_1(t)+c_2(t)$$

$$=1-\frac{e^{-\zeta_d\omega_n t}}{\sqrt{1-\zeta_d^2}}\sin\left(\sqrt{1-\zeta_d^2}\omega_n t+\arctan\frac{\sqrt{1-\zeta_d^2}}{\zeta_d}\right)$$

$$+\frac{\tau\omega_n}{\sqrt{1-\zeta_d^2}}e^{-\zeta_d\omega_n t}\sin\sqrt{1-\zeta_d^2}\omega_n t,\qquad t\geqslant 0 \tag{5.2.47}$$

其中，$c_1(t)$为典型二阶系统的单位阶跃响应，$c_2(t)$为附加零点引起的分量。

由式(5.2.45)和式(5.2.46)可知

$$C_2(s)=C_1(s)\cdot\tau s$$

从而有

$$c_2(t)=\tau\frac{dc_1(t)}{dt}=\frac{1}{T_d}\frac{dc_1(t)}{dt}$$

其中，$\frac{dc_1(t)}{dt}$为典型二阶系统的单位脉冲响应。于是可将 $c(t)$表示为

$$c(t)=c_1(t)+\frac{1}{T_d}\frac{dc_1(t)}{dt}$$

图 5.27 给出了 $c(t)$、$c_1(t)$和 $c_2(t)$曲线。在一般情况下，$c_2(t)$的影响是使 $c(t)$比 $c_1(t)$响应迅速且具有较大的超调量。

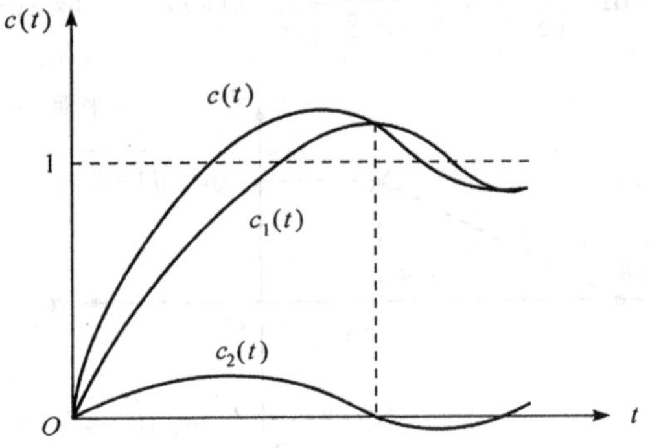

图 5.27　具有附加零点的二阶系统的单位阶跃响应

利用式(5.3.47)还可以求出系统调节时间 t_s 及其他性能指标。例如，计算 t_s 的近似公式为

$$t_s=\left(4+\ln\frac{l}{T_d}\right)\frac{1}{\zeta_d\omega_n},\qquad 取\ \Delta=2 \tag{5.2.48}$$

或

$$t_s=\left(3+\ln\frac{l}{T_d}\right)\frac{1}{\zeta_d\omega_n},\qquad 取\ \Delta=5 \tag{5.2.49}$$

其中，l 为附加零点到任一共轭复数极点的距离。

例 5.9　原系统同例 5.7，现采用附加零点对系统性能进行改善，如图 5.25 所示。为使 $\zeta_d=0.5$，试确定 τ 值并讨论附加零点对系统调节时间的影响。

解　根据式(5.2.43)可得

$$\tau=\frac{(\zeta_{d}-\zeta)\times 2}{\omega_{n}}=\frac{(0.5-0.25)\times 2}{8}=0.0625(s)$$

附加零点为

$$-T_{d}=-\frac{1}{\tau}=-16$$

图 5.28 标出了闭环系统的极点 $-p_1$、$-p_2$ 和零点 $-T_d$，由图中可以计算出

$$l=\sqrt{(16-4)^{2}+(6.9)^{2}}=13.8$$

根据式(5.2.48)或式(5.2.49)计算调节时间，有

$$t_{s}=\left(4+\ln\frac{13.8}{16}\right)\times\frac{1}{0.5\times 8}=0.96(s),\qquad 取\ \Delta=2$$

或

$$t_{s}=\left(3+\ln\frac{13.8}{16}\right)\times\frac{1}{0.5\times 8}=0.72(s),\qquad 取\ \Delta=5$$

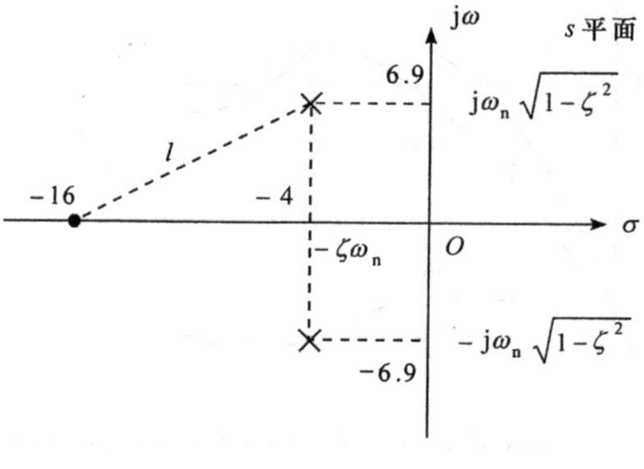

图 5.28　附加零点到共轭极点之间的距离

综合例 5.8 和例 5.9 可知，在系统中引入微分器，确实可以改善控制系统的瞬态性能。

5. 扰动作用下典型二阶系统分析

图 5.29 所示为具有扰动作用的二阶系统结构的一种形式。设给定输入作用 $R(s)=0$，则可以写出从扰动到输出的闭环系统传递函数为

$$W_{N}(s)=\frac{C(s)}{N(s)}=-\frac{K_{2}/s}{1+\dfrac{K_{1}K_{2}\alpha}{s(Ts+1)}}$$

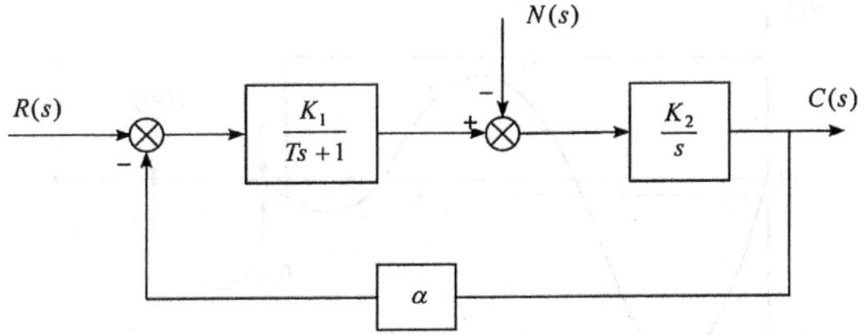

图 5.29　具有扰动作用的二阶系统

$$=-\frac{K_2(Ts+1)}{Ts^2+s+K_1K_2\alpha}=-\frac{1}{K_1\alpha}\frac{\frac{K_1K_2\alpha}{T}(Ts+1)}{s^2+\frac{1}{T}s+\frac{K_1K_2\alpha}{T}}$$

$$=-\frac{1}{K_1\alpha}\cdot\frac{\omega_n^2(Ts+1)}{s^2+2\zeta\omega_n s+\omega_n^2} \tag{5.2.50}$$

其中

$$\omega_n=\sqrt{\frac{K_1K_2\alpha}{T}}=\sqrt{\frac{K}{T}}$$

$$\zeta=\frac{1}{2\sqrt{K_1K_2\alpha T}}=\frac{1}{2\sqrt{KT}}$$

显然，扰动作用下的二阶系统为具有零点的二阶系统，它的 ζ、ω_n 值与实际的参数 K（开环增益）、T（一阶惯性环节的时间常数）的关系与给定作用下的系统是一样的。

单位阶跃扰动作用下系统的输出响应为

$$c(t)=-\frac{1}{K_1\alpha}+\frac{1}{K_1\alpha}\left[\frac{e^{-\zeta\omega_n t}}{\sqrt{1-\zeta^2}}\sin\left(\sqrt{1-\zeta^2}\omega_n t+\arctan\frac{\sqrt{1-\zeta^2}}{\zeta}\right)\right.$$
$$\left.-\frac{T\omega_n}{\sqrt{1-\zeta^2}}e^{-\zeta\omega_n t}\sin\sqrt{1-\zeta^2}\omega_n t\right],\qquad t\geqslant 0 \tag{5.2.51}$$

将式(5.2.51)与式(5.2.47)对比可知，当 $\zeta=\zeta_d$ 时，式(5.2.51)为式(5.2.47)阶跃响应的 $-\dfrac{1}{K_1\alpha}$ 倍。

扰动作用下恒值系统的瞬态性能指标包括最大偏离、调节时间等。设 $c(\infty)$ 为 $t\to\infty$ 时系统输出响应的稳态值。最大偏离是指瞬态过程中出现的 $c(t)$ 的最大值 c_{max}，由于 $c(\infty)$ 比较小，通常也用 $c_{max}-c(\infty)$ 来表示。调节时间 t_s 为 $c(t)$ 达到最大偏离的 5%，并且以后不再超出此范围的时间（图 5.30）。

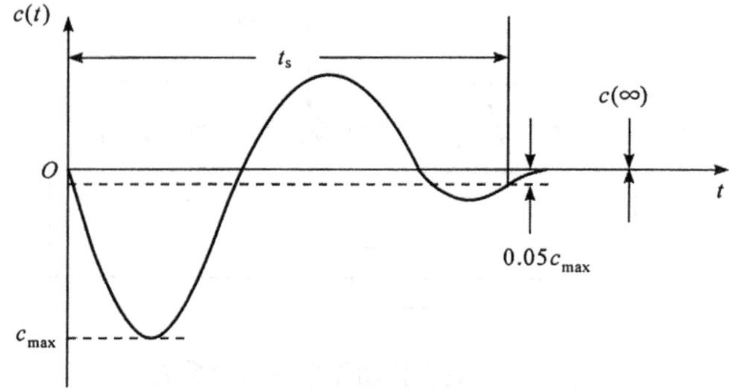

图 5.30　单位阶跃扰动作用下系统的响应

由式(5.2.51)可以求得单位阶跃扰动作用下二阶系统的最大偏离为

$$c_{\max}=-\frac{1}{K_1\alpha}\left[1+\frac{1}{2\zeta}e^{-\frac{\zeta}{\sqrt{1-\zeta^2}}(\pi-\varphi)}\right] \tag{5.2.52}$$

其中

$$\varphi=\arctan\frac{\sqrt{1-\zeta^2}}{\zeta}$$

当 $t\to\infty$时,输出稳态值为

$$c(\infty)=-\frac{1}{K_1\alpha} \tag{5.2.53}$$

5.2.4　高阶系统瞬态性能分析

5.2.2 节和 5.2.3 节分别讨论了一阶、二阶系统的瞬态性能。它们的共同特点是所有瞬态性能指标都可以用表征系统的特征参数来描述。而之所以能用系统特征参数来表示瞬态性能指标,是因为一阶、二阶系统的极点与系统的特征参数之间有着非常简单的对应关系。在工程实际中,几乎所有的控制系统都是用高阶微分方程描述的系统。用系统特征参数确定高阶系统的瞬态性能指标往往是很困难的。

高阶系统的传递函数的一般表达式为

$$W(s)=\frac{b_m s^m+b_{m-1}s^{m-1}+\cdots+b_1 s+b_0}{a_n s^n+a_{n-1}s^{n-1}+\cdots+a_1 s+a_0} \tag{5.2.54}$$

其中,$n\geqslant m$。

为研究方便,将其表示成零、极点形式,即有

$$W(s)=\frac{K_g\prod_{i=1}^{m}(s+z_i)}{\prod_{j=1}^{n_1}(s+p_j)\prod_{l=1}^{n_2}(s^2+2\zeta_l\omega_l s+\omega_l^2)} \tag{5.2.55}$$

其中，$n_1+2n_2=n$。

在单位阶跃输入作用下，高阶系统输出响应的拉普拉斯变换为

$$C(s)=W(s)\cdot\frac{1}{s}$$

$$=\frac{K_g\prod_{i=1}^{m}(s+z_i)}{s\prod_{j=1}^{n_1}(s+p_j)\prod_{l=1}^{n_2}(s^2+2\zeta_l\omega_l s+\omega_l^2)} \tag{5.2.56}$$

将上式展开成部分分式形式，得

$$C(s)=\frac{\alpha_0}{s}+\sum_{j=1}^{n_1}\frac{\alpha_j}{s+p_j}+\sum_{l=1}^{n_2}\frac{\beta_l(s+\zeta_l\omega_l)+\gamma_l\omega_l\sqrt{1-\zeta_l^2}}{s^2+2\zeta_l\omega_l s+\omega_l^2} \tag{5.2.57}$$

其中，α_0 为 $C(s)$ 在原点的留数；α_j 为 $C(s)$ 在实数极点 $s_j=-p_j$ 处的留数，即

$$\alpha_0=\lim_{s\to 0}sC(s)=\frac{b_0}{a_0}$$

$$\alpha_j=\lim_{s\to -p_j}(s+p_j)C(s),\qquad j=1,2,\cdots,n_1$$

β_l、γ_l 分别为 $C(s)$ 在其共轭复数极点 $-\zeta_l\omega_l\pm j\sqrt{1-\zeta_l^2}$ 处留数的实部和虚部。

式(5.2.57)的拉普拉斯反变换就是高阶系统在初始条件为零时的单位阶跃响应，即

$$c(t)=\alpha_0+\sum_{j=1}^{n_1}\alpha_j e^{-p_j t}+\sum_{l=1}^{n_2}\beta_l e^{-\zeta_l\omega_l t}\cos(\omega_l\sqrt{1-\zeta_l^2}t)$$

$$+\sum_{l=1}^{n_i}\gamma_l e^{-\zeta_l\omega_l t}\sin(\omega_l\sqrt{1-\zeta_l^2}t),\qquad t\geqslant 0 \tag{5.2.58}$$

由上式可见，高阶系统的单位阶跃响应是由常数项和一些简单函数项组成的，而这些简单函数项分别是一阶系统（惯性环节）和二阶系统（振荡环节）的单位阶跃响应。

式(5.2.58)中的各简单函数项不仅与 p_j、ζ_l 及 ω_l 有关，即与闭环极点有关，而且和系数 α_j、β_l 及 γ_l 有关。这些系数和闭环系统的所有零点、极点都有关系。这就是说，高阶系统的单位阶跃响应取决于闭环系统的零、极点分布情况。由于高阶系统的零、极点通常难以求取，因此定量研究高阶系统的瞬态性能是一件极为困难的工作。在工程中经常采用间接的方法（如根轨迹法、频率分析法）或者近似分析的方法加以研究。这里，我们仅仅通过式(5.2.58)简单地讨论高阶系统单位阶跃响应和闭环系统零、极点之间的一些关系。

对于闭环极点全部在左半 s 平面内的高阶系统，极点为实数或共轭复数决定了各简单函数项的性质（即相应的函数项为衰减的指数项或衰减的正弦指数项）。各简单函数项的衰减快慢取决于极点和虚轴之间的距离。离虚轴越远的极点所对

应的函数项衰减的速度越快。

各简单函数项的系数取决于闭环系统的零、极点分布。通常会有如下几种情况：

(1) 若某极点远离原点，则其对应函数项的系数很小；

(2) 若某极点接近于一个零点，而又远离其他极点和原点，则其对应函数项的系数也很小；

(3) 若某极点远离零点而又接近原点或其他极点，则其对应函数项的系数就比较大。

在输出响应中，那些系数大而且衰减慢的函数项在瞬态过程中将起主要作用。对于高阶系统而言，如果存在一对离虚轴最近的共轭复数极点且周围没有零点，其他闭环极点与虚轴之间的距离远大于这一对共轭复数极点与虚轴之间的距离(大5倍以上)，则这一对共轭复数极点在 $c(t)$ 中对应的函数项衰减最慢且系数相对很大。因此，它们对高阶系统的瞬态响应起主要作用，系统的单位阶跃响应形式和瞬态性能指标主要由它们决定。这一对共轭复数极点就称为**闭环主导极点**。具有闭环主导极点的高阶系统可以近似为二阶系统。

设 $-p_{1,2}=-\zeta_1\omega_1\pm j\omega_1\sqrt{1-\zeta_1^2}=-\sigma\pm j\omega_d$ 为高阶系统的闭环主导极点，则由式(5.2.58)，系统的单位阶跃响应的近似表达式为

$$c(t)=\alpha_0+e^{-\sigma t}(\beta_1\cos\omega_d t+\gamma_1\sin\omega_d t) \tag{5.2.59}$$

显然，利用上式可以对高阶系统的瞬态性能进行近似估算。

5.3 控制系统稳态性能分析

稳态性能考虑的是系统输出响应在调节时间 t_s 之后的品质，通常用稳态误差来描述。稳态误差的大小反映系统对于给定信号的跟踪精度，是系统控制精度的一种度量。

5.3.1 控制系统的误差与稳态误差

控制系统的误差是指系统的希望输出量 $c_o(t)$ 与实际输出量之差，即

$$\varepsilon(t)=c_o(t)-c(t) \tag{5.3.1}$$

误差 $\varepsilon(t)$ 是时间的函数，图 5.31 中的阴影部分构成了系统的响应误差。

稳态误差是指时间 t 趋于无穷大时的误差，其数学描述为

$$\varepsilon_{ss}=\lim_{t\to\infty}\varepsilon(t) \tag{5.3.2}$$

在工程实际中可以粗略地认为，调节时间 t_s 之后的误差为稳态误差。

考察系统的稳态误差是根据系统所要跟踪的信号为参考基础的。如果需要跟踪的信号为恒值信号，就要考察时间趋于无穷时，输出响应是否趋于恒值，以及是

否趋于所希望的恒值。如果需要跟踪的信号为斜坡信号，就要考察时间趋于无穷时，输出信号是否趋于恒速，以及所趋向的速率是否等于希望的速率。所以，系统的稳态误差是由输入信号和系统的结构共同决定的。

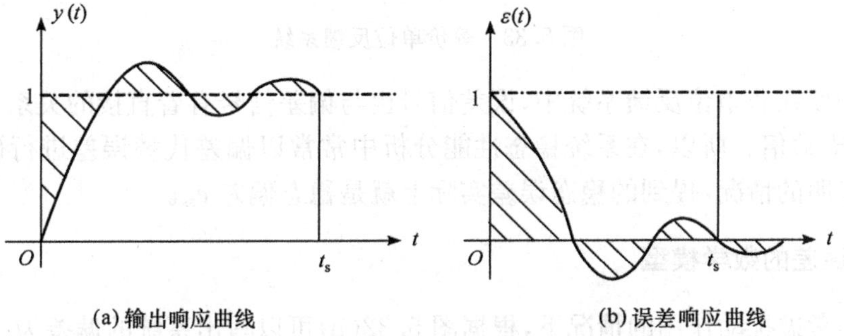

图 5.31　系统的单位阶跃响应与误差

我们知道，反馈系统是按偏差控制的系统。所谓偏差，是指输入信号与反馈信号之差。对于如图 5.32(a)所示的单位反馈系统，偏差信号为

$$E(s) = R(s) - C(s) \tag{5.3.3}$$

对于单位反馈系统，给定信号 $r(t)$即为系统希望的输出量，即 $c_o(t)=r(t)$。因此，此时系统的误差和偏差是相等的，即

$$\varepsilon(t)=e(t) \tag{5.3.4}$$

偏差稳态值就系统的稳态误差，即

$$\varepsilon_{ss} = e_{ss} \tag{5.3.5}$$

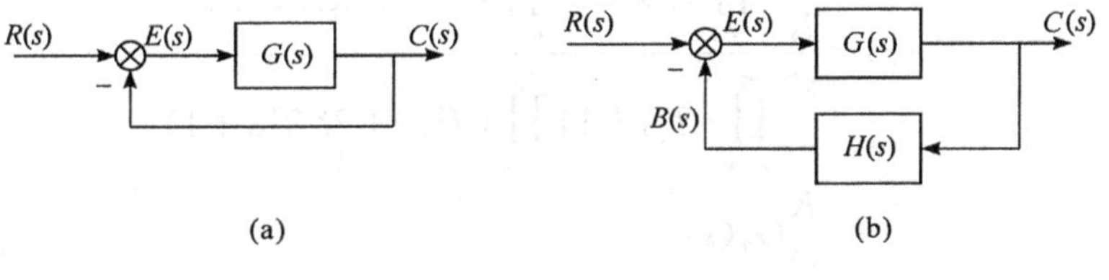

图 5.32　控制系统结构图

而对于如图 5.32(b)所示的非单位反馈系统，系统的偏差为

$$E(s) = R(s) - B(s) = R(s) - H(s)C(s) \tag{5.3.6}$$

但此时的给定信号 $R(s)$并不直接等于希望的输出量为 $C_o(s)$，反馈信号也不直接等于输出信号。因此，偏差和误差是不一样的。为了弄清这种情况下偏差与误差之间的关系，可以将图 5.32(b)变换为图 5.33 所示的等效形式。这时，$\bar{R}(s)$就反映了希望的输出值，因而 $\bar{E}(s)$就是非单位反馈系统的误差。不难证明，$E(s)$和 $\bar{E}(s)$之间存在如下关系：

$$\bar{E}(s) = E(s)/H(s) \tag{5.3.7}$$

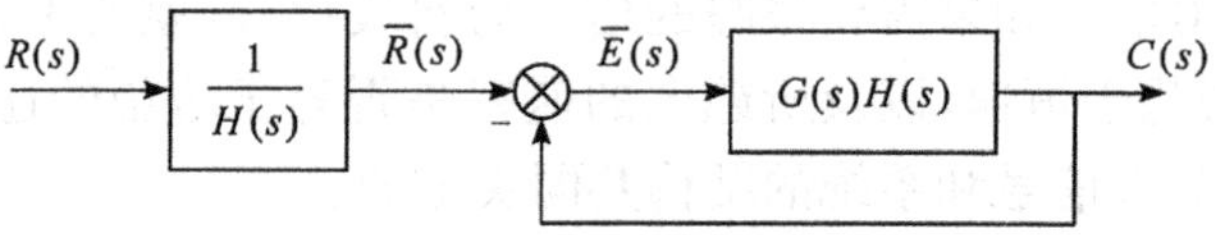

图 5.33 等价单位反馈系统

这说明即使在非单位反馈系统中，误差信号也与偏差信号有着直接的关系，它们之间相差 $H(s)$倍。所以，在系统稳态性能分析中常常以偏差代替误差进行研究，在不特别指明的情况，提到的稳态误差实际上就是稳态偏差 e_{ss}。

5.3.2 误差的数学模型

在不考虑扰动作用的情况下，根据图 5.32(b)可以写出系统的偏差为

$$E(s)=W_E(s)R(s)=\frac{1}{1+G(s)H(s)}R(s) \tag{5.3.8}$$

对于稳定的系统，根据拉普拉斯变换的终值定理和稳态误差的定义，有

$$e_{ss}=\lim_{t\to\infty}e(t)=\lim_{s\to0}sE(s)=\lim_{s\to0}\frac{sR(s)}{1+G_0(s)} \tag{5.3.9}$$

其中，$G_0(s)=G(s)H(s)$为开环传递函数。

式(5.3.9)就是稳态误差的一般表达式。显见，稳态误差与系统开环传递函数 $G_0(s)$以及输入信号的形式有关。如果将开环传递函数 $G_0(s)$写成零、极点形式，有

$$G_0(s)=\frac{K}{s^v}\frac{\prod_{i=1}^{m_1}(\tau_i s+1)\prod_{k=1}^{m_2}(\tau_k^2 s^2+2\zeta_k\tau_k s+1)}{\prod_{j=1}^{n_1}(T_j s+1)\prod_{l=1}^{n_2}(T_l^2 s^2+2\zeta_l T_l s+1)}$$

$$=\frac{K}{s^v}G_n(s) \tag{5.3.10}$$

于是，开环传递函数 $G_0(s)$由三部分组成。其中，K 为系统的开环增益；v 为开环传递函数 $G_0(s)$中积分环节的个数

$$G_n(s)=\frac{\prod_{i=1}^{m_1}(\tau_i s+1)\prod_{k=1}^{m_2}(\tau_k^2 s^2+2\zeta_k\tau_k s+1)}{\prod_{j=1}^{n_1}(T_j s+1)\prod_{l=1}^{n_2}(T_l^2 s^2+2\zeta_l T_l s+1)} \tag{5.3.11}$$

为零、极点因子的环节增量归一表达式，显然

$$\lim_{s\to0}G_n(s)=1 \tag{5.3.12}$$

根据 v 的个数定义，开环系统的类型如下：

$v=0$,称该开环系统为 0 型系统;

$v=1$,称该开环系统为 I 型系统;

$v=2$,称该开环系统为 II 型系统。

以下依此类推。因为 v 可以确定闭环系统无差的程度,有时也把 v 称为系统的无差度。在工程实际中,当 $v>2$ 时,除了复合控制系统以外,使系统稳定是相当困难的,因此通常只限于研究 $v\leqslant 2$ 的系统。

这种以开环系统中积分环节的个数来分类的方法,并将系统的数学模型作如上的分解,完全是为了系统稳态误差的表达明了与推导计算方便。其优点在于:可以根据已知的输入信号形式,迅速判断系统是否存在稳态误差以及稳态误差的大小。它与按系统的阶次进行分类的方法不同。分母和分子阶次的大小与系统的型别无关,且不直接影响稳态误差的数值。

事实上,将式(5.3.10)代入式(5.3.9),并考虑到式(5.3.11),有

$$e_{ss}=\lim_{s\to 0}\frac{sR(s)}{1+\dfrac{K}{s^v}G_n(s)}=\frac{\lim\limits_{s\to 0}[s^{v+1}R(s)]}{K+\lim\limits_{s\to 0}s^v} \tag{5.3.13}$$

上式表明,控制系统的稳态误差主要由三方面确定:

(1)输入信号的类型;

(2)系统的开环增益 K;

(3)系统的无差度 v。

上述三个因素也称为稳态的三要素。

综上所述,在一般情况下,为了研究的方便,先要将系统的开环传递函数$G_0(s)$变换成如式(5.3.10)所表达的形式。

5.3.3　稳态误差分析与静态误差系数

根据式(5.3.9),讨论不同系统在不同的输入信号下产生的稳态误差。由于实际输入信号多为阶跃函数、速度函数、加速度函数以及它们的组合,因此只考虑系统分别在阶跃、斜坡、抛物线输入作用下的稳态误差计算问题。

1. 阶跃输入作用下的稳态误差及静态位置误差系数

阶跃信号为

$$r(t)=A\cdot 1(t)$$

其拉普拉斯变换为

$$R(s)=\frac{A}{s}$$

由式(5.3.9),有

$$e_{ss}=\lim_{t\to\infty}e(t)=\lim_{s\to 0}sE(s)=\lim_{s\to 0}s\cdot\frac{1}{1+G_0(s)}\cdot\frac{A}{s}=\frac{A}{1+\lim\limits_{s\to 0}G_0(s)} \tag{5.3.14}$$

将上式中的极限式$\lim\limits_{s\to 0}G_0(s)$定义为系统的静态位置误差系数 K_p，即

$$K_p=\lim_{s\to 0}G_0(s) \tag{5.3.15}$$

于是，稳态误差可由静态位置误差系数 K_p 表示为

$$e_{ss}=\frac{A}{1+K_p} \tag{5.3.16}$$

由式(5.3.10)，可知各型系统的静态位置误差系数为

$$K_p=\begin{cases}K, & v=0\\ \infty, & v\geqslant 1\end{cases}$$

由此可见，对于 0 型系统，开环增益越大，阶跃输入作用下的系统稳态误差就越小。如果要求系统对于阶跃输入作用稳态误差为零，则必须选用 I 型以及 I 型以上的系统。稳态误差为零的系统称为无差系统，稳态误差为非零有限值的系统称为有差系统。通常将系统在阶跃输入作用下的稳态误差称为静差，而将 0 型系统称为有(静)差系统或零阶无差度系统，I 型系统也称为一阶无差度系统，II 型系统也称为二阶无差度系统。

2. 斜坡输入作用下的稳态误差及静态速度误差系数

斜坡信号(即速度信号)为

$$r(t)=\begin{cases}0, & t<0\\ Bt, & t\geqslant 0\end{cases}$$

其拉普拉斯变换为

$$R(s)=\frac{B}{s^2}$$

代入式(5.3.9)，有

$$e_{ss}=\lim_{t\to\infty}e(t)=\lim_{s\to 0}sE(s)=\lim_{s\to 0}s\cdot\frac{1}{1+G_0(s)}\cdot\frac{B}{s^2}=\frac{B}{\lim\limits_{s\to 0}sG_0(s)} \tag{5.3.17}$$

将上式中的极限式$\lim\limits_{s\to 0}sG_0(s)$定义为系统的静态速度误差系数 K_v，即

$$K_v=\lim_{s\to 0}sG_0(s) \tag{5.3.18}$$

于是，稳态误差可由静态速度误差系数表示为

$$e_{ss}=\frac{B}{K_v} \tag{5.3.19}$$

由式(5.3.10)，可知各型系统的静态速度误差系数为

$$K_v=\begin{cases}0, & v=0\\ K, & v=1\\ \infty, & v=2\end{cases}$$

通常，将式(5.3.19)表示的稳态误差称为速度误差。式(5.3.19)表明：0 型系统不能跟踪斜坡输入；I 型系统可以跟踪斜坡输入，但是存在一个稳态误差(图 5.34)，其数值与输入信号的斜率 B 成正比，而与开环增益 K 成反比，可以加大开环增益 K 来减小稳态误差，但不能消除它；对于 II 型以及 II 型以上的系统，稳态输出能准确地跟踪斜坡输入信号，稳态误差为零。

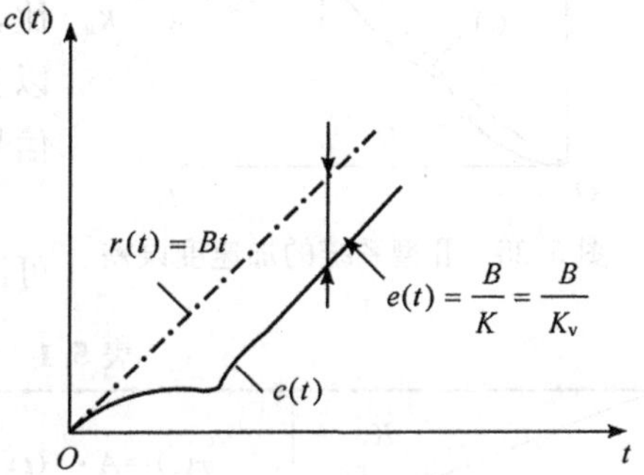

图 5.34　I 型系统的速度误差

3. 抛物线输入作用下的稳态误差及静态加速度误差系数

抛物线信号(即加速度信号)为

$$r(t)=\begin{cases}0, & t<0\\ \dfrac{1}{2}Ct^2, & t\geqslant 0\end{cases}$$

其拉普拉斯变换为

$$R(s)=\frac{C}{s^3}$$

代入式(5.3.9)，有

$$e_{ss}=\lim_{t\to\infty}e(t)=\lim_{s\to 0}sE(s)=\lim_{s\to 0}s\cdot\frac{1}{1+G_0(s)}\cdot\frac{C}{s^3}=\frac{C}{\lim\limits_{s\to 0}s^2G_0(s)} \tag{5.3.20}$$

将上式中的极限式 $\lim\limits_{s\to 0}s^2G_0(s)$ 定义为系统的静态加速度误差系数 K_a，即

$$K_a=\lim_{s\to 0}s^2G_0(s) \tag{5.3.21}$$

于是，稳态误差可由静态加速度误差系数 K_a 表示为

$$e_{ss}=\frac{C}{K_a} \tag{5.3.22}$$

由式(5.3.10)，可知各型系统的静态加速度误差系数为

$$K_a=\begin{cases}0, & v=0,1\\ K, & v=2\\ \infty, & v\geqslant 3\end{cases}$$

通常，将式(5.3.22)表示的稳态误差称为加速度误差。式(5.3.22)表明：0 型

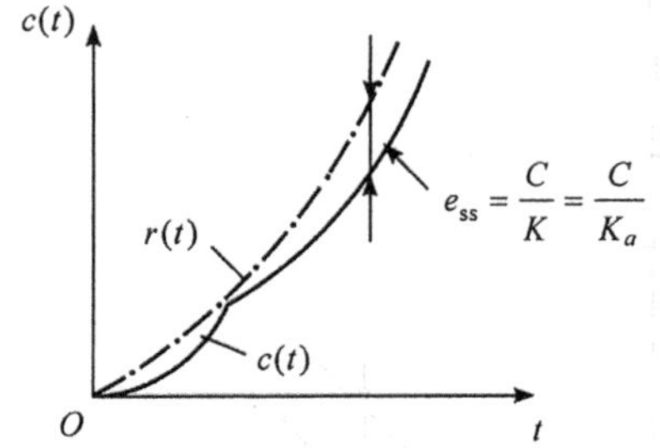

图 5.35 Ⅱ型系统的加速度误差

及Ⅰ型系统不能跟踪抛物线输入；Ⅱ型系统可以跟踪抛物线输入，但是存在一个稳态误差(图 5.35)，其数值与输入信号的变化率 C 成正比，与开环增益 K 成反比；对于Ⅲ型以及Ⅲ型以上的系统，稳态输出能准确地跟踪抛物线输入信号，稳态误差为零。

以上三种典型输入信号作用下的分析结果可以汇总成表 5.1 所示的简表中。

表 5.1 稳态误差分析简表

K_i / e_{ss}	$r(t)=A\cdot 1(t)$	$r(t)=B\cdot t$	$r(t)=\frac{1}{2}Ct^2$
0 型系统	$K_p=K$; $\frac{A}{1+K_p}$	$K_v=0$; ∞	$K_a=0$; ∞
Ⅰ型系统	$K_p=\infty$; 0	$K_v=K$; $\frac{B}{K_v}$	$K_a=0$; ∞
Ⅱ型系统	$K_p=\infty$; 0	$K_v=\infty$; 0	$K_a=K$; $\frac{C}{K_a}$

综上所述，关于控制系统的稳态误差可以总结如下：

(1) 对于有稳态误差的情况，开环增益 K 越大，稳态误差就越小。

(2) 系统的类型越高，即系统的无差度 v 越大，能够跟踪的信号的阶次就越高。

作为比较，在系统稳定性分析中，结论与上述两条正好相反。也就是说，系统的开环增益 K 越大，稳定性就越差，开环传递函数 $G_0(s)$ 中的积分环节个数越多，稳定性就越差。所以，在考虑系统的稳态误差的同时，还要兼顾系统的稳定性。既要保证系统是稳定的，又要满足系统应有的稳态性能，是控制系统分析与设计的基本要求。

例 5.10 PD 控制系统如图 5.36 所示，输入信号为 $r(t)=1(t)+t+\frac{1}{2}t^2$。对系统作稳定性分析及稳态误差分析。

解 (1) 稳定性分析。

系统的闭环特征方程为

$$s^2(T_ms+1)+K_1K_m(\tau s+1)=0$$

即

$$T_m s^3 + s^2 + K_1 K_m \tau s + K_1 K_m = 0$$

根据劳斯判据，使系统稳定的充要条件为

$$T_m > 0, \quad K_1 K_m \tau > 0, \quad K_1 K_m > 0, \quad K_1 K_m \tau - K_1 K_m T_m > 0$$

从而稳定条件为

$$K_1 > 0, \quad K_m > 0, \quad \tau > 0, \quad T_m > 0 \text{ 及 } \tau > T_m$$

PD 控制器微分时间常数 τ 的大小，会影响该系统的稳定性。

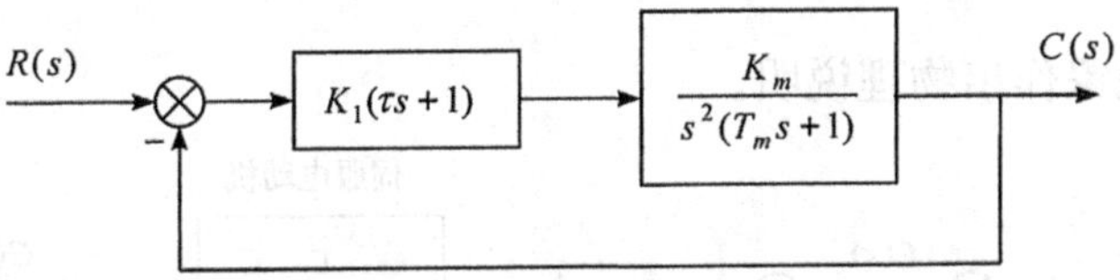

图 5.36　PD 控制系统结构图

(2) 稳态误差分析。

系统的开环传递函数为

$$G_0(s) = \frac{K_1 K_m (\tau s + 1)}{s^2 (T_m s + 1)}$$

开环增益为

$$K = K_1 K_m$$

无静差度为

$$v = 2$$

各静态误差系数为

$$K_p = \infty$$

$$K_v = \infty$$

$$K_a = K = K_1 K_m$$

输入信号为

$$r(t) = r_1(t) + r_2(t) + r_3(t)$$

对于线性系统，应用叠加原理有

$$r_1(t) = 1(t), \qquad e_{ss1} = 0$$

$$r_2(t) = t, \qquad e_{ss2} = 0$$

$$r_3(t) = \frac{1}{2} t^2, \qquad e_{ss3} = \frac{1}{K_a} = \frac{1}{K_1 K_m}$$

所以，系统在上述输入信号作用下的稳态误差为

$$e_{ss} = e_{ss1} + e_{ss2} + e_{ss3} = 0 + 0 + \frac{1}{K_1 K_m} = \frac{1}{K_1 K_m}$$

综上分析可知，增大 PD 控制器的增益 K_1，可以在不影响系统稳定性的前提

下,减少对加速度信号的跟踪误差。

表 5.1 表明,同一控制系统,在不同形式的输入信号作用下具有不同的稳态误差。上面主要是利用数学公式来确定稳态误差的,下面用电机控制的实例来解释稳态误差存在的机理。

例 5.11　设具有测速发电机内反馈的位置随动系统如图 5.37 所示。当 $r(t)=1(t)$, $t, \frac{1}{2}t^2$ 时,分别计算系统的稳态误差,并对系统在不同输入形式下具有不同稳态误差的现象作出物理说明。

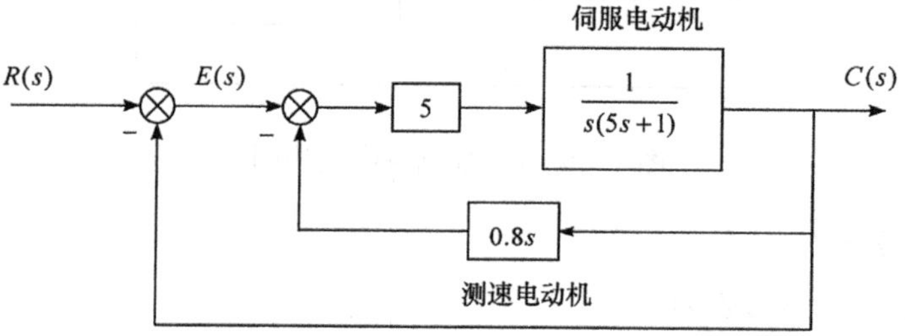

图 5.37　位置随动系统

解　系统的开环传递函数为

$$G_0(s)=\frac{\dfrac{5}{s(5s+1)}}{1+\dfrac{5\times 0.8s}{s(5s+1)}}=\frac{1}{s(s+1)}$$

这是 $K=1$ 的 I 型系统,其静态误差系数分别为 $K_p=\infty, K_v=1, K_a=0$。当 $r(t)$ 分别为 $1(t)$、t、$\frac{1}{2}t^2$ 时,相应的稳态误差分别为 0、1 和∞。

当单位阶跃输入信号作用于系统时,其稳态输出必定是一个恒定的位置(角位移)。这时,伺服电动机必须停止转动。显然,要使电动机不转,加在电动机控制绕组上的电压(电枢电压)必须为零。由于电动机电枢电压是由误差信号直接放大得到的,这就意味着系统输入端误差信号的稳态值也应为零。因此,系统在单位阶跃输入信号作用下位置稳态误差为零。

当单位斜坡输入信号作用于系统时,系统的稳态输出速度(即电动机的稳态转速)必定趋于恒值,因而在电动机控制绕组上需要有一个恒定的电压。由此可知,误差信号的稳态值应等于一个常量。所以,系统存在常值速度误差。

当抛物线输入信号作用于系统时,系统的稳态输出也应当作等加速度变化。为此,要求电动机控制绕组上有等速度变化的电压输入,最后归结为要求误差信号应随时间线性增长。显然,当 $t\to\infty$ 时,系统的加速度误差必为无穷大。

例 5.12　考虑如图 5.38 所示的液位控制系统，容器截面积为 C。液位设定点 $\overline{H}$ 是固定的。假设给系统突然增加一个流量为 D_0 的阶跃扰动，输入流量离开平衡位置的变化量 $q_1(t)$ 由反馈控制器调节，设控制器为比例型的，其比例系数为 K。输出流量的变化量 $q_2(t)$ 正比于液面高度的变化量 $h(t)$，比例系数为 $\dfrac{1}{R}$。试确定加入扰动后液位的误差。如果控制器不是比例型的而是积分型的，试求其稳态误差。

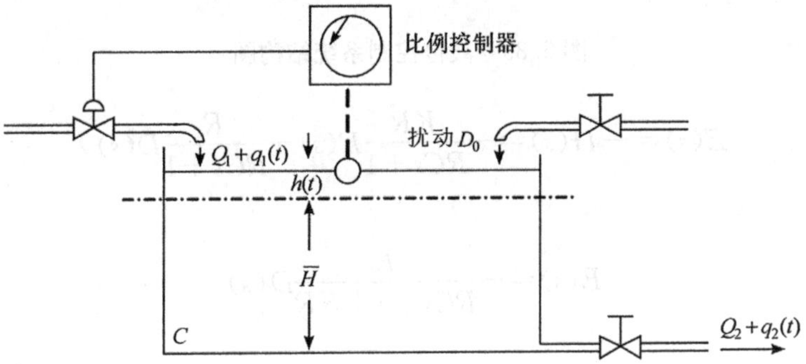

图 5.38　液位控制系统

解　容器中液体的体积变化率 $C\dfrac{\mathrm{d}h}{\mathrm{d}t}$ 应等于输入总流量减去输出总流量。因此，系统各变量之间的关系为

$$C\frac{\mathrm{d}h(t)}{\mathrm{d}t}=q_1(t)+d(t)-q_2(t) \tag{5.3.23}$$

其中 $d(t)$ 表示扰动流量。记液位与给定值之间的误差为 $e(t)=\overline{H}-h(t)$，即

$$E(s)=\overline{H}-H(s) \tag{5.3.24}$$

在比例控制器作用下有

$$q_1(t)=Ke(t) \tag{5.3.25}$$

将式(5.3.25)和 $q_2(t)=\dfrac{h(t)}{R}$ 代入式(5.3.23)得

$$C\frac{\mathrm{d}h(t)}{\mathrm{d}t}+\frac{h(t)}{R}=Ke(t)+d(t)$$

对上式两端作拉普拉斯变换，得

$$H(s)=\frac{KR}{RCs+1}E(s)+\frac{R}{RCs+1}D(s) \tag{5.3.26}$$

由式(5.3.24)和式(5.3.26)构成的闭环系统的结构如图 5.39 所示，图中 $G_C(s)$ 为控制器的传递函数。为考虑干扰作用下的误差，可设 $\overline{H}=0$。于是

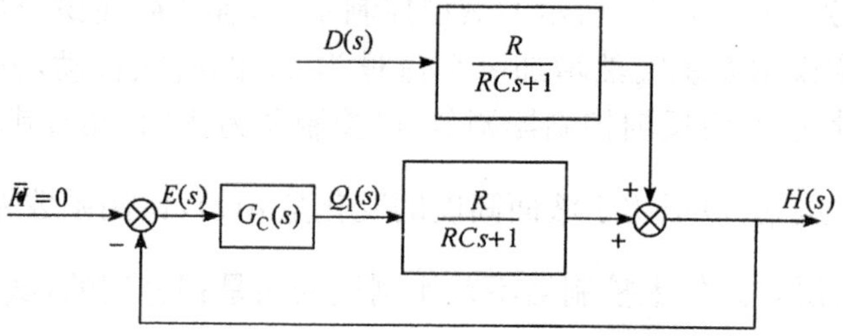

图 5.39　液位控制系统结构图

$$E(s)=-H(s)=-\frac{KR}{RCs+1}E(s)-\frac{R}{RCs+1}D(s)$$

从而

$$E(s)=-\frac{R}{RCs+1+KR}D(s)$$

由于

$$D(s)=\frac{D_0}{s}$$

故

$$E(s)=-\frac{R}{RCs+1+KR}\cdot\frac{D_0}{s}$$

$$=\frac{RD_0}{1+KR}\left[\frac{1}{s+\dfrac{1+KR}{RC}}\right]-\frac{RD_0}{1+KR}\cdot\frac{1}{s}$$

误差在 $t>0$ 时的时域解为

$$e(t)=\frac{RD_0}{1+KR}\left[e^{-(1+KR)t/RC}-1\right]$$

显然，这是一个对阶跃扰动有差的系统，其稳态误差为

$$e(\infty)=-\frac{RD_0}{1+KR}$$

控制器增益 K 越大，则稳态误差越小。

如果控制器是积分型，则式(5.3.25)应该为

$$Q_1(s)=\frac{K}{s}E(s)$$

这时可以得到

$$E(s)=-\frac{Rs}{RCs^2+s+KR}D(s)$$

对于阶跃扰动 $D(s)=\dfrac{D_0}{s}$，稳态误差为

$$
\begin{aligned}
e(\infty)&=\lim_{s\to 0}sE(s)\\
&=\lim_{s\to 0}\frac{-Rs^2}{RCs^2+s+KR}\frac{D_0}{s}=0
\end{aligned}
$$

因此，积分控制器消除了由阶跃扰动造成的稳态误差，使系统成为了对阶跃扰动无差的系统。

5.3.4　控制系统的动态误差

控制系统的稳态误差是评价系统对于输入信号的跟踪能力与跟踪精度的性能指标。利用静态误差系数求得的稳态误差是 $t\to\infty$ 时系统误差的极限值。然而，当稳态误差随时间变化时，对于没有一定的极限，或者极限值为无穷大的情况，它就无法反映误差随时间变化的规律。例如，开环传递函数分别为 $\dfrac{K}{T_1s+1}$ 和 $\dfrac{K}{T_2s+1}$ 的两个系统都具有相同的静态误差系数，因而位置误差和速度误差都是一样的，其中速度误差为∞。若分别求出两个系统在单位斜坡输入下误差的时域表达式，则当 $t\to\infty$ 时，两系统误差随时间变化的情况是不一样的。引入动态误差系数的概念，可以研究当 $t\to\infty$ 时系统稳态误差随时间的变化规律。

将误差传递函数在 $s=0$ 邻域展开成泰勒级数

$$
\begin{aligned}
W_E(s)&=\frac{E(s)}{R(s)}=\frac{1}{1+G_0(s)}\\
&=\frac{1}{k_0}+\frac{1}{k_1}s+\frac{1}{k_2}s^2+\cdots
\end{aligned}
\tag{5.3.27}
$$

其中

$$
\begin{aligned}
\frac{1}{k_0}&=\frac{1}{1+G_0(s)}\bigg|_{s=0}\\
\frac{1}{k_1}&=\frac{\mathrm{d}}{\mathrm{d}s}\left[\frac{1}{1+G_0(s)}\right]\bigg|_{s=0}\\
\frac{1}{k_2}&=\frac{1}{2!}\frac{\mathrm{d}^2}{\mathrm{d}s^2}\left[\frac{1}{1+G_0(s)}\right]\bigg|_{s=0}\\
&\vdots
\end{aligned}
$$

式(5.3.27)可以写为

$$
E(s)=W_E(s)R(s)=\frac{1}{k_0}R(s)+\frac{1}{k_1}sR(s)+\frac{1}{k_2}s^2R(s)+\cdots \tag{5.3.28}
$$

这个级数的收敛域是 $s=0$ 的邻域，相当于 t 趋于无穷大。因此，当初始条件为零

时，求上式的拉普拉斯反变换，可得 $t\to\infty$ 时误差函数的时域表达式为

$$\lim_{t\to\infty} e(t)=\frac{1}{k_0}r(t)+\frac{1}{k_1}\dot{r}(t)+\frac{1}{k_2}\ddot{r}(t)+\cdots \tag{5.3.29}$$

利用该式，可以考查系统的误差随时间的变化情况。从式中可以看出，误差函数与输入信号及其各阶导数有关。对应于稳态误差分析中的静态误差系数的做法，定义：

k_0——动态位置误差系数；

k_1——动态速度误差系数；

k_2——动态加速度误差系数。

在系统阶次较高的情况下，利用式(5.3.27)来确定动态误差系数是不方便的。下面介绍一种简便的求法。

将已知的系统误差传递函数 $W_E(s)$ 按 s 的升幂排列，写成如下形式：

$$W_E(s)=\frac{b_0+b_1s+b_2s^2+\cdots+b_ms^m}{a_0+a_1s+a_2s^2+\cdots+a_ns^n} \tag{5.3.30}$$

用上式的分母多项式去除其分子多项式，得到一个 s 的升幂级数

$$W_E(s)=C_0+C_1s+C_2s^2+\cdots \tag{5.3.31}$$

将上式代入误差信号表达式，有

$$\begin{aligned}E(s)&=W_E(s)R(s)\\&=C_0R(s)+C_1sR(s)+C_2s^2R(s)+\cdots\end{aligned} \tag{5.3.32}$$

将式(5.3.28)和式(5.3.32)相比较可知，它们是等价的无穷级数，其收敛域是 $s=0$ 的邻域。显然，有

$$k_i=\frac{1}{C_i},\qquad i=0,1,2,\cdots \tag{5.3.33}$$

成立。

当输入信号 $r(t)$ 给定，时间 $t\to\infty$ 时，从式(5.3.29)可以建立一个特定系统的某些动态误差系数与静态误差系数之间的关系。

当 $r(t)=1(t)$ 时，0 型系统的稳态误差为

$$\begin{aligned}e(\infty)&=\lim_{s\to0}sE(s)\\&=\lim_{s\to0}s\left[\frac{1}{k_0}R(s)+\frac{1}{k_1}sR(s)+\frac{1}{k_2}s^2R(s)+\cdots\right]\Bigg|_{R(s)=1/s}\\&=\frac{1}{k_0}=\frac{1}{1+K_p}\end{aligned}$$

所以，对于 0 型系统，动、静态位置误差系数的关系为

$$k_0=1+K_p \tag{5.3.34}$$

当 $r(t)=t$ 时，I 型系统的稳态误差为

$$
\begin{aligned}
e(\infty) &= \lim_{s\to 0} sE(s) \\
&= \lim_{s\to 0} s\left[\frac{1}{k_1}sR(s)+\frac{1}{k_2}s^2R(s)+\cdots\right]\Bigg|_{R(s)=1/s^2} \\
&= \frac{1}{k_1}=\frac{1}{K_v}
\end{aligned}
$$

所以，对于Ⅰ型系统，动、静态速度误差系数的关系为

$$k_1 = K_v \tag{5.3.35}$$

同理，当 $r(t)=\frac{1}{2}t^2$ 时，对于Ⅱ型系统，动、静态加速度误差的关系为

$$k_2 = K_a \tag{5.3.36}$$

例 5.13　已知随动系统如图 5.40 所示。试求动态误差系数，并确定静态速度误差系数 K_v。

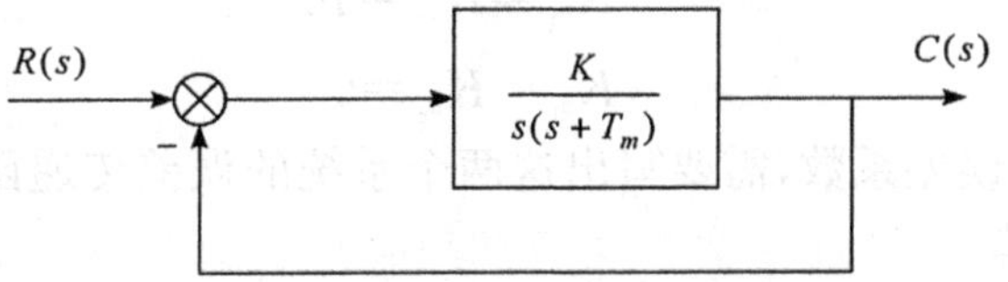

图 5.40　随动系统结构图

解　开环传递函数为

$$G_0(s)=\frac{K}{s(s+T_m)}$$

误差传递函数为

$$
\begin{aligned}
\frac{E(s)}{R(s)} &= \frac{1}{1+G_0(s)}=\frac{T_ms+s^2}{K+T_ms+s^2} \\
&= 0+\frac{T_m}{K}s+\frac{K-T_m^2}{K^2}s^2+\cdots \\
&= \frac{1}{k_0}+\frac{1}{k_1}s+\frac{1}{k_2}s^2+\cdots
\end{aligned}
$$

比较各系数值，可以得到各动态误差系数为

$$k_0=\infty$$

$$k_1=\frac{K}{T_m}$$

$$k_2=\frac{K^2}{K-T_m^2}$$

由于该系统为Ⅰ型系统，故动态速度误差系数与静态速度误差系数相等，所以

$$K_v = k_1 = \frac{K}{T_m}$$

例 5.14　系统 1 和系统 2 的开环传递函数分别为

$$G_1(s) = \frac{10}{s(s+1)}, \qquad G_2(s) = \frac{10}{s(5s+1)}$$

试比较它们的静态误差系数和动态误差系数。当输入信号为

$$r(t) = R_0 + R_1 t + \frac{1}{2}R_2 t^2 + e^{-R_3 t}, \qquad t \geqslant 0$$

其中，R_0、R_1、R_2 和 R_3 均为正常数，试写出两个系统的稳态误差表达式。

解　这两个系统都是 I 型系统，且具有相同的开环增益，所以它们有完全相同的静态误差系数，即

$$K_{p_1} = K_{p_2} = \infty$$

$$K_{v_1} = K_{v_2} = 10$$

$$K_{a_1} = K_{a_2} = 0$$

为了求出动态误差系数，需要写出这两个系统的误差传递函数，并进行长除。对于第一个系统，有

$$W_{E_1}(s) = \frac{1}{1+G_1(s)} = \frac{s+s^2}{10+s+s^2}$$

$$= 0.1s + 0.09s^2 - 0.019s^3 - \cdots$$

于是，$C_0 = 0$，$C_1 = 0.1$，$C_2 = 0.09$，$C_3 = -0.019$，…。从而有 $k_0 = \infty$，$k_1 = 10$，$k_2 = 11.11$，…。对于第二个系统，有

$$W_{E_2}(s) = \frac{1}{1+G_2(s)} = \frac{s+5s^2}{10+s+5s^2}$$

$$= 0.1s + 0.49s^2 - 0.099s^3 - \cdots$$

即有，$C_0 = 0$，$C_1 = 0.1$，$C_2 = 0.49$，$C_3 = -0.099$，…。从而有 $k_0 = \infty$，$k_1 = 10$，$k_2 = 2.04$，…。显然，这两个系统虽然静态误差系数完全相同，但是动态误差系数却不尽相同。

由于 $R_3 > 0$，因此 $r(t)$ 中分量 $e^{-R_3 t}$ 在计算稳态误差时不需考虑。因此有

$$r(t) = R_0 + R_1 t + \frac{1}{2}R_2 t^2$$

$$\dot{r}(t) = R_1 + R_2 t$$

$$\ddot{r}(t) = R_2$$

于是，这两个系统的稳态误差表达式分别为

$$e_1(t) = 0.1(R_1 + R_2 t) + 0.09R_2$$

$$e_2(t) = 0.1(R_1 + R_2 t) + 0.49R_2$$

只要 $R_2 \neq 0$，在 $t \to \infty$ 时，这两个系统的稳态误差值都是无穷大。

5.3.5　扰动输入作用下的稳态误差

前面已经研究了控制系统在给定输入信号作用下的误差信号和稳态误差计算问题。但是，在任何情况下，所有控制系统除了承受给定输入信号作用外，还不可避免地受到扰动信号作用（例如，负载力矩的变动，放大器的零位和噪声，电源电压的频率的波动，环境温度的变化等），而影响所希望的系统性能。因此，除了研究系统对于给定输入信号作用下的稳态误差之外，还要研究扰动信号所引起的稳态误差，它反映了系统的抗干扰能力。在理想情况下，系统对于任意形式的扰动输入作用所产生的稳态误差总应该为零，而实际上这是不可能的。

由于给定输入信号和扰动输入信号作用于系统的不同位置，因而即使系统对于某种形式的给定输入信号引起的稳态误差为零，但对于同一形式的扰动信号，其稳态误差未必也为零。考虑如图 5.41 所示的控制系统，其中 $N(s)$ 为扰动信号 $n(t)$ 的拉普拉斯变换式。以输出响应 $c(t)$ 的稳态值来讨论系统的扰动误差。

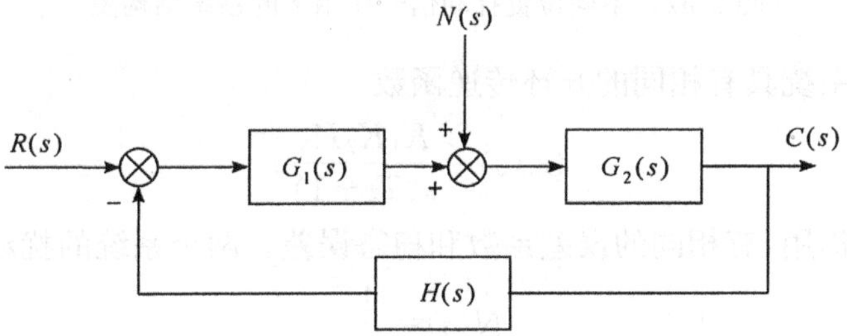

图 5.41　扰动信号作用下的系统结构图

当 $R(s)=0$ 时

$$C_N(s)=W_N(s)\cdot N(s)=\frac{G_2(s)}{1+G_1(s)G_2(s)H(s)}N(s)=\frac{G_2(s)}{1+G_0(s)}N(s)$$

其中，$G_0(s)=G_1(s)G_2(s)H(s)$ 为系统开环传递函数。误差为

$$E_N(s)=-\frac{G_2(s)H(s)}{1+G_0(s)}N(s) \tag{5.3.37}$$

稳态误差 e_{ssn} 可以根据拉普拉斯变换的终值定理求得

$$e_{ssn}=-\lim_{s\to 0} sE_N(s)=-\lim_{s\to 0}\frac{sG_2(s)H(s)}{1+G_0(s)}N(s) \tag{5.3.38}$$

例 5.15　系统 1 和系统 2 分别如图 5.42(a)、(b)所示。试计算在单位阶跃扰动信号作用下两个系统的稳态误差。

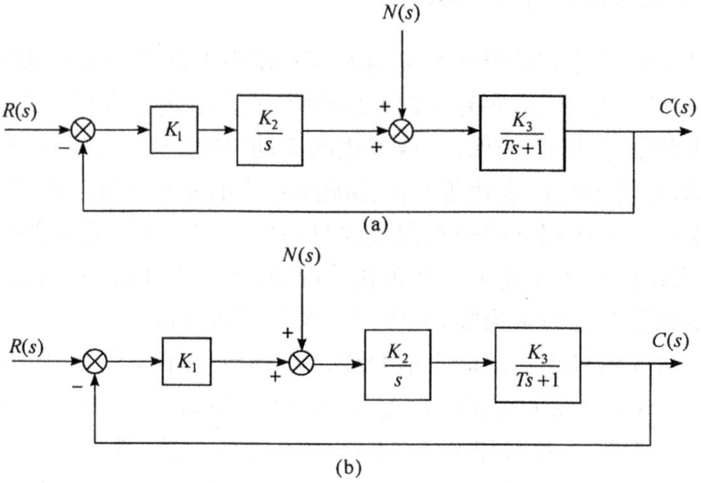

图 5.42　不同位置扰动信号作用下的系统结构图

解　两个系统具有相同的开环传递函数

$$G_0(s)=\frac{K_1K_2K_3}{s(Ts+1)}$$

对于给定输入作用,有相同的误差系数和稳态误差。两个系统的扰动信号均为

$$N(s)=\frac{1}{s}$$

(1) 计算图 5.42(a)所示系统的稳态误差。

对于图 5.42(a),有

$$G_2(s)=\frac{K_3}{Ts+1}$$

由式(5.3.38),有

$$e_{ssn}=-\lim_{s\to 0}\frac{sG_2(s)H(s)}{1+G_0(s)}N(s)$$

$$=-\lim_{s\to 0}\frac{s\dfrac{K_3}{Ts+1}}{1+\dfrac{K_1K_2K_3}{s(Ts+1)}}\cdot\frac{1}{s}=0$$

即在阶跃扰动作用下,系统的稳态误差为零。

(2) 计算图 5.42(b)所示系统的稳态误差。

对于图 5.42(b)，有

$$G_2(s)H(s)=\frac{K_2K_3}{s(Ts+1)}$$

由式(5.3.38)，有

$$e_{ssn}=-\lim_{s\to0}\frac{sG_2(s)H(s)}{1+G_0(s)}N(s)$$

$$=-\lim_{s\to0}\frac{s\cdot\dfrac{K_2K_3}{s(Ts+1)}}{1+\dfrac{K_1K_2K_3}{s(Ts+1)}}\cdot\frac{1}{s}=-\frac{1}{K_1}$$

即在阶跃扰动作用下，系统是有差系统，稳态误差和 K_1 成反比。当 K_1 为有限值时，稳态误差不等于零。

对于实际系统，当给定输入作用和扰动输入作用同时存在时，可以用叠加原理将两种作用分别引起的稳态误差相叠加。

例 5.16　某速度控制系统如图 5.43 所示。给定输入作用和扰动输入作用均为单位斜坡函数，试计算系统的稳态误差。

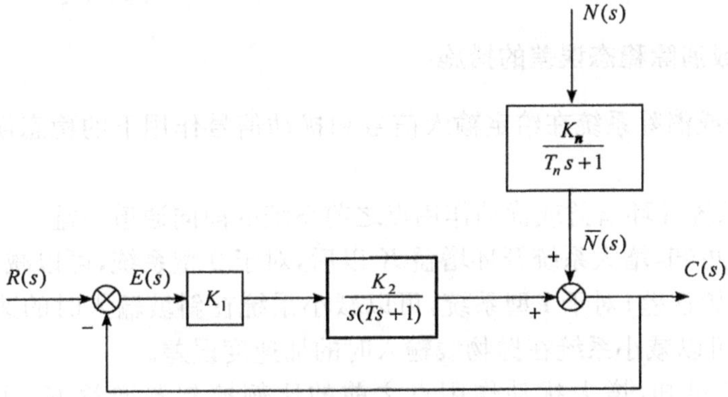

图 5.43　速度控制系统结构图

解　当 $N(s)=0, R(s)=\frac{1}{s^2}$ 时，由式(5.3.9)，系统的给定误差为

$$e_{ssr}=\lim_{s\to0}sE(s)=\lim_{s\to0}\frac{sR(s)}{1+G_0(s)}=\lim_{s\to0}\frac{s\cdot\dfrac{1}{s^2}}{1+\dfrac{K_1K_2}{s(Ts+1)}}=\frac{1}{K_1K_2}$$

当 $R(s)=0, N(s)=\frac{1}{s^2}$ 时，$\overline{N}(s)=\frac{K_n}{T_n s+1}\cdot\frac{1}{s^2}$。由式(5.3.38)，系统的扰动误差为

$$e_{ssn}=-\lim_{s\to 0}\frac{sG_2(s)}{1+G_0(s)}\overline{N}(s)$$

$$=-\lim_{s\to 0}\frac{s\cdot\dfrac{K_n}{T_n s+1}\cdot\dfrac{1}{s^2}}{1+\dfrac{K_1K_2}{s(Ts+1)}}=-\frac{K_n}{K_1K_2}$$

当 $R(s)=N(s)=\frac{1}{s^2}$ 时，利用叠加原理可得系统稳态误差为给定误差和扰动误差之和，即

$$e_{ss}=e_{ssr}+e_{ssn}=\frac{1-K_n}{K_1K_2}$$

需要特别指出的是，在实际控制系统中，有时作用在系统上的扰动信号的方向是变化的(如作用在雷达天线控制系统上的阵风扰动)。因此，在随动系统设计中，常取 $e_{ss}=|e_{ssr}|+|e_{ssn}|$ 作为最后结果。对于本例，应取 $e_{ss}=\frac{1+K_n}{K_1K_2}$。

5.3.6 减小或消除稳态误差的措施

为了减小或消除系统在给定输入信号和扰动信号作用下的稳态误差，可以采取以下措施。

1) 增大系统开环增益或扰动作用点之前系统的前向通道增益

由表 5.1 可知，增大系统开环增益 K 以后，对于 0 型系统，可以减少系统在阶跃输入时的位置误差；对于 I 型系统，可以减小系统在斜坡输入时的速度误差；对于 II 型系统，可以减小系统在抛物线输入时的加速度误差。

由例 5.15 可知，增大扰动作用点之前的比例控制器增益 K_1，可以减小图 5.42(b)所示系统对阶跃扰动产生的稳态误差。该例还表明，图 5.42(b)所示系统在阶跃扰动作用下的稳态误差与 K_2、K_3 无关。因此，增大扰动点之后系统的前向通路增益，不会改变系统对扰动作用下的稳态误差数值。

2) 在系统的前向通道或主反馈通道设置串联积分环节

以例题来作进一步的解释与说明。

例 5.17 如果在图 5.42(b)所示系统中采用比例-积分控制器，如图 5.44 所示。试计算系统在单位阶跃扰动作用下的稳态误差。

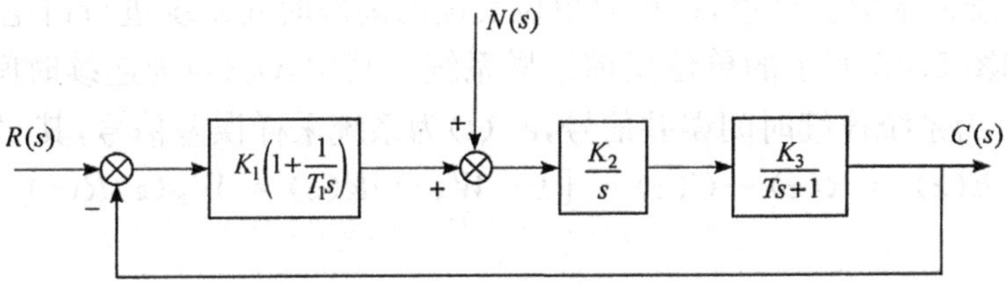

图 5.44　比例-积分控制系统

解　系统的开环传递函数为

$$G_0(s)=K_1\left(1+\frac{1}{T_1 s}\right)\frac{K_2}{s}\frac{K_3}{Ts+1}$$

$$=\frac{K_1K_2K_3}{T_1}\cdot\frac{1}{s^2}\cdot\frac{T_1 s+1}{Ts+1}$$

$G_2(s)$保持不变。令 $R(s)=0, N(s)=\dfrac{1}{s}$，由式(5.3.38)，有

$$e_{ssn}=-\lim_{s\to 0}\frac{sG_2(s)}{1+G_0(s)}N(s)$$

$$=-\lim_{s\to 0}\frac{s\cdot\dfrac{K_2K_3}{s(Ts+1)}}{1+\dfrac{K_1K_2K_3}{T_1}\cdot\dfrac{1}{s^2}\cdot\dfrac{T_1s+1}{Ts+1}}\cdot\frac{1}{s}$$

$$=0$$

该系统对于阶跃扰动是无差的。进一步还可以发现，它还可以在斜坡扰动作用下工作。

需要特别指出的是，在反馈控制系统中，增大开环增益或设置串联积分环节以消除或减小稳态误差的措施，必然导致系统稳定性的降低，甚至造成系统的不稳定，从而恶化系统的瞬态性能。因此，如何权衡考虑系统稳定性、稳态误差与瞬态性能之间的关系，成为了系统校正设计的主要内容。

5.3.7　离散时间系统的稳态误差

在连续系统中，稳态误差的计算通常采用两种方法完成，一种是建立在拉普拉斯变换终值定理基础上的计算方法，可以求出系统的终值误差；另一种是从系统误差传递函数出发的动态误差系数，可以求出系统动态误差的稳态分量。这两种计算稳态误差的方法，在一定条件下都可以推广到离散时间系统。

由于离散时间系统没有唯一的典型结构图形式，所以误差脉冲传递函数 $W_E(z)$也给不出一般的计算公式。离散时间系统的稳态误差需要针对不同形式的离散时间系统来求取。这里，仅针对单位反馈的离散时间系统进行讨论。

考虑如图 5.45 所示的单位反馈采样系统。其中，$G_0(s)$为连续时间部分的传递函数，$e(t)$为系统连续时间误差信号，$e^*(t)$为系统采样误差信号，其 Z 变换为

$$E(z)=R(z)-C(z)=[1-W(z)]R(z)=W_E(z)R(z) \quad (5.3.39)$$

其中

$$W_E(z)=\frac{E(z)}{R(z)}=\frac{1}{1+G_0(z)}$$

为系统误差脉冲传递函数。

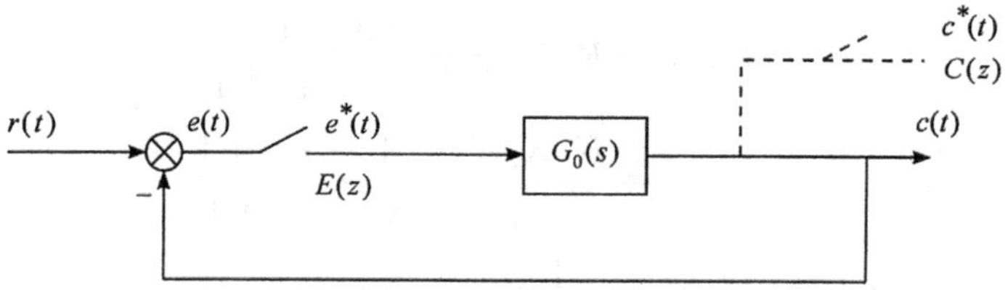

图 5.45 单位反馈采样系统

对式(5.3.39)求 Z 反变换，得到离散时间系统误差信号在各采样时刻的采样值 $e(kT)$：

$$e(kT)=\mathscr{Z}^{-1}[E(z)]=\mathscr{Z}^{-1}[W_E(z)R(z)],k=1,2,\cdots \quad (5.3.40)$$

于是，系统的离散时间误差信号为

$$e^*(t)=\sum_{k=0}^{\infty}e(kT)\delta(t-kT) \quad (5.3.41)$$

如果离散时间系统是稳定的，即系统的闭环脉冲传递函数 $W(z)$或误差脉冲传递函数 $W_E(z)$的全部极点位于 z 平面以原点为圆心的单位圆内，并且$(z-1)E(z)$满足终值定理的应用条件，则应用 Z 变换的终值定理可以计算离散系统的稳态误差为

$$e(\infty)=\lim_{k\to\infty}e(kT)=\lim_{z\to 1}(z-1)E(z) \quad (5.3.42)$$

将式(5.3.39)代入，有

$$\begin{aligned}e(\infty)&=\lim_{z\to 1}(z-1)W_E(z)R(z)\\&=\lim_{z\to 1}(z-1)\frac{1}{1+G_0(z)}R(z)\end{aligned} \quad (5.3.43)$$

由式(5.3.43)可知，稳定的离散时间系统的稳态误差 $e(\infty)$与系统本身的特性 $G_0(z)$和输入信号 $R(z)$两个因素有关。对于不同的输入信号，按式(5.3.43)，可以分别求出系统的稳态误差。为了评价系统的稳态精度，通常用典型输入信号作用下，稳态误差的大小或者用称之为系统的静态误差系数来表示。

1. 阶跃(位置)输入

$$r(t)=A\cdot 1(t)$$

$$R(z)=A\cdot\frac{z}{z-1}$$

系统的稳态误差为

$$e(\infty)=\lim_{z\to 1}(z-1)\frac{1}{1+G_0(z)}A\,\frac{z}{z-1}=\lim_{z\to 1}\frac{A}{1+G_0(z)}$$

$$=\frac{A}{1+\lim\limits_{z\to 1}G_0(z)}=\frac{A}{1+K_p} \tag{5.3.44}$$

其中

$$K_p=\lim_{z\to 1}G_0(z) \tag{5.3.45}$$

称为系统的静态位置误差系数。

2. 斜坡(速度)输入

$$r(t)=Bt$$

$$R(z)=B\,\frac{Tz}{(z-1)^2}$$

系统的稳态误差为

$$e(\infty)=\lim_{z\to 1}(z-1)\frac{1}{1+G_0(z)}B\,\frac{Tz}{(z-1)^2}$$

$$=\lim_{z\to 1}\frac{BTz}{(z-1)+(z-1)G_0(z)}$$

$$=\frac{BT}{\lim\limits_{z\to 1}(z-1)G_0(z)}=\frac{B}{K_v} \tag{5.3.46}$$

其中

$$K_v=\frac{1}{T}\lim_{z\to 1}(z-1)G_0(z) \tag{5.3.47}$$

称为系统的静态速度误差系数。

3. 抛物线(加速度)输入

$$r(t)=\frac{1}{2}Ct^2$$

$$R(z)=C\,\frac{T^2z(z+1)}{2(z-1)^3}$$

系统的稳态误差为

$$
\begin{aligned}
e(\infty) &= \lim_{z\to 1}(z-1)\frac{1}{1+G_0(z)}C\frac{T^2 z(z+1)}{2(z-1)^3} \\
&= \lim_{z\to 1}\frac{CT^2 z(z+1)}{2[(z-1)^2+(z-1)^2 G_0(z)]} \\
&= \frac{CT^2}{\lim\limits_{z\to 1}(z-1)^2 G_0(z)} = \frac{C}{K_a}
\end{aligned}
\tag{5.3.48}
$$

其中

$$
K_a = \frac{1}{T^2}\lim_{z\to 1}(z-1)^2 G_0(z) \tag{5.3.49}
$$

称为系统的静态加速度误差系数。

类似于连续时间系统，如果离散时间系统的开环脉冲传递函数 $G_0(z)$ 有 υ 个 $z=1$ 的极点，当 $\upsilon=0,1,2$ 时，相应地称离散时间系统为 0 型、I 型、II 型系统。稳定的 0 型、I 型、II 型离散时间系统在三种典型输入信号作用下的稳态误差如表 5.2 所示。

表 5.2　离散时间系统稳态误差

稳定系统的型别	位置误差 $r(t)=A\cdot 1(t)$	速度误差 $r(t)=Bt$	加速度误差 $r(t)=\frac{1}{2}Ct^2$
0 型	$\frac{A}{1+K_p}$	∞	∞
I 型	0	$\frac{B}{K_v}$	∞
II 型	0	0	$\frac{C}{K_a}$

类似地可以讨论离散系统的动态误差系数，由于推导过程中需要涉及较多工程数学的知识，这里就不再讨论。

例 5.18　采样系统如图 5.45 所示。其中

$$
G_0(s) = \frac{1}{s(0.1s+1)}
$$

输入连续信号 $r(t)$ 分别为 $1(t)$ 和 t，试计算采样系统相应的稳态误差以及对应的静态误差系数。

解　不难求出 $G_0(s)$ 对应的 Z 变换为

$$
G_0(z) = \frac{z(1-e^{-1})}{(z-1)(z-e^{-1})}
$$

因此，系统的误差脉冲传递函数为

$$W_E(z)=\frac{1}{1+G_0(z)}=\frac{(z-1)(z-0.368)}{z^2-0.736z+0.368}$$

由于闭环极点 $z_{1,2}=0.368\pm j0.482$，位于 z 平面上的单位圆内，因此可以应用 Z 变换的终值定理计算稳态误差。

当 $r(t)=1(t)$ 时，$R(z)=\frac{z}{z-1}$，由式(5.3.43)，有

$$e(\infty)=\lim_{z\to 1}(z-1)\frac{(z-1)(z-0.368)}{z^2-0.736z+0.368}\cdot\frac{z}{z-1}=0$$

当 $r(t)=t$ 时，$R(z)=\frac{Tz}{(z-1)^2}$，由式(5.3.43)，有

$$e(\infty)=\lim_{z\to 1}(z-1)\frac{(z-1)(z-0.368)}{z^2-0.736z+0.368}\cdot\frac{Tz}{(z-1)^2}=T=0.1$$

本例给出的是一个Ⅰ型系统，由式(5.3.44)，有

$$K_{\mathrm{p}}=\lim_{z\to 1}\frac{z(1-\mathrm{e}^{-1})}{(z-1)(z-\mathrm{e}^{-1})}=\infty$$

由式(5.3.47)，有

$$K_{\mathrm{v}}=\frac{1}{T}\lim_{z\to 1}(z-1)\cdot\frac{z(1-\mathrm{e}^{-1})}{(z-1)(z-\mathrm{e}^{-1})}=\frac{1}{T}=10$$

由式(5.3.49)，有

$$K_{\mathrm{a}}=\frac{1}{T^2}\lim_{z\to 1}(z-1)^2\frac{z(1-\mathrm{e}^{-1})}{(z-1)(z-\mathrm{e}^{-1})}=0$$

5.4　利用 Matlab 进行时域分析

当控制系统的数学模型确定后，便可以求解系统的时域响应。通常采用的方法，一是直接求解，一是计算机仿真。对于低阶系统采用直接的方法可以得到系统响应的时域表达式，进而借此对系统进行时域运动性能分析。然而，当系统较高，或者遇到复杂系统和非线性系统，直接求解是非常困难的。在这种情况下，采用计算机仿真的方法可以大大地节省工程设计人员的分析和设计时间，极大地提高工作效率。所谓计算机仿真就是根据系统的数学模型，利用计算机对系统进行模拟。

Matlab 中提供了两类可用于进行求解系统时域响应的方法。其一是控制系统工具箱(Control System Toolbox)中时域响应命令，它适合于求解系统总体模型给定时的时域响应。其二是 Simulink 仿真，它主要用于对复杂系统进行建模和仿真，具有更强的功能。

本节将主要介绍 Matlab 中有关求解时域响应的命令，并举例简单介绍 Simulink建模与仿真。

5.4.1 Matlab 时域响应命令及其应用

Matlab 提供了不少的时域响应求解命令。许多时域响应命令具有自动屏幕绘图功能。在使用时，若无等式右边的量，也就是用命令本身，则会进行自动屏幕绘图；若有等式右边的量，则不进行屏幕绘图。另外，连续时域响应命令一般还具有自动时间变量选择功能。如果在命令的输入变量部分给出了时间变量 t，则按给定的时间变量进行系统仿真；如果命令的输入变量部分未给出时间变量，命令会根据系统的状态方程或传递函数、初始条件、精度要求等自动选择出时间变量，并在等式左边的结果要求给出 t 时，返回 t 变量。对于离散时域响应命令，自动时间变量选择功能就变成了自动采用周期个数选择功能。

1. 求系统的阶跃、脉冲响应

采用下列命令

```
[y]= step(num,den,t);
[y]= step(A,B,C,D,iu,t);
```

可以分别得到闭环系统 $G(s)=\dfrac{\mathrm{num}(s)}{\mathrm{den}(s)}$ 和状态空间模型 $\boldsymbol{\Sigma}(\boldsymbol{A},\boldsymbol{B},\boldsymbol{C},\boldsymbol{D})$ 的单位阶跃响应输出，其中 iu 表示系统输入变量的序号，t 表示时间变量。

例 5.19 绘制如图 5.19 所示的二阶系统单位阶跃响应曲线簇（从零阻尼、欠阻尼、临界阻尼到过阻尼情况）。

解 程序为

```
t= 0:0.1:12;
num= [0,0,1];
figure(1);
hold on;
for i= 0:10
  zeta= i/10;
  den= [1,2* zeta,1];          %阻尼从 0 增大至 1
  [y]= step(num,den,t);        %阶跃响应输出
  plot(t,y);                   %曲线绘图命令
end
den= [1,4,1];                  %过阻尼情况
[y]= step(num,den,t);
```

```
plot(t,y);
grid on;                    %图形加网格
xlabel('\omega_nt');        %坐标轴标注
ylabel('c(t)');
```

其他类似的命令还有不少,主要包括:

impulse 命令:求连续系统的单位脉冲响应;

dimpulse 命令:求离散系统的单位脉冲响应;

dstep 命令:求离散系统的单位阶跃响应。

2. 求任意输入信号的连续系统输出响应

采用下列命令

```
[y]= lsim(num,den,u,t);
[y]= lsim(A,B,C,D,u,t,x0);
```

可以分别得到闭环系统 $G(s)=\dfrac{\text{num}(s)}{\text{den}(s)}$ 和状态空间模型 $\boldsymbol{\Sigma}(\boldsymbol{A},\boldsymbol{B},\boldsymbol{C},\boldsymbol{D})$ 在输入信号 u 作用下的响应输出,x0 为状态初值。

其他类似的命令还有不少,主要包括:

dlsim 命令:求离散系统的响应;

initial 命令:求带初始条件的连续系统响应;

dinitial 命令:求带初始条件的离散系统响应。

还有一些其他的时域分析命令,有兴趣的读者可以参阅相关的 Matlab 资料。

例 5.20 已知控制系统模型为

$$\begin{bmatrix}\dot{x}_1\\ \dot{x}_2\end{bmatrix}=\begin{bmatrix}0 & 1\\ -6 & -9\end{bmatrix}\begin{bmatrix}x_1\\ x_2\end{bmatrix}+\begin{bmatrix}0\\ 1\end{bmatrix}u$$

$$y=[1\quad 1]\begin{bmatrix}x_1\\ x_2\end{bmatrix}$$

试求系统在输入函数 $u=\sin t$ 时的时间响应。

解 程序为

```
A= [0, 1; - 6, - 9];
B= [0, 1]';
C= [1, 1];
D= [0];
t= 0:0.1:10;
u= sin(t);
```

```
y= lsim (A, B, C, D, u, t);
plot (t,y)
xlabel('t/s');
ylabel('outputs');
```

程序输出结果如图 5.46 所示。

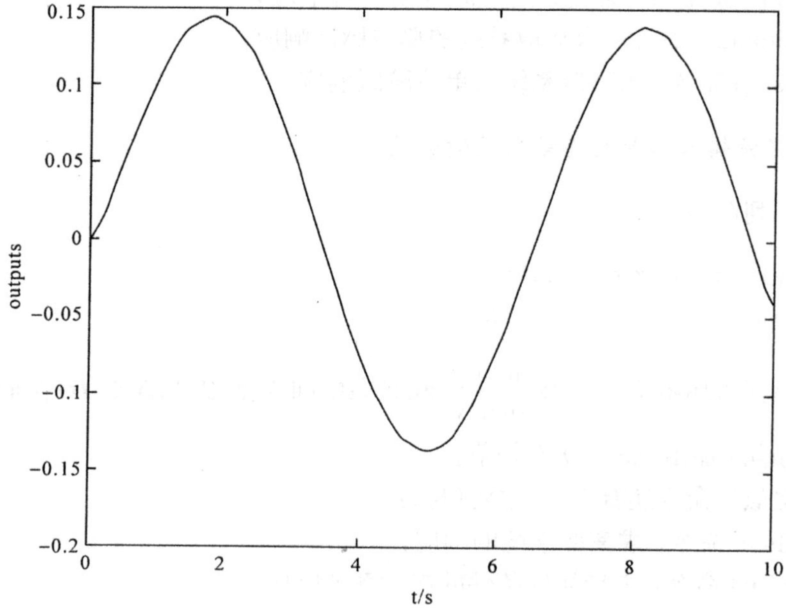

图 5.46 系统对正弦信号的响应曲线

例 5.21 考虑离散系统

$$\Phi(z)=\frac{2+5z^{-1}+z^{-2}}{1+0.9z^{-1}+0.2z^{-2}}$$

对 100 个随机噪声，试求其响应曲线。

解 程序为

```
num= [2, 5, 1];
den= [1, 0.9, 0.2];
u= randn(100, 1);
y= dlsim(num, den, u);
plot (y)
xlabel('times');
ylabel('outputs');
```

程序输出结果如图 5.47 所示。

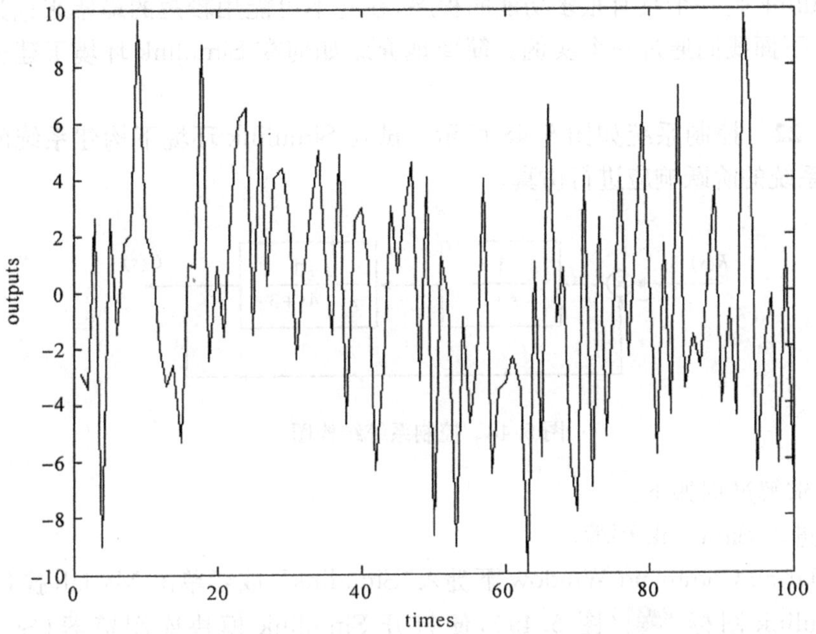

图 5.47　离散系统对随机噪声的响应曲线

5.4.2　用 Simulink 进行系统仿真

前面所述的各种时域命令要求整个系统的模型确定后方可应用。在工程实际中，这样的做法往往极其不方便。通常在控制系统的设计中，组成系统的大部分环节是不变的，经常需要修改的只是控制器的结构和参数。而每修改一次控制器的结构或参数后，都必须手工重新求取系统的数学模型，如此既耗费手工，又极易出错。利用 Simulink 可以有效地解决这类问题。

概括地说，Simulink 是一个可视化动态系统仿真环境。一方面，它是Matlab 的扩展，保留了所有 Matlab 的函数和特性；另一方面，它又有可视化仿真和编程的特点，它与用户的交互接口是基于 Windows 的图形(使用方块图)编程方法。借助其可视化的特点，使用 Simulink 可以分析非常复杂的控制系统。在 Simulink 环境下分析和设计控制器，甚至不需要编制任何程序就可以得到控制器的参数。

一般来说，Simulink 的功能有两部分，其一是系统建模，其二是系统分析。当然，对于控制系统的设计者来说，这两部分是一个连贯的整体。但是从解决问题的方法上来说，还是有区别的。因为建立好模型之后，可以在 Simulink 环境下直接分析，也可以在 Matlab Command Window 下使用 Matlab 函数进行分析。当然，若所得结果是相同的。

Simulink 是一个具有很多功能的程序，在此不可能用较短的篇幅来描述其全部功能。下面我们通过一个实例。简要地介绍如何在 Simulink 环境下建模和仿真过程。

例 5.22　控制系统如图 5.48 所示。试在 Simulink 环境下构建系统的方框图，并对系统的阶跃响应进行仿真。

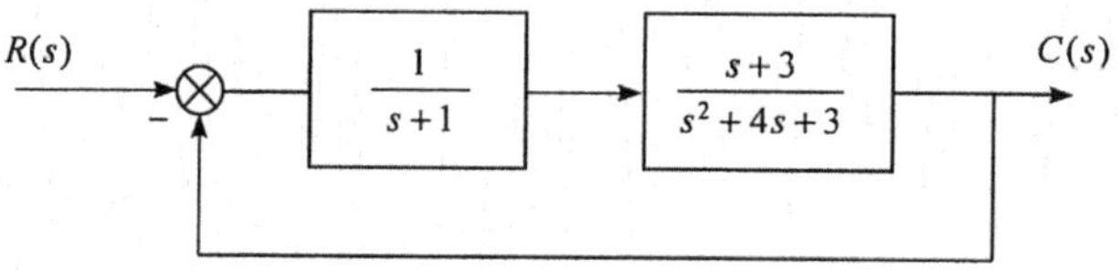

图 5.48　控制系统结构图

解　求解过程如下：

(1) 进入 Simulink 环境。

在 Matlab Command Window 下键入“Simulink”或者单击 Matlab 操作桌面中的 Simulink 图标（图 5.49），便打开 Simulink 模块库浏览器（Simulink Library Browser）窗口，如图 5.50 所示。其中，窗口的右边是 Simulink 模块库的各个子库图标，双击对应的子库图标，就会打开该子库。

点击“新建”图标，就打开一个名为 untitled 的空白模型窗口，如图 5.51 所示。

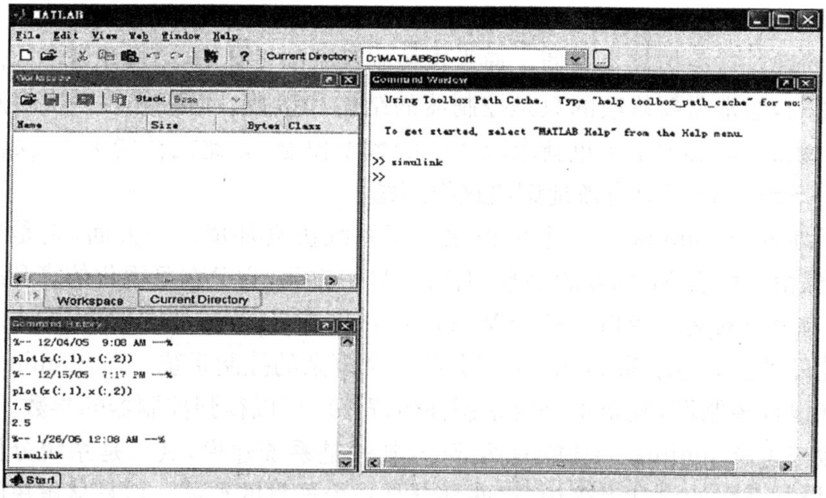

图 5.49　从 Matlab 进入 Simulink 环境

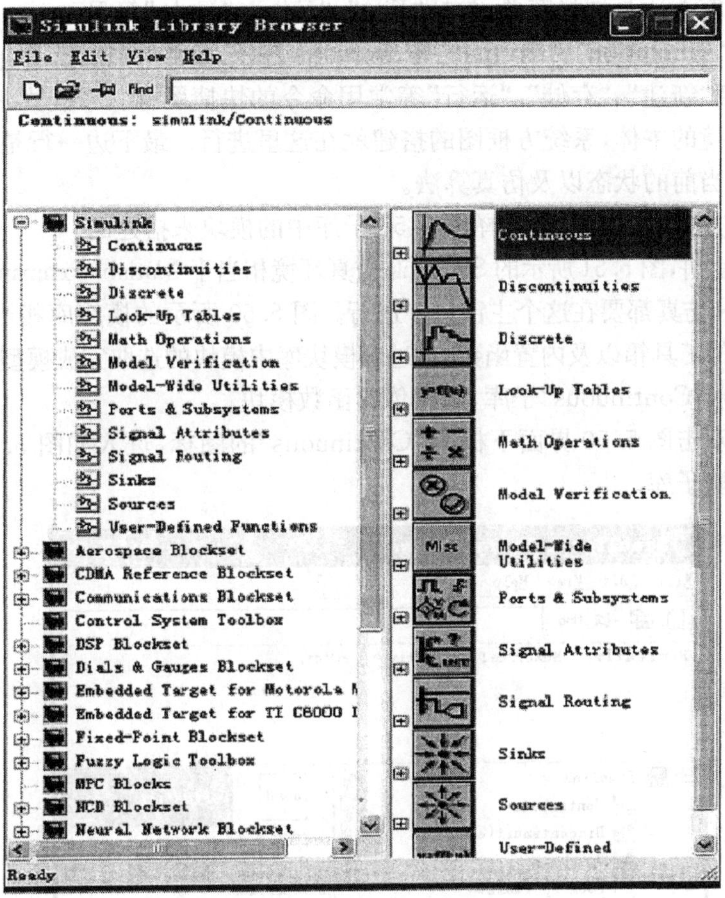

图 5.50　Simulink 模块库浏览器

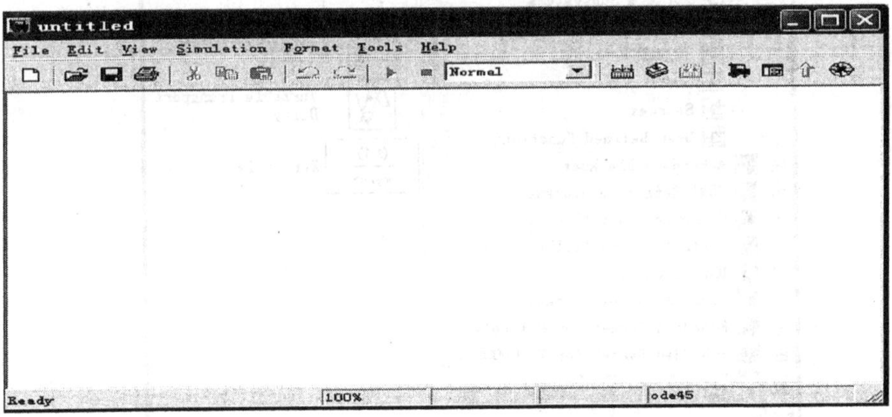

图 5.51　Simulink 的新建模型窗

该模型窗上边是选择菜单，包括“File”、“Edit”、“Help”等 Windows 常用菜单和“View”、“Simulation”、“Format”等 Simulink 独有的菜单项。选择菜单下边是工具档，包括“新建”、“存储”、“运行”等常用命令的快捷图标。中间大片的空间部分是仿真环境的主体，系统方框图的搭建就在这里进行。最下边一行是状态栏，显示仿真环境当前的状态以及仿真算法。

系统的方框图就是通过选择图 5.50 子库中的模块来搭建的。

从功能上讲，图 5.51 所示的 Simulink 仿真环境相当于 Matlab Command Window，模型的搭建和仿真都要在这个主窗口中进行。图 5.50 所示的模块库相当于 Matlab 环境下的各种工具箱以及内置函数，通过对模块库中模块的选取完成模型的搭建。

(2) 进入“Continuous”子库，选择传递函数模块。

用鼠标双击图 5.50 界面下标有“Continuous”的图标，进入如图 5.52 所示的连续系统模块子库。

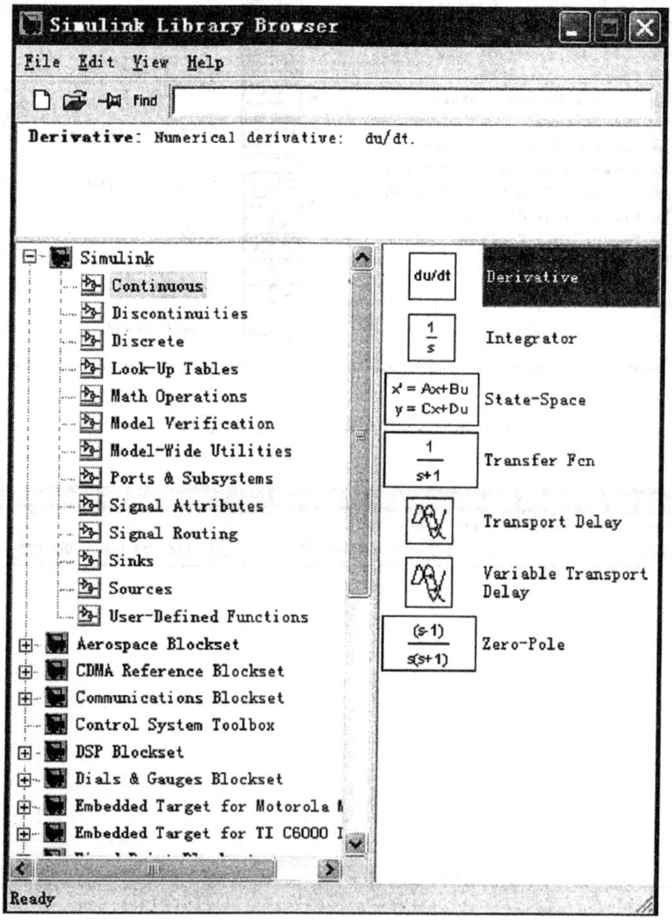

图 5.52 连续系统模块子库

因为原系统的开环传递函数由两个环节构成，所以要用鼠标左键将“Transfer Fun”图标拖入如图 5.51 所示 Simulink 新建模型窗中两次，形成两个传递函数块，双击此模块，进入图 5.53 的界面。

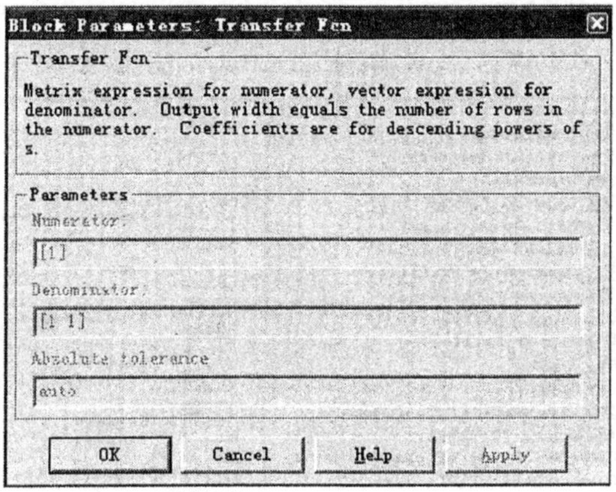

图 5.53 设置系统的传递函数

在图 5.53 界面下可以设置传递函数的系数，其表达方式和 Matlab 环境下相同：“Numerator”选项是传递函数分子多项式系数的降幂排列，“Denominator”选项是分母多项式系数的降幂排列。将原系统开环传递函数的两个环节的系数分别填入这两个传递函数块。

（3）进入“Sources”子库，选取阶跃函数。

用鼠标双击图 5.50 界面下标有“Sources”的图标，进入如图 5.54 所示的输入源模块子库。选择标有“Step”的图标，用鼠标拖入如图 5.51 所示的 Simulink 新建模型窗中，形成一个阶跃函数输入块。需要注意的是，Step 块默认的起始时间是第 1s 而不是第 0s。双击该 Step 块可以对仿真初始时间和阶跃值的大小进行设置，不过对仿真的影响不大，这里就不设置了。

（4）进入“Sinks” 子库，选择输出方式。

用鼠标双击图 5.50 界面标有“Sinks”的图标，进入如图 5.55 所示的输出方式模块子库。选择标有“Scope”的示波器图标，将其拖入如图 5.51 所示的 Simulink 新建模型窗中。该元件的参数也可以设置，不过本例只使用缺省参数。

（5）进入“Math Operations”子库，选取求和函数。

用鼠标双击图 5.50 界面标有“Math Operations”的图标，进入如图 5.56 所示的数学运算模块子库。选择标有“Sum”的求和函数图标，将其拖入如图 5.51 所示的 Simulink 新建模型窗中。用鼠标双击将其设置成负反馈形式“|＋－”，使设置完毕的 Sum 块变为形式，如图 5.57 所示。这样就可以一端

接入输入信号，另一端接受输出的反馈信号，形成负反馈了。

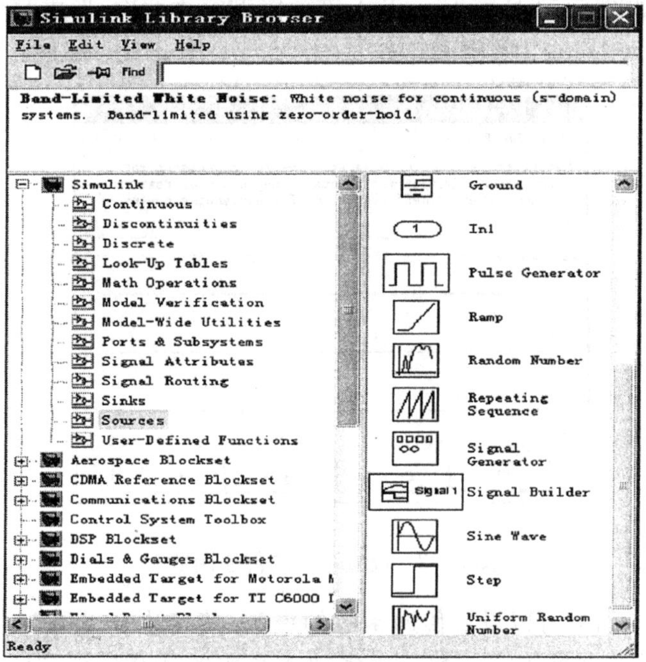

图 5.54　输入源模块子库

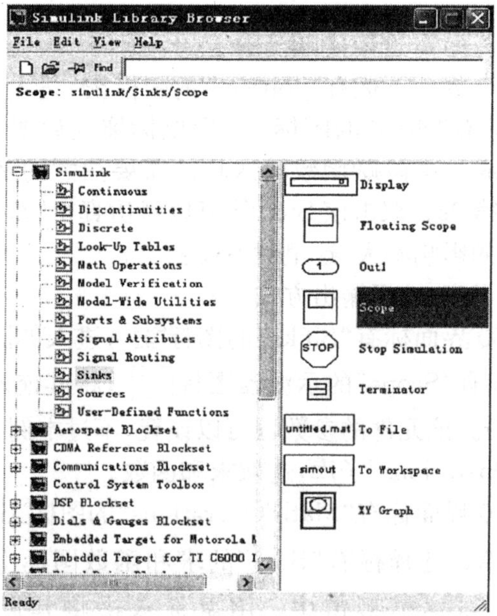

图 5.55　输出方式模块子库

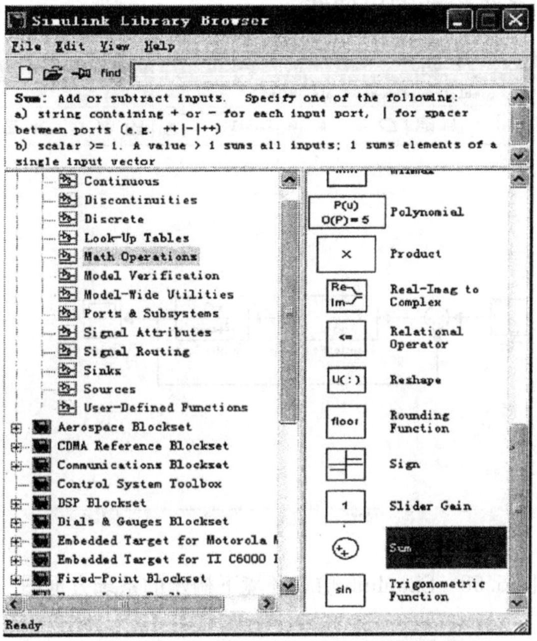

图 5.56　数学运算模块子库

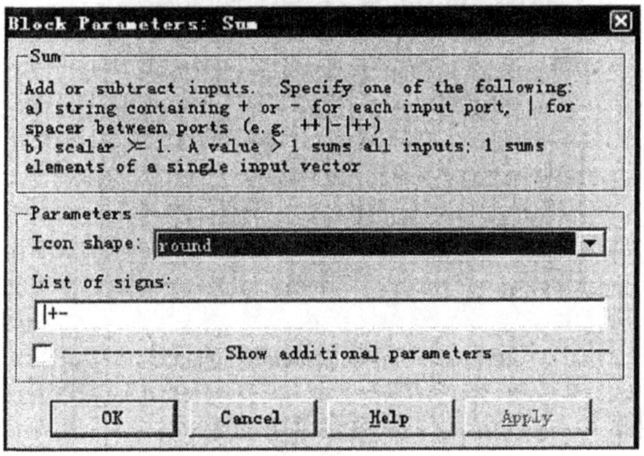

图 5.57　设置“Sum”模块

(6) 连接各元件,构成闭环传递函数并仿真。

现在回到如图 5.50 所示的 Simulink 新建模型窗中,用鼠标划线,将各个模块连接成一个完整的方框图,如图 5.58 所示。

搭建好系统的方框图后,就可以进行系统仿真了。用鼠标单击图 5.58 界面的“仿真启动”图标▶,Simulink 便自动运行仿真环境下的系统方框图模型。不过运行结束后还不能直接看到结果,必须用鼠标双击“Scope”模块,这样就可以看到如图 5.59 所示的系统阶跃响应曲线了。

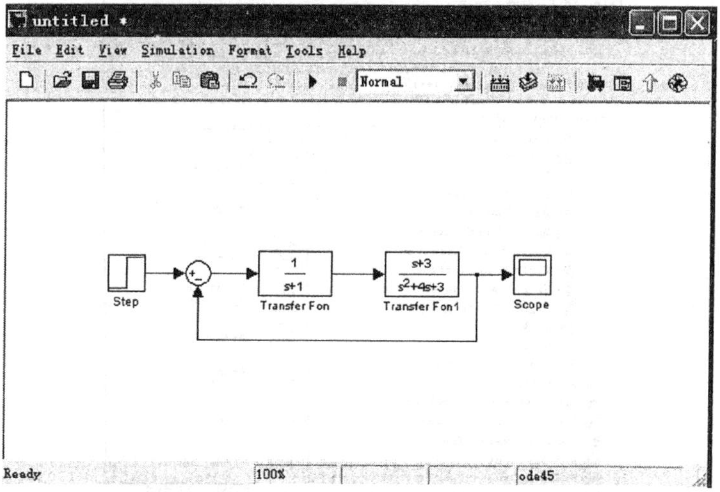

图 5.58　Simulink 仿真环境下构建的系统方框图

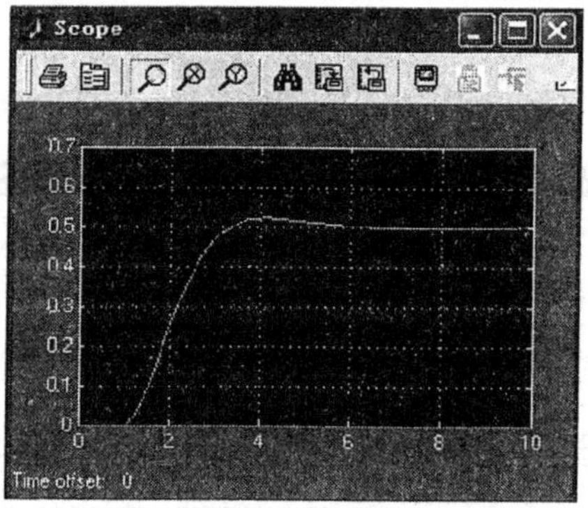

图 5.59　系统阶跃响应曲线

至此,完成了如图 5.48 所示控制系统的仿真。

上面就是一个简单的 Simulink 环境下三阶系统仿真的例子。从求解过程中可以看出。在 Simulink 环境下构建的系统模型和通常使用的控制系统方框图非常相似,系统的结构和各环节之间的关系一目了然。

例 5.22 的系统非常简单,手工编制 Matlab 程序求解也不是很困难,因而还不能完全体现 Simulink 在系统建模方面的优势。对于那些有几十上百个环节的控制系统,这种可视化的建模方法就比单纯在文字界面下输入方便了不知多少倍。对于不习惯编程处理控制系统仿真的工程技术人员,甚至不用编写一句程序就可以完成相当复杂的控制系统的模型构建和仿真。

习　题

5.1　系统传递函数为

$$\frac{C(s)}{R(s)}=\frac{20(s+1)}{(s+2)(s+10)}$$

(1) 写出相应的微分方程；

(2) 在零初始条件下，求单位斜坡响应 $c(t)$，并计算 $c(t)$ 的初值和终值；

(3) 设 $c(0^-)=2$，$\dot{c}(0^-)=1$，重复(2)的求解过程。

5.2　求下列微分方程的解：

(1) $2\ddot{x}+7\dot{x}+3x=0, x(0)=3, \dot{x}(0)=0$；

(2) $\dot{x}+2x=\delta(t), x(0^-)=0$；

(3) $\ddot{x}+2\zeta\omega_n\dot{x}+\omega_n^2x=0, x(0)=a, \dot{x}(0)=b$；

(4) $\dot{x}+ax=A\sin\omega t, x(0)=b$。

5.3　用 Z 变换法求解下列差分方程：

(1) $y[(k+2)T]-\frac{1}{4}y[(k+1)T]+\frac{1}{8}y(kT)=r(kT)$，

$r(kT)=1, k\geqslant 0, y(0)=y(T)=0$；

(2) $y(kT)-y[(k-1)T]+0.5y[(k-2)T]=r(kT)$，

$$r(kT)=\begin{cases}1, & k=1\\ 0, & k=0,2,3\cdots\end{cases}$$

$y(-2T)=y(-T)=0$；

(3) $y[(k+2)T]+2y[(k+1)T]+y(kT)=r(kT)$，

$r(kT)=kT,\quad k\geqslant 0,\quad y(0)=y(T)=0$。

5.4　对于题 5.4 图所示采样系统，求单位阶跃输入下的响应。

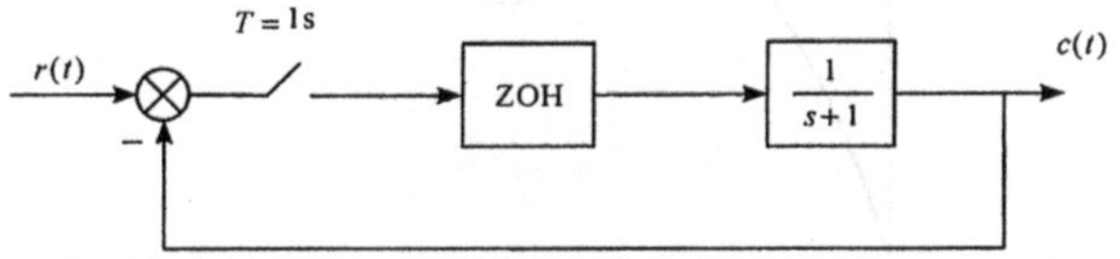

题 5.4 图

5.5　带采样器的 RC 电路如题 5.5 图所示，输入电压 $x(t)=100e^{-t}$(V)，采样周期 $T=0.1$s，求采样输出电压 $y(kT)$。

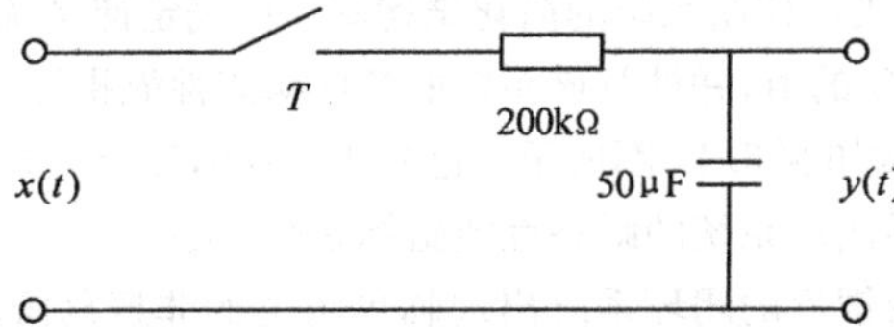

题 5.5 图

5.6　假设温度计可以用环节$\frac{1}{Ts+1}$来描述。现在用温度计测量盛在容器内的水温，发现需要1分钟时间才能指示出实际水温的98%的数值，试求环节参数T。

5.7　已知系统的闭环传递函数为

(1) $W(s)=\frac{9}{s^2+3s+9}$;

(2) $W(s)=\frac{10}{s^2+10s+100}$。

试计算系统的瞬态性能指标，并概略地画出其单位阶跃响应曲线。

5.8　单位反馈控制系统的开环传递函数为

$$G_0(s)=\frac{25}{s(s+25)}$$

(1) 确定系统的阻尼系数ζ、无阻尼自然振荡频率ω_n和阻尼振荡频率ω_d;

(2) 计算系统的瞬态性能指标。

5.9　设题5.9图(a)所示系统的单位阶跃响应曲线如图(b)所示。试确定系统参数K_1、K_2和a。

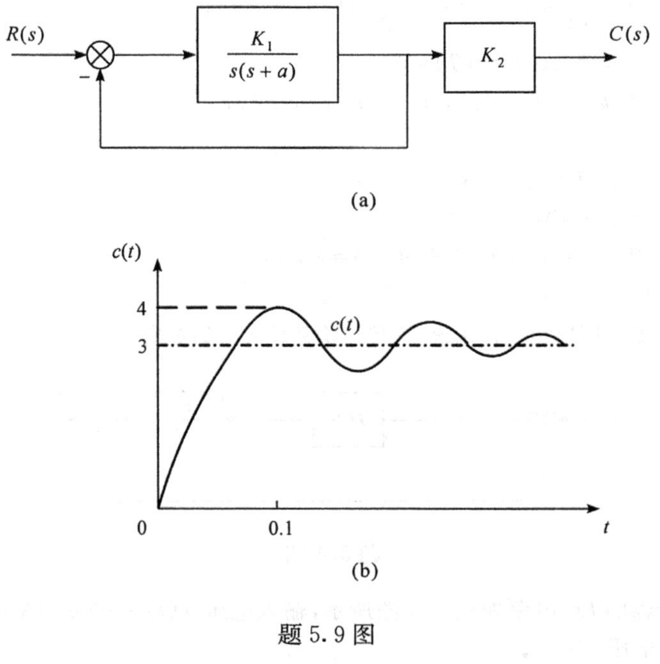

题5.9图

5.10　题5.10图为某飞行控制系统的简化结构图。试确定使系统自然振荡频率为6rad/s和阻尼比为1时的K_1和K_t的值，并计算该系统的各项瞬态性能指标。

5.11　某随动系统结构如题5.11图所示。已知$K_1=40$，$K_2=0.5$，$T=0.2$，$\tau=2$，试求：

(1) 加入速度反馈前后闭环系统的瞬态性能指标$\delta\%$和t_s;

(2) 为了使加入速度反馈后的闭环系统出现临界阻尼的非振荡阶跃响应，τ应取何值？计算其调节时间。

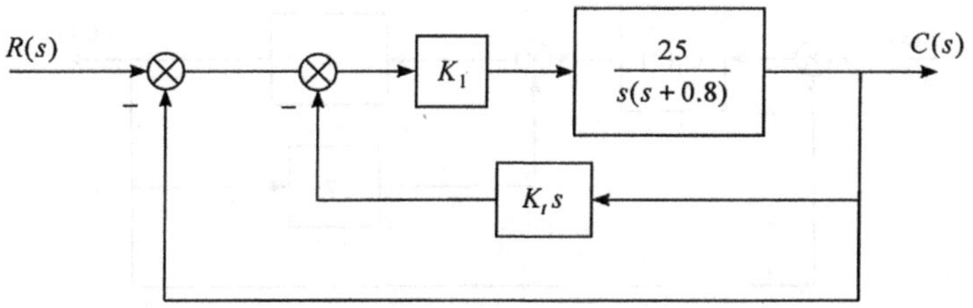

题 5.10 图

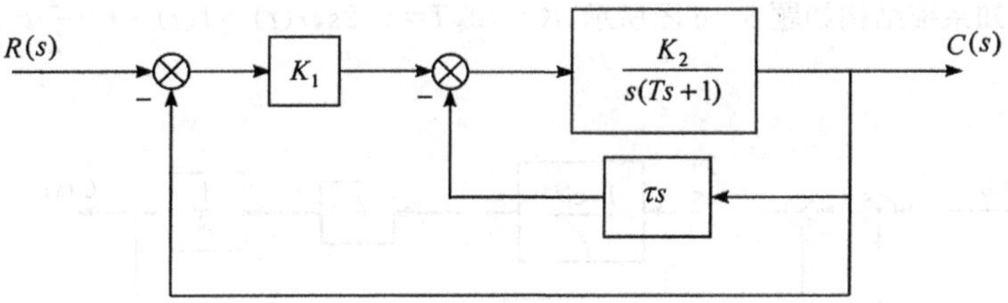

题 5.11 图

5.12　典型二阶系统的闭环传递函数为

$$W(s)=\frac{\omega_n^2}{s^2+2\zeta\omega_n s+\omega_n^2}$$

试计算其静态和动态误差系数。

5.13　设单位反馈系统的开环传递函数为

$$G(s)=\frac{100}{s(0.1s+1)}$$

试求当输入信号 $r(t)=1+2t+t^2$ 时，系统的稳态误差。

5.14　设单位反馈系统的闭环传递函数为

$$W(s)=\frac{\omega_n^2}{s^2+2\zeta\omega_n s+\omega_n^2}$$

已知系统在单位阶跃作用下的误差响应为

$$e(t)=2e^{-2t}-e^{-4t}$$

试求系统的阻尼比 ζ，无阻尼自然振荡频率 ω_n 和在单位斜坡输入作用下的稳态误差。

5.15　系统结构如题 5.15 图所示。

(1) 已知 $G_1(s)$ 的单位阶跃响应为 $1-e^{-2t}$，试求 $G_1(s)$。

(2) 当 $G_1(s)=\dfrac{1}{s+2}$，且 $r(t)=10\cdot 1(t)$ 时，试求：

① 系统的稳态输出。

② 系统的峰值时间 t_p、超调量 $\delta\%$、调节时间 t_s 和稳态误差 e_{ss}。

③ 概略地画出系统输出响应 $c(t)$ 的曲线。

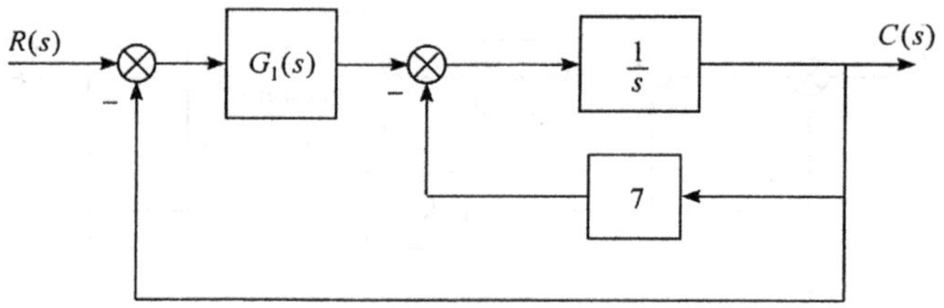

题 5.15 图

5.16 已知系统结构如题 5.16 图所示，$K=10$，$T=0.2\text{s}$，$r(t)=1(t)+t+\frac{1}{2}t^2$，求系统的稳态误差。

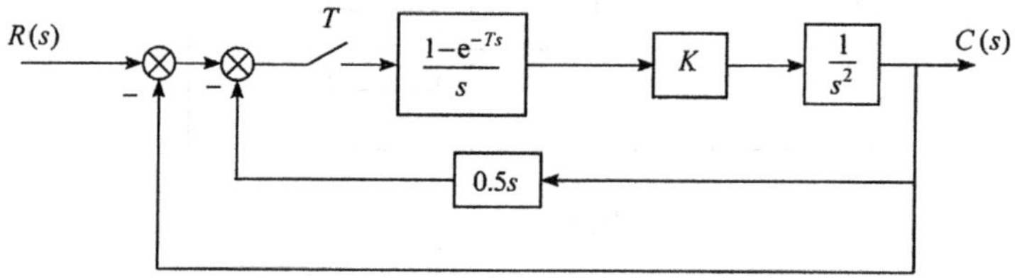

题 5.16 图

5.17 试采用 Matlab 求下列系统的单位阶跃响应、单位斜坡响应和单位脉冲响应。

$$\frac{C(s)}{R(s)}=\frac{10}{s^2+2s+10}$$

5.18 控制系统的闭环传递函数为

$$W(s)=\frac{s+1}{s^3+7s^2+14s+8}$$

试用 Matlab 计算系统在输入函数 $u(t)=e^{-t}$ 作用下的时域响应。

5.19 试采用 Simulink 求如题 5.19 图所示系统的单位阶跃响应。

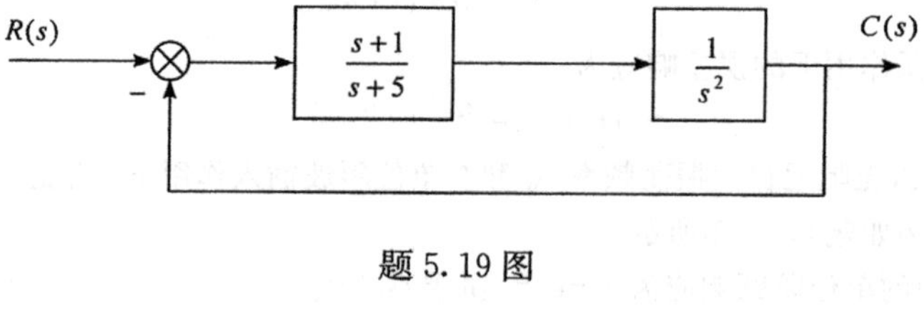

题 5.19 图

第 6 章　系统校正方法

6.1　引　　言

自动控制系统的设计大体上可按两种方式进行:第一种方式是预先给出某种设计指标,这种指标通常以严格的数学形式给出,然后确定某种控制形式,并通过解析的方式找到满足预定指标的最优(或次优)控制器;第二种方式是制定控制系统的期望性能指标,并依据这些性能指标计算出开环系统特性,然后比较期望的开环特性与实际的开环特性,根据比较结果确定在开环系统中增加某种校正装置,并计算出校正装置的参数。第一种方式通常称为系统综合,第二种方式通常称为系统校正。本章着重讨论系统校正方法。

1. 性能指标

对一个设计者来说,不仅要充分了解被控对象的结构、参数和特性等,还需要知道所需设计的系统应满足何种性能指标。性能指标通常是由使用单位或被控对象的设计制造单位提出的。不同的控制系统对性能指标的要求也不尽相同,如调速系统对平稳性和稳态精度要求较高,而随动系统则侧重于快速性指标。性能指标的提出,应符合实际系统的需要和可能,以完成任务和满足要求为宜,追求过高的性能指标,不仅会造成不必要的经济费用的提高,而且可能会因为超出系统的强度极限而造成设计失败。

性能指标主要有两种提法,一种是时域指标,另一种是频域指标。根据性能指标的不同提法,可考虑采用不同的校正方法:针对时域性能指标,通常用根轨迹法比较方便;针对频域指标,用频域法更为直接。具体采用哪种设计方法,取决于具体情况(如对象的复杂程度、模型给定方式等)和设计者的偏好。两种性能指标之间是可以相互换算的,常用的时、频域指标及其转换关系如表 6.1 和表 6.2 所示。

时域性能指标包括稳态性能指标和瞬态性能指标两方面:

(1) 稳态性能指标。指的是无静差度(系统型别)、典型输入(单位阶跃输入、单位斜坡输入和单位抛物线输入)作用下的稳态误差 e_{ss} 或者静态误差系数(K_p、K_v 和 K_a)。扰动所引起的稳态误差也同样属于稳态性能指标范畴。

(2) 瞬态性能指标。主要指的是调节时间 t_s 和超调量 $\delta\%$。此外,上升时间、延迟时间、峰值时间、振荡次数等也都属于瞬态性能指标。为了简化设计过程,通常只采用 t_s 和 δ 来刻画系统的瞬态性能指标。

表 6.1　二阶系统的时域性能指标和频域性能指标

类　别	性能指标	计算公式
时域指标	超调量	$\delta\%=e^{-\pi\zeta/\sqrt{1-\zeta^2}}\times 100\%$
	调节时间(Δ=5)	$t_s=\dfrac{3}{\zeta\omega_n}$
频域指标	谐振峰值	$M_r=\dfrac{1}{2\zeta\sqrt{1-\zeta^2}}$，　$\zeta\leqslant 0.707$
	谐振频率	$\omega_r=\omega_n\sqrt{1-2\zeta^2}$，　$\zeta\leqslant 0.707$
	带宽频率	$\omega_b=\omega_n\sqrt{1-2\zeta^2+\sqrt{2-4\zeta^2+4\zeta^4}}$
	截止频率	$\omega_c=\omega_n\sqrt{\sqrt{1+4\zeta^4}-2\zeta^2}$
	相角裕度	$\gamma=\arctan\dfrac{2\zeta}{\sqrt{\sqrt{1+4\zeta^4}-2\zeta^2}}$
时频转换		$t_s=\dfrac{6}{\omega_c\tan\gamma}$
		$\delta\%=e^{-\pi(M_r-\sqrt{M_r^2-1})}$，　$M_r\geqslant 1$

表 6.2　高阶系统性能指标的经验公式

性能指标	经验公式
调振峰值	$M_r=\dfrac{1}{\sin\gamma}$
超调量	$\delta\%=0.16+0.4(M_r-1)$，　$1\leqslant M_r\leqslant 1.8$
调节时间	$t_s=\dfrac{k\pi}{\omega_c}$，$k=2+1.5(M_r-1)+2.5(M_r-1)^2$，　$1\leqslant M_r\leqslant 1.8$

频域指标包括开环频域指标和闭环频域指标。

(1) 开环频域指标。指的是截止角频率 ω_c、相角稳定裕度 γ 和增益稳定裕度 L_g，如图 6.1 所示。

(2) 闭环频域指标。主要是指闭环谐振峰值 M_r、谐振角频率 ω_r 以及带宽频率 ω_b。M_r 和 ω_r 已经在二阶振荡环节的频率特性中作过介绍(见 2.5.3 节)。ω_b 是指 $M(\omega)$ 衰减至零频幅值 $M(0)$ 的 0.707 倍时的频率，如图 6.2 所示。选择合适的带宽频率 ω_b，在系统设计中是十分重要的。ω_b 过小，系统不能准确复现输入信号；ω_b 过大，则会引入过强的噪声干扰。

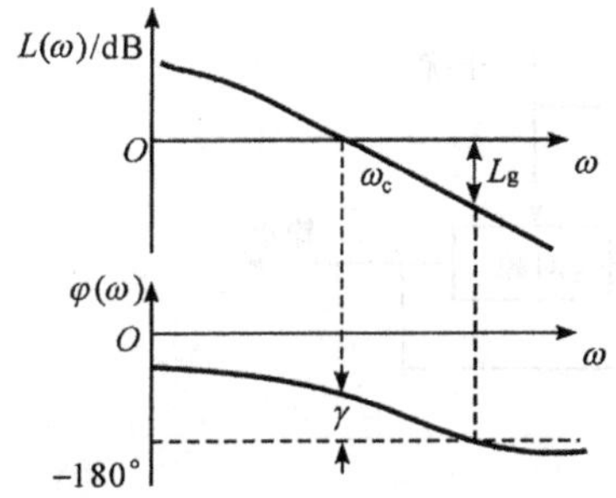

图 6.1　开环频域指标

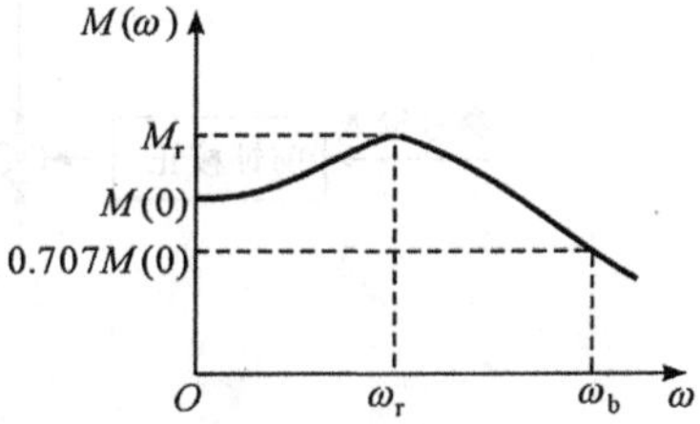

图 6.2　闭环频域指标

2. 校正方式

按照校正装置在系统中的连接方式,控制系统的校正方式可分为串联校正、反馈校正、前馈校正和复合校正等。

校正装置串联在系统前向通道中,称为串联校正。为了减小功率损耗,串联校正装置一般接在系统误差测量点之后和放大器之前,即低功率部分。校正装置接在系统的局部反馈通道中,称为反馈校正。串联校正和反馈校正连接方式如图 6.3所示。

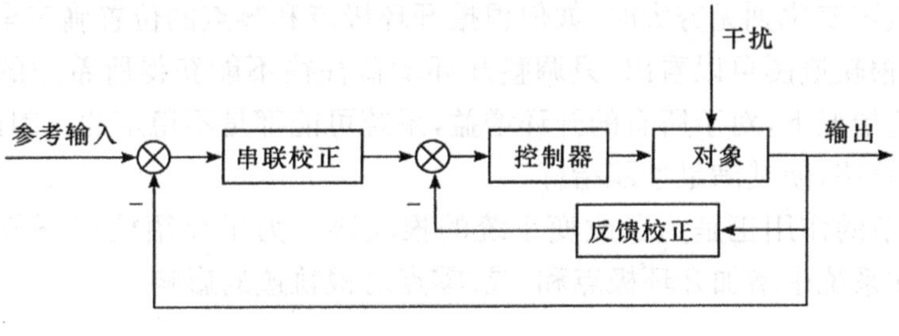

图 6.3　串联校正和反馈校正

前馈校正又称顺馈校正,是在系统主反馈回路之外采用的校正方式。前馈校正的作用通常有两种:一种是对参考输入信号进行整形和滤波,此时校正装置接在系统参考输入信号之后、主反馈作用点之前的前向通道上。另一种作用是对扰动信号进行测量、转换后接入系统,形成一条附加的对扰动影响进行补偿的通道。前馈校正的连接方式如图 6.4 所示。

复合校正是指在系统中同时采用串联(或反馈)校正和前馈校正。

在系统设计中,采用何种形式的校正方式,取决于系统中信号的性质、技术实现的方便性、可供选用的元件、经济性、抗干扰性、环境使用条件以及设计者的经验

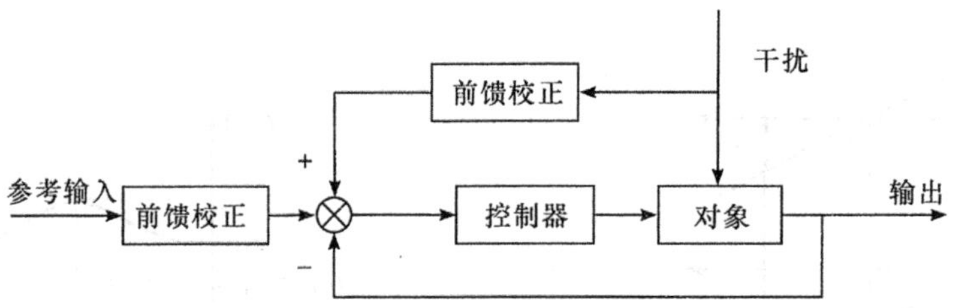

图 6.4　前馈校正

等因素。设计好了校正环节的传递函数之后,若控制系统是电气系统,无特殊要求的情况下可以直接采用电气装置来实现,这时根据信号的驱动要求还可以采用有源电气装置或无源电气装置;对于有防爆要求的应用场合,则应该采用液压装置或气动装置等来实现。

6.2　系统校正的根轨迹法

6.2.1　增加零、极点对根轨迹的影响

我们已知道,系统的稳定性、瞬态性能和稳态性能等都和系统的闭环极点位置有直接关系。根轨迹法是一种直观的图解方法,它显示了当系统某一参数(通常为开环增益)从零变化到无穷大时,如何根据开环极点和零点的位置确定全部闭环极点位置。从根轨迹图可以看出,只调整开环增益往往不能获得所希望的性能。事实上,在某些情况下,对于所有的开环增益,系统可能都是不稳定的。因此,必须改造系统的根轨迹,使其满足性能指标。

校正环节的作用正是为了改变系统的根轨迹。为了介绍校正环节的设计方法,先分析在系统中增加开环极点和(或)零点对根轨迹的影响。

1. 增加极点的影响

在开环系统中增加极点,可以使根轨迹向右方移动,从而降低系统的相对稳定性,增加系统响应的调节时间。图 6.5 清楚地显示了在单极点系统中增加极点对系统根轨迹的影响。

2. 增加零点的影响

在开环系统中增加零点,可以使根轨迹向左方移动,从而增加系统的相对稳定性,减小系统响应的调节时间。实际上,增加零点相当于对系统增加微分控制,在系统中引入超前量,加快瞬态响应。

图 6.6(a)显示了某系统的根轨迹图。可以看出,当增益较小时,系统是稳定

的；在大增益情况下，系统不稳定。图 6.6(b)～(d)显示了在系统中引入一个零点后，系统根轨迹的变化情况。应当注意，引入零点后，系统对任意增益都变得稳定了。所引入的零点越靠近虚轴，根轨迹向左方移动得越显著。

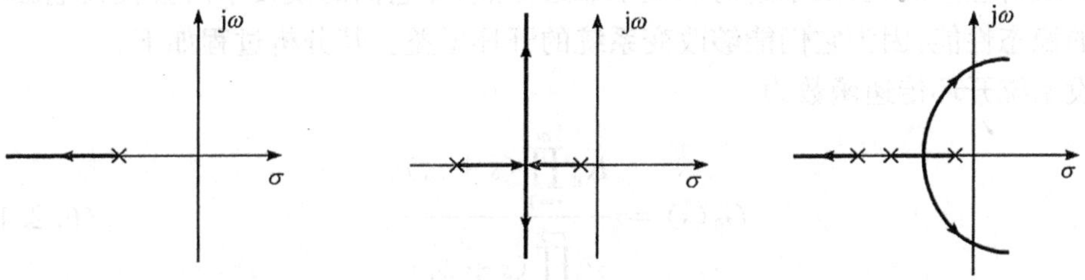

(a) 单极点系统的根轨迹图　(b) 增加一个极点后的根轨迹图　(c) 增加二个极点后的根轨迹图

图 6.5　增加极点的根轨迹图

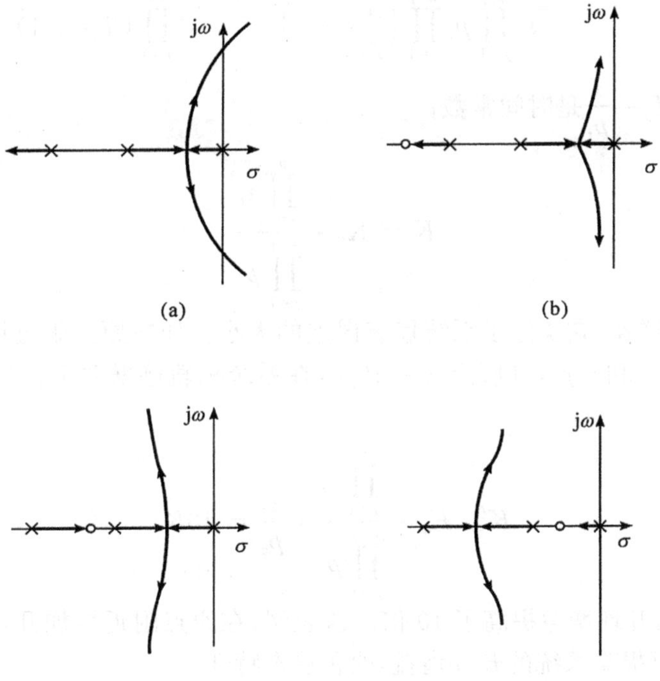

(a)　(b)　(c)　(d)

图 6.6　增加零点的根轨迹图

3. 增加开环偶极子对根轨迹的影响

开环偶极子是指开环系统中相距很近(和其他零极点相比)的一对极点和零

点。由于这对偶极子$-p_c$和$-z_c$到其他零极点的矢量近似相等，因此它们在模条件和幅角条件中的作用相互抵消，几乎不会改变根轨迹的形状，也就是说，它们对系统的稳定性和瞬态性能几乎没有影响。

但值得注意的是，如果这对偶极子靠近原点（即它们的模较小），会较大地影响系统的稳态性能，因为它们能够改变系统的开环增益。其分析过程如下。

设系统开环传递函数为

$$G_0(s)=\frac{K_g\prod_{i=1}^{m}(s+z_i)}{s^{\gamma}\prod_{j=1}^{n-\gamma}(s+p_j)} \tag{6.2.1}$$

其中，K_g称为根轨迹增益。为便于分析，将式(6.2.1)写成时间常数形式

$$G_0(s)=\frac{K_g\prod_{i=1}^{m}z_i\prod_{i=1}^{m}\left(\frac{1}{z_i}s+1\right)}{s^{\gamma}\prod_{j=1}^{n-\gamma}p_j\prod_{j=1}^{n-\gamma}\left(\frac{1}{p_j}s+1\right)}=K\frac{\prod_{i=1}^{m}(\tau_i s+1)}{s^{\gamma}\prod_{j=1}^{n-\gamma}(T_j s+1)} \tag{6.2.2}$$

其中，$\tau_i=\dfrac{1}{z_i}$；$T_j=\dfrac{1}{p_j}$是时间常数；

$$K=K_g\cdot\frac{\prod_{i=1}^{m}z_i}{\prod_{j=1}^{n-\gamma}p_j} \tag{6.2.3}$$

是系统的开环增益，它决定了系统稳态误差的大小。如在原点附近增加一对开环负实偶极子$-z_c$和$-p_c$，且假定$z_c=10p_c$，在系统根轨迹增益K_g不变的情况下，开环增益变为

$$K'=K_g\cdot\frac{\prod_{i=1}^{m}z_i}{\prod_{j=1}^{n-\gamma}p_j}\cdot\frac{z_c}{p_c}=10K$$

由此可见，开环增益提高了10倍。这表明，在原点附近增加开环偶极子且使$|z_c|>|p_c|$，可提高系统的开环增益，改善稳态特性。

4. 基于根轨迹校正的一般步骤

用根轨迹法校正反馈控制系统可以按以下步骤进行：

(1) 根据给定的瞬态性能指标确定主导极点的位置。

(2) 绘制未校正系统的根轨迹。若希望的主导极点不在此根轨迹上，说明仅靠调整系统增益不能满足性能要求，需要增加适当的校正装置改造系统根轨迹，使

其通过希望的主导极点。

(3) 当校正后的根轨迹已通过希望的主导极点时，还需要检验相应的开环增益是否满足稳态性能要求。若不满足，可采用在原点附近增加开环偶极子的办法来调节开环增益，同时保持根轨迹仍通过希望的主导极点。

6.2.2　根轨迹校正举例

1. 超前校正

通过下面的例题可说明超前校正的设计步骤。

例 6.1　设被控对象的传递函数为

$$P(s)=\frac{K}{s(s+2)}$$

要求设计一串联校正环节 $G_c(s)$，使校正后系统的超调量 $\delta\%\leqslant 30\%$，调节时间 $t_s\leqslant 2s$，开环增益 $K\geqslant 5$。

解　控制系统的结构如图 6.7 所示，设计过程可分以下几个步骤：

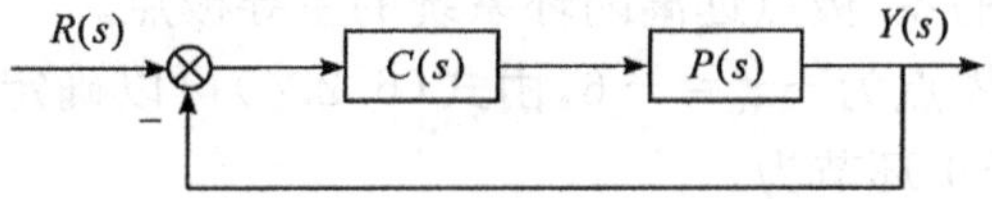

图 6.7　闭环控制系统

第一步，根据期望瞬态性能指标确定闭环主导极点的位置。为使 $\delta\%\leqslant 30\%$ 并留有余地（以确保在其他极点的作用下性能指标仍能得到满足），选阻尼比 $\zeta=0.5$。因为 $\zeta=\cos\theta$，所以主导极点应位于如图 6.8 所示的 $\theta=60°$ 的射线上。再运用二阶系统调节时间的近似公式 $t_s=\dfrac{3}{\zeta\omega_n}$，可选择 $\omega_n=4$，以保证 $t_s=2s$ 并留有余地。因此主导极点为 $s_{12}=-\zeta\omega_n\pm j\omega_n\sqrt{1-\zeta^2}=-2\pm j2\sqrt{3}$。

第二步，画出未校正系统的根轨迹图，如图 6.8 中粗实线所示。由图可见，根轨迹不通过希望主导极点，因此不能通过调节开环增益来满足瞬态性能指标。

为了使系统根轨迹向左偏移，应在开环系统中加入零点，但考虑到校正装置的可实现性，在加入零点的同时也应加入一

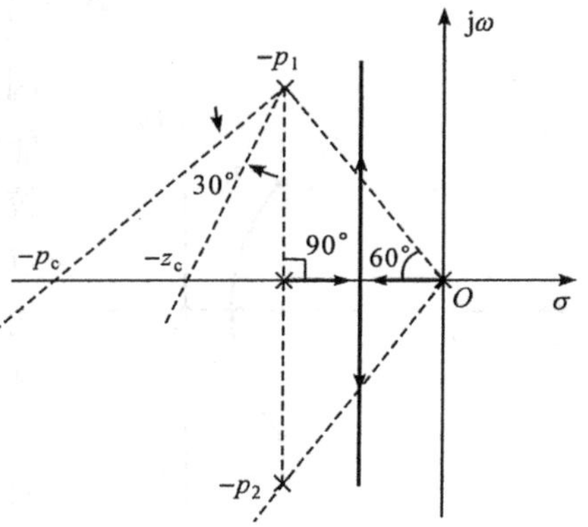

图 6.8　系统根轨迹

个极点，但零点的作用应大于极点的作用，故零点比极点更靠近虚轴，即校正装置为

$$C(s)=\frac{s+z_c}{s+p_c},\qquad |z_c|<|p_c|$$

这样的装置称为超前校正装置。于是校正后系统的开环传递函数为

$$G_0(s)=\frac{K_g(s+z_c)}{s(s+2)(s+p_c)}$$

为了使希望主导极点位于根轨迹上，根据幅角条件应有

$$\angle(-p_1+z_c)-\angle(-p_1)-\angle(-p_1+2)-\angle(-p_1+p_c)=(2k+1)\times 180^\circ$$

由图 6.8 可知，$\angle(-p_1)=120^\circ$，$\angle(-p_1+2)=90^\circ$，代入上式，并取 $k=-1$ 可得

$$\angle(-p_1+z_c)-\angle(-p_1+p_c)=\alpha=30^\circ \tag{6.2.4}$$

显然，满足式(6.2.4)的校正环节的零点 $-z_c$ 和极点 $-p_c$ 是不唯一的。考虑到我们是参照主导极点的性能公式来设计校正环节的，而校正后的系统为一个三阶线性系统。因此，系统的校正设计应该尽量使得闭环系统满足主导极点条件，在此处应保证校正环节的零、极点远离闭环系统的主导极点。

此处取校正环节零点为 $-z_c=-6$，由式(6.2.4)可以确定的校正环节极点相应为 $-p_c=-20$，即校正环节为

$$G(s)=\frac{s+6}{s+20}$$

第三步，检验稳态性能指标。由模条件可知

$$K_g\frac{|-p_1+z_c|}{|-p_1||-p_1+2||-p_1+p_c|}=1$$

即 $K_g=48$，由此得到开环增益为

$$K=\frac{48\times 6}{2\times 20}=7.2$$

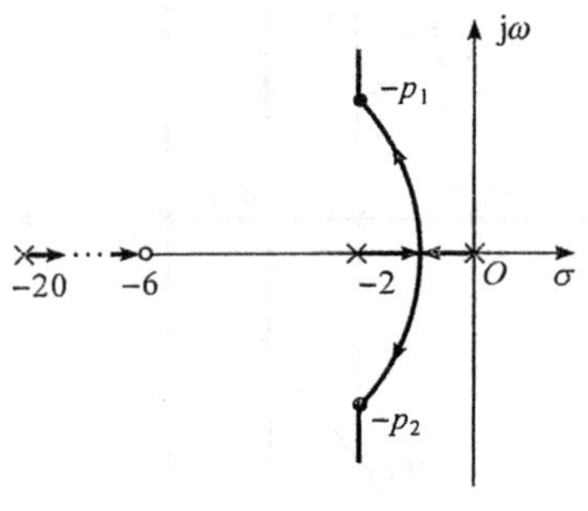

图 6.9　校正后系统的根轨迹图

因此满足稳态性能指标（如果稳态性能指标不能满足要求，要再串联一个下面将介绍的滞后校正环节）。可以验证，当闭环系统的共轭极点在期望的位置时（即 $K_g=48$），系统第三个闭环极点为 $-p_3=-18$，此时，闭环系统完全满足主导极点条件。

校正后系统的根轨迹图示于图 6.9 中。用 Matlab 绘出的校正前后系统的阶跃响应曲线示于图 6.10 中。由图可见，校正后系统的超调量和调节时间都减小，瞬态性能得到改善。

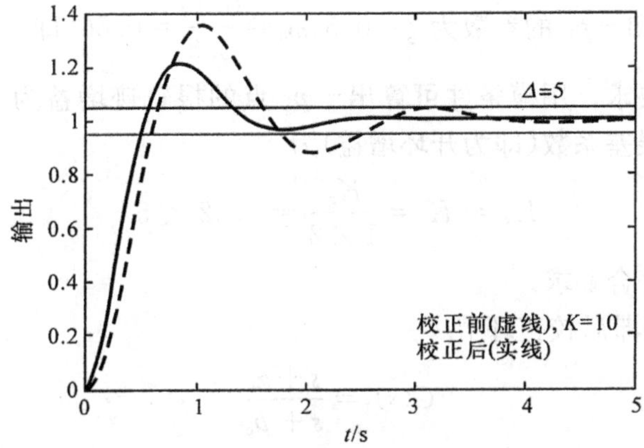

图 6.10　单位阶跃响应曲线

2. 滞后校正

有时系统已经具有满意的瞬态性能指标，但是其稳态性能指标不符合要求。在这种情况下，可采用增加开环偶极子的办法来增大开环增益，即引入如下校正环节

$$C(s)=\frac{s+z_c}{s+p_c},\quad |z_c|>|p_c|$$

这样的校正环节称为滞后校正环节。由于校正装置的零点和极点相距很近，而且靠近原点，不会对系统的根轨迹形状产生显著的影响，即系统的瞬态性能不会产生明显的变化。以下面的例题说明滞后校正的步骤。

例 6.2　设系统开环传递函数为

$$P(s)=\frac{K_g}{s(s+1)(s+2)}$$

要求闭环系统的主导极点参数为 $\zeta=0.5$，$\omega_n\geqslant 0.6$，静态速度误差系数 $K_v\geqslant 5$。系统结构如图 6.11 所示。

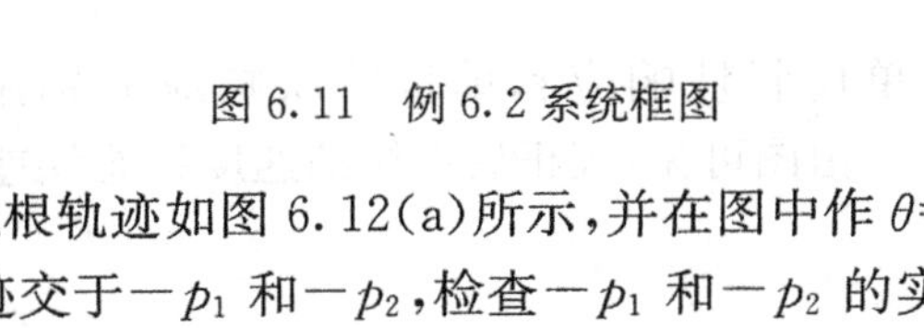

图 6.11　例 6.2 系统框图

解　(1) 作系统根轨迹如图 6.12(a)所示，并在图中作 $\theta=60°$ 的两条射线 OA 和 OB，分别与根轨迹交于 $-p_1$ 和 $-p_2$，检查 $-p_1$ 和 $-p_2$ 的实部发现，其实部 $\alpha=$

0.33。因此 $-p_1$ 和 $-p_2$ 的参数为 $\zeta=0.5$，$\omega_n=\dfrac{0.33}{0.5}=0.66$，即 $-p_1$ 和 $-p_2$ 满足希望主导极点的要求。用模条件可算出 $-p_1$ 点的根轨迹增益为 $K_g=1.04$，因此系统的静态速度误差系数(即为开环增益)为

$$K_v=K=\frac{K_g}{1\times2}=0.52<5$$

稳态性能指标不符合要求。

(2) 引入串联滞后校正环节

$$C(s)=\frac{s+z_c}{s+p_c}$$

根据第一步的计算，应将系统开环增益提高 10 倍。根据式(6.2.3)，所引入的校正环节应满足 $|z_c|=10|p_c|$，为确保校正环节对根轨迹不产生显著影响，选择 $z_c=0.05$，$p_c=0.005$，即滞后校正环节为

$$C(s)=\frac{s+0.05}{s+0.005}$$

校正后系统的开环传递函数为

$$G_0(s)=\frac{1.04(s+0.05)}{s(s+1)(s+2)(s+0.005)}$$

系统在原点附近的根轨迹如图 6.12(b)所示。

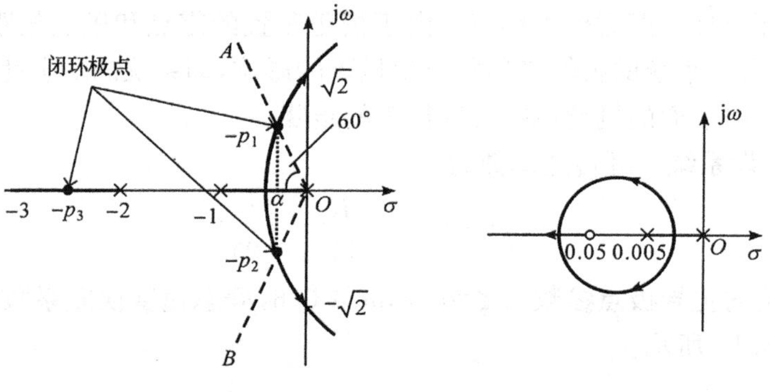

(a) 例6.2系统根轨迹　　(b) 原点附近的根轨迹

图 6.12　例 6.2 用图

校正前后系统的单位斜坡响应和单位阶跃响应分别用 Matlab 绘出，如图 6.13和图 6.14 所示。由图可见，校正后系统的速度稳态误差减小，但阶跃响应的瞬态性能略有下降。

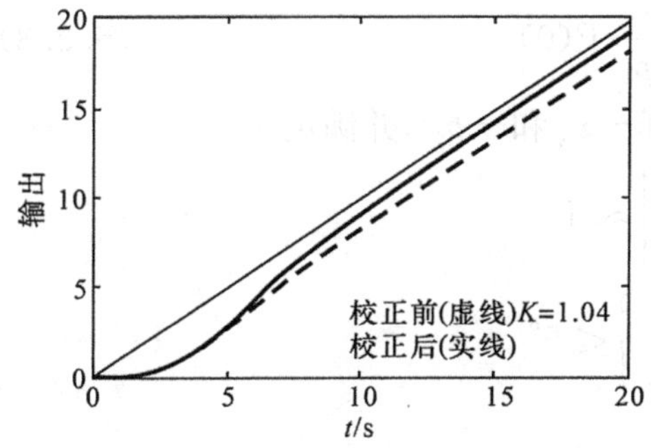

图 6.13　单位斜坡响应

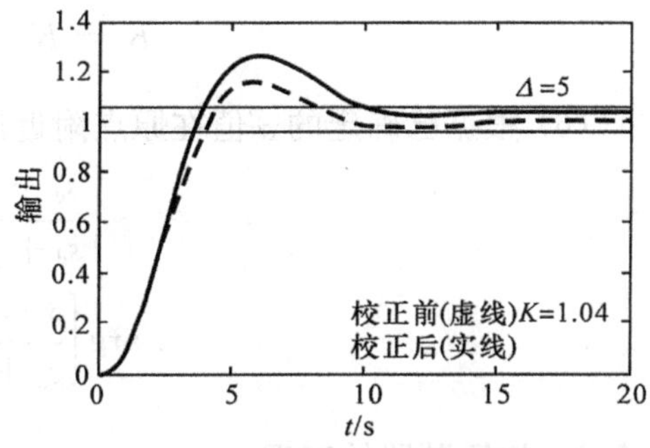

图 6.14　单位阶跃响应

3. 滞后-超前校正

超前校正可以较大地改善系统的瞬态性能，提高系统的相对稳定性；滞后校正则可以明显改善系统的稳态性能，增大系统的开环增益。在系统设计中为了同时改善系统的瞬态和稳态性能，可以采用如下的滞后-超前校正装置：

$$C(s)=K_c\frac{(s+z_{c_1})(s+z_{c_2})}{(s+p_{c_1})(s+p_{c_2})}$$

设计步骤大致如下：

(1) 根据给定的性能指标，确定希望的主导极点 s_d 的位置。

(2) 利用幅角条件(6.2.5)计算当主导极点位于希望位置时，幅角的缺额 φ

$$\sum_{i=1}^{m}\angle(s_d+z_i)-\sum_{j=1}^{n}\angle(s_d+p_j)+\varphi=(2k+1)\times 180^\circ,\qquad k=0,\pm1,\cdots \tag{6.2.5}$$

其中，$-z_i$ 和 $-p_j$ 为未校正系统的开环零点和极点。

(3) 幅角缺额应由校正装置中的超前部分承担，即

$$\arg\left[\frac{s_d+z_{c_1}}{s_d+p_{c_1}}\right]\geqslant\varphi \tag{6.2.6}$$

由上式可选择 $-z_{c_1}$ 和 $-p_{c_1}$(注意，选择不是唯一的)。

(4) 利用模条件(6.2.7)确定校正环节的增益 K_c 的值

$$\left|K_c\frac{s_d+z_{c_1}}{s_d+p_{c_1}}P(s_d)\right|=1 \tag{6.2.7}$$

其中，$P(s_d)$为未校正系统的开环传递函数。

(5) 根据稳态性能指标(开环增益 K)的计算公式(6.2.8)确定校正装置滞后部分零极点的关系 $\alpha=\left|\frac{z_{c_2}}{p_{c_2}}\right|$

$$K = K_c \frac{z_{c_1} z_{c_2}}{p_{c_1} p_{c_2}} P(0) \tag{6.2.8}$$

(6) 根据已确定的 α 值在原点附近选择 $-z_{c_2}$ 和 $-p_{c_2}$，并满足

$$\left| \frac{s_d + z_{c_2}}{s_d + p_{c_2}} \right| \approx 1$$

$$\arg\left(\frac{s_d + z_{c_2}}{s_d + p_{c_2}} \right) < 5^\circ$$

6.2.3 校正装置的实现

实现连续时间校正有多种方法，如通过有源电子网络、无源 RC 网络和通过机械的弹簧-阻尼器系统等。在工程中经常采用的是由运算放大器构成的校正装置。

1. 超前网络

图 6.15 是用运算放大器组成的超前网络。容易得到其传递函数为

$$\frac{U_o(s)}{U_i(s)} = \frac{R_2 R_4 (R_1 C_1 s + 1)}{R_1 R_3 (R_2 C_2 s + 1)} = \frac{R_4 C_1}{R_3 C_2} \cdot \frac{s + \dfrac{1}{R_1 C_1}}{s + \dfrac{1}{R_2 C_2}}$$

$$= K_c \frac{s + \dfrac{1}{T}}{s + \dfrac{1}{\alpha T}}, \qquad \alpha < 1 \tag{6.2.9}$$

式中

$$T = R_1 C_1, \qquad \alpha T = R_2 C_2, \qquad K_c = \frac{R_4 C_1}{R_3 C_2}$$

网络的零极点分布如图 6.16(a)所示。

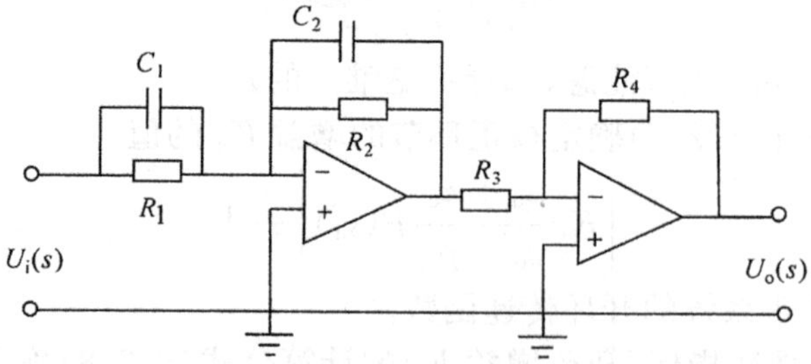

图 6.15 超前(或滞后)网络

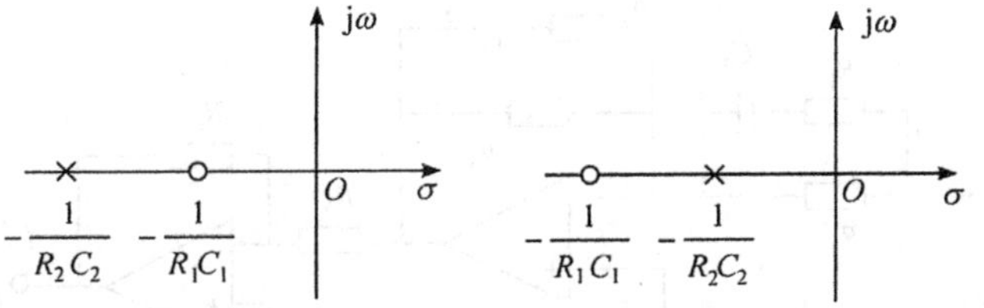

(a) 超前网络的零极点分布　　(b) 滞后网络的零极点分布

图 6.16　超前、滞后网络的零极点分布

2. 滞后网络

由式(6.2.9)可知，在图 6.15 所示的网络中，如果

$$\alpha = \frac{R_2C_2}{R_1C_1} > 1$$

则该网络成为滞后网络，此时的零极点分布如图 6.16(b)所示。

3. 滞后-超前网络

图 6.17 为用运算放大器构成的有源滞后-超前校正装置，该校正装置的传递函数为

$$\frac{U_o(s)}{U_i(s)} = \frac{R_4R_6}{R_3R_5}\left[\frac{(R_1+R_3)C_1s+1}{R_1C_1s+1}\right]\left[\frac{R_2C_2s+1}{(R_2+R_4)C_2s+1}\right] \tag{6.2.10}$$

记

$$T_1 = (R_1+R_3)C_1, \quad \frac{T_1}{\gamma} = R_1C_1, \quad T_2 = R_2C_2, \quad \beta T_2 = (R_2+R_4)C_2 \tag{6.2.11}$$

则式(6.2.10)可写成

$$\frac{U_o(s)}{U_i(s)} = K_c\frac{\left(s+\frac{1}{T_1}\right)\left(s+\frac{1}{T_2}\right)}{\left(s+\frac{\gamma}{T_1}\right)\left(s+\frac{1}{\beta T_2}\right)} \tag{6.2.12}$$

式中

$$\gamma = \frac{R_1+R_2}{R_1} > 1, \quad \beta = \frac{R_2+R_4}{R_2} > 1$$

$$K_c = \frac{R_2R_4R_6(R_1+R_3)}{R_1R_3R_5(R_2+R_4)} \tag{6.2.13}$$

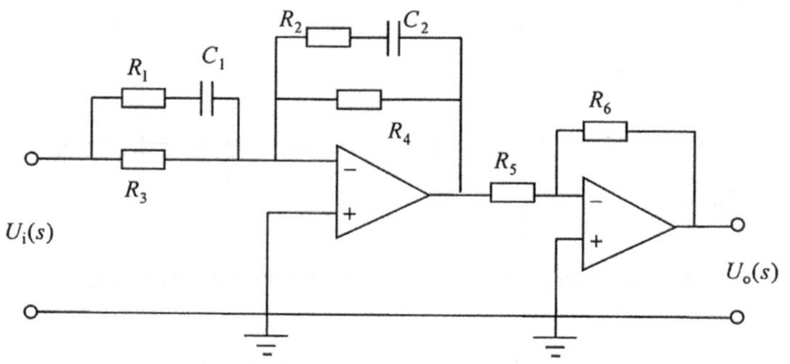

图 6.17 滞后-超前网络

6.3 系统校正的频率特性法

6.3.1 开环频率特性与时域性能指标间的关系

系统校正的频率特性法，是通过校正系统的开环频率特性使闭环系统满足指定的瞬态和稳态性能指标。因此，了解开环频率特性与时域性能指标间的关系是十分必要的，总体上说，频率特性的低频段表征了系统的稳态性能，中频段表征了系统的瞬态性能，而高频段则反映了系统的抗高频干扰的能力。下面分别对伯德图的三个频段进行研究。

1. 低频段

$$G_0(\mathrm{j}\omega)=\frac{K(\mathrm{j}\omega\tau_1+1)(\mathrm{j}\omega\tau_2+1)\cdots}{(\mathrm{j}\omega)^v(\mathrm{j}\omega T_1+1)(\mathrm{j}\omega T_2+1)\cdots}$$

当 $\omega\to 0$ 时，有

$$G_0(\mathrm{j}\omega)\approx\frac{K}{(\mathrm{j}\omega)^v} \tag{6.3.1}$$

相应的对数幅频特性为

$$L(\omega)=20\lg K-\nu 20\lg\omega \tag{6.3.2}$$

由此可见，在低频段起主要作用的是比例环节和积分环节。因此，根据低频段的频率特性容易确定系统的静态误差系数(K_p，K_v，K_a)和开环系统中积分器的个数(系统型别)。

1) 0 型系统($\nu=0$)

此时在伯德图中，低频段的幅频特性是斜率为 0dB/dec 的直线，即

$$L(\omega)=20\lg K$$

因此，从低频段幅频特性的高度就可以确定系统的位置稳态误差系数 $K_\mathrm{p}=K$，如

图 6.18 所示。

2) I 型系统($\nu=1$)

对于 I 型系统，由式(6.3.2)可得低频段的对数幅频特性为

$$L(\omega) = 20\lg K - 20\lg \omega$$

因此，I 型系统在低频段的幅频特性是斜率为 -20dB/dec 的直线，显然当 $\omega=1$ 时，$L(1)=20\lg K$；当 $\omega=K$ 时，$L(K)=0$dB。因此，I 型系统低频段的对数幅频特性(或其延长线)与 0 dB 的横坐标轴相交处的频率等于开环增益 K(此时系统的静态速度稳态误差系数 $K_v=K$)，而在 $\omega=1$ 处的高度为 $20\lg K$，如图 6.19 所示。

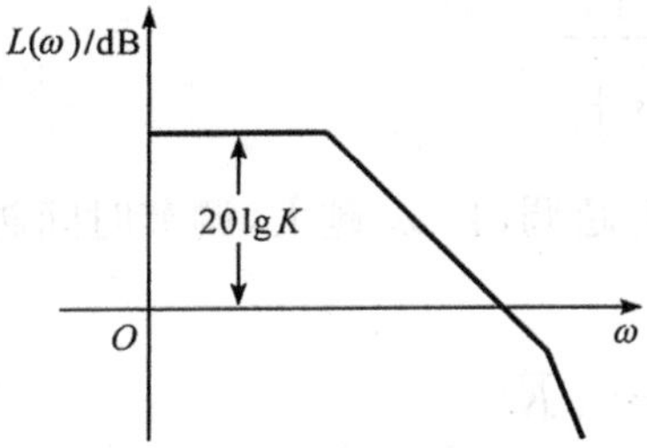

图 6.18　0 型系统

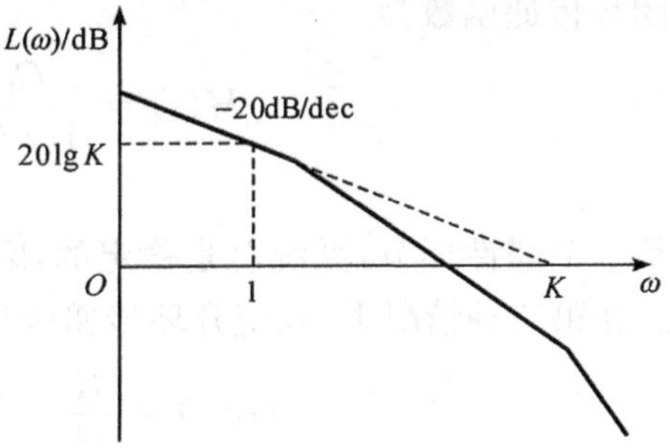

图 6.19　I 型系统

3) II 型系统($\nu=2$)

对于 II 型系统，由式(6.3.2)可得其低频段的对数幅频特性为

$$L(\omega) = 20\lg K - 40\lg \omega$$

由此可见，II 型系统在低频段的幅频特性是斜率为 -40dB/dec 的直线。显然，当 $\omega=1$ 时，$L(1)=20\lg K$；当 $\omega=\sqrt{K}$ 时，$L(\sqrt{K})=0$。因此 II 型系统的低频段幅频特性(或其延长线)与 0dB 的横坐标轴相交在 $\omega=\sqrt{K}$ 处，且在 $\omega=1$ 处的高度为 $20\lg K$。对 II 型系统而言，静态加速度误差系数 $K_a=K$。

2. 中频段

中频段是指开环对数幅频特性曲线在截止频率 ω_c 附近(即 0dB 附近)的区段。这段特性的斜率和宽度反映了系统动态响应的平稳性和快速性。

下面的讨论以最小相位系统为例，对于这类系统，幅频特性和相频特性之间有明确对应关系，因此在系统分析中只需考虑幅频特性即可。而且对最小相位系统而言，相角裕度能真实地反映系统的相对稳定性。

下面从几个方面来看中频段的频率特性与瞬态性能之间的关系。

1）中频段幅频特性的斜率

当中频段的幅频特性斜率为－20dB/dec，且占据一定宽度时，系统有较好的瞬态性能和较大的相对稳定性（稳定裕度）。为说明这一点，我们不妨考虑两种极端的情况。第一种情况是中频段幅频特性斜率为－20dB/dec，且所占频区很宽（无限宽），如图 6.20(a)所示；第二种情况是中频段幅频特性斜率为－40dB/dec，且所占频区很宽（无限宽），如图 6.20(b)所示。实际上，在第一种情况下系统开环传递函数可看成

$$G_0(s)=\frac{1}{Ts}=\frac{\omega_c}{s}$$

则闭环传递函数为

$$H(s)=\frac{G_0(s)}{1+G_0(s)}=\frac{1}{\dfrac{1}{\omega_c}s+1}$$

这是一个惯性环节，系统总是稳定的，瞬态响应没有超调，且 ω_c 越大，调节时间越短。在第二种情况下，系统开环传递函数可看成

$$G_0(s)=\frac{K}{s^2}=\frac{\omega_c^2}{s^2},\qquad \omega_c=\sqrt{K}$$

此时闭环传递函数为

$$H(s)=\frac{\dfrac{\omega_c^2}{s^2}}{1+\dfrac{\omega_c^2}{s^2}}=\frac{\omega_c^2}{s^2+\omega_c^2}$$

系统将作无阻尼等幅振荡（临界稳定）。

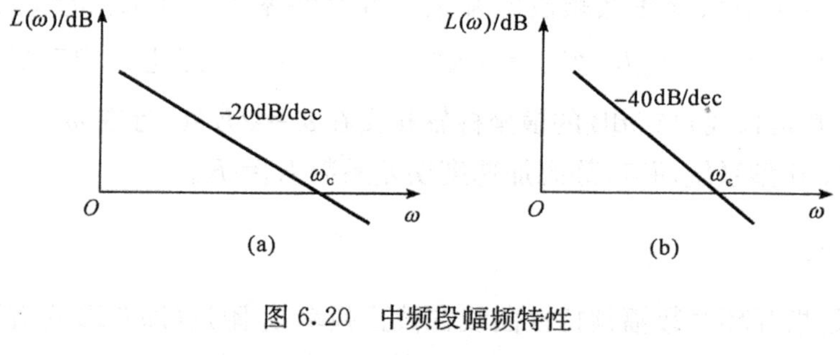

图 6.20　中频段幅频特性

尽管上面分析的只是两种极端的情况，但对于一般系统，仍可以得到这样的结论：在系统设计中，应尽量将中频段的幅频特性的斜率设计成－20dB/dec 为好，且应占据一定的宽度，因为－20dB/dec 的频区越宽，其他环节对 ω_c 处的频率特性影响越小，系统相角裕度也越大。相反，若中频段幅频特性斜率为－40dB/dec 或更

高，则系统不易稳定，即使稳定，稳定裕度也很小，超调量比较大。

2）截止频率与通频带宽

从前面的分析也可以看出，ω_c 与通频带宽有直接的关系，ω_c 越大，带宽 ω_b 越宽。从输出复现输入的角度而言，ω_b 和 ω_c 应设计得尽量大一些，ω_c 越大，调节时间也越短（见表 6.1 中的公式）。但 ω_c 过大，会给系统带来过强的高频噪声。因此在设计工作中，应选择适宜的截止频率 ω_c，以保证系统有足够的带宽，同时又能较好地抑制高频噪声。

3）相角裕度与瞬态性能

ω_c 处的相频特性决定了系统的相角裕度。为了确保系统有良好的瞬态性能，应保证系统有一定的相角裕度。如果系统相角裕度很小，说明在奈奎斯特图中开环频率特性接近（-1，j0）点，即近似地有 $|G_0(\mathrm{j}\omega)|=1$，$\angle G_0(\mathrm{j}\omega)=-180°$，或者粗略地说，在截止频率 ω_c 处有 $G_0(\mathrm{j}\omega_c)\approx-1$。由于闭环频率特性为

$$H(\mathrm{j}\omega)=\frac{G_0(\mathrm{j}\omega)}{1+G_0(\mathrm{j}\omega)}$$

所以 $|H(\mathrm{j}\omega_c)|\gg1$，这说明在 ω_c 附近存在一个很大的谐振峰，系统对这一频区的输入有强烈振荡的倾向，这在工程中通常是有害的，应加以避免。若系统的瞬态性能主要由一对主导极点决定，则谐振峰值和相角裕度之间有下面的近似关系

$$M_r=\frac{1}{\sin\gamma} \tag{6.3.3}$$

由公式也可以看出，γ 越接近零，M_r 越大。

3. 高频段

高频段是指离截止频率 ω_c 较远（$\omega>10\omega_c$）的频段。由折线对数幅频特性可知，这部分的频率特性是由小时间常数的环节决定的。在通常情况下，小时间常数的环节对系统性能的影响不大（但并不是绝对的）。在实际系统中，高频段的增益通常很小，即 $L(\omega)\ll0$，或者说 $|G_0(\mathrm{j}\omega)|\ll1$。因此闭环频率特性近似等于开环频率特性，因为

$$|H(\mathrm{j}\omega)|=\frac{|G_0(\mathrm{j}\omega)|}{|1+G_0(\mathrm{j}\omega)|}\approx|G_0(\mathrm{j}\omega)|$$

所以这部分的开环频率特性直接反映了系统对高频噪声的抑制作用，其分贝值越低，抗高频噪声的能力越强。

6.3.2　频率特性法校正举例

在本章的前一部分从改造系统根轨迹的角度讨论了串联超前校正、滞后校正以及滞后-超前校正的作用和设计方法。下面介绍如何根据系统的开环频率特性

来设计这几种校正装置。通过从时域和频域两个角度的讨论和比较,相信读者会加深对这些校正方法的理解。

1. 超前校正

先来考察超前校正装置的频率特性。已知超前环节的传递函数为

$$C(s)=K_c'\frac{s+\frac{1}{T}}{s+\frac{1}{\alpha T}}=K_c'\alpha\frac{Ts+1}{\alpha Ts+1},\qquad 0<\alpha<1$$

超前环节的频率特性为

$$C(j\omega)=K_c'\alpha\frac{j\omega T+1}{j\omega\alpha T+1}=K_c\frac{j\omega T+1}{j\omega\alpha T+1},\qquad K_c=K_c'\alpha$$

其幅频特性和相频特性分别为

$$A(\omega)=|C(j\omega)|=\sqrt{\frac{(\omega T)^2+1}{(\alpha\omega T)^2+1}}$$

$$\varphi(\omega)=\angle C(j\omega)=\arctan\omega T-\arctan\alpha\omega T$$

对数幅频特性和相频特性如图 6.21 所示($K_c=1,\alpha=0.1$)。

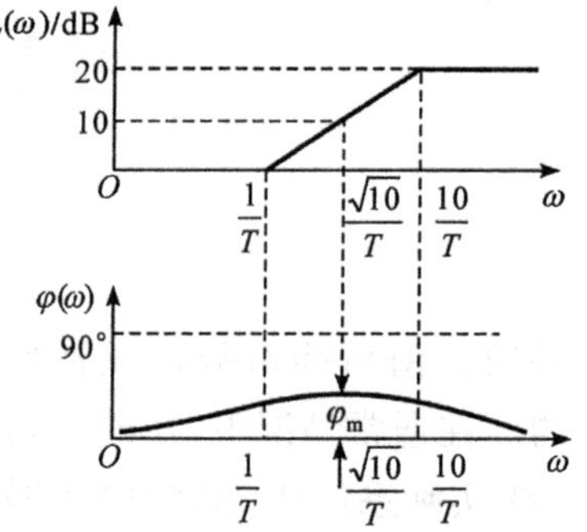

图 6.21 超前环节的伯德图

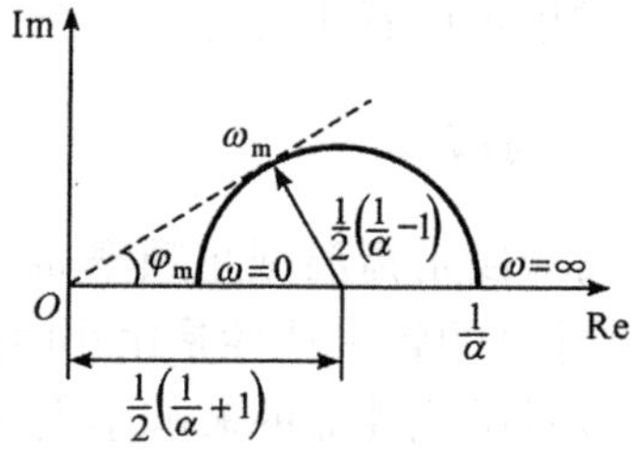

图 6.22 超前环节的奈奎斯特图

由频率特性图看出,超前环节串联到系统后,在开环相频特性中会产生一个相角超前量。令$\frac{d\varphi(\omega)}{d\omega}=0$,可确定最大超前角位于

$$\omega_m=\frac{1}{\sqrt{\alpha}T}\tag{6.3.4}$$

处,即位于两个转折频率的几何中心。所产生的最大超前角很容易从超前环节的奈奎斯特图中计算得出(图 6.22)

$$\varphi_m = \arcsin\frac{1-\alpha}{1+\alpha} \tag{6.3.5}$$

由上式可以看出，理论上超前环节最大可产生 $\varphi_m=90°$的超前角（$\alpha=0$ 时），但考虑到工程可实现性，α 通常取大于 0.05，这意味着超前校正装置可以产生的最大相位超前大约为 65°。

从伯德图中还可以看出，超前校正装置基本上是一个高通滤波器（高频部分通过，低频部分衰减），因此它会增大开环截止频率和系统带宽。当 $K_c=1$ 时，超前装置使得开环系统幅频特性在 $\omega=\omega_m$ 处提高

$$L_m = 20\lg(1/\sqrt{\alpha})$$

从频率特性的角度而言，超前校正的目的正是利用超前校正装置产生的相位超前效应，补偿原系统中的元件造成的相位滞后。通常将最大超前角频率 ω_m 选在开环截止频率 ω_c 附近，使系统的相角裕度增大。由于相角裕度和开环截止频率增大，系统瞬态性能得到改善，调节时间变短，相对稳定性增加。

考虑如图 6.23 所示的系统，利用频率特性设计超前校正装置的一般步骤为：

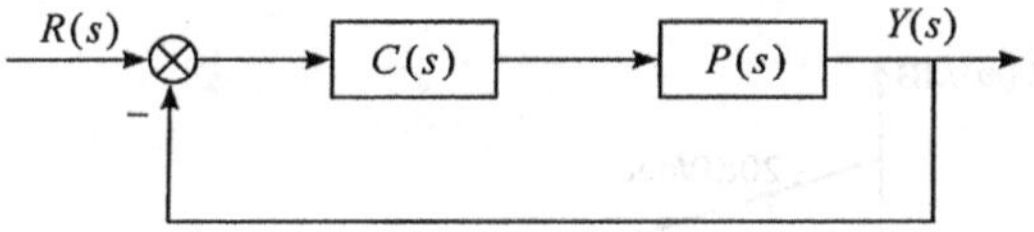

图 6.23　串联校正系统

（1）根据系统的稳态误差要求，确定校正装置的增益 K_c，并画出未校正系统 $K_cP(j\omega)$的伯德图。

（2）利用已画出的伯德图求出未校正系统的相角裕度 γ'，判断是否需要采用超前校正。设性能指标要求相角裕度为 γ。若 $\gamma-\gamma'<0°$，或 $\gamma-\gamma'>65°$，均不适合采用超前校正。

（3）根据瞬态性能指标选择截止频率 ω_c（有时 ω_c 已直接指定），并计算校正环节的时间常数 T 和 αT，计算方法如下：

设未校正系统幅频特性在 ω_c 处的幅值为 $L'(\omega_c)$。由于校正环节的最大超前角频率 ω_m 与 ω_c 重合，因此

$$L'(\omega_c) + 20\lg(1/\sqrt{\alpha}) = 0 \tag{6.3.6}$$

于是得到

$$\alpha = 10^{0.1L'(\omega_c)} \tag{6.3.7}$$

利用 $\omega_c=\omega_m=\dfrac{1}{\sqrt{\alpha}T}$得到

$$T=\frac{1}{\sqrt{\alpha}\,\omega_c} \tag{6.3.8}$$

(4) 验算校正后的相角裕度和幅值裕度。

下面举例说明上述校正步骤。

例 6.3　在图 6.23 所示系统中，设

$$P(s)=\frac{1}{s(s+1)}$$

要求在单位斜坡输入下 $e_{ss}\leqslant 0.1$，开环截止频率 $\omega_c\geqslant 4.4\text{rad/s}$，相角裕度 $\gamma\geqslant 45°$，幅值裕度 $L_g\geqslant 10\text{dB}$，设计校正环节 $C(s)$。

解　(1)所给系统为Ⅰ型系统。根据要求

$$e_{ss}=\frac{1}{K_v}\leqslant 0.1$$

因此开环增益 $K\geqslant 10$，取 $K=10$，因此 $K_c=10$。画出 $G(s)=\dfrac{10}{s(s+1)}$的伯德图如图 6.24所示。

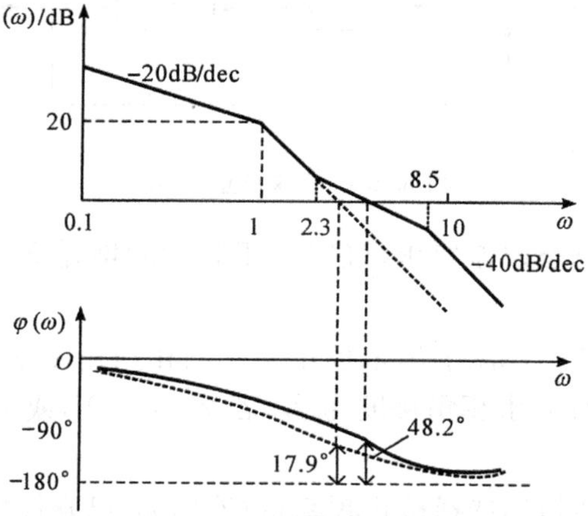

图 6.24　系统的伯德图

(2) 由折线对数频率特性可知

$$20\lg K-20\lg\omega_c'-20\lg\omega_c'=0$$

由此可计算出校正前的截止频率 $\omega_c'=\sqrt{10}=3.1<4.4$，校正前相角裕度为

$$\begin{aligned}\gamma'&=180°+\angle G(j\omega_c')\\&=180°-90°-\arctan\omega_c'=17.9°<45°\end{aligned}$$

因此采用超前校正是合适的。

(3) 根据截止频率要求 $\omega_c=4.4$，计算未校正系统在 $\omega_c=4.4$ 处的开环频率特

性幅值为 $L'(\omega_c)=20\lg K-20\lg 4.4-20\lg 4.4=-5.74(\mathrm{dB})$，因此超前校正装置应使幅频特性在 $\omega_c=4.4$ 处"抬高"5.74dB，由于超前校正环节的最大超前角频率 ω_c 选在 $\omega_c=4.4$ 处，因此有

$$20\lg(1/\sqrt{\alpha})=5.74$$

于是得到 $\alpha=0.27$，$T=\dfrac{1}{\sqrt{\alpha}\,\omega_c}=0.44$，因此得到超前校正环节的传递函数为

$$C(s)=K_c\frac{Ts+1}{\alpha Ts+1}=\frac{10(0.44s+1)}{0.117s+1}$$

(4) 验算校正后相角裕度为 $\gamma=48.2°$，增益裕度 $L_g=\infty$，满足设计要求。

系统校正前后的单位阶跃响应和单位斜坡响应如图 6.25 和图 6.26 所示。

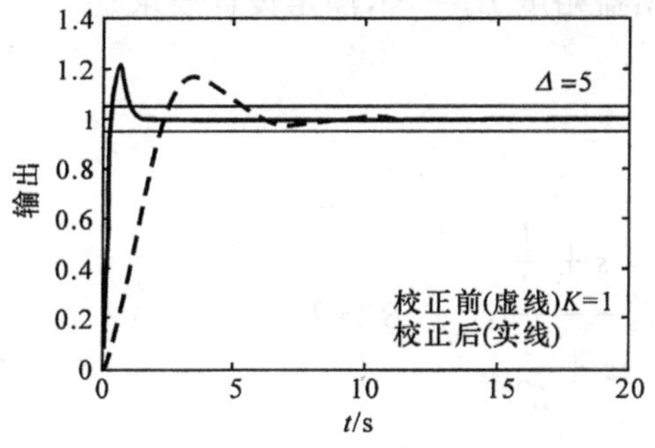

图 6.25　单位阶跃响应

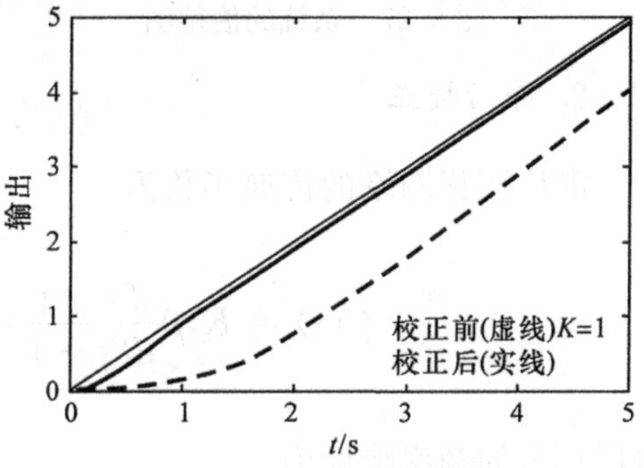

图 6.26　单位斜坡响应

在超前校正中，参数 α 也可以根据最大超前角公式(6.3.5)来求得，具体方法是，先求出校正前系统在 ω_c 处的相角 $\varphi(\omega_c)$，再根据相角裕度的要求，确定超前环节应提供的最大超前角为

$$\varphi_m=\gamma-(180°+\varphi(\omega_c))$$

然后由

$$\frac{1-\alpha}{1+\alpha}=\sin\varphi_m$$

求出 α。

仍以例 6.3 为例，在期望的截止频率 $\omega_c=4.4$ 处，系统满足 $\angle G(\mathrm{j}\omega_c)=-167.2°$，需要提供的超前角为 $\varphi_m=45°-12.8°=32.2°$，由上述公式可以计算得到参数

$$\alpha=\frac{1-\sin\varphi_m}{1+\sin\varphi_m}=0.305,\qquad T=\frac{1}{\sqrt{\alpha}\,\omega_c}=0.412$$

由于此时超前校正环节使得幅频特性在 $\omega_c=4.4$ 处只能够"抬高"

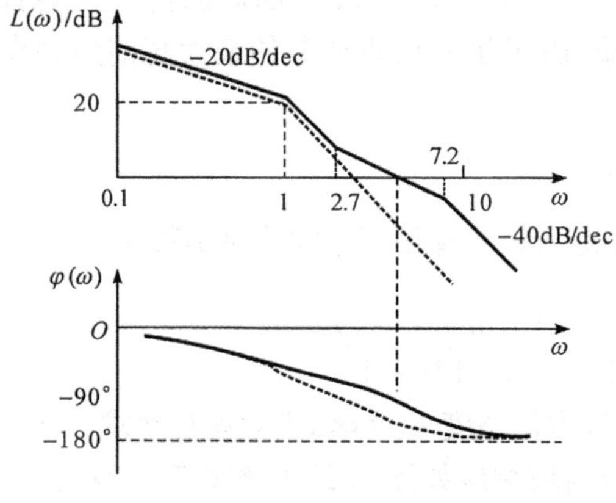

图 6.27 系统的伯德图

$$20\lg(1/\sqrt{\alpha})=5.16<5.7(\text{dB})$$

在此情况下，为了保证校正后期望的截止频率仍在 $\omega_c=4.4$ 处，超前校正环节的增益应该增大 ΔK_c 倍，使得 $20\lg\Delta K_c=5.74-5.16$，可以求得 $\Delta K_c=1.06$。最后得到校正环节传递函数为

$$C(s)=\frac{10.6(0.412s+1)}{0.126s+1}$$

此时系统的伯德图如图 6.27 所示。可验算校正后系统的相角裕度为 $\gamma=45°$，增益裕度 $L_g=\infty$，满足设计要求。

2. 滞后校正

滞后校正网络的传递函数为

$$C(s)=K_c'\beta\frac{Ts+1}{\beta Ts+1}=K_c'\frac{s+\frac{1}{T}}{s+\frac{1}{\beta T}},\qquad \beta>1$$

滞后环节的频率特性为

$$C(\mathrm{j}\omega)=K_c'\beta\frac{\mathrm{j}\omega T+1}{\mathrm{j}\omega\beta T+1}=K_c\frac{\mathrm{j}\omega T+1}{\mathrm{j}\omega\beta T+1},\qquad K_c=K_c'\beta$$

其幅频特性和相频特性分别为

$$A(\omega)=|C(\mathrm{j}\omega)|=\sqrt{\frac{(\omega T)^2+1}{(\beta\omega T)^2+1}}$$

$$\varphi(\omega)=\angle C(\mathrm{j}\omega)=\arctan\omega T-\arctan\beta\omega T$$

对数幅频特性和相频特性如图 6.28 所示。

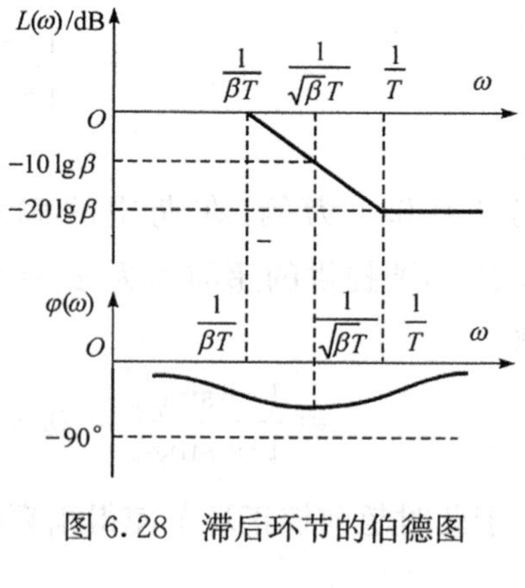

图 6.28 滞后环节的伯德图

由频率特性图可以看出，滞后环节在低频时幅值为 0dB，在高频时为 $-20\lg\beta$dB。因此，滞后环节基本上是一个低通滤波器。

滞后校正环节的主要作用是造成高频衰减，因此在系统开环传递函数中串入滞后环节后，系统幅频特性在中高频段会降低，因而截止频率 ω_c 减小，从而达到增加相角裕度的目的。尽管通过减小开环增益同样可以达到减小 ω_c、增大相角裕度的目的，但那样一来，会使系统的稳态精度受影响。滞后校正由于不衰减低频特性，因此不会对系统稳态性能造成不利影响。

滞后环节的相角滞后特性在校正中虽然是不利因素，但由于最大滞后角频率通常被安排在低频段，远离截止频率 ω_c，因此相角滞后特性对系统的瞬态性能和稳定性的影响非常小。

根据以上分析，用滞后环节校正图 6.23 系统可以按如下步骤进行：

(1) 根据对系统稳态误差的要求确定校正装置的增益 K_c，并画出未校正系统 $K_cP(j\omega)$ 的伯德图。

(2) 根据相位裕度的要求选择新的截止频率 ω_c。选择的原则是：在该频率点上，开环传递函数 $K_cP(j\omega)$ 的相角应等于 $-180°$ 加必要的相位余量，必要的相位余量等于指定的相位裕度加 $5°\sim12°$（增加 $5°\sim12°$ 是为了补偿滞后校正装置的相位滞后效应），即

$$\angle K_cP(j\omega_c) = -180° + \gamma + (5° \sim 12°) \tag{6.3.9}$$

(3) 算出（或在图中查出）未校正系统 $K_cP(j\omega)$ 在 ω_c 处的幅值 $L(\omega_c)$，该幅值即为滞后环节应衰减掉的幅值，即

$$20\lg\beta = L(\omega_c) \tag{6.3.10}$$

由此求出 β。

(4) 为了防止由滞后校正装置造成的相位滞后的有害影响，滞后校正环节的极点和零点必须配置得明显低于新选择的截止频率 ω_c，通常取 $\frac{1}{T}=0.1\omega_c$，于是得到滞后校正装置的传递函数为

$$C(s) = K_c\frac{Ts+1}{\beta Ts+1}$$

(5) 验算校正后系统的相角裕度和幅值裕度。

例 6.4 设图 6.23 系统中未校正对象的传递函数为

$$P(s) = \frac{1}{s(s+1)(0.5s+1)}$$

要求对系统进行校正，使其静态速度误差系数 K_v 等于 5，相角裕度不小于 40°，并且增益裕度不小于 10dB。

解 采用滞后校正装置的传递函数为

$$C(s) = K_c\frac{Ts+1}{\beta Ts+1}, \qquad \beta > 1$$

则校正后系统的开环传递函数为

$$G_0(s) = K_c\frac{Ts+1}{\beta Ts+1}P(s)$$

因此

$$K_v = \lim_{s\to 0} sG_0(s) = \lim_{s\to 0} sK_c \frac{(Ts+1)}{(\beta Ts+1)} \frac{1}{s(s+1)(0.5s+1)} = K_c$$

故校正环节的增益 $K_c=5$。

画出

$$K_cP(j\omega) = \frac{5}{j\omega(j\omega+1)(0.5j\omega+1)}$$

的伯德图如图 6.29 所示。由该图可以看出,校正前相角裕度等于$-20°$,表明系统不稳定。

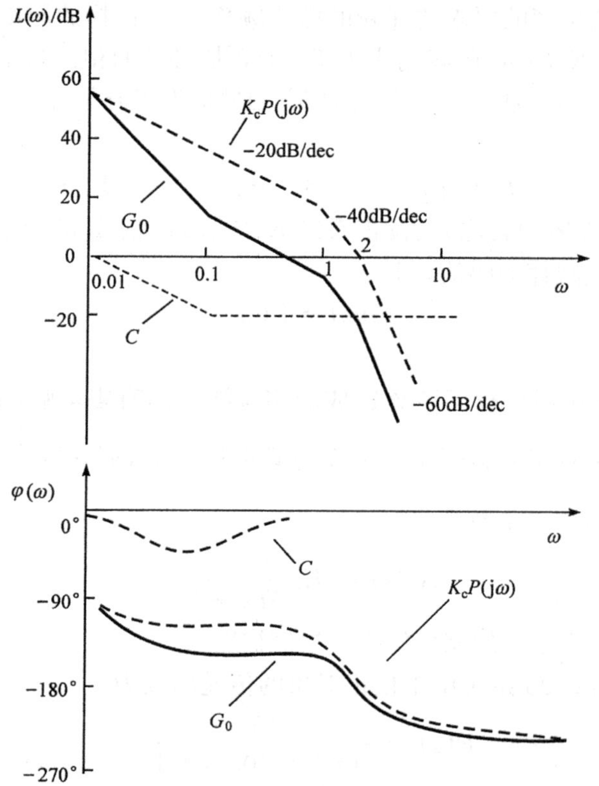

图 6.29　未校正系统、校正装置和已校正系统的伯德图

根据式(6.3.9)算出未校正系统在新的截止频率处的相角值为

$$\underline{/K_cP(j\omega_c)} = -180° + 40° + 12° = -128°$$

即

$$\underline{/K_cP(j\omega_c)} = -90° - \arctan\omega_c - \arctan 0.5\omega_c = -128°$$

于是得到 $\omega_c \approx 0.5\text{rad/s}$。

在新的截止频率 ω_c 处，未校正系统的幅值为

$$L(\omega_c) \approx 20\lg 5 - 20\lg\omega_c = 20\text{dB}$$

因此根据式(6.3.10)有

$$20\lg\beta = 20$$

于是 $\beta=10$，再选择 $\frac{1}{T}=0.2\omega_c=0.1$。因此得到校正环节的传递函数为

$$C(s) = \frac{5(10s+1)}{100s+1}$$

校正环节和校正后开环传递函数 $G_0(s)$ 的伯德图也画于图 6.29 中。

可验算出校正后系统的相角裕度为 40°，增益裕度为 11dB，这是令人满意的结果。

最后可用 Matlab 对校正前后系统的单位阶跃响应和单位斜坡响应进行仿真。仿真程序如下：

```
num= [0, 0, 0, 1];          %校正前传递函数
den= [0.5, 1.5, 1, 1];
numc= [0, 0, 0, 50, 5];          %校正后传递函数
denc= [50, 150.5, 101.5, 51, 5];
tt= 30;
t= 0:0.05:tt;          %时间向量
c1= step(numc,denc,t);          %单位阶跃响应
c2= step(num,den,t);
figure(1);
plot(t,c1,'b-',t,c2,'k--');
xlabel('t/s');
ylabel('outputs');
text(5,0.3,'校正前(虚线),K= 1');  %在图上标注相应的文字符号
text(5,0.6,'校正后(实线) \Delta= 5');
hold on;
plot([0 tt],[0.95 0.95],'r');          %绘制 5%的误差带
plot([0 tt],[1.05 1.05],'r');
sys1= tf(numc,denc);
sys2= tf(num,den);
u= t;          %斜坡信号的连续系统响应
y1= lsim(sys1,u,t);
y2= lsim(sys2,u,t);
figure(2);
```

```
plot(t,y1,'b-',t,y2,'k--'); hold on;
plot([0 20],[0 20],'r');
xlabel('t/s');
ylabel('outputs');
text(0.5,15,'校正前(虚线),K= 1');
text(0.5,12,'校正后(实线)');
axis([0 20 0 20]);
```

程序运行后得到如图 6.30 和图 6.31 所示的单位阶跃和斜坡响应曲线。由仿真曲线可以看出,校正后系统

$$G(s)=\frac{50s+5}{50s^4+150.5s^3+101.5s^2+51s+5}$$

比校正前系统

$$G'(s)=\frac{1}{0.5s^3+1.5s^2+s+1}$$

有很大的改善。

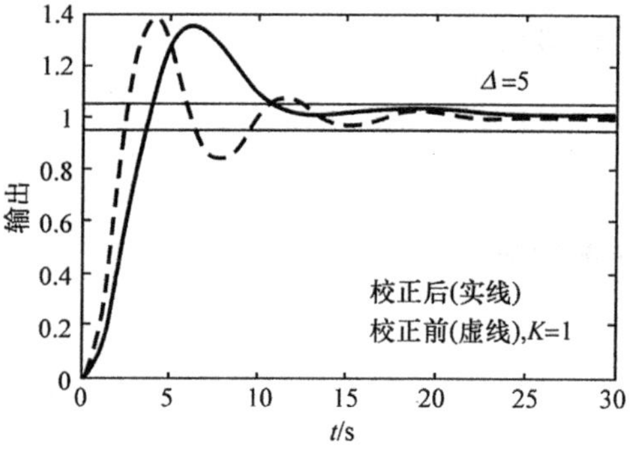

图 6.30　校正前后系统的单位阶跃响应曲线

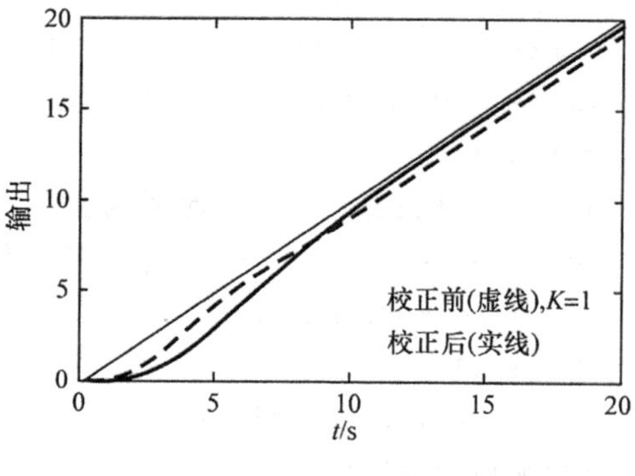

图 6.31　校正前后系统的单位斜坡响应曲线

比较超前校正和滞后校正两种校正设计方法,可以总结出以下几点:

(1) 超前校正主要是利用超前校正装置的超前相角,使校正后系统的相位裕度增大,因此,超前校正装置的最大超前角频率 ω_m 应选在校正后系统的截止频率 ω_c 附近。

(2) 超前校正装置使中高频幅值增大,使校正后系统的截止频率 ω_c 比校正前截止频率 ω_c' 大,即 $\omega_c>\omega_c'$,增大了系统通频带宽,使系统快速性更好。

(3) 增加的超前角 φ_m 一般不可过大(通常不大于 65°),否则 $1/\alpha$(校正环节的两个时间常数之比)就要选得很大,使得校正后系统的高频幅值增加过大(增加值为$-20\lg\alpha$),从而加强了高频噪声的干扰,使系统无法正常工作。

(4) 滞后校正主要是利用滞后校正装置的中高频幅值衰减的特性,使得校正

后系统的截止频率 ω_c 下降，从而达到增大相角裕度的目的。值得指出的是，增大的相角裕度并不是校正装置所附加的，而是挖掘了原系统所固有的“潜力”。

(5) 为了减小滞后校正装置滞后相角对相角裕度的负面影响，滞后环节的最大滞后角频率(或滞后环节的转折频率)应选在低频段，并远离校正后系统的截止频率 ω_c。

(6) 滞后校正实际上改善的是系统的稳态性能，因为它允许系统有较大的开环增益。

3. 滞后-超前校正

滞后-超前环节的传递函数为

$$C(s)=K_c\frac{(T_1s+1)(T_2s+1)}{(\alpha T_1s+1)(\beta T_2s+1)},\qquad \beta\geqslant\alpha^{-1}>1,T_2>T_1$$

$C(s)$中第一项分式

$$\frac{T_1s+1}{\alpha T_1s+1}=\frac{1}{\alpha}\left(\frac{s+1/T_1}{s+1/(\alpha T_1)}\right)$$

起到的是超前网络的作用，第二项分式

$$\frac{T_2s+1}{\beta T_2s+1}=\frac{1}{\beta}\left(\frac{s+1/T_2}{s+1/(\beta T_2)}\right)$$

起到的是滞后网络的作用。当 $K_c=1,\alpha^{-1}=\beta$ 时，滞后-超前校正装置的极坐标图如图 6.32 所示，图中

$$\omega_1=\frac{1}{\sqrt{T_1T_2}}$$

由图可以看出，当 $0<\omega<\omega_1$ 时，该校正装置的作用如同一个滞后装置；当 $\omega_1<\omega<\infty$时，该校正装置的作用如同一个超前装置。

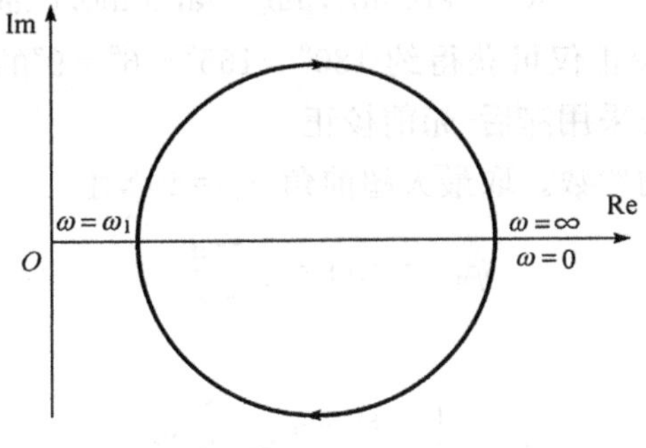

图 6.32 滞后-超前校正装置的极坐标图($K_c=1,\alpha^{-1}=\beta$)

当 $K_c=1,\alpha^{-1}=\beta=10$ 时，滞后-超前校正装置的伯德图如图 6.33 所示。

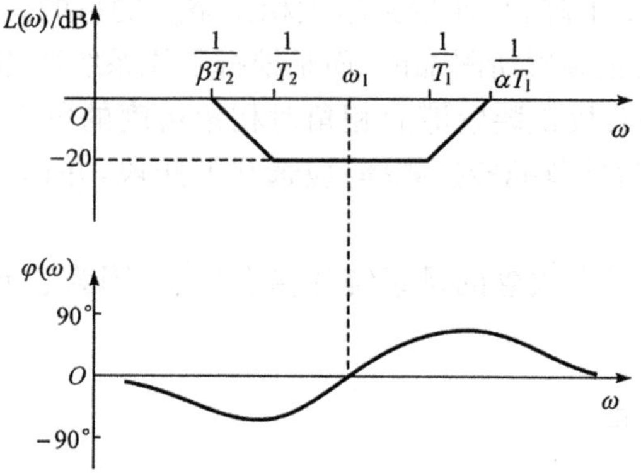

图 6.33 滞后-超前校正装置的伯德图

当然在设计中未必总取 $\beta=\alpha^{-1}$，通常取 $\beta>\alpha^{-1}$，以保证高频段有足够的衰减。

例 6.5 设图 6.23 系统中未校正对象的传递函数为

$$P(s)=\frac{K}{s(0.1s+1)(0.01s+1)}$$

要求校正后系统的静态速度误差系数 $K_v\geqslant 100$，相角裕度 $\gamma\geqslant 40°$，截止频率 $\omega_c=20\text{rad/s}$，试设计串联校正环节。

解 根据稳态性能要求有

$$K=K_v\geqslant 100$$

取 $K=100$，然后画出未校正系统的伯德图如图 6.34 所示。由图中可以看出，校正前截止频率 $\omega_c'=\sqrt{1000}\approx 31$，相角裕度为 $\gamma'=180°-90°-\arctan 0.1\times\omega_c'-\arctan 0.01\times\omega_c'\approx 0$，由于 $\omega_c'>\omega_c$，故不宜采用超前校正。是否可以采用滞后校正呢？为此，考察校正后截止频率 ω_c 处系统的相角。由于

$$\angle KP(j\omega_c)=-90°-\arctan 0.1\omega_c-\arctan 0.01\omega_c\approx -165°$$

因此采用单纯的滞后校正仅可获得约 $180°-165°-6°=9°$ 的相角裕度，这离要求相差甚远。为此可考虑采用滞后-超前校正。

先确定超前网络的参数。取最大超前角 $\varphi_m=40°$，由

$$\varphi_m=\arcsin\frac{1-\alpha}{1+\alpha}$$

可得

$$\alpha=\frac{1-\sin\varphi_m}{1+\sin\varphi_m}=0.22$$

再由 $\omega_c=\omega_m=\dfrac{1}{\sqrt{\alpha}T}$ 得

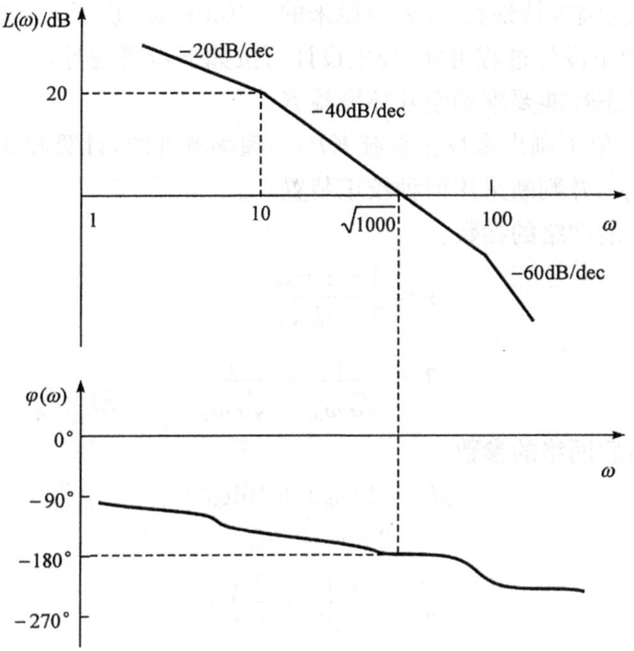

图 6.34　未校正系统的伯德图

$$T = \frac{1}{\sqrt{\alpha}\,\omega_c} \approx 0.1$$

$$\alpha T \approx 0.022$$

故超前网络为

$$C_1(s) = \frac{0.1s+1}{0.022s+1}$$

再来确定滞后网络的参数。检验截止频率 ω_c 处未校正系统的幅频特性可知：

$$L(\omega_c) = 20\lg 100 - 20\lg 20 - 20\lg 0.1 \times 20 \approx 8\text{dB}$$

再考虑到超前网络在 ω_c 处的幅值为 $10\lg\alpha^{-1} \approx 6\text{dB}$，因此滞后网络应衰减的幅值为

$$20\lg\beta = 14\text{dB}$$

由此可得 $\beta=5$。取 $\frac{1}{T_2}=\frac{1}{5}\omega_c=4$，则 $T_2=0.25$，$\beta T_2=1.25$，故滞后网络为

$$C_2(s) = \frac{0.25s+1}{1.25s+1}$$

整个校正网络的传递函数为

$$C(s) = \frac{(0.25s+1)(0.1s+1)}{(1.25s+1)(0.022s+1)}$$

最后验算校正后系统的相角裕度满足设计要求。

校正后，系统幅频特性在 ω_c 处由原来的 −40dB/dec 校正为 −20 dB/dec。

总结上述校正设计过程可知，校正设计可按如下步骤进行：

(1) 根据稳态性能要求确定开环增益 K。

(2) 在此 K 值下画出未校正系统 $KP(s)$ 频率特性图，计算校正前的截止频率 ω_c' 和相角裕度 γ'，并判断采用何种校正装置。

(3) 确定超前网络的参数。

$$\alpha = \frac{1-\sin\varphi_m}{1+\sin\varphi_m}$$

$$T = \frac{1}{\sqrt{\alpha}\,\omega_m} = \frac{1}{\sqrt{\alpha}\,\omega_c}$$

(4) 确定滞后网络的参数。

$$\Delta L = L(\omega_c) + 10\lg\alpha^{-1}$$

$$20\lg\beta = \Delta L$$

$$\frac{1}{T_2} = \left(\frac{1}{10} \sim \frac{1}{5}\right)\omega_c$$

6.4 基本控制规律分析

从信号变换的角度而言，前面介绍的几种校正环节（超前校正、滞后校正、滞后-超前校正）的作用，可总结为比例、积分、微分三种运算及其组合。

6.4.1 比例控制规律

具有比例控制规律的控制器称为比例(P)控制器，其传递函数为

$$G_c(s) = K_p \tag{6.4.1}$$

这表明，P 控制器的输入信号成比例地反映输出信号。它的作用是调整系统的开环增益，提高系统的稳态精度，降低系统的惰性，加快响应速度。

考虑如图 6.35 所示的带有 P 控制器的反馈控制系统，系统的闭环传递函数为

$$G(s) = \frac{K_p}{Ts+1+K_p} = \frac{K_p}{1+K_p}\cdot\frac{1}{\left(\dfrac{T}{1+K_p}s+1\right)}$$

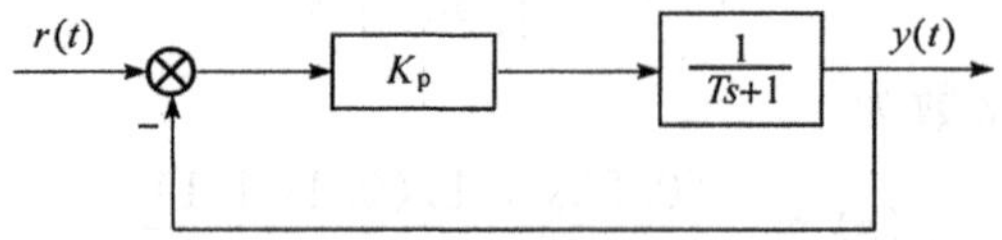

图 6.35　带 P 控制器的反馈控制系统

显然，K_p 越大，稳态精度越高，系统的时间常数 $T'=\dfrac{T}{1+K_p}$越小，意味着系统反应速度越快。将系统中的一阶惯性环节换成二阶振荡环节(图 6.36)，仍可得到类似的结论。

图 6.36 所示系统的闭环传递函数为

$$G(s)=\frac{K_p}{T^2s^2+2\zeta Ts+K_p+1}=\frac{K_p}{K_p+1}\cdot\frac{1}{\left(\dfrac{T^2}{K_p+1}s+\dfrac{2\zeta T}{K_p+1}s+1\right)}$$

此时系统的时间参数和阻尼系数分别为

$$T'=\frac{T}{\sqrt{K_p+1}},\qquad \zeta'=\frac{\zeta}{\sqrt{K_p+1}}$$

当 K_p 增大时，时间常数和阻尼系数均减少，这意味着通过调节 P 控制器参数，既可以提高系统稳态精度，又可以加快瞬态响应速度，但仅用 P 控制器校正系统是不行的，过大的开环增益不仅会使系统的超调量增大，而且会使系统的稳定裕度变小，对高阶系统而言，甚至会使系统变得不稳定。图 6.37 直观地反映了 K_p 增大后系统相角裕度变小的情况。

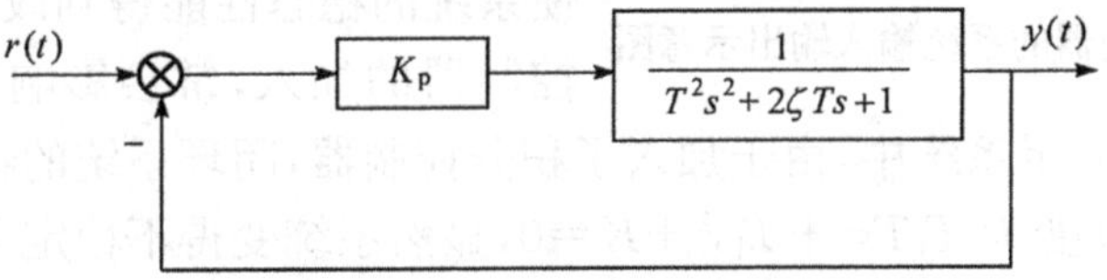

图 6.36　有二阶振荡环节的反馈系统

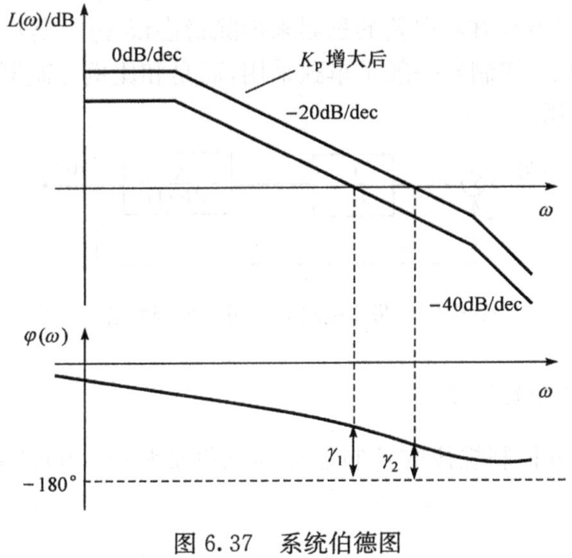

图 6.37　系统伯德图

6.4.2 积分控制规律

具有积分控制规律的控制器称为积分(I)控制器，积分控制器的传递函数为

$$G_c(s)=\frac{1}{T_i s} \tag{6.4.2}$$

它的输出量 $u(t)$ 是输入量 $e(t)$ 对时间的积分，即

$$u(t)=\frac{1}{T_i}\int_0^t e(\tau)\mathrm{d}\tau \tag{6.4.3}$$

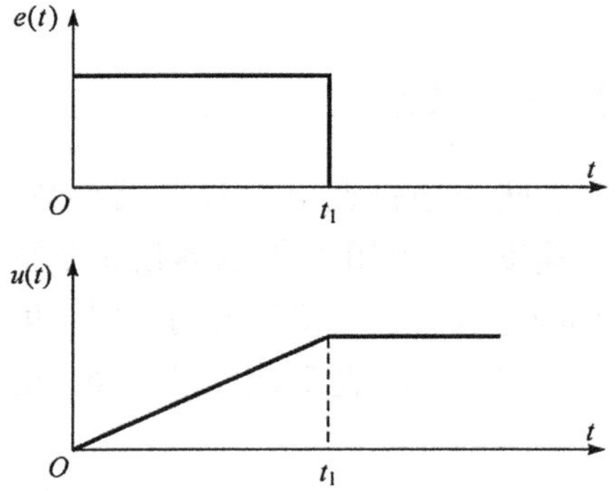

图 6.38　带 I 控制器的系统输入输出示意图

这里 T_i 为积分时间常数。由于积分控制器的输出反映的是对输入信号的积累，因此，当输入信号为零时，积分控制仍然可以有不为零的输出，如图 6.38 所示。正是由于这一独特的作用，它可以用来消除稳态误差。

在控制系统中，采用积分控制器可以提高系统的型别，消除或减小稳态误差，使系统的稳态性能得到改善。然而，积分控制器的加入，常会影响系统的稳定性。例如，在图 6.39 所示系统中，由于加入了积分控制器，闭环系统的特征方程由原来的 $Ts^2+s+K=0$ 变为 $T_iTs^3+T_is^2+K=0$，显然系统变得不稳定了。在这类系统中，只有采用比例加积分控制规律才有可能达到既保持系统稳定又提高系统型别的目的。采用积分控制器即使不破坏系统稳定性，也会使系统的稳定裕度减小。此外，由于积分控制器是靠对误差的积累来消除稳态误差的，势必会使系统的反应速度降低。因此，积分控制器一般不单独采用，而是和比例控制器一起合成比例加积分控制器后再使用。

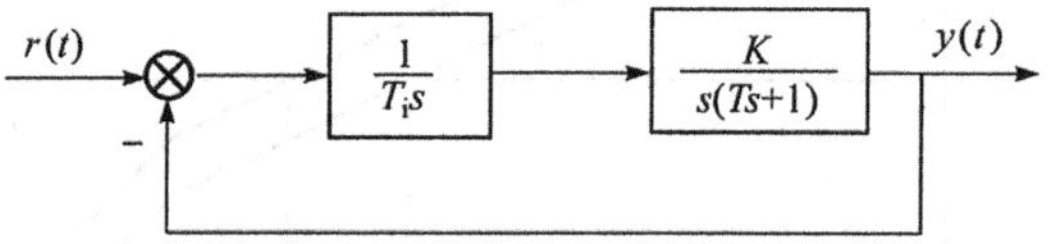

图 6.39　带 I 控制器的闭环控制系统

6.4.3 比例加积分控制规律

具有比例加积分控制规律的控制器称为比例加积分(PI)控制器。PI 控制器的传递函数是

$$G_c(s) = K_p\left(1 + \frac{1}{T_i s}\right) \tag{6.4.4}$$

其输出信号同时成比例地反应输入误差信号和它的积分，即

$$u(t) = K_p e(t) + \frac{K_p}{T_i}\int_0^t e(\tau)\mathrm{d}\tau \tag{6.4.5}$$

刚加入输入信号时，由于积分从零开始，此时控制函数 $u(t)$ 主要由比例部分起作用。但积分是一直在起作用的，在输入 $e(t)=0$ 时，输出 $u(t)$ 保持不变，但并不为零。这说明 PI 控制器不但保持了积分控制器消除稳态误差的“记忆功能”，而且克服了单独使用积分控制消除误差时反应不灵敏的缺点。用图 6.40 给出了三种控制作用的对比曲线。

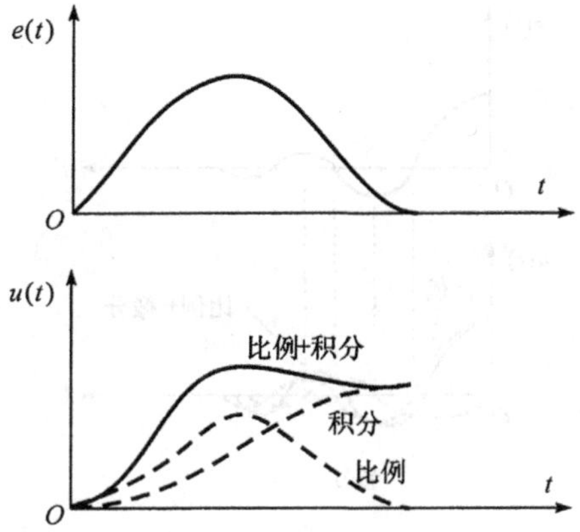

图 6.40　三种控制作用的对比曲线

对于图 6.39 中的对象，如果将积分控制器改为比例加积分控制器，则闭环系统的特征方程为

$$T_i T s^3 + T_i s^2 + T_i K_p K s + K_p K = 0$$

此时，只有适当地调节控制参数 K_p 和 T_i，有可能使系统既保持稳定，又提高型别。

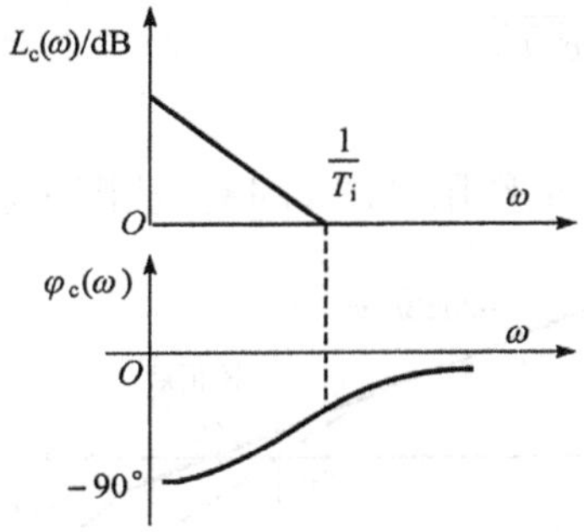

图 6.41　PI 控制器的频率特性

下面从频率特性的角度来分析 PI 控制器的校正作用。为方便起见，设 $K_p = 1$，则校正环节 $G_c(s)$ 的对数频率特性为

$$L_c(\omega) = 20\lg\sqrt{1+\omega^2 T_i^2} - 20\lg\omega T_i$$

$$\varphi_c(\omega) = \arctan\omega T_i - 90°$$

$G_c(s)$ 的对数频率特征如图 6.41 所示。由图可见，PI 控制器的校正作用主要在低频段，这与低频特性反映系统稳态特性是一致的。通过引入 -20dB/dec 的幅频特性，提高了系统型别，改善了系统稳态特性。同时，由于对系统中频和高频特性的影响较小，使系统能基本保持原来的响应速度和稳定裕度。因此，从本质上说，PI 控制是滞后校正。

6.4.4　比例加微分控制规律

具有比例微分控制规律的控制器称为比例加微分(PD)控制器。PD 控制器的传递函数是

$$G_c(s) = K_p(1 + T_d s) \tag{6.4.6}$$

其输出信号同时成比例地反映输入误差信号和它的微分，即

$$u(t) = K_p\left(e(t) + T_d \frac{\mathrm{d}e(t)}{\mathrm{d}t}\right) \tag{6.4.7}$$

其中，K_p 为比例系数；T_d 为微分时间常数。

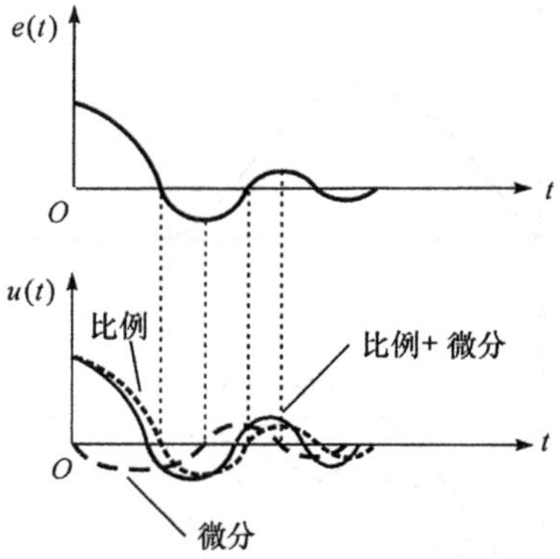

图 6.42　三种控制作用的对比曲线

很显然，微分控制的输出 $T_d \frac{\mathrm{d}e(t)}{\mathrm{d}t}$ 是与输入信号 $e(t)$ 的变化率成正比的，即微分控制只在动态过程中才会起作用，对恒定稳态情况则起阻断作用。因此，微分控制在任何情况下都不能单独使用。通常，微分控制总是和比例控制或其他控制一起使用。

从图 6.42 看出，微分控制的作用 $u(t)$ 在时间上比 $e(t)$"提前"了，这显示了微分控制的"预测"作用。正是由于这种对动态过程的"预测"作用，微分控制使得系统的响应速度变快，超调减小，振荡减轻。

下面从频率特性的角度来分析 PD 控制器的校正作用。为方便起见，令 $K_p=1$，此时控制器 $G_c(s)$ 的对数频率特性为

$$L_c(\omega) = 20\lg\sqrt{1+\omega^2 T_d^2}$$

$$\varphi_c(\omega) = \arctan\omega T_d$$

其对数频率特性图及其对系统开环频率特性的校正作用见图 6.43。从图中看出，

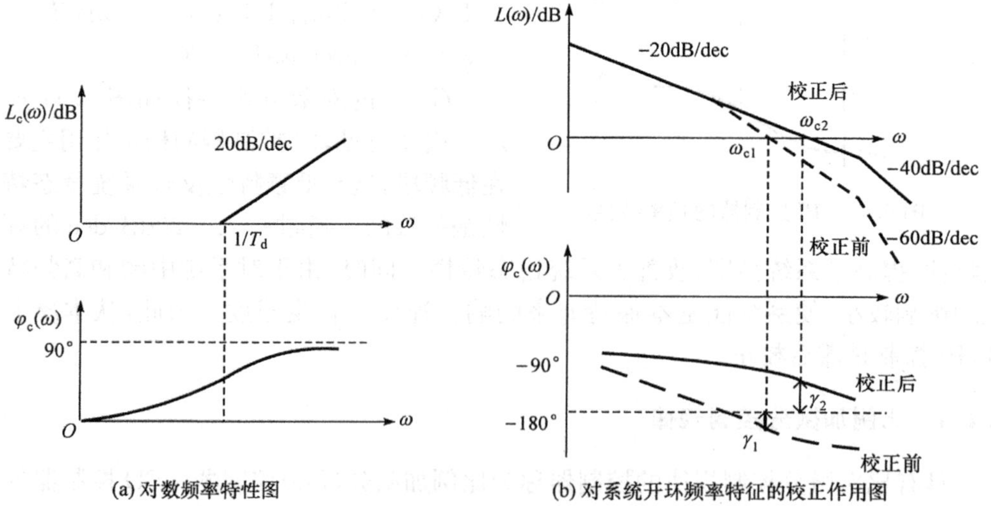

图 6.43　PD 控制器

只要适当地选取微分时间常数，就可以利用 PD 控制提供的超前相角使系统的相角裕度增大（图中校正前相角裕度 $\gamma_1<0$，系统不稳定；校正后 $\gamma_2>0$，系统变为稳定）。而且，由于截止频率 ω_c 增大，系统响应速度变快。由此可见，PD 控制从本质上说是超前校正。

6.4.5　比例加积分加微分控制规律

比例加积分加微分（PID）控制器的传递函数为

$$G_c(s)=K_p\left(1+\frac{1}{T_i s}+T_d s\right) \tag{6.4.8}$$

其输出信号成比例地反映输入误差信号以及它的积分和微分，即

$$u(t)=K_p\left(e(t)+\frac{1}{T_i}\int_0^t e(\tau)\mathrm{d}\tau+T_d\frac{\mathrm{d}e(t)}{\mathrm{d}t}\right) \tag{6.4.9}$$

令 $K_p=1$，则 $G_c(s)$ 的对数频率特性为

$$L_c(\omega)=20\lg\sqrt{\left(1-\frac{\omega^2}{\omega_i\omega_d}\right)^2+\frac{\omega^2}{\omega_i^2}}-20\lg\frac{\omega}{\omega_i}$$

$$\varphi_c(\omega)=\arctan\frac{\dfrac{\omega^2}{\omega_i\omega_d}-1}{\dfrac{\omega}{\omega_i}}$$

其中 $\omega_i=\dfrac{1}{T_i}$，$\omega_d=\dfrac{1}{T_d}$。设计中一般取 $T_i>T_d$，因此，PID 控制器的频率特性可由图 6.44 表示。由图看出，在低频段，主要是 PI 控制规律起作用，提高系统型别，消除或减少稳态误差；在中高频段主要是 PD 控制规律起作用，增大截止频率和相角裕度，提高响应速度。因此，PID 控制器可以全面地提高系统的控制性能。

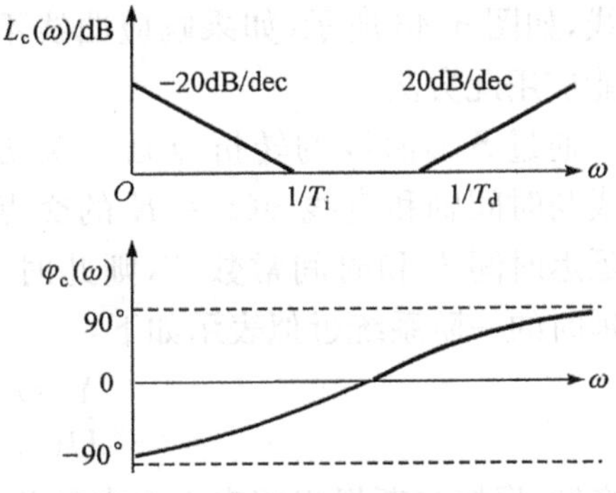

图 6.44　PID 控制器的频率特性

当采用计算机实现 PID 控制时，必须将式(6.4.9)先转换成离散形式，然后数字编程实现。PID 控制器的离散形式为

$$u(k)=K_p\left(e(k)+\frac{T}{T_i}\sum_{j=0}^{k}e(j)+\frac{T_d}{T}[e(k)-e(k-1)]\right)$$

或

$$u(k)=K_p e(k)+K_i\sum_{j=0}^{k}e(j)+K_d[e(k)-e(k-1)]$$

其中，T 为采样周期，$K_i=K_p\dfrac{T}{T_i}$为积分系数，$K_d=K_p\dfrac{T_d}{T}$为微分系数。

6.4.6 PID 控制器的参数调整

在对象模型确知的时候，当然可以采用解析的方法确定 PID 控制器的参数。但在工业系统中，有时对象很复杂，难以得到较为准确的模型。此时，可以根据系统的动态响应来调整 PID 控制参数。这类方法一般采用阶跃或脉冲等信号激励被控对象，根据被控对象的过渡过程响应曲线来获得系统的瞬态性能。下面介绍几种常用的自动调整 PID 控制参数的方法。这些方法的目标是要使系统的阶跃响应达到 25%的超调量(图 6.45)。

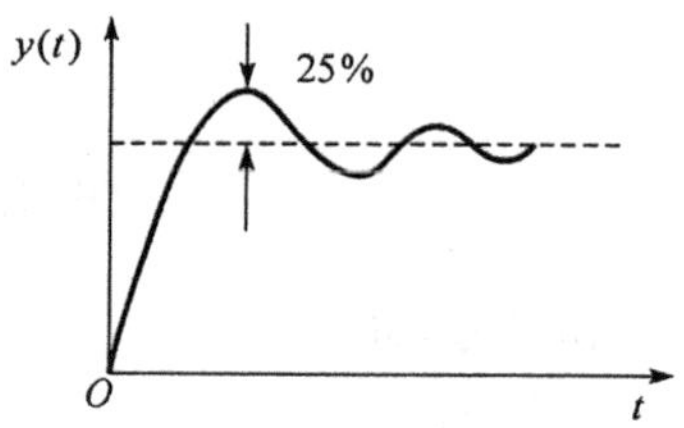

图 6.45　期望的阶跃响应曲线

1. S 曲线法

先通过实验，求出校正前对象的开环单位阶跃响应曲线。响应曲线可以通过实验获得，也可以通过控制对象的动态仿真得到。如果对象中既不包含积分器，又没有主导共轭复极点，则这时的单位阶跃响应曲线看起来像一条 S 曲线，如图 6.46 所示(如果响应曲线不是 S 形，则不能应用此方法)。

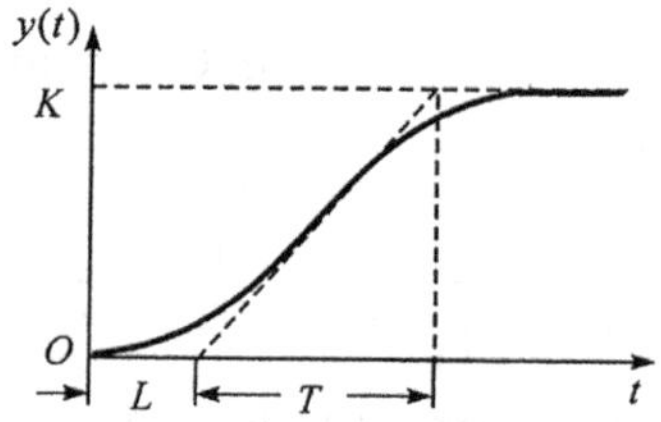

图 6.46　控制对象的 S 形响应曲线

通过 S 形曲线的转折点画一条切线，确定该直线与时间轴和直线 $y(t)=K$ 的交点，从而确定出延迟时间 L 和时间常数 T，则此时对象可用具有延时的一阶系统近似表示如下：

$$\frac{Y(s)}{U(s)}=\frac{Ke^{-Ls}}{Ts+1} \tag{6.4.10}$$

齐格勒-尼柯尔斯提出用表 6.3 中的公式来确定 K_p、T_i 和 T_d 的值。

表 6.3　参数调整的 S 曲线法

控制器类别	K_p	T_i	T_d
P	T/L	∞	0
PI	$0.9\dfrac{T}{L}$	$\dfrac{L}{0.3}$	0
PID	$1.2\dfrac{T}{L}$	$2L$	$0.5L$

用该法则得到的 PID 控制器为

$$C(s)=K_p\left(1+\frac{1}{T_i s}+T_d s\right)$$
$$=1.2\frac{T}{L}\left(1+\frac{1}{2Ls}+0.5Ls\right)$$
$$=0.6T\frac{\left(s+\frac{1}{L}\right)^2}{s} \tag{6.4.11}$$

因此,PID 控制器有一个位于原点的极点和一对位于 $s=-1/L$ 的零点。

2. 振荡法

在这种方法中,先只采用比例控制(图 6.47),然后使 K_p 从 0 增加到临界值 K_r,这里临界值是指使系统首次出现持续振荡时的增益值(如果不论怎样调整 K_p,都不会出现持续振荡,则此法不能用),出现持续振荡后测出振荡周期 P_r。齐格勒-尼柯尔斯提出可以根据表 6.4 中的公式确定 K_p、T_i 和 T_d。

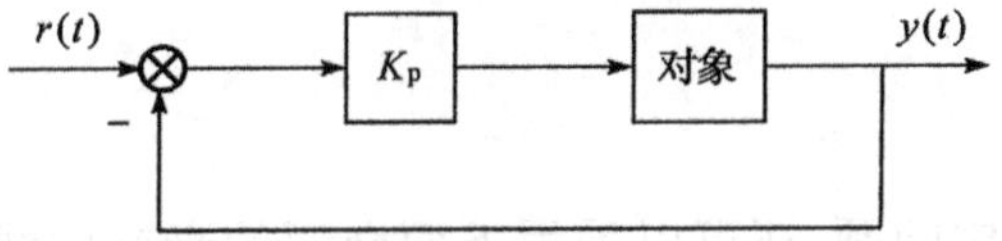

图 6.47　带比例控制器的闭环系统

表 6.4　参数调整的振荡法

控制器类别	K_p	T_i	T_d
P	$0.5K_r$	∞	0
PI	$0.45K_r$	$\frac{1}{1.2}P_r$	0
PID	$0.6K_r$	$0.5P_r$	$0.125P_r$

用这一法则得到的 PID 控制器为

$$C(s)=K_p\left(1+\frac{1}{T_i s}+T_d s\right)$$
$$=0.6K_r\left(1+\frac{1}{0.5P_r s}+0.125P_r s\right)$$
$$=0.075K_r P_r\frac{\left(s+\frac{4}{P_r}\right)^2}{s} \tag{6.4.12}$$

因此,PID 控制器具有一个位于原点的极点和一对位于 $s=-4/P_r$ 的零点。

在参数调整的振荡法中，需要通过调节控制增益使得系统出现临界稳定(即临界振荡)，因此易导致系统产生增幅振荡而出现不稳定的现象，为克服这个缺点，可以采用下面的改进方法——继电器振荡法。

这种方法的优点是可以保证较为稳定的闭环振荡响应，从而可以较为简便地得到系统在临界振荡时的增益和振荡周期。系统整定原理如图 6.48 所示。在对象的输入之前串入一个继电器非线性环节。通过调节继电环节的参数 b，可以使得对象将在有限的周期内产生稳定的振荡，采用非线性系统分析的描述函数方法(本书第 8 章将介绍这种方法)可以方便地得到系统动态过程的临界振荡增益 K_r 和振荡周期 P_r(K_r 和 P_r 的具体计算方法将在第 8 章讲述描述函数方法后再介绍)。然后，再利用表 6.4 即可得到相应的 PID 参数。

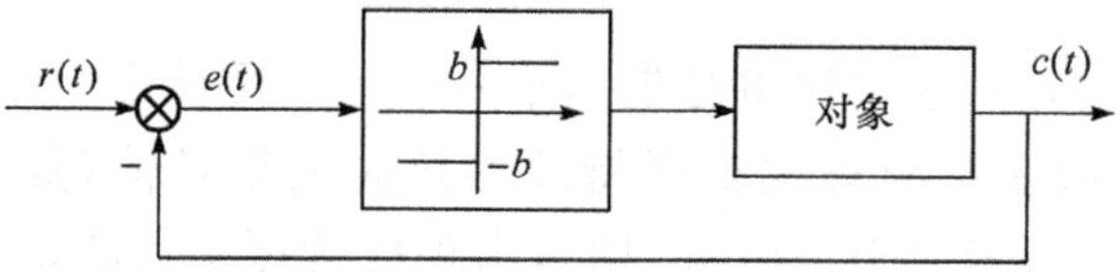

图 6.48　带继电环节的闭环系统

3. 衰减曲线法

为了避免临界稳定问题，还可以采用下面介绍的衰减曲线法。这种方法的基本步骤类似于第二种方法，但不需要出现临界振荡。先采用比例控制，使 K_p 从 0 逐渐增加，直到系统出现如图 6.49 所示的 4 : 1 衰减振荡(此处衰减比定义为图中 δ_1 与 δ_2 之比)，记下此时的增益值 K_r，并且测出此时的振荡周期 P_r，则 K_p、T_i 和 T_d 可以根据表 6.5 中的公式确定。

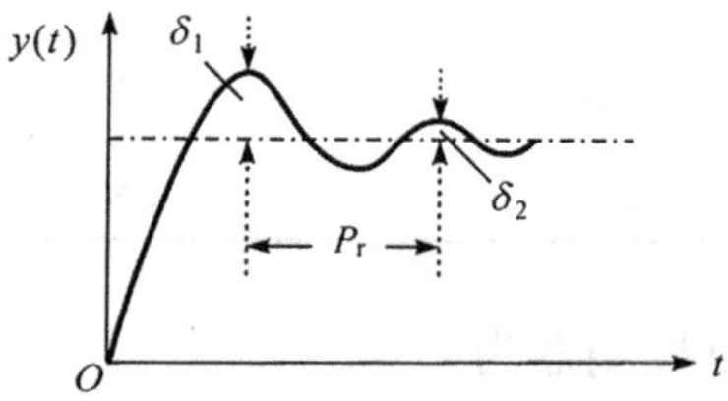

图 6.49　阶跃响应曲线

表 6.5　参数调整的衰减曲线法

控制器类别	K_p	T_i	T_d
P	K_r	∞	0
PI	$0.85K_r$	$0.5P_r$	0
PID	$1.25K_r$	$0.3P_r$	$0.1P_r$

6.5　局部反馈校正

除了串联校正外,还可以通过环绕系统中一个或几个前向通道部件的局部反馈来对系统进行补偿(图 6.50)。

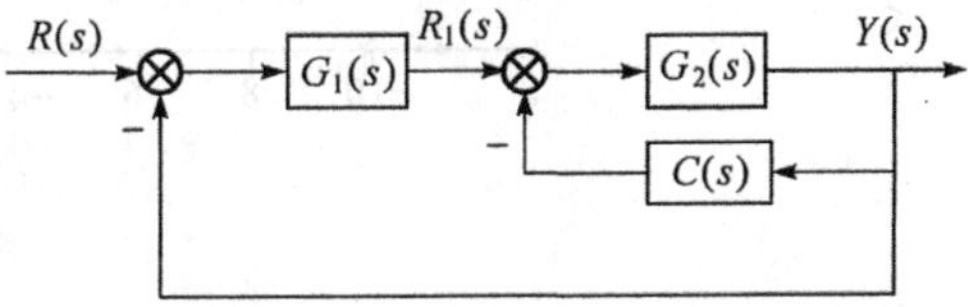

图 6.50　带局部反馈校正的系统

虽然在大多数情况下串联校正是经济的,也是相当令人满意的,但反馈补偿具有以下串联校正所不具备的特点:

(1) 在局部反馈校正中,信号从高能级被引向低能级,因此不需要经过放大。

(2) 反馈补偿通常提供更大的抗负载干扰能力。

下面通过一个例子来说明局部反馈校正的作用和设计方法。

例 6.6　图 6.51(a)表示一个位置伺服系统的方块图,系统的开环传递函数为

$$G_f(s)=\frac{K_A K_f K_m}{s^2(s+10)}=\frac{K}{s^2(s+10)}$$

图 6.52 画出了未校正系统的根轨迹图。由图看出,无论 K 取什么值,系统总是不稳定的。

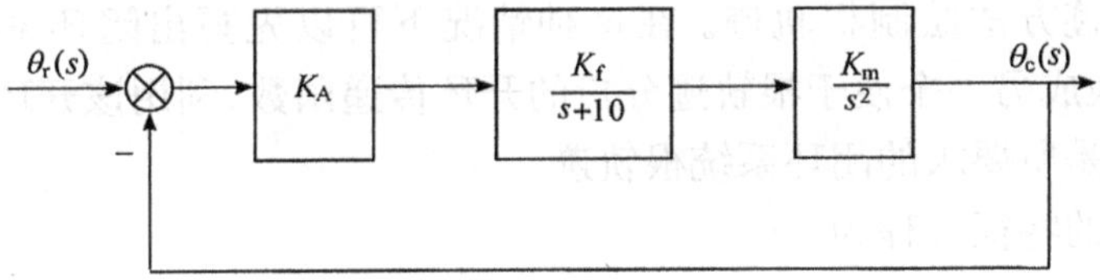

(a) 位置伺服系统的方块图

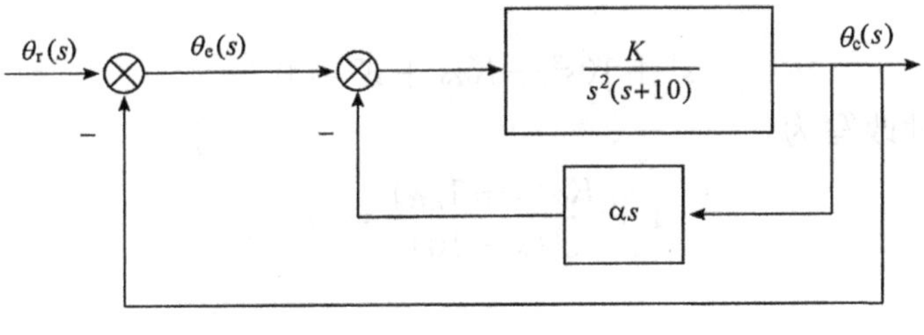

(b) 应用测速反馈的位置伺服系统

图 6.51　例 6.6 用图

假设系统校正后的期望性能指标为:

(1) 超调量 $\delta\%\leqslant 10\%$;

(2) 调节时间 $t_s\leqslant 4s$。

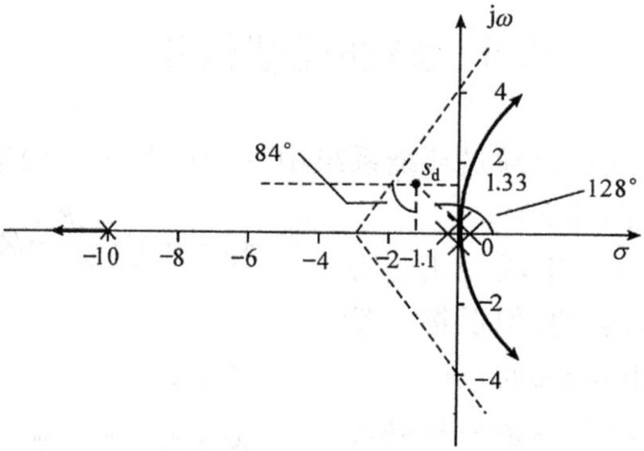

图 6.52 校正前系统的根轨迹及补偿零点的位置

现采用速度反馈来满足期望的性能指标。应用速度反馈的系统方块图如图 6.51(b)所示。简化内反馈回路,得到

$$G(s) = \frac{\theta_c(s)}{\theta_e(s)} = \frac{K}{s(s^2 + 10s + K\alpha)} \tag{6.5.1}$$

其中,$G(s)$为主反馈回路的前向通路传递函数。

式(6.5.1)所给的开环传递函数中,分母出现了未知参数 K,因而无法直接利用常规的根轨迹方法绘制根轨迹。在这种情况下可以先写出闭环系统的特征方程,再将其转换成另一个便于根轨迹分析的开环传递函数,利用该开环传递函数绘制的根轨迹即是所要求的闭环系统根轨迹。

闭环系统的特征方程为

$$1 + \frac{K}{s^3 + 10s^2 + K\alpha s} = 0$$

或

$$s^3 + 10s^2 + K\alpha s + K = 0$$

将该方程等效地改写为

$$1 + \frac{K\alpha(s + 1/\alpha)}{s^2(s + 10)} = 0 \tag{6.5.2}$$

于是得到

$$G(s)H(s) = \frac{K'(s + 1/\alpha)}{s^2(s + 10)} \tag{6.5.3}$$

其中,$K' = K\alpha$。

由方程(6.5.3)可见,速度反馈的作用相当于在 $s = -1/\alpha$ 处引入一个零点。现在来确定附加零点的位置,以满足预期的性能指标。

为满足预期性能指标,主导极点应位于

$$s_d = -1 \pm j1.33$$

由图 6.52 看出，在 s_d 处全部极点构成的角度为 $-2\times128°-8°=-264°$。为使 s_d 位于根轨迹上，附加零点应提供超前角 $\varphi=-180°-(-264°)=84°$，因此可以确定，附加零点应位于 $s=-1.1$ 处，即 $\alpha=0.9$。于是校正后系统的开环传递函数为

$$G(s)H(s)=\frac{K'(s+1.1)}{s^2(s+10)} \tag{6.5.4}$$

校正后系统的根轨迹示于图 6.53 中。由图可见，对于所有的 K' 值，系统总是稳定的。在 s_d 处 $K'=17.4$。此时系统的第三个极点位于 $s=-8$ 处，与主导极点相比，它距离虚轴较远，从而对系统的动态响应影响甚微，可以忽略不计。

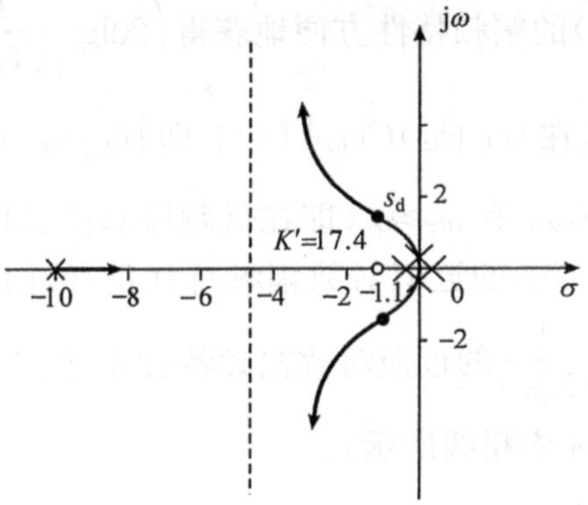

图 6.53　校正后系统的根轨迹

下面用频率设计方法来考虑局部反馈校正问题。从图 6.50 可知，局部闭环的传递函数为

$$G(s)=\frac{Y(s)}{R_1(s)}=\frac{G_2(s)}{1+G_2(s)C(s)} \tag{6.5.5}$$

假设局部闭环本身是稳定的。局部闭环的开环增益为 $|G_2(s)C(s)|$，其开环幅频特性为 $|G_2(j\omega)C(j\omega)|$。容易看出

$$\begin{cases} 当 |G_2(j\omega)C(j\omega)| \ll 1 时，有 G(j\omega)\approx G_2(j\omega) \\ 当 |G_2(j\omega)C(j\omega)| \gg 1 时，有 G(j\omega)\approx \dfrac{1}{C(j\omega)} \end{cases} \tag{6.5.6}$$

以上表明，当内环的开环传递函数的幅值远小于 1 时，反馈校正作用很弱，可认为内环是断开的，因此校正后内环的传递函数近似等于原环节的传递函数；当内环的开环传递函数的幅值远大于 1 时，反馈作用很强，校正后内环的传递函数取决于反馈校正装置的传递函数，几乎与原环节的传递函数 $G_2(s)$ 无关。由此可知，反馈校正的思想就是用反馈校正装置去包围原系统中影响瞬态性能提高的某些环节，构成一个内环，使得在反馈校正起作用时，内环特性主要取决于引入的反馈校

正装置,而与系统原来的那些环节特性几乎无关。因此,适当选取反馈校正装置的形式和参数,可以获得所需的内环特性,使校正后系统特性满足要求。

在绘制伯德图时,可以将(6.5.6)的近似关系延拓至$|G_2(\mathrm{j}\omega)C(\mathrm{j}\omega)|=1$的频率附近,于是得

$$\begin{cases} G(\mathrm{j}\omega)\approx G_2(\mathrm{j}\omega),\text{对于}|G_2(\mathrm{j}\omega)C(\mathrm{j}\omega)|\leqslant 1 \\ G(\mathrm{j}\omega)\approx \dfrac{1}{C(\mathrm{j}\omega)},\text{对于}|G_2(\mathrm{j}\omega)C(\mathrm{j}\omega)|\geqslant 1 \end{cases} \tag{6.5.7}$$

在伯德图中绘出$G_2(\mathrm{j}\omega)$和$\dfrac{1}{C(\mathrm{j}\omega)}$的幅频特性图,如图 6.54 所示。注意,$\dfrac{1}{C(\mathrm{j}\omega)}$的幅频特性可以由$C(\mathrm{j}\omega)$的幅频特性方便地获得$\left(20\lg\dfrac{1}{|C(\mathrm{j}\omega)|}=-20\lg|C(\mathrm{j}\omega)|\right)$。两条频率特性相交处是在$|G_2(\mathrm{j}\omega)C(\mathrm{j}\omega)|=1$即$|G_2(\mathrm{j}\omega)|=\dfrac{1}{|C(\mathrm{j}\omega)|}$的频率处。由式(6.5.7)可知,当$\omega\leqslant\omega_1$和$\omega\geqslant\omega_2$(即在低频段和高频段)时,内环的近似对数幅频特性与原有环节$G_2(\mathrm{j}\omega)$的近似对数幅频特性重合,而在$\omega_1\leqslant\omega\leqslant\omega_2$时,内环的近似对数幅频特性与$\dfrac{1}{C(\mathrm{j}\omega)}$的近似对数幅频特性重合。于是可方便地得到内环的近似幅频特性(图 6.54 中粗线所示)。

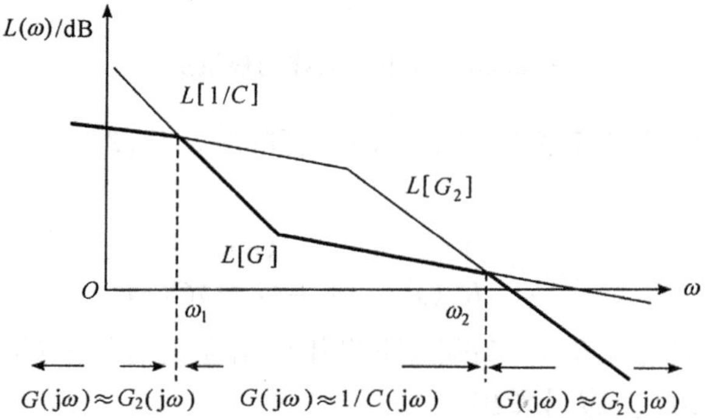

图 6.54 $G_2(\mathrm{j}\omega)$和$\dfrac{1}{C(\mathrm{j}\omega)}$的幅频特性图

应当指出,在$|G_2(\mathrm{j}\omega)C(\mathrm{j}\omega)|=1$的频率上及其附近频域,上述关系是不真实的。与绘制典型环节的伯德图不同,对于上述频率上的误差没有直接可用的修正方案。为了减小误差,工程上的办法是使截止频率远离上述频率域。

于是,可以归纳出局部反馈校正的综合方法如下:

(1) 确定在系统固有部分中打算加以局部反馈校正的那个部分,也就是内环回路的前向通道的传递函数,记作$G_2(s)$。画出$G_2(s)$的对数幅频特性。

(2) 设计出经过局部反馈校正后预期的内环回路的传递函数，记作 $G(s)$。画出 $G(s)$的对数幅频特性。

(3) 把 $G(s)$的对数幅频特性反号，即得$1/G(s)$的频率特性。于是得到局部反馈校正装置的传递函数 $C(s)=1/G(s)$。当然，这样得到的 $C(s)$可能不是真有理分式。为了使 $C(s)$在物理上可实现，通常需要修改它的高频段，使 $\omega\to\infty$时有$L[C]$不趋于正的无穷大。

(4) 校验内环是否稳定，要求内环稳定是为了便于外环调整和设计，如果内环回路不稳定，必须修改所设计的 $G(s)$，或者在内环中加入校正环节。

(5) 根据式(6.5.6)，只有当$|G_2(j\omega)C(j\omega)|\gg 1$ 时，$C(s)$才与 $G(s)$互为倒数。因此必须校核$|G_2(j\omega)C(j\omega)|\gg 1$ 在主要频段(中频段)是否成立。若不成立，则需重新设计 $G(s)$。

由此可知，局部反馈设计是一个反复试凑的过程。

6.6　离散系统的数字校正

6.6.1　概述

大多数计算机控制系统都是混合信号系统，系统中既有连续信号又有离散信号。这使得离散系统的设计可以有两种不同的设计方法：连续域设计-离散化方法和离散域设计方法。连续域设计-离散化方法是一种连续域设计方法，把控制系统完全按连续域进行分析，设计出连续校正环节 $D(s)$，再选定采样周期，利用某种方法将该校正装置变换成离散域形式 $D(z)$。这种方法优点是可以直接照搬连续域设计方法，但这种方法设计的系统只是原连续系统的近似，为了使 $D(z)$特性更接近 $D(s)$，必须采用小的采样周期，这种方法也称模拟化设计方法。

离散域设计方法把系统中连续部分等效为离散的，在离散域中直接设计校正环节 $D(z)$。由这种方法设计出来的系统不存在变换误差，原则上可以使用较大的采样周期。这种方法也称直接数字设计法。

由于连续域设计-离散化方法采用的连续域设计理论在前面已经详细介绍过，此处主要介绍离散域设计方法。主要的离散域设计方法有根轨迹法、频域设计法、最少拍设计法。

6.6.2　离散系统校正的根轨迹法

应用根轨迹法分析离散控制系统，其原理和分析连续系统是类似的。考虑如图 6.55 所示的离散系统，可以得到其闭环脉冲传递函数为

$$\Phi(z)=\frac{G_0(z)}{1+G_0(z)}$$

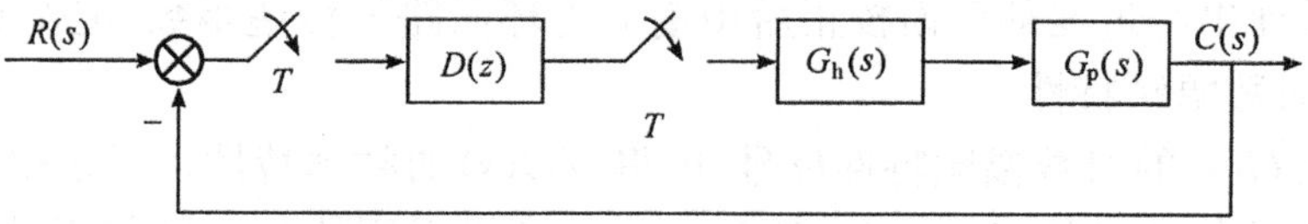

图 6.55　线性离散系统

其中，$G_0(z)=D(z)\mathscr{Z}[G_p(s)G_H(s)]$。由上式，闭环特征方程为

$$1+G_0(z)=0 \tag{6.6.1}$$

式(6.6.1)与连续系统的特征方程式具有完全相同的形式。因此，离散系统的根轨迹与连续系统的根轨迹画法并无本质不同。唯一的区别是离散系统极点的稳定范围是 z 平面的单位圆内(有限面积的区域)，而连续系统极点的稳定范围是左半 s 平面(无限面积的区域)。

应用根轨迹法综合校正离散控制系统时，其原理和校正连续系统也是类似的。区别在于离散系统的极点特性和连续系统有所不同，如等阻尼比线，闭环期望主导极点等。

在连续系统中共轭复数极点的形式为

$$-p_{1,2}=-\zeta\omega_n\pm j\omega_n\sqrt{1-\zeta^2},\qquad 0\leqslant\zeta<1$$

由连续系统极点与离散系统极点之间的映射关系

$$z=e^{sT} \tag{6.6.2}$$

可以得到对应的离散系统共轭复数极点为

$$-p'_{1,2}=e^{-\zeta\omega_n T}e^{\pm j\omega_n T\sqrt{1-\zeta^2}},\qquad 0\leqslant\zeta<1$$

在连续系统中，等阻尼比线是关于虚轴对称的两条射线，如图 6.56(a)所示。但是由于式(6.6.2)的映射关系，离散系统的等阻尼比线不再是直线，而变成了曲线，如图 6.56(b)所示。

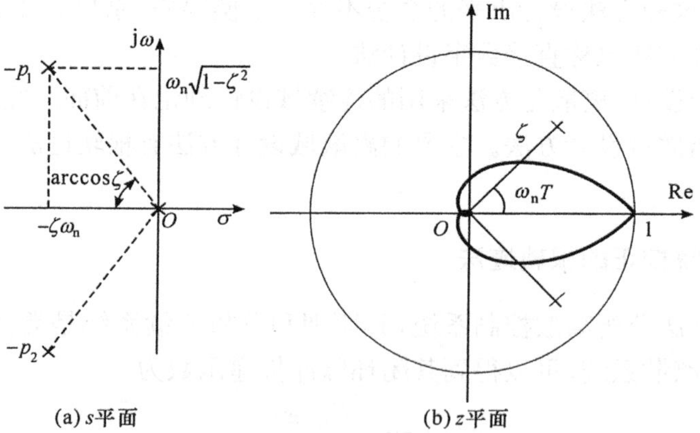

图 6.56　等阻尼比线

类似的，在高阶离散系统中，如果存在一对离单位圆最近的共轭复数极点且附近没有零点，其他闭环极点与单位圆之间的距离比起这一对共轭虚数极点与单位圆之间的距离大得多，则这一对共轭复数极点可以看成是离散系统的闭环主导极点。

下面结合具体例子说明如何采用根轨迹方法校正离散系统。

例 6.7 设线性离散系统如图 6.55 所示，其中

$$G_h(s)=\frac{1-e^{-Ts}}{s},\qquad G_p(s)=\frac{K}{s(0.05s+1)(0.1s+1)}$$

采用周期 $T=0.1s$。试用根轨迹法确定串联校正装置 $D(z)$，使系统满足性能指标：阻尼比 $\zeta=0.7$，静态速度误差系数 $K_v\geqslant 0.4$。

解 (1) 求不带 $D(z)$ 的开环脉冲传递函数 $G(z)$

$$G(s)=G_h(s)G_p(s)=\frac{K(1-e^{-Ts})}{s^2(0.05s+1)(0.1s+1)}$$

相应的 Z 变换为

$$G(z)=\frac{0.0164K(z+0.12)(z+1.93)}{(z-1)(z-0.368)(z-0.135)}$$

在 z 平面作出相应的根轨迹，离散系统根轨迹画法与连续系统的类似，如图 6.57 所示。

(2) 在 z 平面上作出阻尼比 $\zeta=0.7$ 的等阻尼比线。

(3) 根轨迹与单位圆交点处的临界开环增益为 13.3，而与 $\zeta=0.7$ 等阻尼比线交点的增益为 $K=2.5$。速度误差系数 K_v 表达式为

$$K_v=\lim_{z\to 1}(z-1)G(z)=\lim_{z\to 1}\frac{0.0164K(z+0.12)(z+1.93)}{(z-0.368)(z-0.135)}$$

将 $K=2.5$ 代入上式，得 $K_v=0.25$。

(4) 显然，在不带校正环节 $D(z)$ 的情况下，系统无法满足 $\zeta=0.7$ 及 $K_v\geqslant 0.4$ 的性能要求，因此必须进行校正。考虑选取如下形式的串联校正装置

$$D(z)=\frac{z+z_c}{z+p_c}$$

将根轨迹进一步拉向 z 平面的左半部，并且其与 $\zeta=0.7$ 等阻尼比线交点处 K 大于 15。采用试探法，选 $z_c=-0.368$ 使它抵消 $G(z)$ 中开环极点 0.368，$p_c=0.3$，此时带 $D(z)$ 的开环传递函数为

$$D(z)G_hG_p(z)=\frac{0.0164K(z+0.12)(z+1.93)}{(z-1)(z-0.135)(z+0.3)}$$

(5) 绘制校正后离散系统根轨迹，如图 6.58 所示。校正后，K 的临界增益变大为 33.6，而根轨迹与 $\zeta=0.7$ 等阻尼比线交点处 K 值变大为 8.8，对应求出 $K_v=$

0.42。可以验证，此时系统的主导极点为 $0.46\pm j0.31$，其模为 0.56，系统的第 3 个极点为 -0.2377（离单位圆较远），系统近似满足主导极点条件，系统可以达到要求的性能。

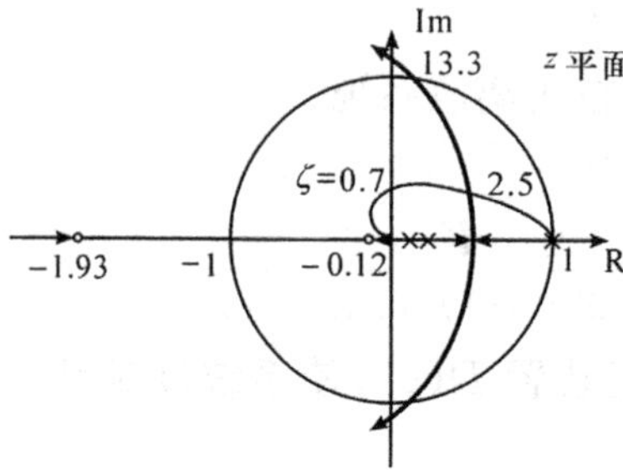

图 6.57　不带校正的开环根轨迹

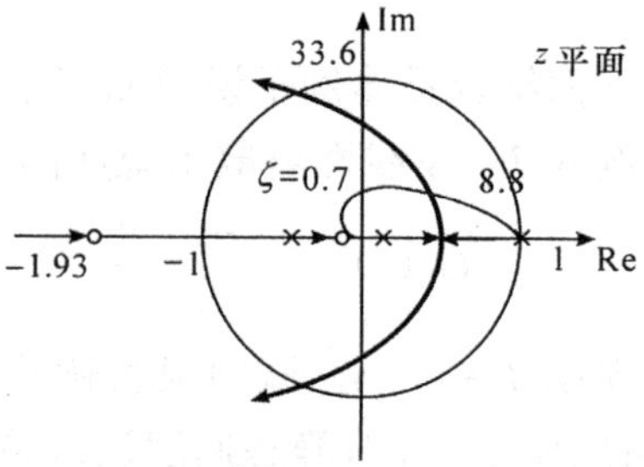

图 6.58　带校正的开环根轨迹

上面例题的计算过程虽然没有详细给出，但是可以看出，虽然离散系统的根轨迹原理上基本和连续系统的情况相似，但其绘制与计算相对较为复杂。等阻尼比线的画法，根轨迹与单位圆的交点求解，根轨迹与等阻尼比线的交点求解等均一定程度上增加了根轨迹方法的复杂性。

6.6.3　离散系统校正的频域法

连续系统的频率分析与设计方法是一种很有效的系统分析与设计方法。离散系统仍然可以建立类似连续系统的频率传递函数，利用其直接进行频率域的分析和设计。然而，由于离散系统的频率特性函数是将离散传递函数中的 z 变量用 $e^{j\omega T}$ 来代替，其伯德图不再具有连续系统的对数幅频叠加特性，因此，一般不直接采用离散频率特性函数来进行分析和设计。

一种有效实用的离散系统频率综合校正方法是采用间接设计方法。将前面介绍的连续系统频率响应法方法推广应用到离散系统中，不同的是连续系统方法是在 s 域，而离散系统对应的是 w 域。

关于在 w 域应用伯德图校正的基本步骤归纳如下：

(1) 求出校正前系统的开环脉冲传递函数 $G(z)$。

(2) 采用 w 变换，将 $G(z)$ 变换成 $G(w)$。

(3) 令 $w=j\omega_p$，绘出 $G(j\omega_p)$ 的伯德图。

(4) 根据伯德图，用和连续系统同样的方法确定校正前系统的性能。

(5) 根据系统的性能指标要求，用和连续系统同样的方法确定校正装置的 w 域传递函数 $D(w)$。

应注意的是，由于频率畸变，虚频率 ω_p 与实际频率 ω 之间的关系为

$$\omega_p = \frac{2}{T}\tan\left(\frac{\omega T}{2}\right)$$

因此，所提出的频率指标应事先经过换算。例如，实际要求系统带宽为 ω_b，需要设计的带宽应换算为 ω_{pb}

$$\omega_{pb} = \frac{2}{T}\tan\left(\frac{\omega_b T}{2}\right)$$

（6）通过 w 反变换，将 $D(w)$ 变换回 $D(z)$。

下面举例说明上述校正方法的具体应用。

例 6.8　设线性离散系统如图 6.55 所示，其中 $G_H(s)=\frac{1-e^{-Ts}}{s}$，$G_p(s)=\frac{K}{s(s+1)}$，采样周期 $T=0.2$s。试用频率法综合一个数字控制器，使该系统满足下列性能指标：相角裕量为 50°，幅值裕量不少于 10dB，静态速度误差系数 $K_v=2$。

解　不带校正装置的开环脉冲传递函数为

$$\begin{aligned} G(z) &= \mathscr{Z}\left[\frac{1-e^{-Ts}}{s}G_p(s)\right] \\ &= (1-z^{-1})\mathscr{Z}\left[\frac{K}{s^2(s+1)}\right] \\ &= 0.01873\,\frac{K(z+0.9356)}{(z-1)(z-0.8187)} \end{aligned}$$

经过 w 变换

$$z = \frac{1+wT/2}{1-wT/2} = \frac{1+0.1w}{1-0.1w}$$

得

$$G(w) = G(z)\big|_{z=\frac{1+0.1w}{1-0.1w}} = \frac{K\left(\frac{w}{300.6}+1\right)\left(1-\frac{w}{10}\right)}{w\left(\frac{w}{0.997}+1\right)}$$

根据性能指标要求，采用超前校正方法取数字控制器传递函数为

$$D(w) = \frac{1+w/(-\alpha)}{1+w/(-\beta)}$$

其中，α 和 β 分别为其零点、极点。此时，系统的开环传递函数为

$$G_0(w) = D(w)G(w) = \frac{1+w/(-\alpha)}{1+w/(-\beta)}\,\frac{K(1+w/300.6)(1-w/10)}{w(1+w/0.997)}$$

根据稳态指标要求

$$K_v = \lim_{w\to 0} wG_0(w) = \lim_{w\to 0}\left[\frac{1+w/(-\alpha)}{1+w/(-\beta)}\cdot\frac{K(1+w/300.6)(1-w/10)}{(1+w/0.997)}\right] = K = 2$$

将 $G(w)$ 增益调整为 $K=2$，令 $w=\mathrm{j}\omega_{\mathrm{p}}$，可绘制 $G(\mathrm{j}\omega_{\mathrm{p}})$ 的伯德图如图 6.59 中虚线所示。

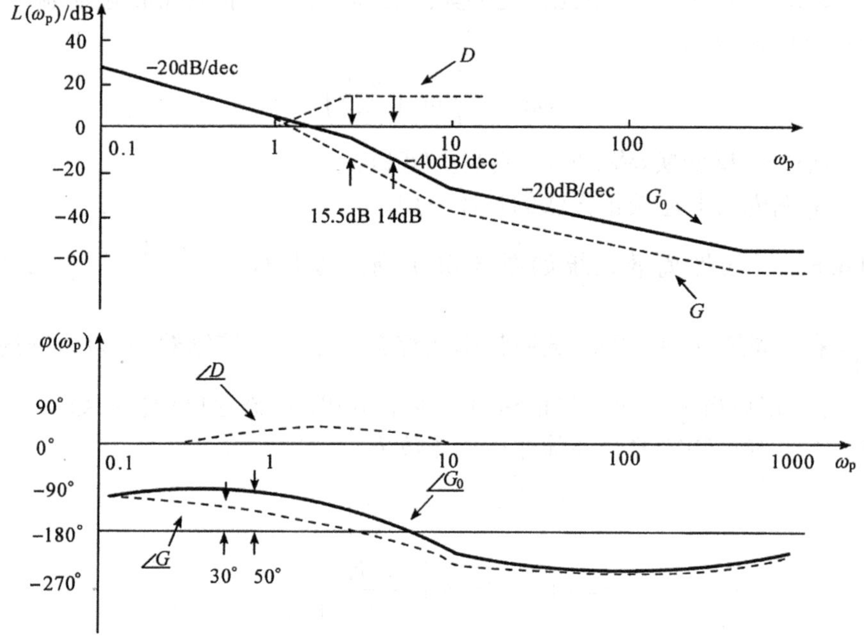

图 6.59　例 6.8 系统伯德图

由图可以得出，校正前系统的相角裕量为 30°，幅值裕量为 15.5dB。系统要求的性能指标尚未满足。

应用常规频率响应综合方法，在 w 域设计控制器。为了使中频段的开环对数渐近幅频曲线斜率为 −20dB/dec，取控制器零点 $\alpha=-0.997$。由图可得校正后系统的截止频率 $\omega_{\mathrm{p_c}}=2$，$G(\mathrm{j}2)$ 相角约为 −162°。根据相角裕度要求，即相角裕度为 50°，可设计出控制器极点 $\beta=-3.27$，相应控制器传递函数为

$$D(w)=\frac{1+w/0.997}{1+w/3.27}$$

又有

$$G_0(w)=D(w)G(w)=\frac{2(1+w/300.6)(1-w/10)}{w(1+w/3.27)}$$

相应的伯德图如图 6.59 实线所示，此时由图可得校正后系统相角裕度为 50°，幅值裕度为 14dB，系统满足指定的性能指标要求。

经过反 w 变换

$$w=\frac{2}{T}\frac{z-1}{z+1}=10\frac{z-1}{z+1}$$

得

$$D(z)=D(w)\big|_{w=10\frac{z-1}{z+1}}=\frac{1+\dfrac{1}{0.997}\left(10\,\dfrac{z-1}{z+1}\right)}{1+\dfrac{1}{3.27}\left(10\,\dfrac{z-1}{z+1}\right)}=2.718\,\frac{z-0.8187}{z-0.5071}$$

$$G_0(z)=D(z)G(z)=\frac{0.1018(z+0.9356)}{(z-1)(z-0.5071)}$$

6.6.4 离散系统的最少拍校正法

前面讨论的离散系统根轨迹校正法和频域校正法，从指标的提出到综合的指导思想，实际上还是经典连续系统综合方法的推广。而离散系统还有一些连续系统没有的特点，如对于连续系统，要将闭环极点配置在左半 s 平面的无穷远处是不可能的(因为必须要求系统开环增益为无穷大)，但对于数字系统，由于连续域中左半 s 平面的无穷远对应 z 平面原点，因此是可以实现的。离散系统的校正装置可以用计算机通过相应程序实现，具有很大的灵活性和适应性。因此，近年来出现了一些围绕离散系统这些独有特点的新的综合方法。

下面要介绍的最少拍设计方法即为其中之一。

在采样系统中，通常称一个采样周期为一拍。所谓最少拍系统，是指在典型输入(如单位阶跃、单位斜坡或单位抛物线信号)作用下，系统具有最快的响应速度，能在有限拍内结束过渡过程，而且在采样时刻上无稳态误差的离散系统。最少拍系统是一种时间最优的控制系统。

1. 原理

典型的离散控制系统如图 6.60 所示，这是一个单位反馈控制系统。误差信号 $e(t)$ 反映了系统输出对输入信号的复现差异程度，通过分析 $e(t)$ 变化情况，可以直接看出系统的动态误差和稳态误差。在图 6.60 中，$G(s)$ 为系统的连续部分。

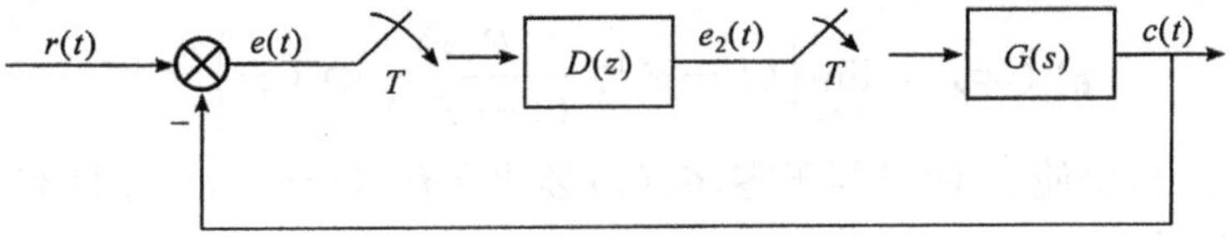

图 6.60　单位反馈离散控制系统

系统的闭环脉冲传递函数为

$$\Phi(z)=\frac{C(z)}{R(z)}=\frac{D(z)G(z)}{1+D(z)G(z)}$$

$$\Phi_e(z)=\frac{E(z)}{R(z)}=1-\Phi(z)=\frac{1}{1+D(z)G(z)}$$

即 $E(z)=\Phi_e(z)R(z)$，系统的稳态误差为

$$\begin{aligned}\varepsilon^*(\infty)&=\lim_{t\to\infty}\varepsilon^*(t)=\lim_{z\to1}[(z-1)E(z)]\\&=\lim_{z\to1}[(1-z^{-1})\Phi_e(z)R(z)]\end{aligned}\tag{6.6.3}$$

显然，系统的稳态误差与系统传递函数以及输入信号有关。所以，必须针对不同的输入信号 $R(z)$ 选择合适的传递函数 $\Phi_e(z)$，以保证稳态误差为零。

表 6.6 中列出了三种典型信号——单位阶跃信号、单位速度信号和单位加速度信号——的 Z 变换结果 $R(z)$。可以发现这些信号变换后，$R(z)$ 具有如下真分式：

$$R(z)=\frac{P(z)}{(1-z^{-1})^m}\tag{6.6.4}$$

其中，$P(z)$ 为 z^{-1} 的多项式，m 为正整数，如阶跃信号对应 $m=1$，速度信号对应 $m=2$，加速度信号对应 $m=3$ 情况。

表 6.6　最少拍系统

输入信号		误差传递函数 $\Phi_e(z)$	系统传递函数 $\Phi(z)$	校正装置 $D(z)$	调节时间
$r(t)$	$R(z)$				
$1(t)$	$\frac{1}{1-z^{-1}}$	$1-z^{-1}$	$z^{-1}=\frac{1}{z}$	$\frac{z^{-1}}{(1-z^{-1})G(z)}$	T
t	$\frac{Tz^{-1}}{(1-z^{-1})^2}$	$(1-z^{-1})^2$	$2z^{-1}-z^{-2}=\frac{2z-1}{z^2}$	$\frac{z^{-1}(2-z^{-1})}{(1-z^{-1})^2G(z)}$	$2T$
$\frac{1}{2}t^2$	$\frac{T^2z^{-1}(1+z^{-1})}{2(1-z^{-1})^3}$	$(1-z^{-1})^3$	$3z^{-1}-3z^{-2}+z^{-3}=\frac{3z^2-3z+1}{z^3}$	$\frac{z^{-1}(3-3z^{-1}+z^{-2})}{(1-z^{-1})^3G(z)}$	$3T$

将式(6.6.4)代入式(6.6.3)可得

$$\varepsilon^*(\infty)=\lim_{z\to1}\left\{(1-z^{-1})\frac{P(z)}{(1-z^{-1})^m}\Phi_e(z)\right\}\tag{6.6.5}$$

从上式可以看出，要使 $\varepsilon^*(\infty)$ 等于零，$\Phi_e(z)$ 必须含有 $(1-z^{-1})^n$，并且有 $n\geqslant m$，即 $\Phi_e(z)$ 具有如下形式

$$\Phi_e(z)=(1-z^{-1})^nB(z),\qquad n\geqslant m\tag{6.6.6}$$

其中，$B(z)$ 是 z^{-1} 的多项式，不含因子 $(1-z^{-1})$。通常，选择最简的形式，取 $B(z)=1$，则

$$\Phi_e(z)=(1-z^{-1})^n,\qquad n\geqslant m\tag{6.6.7}$$

又因为 $E(z)$ 可展开为级数

$$E(z)=\varepsilon(0)+\varepsilon(T)z^{-1}+\varepsilon(2T)z^{-2}+\cdots$$

若要在最少拍内使误差为零，应使 $E(z)$ 展开的项数尽量少。由表达式 $E(z)=R(z)(1-z^{-1})^n$ 知，对于给定输入 $R(z)$，取 $n=m$ 可使得系统为最少拍系统。此时

$$\Phi_e(z)=(1-z^{-1})^m \tag{6.6.8}$$

又由

$$\Phi(z)=\frac{D(z)G(z)}{1+D(z)G(z)},\qquad \Phi(z)=1-\Phi_e(z)$$

可得校正装置 $D(z)$ 表达式为

$$D(z)=\frac{\Phi(z)}{[1-\Phi(z)]G(z)}=\frac{1-(1-z^{-1})^m}{(1-z^{-1})^m G(z)} \tag{6.6.9}$$

2. 三种典型输入信号的最少拍设计

当输入信号为单位阶跃信号 $r(t)=1(t)$ 时，$m=1$

$$\Phi_e(z)=1-z^{-1},\qquad \Phi(z)=1-\Phi_e(z)=z^{-1}$$

$$D(z)=\frac{z^{-1}}{(1-z^{-1})G(z)} \tag{6.6.10}$$

$$E(z)=R(z)\Phi_e(z)=\frac{1}{1-z^{-1}}(1-z^{-1})=1$$

$$C(z)=R(z)-E(z)=\frac{1}{1-z^{-1}}-1=\frac{z^{-1}}{1-z^{-1}}=0+z^{-1}+z^{-2}+z^{-3}+\cdots$$

相应的 $c^*(t)$ 如图 6.61(a)所示，按式(6.6.9)设计校正装置，可使得系统只用一拍即到达稳态，在采样点上误差为零。

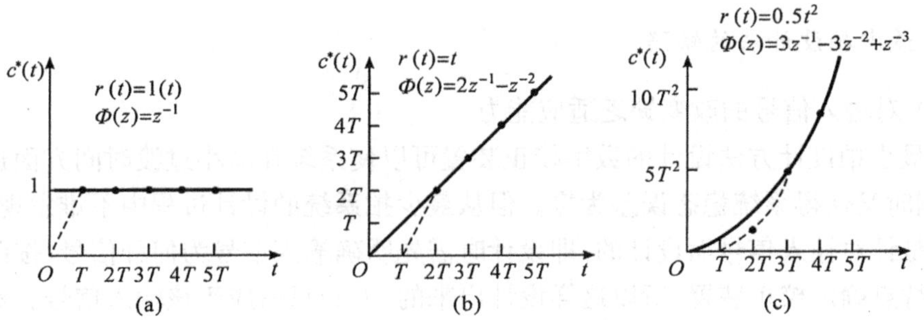

图 6.61　三种最少拍系统的响应曲线

其他两种输入，速度信号与加速度信号的情况，传递特性以及校正装置 $D(z)$ 形式参见表 6.6，相应的响应曲线参见图 6.61(b)和(c)。注意，表 6.6 仅适用于 $G(z)$ 中不含纯延时环节 z^{-1} 及单位圆上和圆外零极点的情况。

由式(6.6.8)知

$$\Phi(z)=1-\Phi_e(z)=\frac{Q(z)}{z^m} \tag{6.6.11}$$

其中，$Q(z)=z^m-(z-1)^m$ 为 z 的多项式。注意到系统闭环极点都在原点，这也是最少拍系统的一个重要特征。

例 6.9 有离散系统如图 6.60 所示，其中 $G(s)=\frac{1-e^{-Ts}}{s}\frac{10}{s(s+1)}$，采样周期 $T=1s$。要求系统在 $r(t)=t$ 情况下实现最少拍、无稳态误差控制，求数字校正装置。

解 由表 6.6 可知，系统的闭环脉冲传递函数为($m=2$)

$$\Phi(z)=2z^{-1}-z^{-2}$$

$G(z)$为

$$\begin{aligned}G(z)&=\frac{z-1}{z}\mathscr{Z}\left[\frac{10}{s^2(s+1)}\right]\\&=10\frac{(T+e^{-T}-1)z-(T+1)e^{-T}+1}{(z-1)(z-e^{-T})}\\&=\frac{3.68z+2.64}{(z-1)(z-0.368)}=\frac{3.68z^{-1}(1+0.717z^{-1})}{(1-z^{-1})(1-0.368z^{-1})}\end{aligned}$$

由式(6.6.9)可得

$$\begin{aligned}D(z)&=\frac{2z^{-1}(1-0.5z^{-1})}{(1-z^{-1})^2G(z)}\\&=\frac{0.543(1-0.368z^{-1})(1-0.5z^{-1})}{(1-z^{-1})(1+0.717z^{-1})}\end{aligned}$$

3. 最少拍设计法的缺陷

(1) 对输入信号的改变缺乏适应能力。

用最小拍设计方法设计的数字校正装置可以使系统在减小过渡时间方面达到最优，同时又使得系统稳态误差为零。但从最少拍系统的设计过程中不难发现，这种方法是针对输入信号而设计的，即设计时需先明确输入信号为何种信号，按照输入信号特点确定校正装置，所以这样设计出来的 $D(z)$只适应于该输入信号。对于其他类型输入信号，系统一般不再是最少拍系统。因此，这种设计方法适应性较差。

图 6.62 给出了对速度输入所综合出的最少拍系统在三种不同输入信号下的响应情况。

可以看出，在实际输入信号的 m 值比设计时指定信号的 m 值低，则系统虽然一般会出现超调，且瞬态过程变长，但仍然保证系统稳态误差为零。而若实际输入

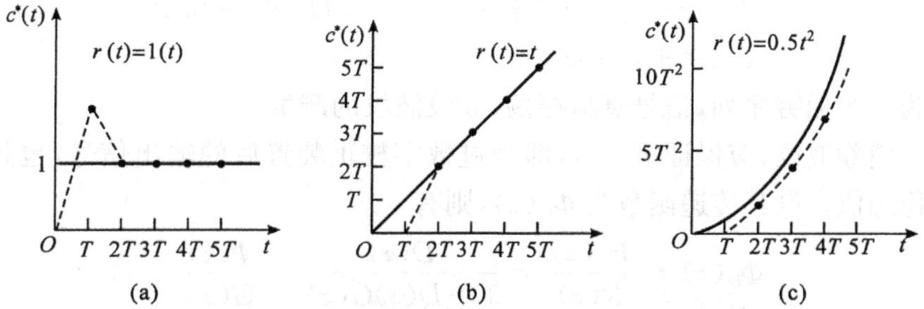

图 6.62　对速度信号为最少拍的系统的响应

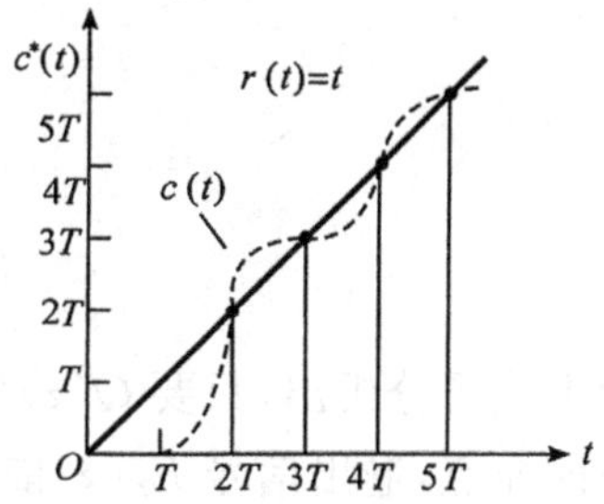

图 6.63　输出波纹

信号的 m 值比指定的 m 值大，则将出现稳态误差。

(2) 按最少拍方法综合出的系统，其实际输出存在波纹。

由于最少拍设计方法只是保证了进入稳态后实际输出 $c(t)$ 与期望信号 $r(t)$ 在采样点上($t=0,T,2T,\cdots$)重合，没有保证在非采样点上 $c(t)$ 与 $r(t)$ 也重合，也就是说，在非采样时刻系统一般存在波纹。图 6.63 给出了一个速度信号最少拍系统在速度信号作用下的响应情况。实际系统输出是 $c(t)$ 而不是 $c^*(t)$。所以，最少拍系统实际上是有误差的系统，而且波纹的存在增加了系统的机械磨损，因此这种方法实用性较差。

4. 无波纹最少拍系统的综合

鉴于最少拍综合法的两大缺陷，这种方法是难以实际应用的。为此，提出了无波纹最少拍系统的综合方法。在介绍该方法之前，有必要讨论一下最少拍系统产生波纹的原因。

回到例 6.9，根据设计结果

$$D(z)=\frac{0.543(1-0.368z^{-1})(1-0.5z^{-1})}{(1-z^{-1})(1+0.717z^{-1})}$$

此时

$$E(z)=\Phi_e(z)R(z)=(1-z^{-1})^2\,\frac{z^{-1}}{(1-z^{-1})^2}=z^{-1}$$

系统为最少拍实现，但经过校正装置后的信号为

$$\begin{aligned}E_2(z)&=D(z)E(z)\\&=\frac{0.543z^{-1}-0.471z^{-2}+0.1z^{-3}}{1-0.283z^{-1}-0.717z^{-2}}\end{aligned}$$

$$= 0.543z^{-1} - 0.317z^{-2} + 0.4z^{-3} - 0.114z^{-4} + 0.255z^{-5} - 0.01z^{-6} + 0.18z^{-7} - \cdots$$

该信号为一个无穷序列，信号衰减振荡，导致波纹的产生。

为了消除波纹，应保证 $E_2(z)$，即经过数字校正装置后的输出信号，也是最少拍到达稳态值。设其传递函数为 $\Phi_D(z)$，则有

$$\Phi_D(z) = \frac{E_2(z)}{R(z)} = \frac{D(z)}{1+D(z)G(z)} = \frac{\Phi(z)}{G(z)}$$

由式(6.6.11)以 $C(z)$ 为输出的最少拍系统传递函数 $\Phi(z)$ 总具有如下形式：

$$\Phi(z) = \frac{Q(z)}{z^m}$$

因此

$$\Phi_D(z) = \frac{Q(z)}{z^m G(z)}$$

由上式可分析出，只要 $Q(z)$ 包含 $G(z)$ 的所有零点，则 $\Phi_D(z)$ 的 m 个极点全部在 z 平面原点，输出信号 $E_2(z)$ 能在最少拍到达稳态。

归纳可得综合无波纹最少拍系统的一般原则是：

(1) 设计使系统脉冲传递函数 $\Phi(z)$ 包含 $G(z)$ 的全部零点。

(2) 为了保证稳态误差为零，应使 $\Phi(z)$ 满足

$$1 - \Phi(z) = (1 - z^{-1})^m B(z)$$

其中，$B(z)$ 为待定的 z^{-1} 多项式。

由上述原则可以确定出 $\Phi(z)$，并计算出 $D(z)$。具体应用参见下面的例子。

例 6.10　离散系统同例 6.9，试对阶跃信号综合出无波纹最少拍系统。

解　同例 6.9，$G(z)$ 表达式为

$$G(z) = \frac{3.68z^{-1}(1+0.717z^{-1})}{(1-z^{-1})(1-0.368z^{-1})}$$

按照原则(1)，选择系统脉冲传递函数

$$\Phi(z) = az^{-1}(1+0.717z^{-1}) \tag{6.6.12}$$

由原则(2)有($m=1$)

$$1 - \Phi(z) = (1 - z^{-1})B(z) \tag{6.6.13}$$

为了使式(6.6.12)与式(6.6.13)中 $\Phi(z)$ 阶次一致，设 $B(z)$ 表达式为

$$B(z) = 1 + bz^{-1}$$

则有

$$1 - \Phi(z) = (1 - z^{-1})(1 + bz^{-1})$$

联立式(6.6.12)与式(6.6.13)得

$$1 - a(z^{-1} + 0.717z^{-2}) = 1 + (b-1)z^{-1} - bz^{-2}$$

解得

$$a = 0.582, \quad b = 0.418$$

所以

$$\Phi(z) = 0.582z^{-1}(1 + 0.717z^{-1})$$

又

$$D(z) = \frac{\Phi(z)}{(1 - \Phi(z))G(z)} = \frac{0.518(1 - 0.368z^{-1})}{1 + 0.418z^{-1}}$$

校正后，系统对单位阶跃信号的响应为

$$C(z) = \Phi(z)R(z) = \frac{0.582z^{-1}(1 + 0.717z^{-1})}{1 - z^{-1}}$$

$$= 0.582z^{-1} + z^{-2} + z^{-3} + \cdots c^*(t)$$

如图 6.64 所示。此时，数字校正装置输出信号为

$$E_2(z) = \frac{\Phi(z)R(z)}{G(z)} = 0.158 - 0.058z^{-1}$$

显然，在阶跃输入作用下，在两拍内 $c^*(t)$ 到达稳态，而且无波纹和有波纹最少拍系统相比，暂态过程多了一拍，这是为了消除波纹付出的代价。

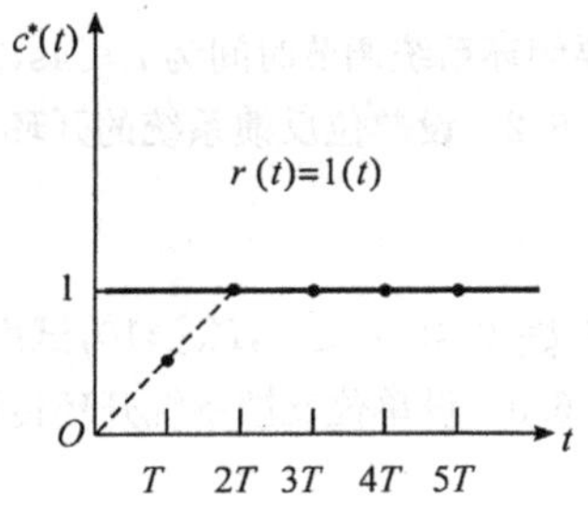

图 6.64　例 6.10 用图

5. 数字控制器的实现

在最少拍系统设计中，若 $G(z)$ 含有延迟因子 z^{-1} 及单位圆上和单位圆外的零极点，必须对 $\Phi(z)$ 和 $\Phi_e(z)$ 的选择加以限制，否则将使得 $D(z)$ 难以物理实现。

由式(6.6.9)知，单位反馈离散系统中存在如下关系：

$$\Phi(z) = D(z)G(z)\Phi_e(z)$$

为了保证闭环系统稳定，传递函数 $\Phi(z)$ 或 $\Phi_e(z)$ 不应有单位圆上或圆外的极点。若 $G(z)$ 含有单位圆上或圆外的极点，理论上可以用 $D(z)$ 的零点来补偿，但由于实际系统不可避免的参数波动，难以完全对消，反而会造成闭环系统不稳定；同理，也不能用 $D(z)$ 的极点去补偿 $G(z)$ 在单位圆上和圆外的零点，否则会导致数字控制器的不稳定。若 $G(z)$ 中含有纯延迟因子 z^{-1}，也不允许用 $D(z)$ 来对消，因为用 $D(z)$ 对消意味着数字校正装置有超前输出，这是无法物理实现的。

总之，最少拍系统设计应考虑数字控制器 $D(z)$ 的可实现性，以及实际系统存在参数漂移时闭环系统的稳定性。归纳起来，应遵循以下几个原则：

(1) $D(z)$ 应是物理可实现的，即极点的个数应大于或等于零点的个数，否则就意味着在输入之前有输出，这是无法实现的。

(2) 若 $G(z)$ 含有纯延迟因子 z^{-L}（L 为 $\geqslant 1$ 整数），则 $\Phi(z)$ 至少应含有相同的延迟因子 z^{-L}，否则就是要求闭环系统在输入之前有响应，也是物理上不能实现的。

(3) 若 $G(z)$ 含有单位圆上及圆外的零点或极点，应选择 $\Phi(z)$ 和 $\Phi_e(z)$ 使得 $\Phi(z)$ 含有与 $G(z)$ 在单位圆上、圆外零点相同的零点，$\Phi_e(z)$ 含有与 $G(z)$ 在单位圆上、圆外极点相同的零点。

(4) 考虑到 $\Phi(z)=1-\Phi_e(z)$，所以 $\Phi(z)$ 应与 $\Phi_e(z)$ 是阶次相同的 z^{-1} 多项式。

习　题

6.1 设单位反馈系统的开环传递函数为

$$P(s)=\frac{K}{s^2}$$

若要闭环系统调节时间为 $t_s\leqslant 4\text{s}$，超调量 $\delta\%\leqslant 30\%$，试用根轨迹法设计串联超前校正装置。

6.2 设单位反馈系统的开环传递函数为

$$P(s)=\frac{K}{s(s+2)}$$

要求 $\zeta=0.45$，$t_s\leqslant 4\text{s}$，$K_v\geqslant 10$，试用根轨迹法设计串联校正环节。

6.3 设单位反馈系统开环传递函数为

$$P(s)=\frac{K}{s(s+1)(s+4)}$$

试用根轨迹法设计滞后-超前校正装置，使校正后系统满足如下性能指标：

$$\zeta=0.5,\qquad \omega_n=2,\qquad K_v\geqslant 5$$

6.4 一单位反馈系统具有如下开环传递函数：

$$P(s)=\frac{K}{s(s+1)(s+5)}$$

试画出根轨迹图，并确定阻尼比 $\zeta=0.3$ 时的 K 值。现在串入校正装置

$$C(s)=\frac{10(1+10s)}{1+100s}$$

求当闭环响应具有相同阻尼比时新的 K 值，比较原系统和校正后系统的速度误差系数和调节时间，并在计算机上通过仿真验证所得到的结论。

6.5 一伺服机构具有开环传递函数

$$P(s)=\frac{10}{s(0.5s+1)(0.1s+1)}$$

试画出伯德图，并确定相位和增益裕度。现在串入一个传递函数为

$$C(s)=\frac{0.23s+1}{0.023s+1}$$

的校正装置，试确定校正后系统的相角和增益裕度。评论校正装置对改善系统响应的作用，并在计算机上通过仿真验证所得到的结论。

6.6 设单位反馈系统开环传递函数为

$$P(s)=\frac{200}{s(0.1s+1)}$$

试设计一无源校正网络，使校正后系统的相角裕度不小于 45°，截止频率不低于 50rad/s。

6.7　一单位反馈系统具有开环传递函数为

$$G(s) = \frac{4}{s(2s+1)}$$

希望得到 40°的相角裕度而不牺牲系统的速度误差精度。设计一个合适的滞后网络，并根据任意假定的合适阻抗值计算网络元件值。

6.8　一单位系统的开环传递函数为

$$P(s) = \frac{K}{s(s+1)}$$

试设计一个超前校正装置，使闭环系统满足如下性能指标：

(1) 阻尼比 $\zeta=0.7$，调节时间 $t_s=1.4$s。

(2) 静态速度误差系数 $K_v>2$。

6.9　设某控制系统的结构图如题 6.9 图所示。欲通过反馈校正使系统的相角裕度 $\gamma=50°$，试确定反馈校正参数 α。

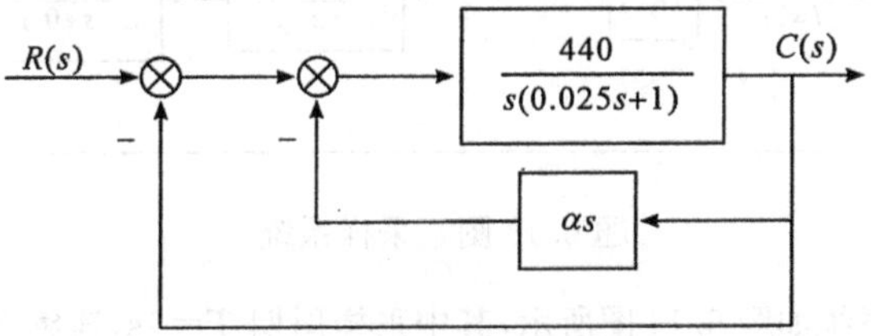

题 6.9 图　线性控制系统

6.10　已知某控制系统的结构如题 6.10 图所示，欲通过速度反馈使闭环系统满足如下性能指标：

(1) 静态速度误差系数 $K_v \geqslant 5$。

(2) 闭环系统阻尼比 $\zeta=0.5$。

(3) 调节时间 $t_s \leqslant 3$s。

试确定前置放大器增益 K_1 及速度反馈系数 K_2。

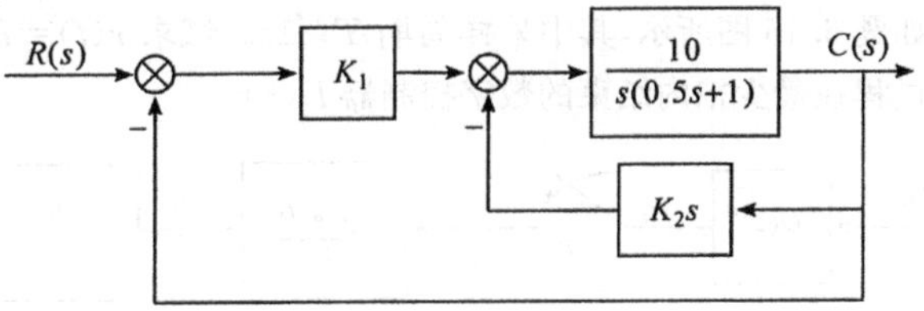

题 6.10 图　线性控制系统

6.11　采样系统如题 6.11 图所示，其中 $T=0.5$s，$G_p(s)=\frac{4}{(s+1)(s+2)}$。用根轨迹法设计线性离散系统的控制器 $D(z)$，使系统满足性能指标：系统为 I 型系统，$\delta\% \leqslant 16.3\%$。

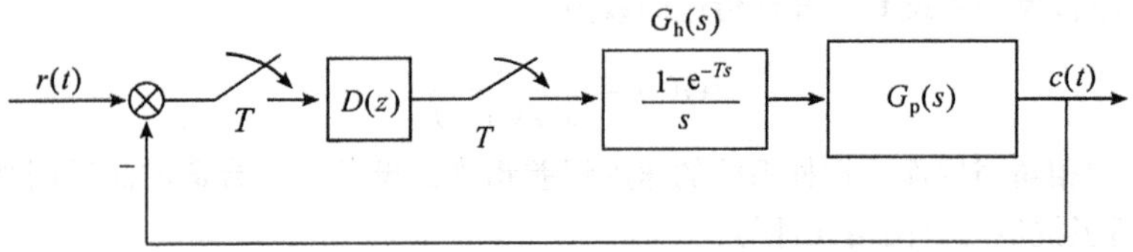

题 6.11 图　采样系统

6.12　采样系统如题 6.11 图所示，其中 $T=0.1\text{s}$，$G_p(s)=\frac{1}{s^2}$。用根轨迹法设计控制器 $D(z)$，使系统满足性能指标：静态加速度误差系数 $K_a \geqslant 1$，超调量 $\delta\% \leqslant 30\%$，调节时间 $t_s \leqslant 2\text{s}$。

6.13　设校正前系统结构图如题 6.13 图所示。试用频率特性综合串联校正装置，使系统具有下列性能指标：$K_v \geqslant 5$，相角裕度 $\geqslant 45°$，幅值裕度 $L_g \geqslant 10\text{dB}$。

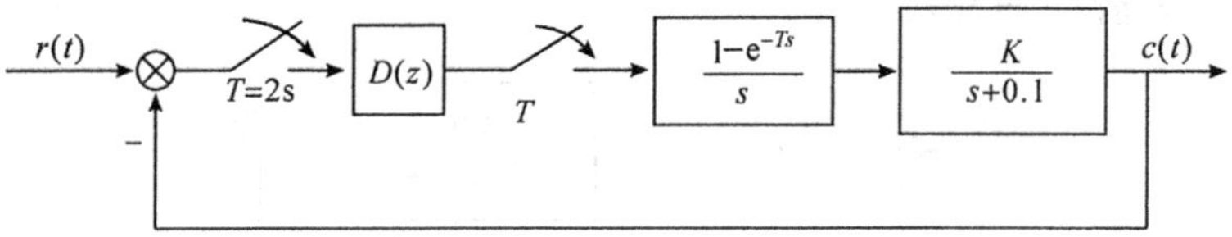

题 6.13 图　采样系统

6.14　已知采样系统如题 6.14 图所示，其中采样周期 $T=1\text{s}$，连续部分传递函数 $G(s)=\frac{1}{s(s+1)}$。试求 $r(t)=1(t)$ 时，使得系统无稳态误差，过渡过程在最少拍内结束的数字控制器 $D(z)$。

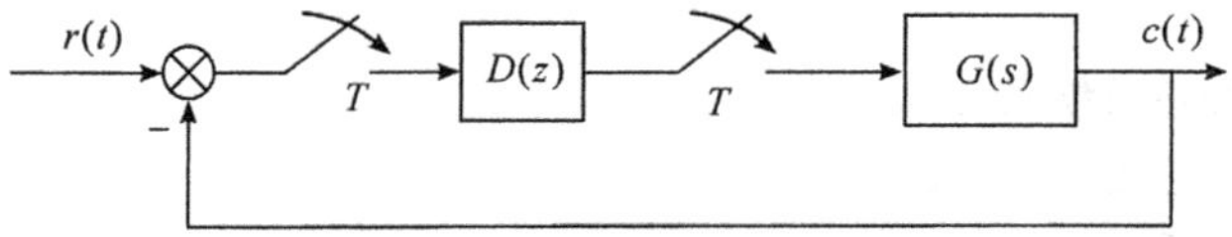

题 6.14 图　采样系统

6.15　设采样系统如题 6.15 图所示，其中采样周期 $T=1\text{s}$。试求 $r(t)=R_0+R_1t$ 时，使得系统无稳态误差且过渡过程在最少拍内结束的数字控制器 $D(z)$。

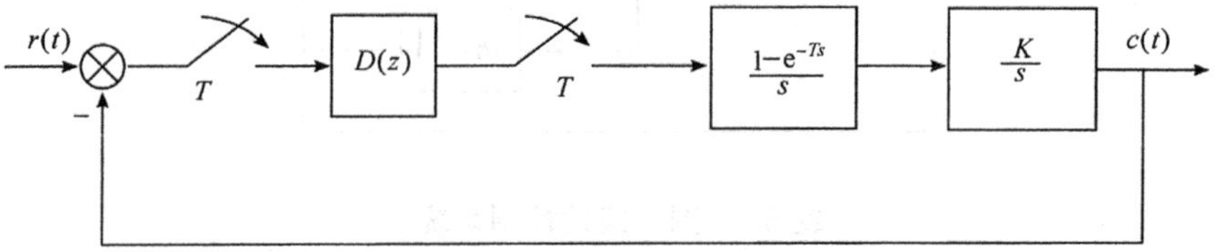

题 6.15 图　采样系统

6.16　试用无波纹最少拍系统综合校正法，分别求出题 6.14 和题 6.15 中的 $D(z)$。

第 7 章　线性控制系统的状态空间分析与设计

第 3 章介绍了线性控制系统的状态空间模型。我们知道，由于状态选择的多样性，一个系统的状态空间描述并不是唯一的，各种不同描述之间可以通过非奇异的状态变换(线性变换)建立联系。状态空间描述的这种不唯一性，并没有给研究带来不便，相反，由于系统的许多特性在线性变换下具有不变性，我们可以利用状态变换将系统模型转换成某种特定的标准型(如特征值规范型、能控或能观标准型等)，以便系统的某些结构性质能更好地凸现出来。

能控性和能观性是线性控制系统的重要结构特性。直观地说，能控性反映的是输入控制信号对系统状态的影响能力，而能观性则是指系统状态信息是否能在输出信号中得到反映的性质。通过对能控性和能观性的研究，不仅可以加深对控制系统结构性质的了解，也为学习线性控制系统的综合方法打下基础。

本章介绍的综合方法主要包括用状态反馈进行闭环系统极点配置和状态观测器设计两部分。对线性定常系统而言，稳定性直接取决于系统极点的位置，瞬态性能在很大程度上也由系统极点决定，因此，极点配置是设计线性定常系统的重要途径。与输出反馈相比，状态反馈具有更大的灵活性和更强的系统改造能力。然而，对某些系统来说，系统的状态是不能直接量测到的。此时，构造状态观测器就显得十分重要。

7.1　特征值规范型

由线性代数的知识知道，对于一个方阵，可以通过相似变换将它化为对角线型矩阵或若尔当型矩阵。将相似变换的方法应用于系统的状态空间描述，便可以得到系统的对角线规范型和若尔当规范型描述(统称为特征值规范型)。在许多情况下，用特征值规范型可以清楚地呈现出系统的结构特征。

7.1.1　对角线规范型

若系统 $\boldsymbol{\Sigma}(\boldsymbol{A},\boldsymbol{B},\boldsymbol{C},\boldsymbol{D})$ 的 $\boldsymbol{A}$ 矩阵具有如下形式：

$$\begin{bmatrix} \lambda_1 & & & \\ & \lambda_2 & & \\ & & \ddots & \\ & & & \lambda_n \end{bmatrix} \triangleq \boldsymbol{\Lambda} \tag{7.1.1}$$

则称 $\boldsymbol{\Sigma}(\boldsymbol{A},\boldsymbol{B},\boldsymbol{C},\boldsymbol{D})$为对角线规范型。

对系统 $\boldsymbol{\Sigma}(\boldsymbol{A},\boldsymbol{B},\boldsymbol{C},\boldsymbol{D})$，其特征值定义为方程

$$\det(\lambda \boldsymbol{I} - \boldsymbol{A}) = 0 \tag{7.1.2}$$

的根。若 $\boldsymbol{A}\in \mathbf{R}^{n\times n}$，则系统必有 n 个特征值。一个非零的向量 $\boldsymbol{v}_i\in \mathbf{R}^n$，若满足

$$\boldsymbol{A}\boldsymbol{v}_i = \lambda_i \boldsymbol{v}_i \tag{7.1.3}$$

则称 $\boldsymbol{v}_i$ 是系统对应于λ_i 的一个特征向量。特征向量并不唯一，但从线性代数的知识可知，若 $\boldsymbol{A}$ 的特征值$\lambda_1,\cdots,\lambda_n$ 两两相异，则其对应的 n 个特征向量 $\boldsymbol{v}_1,\cdots,\boldsymbol{v}_n$ 必线性无关，即

$$\boldsymbol{P} = [\boldsymbol{v}_1,\cdots,\boldsymbol{v}_n] \tag{7.1.4}$$

为非奇异方阵。根据特征向量的定义知

$$\begin{aligned} \boldsymbol{AP} &= [\boldsymbol{A}\boldsymbol{v}_1,\cdots,\boldsymbol{A}\boldsymbol{v}_n] = [\lambda_1\boldsymbol{v}_1,\cdots,\lambda_n\boldsymbol{v}_n] \\ &= [\boldsymbol{v}_1,\cdots,\boldsymbol{v}_n]\begin{bmatrix} \lambda_1 & & \\ & \ddots & \\ & & \lambda_n \end{bmatrix} = \boldsymbol{P\Lambda} \end{aligned}$$

即 $\boldsymbol{P}^{-1}\boldsymbol{AP}=\boldsymbol{\Lambda}$。因此，只要令

$$\bar{\boldsymbol{x}} = \boldsymbol{P}^{-1}\boldsymbol{x} \tag{7.1.5}$$

并记 $\bar{\boldsymbol{B}} =\boldsymbol{P}^{-1}\boldsymbol{B}$, $\bar{\boldsymbol{C}}=\boldsymbol{CP}$，则有

$$\begin{aligned} \dot{\bar{\boldsymbol{x}}} &= \boldsymbol{P}^{-1}\dot{\boldsymbol{x}} = \boldsymbol{P}^{-1}(\boldsymbol{Ax}+\boldsymbol{Bu}) \\ &= \boldsymbol{P}^{-1}\boldsymbol{AP}\bar{\boldsymbol{x}} + \boldsymbol{P}^{-1}\boldsymbol{Bu} \\ &= \boldsymbol{\Lambda}\bar{\boldsymbol{x}} + \bar{\boldsymbol{B}}\boldsymbol{u} \\ \boldsymbol{y} &= \boldsymbol{CP}\bar{\boldsymbol{x}} + \boldsymbol{Du} \\ &= \bar{\boldsymbol{C}}\bar{\boldsymbol{x}} + \boldsymbol{Du} \end{aligned}$$

于是得到如下结论：

结论 1　若系统矩阵 $\boldsymbol{A}$ 有两两相异的特征值，则存在非奇异线性变换 $\bar{\boldsymbol{x}}=\boldsymbol{P}^{-1}\boldsymbol{x}$将系统变换为对角线规范型。对角线上的元素即为系统的特征值，变换矩阵 $\boldsymbol{P}$ 的各列即为相应的特征向量。

推断 1　若系统矩阵 $\boldsymbol{A}$ 具有两两相异的特征值，且具有如下形式：

$$\boldsymbol{A} = \begin{bmatrix} 0 & 1 & & \\ \vdots & & \ddots & \\ 0 & & & 1 \\ -a_0 & -a_1 & \cdots & -a_{n-1} \end{bmatrix} \tag{7.1.6}$$

则将系统转换为对角线规范型的变换矩阵可取为

$$\boldsymbol{P}=\begin{bmatrix}1 & 1 & \cdots & 1\\ \lambda_1 & \lambda_2 & \cdots & \lambda_n\\ \lambda_1^2 & \lambda_2^2 & \cdots & \lambda_n^2\\ \vdots & \vdots & & \vdots\\ \lambda_1^{n-1} & \lambda_2^{n-1} & \cdots & \lambda_n^{n-1}\end{bmatrix} \tag{7.1.7}$$

其中，$\lambda_1,\cdots,\lambda_n$ 是 $\boldsymbol{A}$ 的特征值。

证明　系统的特征方程为

$$\det(\lambda\boldsymbol{I}-\boldsymbol{A})=0$$

将式(7.1.6)中的 $\boldsymbol{A}$ 代入上式可知，特征方程具有如下形式：

$$\lambda^n+a_{n-1}\lambda^{n-1}+\cdots+a_1\lambda+a_0=0 \tag{7.1.8}$$

设

$$\boldsymbol{P}=[\boldsymbol{v}_1,\cdots,\boldsymbol{v}_n]$$

其中，$\boldsymbol{v}_i$ 满足

$$\boldsymbol{A}\boldsymbol{v}_i=\lambda_i\boldsymbol{v}_i \tag{7.1.9}$$

设 $\boldsymbol{v}_i=[v_{i1},\cdots,v_{in}]^{\mathrm{T}}$，将 $\boldsymbol{A}$ 代入式(7.1.9)则得

$$\begin{gathered}v_{i2}=\lambda_i v_{i1}\\ v_{i3}=\lambda_i v_{i2}\\ \vdots\\ v_{in}=\lambda_i v_{in-1}\\ -a_0v_{i1}-\cdots-a_{n-1}v_{in}=\lambda_i v_{in}\end{gathered}$$

将上式中前 $n-1$ 个方程代入最后一个方程可得

$$-a_0v_{i1}-a_1\lambda_i v_{i1}-a_2\lambda_i^2v_{i1}-\cdots-a_{n-1}\lambda_i^{n-1}v_{i1}=\lambda_i^n v_{i1}$$

即

$$v_{i1}(a_0+a_1\lambda_i+a_2\lambda_i^2+\cdots+a_{n-1}\lambda_i^{n-1}+\lambda_i^n)=0$$

故 v_{i1} 为任意常数，可取为 1，于是得

$$v_{i1}=1,\quad v_{i2}=\lambda_i,\quad v_{i3}=\lambda_i^2,\quad \cdots,\quad v_{in}=\lambda_i^{n-1}$$

证毕。

例 7.1　将下列系统变换为对角线规范型：

$$\begin{cases}\dot{\boldsymbol{x}}=\begin{bmatrix}0 & 1 & 0\\ 0 & 0 & 1\\ -6 & -11 & -6\end{bmatrix}\boldsymbol{x}+\begin{bmatrix}0\\0\\1\end{bmatrix}u\\ y=[6\quad 0\quad 0]\boldsymbol{x}\end{cases}$$

解　矩阵 $\boldsymbol{A}$ 的特征值为 $\lambda_1=-1,\lambda_2=-2,\lambda_3=-3$，因此可化为对角线规范型。

由于系统矩阵 $\boldsymbol{A}$ 具有式(7.1.6)所示的形式，因此变换矩阵 $\boldsymbol{P}$ 可取为

$$P=\begin{bmatrix}1 & 1 & 1\\ \lambda_1 & \lambda_2 & \lambda_3\\ \lambda_1^2 & \lambda_2^2 & \lambda_3^2\end{bmatrix}=\begin{bmatrix}1 & 1 & 1\\ -1 & -2 & -3\\ 1 & 4 & 9\end{bmatrix}$$

令 $\bar{\boldsymbol{x}}=\boldsymbol{P}^{-1}\boldsymbol{x}$,得到变换后的系统为

$$\begin{cases}\dot{\bar{\boldsymbol{x}}}=\boldsymbol{P}^{-1}\boldsymbol{A}\boldsymbol{P}\bar{\boldsymbol{x}}+\boldsymbol{P}^{-1}\boldsymbol{B}u\\ y=\boldsymbol{C}\boldsymbol{P}\bar{\boldsymbol{x}}\end{cases}$$

其中

$$\boldsymbol{P}^{-1}\boldsymbol{A}\boldsymbol{P}=\begin{bmatrix}3 & 2.5 & 0.5\\ -3 & -4 & -1\\ 1 & 1.5 & 0.5\end{bmatrix}\begin{bmatrix}0 & 1 & 0\\ 0 & 0 & 1\\ -6 & -11 & -6\end{bmatrix}\begin{bmatrix}1 & 1 & 1\\ -1 & -2 & -3\\ 1 & 4 & 9\end{bmatrix}$$

$$=\begin{bmatrix}-1 & 0 & 0\\ 0 & -2 & 0\\ 0 & 0 & -3\end{bmatrix}$$

$$\boldsymbol{P}^{-1}\boldsymbol{B}=\begin{bmatrix}3 & 2.5 & 0.5\\ -3 & -4 & -1\\ 1 & 1.5 & 0.5\end{bmatrix}\begin{bmatrix}0\\ 0\\ 1\end{bmatrix}=\begin{bmatrix}0.5\\ -1\\ 0.5\end{bmatrix}$$

$$\boldsymbol{C}\boldsymbol{P}=\begin{bmatrix}6 & 0 & 0\end{bmatrix}\begin{bmatrix}1 & 1 & 1\\ -1 & -2 & -3\\ 1 & 4 & 9\end{bmatrix}$$

$$=\begin{bmatrix}6 & 6 & 6\end{bmatrix}$$

若系统矩阵 $\boldsymbol{A}$ 的某个特征值是其特征方程的重根,即特征方程可写成

$$\det(\lambda\boldsymbol{I}-\boldsymbol{A})=(\lambda-\lambda_i)^{\sigma_i}\beta_i(\lambda) \tag{7.1.10}$$

且

$$\beta_i(\lambda_i)\neq 0$$

称 σ_i 为 λ_i 的代数重数。例如,设 $\det(\lambda I-A)=(\lambda-2)^2(\lambda-3)$,则 $\lambda=2$ 的代数重数为 2,而 $\lambda=3$ 的代数重数为 1。

若

$$\operatorname{rank}(\lambda_i\boldsymbol{I}-\boldsymbol{A})=n-\alpha_i \tag{7.1.11}$$

则称 α_i 为 λ_i 的几何重数。

例 7.2 设

$$\boldsymbol{A}=\begin{bmatrix}2 & 0 & -1\\ 1 & 2 & 0\\ 0 & 0 & 3\end{bmatrix}$$

试确定 $\boldsymbol{A}$ 的特征值及其代数重数和几何重数。

解　由于 $\det(\lambda \boldsymbol{I}-\boldsymbol{A})=(\lambda-2)^2(\lambda-3)$，故 $\boldsymbol{A}$ 的特征值为 $\lambda_1=\lambda_2=2,\lambda_3=3$。特征值 2 的代数重数为 2，特征值 3 的代数重数为 1。此外，由于

$$\operatorname{rank}(\lambda_1 \boldsymbol{I}-\boldsymbol{A}) = \operatorname{rank}\begin{bmatrix} 0 & 0 & 1 \\ -1 & 0 & 0 \\ 0 & 0 & -1 \end{bmatrix} = 2 = 3-1$$

$$\operatorname{rank}(\lambda_3 \boldsymbol{I}-\boldsymbol{A}) = \operatorname{rank}\begin{bmatrix} 1 & 0 & 1 \\ -1 & 1 & 0 \\ 0 & 0 & 0 \end{bmatrix} = 2 = 3-1$$

故特征值 2 的几何重数为 1，特征值 3 的几何重数也为 1。特征值的几何重数与代数重数可以不相等。

一般地，若 λ_i 的几何重数为 α_i，即

$$\operatorname{rank}(\lambda_i \boldsymbol{I}-\boldsymbol{A}) = n-\alpha_i$$

则特征方程

$$(\lambda_i \boldsymbol{I}-\boldsymbol{A})\boldsymbol{v} = 0 \tag{7.1.12}$$

的解空间的维数等于 α_i，即方程(7.1.12)的解可表示为

$$\boldsymbol{v} = k_1 \boldsymbol{v}_{i1} + k_2 \boldsymbol{v}_{i2} + \cdots + k_{\alpha_i} \boldsymbol{v}_{i\alpha_i} \tag{7.1.13}$$

其中，$\boldsymbol{v}_{i1},\boldsymbol{v}_{i2},\cdots,\boldsymbol{v}_{i\alpha_i}$ 线性无关，这说明 λ_i 共对应 α_i 个线性无关的特征向量。显然，若每个特征值的几何重数与其代数重数相等，则共有 n 个线性无关的特征向量。

结论 2　当所有特征值 λ_i 的几何重数均等于其代数重数时，存在 n 个线性无关的特征向量 $\boldsymbol{v}_1,\cdots,\boldsymbol{v}_n$，并组成非奇异变换矩阵

$$\boldsymbol{P} = [\boldsymbol{v}_1,\cdots,\boldsymbol{v}_n]$$

令 $\bar{\boldsymbol{x}}=\boldsymbol{P}^{-1}\boldsymbol{x}$，则可将系统化为对角线规范型。

例 7.3　设系统矩阵 $\boldsymbol{A}$ 为

$$\boldsymbol{A} = \begin{bmatrix} 1 & 0 & -1 \\ 0 & 1 & 0 \\ 0 & 0 & 2 \end{bmatrix}$$

试判断能否将其化为对角线规范型。

解　$\det(\lambda \boldsymbol{I}-\boldsymbol{A})=(\lambda-1)^2(\lambda-2)$，$\lambda_1=\lambda_2=1,\lambda_3=2$。即 $\lambda=1$ 的代数重数为 2，$\lambda=2$ 的代数重数为 1。现考察 $\lambda_1=1$ 的几何重数。由于

$$\operatorname{rank}(\lambda_1 \boldsymbol{I}-\boldsymbol{A}) = \operatorname{rank}\begin{bmatrix} 0 & 0 & 1 \\ 0 & 0 & 0 \\ 0 & 0 & -1 \end{bmatrix} = 1 = 3-2$$

故 $\lambda_1=1$ 的几何重数等于 2，即与其代数重数相等。故系统可化为对角线规范型。

由 $(\lambda_1 \boldsymbol{I}-\boldsymbol{A})\boldsymbol{v}=0$，即

$$\begin{bmatrix} 0 & 0 & 1 \\ 0 & 0 & 0 \\ 0 & 0 & -1 \end{bmatrix} \boldsymbol{v} = 0$$

于是

$$\boldsymbol{v}_{11} = \begin{bmatrix} 1 \\ 0 \\ 0 \end{bmatrix}, \qquad \boldsymbol{v}_{12} = \begin{bmatrix} 0 \\ 1 \\ 0 \end{bmatrix}$$

显然 $\boldsymbol{v}_{11}$ 和 $\boldsymbol{v}_{12}$ 线性无关。

由 $(\lambda_3 \boldsymbol{I} - \boldsymbol{A})\boldsymbol{v} = 0$，即

$$\begin{bmatrix} 1 & 0 & 1 \\ 0 & 1 & 0 \\ 0 & 0 & 0 \end{bmatrix} \boldsymbol{v} = 0$$

得到转换矩阵

$$\boldsymbol{P} = [\boldsymbol{v}_{11} \quad \boldsymbol{v}_{12} \quad \boldsymbol{v}_{13}] = \begin{bmatrix} 1 & 0 & -1 \\ 0 & 1 & 0 \\ 0 & 0 & 1 \end{bmatrix}$$

变换后系统矩阵为

$$\bar{\boldsymbol{A}} = \boldsymbol{P}^{-1}\boldsymbol{A}\boldsymbol{P} = \begin{bmatrix} 1 & 0 & 1 \\ 0 & 1 & 0 \\ 0 & 0 & 1 \end{bmatrix} \begin{bmatrix} 1 & 0 & -1 \\ 0 & 1 & 0 \\ 0 & 0 & 2 \end{bmatrix} \begin{bmatrix} 1 & 0 & -1 \\ 0 & 1 & 0 \\ 0 & 0 & 1 \end{bmatrix}$$

$$= \begin{bmatrix} 1 & 0 & 0 \\ 0 & 1 & 0 \\ 0 & 0 & 2 \end{bmatrix}$$

7.1.2 若尔当规范型

当系统矩阵 $\boldsymbol{A}$ 有重特征值，且几何重数小于其代数重数时，无法找到 n 个线性无关的特征向量，系统也就不可能化为对角线规范型。但此时仍可以构造适当的变换矩阵，将系统化为若尔当规范型。

一个矩阵被称为是若尔当矩阵，是指它具有如下形式：

$$\boldsymbol{J} = \begin{bmatrix} \boldsymbol{J}_1 & & & \\ & \boldsymbol{J}_2 & & \\ & & \ddots & \\ & & & \boldsymbol{J}_m \end{bmatrix} \tag{7.1.14}$$

其中，对角线上的每个矩阵块 $\boldsymbol{J}_i (i=1,\cdots,m)$ 具有形式：

$$J_i=\begin{bmatrix}\lambda_i & 1 & & \\ & \ddots & \ddots & \\ & & \ddots & 1 \\ & & & \lambda_i\end{bmatrix}$$

$J_i(i=1,\cdots,m)$被称为若尔当块，称每个若尔当块的行数(或列数)为其阶数。

显然，若系统矩阵 $\boldsymbol{A}$ 具有若尔当型，则系统每个状态的导数最多只与该状态和下一个状态有关。下面来看如何构造变换矩阵 $\boldsymbol{P}$，使得

$$\boldsymbol{P}^{-1}\boldsymbol{A}\boldsymbol{P}=\boldsymbol{J} \tag{7.1.15}$$

将 $\boldsymbol{P}$ 按 $\boldsymbol{J}$ 的阶数分块写成

$$\boldsymbol{P}=[\boldsymbol{P}_1\ \ \cdots\ \ \boldsymbol{P}_m] \tag{7.1.16}$$

$$\dim(\boldsymbol{P}_i)=\dim(\boldsymbol{J}_i)$$

则式(7.1.15)可改写成

$$[\boldsymbol{A}\boldsymbol{P}_1\ \ \boldsymbol{A}\boldsymbol{P}_2\ \ \cdots\ \ \boldsymbol{A}\boldsymbol{P}_m]=[\boldsymbol{P}_1\boldsymbol{J}_1\ \ \boldsymbol{P}_2\boldsymbol{J}_2\ \ \cdots\ \ \boldsymbol{P}_m\boldsymbol{J}_m]$$

我们关心如下两个问题：①$\boldsymbol{J}$ 有几块？每块的维数是多少？②变换矩阵 $\boldsymbol{P}$ 或 $\boldsymbol{P}_1,\boldsymbol{P}_2,\cdots,\boldsymbol{P}_m$ 如何构造？

为此，将式(7.1.15)按若尔当块逐个写成：

$$\boldsymbol{A}\boldsymbol{P}_i=\boldsymbol{P}_i\boldsymbol{J}_i,\qquad i=1,\cdots,m \tag{7.1.17}$$

其中

$$J_i=\begin{bmatrix}\lambda_i & 1 & & \\ & \ddots & \ddots & \\ & & \ddots & 1 \\ & & & \lambda_i\end{bmatrix}_{l_i\times l_i}$$

显然 $\boldsymbol{P}_i$ 的维数应为 $n\times l_i$。将 $\boldsymbol{P}_i$ 再写成列向量的形式：

$$\boldsymbol{P}_i=[\boldsymbol{v}_{i1},\boldsymbol{v}_{i2},\cdots,\boldsymbol{v}_{il_i}] \tag{7.1.18}$$

其中，$\boldsymbol{v}_{ij}\in\mathbf{R}^n$。由式(7.1.17)得

$$\begin{aligned}\boldsymbol{A}\boldsymbol{v}_{i1}&=\lambda_i\boldsymbol{v}_{i1}\\ \boldsymbol{A}\boldsymbol{v}_{i2}&=\boldsymbol{v}_{i1}+\lambda_i\boldsymbol{v}_{i2}\\ &\vdots\\ \boldsymbol{A}\boldsymbol{v}_{il_i}&=\boldsymbol{v}_{il_i-1}+\lambda_i\boldsymbol{v}_{il_i}\end{aligned} \tag{7.1.19}$$

或写成

$$\begin{aligned}(\lambda_i\boldsymbol{I}-\boldsymbol{A})\boldsymbol{v}_{i1}&=0\\ (\lambda_i\boldsymbol{I}-\boldsymbol{A})\boldsymbol{v}_{i2}&=-\boldsymbol{v}_{i1}\\ &\vdots\\ (\lambda_i\boldsymbol{I}-\boldsymbol{A})\boldsymbol{v}_{il_i}&=-\boldsymbol{v}_{il_i-1}\end{aligned} \tag{7.1.20}$$

由上式第一个方程可知，$\boldsymbol{v}_{i1}$是 $\boldsymbol{A}$ 的对应于λ_i 的一个特征向量。由于重特征值

λ_i 可以有 α_i 个(α_i 为 λ_i 的几何重数)线性无关的特征向量,因此,可以得到下面的结论。

结论 3　重特征值 λ_i 对应的若尔当块个数等于 λ_i 的几何重数 α_i,而且,这 α_i 个若尔当块的阶数之和应等于 λ_i 的代数重数 σ_i。

由上述结论可以看出,当每个特征值的几何重数与其代数重数相等时,共有 n 个线性无关的特征向量,对应 n 个若尔当块,故每个若尔当块的阶数只能是 1×1,即对角线规范型。

下面考虑 λ_i 的 α_i 个若尔当块之间阶数是如何分配的,即每个若尔当块的阶数是多少。为此,回到式(7.1.20),在该式的第二个方程的两端同乘以 $\lambda_i\boldsymbol{I}-\boldsymbol{A}$ 可得

$$(\lambda_i\boldsymbol{I}-\boldsymbol{A})^2\boldsymbol{v}_{i2}=-(\lambda_i\boldsymbol{I}-\boldsymbol{A})\boldsymbol{v}_{i1}=0$$

由于 $\boldsymbol{v}_{i2}$ 与 $\boldsymbol{v}_{i1}$ 是线性无关的,因此 $\boldsymbol{v}_{i2}$ 还应满足

$$(\lambda_i\boldsymbol{I}-\boldsymbol{A})\boldsymbol{v}_{i2}\neq 0$$

同理可得

$$\begin{cases}(\lambda_i\boldsymbol{I}-\boldsymbol{A})^j\boldsymbol{v}_{ij}=0\\(\lambda_i\boldsymbol{I}-\boldsymbol{A})^{j-1}\boldsymbol{v}_{ij}\neq 0\end{cases},\qquad j=2,\cdots,l_i \tag{7.1.21}$$

$\boldsymbol{v}_{ij}$, $j=2,\cdots,l_i$ 被称为 λ_i 的(j 阶)广义特征向量,它们与 $\boldsymbol{v}_{i1}$ 一起形成 λ_i 的一个广义特征向量链。显然,λ_i 共对应 α_i 个广义征特向量链,每个广义特征向量链的长度即为相应若尔当块的阶数。

可以先确定长度大于或等于 2 的广义特征向量链的个数,也即 λ_i 所对应的阶数大于或等于 2 的若尔当块的个数。

显然,方程

$$(\lambda_i\boldsymbol{I}-\boldsymbol{A})^2\boldsymbol{v}_{i2}=0 \tag{7.1.22}$$

的解空间的维数为 $n-\mathrm{rank}(\lambda_i\boldsymbol{I}-\boldsymbol{A})^2$。但由于 $\boldsymbol{v}_{i1}$ 也满足上述方程,因此,根据 $\boldsymbol{v}_{i2}$ 与 $\boldsymbol{v}_{i1}$ 线性无关的要求,线性无关的 $\boldsymbol{v}_{i2}$ 的个数应为

$$\begin{aligned}&n-\mathrm{rank}(\lambda_i\boldsymbol{I}-\boldsymbol{A})^2-(n-\mathrm{rank}(\lambda_i\boldsymbol{I}-\boldsymbol{A}))\\&=\mathrm{rank}(\lambda_i\boldsymbol{I}-\boldsymbol{A})-\mathrm{rank}(\lambda_i\boldsymbol{I}-\boldsymbol{A})^2\end{aligned}$$

若 $\mathrm{rank}(\lambda_i\boldsymbol{I}-\boldsymbol{A})-\mathrm{rank}(\lambda_i\boldsymbol{I}-\boldsymbol{A})^2>0$,还可以计算 λ_i 所对应的阶数大于或等于 3 的若尔当块的个数 $\mathrm{rank}(\lambda_i\boldsymbol{I}-\boldsymbol{A})^2-\mathrm{rank}(\lambda_i\boldsymbol{I}-\boldsymbol{A})^3$,依此类推,直到 $\mathrm{rank}(\lambda_i\boldsymbol{I}-\boldsymbol{A})^{k-1}-\mathrm{rank}(\lambda_i\boldsymbol{I}-\boldsymbol{A})^k=0$(或 1),这里 k 为某个自然数。

结论 4　重特征值 λ_i 所对应的阶数大于或等于 k 的若尔当块的个数等于 $\mathrm{rank}(\lambda_i\boldsymbol{I}-\boldsymbol{A})^{k-1}-\mathrm{rank}(\lambda_i\boldsymbol{I}-\boldsymbol{A})^k$。

至此,已确定了任一系统的若尔当规范型中若尔当块的个数和每个若尔当块的阶数,而将系统化为若尔当型的变换矩阵的各列可以由式(7.1.20)求出。

例 7.4　将下列 $\boldsymbol{A}$ 矩阵化为若尔当型:

$$\boldsymbol{A}=\begin{bmatrix}3 & -1 & 1 & 1 & 0 & 0\\1 & 1 & -1 & -1 & 0 & 0\\0 & 0 & 2 & 0 & 1 & 1\\0 & 0 & 0 & 2 & -1 & -1\\0 & 0 & 0 & 0 & 1 & 1\\0 & 0 & 0 & 0 & 1 & 1\end{bmatrix}$$

解　(1) 计算 $\boldsymbol{A}$ 的特征值。

利用分块矩阵行列式性质

$$\det\begin{bmatrix}\boldsymbol{C} & \boldsymbol{B}\\0 & \boldsymbol{D}\end{bmatrix}=\det\boldsymbol{C}\det\boldsymbol{D}$$

有

$$\begin{aligned}\det(\lambda\boldsymbol{I}-\boldsymbol{A}) &= [(\lambda-3)(\lambda-1)+1](\lambda-2)^2[(\lambda-1)^2-1]\\ &= (\lambda-2)^5\lambda\end{aligned}$$

因此 $\boldsymbol{A}$ 的特征值为 $\lambda=2$(5 重)和 $\lambda=0$(1 重)。

(2) 计算 $\mathrm{rank}(2\boldsymbol{I}-\boldsymbol{A})^i,i=1,2,\cdots$

$$2\boldsymbol{I}-\boldsymbol{A}=\begin{bmatrix}-1 & 1 & -1 & -1 & 0 & 0\\-1 & 1 & 1 & 1 & 0 & 0\\0 & 0 & 0 & 0 & -1 & -1\\0 & 0 & 0 & 0 & 1 & 1\\0 & 0 & 0 & 0 & 1 & -1\\0 & 0 & 0 & 0 & -1 & 1\end{bmatrix},\qquad \mathrm{rank}(2\boldsymbol{I}-\boldsymbol{A})=4$$

因此 $\alpha_1=6-4=2$,表明 $\lambda=2$ 的几何重数为 2,即该特征值对应 2 个若尔当块。两个若尔当块的阶数之和应为 5。

$$(2\boldsymbol{I}-\boldsymbol{A})^2=\begin{bmatrix}0 & 0 & 2 & 2 & 0 & 0\\0 & 0 & 2 & 2 & 0 & 0\\0 & 0 & 0 & 0 & 0 & 0\\0 & 0 & 0 & 0 & 0 & 0\\0 & 0 & 0 & 0 & 2 & -2\\0 & 0 & 0 & 0 & -2 & 2\end{bmatrix},\qquad \mathrm{rank}(2\boldsymbol{I}-\boldsymbol{A})^2=2$$

因此,$\mathrm{rank}(2\boldsymbol{I}-\boldsymbol{A})-\mathrm{rank}(2\boldsymbol{I}-\boldsymbol{A})^2=4-2=2$,表明 $\lambda=2$ 对应两个阶数大于或等于 2 的若尔当块,由于 $\lambda=2$ 共对应两个若尔当块,这两个若尔当块的阶数分别是 2 阶和 3 阶的。因此,不必再计算 $\mathrm{rank}(2\boldsymbol{I}-\boldsymbol{A})^3$(实际计算表明 $\mathrm{rank}(2\boldsymbol{I}-\boldsymbol{A})^3=1$)。

至此,已可以判断 $\boldsymbol{A}$ 的若尔当型为

$$J = P^{-1}AP = \begin{bmatrix} 2 & 1 & 0 & 0 & 0 & 0 \\ 0 & 2 & 1 & 0 & 0 & 0 \\ 0 & 0 & 2 & 0 & 0 & 0 \\ 0 & 0 & 0 & 2 & 1 & 0 \\ 0 & 0 & 0 & 0 & 2 & 0 \\ 0 & 0 & 0 & 0 & 0 & 0 \end{bmatrix}$$

(3) 求变换矩阵。

由$(2\boldsymbol{I}-\boldsymbol{A})\boldsymbol{v}=0$,可以求得以下两个线性无关的列向量

$$\boldsymbol{v}_{11} = \begin{bmatrix} 2 \\ 2 \\ 0 \\ 0 \\ 0 \\ 0 \end{bmatrix}, \quad \boldsymbol{v}_{21} = \begin{bmatrix} 0 \\ 0 \\ 2 \\ -2 \\ 0 \\ 0 \end{bmatrix}$$

这与$\lambda=2$对应两个若尔当块是一致的。

然后利用式(7.1.20)可知

$$(2\boldsymbol{I}-\boldsymbol{A})\boldsymbol{v}_{12} = -\boldsymbol{v}_{11} \tag{7.1.23}$$

$$(2\boldsymbol{I}-\boldsymbol{A})\boldsymbol{v}_{22} = -\boldsymbol{v}_{21} \tag{7.1.24}$$

实际计算中只需用式(7.1.23)或式(7.1.24)便可分别求出两个与$\boldsymbol{v}_{11}$与$\boldsymbol{v}_{12}$线性无关的2阶广义特征向量:

$$\boldsymbol{v}_{12} = \begin{bmatrix} 1 \\ -1 \\ 0 \\ 0 \\ 0 \\ 0 \end{bmatrix}, \quad \boldsymbol{v}_{22} = \begin{bmatrix} 0 \\ 0 \\ 1 \\ -1 \\ 1 \\ 1 \end{bmatrix}$$

再利用

$$(2\boldsymbol{I}-\boldsymbol{A})\boldsymbol{v}_{13} = -\boldsymbol{v}_{12}$$

可求出与$\boldsymbol{v}_{11}$、$\boldsymbol{v}_{21}$、$\boldsymbol{v}_{12}$、$\boldsymbol{v}_{22}$线性无关的3阶广义特征向量

$$\boldsymbol{v}_{13} = [0 \quad 0 \quad 1 \quad 0 \quad 0 \quad 0]^{\mathrm{T}}$$

最后求出特征值$\lambda=0$对应的特征向量

$$\boldsymbol{v}_{6} = [0 \quad 0 \quad 0 \quad 0 \quad 1 \quad -1]^{\mathrm{T}}$$

于是得到变换矩阵为

$$
\boldsymbol{P}=\begin{bmatrix}2 & 1 & 0 & 0 & 0 & 0\\ 2 & -1 & 0 & 0 & 0 & 0\\ 0 & 0 & 1 & 2 & 1 & 0\\ 0 & 0 & 0 & -2 & -1 & 0\\ 0 & 0 & 0 & 0 & 1 & 1\\ 0 & 0 & 0 & 0 & 1 & -1\end{bmatrix}
$$

读者可自行验证

$$
\boldsymbol{P}^{-1}\boldsymbol{A}\boldsymbol{P}=\boldsymbol{J}=\begin{bmatrix}2 & 1 & 0 & 0 & 0 & 0\\ 0 & 2 & 1 & 0 & 0 & 0\\ 0 & 0 & 2 & 0 & 0 & 0\\ 0 & 0 & 0 & 2 & 1 & 0\\ 0 & 0 & 0 & 0 & 2 & 0\\ 0 & 0 & 0 & 0 & 0 & 0\end{bmatrix}
$$

7.2　状态能控性

7.2.1　状态能控性定义

能控性是讨论系统的控制输入对系统状态的影响能力，确切地说，是指状态在控制输入的作用下能否回到坐标原点的性质。例如，对如下系统：

$$
\begin{bmatrix}\dot{x}_1\\ \dot{x}_2\end{bmatrix}=\begin{bmatrix}-4 & 0\\ 0 & 5\end{bmatrix}\begin{bmatrix}x_1\\ x_2\end{bmatrix}+\begin{bmatrix}1\\ 0\end{bmatrix}u \tag{7.2.1}
$$

可以直接地看出，状态 x_2 的变化不受输入 u 的控制。因此，可以笼统地说，状态 x_2 是“不能控”的。确实，任何 $x_2\neq 0$ 的状态均不能在 u 的作用下回到坐标原点。

然而，这种直观的判断并不是总能奏效的。例如，对图 7.1 所示的电路，设两个电容器的电压 x_1 和 x_2 为状态，控制输入是外加电压 $u(t)$，根据基尔霍夫电压定律可以得到 $RC\dot{x}_1+x_1=RC\dot{x}_2+x_2=u-R(c\dot{x}_1+c\dot{x}_2)$。设 $RC=1/3$，则得到系统状态方程如下：

$$
\begin{bmatrix}\dot{x}_1\\ \dot{x}_2\end{bmatrix}=\begin{bmatrix}-2 & 1\\ 1 & -2\end{bmatrix}\begin{bmatrix}x_1\\ x_2\end{bmatrix}+\begin{bmatrix}1\\ 1\end{bmatrix}u \tag{7.2.2}
$$

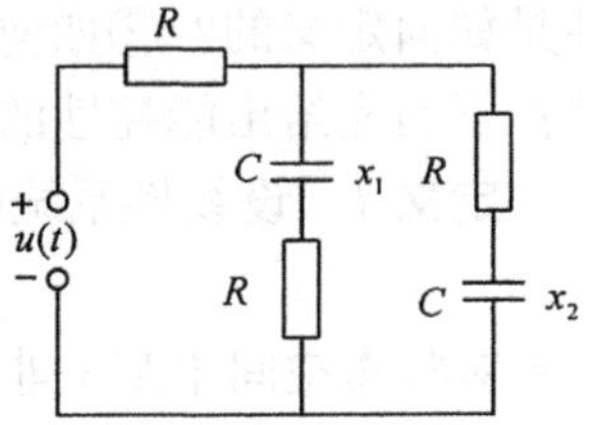

图 7.1　不能控电路

从方程可以看到，状态变化率 $\dot{x}_1$ 和 $\dot{x}_2$ 均与控制输入 u 有关，因此不能马上做出任何关于“能控性”的结论。

为了方便进一步分析，写出式(7.2.2)系统的状态响应

$$
\boldsymbol{x}(t)=\mathrm{e}^{\boldsymbol{A}t}x_0+\int_0^t \mathrm{e}^{\boldsymbol{A}(t-\tau)}\boldsymbol{B}u(\tau)\mathrm{d}\tau
$$

容易得到系统的转移矩阵为

$$e^{\boldsymbol{A}t}=\frac{1}{2}\begin{bmatrix}e^{-t}+e^{-3t} & e^{-t}-e^{-3t}\\ e^{-t}-e^{-3t} & e^{-t}+e^{-3t}\end{bmatrix}$$

设初始状态为 $\boldsymbol{x}_0=[x_{10}\quad x_{20}]^{\mathrm{T}}$,则

$$\boldsymbol{x}(t)=\frac{1}{2}\begin{bmatrix}e^{-t}+e^{-3t} & e^{-t}-e^{-3t}\\ e^{-t}-e^{-3t} & e^{-t}+e^{-3t}\end{bmatrix}\begin{bmatrix}x_{10}\\ x_{20}\end{bmatrix}+\int_0^t\begin{bmatrix}e^{-(t-\tau)}\\ e^{-(t-\tau)}\end{bmatrix}u(\tau)d\tau$$

很显然,当 $x_{10}=-x_{20}\neq0$ 时

$$\boldsymbol{x}(t)=\begin{bmatrix}e^{-3t}\\ -e^{-3t}\end{bmatrix}x_{10}+\int_0^t\begin{bmatrix}e^{-(t-\tau)}\\ e^{-(t-\tau)}\end{bmatrix}u(\tau)d\tau$$

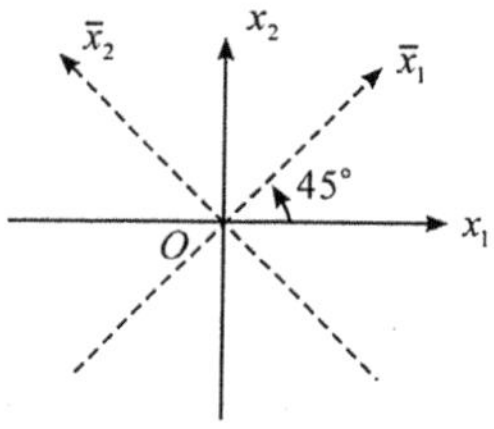

图 7.2　状态空间

此时,输入信号所产生的响应的两个分量对任意 t 都是相等的,因此,无论如何选择 $u(t)$,都有 $\boldsymbol{x}(t)\neq0$, $\forall t>0$。也就是说,图 7.2 所示的状态空间中,位于直线 $x_1=-x_2$ 上的所有状态均是不能控的。

用另外一种办法也可以证实上述判断。对系统(7.2.2)作状态变换 $\bar{\boldsymbol{x}}=\boldsymbol{P}^{-1}\boldsymbol{x}$,其中

$$\boldsymbol{P}=\frac{\sqrt{2}}{2}\begin{bmatrix}1 & -1\\ 1 & 1\end{bmatrix}$$

该变换相当于将状态空间的坐标轴逆时针旋转 45°,变换后的系统状态方程为

$$\begin{bmatrix}\dot{\bar{x}}_1\\ \dot{\bar{x}}_2\end{bmatrix}=\begin{bmatrix}-1 & 0\\ 0 & -3\end{bmatrix}\begin{bmatrix}\bar{x}_1\\ \bar{x}_2\end{bmatrix}+\begin{bmatrix}\sqrt{2}\\ 0\end{bmatrix}u \tag{7.2.3}$$

该系统与系统(7.2.1)结构相似,所有 $\bar{x}_2$ 轴上的状态均是不能控的。

由上面的分析可以看出,在能控性的讨论中下面的三个问题是关键的:①能控性是如何定义的?②如何判断能控性?③如何通过状态变换使能控性变得显而易见?下面先给出能控性的确切意义,另外两个问题将在本章后续小节中讨论。

定义 1　设线性系统的状态方程为

$$\dot{\boldsymbol{x}}=\boldsymbol{A}\boldsymbol{x}+\boldsymbol{B}\boldsymbol{u} \tag{7.2.4}$$

如果对状态空间中某一非零的有限点 $\boldsymbol{x}_0$,可以找到容许控制 $\boldsymbol{u}(t)$,使得当系统以 $\boldsymbol{x}_0$ 为初始状态,即 $\boldsymbol{x}(t_0)=\boldsymbol{x}_0$,在 $\boldsymbol{u}(t)$ 作用下,系统在某个有限时刻 $t=t_1>t_0$,状态达到坐标原点,即 $\boldsymbol{x}(t_1)=0$,则称 $\boldsymbol{x}_0$ 是系统(7.2.4)的能控状态。如果 $\boldsymbol{x}_0$ 为状态空间中任意一点,则称系统是完全能控的。

需要对上述定义作以下几点说明。

(1) 根据定义,不讨论无穷远点和坐标原点本身的能控性。

(2) 由于系统(7.2.4)是定常系统,初始时刻 t_0 可选在任意时刻,不妨设 $t_0=0$。此外,定义只要求 t_1 时刻的存在性,并不关心控制作用时间段 $[t_0,t_1]$ 的长短。

(3) 定义只要求在有限时间段将状态 $\boldsymbol{x}_0$ 转移到坐标原点，对状态转移的轨道无任何限制。

(4) 所谓容许控制是指控制信号的各分量均应满足平方可积条件，这一条件只是为了在数学意义上保证式(7.2.4)的解存在且唯一。而实际物理信号由于能量总是有限的，故总满足平方可积条件。换言之，可以认为实际上该定义对控制信号 $\boldsymbol{u}(t)$ 无限制。

用上述定义检查前面讨论过的系统可知，对系统(7.2.1)而言，所有 $x_2\neq 0$ 的状态均不能控；而对系统(7.2.2)而言，所有 $x_1=-x_2$ 的状态均不能控。因此两个系统都不是完全能控系统，有时简称为不能控系统。

7.2.2　能控性判据

下面介绍判别线性定常系统(7.2.4)是否完全能控的几种方法。

1. 格拉姆(Gram)矩阵判据

定理 1　线性定常系统

$$\dot{\boldsymbol{x}} = \boldsymbol{A}\boldsymbol{x} + \boldsymbol{B}\boldsymbol{u}$$

完全能控的充要条件是存在 $t_1>0$，使

$$\boldsymbol{W}_c[0,t_1] = \int_0^{t_1} \mathrm{e}^{-\boldsymbol{A}t}\boldsymbol{B}\boldsymbol{B}^{\mathrm{T}}\mathrm{e}^{-\boldsymbol{A}^{\mathrm{T}}t}\mathrm{d}t \tag{7.2.5}$$

成为非奇异矩阵。

格拉姆矩阵法并不适合直接用来检验系统的能控性，因为要找到一个满足定理条件的 t_1 并不是一件容易的事。尽管如此，该判据在能控性分析中仍占有十分重要的地位，因为它是推导和证明其他判据的重要手段之一。

格拉姆矩阵判据可简单地证明如下：首先证明充分性，即已知存在非奇异的 $\boldsymbol{W}_c[0,t_1]$，证明系统完全能控。由 $\boldsymbol{W}_c$ 非奇异知 $\boldsymbol{W}_c^{-1}$ 存在。设 $\boldsymbol{x}_0$ 为任一非零初态，构造控制量 $\boldsymbol{u}(t)=-\boldsymbol{B}^{\mathrm{T}}\mathrm{e}^{-\boldsymbol{A}^{\mathrm{T}}t}\boldsymbol{W}_c^{-1}[0,t_1]\boldsymbol{x}_0, t\in[0,t_1]$。系统在 $\boldsymbol{u}(t)$ 作用下的状态响应为

$$\begin{aligned}
\boldsymbol{x}(t_1) &= \mathrm{e}^{\boldsymbol{A}t_1}\boldsymbol{x}_0 + \int_0^{t_1}\mathrm{e}^{\boldsymbol{A}(t_1-t)}\boldsymbol{B}\boldsymbol{u}(t)\mathrm{d}t \\
&= \mathrm{e}^{\boldsymbol{A}t_1}\boldsymbol{x}_0 - \mathrm{e}^{\boldsymbol{A}t_1}\int_0^{t_1}\mathrm{e}^{-\boldsymbol{A}t}\boldsymbol{B}\boldsymbol{B}^{\mathrm{T}}\mathrm{e}^{-\boldsymbol{A}^{\mathrm{T}}t}\boldsymbol{W}_c^{-1}\boldsymbol{x}_0\mathrm{d}t \\
&= \mathrm{e}^{\boldsymbol{A}t_1}\boldsymbol{x}_0 - \mathrm{e}^{\boldsymbol{A}t_1}\int_0^{t_1}\mathrm{e}^{-\boldsymbol{A}t}\boldsymbol{B}\boldsymbol{B}^{\mathrm{T}}\mathrm{e}^{-\boldsymbol{A}^{\mathrm{T}}t}\mathrm{d}t\boldsymbol{W}_c^{-1}\boldsymbol{x}_0 \\
&= \mathrm{e}^{\boldsymbol{A}t_1}\boldsymbol{x}_0 - \mathrm{e}^{\boldsymbol{A}t_1}\boldsymbol{W}_c\boldsymbol{W}_c^{-1}\boldsymbol{x}_0 \\
&= 0
\end{aligned}$$

注意到 $\boldsymbol{x}_0$ 的任意性，充分性得证。

再来证明必要性，即已知系统完全能控，证明 $\boldsymbol{W}_c[0,t_1]$非奇异。用反证法，设对所有 t_1，$\boldsymbol{W}_c[0,t_1]$均奇异，即存在非零向量 $\boldsymbol{x}_0\in\mathbf{R}^n$，使 $\boldsymbol{W}_c\boldsymbol{x}_0=0$，于是 $\boldsymbol{x}_0^{\mathrm{T}}\boldsymbol{W}_c\boldsymbol{x}_0=0$，即

$$\int_0^{t_1}\boldsymbol{x}_0^{\mathrm{T}}\mathrm{e}^{-\boldsymbol{A}t}\boldsymbol{B}\boldsymbol{B}^{\mathrm{T}}\mathrm{e}^{-\boldsymbol{A}^{\mathrm{T}}t}\boldsymbol{x}_0\mathrm{d}t=0$$

即

$$\int_0^{t_1}|\boldsymbol{B}^{\mathrm{T}}\mathrm{e}^{-\boldsymbol{A}^{\mathrm{T}}t}\boldsymbol{x}_0|^2\mathrm{d}t=0$$

其中 $|\cdot|$ 表示向量的模。由上式可知

$$\boldsymbol{B}^{\mathrm{T}}\mathrm{e}^{-\boldsymbol{A}^{\mathrm{T}}t}\boldsymbol{x}_0=0,\qquad\forall t\in[0,t_1]\tag{7.2.6}$$

由于系统完全能控，故对 $\boldsymbol{x}_0$ 存在控制 $\boldsymbol{u}(t)$，使得

$$\boldsymbol{x}(t_1)=\mathrm{e}^{\boldsymbol{A}t_1}\boldsymbol{x}_0+\int_0^{t_1}\mathrm{e}^{\boldsymbol{A}t_1}\mathrm{e}^{-\boldsymbol{A}t}\boldsymbol{B}\boldsymbol{u}(t)\mathrm{d}t=0$$

即

$$\boldsymbol{x}_0=-\int_0^{t_1}\mathrm{e}^{-\boldsymbol{A}t}\boldsymbol{B}\boldsymbol{u}(t)\mathrm{d}t$$

所以

$$\begin{aligned}|\boldsymbol{x}_0|^2=\boldsymbol{x}_0^{\mathrm{T}}\boldsymbol{x}_0&=\left[-\int_0^{t_1}\mathrm{e}^{-\boldsymbol{A}t}\boldsymbol{B}\boldsymbol{u}(t)\mathrm{d}t\right]^{\mathrm{T}}\boldsymbol{x}_0\\&=-\int_0^{t_1}\boldsymbol{u}^{\mathrm{T}}(t)\boldsymbol{B}^{\mathrm{T}}\mathrm{e}^{-\boldsymbol{A}^{\mathrm{T}}t}\boldsymbol{x}_0\mathrm{d}t\end{aligned}$$

注意到式(7.2.6)，得到$|\boldsymbol{x}_0|^2=0$，这与 $\boldsymbol{x}_0$ 为非零向量的初始假设矛盾。于是必要性得证。

2. 代数判据

定理 2 n 维线性定常系统

$$\dot{\boldsymbol{x}}=\boldsymbol{A}\boldsymbol{x}+\boldsymbol{B}\boldsymbol{u}$$

完全能控的充要条件是

$$\mathrm{rank}\boldsymbol{Q}_c=\mathrm{rank}[\boldsymbol{B}\quad\boldsymbol{A}\boldsymbol{B}\quad\cdots\quad\boldsymbol{A}^{n-1}\boldsymbol{B}]=n$$

证明 先证充分性。利用格拉姆矩阵判据(定理 1)来证明，即已知 $\mathrm{rank}\boldsymbol{Q}_c=n$，欲证 $\boldsymbol{W}_c[0,t_1]=\int_0^{t_1}\mathrm{e}^{-\boldsymbol{A}t}\boldsymbol{B}\boldsymbol{B}^{\mathrm{T}}\mathrm{e}^{-\boldsymbol{A}^{\mathrm{T}}t}\mathrm{d}t$ 非奇异。

用反证法，设 $\boldsymbol{W}_c$ 奇异，即存在非零向量 $\boldsymbol{\alpha}\in\mathbf{R}^n$，使得

$$\boldsymbol{W}_c\boldsymbol{\alpha}=0$$

因此有

$$\boldsymbol{\alpha}^{\mathrm{T}}\boldsymbol{W}_c\boldsymbol{\alpha}=0$$

即

$$\int_0^{t_1} [\boldsymbol{\alpha}^{\mathrm{T}} \mathrm{e}^{-\boldsymbol{A}t} \boldsymbol{B}][\boldsymbol{\alpha}^{\mathrm{T}} \mathrm{e}^{-\boldsymbol{A}t} \boldsymbol{B}]^{\mathrm{T}} \mathrm{d}t = 0$$

于是得到

$$\boldsymbol{\alpha}^{\mathrm{T}} \mathrm{e}^{-\boldsymbol{A}t} \boldsymbol{B} = 0, \qquad \forall t \in [0, t_1] \tag{7.2.7}$$

在上式中令 $t=0$,可得

$$\boldsymbol{\alpha}^{\mathrm{T}} \boldsymbol{B} = 0 \tag{7.2.8}$$

对式(7.2.7)求导,并令 $t=0$ 得

$$\boldsymbol{\alpha}^{\mathrm{T}} \boldsymbol{A}\boldsymbol{B} = 0 \tag{7.2.9}$$

再次求导,并令 $t=0$ 得

$$\boldsymbol{\alpha}^{\mathrm{T}} \boldsymbol{A}^2 \boldsymbol{B} = 0 \tag{7.2.10}$$

依此类推,可得

$$\boldsymbol{\alpha}^{\mathrm{T}} \boldsymbol{A}^{n-1} \boldsymbol{B} = 0 \tag{7.2.11}$$

将以上诸式写成如下分块矩阵形式

$$\boldsymbol{\alpha}^{\mathrm{T}} [\boldsymbol{B} \quad \boldsymbol{A}\boldsymbol{B} \quad \boldsymbol{A}^2\boldsymbol{B} \quad \cdots \quad \boldsymbol{A}^{n-1}\boldsymbol{B}] = 0$$

由于 $\boldsymbol{\alpha} \neq 0$,故 $\boldsymbol{Q}_c$ 不满秩,即 $\mathrm{rank}\boldsymbol{Q}_c < n$,这与初始假设矛盾,于是充分性得证。

再证必要性。已知系统完全能控,欲证明 $\mathrm{rank}\boldsymbol{Q}_c = n$。

同样用反证法,设 $\mathrm{rank}\boldsymbol{Q}_c < n$,即 $\boldsymbol{Q}_c$ 各行线性相关,于是存在非零向量 $\boldsymbol{\alpha} \in \mathbf{R}^n$,使得

$$\boldsymbol{\alpha}^{\mathrm{T}} \boldsymbol{Q}_c = \boldsymbol{\alpha}^{\mathrm{T}} [\boldsymbol{B} \quad \boldsymbol{A}\boldsymbol{B} \quad \boldsymbol{A}^2\boldsymbol{B} \quad \cdots \quad \boldsymbol{A}^{n-1}\boldsymbol{B}] = 0$$

于是得到

$$\boldsymbol{\alpha}^{\mathrm{T}} \boldsymbol{A}^i \boldsymbol{B} = 0, \qquad i = 0, 1, \cdots, n-1 \tag{7.2.12}$$

根据线性代数中的凯莱-哈密顿定理可知,对一个方阵 $\boldsymbol{A} \in \mathbf{R}^{n \times n}$,若其特征方程 $\det(\lambda \boldsymbol{I} - \boldsymbol{A}) = 0$ 为

$$\lambda^n + a_{n-1}\lambda^{n-1} + \cdots + a_1\lambda + a_0 = 0$$

则该矩阵亦满足方程

$$\boldsymbol{A}^n + a_{n-1}\boldsymbol{A}^{n-1} + \cdots + a_1\boldsymbol{A} + a_0\boldsymbol{I} = 0$$

该定理表明,$\boldsymbol{A}^n$ 总可以表示为 $\boldsymbol{I}, \boldsymbol{A}, \boldsymbol{A}^2, \cdots, \boldsymbol{A}^{n-1}$ 的线性组合。同样,对任意 $m > n$,$\boldsymbol{A}^m$ 也都可以表示为 $\boldsymbol{I}, \boldsymbol{A}, \boldsymbol{A}^2, \cdots, \boldsymbol{A}^{n-1}$ 的线性组合。因此,式(7.2.12)对任意大于或等于 n 的自然数也都成立,即

$$\boldsymbol{\alpha}^{\mathrm{T}} \boldsymbol{A}^i \boldsymbol{B} = 0, \qquad i = 0,\ 1,\ \cdots,\ n,\ n+1, \cdots$$

由此可知

$$\boldsymbol{\alpha}^{\mathrm{T}} \mathrm{e}^{-\boldsymbol{A}t} \boldsymbol{B} = \boldsymbol{\alpha}^{\mathrm{T}} \left[\boldsymbol{I} - \boldsymbol{A}t + \frac{1}{2!}\boldsymbol{A}^2 t^2 - \frac{1}{3!}\boldsymbol{A}^3 t^3 + \cdots \right] \boldsymbol{B} = 0, \qquad \forall t \in [0, t_1]$$

因此

$$[\boldsymbol{\alpha}^{\mathrm{T}} \mathrm{e}^{-\boldsymbol{A}t} \boldsymbol{B}][\boldsymbol{\alpha}^{\mathrm{T}} \mathrm{e}^{-\boldsymbol{A}t} \boldsymbol{B}]^{\mathrm{T}} = 0$$

于是

$$\int_0^{t_1} \boldsymbol{\alpha}^{\mathrm{T}} \mathrm{e}^{-\boldsymbol{A}t} \boldsymbol{B}\boldsymbol{B}^{\mathrm{T}} \mathrm{e}^{-\boldsymbol{A}^{\mathrm{T}}t} \boldsymbol{\alpha}\,\mathrm{d}t = 0$$

即

$$\boldsymbol{\alpha}^{\mathrm{T}} \boldsymbol{W}_c [0, t_1] \boldsymbol{\alpha} = 0$$

该式意味着 $\boldsymbol{W}_c$ 奇异，系统不是完全能控的，这与初始假设矛盾，因此必要性得证。

例 7.5　图 7.3(a)所示为一移动倒立摆系统。摆的关节连在一个可移动的小车上，小车由电机驱动，电机水平驱动力为 F。该力是控制倒立摆的唯一输入，控制的目的是使摆保持垂直的位置。为达到这一目的，控制输入 F 对移动倒立摆系统(在垂直位置附近)应是能控的。请对这一问题进行分析。

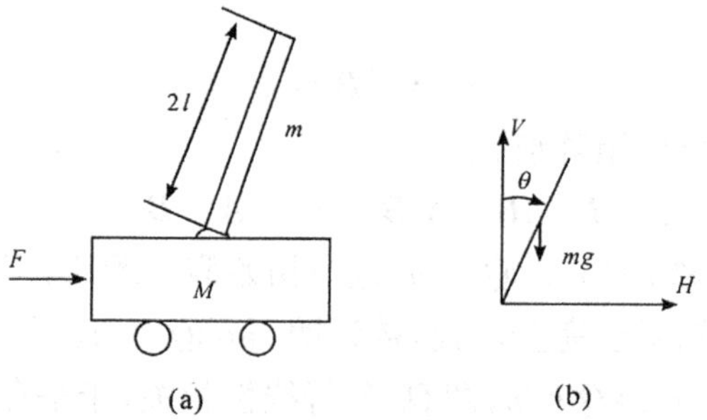

图 7.3　移动倒立摆

解　设摆杆的重量为 mg，摆长为 $2l$，小车的质量为 M，摆杆偏离垂直位置的角度记为 θ，小车的位移记为 y。为方便起见，将小车对摆的水平方向和垂直方向的反作用力分别记为 H 和 V(图 7.3(b))。根据牛顿定律，写出摆的水平方向和垂直方向的力平衡方程分别为

$$m\frac{\mathrm{d}^2}{\mathrm{d}t^2}(y + l\sin\theta) = H \tag{7.2.13}$$

$$m\frac{\mathrm{d}^2}{\mathrm{d}t^2}(l\cos\theta) = V - mg \tag{7.2.14}$$

对于摆的质心的力矩方程为

$$I\ddot{\theta} = Vl\sin\theta - Hl\cos\theta \tag{7.2.15}$$

其中，I 表示摆杆相对于其质心的转动惯量。小车的力平衡方程为

$$M\ddot{y} = F - H - k\dot{y} \tag{7.2.16}$$

其中，k 表示摩擦系数。在式(7.2.13)～式(7.2.16)中消去中间变量 V 和 H 可得

$$I\ddot{\theta} = mgl\sin\theta - ml^2\ddot{\theta} - ml\ddot{y}\cos\theta \tag{7.2.17}$$

$$M\ddot{y} = F - m(\ddot{y} + l\ddot{\theta}\cos\theta - l\dot{\theta}^2\sin\theta) - k\dot{y} \tag{7.2.18}$$

对上面方程在 $\begin{bmatrix}\theta \\ \dot{\theta}\end{bmatrix} = \begin{bmatrix}0 \\ 0\end{bmatrix}$ 附近线性化(见 2.2 节)，可得线性化方程为

$$I\ddot{\theta} = mgl\theta - ml^2\ddot{\theta} - ml\ddot{y} \tag{7.2.19}$$

$$M\ddot{y} = F - m\ddot{y} - ml\ddot{\theta} - k\dot{y} \tag{7.2.20}$$

设摆杆质量均匀分布，则 $I=\frac{1}{3}ml^2$。为简化分析，忽略摩擦(其实摩擦力在本例中不影响能控性)，即 $k=0$。于是得简化后的系统为

$$\frac{4}{3}ml^2\ddot{\theta} + ml\ddot{y} = mgl\theta \tag{7.2.21}$$

$$(M+m)\ddot{y} + ml\ddot{\theta} = F \tag{7.2.22}$$

定义系统的状态为 $x_1=\theta, x_2=\dot{\theta}, x_3=y, x_4=\dot{y}$，得到系统的状态方程为

$$\begin{aligned}
\dot{x}_1 &= x_2 \\
\dot{x}_2 &= \frac{3(M+m)}{(4M+m)l}gx_1 - \frac{3}{(4M+m)l}F \\
\dot{x}_3 &= x_4 \\
\dot{x}_4 &= -\frac{3mg}{4M+m}x_1 + \frac{4}{4M+m}F
\end{aligned}$$

即

$$\begin{bmatrix}\dot{x}_1\\ \dot{x}_2\\ \dot{x}_3\\ \dot{x}_4\end{bmatrix} = \begin{bmatrix} 0 & 1 & 0 & 0 \\ \frac{3(M+m)g}{(4M+m)l} & 0 & 0 & 0 \\ 0 & 0 & 0 & 1 \\ -\frac{3mg}{4M+m} & 0 & 0 & 0 \end{bmatrix}\begin{bmatrix}x_1\\ x_2\\ x_3\\ x_4\end{bmatrix} + \begin{bmatrix} 0 \\ -\frac{3}{(4M+m)l} \\ 0 \\ \frac{4}{4M+m}\end{bmatrix}F$$

于是算出系统能控性矩阵为

$$\begin{aligned}
\boldsymbol{Q}_c &= [\boldsymbol{B} \quad \boldsymbol{AB} \quad \boldsymbol{A}^2\boldsymbol{B} \quad \boldsymbol{A}^3\boldsymbol{B}] \\
&= \begin{bmatrix} 0 & -\frac{3}{(4M+m)l} & 0 & -\frac{9(M+m)g}{(4M+m)^2l^2} \\ -\frac{3}{(4M+m)l} & 0 & -\frac{9(M+m)g}{(4M+m)^2l^2} & 0 \\ 0 & \frac{4}{4M+m} & 0 & \frac{9mg}{(4M+m)^2l} \\ \frac{4}{4M+m} & 0 & \frac{9mg}{(4M+m)^2l} & 0 \end{bmatrix}
\end{aligned}$$

显然，$\boldsymbol{Q}_c$ 的秩等于 4，所以系统完全能控。

3. 特征值判据

定理 3(PBH 判据)　n 维线性定常系统

$$\dot{\boldsymbol{x}} = \boldsymbol{Ax} + \boldsymbol{Bu}$$

完全能控的充要条件是对矩阵 $\boldsymbol{A}$ 的所有特征值 $\lambda_i, i=1,\cdots,n$ 均满足

$$\text{rank}[\lambda_i \boldsymbol{I} - \boldsymbol{A} \quad \boldsymbol{B}] = n \tag{7.2.23}$$

证明 先证必要性，即已知系统完全能控，证明 $\text{rank}[\lambda_i \boldsymbol{I}-\boldsymbol{A} \quad \boldsymbol{B}]=n$，$i=1,\cdots,n$。用反证法，设对某个特征值 λ_i 有

$$\text{rank}[\lambda_i \boldsymbol{I} - \boldsymbol{A} \quad \boldsymbol{B}] < n$$

这说明$[\lambda_i \boldsymbol{I}-\boldsymbol{A} \quad \boldsymbol{B}]$的行向量线性相关，故存在非零 $\boldsymbol{\alpha} \in \mathbf{R}^n$，使得

$$\boldsymbol{\alpha}^{\mathrm{T}}[\lambda_i \boldsymbol{I} - \boldsymbol{A} \quad \boldsymbol{B}] = 0$$

由此可得 $\boldsymbol{\alpha}^{\mathrm{T}}\boldsymbol{A}=\lambda_i\boldsymbol{\alpha}^{\mathrm{T}}, \boldsymbol{\alpha}^{\mathrm{T}}\boldsymbol{B}=0$。于是

$$\begin{aligned}
\boldsymbol{\alpha}^{\mathrm{T}}\boldsymbol{AB} &= \lambda_i\boldsymbol{\alpha}^{\mathrm{T}}\boldsymbol{B} = 0 \\
\boldsymbol{\alpha}^{\mathrm{T}}\boldsymbol{A}^2\boldsymbol{B} &= \lambda_i\boldsymbol{\alpha}^{\mathrm{T}}\boldsymbol{AB} = \lambda_i^2\boldsymbol{\alpha}^{\mathrm{T}}\boldsymbol{B} = 0 \\
&\vdots \\
\boldsymbol{\alpha}^{\mathrm{T}}\boldsymbol{A}^{n-1}\boldsymbol{B} &= 0
\end{aligned}$$

因此

$$\boldsymbol{\alpha}^{\mathrm{T}}[\boldsymbol{B} \quad \boldsymbol{AB} \quad \boldsymbol{A}^2\boldsymbol{B} \quad \cdots \quad \boldsymbol{A}^{n-1}\boldsymbol{B}] = 0$$

即

$$\text{rank}[\boldsymbol{B} \quad \boldsymbol{AB} \quad \boldsymbol{A}^2\boldsymbol{B} \quad \cdots \quad \boldsymbol{A}^{n-1}\boldsymbol{B}] < n$$

这与系统完全能控矛盾，必要性得证。

定理充分性的证明放在 7.5 节讲述。

满足式(7.2.23)的 λ_i 所对应的系统模态 $e^{\lambda_i t}$ 是能控的；相反，若 λ_i 不满足该式，且 λ_i 为单重特征值，则 $e^{\lambda_i t}$ 为不能控模态。

由于矩阵$(\lambda\boldsymbol{I}-\boldsymbol{A})$只可能在 $\boldsymbol{A}$ 的特征值处降秩，因此，定理 3 的条件也可以表述为$(\boldsymbol{A},\boldsymbol{B})$完全能控等价于对所有 $\lambda \in \mathbf{C}$，满足

$$\text{rank}(\lambda \boldsymbol{I} - \boldsymbol{A} \quad \boldsymbol{B}) = n \tag{7.2.24}$$

从定理 3 可容易地推出以下一些结论。

推论 1 设线性定常系统用如下特征值规范型表示

$$\dot{\boldsymbol{x}} = \begin{bmatrix} \lambda_1 & & 0 \\ & \ddots & \\ 0 & & \lambda_n \end{bmatrix}\boldsymbol{x} + \begin{bmatrix} b_{11} & \cdots & b_{1m} \\ \vdots & & \vdots \\ b_{n1} & \cdots & b_{nm} \end{bmatrix}\boldsymbol{u}$$

该系统完全能控的充要条件是 $\boldsymbol{B}$ 矩阵中没有元素全为零的行。

若 $\boldsymbol{B}$ 中某行元素全为零，即 $b_{ij}=0, j=1,\cdots,m$，则该行对应的运动模态 $e^{\lambda_i t}$ 不能控。

例 7.6 考察单输入系统

$$\dot{\boldsymbol{x}} = \begin{bmatrix} \lambda_1 & 0 \\ 0 & \lambda_2 \end{bmatrix}\boldsymbol{x} + \begin{bmatrix} b_1 \\ b_2 \end{bmatrix}u$$

的能控性条件。

解　由推论 1 可知，该系统完全能控的充要条件是 $b_1 \neq 0, b_2 \neq 0$。这一条件非常直观，也很好理解。

如果系统由若尔当标准型描述，则其能控性可由如下推论判断。

推论 2　（一个若尔当块的情形）若尔当型系统

$$\dot{\boldsymbol{x}} = \begin{bmatrix} \lambda_1 & 1 & & \\ & \ddots & \ddots & \\ & & \ddots & 1 \\ & & & \lambda_1 \end{bmatrix} \boldsymbol{x} + \begin{bmatrix} b_{11} & \cdots & b_{1m} \\ \vdots & & \vdots \\ b_{k1} & \cdots & b_{km} \end{bmatrix} \boldsymbol{u}$$

完全能控的充要条件是 $\boldsymbol{B}$ 矩阵最后一行的元素 $b_{kj}(j=1,\cdots,m)$ 不全为零。

例 7.7　考察单输入系统

$$\dot{\boldsymbol{x}} = \begin{bmatrix} \lambda_1 & 1 \\ 0 & \lambda_1 \end{bmatrix} \boldsymbol{x} + \begin{bmatrix} b_1 \\ b_2 \end{bmatrix} u$$

的能控性条件。

解　由推论 2 可知，该完全能控的充要条件是 $b_2 \neq 0$。注意，与例 7.6 不同的是，这里即使 $b_1 = 0$，系统也可以是完全能控的。实际上，在系统状态方程的第一个方程 $\dot{x}_1 = \lambda_1 x_1 + x_2 + b_1 u$ 中，即使 $b_1 = 0$，x_2 仍可以充当这一方程中的“控制量”来控制状态 x_1，前提是 x_2 可以由输入 u 来控制。

若特征值的几何重数大于 1，则该特征值可以有若干个若尔当块，记为 $\boldsymbol{J}_1,\cdots,\boldsymbol{J}_l$。此时系统的能控性可由如下推论来判断。

推论 3　设 $\boldsymbol{J}_1,\cdots,\boldsymbol{J}_l$ 是对应同一特征值 λ_1 的若尔当块，则系统

$$\dot{\boldsymbol{x}} = \begin{bmatrix} \boldsymbol{J}_1 & & & \\ & \boldsymbol{J}_2 & & \\ & & \ddots & \\ & & & \boldsymbol{J}_l \end{bmatrix} \boldsymbol{x} + \begin{bmatrix} \boldsymbol{B}_1 \\ \boldsymbol{B}_2 \\ \vdots \\ \boldsymbol{B}_l \end{bmatrix} \boldsymbol{u}$$

完全能控的充要条件是每个若尔当块所对应的输入矩阵块 $\boldsymbol{B}_1,\cdots,\boldsymbol{B}_l$ 的最后一行是线性无关的。

例 7.8　考察系统

$$\begin{bmatrix} \dot{x}_1 \\ \dot{x}_2 \\ \dot{x}_3 \\ \dot{x}_4 \\ \dot{x}_5 \\ \dot{x}_6 \end{bmatrix} = \left[\begin{array}{ccc:cc:c} -4 & 1 & & & & \\ & -4 & 1 & & & \\ & & -4 & & & \\ \hdashline & & & -4 & 1 & \\ & & & & -4 & \\ \hdashline & & & & & -3 \end{array}\right] \begin{bmatrix} x_1 \\ x_2 \\ x_3 \\ x_4 \\ x_5 \\ x_6 \end{bmatrix} + \left[\begin{array}{cc} 0 & 0 \\ 0 & 0 \\ 0 & 1 \\ \hdashline 0 & 0 \\ 0 & 2 \\ \hdashline 1 & 0 \end{array}\right] u$$

的能控性。

解　特征值−4 对应了两个若尔当块，而两个若尔当块所对应的输入矩阵块的最后一行分别为[0　1]和[0　2]，显然它们是线性相关的。因此，系统不是完全能控的。

很显然，当系统模型属于特征值规范型时，用特征值判据的几个推论可以更容易地判别系统的能控性。可以证明，线性系统在坐标变换下，能控性保持不变(习题 7.5)。因此，对任一线性系统，可以利用坐标变换将它转换成特征值规范型，再用特征值判据或其推论判断系统的能控性，所得结论与直接利用代数判据得到的结论是一样的。

7.3　状态能观性

7.3.1　状态能观性定义

状态能观性是指在输入 $\boldsymbol{u}=0$ 时，能否通过输出量 $\boldsymbol{y}(t)$ 的变化来确定状态 $\boldsymbol{x}(t)$ 的变化。显然，对于系统

$$\begin{cases}\dot{x}_1 = -5x_1 \\ \dot{x}_2 = -2x_2 \\ y = x_1\end{cases}$$

而言，从输出 y 的变化中无论如何也不会得到状态 x_2 的变化信息。因此，可以说，状态 x_2 在输出 y 中是“不能观”的。由此可见，状态能观性与系统输入无关，状态能观性总是针对指定的系统输出而言的。

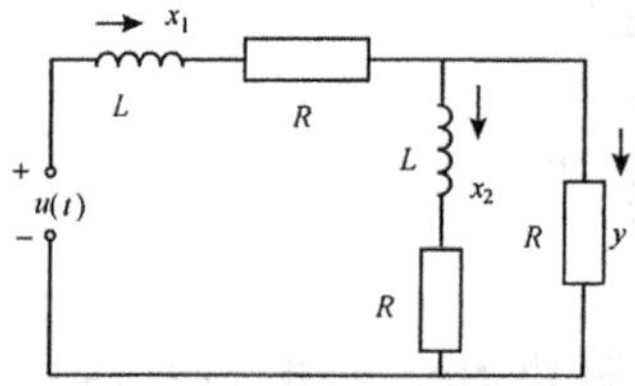

图 7.4　不能观电路

为了进一步说明能观性的概念，考察如图 7.4 所示的电路。设两个电感中流过的电流 x_1 和 x_2 为状态。$u(t)$为输入电压。系统输出为电阻 R 上流过的电流 y。设 $L=1(\mathrm{H}), R=1(\Omega)$，于是得到系统状态方程和输出方程为

$$\begin{cases}\begin{bmatrix}\dot{x}_1 \\ \dot{x}_2\end{bmatrix} = \begin{bmatrix}-2 & 1 \\ 1 & -2\end{bmatrix}\begin{bmatrix}x_1 \\ x_2\end{bmatrix} + \begin{bmatrix}1 \\ 0\end{bmatrix}u \\ y = [1 \quad -1]\ \boldsymbol{x}\end{cases}$$

容易得到

$$\mathrm{e}^{At} = \frac{1}{2}\begin{bmatrix}\mathrm{e}^{-t}+\mathrm{e}^{-3t} & \mathrm{e}^{-t}-\mathrm{e}^{-3t} \\ \mathrm{e}^{-t}-\mathrm{e}^{-3t} & \mathrm{e}^{-t}+\mathrm{e}^{-3t}\end{bmatrix}$$

因此，系统的零输入响应为

$$\begin{aligned} y(t) &= \boldsymbol{C}\mathrm{e}^{At}\boldsymbol{x}_0 = [\mathrm{e}^{-3t} \quad -\mathrm{e}^{-3t}]\ \boldsymbol{x}_0 \\ &= \mathrm{e}^{-3t}(x_1(0) - x_2(0)) \end{aligned}$$

显然，若$x_1(0)=x_2(0)$，则$y(t)\equiv 0$。此时，从$y(t)$中不能得到状态变化的完全信息。换言之，状态空间中直线 $x_1=x_2$ 上的所有状态(图 7.5)在输出 y 中是“不能观”的。

下面给出系统状态能观性的确切定义。

定义 2　设线性系统的状态空间模型为

$$\begin{cases}\dot{\boldsymbol{x}}=\boldsymbol{A}\boldsymbol{x}\\ \boldsymbol{y}=\boldsymbol{C}\boldsymbol{x}\end{cases}$$

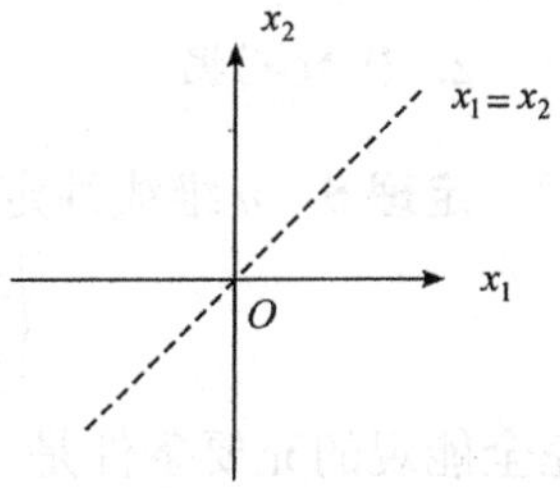

图 7.5　状态空间

设 $\boldsymbol{x}_0$ 为状态空间中非零有限点。将 $\boldsymbol{x}_0$ 作为系统初始状态，即 $\boldsymbol{x}(t_0)=\boldsymbol{x}_0$，若存在有限时刻 $t_1>t_0$，使得对任意 $t\in[t_0,t_1]$，有 $\boldsymbol{y}(t)\equiv 0$，则称 $\boldsymbol{x}_0$ 为该系统的不能观状态。对一个系统而言，只要状态空间中存在不能观状态，则称该系统不是状态完全能观的；反之，称系统是完全能观的。

7.3.2　能观性判据

1. 格拉姆矩阵判据

定理 4　线性定常系统

$$\begin{cases}\dot{\boldsymbol{x}}=\boldsymbol{A}\boldsymbol{x}\\ \boldsymbol{y}=\boldsymbol{C}\boldsymbol{x}\end{cases}\quad \boldsymbol{x}(0)=\boldsymbol{x}_0,\qquad t\geqslant 0$$

完全能观的充要条件是，存在有限时刻 $t_1>0$，使如下格拉姆矩阵

$$\boldsymbol{W}_o[0,t_1]=\int_0^{t_1}\mathrm{e}^{\boldsymbol{A}^{\mathrm{T}}t}\boldsymbol{C}^{\mathrm{T}}\boldsymbol{C}\mathrm{e}^{\boldsymbol{A}t}\,\mathrm{d}t$$

非奇异。

证明　先证充分性。已知 $\boldsymbol{W}_o[0,t_1]$非奇异，欲证系统完全能观。用构造性方法。由于$\boldsymbol{W}_o$ 非奇异，则 $\boldsymbol{W}_o^{-1}$ 存在。设 $\boldsymbol{x}_0$ 为任意非零初始状态。由于

$$\begin{aligned}&\boldsymbol{W}_o^{-1}[0,t_1]\int_0^{t_1}\mathrm{e}^{\boldsymbol{A}^{\mathrm{T}}t}\boldsymbol{C}^{\mathrm{T}}\boldsymbol{y}(t)\,\mathrm{d}t\\ &=\boldsymbol{W}_o^{-1}[0,t_1]\int_0^{t_1}\mathrm{e}^{\boldsymbol{A}^{\mathrm{T}}t}\boldsymbol{C}^{\mathrm{T}}\boldsymbol{C}\mathrm{e}^{\boldsymbol{A}t}\boldsymbol{x}_0\,\mathrm{d}t\\ &=\boldsymbol{x}_0\end{aligned}$$

所以对任意非零初态 $\boldsymbol{x}_0$，总可以用当前输出 $\boldsymbol{y}(t)$将它构造出来，这说明所有状态均能观。

再证必要性。用反证法，设 $\boldsymbol{W}_o[0,t_1]$奇异，则存在非零的 $\boldsymbol{x}_0\in\mathbf{R}^n$，使得

$$\boldsymbol{x}_0^{\mathrm{T}}\boldsymbol{W}_o[0,t_1]\boldsymbol{x}_0=0$$

即

$$\int_0^{t_1}\boldsymbol{x}_0^{\mathrm{T}}\mathrm{e}^{\boldsymbol{A}^{\mathrm{T}}t}\boldsymbol{C}^{\mathrm{T}}\boldsymbol{C}\mathrm{e}^{\boldsymbol{A}t}\boldsymbol{x}_0\,\mathrm{d}t=\int_0^{t_1}\boldsymbol{y}^{\mathrm{T}}(t)\boldsymbol{y}(t)\,\mathrm{d}t=\int_0^{t_1}|\boldsymbol{y}(t)|^2\,\mathrm{d}t=0$$

因此，$y(t)\equiv 0, \forall t\in[0,t_1]$。这说明 x_0 为不能观状态，必要性得证。

2. 代数判据

定理 5 n 维线性定常系统

$$\begin{cases}\dot{\boldsymbol{x}}=\boldsymbol{A}\boldsymbol{x}\\ \boldsymbol{y}=\boldsymbol{C}\boldsymbol{x}\end{cases},\qquad \boldsymbol{x}(0)=\boldsymbol{x}_0,\qquad t\geqslant 0$$

完全能观的充要条件是

$$\operatorname{rank}\boldsymbol{Q}_o=\operatorname{rank}\begin{bmatrix}\boldsymbol{C}\\ \boldsymbol{C}\boldsymbol{A}\\ \vdots\\ \boldsymbol{C}\boldsymbol{A}^{n-1}\end{bmatrix}=n$$

可仿照定理 2 的证明方法，用格拉姆矩阵判据(定理 4)证明上述定理。

例 7.9 考察系统

$$\begin{cases}\dot{\boldsymbol{x}}=\begin{bmatrix}-2 & 1\\ 1 & -2\end{bmatrix}\boldsymbol{x}+\begin{bmatrix}1\\ 0\end{bmatrix}u\\ y=\begin{bmatrix}1 & -1\end{bmatrix}\boldsymbol{x}\end{cases}$$

的能观性。

解 系统能观性矩阵为

$$\boldsymbol{Q}_o=\begin{bmatrix}\boldsymbol{C}\\ \boldsymbol{C}\boldsymbol{A}\end{bmatrix}=\begin{bmatrix}1 & -1\\ -3 & 3\end{bmatrix}$$

显然，$\operatorname{rank}\boldsymbol{Q}_o=1<2$，所以系统不完全能观。

3. 特征值判据

定理 6 n 维线性定常系统

$$\begin{cases}\dot{\boldsymbol{x}}=\boldsymbol{A}\boldsymbol{x}\\ \boldsymbol{y}=\boldsymbol{C}\boldsymbol{x}\end{cases},\qquad \boldsymbol{x}(0)=\boldsymbol{x}_0,\qquad t\geqslant 0$$

完全能观的充要条件是：对矩阵 $\boldsymbol{A}$ 的所有特征值 $\lambda_i, i=1,\cdots,n$，均有

$$\operatorname{rank}\begin{bmatrix}\boldsymbol{C}\\ \lambda_i\boldsymbol{I}-\boldsymbol{A}\end{bmatrix}=n$$

该定理的证明方法与定理 3 的证明方法类似。

例 7.10 考察系统

$$\begin{cases}\dot{\boldsymbol{x}}=\begin{bmatrix}-2 & 1\\ 1 & -2\end{bmatrix}\boldsymbol{x}\\ y=\begin{bmatrix}1 & -1\end{bmatrix}\boldsymbol{x}\end{cases}$$

的能观性。

解　系统的两个特征值分别为 $\lambda_1=-1$ 和 $\lambda_2=-3$。对 $\lambda_1=-1$,有

$$\operatorname{rank}\begin{bmatrix} \boldsymbol{C} \\ \lambda_1\boldsymbol{I}-\boldsymbol{A} \end{bmatrix}=\operatorname{rank}\begin{bmatrix} 1 & -1 \\ 1 & -1 \\ -1 & 1 \end{bmatrix}=1<2$$

对 $\lambda_2=-3$,有

$$\operatorname{rank}\begin{bmatrix} \boldsymbol{C} \\ \lambda_2\boldsymbol{I}-\boldsymbol{A} \end{bmatrix}=\operatorname{rank}\begin{bmatrix} 1 & -1 \\ -1 & -1 \\ -1 & -1 \end{bmatrix}=2$$

因此,λ_1 对应的系统模态 $e^{\lambda_1 t}$ 是不能观的,该系统不是完全能观的。

用定理 6 可以容易得到如下一些推论。

推论 4　设线性定常系统用如下特征值规范型表示(特征值两两各异):

$$\begin{cases} \dot{\boldsymbol{x}}=\begin{bmatrix} \lambda_1 & & \\ & \ddots & \\ & & \lambda_n \end{bmatrix}\boldsymbol{x} \\ \boldsymbol{y}=\boldsymbol{C}\boldsymbol{x} \end{cases}$$

则系统完全能观的充要条件是矩阵 $\boldsymbol{C}$ 中不包含元素全为零的列。

如果系统由若尔当标准型描述,则其能观性可由以下推论来判断。

推论 5　(一个若尔当块的情形)若尔当型系统

$$\begin{cases} \dot{\boldsymbol{x}}=\begin{bmatrix} \lambda_1 & 1 & & \\ & \ddots & \ddots & \\ & & \ddots & 1 \\ & & & \lambda_1 \end{bmatrix}\boldsymbol{x} \\ \boldsymbol{y}=\boldsymbol{C}\boldsymbol{x} \end{cases}$$

完全能观的充要条件是矩阵 $\boldsymbol{C}$ 的第一列的元素不全为零。

例 7.11　考察单输出系统

$$\begin{cases} \dot{\boldsymbol{x}}=\begin{bmatrix} \lambda_1 & 1 \\ & \lambda_1 \end{bmatrix}\boldsymbol{x} \\ y=\begin{bmatrix} c_1 & c_2 \end{bmatrix}\boldsymbol{x} \end{cases}$$

的能观性条件。

解　由推论 5 可知,该系统完全能观的充要条件是 $c_1\neq 0$。

若特征值的几何重数大于 1,则该特征值可以有若干个若尔当块,记为 $\boldsymbol{J}_1,\cdots,\boldsymbol{J}_l$,此时系统的能观性可由如下推论来判断。

推论 6　设 $\boldsymbol{J}_1,\cdots,\boldsymbol{J}_l$ 是对应同一特征值的若尔当块,则系统

$$\begin{cases} \dot{\boldsymbol{x}} = \begin{bmatrix} \boldsymbol{J}_1 & & & \\ & \boldsymbol{J}_2 & & \\ & & \ddots & \\ & & & \boldsymbol{J}_l \end{bmatrix} \boldsymbol{x} \\ \boldsymbol{y} = [\boldsymbol{C}_1 \quad \boldsymbol{C}_2 \quad \cdots \quad \boldsymbol{C}_l] \boldsymbol{x} \end{cases}$$

完全能观的充要条件是:每个若尔当块所对应的输出矩阵块 $\boldsymbol{C}_1,\cdots,\boldsymbol{C}_l$ 的第一列是线性无关的。

例 7.12 考察如下系统的能观性

$$\begin{cases} \dot{\boldsymbol{x}} = \begin{bmatrix} -2 & 1 & & & & & \\ & -2 & & & & & \\ & & -2 & & & & \\ & & & -2 & & & \\ & & & & 3 & 1 & \\ & & & & & 3 & \\ & & & & & & 3 \end{bmatrix} \boldsymbol{x} \\ \boldsymbol{y} = \begin{bmatrix} 4 & 0 & 0 & 0 & 2 & 0 & 0 \\ 0 & 0 & 3 & 0 & 1 & 0 & 1 \\ 0 & 0 & 0 & 5 & 3 & 0 & 0 \end{bmatrix} \boldsymbol{x} \end{cases}$$

解 先考察特征值 $\lambda_1=-2$ 所对应的若尔当块,该特征值共对应三个若尔当块(其中有两个为一阶即退化的若尔当块),三个若尔当块所对应的输出矩阵块的第一列分别为

$$\boldsymbol{v}_1^1 = \begin{bmatrix} 4 \\ 0 \\ 0 \end{bmatrix}, \quad \boldsymbol{v}_1^2 = \begin{bmatrix} 0 \\ 3 \\ 0 \end{bmatrix}, \quad \boldsymbol{v}_1^3 = \begin{bmatrix} 0 \\ 0 \\ 5 \end{bmatrix}$$

显然,$\boldsymbol{v}_1^1$、$\boldsymbol{v}_1^2$ 和 $\boldsymbol{v}_1^3$ 是线性无关的。再考察 $\lambda_2=3$ 对应的若尔当块,该特征值共对应两个若尔当块,两个若尔当块所对应的输出矩阵块的第一列分别为

$$\boldsymbol{v}_2^1 = \begin{bmatrix} 2 \\ 1 \\ 3 \end{bmatrix}, \quad \boldsymbol{v}_2^2 = \begin{bmatrix} 0 \\ 1 \\ 0 \end{bmatrix}$$

显然,$\boldsymbol{v}_2^1$ 和 $\boldsymbol{v}_2^2$ 也是线性无关的。因此系统完全能观。

7.3.3 对偶性原理

学习了能控性和能观性判据后,细心的读者不难发现,在它们之间存在着某种对偶关系。例如,系统能控性矩阵为

$$\boldsymbol{Q}_c = [\boldsymbol{B} \quad \boldsymbol{AB} \quad \cdots \quad \boldsymbol{A}^{n-1}\boldsymbol{B}]$$

而能观性矩阵为

$$Q_o = \begin{bmatrix} C \\ CA \\ \vdots \\ CA^{n-1} \end{bmatrix}$$

将 Q_o 转置后得到

$$Q_o^{\mathrm{T}} = [C^{\mathrm{T}} \quad A^{\mathrm{T}}C^{\mathrm{T}} \quad \cdots \quad (A^{\mathrm{T}})^{n-1}C^{\mathrm{T}}]$$

由于 Q_o 与 Q_o^{T} 的秩完全一样，这意味着，若系统

$$\begin{cases} \dot{x} = Ax \\ y = Cx \end{cases}$$

完全能观，则其对偶系统

$$\dot{z} = A^{\mathrm{T}}z + C^{\mathrm{T}}v$$

完全能控。同样地，若系统

$$\dot{x} = Ax + Bu$$

完全能控，则其对偶系统

$$\begin{cases} \dot{z} = A^{\mathrm{T}}z \\ w = B^{\mathrm{T}}z \end{cases}$$

完全能观。这被称为线性系统的对偶性原理。利用对偶性原理，一个系统的能观性可由其对偶系统的能控性来检验，反之亦然。

7.4 离散时间系统的能控性和能观性

离散时间系统的能控性和能观性在本质上与连续时间系统是一致的。对于离散时间系统

$$\begin{cases} x(k+1) = Gx(k) + Hu(k) \\ y(k) = Cx(k) \end{cases} \quad k \geqslant 0 \tag{7.4.1}$$

若对于状态空间中的任意非零初始状态 x_0，都存在时刻 $k_f > 0$ 和对应的控制 $u(k)$，使得在 $u(k)$ 作用下 $x(k_f) = 0$，则称系统完全能控。相应地，若对任一非零初态 x_0，都存在有限时刻 $k_f > 0$，且可由 $[0, k_f]$ 上的输出唯一地确定 x_0，则称系统是完全能观的。

类似于连续时间系统的能控性和能观性判据，我们可以得到如下一些判别离散时间系统能控性和能观性的定理。

定理 7 n 维线性定常系统(7.4.1)完全能控的充分必要条件是如下条件之一成立：

(1) $\mathrm{rank}[H \quad GH \quad \cdots \quad G^{n-1}H] = n$；

(2) 对矩阵 $\boldsymbol{G}$ 的所有特征值 $\lambda_i, i=1,\cdots,n$，有

$$\operatorname{rank}[\lambda_i \boldsymbol{I}-\boldsymbol{G} \quad \boldsymbol{H}]=n$$

利用对偶性原理还可以得到如下结论。

定理 8　n 维线性定常系统(7.4.1)完全能观的充分必要条件是如下条件之一成立：

(1)

$$\operatorname{rank}\begin{bmatrix}\boldsymbol{C}\\ \boldsymbol{CG}\\ \vdots\\ \boldsymbol{CG}^{n-1}\end{bmatrix}=n$$

(2) 对矩阵 $\boldsymbol{G}$ 的所有特征值 $\lambda_i, i=1,\cdots,n$，有

$$\operatorname{rank}\begin{bmatrix}\boldsymbol{C}\\ \lambda_i \boldsymbol{I}-\boldsymbol{G}\end{bmatrix}=n$$

利用定理 7 和定理 8 还可以得到对特征值规范型系统的一些推论，推论形式与连续时间系统相同，故不赘述。

在分析采样系统的能控性和能观性时，除了用上述判据考察其对应的离散时间状态空间模型外，对采样周期还有一个附加要求。设采样系统中连续时间对象的传递函数在展开成部分分式后包括以下部分：

$$G(s)=\frac{\omega}{(s+\sigma)^2+\omega^2}$$

该项的 Z 变换为

$$G(z)=\frac{z^{-1}\mathrm{e}^{-\sigma T}\sin\omega T}{1-2z^{-1}\mathrm{e}^{-\sigma T}\cos\omega T+z^{-2}\mathrm{e}^{-2\sigma T}}$$

其中，T 是采样周期。容易看出，当 $T=\dfrac{2n\pi}{\omega}$(其中 n 是任意正整数)时，有

$$G(z)=0$$

在这种情况下，显然系统既不完全能控也不完全能观。因此，保证采样系统完全能控和完全能观的附加要求是：当连续时间对象有特征值 $-\sigma\pm \mathrm{j}\omega$ 时，采样周期应满足如下条件：

$$T\neq\frac{2n\pi}{\omega}\qquad(\text{其中 } n \text{ 是任意正整数})\tag{7.4.2}$$

7.5　控制系统的结构分解

7.5.1　按能控性分解

回顾 7.2 节介绍的能控性概念，实际上涉及了两个相关的概念：状态能控性和

系统能控性。两者紧密相连,但并不完全一致。对一个完全能控的系统而言,其状态空间中所有状态均是能控的。若系统不完全能控,则对其状态空间中的某一状态而言,就有两种可能性:能控或不能控。然而,如何宏观地刻画状态空间中的“能控部分”和“不能控部分”呢? 一般来说,这一点并不能直接从系统的状态方程“看”出来。例如,7.2 节的图 7.1 所示的电路系统,其状态方程为

$$\begin{bmatrix}\dot{x}_1\\ \dot{x}_2\end{bmatrix}=\begin{bmatrix}-2 & 1\\ 1 & -2\end{bmatrix}\begin{bmatrix}x_1\\ x_2\end{bmatrix}+\begin{bmatrix}1\\ 1\end{bmatrix}u \tag{7.5.1}$$

虽然容易判断系统是不完全能控的,但哪些状态能控,哪些状态不能控,从上述方程中并不能直观地得到结论。在 7.2 节通过对系统解的分析知道,状态空间中 $x_1=-x_2$ 直线上的所有状态是不能控的,而 $x_1=x_2$ 直线上的所有状态是能控的。根据线性代数的知识,直线 $x_1=-x_2$ 是该系统状态空间的一个一维子空间,记为 $\boldsymbol{X}_1$,直线 $x_1=x_2$ 是状态空间的另一个子空间,记为 $\boldsymbol{X}_2$,若将状态空间记为 $\boldsymbol{X}$,则有

$$\boldsymbol{X}=\boldsymbol{X}_1\oplus\boldsymbol{X}_2 \tag{7.5.2}$$

上式表示 $\boldsymbol{X}$ 是 $\boldsymbol{X}_1$ 和 $\boldsymbol{X}_2$ 的“直和”。所谓直和是指 $\boldsymbol{X}$ 与 $\boldsymbol{X}_1$ 和 $\boldsymbol{X}_2$ 之间满足下列关系:

(1) 对任意 $\boldsymbol{x}\in\boldsymbol{X}$,$\boldsymbol{x}$ 可唯一地表示成 $\boldsymbol{x}=\boldsymbol{x}_1+\boldsymbol{x}_2$,其中 $\boldsymbol{x}_1\in\boldsymbol{X}_1$,$\boldsymbol{x}_2\in\boldsymbol{X}_2$。

(2) $\dim\boldsymbol{X}=\dim\boldsymbol{X}_1+\dim\boldsymbol{X}_2$,其中 dim 表示空间的维数。

满足上述关系的 $\boldsymbol{X}_1$ 和 $\boldsymbol{X}_2$ 互为正交补空间,也就是说,对 $\forall\boldsymbol{x}_1\in\boldsymbol{X}_1$,$\forall\boldsymbol{x}_2\in\boldsymbol{X}_2$,$\boldsymbol{x}_1$ 和 $\boldsymbol{x}_2$ 是正交的,即 $\boldsymbol{x}_1^{\mathrm{T}}\cdot\boldsymbol{x}_2=0$。

上述性质(1)和(2)也可简洁地写成:

(3) $\boldsymbol{X}=\boldsymbol{X}_1+\boldsymbol{X}_2$。

(4) $\boldsymbol{X}_1\cap\boldsymbol{X}_2=\{0\}$。

我们期望对系统的状态空间 $\boldsymbol{X}$ 进行如下分解:

$$\boldsymbol{X}=\boldsymbol{X}_c\oplus\boldsymbol{X}_{\bar{c}}$$

其中,$\boldsymbol{X}_c$ 表示系统的能控子空间,即 $\boldsymbol{X}_c$ 中的所有状态均是能控的;而 $\boldsymbol{X}_{\bar{c}}$ 表示系统的不能控子空间,即 $\boldsymbol{X}_{\bar{c}}$ 中的所有状态均是不能控的。对前面的例子而言,直线 $x_1=x_2$ 是能控子空间,而直线 $x_1=-x_2$ 是不能控子空间。我们再看一例。

例 7.13　考察如下若尔当规范型系统的能控子空间和不能控子空间:

$$\begin{bmatrix}\dot{x}_1\\ \dot{x}_2\\ \dot{x}_3\\ \dot{x}_4\\ \dot{x}_5\\ \dot{x}_6\\ \dot{x}_7\\ \dot{x}_8\end{bmatrix}=\left[\begin{array}{cc:cc:cc:cc}-2 & 1 & & & & & & \\ 0 & -2 & & & & & & \\ \hdashline & & -5 & 1 & & & & \\ & & 0 & -5 & & & & \\ \hdashline & & & & -1 & 1 & & \\ & & & & 0 & -1 & & \\ \hdashline & & & & & & -4 & 1\\ & & & & & & 0 & -4\end{array}\right]\begin{bmatrix}x_1\\ x_2\\ x_3\\ x_4\\ x_5\\ x_6\\ x_7\\ x_8\end{bmatrix}+\begin{bmatrix}1 & 2\\ 6 & 7\\ 3 & 5\\ 0 & 0\\ 2 & 4\\ 0 & 0\\ 7 & 5\\ 0 & 0\end{bmatrix}\boldsymbol{u}$$

解　根据推论 2 知道,第一个若尔当块所对应的状态变量 x_1 和 x_2 是能控的(即状态$[x_1\quad 0\quad 0\quad 0\quad 0\quad 0\quad 0\quad 0]^{\mathrm{T}}$和$[0\quad x_2\quad 0\quad 0\quad 0\quad 0\quad 0\quad 0]^{\mathrm{T}}$是能控的,下同),而其他若尔当块中 x_3,x_5 和 x_7 也是能控的,x_4,x_6 和 x_8 是不能控的。令

$$\hat{\boldsymbol{x}}_c=\begin{bmatrix}x_1\\x_2\\x_3\\x_5\\x_7\end{bmatrix},\qquad \hat{\boldsymbol{x}}_{\bar{c}}=\begin{bmatrix}x_4\\x_6\\x_8\end{bmatrix}$$

并将系数矩阵 $\boldsymbol{A}$,$\boldsymbol{B}$ 的行和列重新排列,排列办法如下:先将 $\boldsymbol{A}$ 矩阵和 $\boldsymbol{B}$ 矩阵的行按如下顺序排列:①②③⑤⑦④⑥⑧;再对已换过行的 $\boldsymbol{A}$ 矩阵的各行按同样的顺序排列,即①②③⑤⑦④⑥⑧。于是得到如下系统方程:

$$\begin{bmatrix}\dot{\hat{\boldsymbol{x}}}_c\\ \dot{\hat{\boldsymbol{x}}}_{\bar{c}}\end{bmatrix}=\left[\begin{array}{ccccc:ccc}-2&1&0&0&0&0&0&0\\0&-2&0&0&0&0&0&0\\0&0&-5&0&0&1&0&0\\0&0&0&-1&0&0&1&0\\0&0&0&0&-4&0&0&1\\ \hdashline 0&0&0&0&0&-5&0&0\\0&0&0&0&0&0&-1&0\\0&0&0&0&0&0&0&-4\end{array}\right]\begin{bmatrix}\hat{\boldsymbol{x}}_c\\ \hat{\boldsymbol{x}}_{\bar{c}}\end{bmatrix}+\left[\begin{array}{cc}1&2\\6&7\\3&5\\2&4\\7&5\\ \hdashline 0&0\\0&0\\0&0\end{array}\right]\boldsymbol{u}$$

对于变换后的系统而言,可以直观地看出,能控子空间是 $\boldsymbol{X}_c=[\hat{\boldsymbol{x}}_c^{\mathrm{T}},0]^{\mathrm{T}}$,不能控子空间是 $\boldsymbol{X}_{\bar{c}}=[0,\hat{\boldsymbol{x}}_{\bar{c}}^{\mathrm{T}}]^{\mathrm{T}}$。

由上例可以看出,若对任一线性定常系统,能通过状态变换(注意状态变换不改变系统的能控性)将系统变换成如下形式:

$$\begin{bmatrix}\dot{\hat{\boldsymbol{x}}}_c\\ \dot{\hat{\boldsymbol{x}}}_{\bar{c}}\end{bmatrix}=\left[\begin{array}{c:c}\hat{\boldsymbol{A}}_c&\hat{\boldsymbol{A}}_{12}\\ \hdashline 0&\hat{\boldsymbol{A}}_{\bar{c}}\end{array}\right]\begin{bmatrix}\hat{\boldsymbol{x}}_c\\ \hat{\boldsymbol{x}}_{\bar{c}}\end{bmatrix}+\left[\begin{array}{c}\hat{\boldsymbol{B}}_c\\ \hdashline 0\end{array}\right]\boldsymbol{u}\tag{7.5.3}$$

其中子系统$(\hat{\boldsymbol{A}}_c,\hat{\boldsymbol{B}}_c)$完全能控,则可以直观地确定系统的能控子空间和不能控子空间。

系统(7.5.3)的结构如图 7.6 所示。从图中可以看出状态分量$\hat{\boldsymbol{x}}_{\bar{c}}$既与能控分量$\hat{\boldsymbol{x}}_c$无关,也与输入变量 $\boldsymbol{u}$ 无关,因此是一个完全不能控的状态分量。

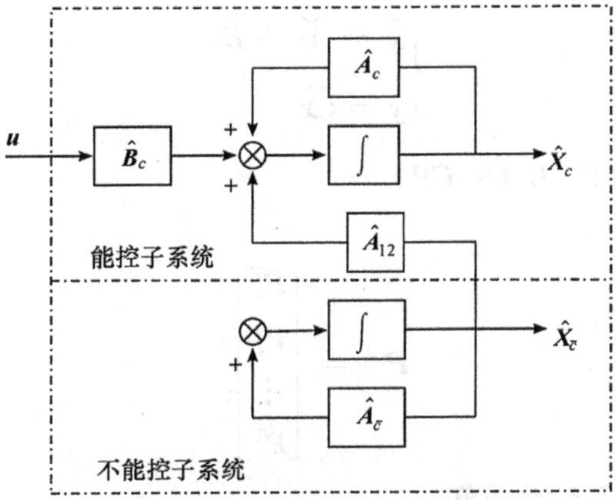

图 7.6　按能控性分解的系统结构图

那么，如何确定一个状态变换

$$\hat{\boldsymbol{x}} = \boldsymbol{P}^{-1}\boldsymbol{x}$$

使得变换后的系统具有式(7.5.3)的形式呢？下面的定理回答了这一问题。

定理 9　对 n 维线性定常系统 $\boldsymbol{\Sigma}(\boldsymbol{A},\boldsymbol{B},\boldsymbol{C})$，设

$$\mathrm{rank}\boldsymbol{Q}_c = \mathrm{rank}[\boldsymbol{B} \quad \boldsymbol{AB} \quad \cdots \quad \boldsymbol{A}^{n-1}\boldsymbol{B}] = k < n$$

$\boldsymbol{l}_1,\cdots,\boldsymbol{l}_k$ 是 $\boldsymbol{Q}_c$ 中 k 个线性无关的列向量，$\boldsymbol{l}_{k+1},\cdots,\boldsymbol{l}_n$ 是与向量组$\{\boldsymbol{l}_1,\cdots,\boldsymbol{l}_k\}$线性无关的$(n-k)$个线性独立的列向量。令

$$\boldsymbol{P} = [\boldsymbol{l}_1 \quad \boldsymbol{l}_2 \quad \cdots \quad \boldsymbol{l}_k \quad \boldsymbol{l}_{k+1} \quad \cdots \quad \boldsymbol{l}_n] \tag{7.5.4}$$

则状态变换$\hat{\boldsymbol{x}}=\boldsymbol{P}^{-1}\boldsymbol{x}$ 可将系统 $\boldsymbol{\Sigma}(\boldsymbol{A},\boldsymbol{B},\boldsymbol{C})$化为按能控性分解的规范形式

$$\begin{cases} \begin{bmatrix} \dot{\hat{\boldsymbol{x}}}_c \\ \dot{\hat{\boldsymbol{x}}}_{\bar{c}} \end{bmatrix} = \begin{bmatrix} \hat{\boldsymbol{A}}_c & \hat{\boldsymbol{A}}_{12} \\ 0 & \hat{\boldsymbol{A}}_{\bar{c}} \end{bmatrix} \begin{bmatrix} \hat{\boldsymbol{x}}_c \\ \hat{\boldsymbol{x}}_{\bar{c}} \end{bmatrix} + \begin{bmatrix} \hat{\boldsymbol{B}}_c \\ 0 \end{bmatrix} \boldsymbol{u} \\ \boldsymbol{y} = [\hat{\boldsymbol{C}}_1 \quad \hat{\boldsymbol{C}}_2] \begin{bmatrix} \hat{\boldsymbol{x}}_c \\ \hat{\boldsymbol{x}}_{\bar{c}} \end{bmatrix} \end{cases}$$

并且有如下结论：

(1) $(\hat{\boldsymbol{A}}_c,\hat{\boldsymbol{B}}_c)$是完全能控的。

(2) 子系统 $\boldsymbol{\Sigma}(\hat{\boldsymbol{A}}_c,\hat{\boldsymbol{B}}_c,\hat{\boldsymbol{C}}_1)$的传递函数等于整个系统的传递函数，即

$$\hat{\boldsymbol{C}}_1(s\boldsymbol{I}-\hat{\boldsymbol{A}}_c)^{-1}\hat{\boldsymbol{B}}_c = \boldsymbol{C}(s\boldsymbol{I}-\boldsymbol{A})^{-1}\boldsymbol{B}$$

证明　线性定常系统 $\boldsymbol{\Sigma}(\boldsymbol{A},\boldsymbol{B},\boldsymbol{C})$经状态变换$\hat{\boldsymbol{x}}=\boldsymbol{P}^{-1}\boldsymbol{x}$ 作用可化为下列形式：

$$\begin{cases}\dot{\hat{\boldsymbol{x}}} = \hat{\boldsymbol{A}}\hat{\boldsymbol{x}} + \hat{\boldsymbol{B}}\boldsymbol{u} \\ \boldsymbol{y} = \hat{\boldsymbol{C}}\hat{\boldsymbol{x}}\end{cases}$$

其中，$\hat{\boldsymbol{A}}=\boldsymbol{P}^{-1}\boldsymbol{AP}$，$\hat{\boldsymbol{B}}=\boldsymbol{P}^{-1}\boldsymbol{B}$，$\hat{\boldsymbol{C}}=\boldsymbol{CP}$。

设

$$\boldsymbol{P}^{-1} = \begin{bmatrix}\boldsymbol{P}_1^{\mathrm{T}} \\ \boldsymbol{P}_2^{\mathrm{T}} \\ \vdots \\ \boldsymbol{P}_n^{\mathrm{T}}\end{bmatrix}$$

由于 $\boldsymbol{P}^{-1}\boldsymbol{P}=\boldsymbol{I}$，由式(7.5.4)可知：

$$\boldsymbol{P}_i^{\mathrm{T}}\boldsymbol{l}_j = 0,\qquad i \neq j \tag{7.5.5}$$

由于矩阵 $\boldsymbol{B}$ 是矩阵 $\boldsymbol{Q}_c$ 中的一个子块，故 $\boldsymbol{B}$ 可以表示成 $\boldsymbol{l}_1,\cdots,\boldsymbol{l}_k$ 的线性组合，因此，由式(7.5.5)可知：

$$\boldsymbol{P}_{k+1}^{\mathrm{T}}\boldsymbol{B} = 0,\cdots,\boldsymbol{P}_n^{\mathrm{T}}\boldsymbol{B} = 0 \tag{7.5.6}$$

于是

$$\hat{\boldsymbol{B}} = \boldsymbol{P}^{-1}\boldsymbol{B} = \begin{bmatrix}\boldsymbol{P}_1^{\mathrm{T}}\boldsymbol{B} \\ \vdots \\ \boldsymbol{P}_k^{\mathrm{T}}\boldsymbol{B} \\ \hdashline \boldsymbol{P}_{k+1}^{\mathrm{T}}\boldsymbol{B} \\ \vdots \\ \boldsymbol{P}_n^{\mathrm{T}}\boldsymbol{B}\end{bmatrix} = \begin{bmatrix}\hat{\boldsymbol{B}}_c \\ \hdashline 0\end{bmatrix}$$

同样，对于 $j\leqslant k$，$\boldsymbol{Al}_j$ 是 $\boldsymbol{l}_1,\cdots,\boldsymbol{l}_k$ 的线性组合，因此

$$\boldsymbol{P}_i^{\mathrm{T}}\boldsymbol{Al}_j = 0,\qquad i = k+1,\cdots,n,j = 1,\cdots,k$$

于是

$$\hat{\boldsymbol{A}} = \boldsymbol{P}^{-1}\boldsymbol{AP} = \left[\begin{array}{ccc:ccc}\boldsymbol{P}_1^{\mathrm{T}}\boldsymbol{Al}_1 & \cdots & \boldsymbol{P}_1^{\mathrm{T}}\boldsymbol{Al}_k & \boldsymbol{P}_1^{\mathrm{T}}\boldsymbol{Al}_{k+1} & \cdots & \boldsymbol{P}_1^{\mathrm{T}}\boldsymbol{Al}_n \\ \vdots & & & & & \vdots \\ \boldsymbol{P}_k^{\mathrm{T}}\boldsymbol{Al}_1 & \cdots & \boldsymbol{P}_k^{\mathrm{T}}\boldsymbol{Al}_k & \boldsymbol{P}_k^{\mathrm{T}}\boldsymbol{Al}_{k+1} & \cdots & \boldsymbol{P}_k^{\mathrm{T}}\boldsymbol{Al}_n \\ \hdashline \boldsymbol{P}_{k+1}^{\mathrm{T}}\boldsymbol{Al}_1 & \cdots & \boldsymbol{P}_{k+1}^{\mathrm{T}}\boldsymbol{Al}_k & \boldsymbol{P}_{k+1}^{\mathrm{T}}\boldsymbol{Al}_{k+1} & \cdots & \boldsymbol{P}_{k+1}^{\mathrm{T}}\boldsymbol{Al}_n \\ \vdots & & \vdots & & & \vdots \\ \boldsymbol{P}_n^{\mathrm{T}}\boldsymbol{Al}_1 & \cdots & \boldsymbol{P}_n^{\mathrm{T}}\boldsymbol{Al}_k & \boldsymbol{P}_n^{\mathrm{T}}\boldsymbol{Al}_{k+1} & \cdots & \boldsymbol{P}_n^{\mathrm{T}}\boldsymbol{Al}_n\end{array}\right]$$

$$= \left[\begin{array}{c:c}\hat{\boldsymbol{A}}_c & \hat{\boldsymbol{A}}_{12} \\ \hdashline 0 & \hat{\boldsymbol{A}}_{\bar{c}}\end{array}\right]$$

至此，已证明了定理的前半部分。下面证明定理所附带的两个重要结论。

由于状态变换不改变系统能控性，因此

$$k=\operatorname{rank}\boldsymbol{Q}_c=\operatorname{rank}\hat{\boldsymbol{Q}}_c=\operatorname{rank}[\hat{\boldsymbol{B}}\quad \hat{\boldsymbol{A}}\hat{\boldsymbol{B}}\quad \cdots\quad \hat{\boldsymbol{A}}^{n-1}\hat{\boldsymbol{B}}]$$

$$=\operatorname{rank}\begin{bmatrix}\hat{\boldsymbol{B}}_c & \hat{\boldsymbol{A}}_c\hat{\boldsymbol{B}}_c & \cdots & \hat{\boldsymbol{A}}_c^{n-1}\hat{\boldsymbol{B}}_c\\ 0 & 0 & \cdots & 0\end{bmatrix}$$

$$=\operatorname{rank}[\hat{\boldsymbol{B}}_c\quad \hat{\boldsymbol{A}}_c\hat{\boldsymbol{B}}_c\quad \cdots\quad \hat{\boldsymbol{A}}_c^{n-1}\hat{\boldsymbol{B}}_c]$$

而由凯莱-哈密顿定理知，由于$\hat{\boldsymbol{A}}_c$ 是 $k\times k$ 矩阵，故$\hat{\boldsymbol{A}}_c^k\hat{\boldsymbol{B}}_c,\cdots,\hat{\boldsymbol{A}}_c^{n-1}\hat{\boldsymbol{B}}_c$ 均可表示为$\{\hat{\boldsymbol{B}}_c,\hat{\boldsymbol{A}}_c\hat{\boldsymbol{B}}_c,\cdots,\hat{\boldsymbol{A}}_c^{k-1}\hat{\boldsymbol{B}}_c\}$的线性组合，因此

$$\operatorname{rank}[\hat{\boldsymbol{B}}_c\quad \hat{\boldsymbol{A}}_c\hat{\boldsymbol{B}}_c\quad \cdots\quad \hat{\boldsymbol{A}}_c^{k-1}\hat{\boldsymbol{B}}_c]=k$$

这证明了$(\hat{\boldsymbol{A}}_c,\hat{\boldsymbol{B}}_c)$是完全能控的。

由于状态变换不改变系统的传递函数，故结论(2)的证明可由下列计算直接获得。

$$\boldsymbol{C}(s\boldsymbol{I}-\boldsymbol{A})^{-1}\boldsymbol{B}=\hat{\boldsymbol{C}}(s\boldsymbol{I}-\hat{\boldsymbol{A}})^{-1}\hat{\boldsymbol{B}}$$

$$=[\hat{\boldsymbol{C}}_1\quad \hat{\boldsymbol{C}}_2]\begin{bmatrix}s\boldsymbol{I}-\hat{\boldsymbol{A}}_c & -\hat{\boldsymbol{A}}_{12}\\ 0 & s\boldsymbol{I}-\hat{\boldsymbol{A}}_{\bar{c}}\end{bmatrix}^{-1}\begin{bmatrix}\hat{\boldsymbol{B}}_c\\ 0\end{bmatrix}$$

$$=\hat{\boldsymbol{C}}_1(s\boldsymbol{I}-\hat{\boldsymbol{A}}_c)^{-1}\hat{\boldsymbol{B}}_c$$

定理证毕。

需要指出的是，由于基向量 $\boldsymbol{l}_1\cdots\boldsymbol{l}_n$ 的选取并不唯一，变换后得到的矩阵$\hat{\boldsymbol{A}}$、$\hat{\boldsymbol{B}}$、$\hat{\boldsymbol{C}}$并不是唯一的，但它们都具有式(7.5.3)的形式，且满足结论(1)和(2)。

例 7.14　按能控性分解下列系统

$$\begin{cases}\dot{\boldsymbol{x}}=\begin{bmatrix}-2 & 0 & 1 & -1\\ -4 & -2 & 4 & -4\\ -4 & 0 & 3 & -3\\ 0 & 0 & 0 & 1\end{bmatrix}\boldsymbol{x}+\begin{bmatrix}2\\1\\2\\0\end{bmatrix}u\\ y=[1\quad 1\quad -1\quad 2]\boldsymbol{x}\end{cases}$$

解　初看上去，上述系统似乎已按能控性分解好了，能控子空间的维数似乎应为 3。但只要计算出能控性矩阵 $\boldsymbol{Q}_c$，就不难验证

$$\operatorname{rank}\boldsymbol{Q}_c=\operatorname{rank}\begin{bmatrix}2 & -2 & 2 & -2\\ 1 & -2 & 4 & -8\\ 2 & -2 & 2 & -2\\ 0 & 0 & 0 & 0\end{bmatrix}=2$$

因此可判断，能控子空间的维数应是 2。

对 Q_c 进行初等列变换

$$Q_c \to \begin{bmatrix} 2 & 0 & 0 & 0 \\ 1 & -1 & 3 & -7 \\ 2 & 0 & 0 & 0 \\ 0 & 0 & 0 & 0 \end{bmatrix} \to \begin{bmatrix} 1 & 0 & 0 & 0 \\ 0 & 1 & 0 & 0 \\ 1 & 0 & 0 & 0 \\ 0 & 0 & 0 & 0 \end{bmatrix}$$

取

$$\boldsymbol{l}_1 = \begin{bmatrix} 1 \\ 0 \\ 1 \\ 0 \end{bmatrix}, \quad \boldsymbol{l}_2 = \begin{bmatrix} 0 \\ 1 \\ 0 \\ 0 \end{bmatrix}, \quad \boldsymbol{l}_3 = \begin{bmatrix} 1 \\ 0 \\ 0 \\ 0 \end{bmatrix}, \quad \boldsymbol{l}_4 = \begin{bmatrix} 0 \\ 0 \\ 0 \\ 1 \end{bmatrix}$$

于是得到状态变换矩阵

$$\boldsymbol{P} = \begin{bmatrix} 1 & 0 & 1 & 0 \\ 0 & 1 & 0 & 0 \\ 1 & 0 & 0 & 0 \\ 0 & 0 & 0 & 1 \end{bmatrix}$$

于是得到

$$\hat{\boldsymbol{A}} = \boldsymbol{P}^{-1}\boldsymbol{A}\boldsymbol{P} = \left[\begin{array}{cc:cc} -1 & 0 & -4 & -3 \\ 0 & -2 & -4 & -4 \\ \hdashline 0 & 0 & 2 & 2 \\ 0 & 0 & 0 & 1 \end{array}\right]$$

$$\hat{\boldsymbol{B}} = \boldsymbol{P}^{-1}\boldsymbol{B} = \left[\begin{array}{c} 2 \\ 1 \\ \hdashline 0 \\ 0 \end{array}\right], \qquad \hat{\boldsymbol{C}} = \boldsymbol{C}\boldsymbol{P} = \left[\begin{array}{cc:cc} 0 & 1 & 1 & 2 \end{array}\right]$$

可以检验，子系统 $(\hat{\boldsymbol{A}}_c, \hat{\boldsymbol{B}}_c)$ 是完全能控的。

下面我们利用定理 9 来证明定理 3 的充分性部分，即如果 $(\boldsymbol{A},\boldsymbol{B})$ 不完全能控，则对 $\boldsymbol{A}$ 的某个特征值 λ 有 $\mathrm{rank}[\lambda I - \boldsymbol{A} \quad \boldsymbol{B}] < n$。

根据定理 9，若 $\boldsymbol{A},\boldsymbol{B}$ 不完全能控，则存在状态变换 $\hat{\boldsymbol{x}} = \boldsymbol{P}^{-1}\boldsymbol{x}$ 将 $(\boldsymbol{A},\boldsymbol{B})$ 变换成 $(\hat{\boldsymbol{A}},\hat{\boldsymbol{B}})$，其中

$$\hat{\boldsymbol{A}} = \boldsymbol{P}^{-1}\boldsymbol{A}\boldsymbol{P} = \begin{bmatrix} \hat{\boldsymbol{A}}_c & \hat{\boldsymbol{A}}_{12} \\ 0 & \hat{\boldsymbol{A}}_{\bar{c}} \end{bmatrix}, \qquad \hat{\boldsymbol{B}} = \boldsymbol{P}^{-1}\boldsymbol{B} = \begin{bmatrix} \hat{\boldsymbol{B}}_c \\ 0 \end{bmatrix}$$

设 λ 是 $\hat{\boldsymbol{A}}_{\bar{c}}$ 的一个特征值，可取 $\boldsymbol{\beta}\neq 0$，且 $\boldsymbol{\beta}\hat{\boldsymbol{A}}_{\bar{c}}=\lambda\boldsymbol{\beta}$，再取 $1\times n$ 维向量 $\boldsymbol{\alpha}=[\boldsymbol{0}\ \cdots\ \boldsymbol{0}\ \boldsymbol{\beta}]$，于是

$$\boldsymbol{\alpha}[\lambda\boldsymbol{I}-\hat{\boldsymbol{A}}\quad \hat{\boldsymbol{B}}]=[\boldsymbol{0}\ \cdots\ \boldsymbol{0}\ \boldsymbol{\beta}]\begin{bmatrix}\lambda\boldsymbol{I}-\hat{\boldsymbol{A}}_c & -\hat{\boldsymbol{A}}_{12} & \hat{\boldsymbol{B}}_c\\ 0 & \lambda\boldsymbol{I}-\hat{\boldsymbol{A}}_{\bar{c}} & 0\end{bmatrix}=0$$

即

$$\boldsymbol{\alpha}[\boldsymbol{P}^{-1}(\lambda\boldsymbol{I}-\boldsymbol{A})\boldsymbol{P}\quad \boldsymbol{P}^{-1}\boldsymbol{B}]=\boldsymbol{\alpha}\boldsymbol{P}^{-1}[(\lambda\boldsymbol{I}-\boldsymbol{A})\boldsymbol{P}\quad \boldsymbol{B}]=0$$

由于 $\boldsymbol{\alpha}\neq 0$，故 $\bar{\boldsymbol{\alpha}}=\boldsymbol{\alpha}\boldsymbol{P}^{-1}\neq 0$。由于 $\boldsymbol{P}$ 非奇异，因此 $\bar{\boldsymbol{\alpha}}(\lambda\boldsymbol{I}-\boldsymbol{A})\boldsymbol{P}=0$ 意味着 $\bar{\boldsymbol{\alpha}}(\lambda\boldsymbol{I}-\boldsymbol{A})=0$。因此

$$\bar{\boldsymbol{\alpha}}[\lambda\boldsymbol{I}-\boldsymbol{A}\quad \boldsymbol{B}]=0$$

于是 $\mathrm{rank}[\lambda\boldsymbol{I}-\boldsymbol{A}\quad \boldsymbol{B}]<n$。

7.5.2　按能观性分解

根据对偶性原理，控制系统按能观性的分解与按能控性的分解是类似的，其方法由下面的定理给出。

定理 10　对 n 维线性定常系统 $\boldsymbol{\Sigma}(\boldsymbol{A},\boldsymbol{B},\boldsymbol{C})$，设

$$\mathrm{rank}\boldsymbol{Q}_o=\mathrm{rank}\begin{bmatrix}\boldsymbol{C}\\ \boldsymbol{CA}\\ \vdots\\ \boldsymbol{CA}^{n-1}\end{bmatrix}=m<n$$

$\boldsymbol{v}_1^{\mathrm{T}},\cdots,\boldsymbol{v}_m^{\mathrm{T}}$ 是 $\boldsymbol{Q}_o$ 中 m 个线性无关的行向量，$\boldsymbol{v}_{m+1}^{\mathrm{T}},\cdots,\boldsymbol{v}_n^{\mathrm{T}}$ 是与向量组 $\{\boldsymbol{v}_1^{\mathrm{T}},\cdots,\boldsymbol{v}_m^{\mathrm{T}}\}$ 线性无关的 $(n-m)$ 个线性独立的行向量。令

$$\boldsymbol{P}^{-1}=\begin{bmatrix}\boldsymbol{v}_1^{\mathrm{T}}\\ \vdots\\ \boldsymbol{v}_m^{\mathrm{T}}\\ \boldsymbol{v}_{m+1}^{\mathrm{T}}\\ \vdots\\ \boldsymbol{v}_n^{\mathrm{T}}\end{bmatrix}$$

则线性变换 $\hat{\boldsymbol{x}}=\boldsymbol{P}^{-1}\boldsymbol{x}$ 将系统 $\boldsymbol{\Sigma}(\boldsymbol{A},\boldsymbol{B},\boldsymbol{C})$ 化为按能观性分解的规范型

$$\begin{cases}\begin{bmatrix}\dot{\hat{\boldsymbol{x}}}_o\\ \dot{\hat{\boldsymbol{x}}}_{\bar{o}}\end{bmatrix}=\begin{bmatrix}\hat{\boldsymbol{A}}_o & 0\\ \hat{\boldsymbol{A}}_{21} & \hat{\boldsymbol{A}}_{\bar{o}}\end{bmatrix}\begin{bmatrix}\hat{\boldsymbol{x}}_o\\ \hat{\boldsymbol{x}}_{\bar{o}}\end{bmatrix}+\begin{bmatrix}\hat{\boldsymbol{B}}_1\\ \hat{\boldsymbol{B}}_2\end{bmatrix}\boldsymbol{u}\\ \boldsymbol{y}=[\hat{\boldsymbol{C}}_o\quad 0]\begin{bmatrix}\hat{\boldsymbol{x}}_o\\ \hat{\boldsymbol{x}}_{\bar{o}}\end{bmatrix}\end{cases}$$

并且有如下结论：

(1) $(\hat{\boldsymbol{A}}_o, \hat{\boldsymbol{C}}_o)$完全能观。

(2) 子系统$\boldsymbol{\Sigma}(\hat{\boldsymbol{A}}_o, \hat{\boldsymbol{B}}_1, \hat{\boldsymbol{C}}_o)$的传递函数等于整个系统的传递函数，即

$$\hat{\boldsymbol{C}}_o(s\boldsymbol{I}-\hat{\boldsymbol{A}}_o)^{-1}\hat{\boldsymbol{B}}_1=\boldsymbol{C}(s\boldsymbol{I}-\boldsymbol{A})^{-1}\boldsymbol{B}$$

按能观性分解后的系统的结构如图 7.7 所示。从图中看出，系统输出只与能观子系统的状态有关，而且不能观子系统的状态无法影响能观子系统的状态。因此，输出信号不能反映不能观子系统的状态信息。

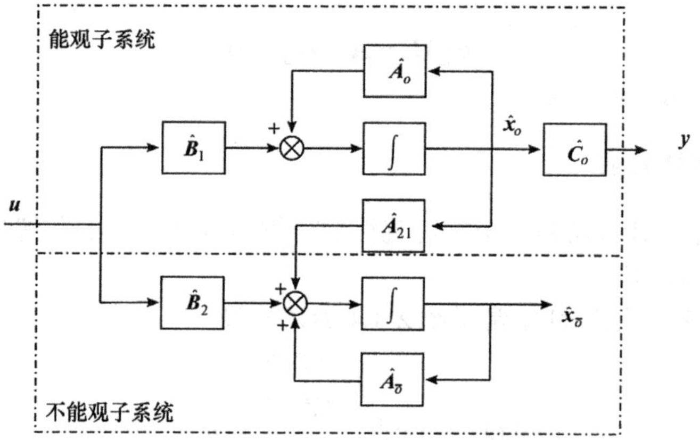

图 7.7　按能观性分解的系统结构图

例 7.15　将例 7.14 中的系统

$$\begin{cases}\dot{\boldsymbol{x}}=\begin{bmatrix}-2 & 0 & 1 & -1\\ -4 & -2 & 4 & -4\\ -4 & 0 & 3 & -3\\ 0 & 0 & 0 & 1\end{bmatrix}\boldsymbol{x}+\begin{bmatrix}2\\1\\2\\0\end{bmatrix}u\\ y=\begin{bmatrix}1 & 1 & -1 & 2\end{bmatrix}\boldsymbol{x}\end{cases}$$

按能观性分解。

解　系统能观性矩阵为

$$\boldsymbol{Q}_o=\begin{bmatrix}1 & 1 & -1 & 2\\ -2 & -2 & 2 & 0\\ 4 & 4 & -4 & 4\\ -8 & -8 & 8 & -4\end{bmatrix}$$

$\mathrm{rank}\boldsymbol{Q}_o=2$，系统不完全能观。对 $\boldsymbol{Q}_o$ 进行初等行变换

$$
\boldsymbol{Q}_o \rightarrow \begin{bmatrix} 1 & 1 & -1 & 2 \\ -2 & -2 & 2 & 0 \\ 0 & 0 & 0 & -4 \\ 0 & 0 & 0 & 4 \end{bmatrix} \rightarrow \begin{bmatrix} 0 & 0 & 0 & 2 \\ -2 & -2 & 2 & 0 \\ 0 & 0 & 0 & -4 \\ 0 & 0 & 0 & 4 \end{bmatrix} \rightarrow \begin{bmatrix} 0 & 0 & 0 & 1 \\ 1 & 1 & -1 & 0 \\ 0 & 0 & 0 & 0 \\ 0 & 0 & 0 & 0 \end{bmatrix}
$$

取

$$
\begin{aligned}
\boldsymbol{v}_1^{\mathrm{T}} &= [0 \quad 0 \quad 0 \quad -1] \\
\boldsymbol{v}_2^{\mathrm{T}} &= [1 \quad 1 \quad -1 \quad 0] \\
\boldsymbol{v}_3^{\mathrm{T}} &= [0 \quad 0 \quad 1 \quad 0] \\
\boldsymbol{v}_4^{\mathrm{T}} &= [0 \quad 1 \quad 1 \quad 0]
\end{aligned}
$$

于是

$$
\boldsymbol{P}^{-1} = \begin{bmatrix} 0 & 0 & 0 & 1 \\ 1 & 1 & -1 & 0 \\ 0 & 0 & 1 & 0 \\ 0 & 1 & 1 & 0 \end{bmatrix}
$$

变换后的系数矩阵为

$$
\hat{\boldsymbol{A}} = \boldsymbol{P}^{-1}\boldsymbol{A}\boldsymbol{P} = \begin{bmatrix} 0 & 0 & 0 & 1 \\ 1 & 1 & -1 & 0 \\ 0 & 0 & 1 & 0 \\ 0 & 1 & 1 & 0 \end{bmatrix} \begin{bmatrix} -2 & 0 & 1 & -1 \\ -4 & -2 & 4 & -4 \\ -4 & 0 & 3 & -3 \\ 0 & 0 & 0 & 1 \end{bmatrix} \begin{bmatrix} 0 & 1 & 2 & -1 \\ 0 & 0 & -1 & 1 \\ 0 & 0 & 1 & 0 \\ 1 & 0 & 0 & 0 \end{bmatrix}
$$

$$
= \begin{bmatrix} 1 & 0 & 0 & 0 \\ -2 & -2 & 0 & 0 \\ -4 & -6 & -8 & 6 \\ -7 & 0 & 0 & 0 \end{bmatrix}
$$

$$
\hat{\boldsymbol{B}} = \boldsymbol{P}^{-1}\boldsymbol{B} = \begin{bmatrix} 0 & 0 & 0 & 1 \\ 1 & 1 & -1 & 0 \\ 0 & 0 & 1 & 0 \\ 0 & 1 & 1 & 0 \end{bmatrix} \begin{bmatrix} 2 \\ 1 \\ 2 \\ 0 \end{bmatrix} = \begin{bmatrix} 0 \\ 1 \\ 2 \\ 3 \end{bmatrix}
$$

$$
\hat{\boldsymbol{C}} = \boldsymbol{C}\boldsymbol{P} = [1 \quad 1 \quad -1 \quad 2] \begin{bmatrix} 0 & 1 & 2 & -1 \\ 0 & 0 & -1 & 1 \\ 0 & 0 & 1 & 0 \\ 1 & 0 & 0 & 0 \end{bmatrix}
$$

$$
= [2 \quad 1 \quad 0 \quad 0]
$$

因此,按能观性分解后的系统为

$$\begin{cases}\begin{bmatrix}\dot{\hat{x}}_1\\ \dot{\hat{x}}_2\\ \hdashline \dot{\hat{x}}_3\\ \dot{\hat{x}}_4\end{bmatrix}=\left[\begin{array}{cc:cc}1 & 0 & 0 & 0\\ -2 & -2 & 0 & 0\\ \hdashline -4 & -6 & -8 & 6\\ -7 & 0 & 0 & 0\end{array}\right]\begin{bmatrix}\hat{x}_1\\ \hat{x}_2\\ \hdashline \hat{x}_3\\ \hat{x}_4\end{bmatrix}+\begin{bmatrix}0\\ 1\\ \hdashline 2\\ 3\end{bmatrix}u\\ y=\left[\begin{array}{cc:cc}2 & 1 & 0 & 0\end{array}\right]\begin{bmatrix}\hat{x}_1\\ \hat{x}_2\\ \hdashline \hat{x}_3\\ \hat{x}_4\end{bmatrix}\end{cases}$$

7.5.3 按能控性和能观性分解

对于 n 维线性定常系统

$$\begin{cases}\dot{\boldsymbol{x}}=\boldsymbol{A}\boldsymbol{x}+\boldsymbol{B}\boldsymbol{u}\\ \boldsymbol{y}=\boldsymbol{C}\boldsymbol{x}\end{cases}$$

一般情况下，系统可能既不完全能控，也不完全能观。设系统能控性判别矩阵的秩和能观性判别矩阵的秩分别为

$$\text{rank}\boldsymbol{Q}_c=n_1<n$$
$$\text{rank}\boldsymbol{Q}_o=n_2<n$$

此时，可以将系统按能控性和能观性分解成如下的形式：

$$\begin{cases}\begin{bmatrix}\dot{\tilde{\boldsymbol{x}}}_{co}\\ \dot{\tilde{\boldsymbol{x}}}_{c\bar{o}}\\ \dot{\tilde{\boldsymbol{x}}}_{\bar{c}o}\\ \dot{\tilde{\boldsymbol{x}}}_{\bar{c}\bar{o}}\end{bmatrix}=\begin{bmatrix}\tilde{\boldsymbol{A}}_{co} & \boldsymbol{0} & \tilde{\boldsymbol{A}}_{13} & \boldsymbol{0}\\ \tilde{\boldsymbol{A}}_{c21} & \tilde{\boldsymbol{A}}_{c\bar{o}} & \tilde{\boldsymbol{A}}_{23} & \tilde{\boldsymbol{A}}_{24}\\ 0 & 0 & \tilde{\boldsymbol{A}}_{\bar{c}o} & \boldsymbol{0}\\ 0 & 0 & \tilde{\boldsymbol{A}}_{\bar{c}43} & \tilde{\boldsymbol{A}}_{\bar{c}\bar{o}}\end{bmatrix}\begin{bmatrix}\tilde{\boldsymbol{x}}_{co}\\ \tilde{\boldsymbol{x}}_{c\bar{o}}\\ \tilde{\boldsymbol{x}}_{\bar{c}o}\\ \tilde{\boldsymbol{x}}_{\bar{c}\bar{o}}\end{bmatrix}+\begin{bmatrix}\tilde{\boldsymbol{B}}_{co}\\ \tilde{\boldsymbol{B}}_{c\bar{o}}\\ 0\\ 0\end{bmatrix}\boldsymbol{u}\\ \boldsymbol{y}=\begin{bmatrix}\tilde{\boldsymbol{C}}_{co} & 0 & \tilde{\boldsymbol{C}}_{\bar{c}o} & 0\end{bmatrix}\begin{bmatrix}\tilde{\boldsymbol{x}}_{co}\\ \tilde{\boldsymbol{x}}_{c\bar{o}}\\ \tilde{\boldsymbol{x}}_{\bar{c}o}\\ \tilde{\boldsymbol{x}}_{\bar{c}\bar{o}}\end{bmatrix}\end{cases}\tag{7.5.7}$$

其中，$\tilde{\boldsymbol{x}}_{co}$代表既能控又能观部分；$\tilde{\boldsymbol{x}}_{c\bar{o}}$代表能控但不能观部分；$\tilde{\boldsymbol{x}}_{\bar{c}o}$代表不能控但能观部分；$\tilde{\boldsymbol{x}}_{\bar{c}\bar{o}}$代表既不能控又不能观部分。系统的传递函数与系统的既能控又能观部分的传递函数一致，即

$$\boldsymbol{G}(s)=\widetilde{\boldsymbol{C}}_{co}(s\boldsymbol{I}-\widetilde{\boldsymbol{A}}_{co})^{-1}\widetilde{\boldsymbol{B}}_{co} \tag{7.5.8}$$

分解后系统的结构如图 7.8 所示。从图中可以看出，子系统 $\boldsymbol{\Sigma}_{c\bar{o}}$ 只有信号进入，却无信号输出，所以是能控但不能观的；而子系统 $\boldsymbol{\Sigma}_{\bar{c}o}$ 只有信号输出，但却无信号输入，所以是能观但不能控的；子系统 $\boldsymbol{\Sigma}_{\bar{c}\bar{o}}$ 虽既有信号输入，也有信号输出，但输入的信号来自不能控子系统，输出信号送到不能观子系统，因此它是既不能控又不能观的；只有子系统 $\boldsymbol{\Sigma}_{co}$，既有来自控制输入的信号，同时又将状态信息输出到输出信号，所以是既能控又能观的。

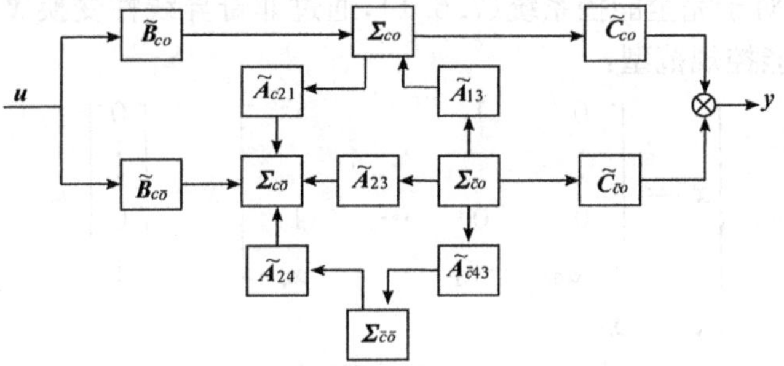

图 7.8　系统结构规范分解方块图

7.6　能控规范型和能观规范型

本节讨论能控规范型和能观规范型。对于完全能控或完全能观的系统，一定存在一个线性变换，通过这一线性变换可以将系统化成一种可以直观反映能控性或能观性的形式，这种形式就是能控规范型或能观规范型。这种规范型在系统综合中起着重要作用。本书只限于介绍单输入-单输出系统的能控规范型和能观规范型。

7.6.1　能控规范型

考虑单输入-单输出线性定常系统

$$\begin{cases}\dot{\boldsymbol{x}}=\boldsymbol{Ax}+\boldsymbol{b}u\\ y=\boldsymbol{cx}\end{cases} \tag{7.6.1}$$

其中，$\boldsymbol{A}$ 为 $n\times n$ 常数矩阵，$\boldsymbol{b}$ 和 $\boldsymbol{c}$ 分别为 $n\times 1$ 和 $1\times n$ 的常数矩阵。设系统完全能控，因此

$$\text{rank}\boldsymbol{Q}_c=\text{rank}[\boldsymbol{b}\quad \boldsymbol{Ab}\quad \cdots\quad \boldsymbol{A}^{n-1}\boldsymbol{b}]=n \tag{7.6.2}$$

系统的特征多项式为

$$\det(s\boldsymbol{I}-\boldsymbol{A})=s^n+\alpha_{n-1}s^{n-1}+\cdots+\alpha_1 s+\alpha_0 \tag{7.6.3}$$

构造变换矩阵

$$P=[b\quad Ab\quad \cdots\quad A^{n-1}b]\begin{bmatrix}\alpha_1 & \alpha_2 & \cdots & \alpha_{n-1} & 1\\ \alpha_2 & \alpha_3 & \cdots & 1 & \\ \vdots & & \iddots & & \\ \alpha_{n-1} & \iddots & & & \\ 1 & & & & \end{bmatrix} \tag{7.6.4}$$

则有如下结论：

定理 11 对于完全能控系统(7.6.1)，通过非奇异线性变换 $\bar{x}=P^{-1}x$ 可将系统变换成如下能控规范型：

$$\begin{cases}\dot{\bar{x}}=\begin{bmatrix}0 & 1 & & \\ \vdots & & \ddots & \\ 0 & 0 & \cdots & 1\\ -\alpha_0 & -\alpha_1 & \cdots & -\alpha_{n-1}\end{bmatrix}\bar{x}+\begin{bmatrix}0\\ \vdots\\ 0\\ 1\end{bmatrix}u\\ y=\bar{c}\bar{x}\end{cases} \tag{7.6.5}$$

其中，$\bar{c}=cP=[\beta_1,\beta_2,\cdots\beta_n]$，$\beta_1,\beta_2\cdots\beta_n$ 可由下式计算：

$$\begin{aligned}&\beta_n=cb\\ &\beta_{n-1}=cAb+\alpha_{n-1}cb\\ &\vdots\\ &\beta_2=cA^{n-2}b+\alpha_{n-1}cA^{n-3}b+\cdots+\alpha_2cb\\ &\beta_1=cA^{n-1}b+\alpha_{n-1}cA^{n-2}b+\cdots+\alpha_1cb\end{aligned} \tag{7.6.6}$$

定理的证明是容易的，直接由 $A_c=P^{-1}AP$ 和 $b_c=P^{-1}b$ 即可推出式(7.6.5)中的系统 **A** 矩阵和输入矩阵。

式(7.6.5)直观地反映了系统的能控性。由该式看出 $\dot{x}_1=x_2$，即状态 x_1 由"内部控制变量"x_2 来控制；而 $\dot{x}_2=x_3$，即状态 x_2 又由"内部控制变量"x_3 来控制；以此类推，最后，由实际输入变量来控制 x_n。能控规范型系统的状态图见图 7.9。

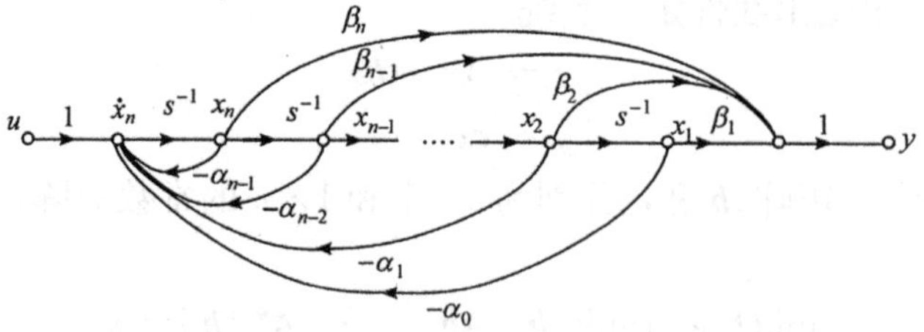

图 7.9 能控规范型系统的状态图

例 7.16　将下列能控系统转化为能控规范型：

$$\dot{\boldsymbol{x}}=\begin{bmatrix}1&0&2\\2&1&1\\1&0&-2\end{bmatrix}\boldsymbol{x}+\begin{bmatrix}1\\2\\1\end{bmatrix}u$$

$$y=\begin{bmatrix}0&1&1\end{bmatrix}\boldsymbol{x}$$

解　系统特征多项式为

$$\alpha(s)=\det(s\boldsymbol{I}-\boldsymbol{A})=s^3+\alpha_2 s^3+\alpha_1 s+\alpha_0=s^3-5s+4$$

故 $\alpha_0=4,\alpha_1=-5,\alpha_2=0$。因此变换矩阵为

$$\boldsymbol{P}=\begin{bmatrix}\boldsymbol{b}&\boldsymbol{Ab}&\boldsymbol{A}^2\boldsymbol{b}\end{bmatrix}\begin{bmatrix}\alpha_1&\alpha_2&1\\\alpha_2&1&0\\1&0&0\end{bmatrix}$$

$$=\begin{bmatrix}1&3&1\\2&5&10\\1&-1&5\end{bmatrix}\begin{bmatrix}-5&0&1\\0&1&0\\1&0&0\end{bmatrix}=\begin{bmatrix}-4&3&1\\0&5&2\\0&-1&1\end{bmatrix}$$

$$\boldsymbol{P}^{-1}=\begin{bmatrix}-\frac{1}{4}&\frac{1}{7}&-\frac{1}{28}\\0&\frac{1}{7}&-\frac{2}{7}\\0&\frac{1}{7}&\frac{5}{7}\end{bmatrix}$$

于是可以验证

$$\bar{\boldsymbol{A}}=\boldsymbol{P}^{-1}\boldsymbol{AP}=\begin{bmatrix}0&1&0\\0&0&1\\-4&5&0\end{bmatrix}=\begin{bmatrix}0&1&0\\0&0&1\\-\alpha_0&-\alpha_1&-\alpha_2\end{bmatrix}$$

$$\bar{\boldsymbol{b}}=\boldsymbol{P}^{-1}\boldsymbol{b}=\begin{bmatrix}0\\0\\1\end{bmatrix}$$

$$\bar{\boldsymbol{c}}=\boldsymbol{cP}=\begin{bmatrix}0&4&3\end{bmatrix}$$

即系统的能控规范型为

$$\begin{cases}\dot{\bar{\boldsymbol{x}}}=\begin{bmatrix}0&1&0\\0&0&1\\-4&5&0\end{bmatrix}\bar{\boldsymbol{x}}+\begin{bmatrix}0\\0\\1\end{bmatrix}u\\y=\begin{bmatrix}0&4&3\end{bmatrix}\bar{\boldsymbol{x}}\end{cases}$$

7.6.2 能观规范型

考虑单输入-单输出线性定常系统(7.6.1)。设系统完全能观,因此能观性矩阵 $\boldsymbol{Q}_o$ 列满秩,即

$$\operatorname{rank}\boldsymbol{Q}_o=\begin{bmatrix}\boldsymbol{c}\\ \boldsymbol{cA}\\ \vdots\\ \boldsymbol{cA}^{n-1}\end{bmatrix}=n$$

系统特征多项式由(7.6.2)表示。于是可构造变换矩阵

$$\boldsymbol{Q}=\begin{bmatrix}\alpha_1 & \alpha_2 & \cdots & \alpha_{n-1} & 1\\ \alpha_2 & \alpha_3 & \cdots & 1 & \\ \vdots & & ⋰ & & \\ \alpha_{n-1} & ⋰ & & & \\ 1 & & & & \end{bmatrix}\begin{bmatrix}\boldsymbol{c}\\ \boldsymbol{cA}\\ \vdots\\ \vdots\\ \boldsymbol{cA}^{n-1}\end{bmatrix}$$

下面的结论与定理 11 互为对偶。

定理 12 对于完全能观系统(7.6.1),通过线性非奇异变换 $\bar{\boldsymbol{x}}=\boldsymbol{Qx}$ 可将系统变换成如下能观规范型:

$$\begin{cases}\dot{\bar{\boldsymbol{x}}}=\begin{bmatrix}0 & \cdots & \cdots & -\alpha_0\\ 1 & & & -\alpha_1\\ & \ddots & & \vdots\\ & & 1 & -\alpha_{n-1}\end{bmatrix}\bar{\boldsymbol{x}}+\begin{bmatrix}\beta_1\\ \beta_2\\ \vdots\\ \beta_n\end{bmatrix}u\\ y=\begin{bmatrix}0 & \cdots & 0 & 1\end{bmatrix}\bar{\boldsymbol{x}}\end{cases}$$

能观规范型系统的状态图见图 7.10。

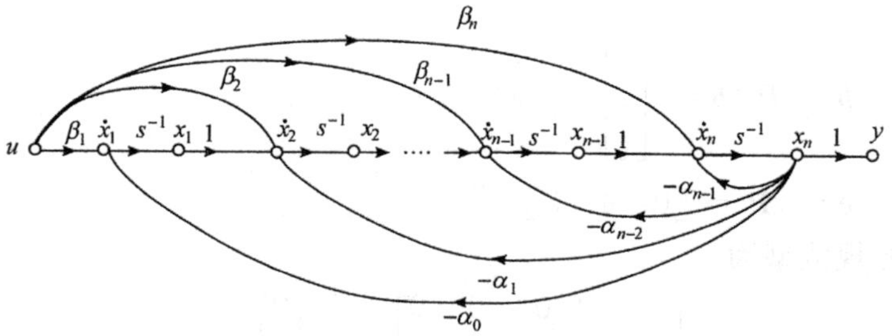

图 7.10 能观规范型系统的状态图

例 7.17 将下列能观系统转化为能观规范型:

$$\begin{cases} \dot{\boldsymbol{x}} = \begin{bmatrix} 1 & 0 & 2 \\ 2 & 1 & 1 \\ 1 & 0 & -2 \end{bmatrix} \boldsymbol{x} + \begin{bmatrix} 1 \\ 2 \\ 1 \end{bmatrix} u \\ y = \begin{bmatrix} 0 & 1 & 1 \end{bmatrix} \boldsymbol{x} \end{cases}$$

解　系统特征方程为

$$\alpha(s) = \det(s\boldsymbol{I} - \boldsymbol{A}) = s^3 + \alpha_2 s^2 + \alpha_1 s + \alpha_0 = s^3 - 5s + 4$$

故 $\alpha_0 = 4, \alpha_1 = -5, \alpha_2 = 0$。因此变换矩阵为

$$\boldsymbol{Q} = \begin{bmatrix} \alpha_1 & \alpha_2 & 1 \\ \alpha_2 & 1 & 0 \\ 1 & 0 & 0 \end{bmatrix} \begin{bmatrix} \boldsymbol{c} \\ \boldsymbol{cA} \\ \boldsymbol{cA}^2 \end{bmatrix}$$

$$= \begin{bmatrix} -5 & 0 & 1 \\ 0 & 1 & 0 \\ 1 & 0 & 0 \end{bmatrix} \begin{bmatrix} 0 & 1 & 1 \\ 3 & 1 & -1 \\ 4 & 1 & 9 \end{bmatrix} = \begin{bmatrix} 4 & -4 & 4 \\ 3 & 1 & -1 \\ 0 & 1 & 1 \end{bmatrix}$$

于是可以验证

$$\bar{\boldsymbol{A}} = \boldsymbol{QAQ}^{-1} = \begin{bmatrix} 0 & 0 & -4 \\ 1 & 0 & 5 \\ 0 & 1 & 0 \end{bmatrix}$$

$$\bar{\boldsymbol{b}} = \boldsymbol{Qb} = \begin{bmatrix} 0 \\ 4 \\ 3 \end{bmatrix}$$

$$\bar{\boldsymbol{c}} = \boldsymbol{Q}^{-1}\boldsymbol{c} = \begin{bmatrix} 0 & 0 & 1 \end{bmatrix}$$

即系统的能观规范型为

$$\begin{cases} \dot{\bar{\boldsymbol{x}}} = \begin{bmatrix} 0 & 0 & -4 \\ 1 & 0 & 5 \\ 0 & 1 & 0 \end{bmatrix} \bar{\boldsymbol{x}} + \begin{bmatrix} 0 \\ 4 \\ 3 \end{bmatrix} u \\ y = \begin{bmatrix} 0 & 0 & 1 \end{bmatrix} \bar{\boldsymbol{x}} \end{cases}$$

细心的读者已经注意到，能控规范型和能观规范型只与系统的特征多项式系数有关。而系统的特征多项式在状态变换下是不会改变的。因此，对一个能控（能观）系统而言，其能控（能观）规范型是唯一的，不会随着状态变量选取方式的不同而改变。

7.6.3　传递函数中零极点对消的影响

当系统的模型用传递函数描述时，只要传递函数中没有零极点对消的情况，总是可以通过选取合适的状态变量将模型转化为能控规范型或能观规范型（转化的方法在本书 3.3 节中已有介绍），这意味着此时系统是完全能控且完全能观的。

下面考虑传递函数中有零极点对消的情况。为简便起见，只考虑传递函数各

极点互异的情形，但所得结论对于有重极点的情形也是适用的。此时，传递函数可展开为

$$G(s)=\frac{Y(s)}{U(s)}=\frac{b_m s^m+\cdots b_1 s+b_0}{s^n+\cdots a_1 s+a_0}$$
$$=\frac{K(s+z_1)\cdots(s+z_m)}{(s+p_1)\cdots(s+p_n)}$$
$$=\sum_{i=1}^{n}\frac{c_i}{s+p_i}$$

其中，c_i 是 $G(s)$ 在极点 $-p_i$ 处的留数，即

$$c_i=\lim_{s\to -p_i}(s+p_i)G(s),\qquad i=1,\cdots,n$$

显然，如果传递函数有一对相同的零点和极点，即 $z_i=p_i$，则 $c_i=0$。这时，如果将模型转化成 3.3 节中形如式(3.3.10)的对角线规范型，则输出行向量中的第 i 个元素为零。由能观性判据知，此时系统不完全能观。选择不同的状态变量，还可以将模型转化为习题 3.10 中的另一种对角线规范型，那样的话，则输入列向量中就有一个元素为零。由能控性判据知，此时系统不完全能控。因此，我们得到结论：当传递函数中有零极点对消时，系统一定是状态不能控的或不能观的，具体是哪种情形，取决于如何选取状态变量。

7.7 状态反馈与输出反馈

7.7.1 状态反馈和输出反馈的概念

考虑线性定常系统

$$\begin{cases}\dot{\boldsymbol{x}}=\boldsymbol{A}\boldsymbol{x}+\boldsymbol{B}\boldsymbol{u}\\ \boldsymbol{y}=\boldsymbol{C}\boldsymbol{x}\end{cases}\tag{7.7.1}$$

当将系统的控制 $\boldsymbol{u}$ 取为状态 $\boldsymbol{x}$ 的线性函数

$$\boldsymbol{u}=-\boldsymbol{K}\boldsymbol{x}+\boldsymbol{R}\boldsymbol{v}\tag{7.7.2}$$

时，称这种控制形式为状态反馈。其中，$\boldsymbol{v}$ 为参考输入；$\boldsymbol{K}$ 称为状态反馈增益矩阵；$\boldsymbol{R}$ 为前馈增益矩阵。当将 $\boldsymbol{u}$ 取为输出 $\boldsymbol{y}$ 的线性函数

$$\boldsymbol{u}=-\boldsymbol{F}\boldsymbol{y}+\boldsymbol{R}\boldsymbol{v}\tag{7.7.3}$$

时，称这种控制形式为输出反馈。其中，$\boldsymbol{F}$ 为输出反馈增益矩阵。

状态反馈和输出反馈系统的结构图分别示于图 7.11 和图 7.12 中。

图 7.13 表示由直流电机构成的位置反馈伺服系统，而图 7.14 则表示同时具有速度反馈和位置反馈的伺服系统。若将位置信号看成系统输出，显然，前者是一个输出反馈系统，后者则是一个状态反馈系统。

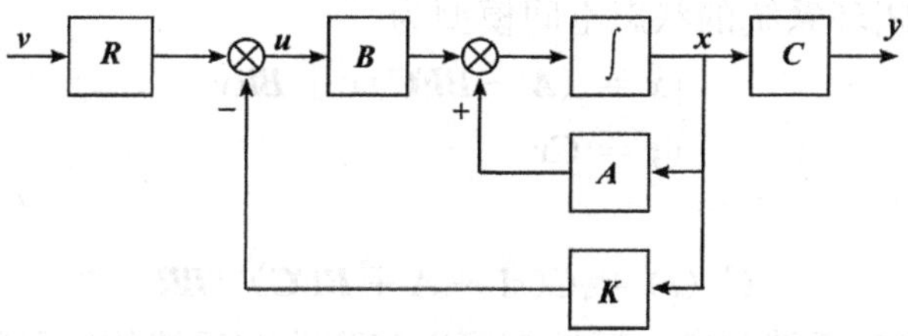

图 7.11　状态反馈

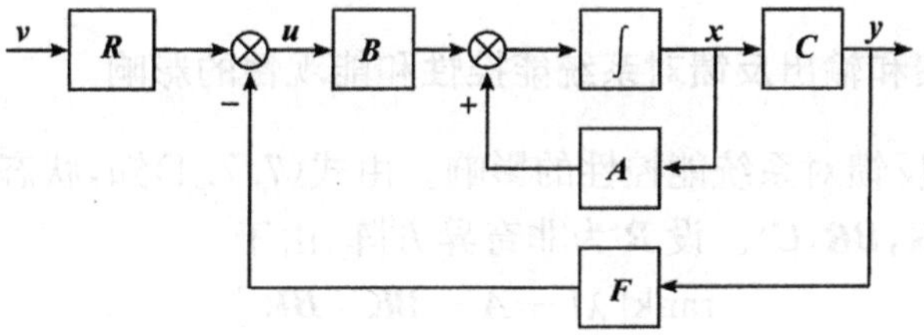

图 7.12　输出反馈

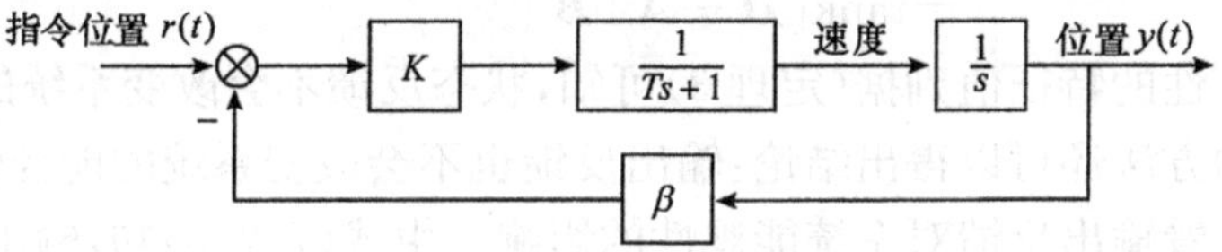

图 7.13　位置反馈系统

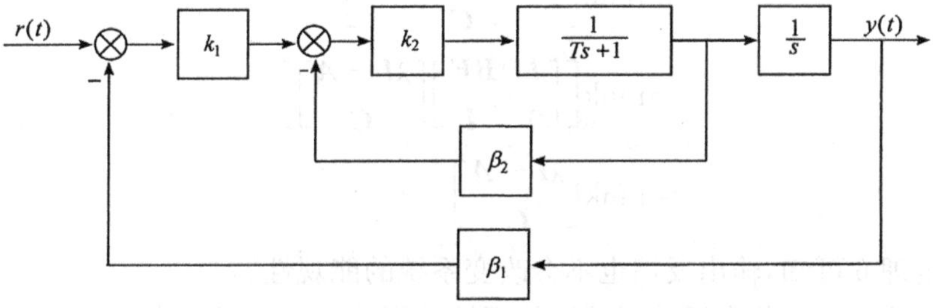

图 7.14　位置和速度反馈构成的双环系统

状态反馈后闭环系统的状态空间模型为

$$\begin{cases} \dot{\boldsymbol{x}} = (\boldsymbol{A} - \boldsymbol{BK})\boldsymbol{x} + \boldsymbol{BRv} \\ \boldsymbol{y} = \boldsymbol{Cx} \end{cases} \tag{7.7.4}$$

闭环系统的传递函数为

$$G_K(s) = \boldsymbol{C}(s\boldsymbol{I} - \boldsymbol{A} + \boldsymbol{BK})^{-1}\boldsymbol{BR}$$

输出反馈后闭环系统的状态空间模型为

$$\begin{cases}\dot{\boldsymbol{x}} = (\boldsymbol{A}-\boldsymbol{BFC})\boldsymbol{x}+\boldsymbol{BR}\boldsymbol{v}\\ \boldsymbol{y}=\boldsymbol{C}\boldsymbol{x}\end{cases} \tag{7.7.5}$$

而其传递函数为

$$G_F(s)=\boldsymbol{C}(s\boldsymbol{I}-\boldsymbol{A}+\boldsymbol{BFC})^{-1}\boldsymbol{BR}$$

由此可见,状态反馈和输出反馈都可以起到改变系统传递函数的作用,但两者的能力是不一样的。由于输出反馈可看成状态反馈的特殊情况(设 $\boldsymbol{K}=\boldsymbol{FC}$),输出反馈的功能同样可以用状态反馈来实现,但反过来却不一定。

7.7.2　状态反馈和输出反馈对系统能控性和能观性的影响

先考虑状态反馈对系统能控性的影响。由式(7.7.4)知,状态反馈形成的闭环系统为 $\boldsymbol{\Sigma}(\boldsymbol{A}-\boldsymbol{BK},\boldsymbol{BR},\boldsymbol{C})$。设 $\boldsymbol{R}$ 为非奇异方阵,由于

$$\begin{aligned}&\operatorname{rank}[\lambda\boldsymbol{I}-\boldsymbol{A}+\boldsymbol{BK}\ \vdots\ \boldsymbol{BR}]\\ =&\operatorname{rank}\left[[\lambda\boldsymbol{I}-\boldsymbol{A}\ \vdots\ \boldsymbol{B}]\begin{bmatrix}\boldsymbol{I} & 0\\ \boldsymbol{K} & \boldsymbol{R}\end{bmatrix}\right]\\ =&\operatorname{rank}[\lambda\boldsymbol{I}-\boldsymbol{A}\ \vdots\ \boldsymbol{B}]\end{aligned}$$

于是根据能控性的特征值判据(定理 3)可知,状态反馈不会改变系统的能控性。

用同样的方法还可以得出结论:输出反馈也不会改变系统的能控性。

下面再来看输出反馈对系统能观性的影响。由式(7.7.5)知,输出反馈形成的闭环系统为 $\boldsymbol{\Sigma}(\boldsymbol{A}-\boldsymbol{BFC},\boldsymbol{BR},\boldsymbol{C})$。由于

$$\begin{aligned}&\operatorname{rank}\begin{bmatrix}\lambda\boldsymbol{I}-\boldsymbol{A}+\boldsymbol{BFC}\\ \boldsymbol{C}\end{bmatrix}\\ =&\operatorname{rank}\left[\begin{bmatrix}\boldsymbol{I} & \boldsymbol{BF}\\ 0 & \boldsymbol{I}\end{bmatrix}\begin{bmatrix}\lambda\boldsymbol{I}-\boldsymbol{A}\\ \boldsymbol{C}\end{bmatrix}\right]\\ =&\operatorname{rank}\begin{bmatrix}\lambda\boldsymbol{I}-\boldsymbol{A}\\ \boldsymbol{C}\end{bmatrix}\end{aligned}$$

所以,由定理 6 可知,输出反馈也不会改变系统的能观性。

最后,我们考察状态反馈对系统能观性的影响。由于对矩阵

$$\begin{bmatrix}\lambda\boldsymbol{I}-\boldsymbol{A}+\boldsymbol{BK}\\ \boldsymbol{C}\end{bmatrix}$$

并不能做类似于输出反馈情况下的分解,不能用定理 6 做出判断。只要考察下面的例子,就不难发现,状态反馈有可能改变系统的能观性。

例 7.18　考察系统

$$\begin{cases} \dot{\boldsymbol{x}} = \begin{bmatrix} 0 & 1 \\ 1 & 0 \end{bmatrix} \boldsymbol{x} + \begin{bmatrix} 0 \\ 1 \end{bmatrix} \boldsymbol{u} \\ y = \begin{bmatrix} 0 & 1 \end{bmatrix} \boldsymbol{x} \end{cases}$$

在状态反馈下的能观性。

解　显然,系统的能观性矩阵

$$\boldsymbol{Q}_o = \begin{bmatrix} 0 & 1 \\ 1 & 0 \end{bmatrix}$$

是满秩的,即该系统完全能观。设状态反馈增益矩阵 $\boldsymbol{K}=[1\quad 0]$,于是

$$\bar{\boldsymbol{A}} = \boldsymbol{A} - \boldsymbol{BK} = \begin{bmatrix} 0 & 1 \\ 0 & 0 \end{bmatrix}$$

状态反馈后系统的能观性矩阵

$$\bar{\boldsymbol{Q}}_o = \begin{bmatrix} 0 & 1 \\ 0 & 0 \end{bmatrix}$$

不满秩,系统变为不完全能观。

7.8　闭环系统的极点配置

7.8.1　极点配置问题

我们已经知道,线性定常系统的稳定性由系统极点的位置决定,系统的瞬态性能在很大程度上也取决于系统的极点。因此,改善系统性能的一个重要途径就是改变系统的极点位置。

设线性定常系统为

$$\begin{cases} \dot{\boldsymbol{x}} = \boldsymbol{Ax} + \boldsymbol{Bu} \\ \boldsymbol{y} = \boldsymbol{Cx} + \boldsymbol{Du} \end{cases} \tag{7.8.1}$$

状态反馈为

$$\boldsymbol{u} = \boldsymbol{Rv} - \boldsymbol{Kx} \tag{7.8.2}$$

则闭环系统的状态方程为

$$\dot{\boldsymbol{x}} = (\boldsymbol{A} - \boldsymbol{BK})\boldsymbol{x} + \boldsymbol{BRv} \tag{7.8.3}$$

所谓极点配置,就是要寻找适当的反馈增益 $\boldsymbol{K}$,使得闭环系统的特征值(极点)被安排在指定位置上,即

$$\det(s\boldsymbol{I} - \boldsymbol{A} + \boldsymbol{BK}) = \alpha_n(s-\lambda_1^*)(s-\lambda_2^*)\cdots(s-\lambda_n^*) \tag{7.8.4}$$

其中,$\lambda_1^*,\lambda_2^*,\cdots,\lambda_n^*$ 为期望的极点。

例 7.19　设某伺服系统的传递函数为

$$G(s) = \frac{1}{s(s+6)(s+12)}$$

试设计状态反馈,使闭环系统满足如下性能指标:

(1) 输出超调量 $\delta\%\leqslant 5\%$;

(2) 峰值时间 $t_p\leqslant 0.5s$;

(3) 稳态位置误差 $e_p=0$。

解　按以下步骤设计

(1) 确定期望极点的位置。

尽管这是一个三阶系统,但只要让系统的一个极点远离虚轴,而另外一对复极点相对靠近虚轴,则这一对共轭复极点就成为系统的主导极点。系统的瞬态性能主要由主导极点决定。设主导极点为

$$\lambda_{1,2}=-\zeta\omega_n\pm j\sqrt{1-\zeta^2}\omega_n$$

由典型二阶振荡环节的瞬态性能指标公式可知:

$$\delta\%=e^{-\zeta\pi/\sqrt{1-\zeta^2}}\times 100\%\leqslant 5\%$$

$$t_p=\pi/(\omega_n\sqrt{1-\zeta^2})\leqslant 0.5$$

于是,只要 $\zeta\geqslant 0.707$,$\omega_n\geqslant 9$,则动态性能得到满足。取 $\zeta=0.707$,$\omega_n=10$,则主导极点为

$$\lambda_{1,2}=-7.07\pm j7.07$$

取第三个极点为 $\lambda_3=-100$,远离虚轴。于是闭环系统的期望特征多项式为

$$\begin{aligned}\alpha^*(s)&=(s+100)(s+7.07-j7.07)(s+7.07+j7.07)\\&=s^3+114.1s^2+1510s+10000\end{aligned}\tag{7.8.5}$$

(2) 确定反馈增益 $\boldsymbol{K}$。

先将原系统写成状态空间形式。为此,可取

$$\begin{aligned}X_3(s)&=\frac{1}{s+6}U(s)\\X_2(s)&=\frac{1}{s+12}X_3(s)\\X_1(s)&=Y(s)=\frac{1}{s}X_2(s)\end{aligned}\tag{7.8.6}$$

于是得到系统的状态空间模型为

$$\begin{cases}\dot{x}_1=x_2\\\dot{x}_2=-12x_2+x_3\\\dot{x}_3=-6x_3+u\\y=x_1\end{cases}\tag{7.8.7}$$

设状态反馈增益为

$$\boldsymbol{K}=[k_1\quad k_2\quad k_3]$$

系统在状态反馈下的结构图见图 7.15。

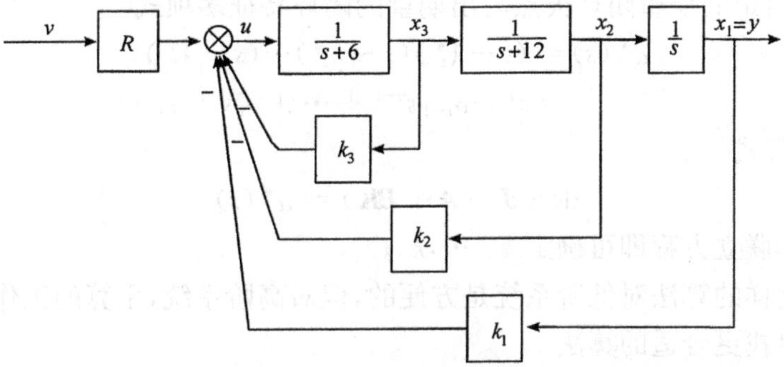

图 7.15　状态反馈结构图

系统在状态反馈下的闭环形式为

$$\begin{cases}\dot{\boldsymbol{x}} = (\boldsymbol{A} - \boldsymbol{BK})\boldsymbol{x} + \boldsymbol{BR}v \\ y = \boldsymbol{Cx}\end{cases}$$

因此，闭环特征方程为

$$\begin{aligned}&\det(s\boldsymbol{I} - \boldsymbol{A} + \boldsymbol{BK}) \\ &= \det\begin{bmatrix} s & -1 & 0 \\ 0 & s+12 & -1 \\ k_1 & k_2 & s+6+k_3 \end{bmatrix} \\ &= s^3 + (18+k_3)s^2 + [12(6+k_3)+k_2]s + k_1\end{aligned}$$

与式(7.8.5)比较系数可得

$$\begin{cases}18 + k_3 = 114.1 \\ 12(6+k_3) + k_2 = 1510 \\ k_1 = 10000\end{cases}$$

于是解得 $k_1 = 10000, k_2 = 284.8, k_3 = 96.1$。因此状态反馈增益为

$$\boldsymbol{K} = [10000, \quad 284.8, \quad 96.1]$$

(3) 确定前馈增益 R。

状态反馈后系统的闭环传递函数为

$$G(s) = \frac{R}{\alpha^*(s)}$$

按要求稳态位置误差 $e_p = 0$，即闭环系统稳态放大倍数应为 1，即 $\lim\limits_{s\to 0}\frac{R}{\alpha^*(s)} = 1$，于是可得 $R = 10000$。

总结本例，可以得到解极点配置问题的第一种算法。

算法 1(直接法)

(1) 由给定的期望闭环极点写出期望的闭环特征多项式

$$\begin{aligned}\alpha^*(s) &= (s-\lambda_1^*)(s-\lambda_2^*)\cdots(s-\lambda_n^*) \\ &= s^n+\alpha_{n-1}s^{n-1}+\cdots+\alpha_1 s+\alpha_0\end{aligned}$$

(2) 由等式

$$\det(s\boldsymbol{I}-\boldsymbol{A}+\boldsymbol{BK})=\alpha^*(s)$$

比较系数,解联立方程即可确定 $k_1,\cdots,k_n$。

当然,这样的算法对低阶系统是方便的,但对高阶系统,手算的工作量相当大。因此,需要寻找更合适的算法。

从理论上讲,上面的例子并没有回答这样的问题:对给定的一组极点 $\lambda_1^*,\cdots,\lambda_n^*$,是否一定存在反馈增益 $\boldsymbol{K}$,使得闭环极点被安排在指定的位置? 这是极点配置问题的可解性问题。另外,如果存在这样的反馈增益 $\boldsymbol{K}$,它的解是否唯一? 这是极点配置问题的唯一性问题。

7.8.2 极点配置定理

下面的定理直接回答了极点配置问题在状态反馈下的可解性问题。

定理 13 线性定常系统(7.8.1)通过状态反馈可以任意配置闭环系统极点的充分必要条件是系统完全能控。

证明 先证必要性,即已知系统可任意配置极点,证明系统完全能控。下面用反证法证明。为此,反设系统不完全能控,根据线性系统结构分解的知识可知,系统按能控性可以分解成如下形式:

$$\dot{\hat{\boldsymbol{x}}}=\begin{bmatrix}\hat{\boldsymbol{A}}_c & \hat{\boldsymbol{A}}_{12} \\ 0 & \hat{\boldsymbol{A}}_{\bar{c}}\end{bmatrix}\begin{bmatrix}\hat{\boldsymbol{x}}_c \\ \hat{\boldsymbol{x}}_{\bar{c}}\end{bmatrix}+\begin{bmatrix}\hat{\boldsymbol{B}}_c \\ 0\end{bmatrix}u \tag{7.8.8}$$

其中,$\hat{\boldsymbol{x}}=\boldsymbol{P}^{-1}\boldsymbol{x}$,$\boldsymbol{P}$ 为状态变换矩阵。设 $\boldsymbol{K}$ 为原系统(7.8.1)的任意状态反馈阵,于是在该状态反馈下有

$$\dot{\boldsymbol{x}}=(\boldsymbol{A}-\boldsymbol{BK})\boldsymbol{x}$$

即

$$\boldsymbol{P}\dot{\hat{\boldsymbol{x}}}=(\boldsymbol{A}-\boldsymbol{BK})\boldsymbol{P}\hat{\boldsymbol{x}}$$

或

$$\begin{aligned}\dot{\hat{\boldsymbol{x}}} &= (\boldsymbol{P}^{-1}\boldsymbol{AP}-\boldsymbol{P}^{-1}\boldsymbol{BKP})\hat{\boldsymbol{x}} \\ &= (\hat{\boldsymbol{A}}-\hat{\boldsymbol{B}}\hat{\boldsymbol{K}})\hat{\boldsymbol{x}}\end{aligned}$$

其中

$$\hat{K} = KP = \begin{bmatrix} \hat{K}_1 & \hat{K}_2 \end{bmatrix}$$

$$\hat{A} = \begin{bmatrix} \hat{A}_c & \hat{A}_{12} \\ 0 & \hat{A}_{\bar{c}} \end{bmatrix}, \qquad \hat{B} = \begin{bmatrix} \hat{B}_c \\ 0 \end{bmatrix}$$

记 $A^* = \hat{A} - \hat{B}\hat{K}$，则有

$$A^* = \begin{bmatrix} \hat{A}_c - \hat{B}_c\hat{K}_1 & \hat{A}_{12} - \hat{B}_c\hat{K}_2 \\ 0 & \hat{A}_{\bar{c}} \end{bmatrix} \tag{7.8.9}$$

$$\det(sI - A^*) = \det\begin{bmatrix} sI - \hat{A}_c + \hat{B}_c\hat{K}_1 & -\hat{A}_{12} + \hat{B}_c\hat{K}_2 \\ 0 & sI - \hat{A}_{\bar{c}} \end{bmatrix}$$
$$= \det(sI - \hat{A}_c + \hat{B}_c\hat{K}_1)\det(sI - \hat{A}_{\bar{c}})$$

由于状态变换不会改变系统的特征值，因此

$$\begin{aligned} \det(sI - A + BK) &= \det(sI - A^*) \\ &= \det(sI - \hat{A}_c + \hat{B}_c\hat{K}_1)\det(sI - \hat{A}_{\bar{c}}) \end{aligned} \tag{7.8.10}$$

上式表示状态反馈无法改变系统不能控部分的极点，即不能做到任意配置极点，与假设矛盾。于是必要性得证。

下面证明充分性，即已知系统完全能控，证状态反馈可以任意配置系统的极点。为了便于讨论，只考虑单输入情况，即假设式(7.8.1)中 B 为列向量。设系统(7.8.1)的特征多项式为

$$\alpha(s) = \det(sI - A) = s^n + \alpha_{n-1}s^{n-1} + \cdots + \alpha_1 s + \alpha_0$$

由于系统完全能控，所以可以取状态变换 $\bar{x} = P^{-1}x$，其中

$$P = \begin{bmatrix} B & AB & \cdots & A^{n-1}B \end{bmatrix}\begin{bmatrix} \alpha_1 & \alpha_2 & \cdots & \alpha_{n-1} & 1 \\ \alpha_2 & \alpha_3 & \cdots & 1 & \\ \vdots & & \iddots & & \\ \alpha_{n-1} & \iddots & & & \\ 1 & & & & \end{bmatrix}$$

将系统化为能控规范型

$$\begin{cases} \dot{\bar{x}} = \begin{bmatrix} 0 & 1 & & \\ \vdots & & \ddots & \\ 0 & & & 1 \\ -\alpha_0 & -\alpha_1 & \cdots & -\alpha_{n-1} \end{bmatrix}\bar{x} + \begin{bmatrix} 0 \\ \vdots \\ 0 \\ 1 \end{bmatrix}u \\ \bar{y} = \begin{bmatrix} \beta_1 & \beta_2 & \cdots & \beta_n \end{bmatrix}\bar{x} \end{cases} \tag{7.8.11}$$

记

$$\bar{\boldsymbol{K}}=\boldsymbol{KP}=[\bar{k}_1, \quad \cdots, \quad \bar{k}_n] \tag{7.8.12}$$

是系统(7.8.11)的一个状态反馈增益阵，于是得到在状态反馈下闭环系统的状态方程为

$$\dot{\bar{\boldsymbol{x}}}=\boldsymbol{A}^*\bar{\boldsymbol{x}} \tag{7.8.13}$$

其中

$$\boldsymbol{A}^*=\bar{\boldsymbol{A}}-\bar{\boldsymbol{B}}\bar{\boldsymbol{K}}$$

$$=\left[\begin{array}{c:c:c:c} 0 & 1 & & \\ \hdashline \vdots & & \ddots & \\ \hdashline 0 & & & 1 \\ \hdashline -\alpha_0-\bar{k}_1 & -\alpha_1-\bar{k}_2 & \cdots & -\alpha_{n-1}-\bar{k}_n \end{array}\right] \tag{7.8.14}$$

显然，系统(7.8.14)也是一个能控规范型。由于

$$\bar{\boldsymbol{A}}-\bar{\boldsymbol{B}}\bar{\boldsymbol{K}}=\boldsymbol{P}^{-1}\boldsymbol{AP}-\boldsymbol{P}^{-1}\boldsymbol{BKP}=\boldsymbol{P}^{-1}(\boldsymbol{A}-\boldsymbol{BK})\boldsymbol{P}$$

即矩阵 $\bar{\boldsymbol{A}}-\bar{\boldsymbol{B}}\bar{\boldsymbol{K}}$ 与矩阵 $\boldsymbol{A}-\boldsymbol{BK}$ 相似，所以系统(7.8.11)在状态反馈 $u=-\bar{\boldsymbol{K}}\bar{\boldsymbol{x}}$ 下的闭环极点与系统(7.8.1)在状态反馈 $u=-\boldsymbol{Kx}$ 下的闭环极点完全一样。假设任意期望极点为 $\lambda_1^*,\lambda_2^*,\cdots,\lambda_n^*$，期望特征多项式为

$$\begin{aligned}\alpha^*(s)&=(s-\lambda_1^*)\cdots(s-\lambda_n^*)\\&=s^n+\alpha_{n-1}^*s^{n-1}+\cdots+\alpha_1^*s+\alpha_0^*\end{aligned}$$

则系统(7.8.13)的能控规范型矩阵应为

$$\boldsymbol{A}^*=\begin{bmatrix} 0 & 1 & & \\ \vdots & & \ddots & \\ 0 & & & 1 \\ -\alpha_0^* & -\alpha_1^* & \cdots & -\alpha_{n-1}^* \end{bmatrix} \tag{7.8.15}$$

比较式(7.8.14)和式(7.8.15)可得

$$\begin{aligned}\bar{k}_1&=\alpha_0^*-\alpha_0\\ \bar{k}_2&=\alpha_1^*-\alpha_1\\ &\vdots\\ \bar{k}_n&=\alpha_{n-1}^*-\alpha_{n-1}\end{aligned} \tag{7.8.16}$$

故得到矩阵 $\bar{\boldsymbol{K}}$。再由

$$\boldsymbol{K}=\bar{\boldsymbol{K}}\boldsymbol{P}^{-1}$$

可得到反馈增益阵 $\boldsymbol{K}$。在状态反馈 $u=-\boldsymbol{Kx}$ 下，系统闭环极点将被配置在任意指定的位置 $\lambda_1^*,\cdots,\lambda_n^*$。证毕。

上述定理不仅回答了极点配置问题在状态反馈下的可解性问题，而且定理的证明过程还表明，对单输入系统而言，对于指定的一组期望极点，反馈增益阵 $\boldsymbol{K}$ 是

唯一的。对多输入系统而言，只要系统能控，状态反馈下的极点配置问题总是有解的，而且由于多输入提供了更多的输入自由度，反馈增益的解可能不是唯一的。

上述证明过程实际上还给出了极点配置的另外一种算法。

算法 2

(1) 根据指定的期望极点 $\lambda_1^*,\cdots,\lambda_n^*$，计算期望特征多项式

$$\begin{aligned}\alpha^*(s) &= (s-\lambda_1^*)\cdots(s-\lambda_n^*)\\ &= s^n+\alpha_{n-1}^*s^{n-1}+\cdots+\alpha_1^*s+\alpha_0^*\end{aligned}$$

以及原系统的特征多项式

$$\begin{aligned}\alpha(s) &= \det(s\boldsymbol{I}-\boldsymbol{A})\\ &= s^n+\alpha_{n-1}s^{n-1}+\cdots+\alpha_1 s+\alpha_0^*\end{aligned}$$

(2) 计算矩阵

$$\overline{\boldsymbol{K}} = [\alpha_0^*-\alpha_0,\alpha_1^*-\alpha_1,\cdots,\alpha_{n-1}^*-\alpha_{n-1}]$$

和状态变换矩阵

$$\boldsymbol{P} = [\boldsymbol{B}\quad \boldsymbol{AB}\quad \cdots\quad \boldsymbol{A}^{n-1}\boldsymbol{B}]\begin{bmatrix}\alpha_1 & \alpha_2 & \cdots & \alpha_{n-1} & 1\\ \alpha_2 & \alpha_3 & \cdots & 1 & \\ \vdots & & ⋰ & & \\ \alpha_{n-1} & ⋰ & & & \\ 1 & & & & \end{bmatrix}$$

(3) 计算状态反馈增益阵

$$\boldsymbol{K} = \overline{\boldsymbol{K}}\boldsymbol{P}^{-1}$$

例 7.20　用算法 2 计算例 7.19 中的反馈增益矩阵。

解　开环系统的特征多项式为

$$\begin{aligned}\alpha(s) &= \det(s\boldsymbol{I}-\boldsymbol{A})\\ &= \det\begin{bmatrix}s & -1 & 0\\ 0 & s+12 & -1\\ 0 & 0 & s+6\end{bmatrix}\\ &= s^3+18s^2+72s\end{aligned}$$

根据例 7.19 中已确定的期望闭环极点位置可知期望特征多项式为

$$\begin{aligned}\alpha^*(s) &= (s-\lambda_1^*)(s-\lambda_2^*)(s-\lambda_3^*)\\ &= s^3+114.1s^2+1510s+10000\end{aligned}$$

比较 $\alpha(s)$ 和 $\alpha^*(s)$ 的系数可得到 $\overline{\boldsymbol{K}}$ 的各元素为

$$\bar{k}_1 = \alpha_0^*-\alpha_0 = 10000-0 = 10000$$

$$\bar{k}_2 = \alpha_1^*-\alpha_1 = 1510-72 = 1438$$

$$\bar{k}_3 = \alpha_2^*-\alpha_2 = 114.1-18 = 96.1$$

因此，$\bar{\boldsymbol{K}}=[10000\quad 1438\quad 96.1]$，状态变换矩阵为

$$\boldsymbol{P}=[\boldsymbol{B}\quad \boldsymbol{AB}\quad \boldsymbol{A}^2\boldsymbol{B}]\begin{bmatrix}\alpha_1 & \alpha_2 & 1\\ \alpha_2 & 1 & 0\\ 1 & 0 & 0\end{bmatrix}$$

$$=\begin{bmatrix}0 & 0 & 1\\ 0 & 1 & -18\\ 1 & -6 & 36\end{bmatrix}\begin{bmatrix}72 & 18 & 1\\ 18 & 1 & 0\\ 1 & 0 & 0\end{bmatrix}$$

$$=\begin{bmatrix}1 & 0 & 0\\ 0 & 1 & 0\\ 0 & 12 & 1\end{bmatrix}$$

最后可求得状态反馈阵为

$$\boldsymbol{K}=\bar{\boldsymbol{K}}\boldsymbol{P}^{-1}=[10000\quad 1438\quad 96.1]\begin{bmatrix}1 & 0 & 0\\ 0 & 1 & 0\\ 0 & -12 & 1\end{bmatrix}$$

$$=[10000\quad 284.8\quad 96.1]$$

结果与例 7.19 完全一样。

7.8.3 基于输出反馈的极点配置

只要系统完全能控，总能用状态反馈将闭环系统的极点配置在任意指定的位置，那么输出反馈是否也是这样呢？回答是否定的。为了简单说明这一问题，考虑如下单输入-单输出系统

$$\begin{cases}\dot{\boldsymbol{x}}=\boldsymbol{Ax}+\boldsymbol{b}u\\ y=\boldsymbol{cx}\end{cases}$$

这里 $\boldsymbol{A}\in\mathbf{R}^{n\times n}$，$\boldsymbol{b}\in\mathbf{R}^{n\times 1}$，$\boldsymbol{c}\in\mathbf{R}^{1\times n}$。输出反馈具有如下形式：

$$u=v-fy \tag{7.8.17}$$

这里 $f\in\mathbf{R}$ 是一个标量。闭环系统的传递函数为

$$G_f(s)=\boldsymbol{c}(s\boldsymbol{I}-\boldsymbol{A}+\boldsymbol{b}f\boldsymbol{c})^{-1}\boldsymbol{b} \tag{7.8.18}$$

闭环特征多项式为

$$\begin{aligned}\alpha_f(s)&=\det(s\boldsymbol{I}-\boldsymbol{A}+\boldsymbol{b}f\boldsymbol{c})\\ &=\det(s\boldsymbol{I}-\boldsymbol{A})(\boldsymbol{I}-(s\boldsymbol{I}-\boldsymbol{A})^{-1}\boldsymbol{b}f\boldsymbol{c})\\ &=\det(s\boldsymbol{I}-\boldsymbol{A})\det(\boldsymbol{I}-(s\boldsymbol{I}-\boldsymbol{A})^{-1}\boldsymbol{b}f\boldsymbol{c})\\ &=\det(s\boldsymbol{I}-\boldsymbol{A})\det(\boldsymbol{I}-f\boldsymbol{c}(s\boldsymbol{I}-\boldsymbol{A})^{-1}\boldsymbol{b})\end{aligned} \tag{7.8.19}$$

由于 $\boldsymbol{I}-f\boldsymbol{c}(s\boldsymbol{I}-\boldsymbol{A})^{-1}\boldsymbol{b}$ 实际上是一个标量函数，因此有

$$\det(\boldsymbol{I}-f\boldsymbol{c}(s\boldsymbol{I}-\boldsymbol{A})^{-1}\boldsymbol{b})=1-f\boldsymbol{c}(s\boldsymbol{I}-\boldsymbol{A})^{-1}\boldsymbol{b}$$

记开环系统的传递函数为

$$G(s)=\boldsymbol{c}(s\boldsymbol{I}-\boldsymbol{A})^{-1}\boldsymbol{b}\triangleq\frac{\beta(s)}{\alpha(s)} \tag{7.8.20}$$

其中，$\alpha(s)$是开环系统的特征多项式，即

$$\det(s\boldsymbol{I}-\boldsymbol{A})=\alpha(s) \tag{7.8.21}$$

由式(7.8.19)和式(7.8.20)得

$$\alpha_f(s)=\alpha(s)-f\beta(s)$$

即

$$1-\frac{f\beta(s)}{\alpha(s)}=0 \tag{7.8.22}$$

将$-f$看成根轨迹常数，则可以得出如下结论：输出反馈只能将闭环系统的极点配置在系统根轨迹上，而不能做到任意配置。

7.8.4　系统镇定

系统镇定是控制系统设计中的一个基本问题。所谓镇定，就是用某种控制形式(如状态反馈或输出反馈)使原来不稳定的系统变为稳定系统。对线性定常系统而言，系统稳定意味着所有极点均在复平面的左半平面。因此，解决镇定问题，可以通过极点配置的方法来实现。只要系统完全能控，不论其原先的极点位置在哪儿，都一定可以通过状态反馈将其镇定。

对不是完全能控的系统而言，用状态变换可以将它变成如下按能控性分解的形式：

$$\dot{\hat{\boldsymbol{x}}}=\begin{bmatrix}\hat{\boldsymbol{A}}_c & \hat{\boldsymbol{A}}_{12}\\ 0 & \hat{\boldsymbol{A}}_{\bar{c}}\end{bmatrix}\boldsymbol{x}+\begin{bmatrix}\hat{\boldsymbol{B}}_c\\ 0\end{bmatrix}u \tag{7.8.23}$$

令

$$u=-\hat{\boldsymbol{K}}\boldsymbol{x}=-\begin{bmatrix}\hat{\boldsymbol{K}}_1 & \hat{\boldsymbol{K}}_2\end{bmatrix}\boldsymbol{x} \tag{7.8.24}$$

代入式(7.8.23)得

$$\dot{\hat{\boldsymbol{x}}}=\begin{bmatrix}\hat{\boldsymbol{A}}_c-\hat{\boldsymbol{B}}_c\hat{\boldsymbol{K}}_1 & \hat{\boldsymbol{A}}_{12}-\hat{\boldsymbol{B}}_c\hat{\boldsymbol{K}}_2\\ 0 & \hat{\boldsymbol{A}}_{\bar{c}}\end{bmatrix}\hat{\boldsymbol{x}}$$

因此，闭环系统的特征多项式为

$$\alpha(s)=\det(s\boldsymbol{I}-\hat{\boldsymbol{A}}_c+\hat{\boldsymbol{B}}_c\hat{\boldsymbol{K}}_1)\det(s\boldsymbol{I}-\hat{\boldsymbol{A}}_{\bar{c}})$$

这说明，原系统中能控部分的极点可以由状态反馈任意配置，但不能控部分的极点，即$\hat{\boldsymbol{A}}_{\bar{c}}$的特征值，不能被状态反馈所改变，它们将全部进入闭环系统，成为闭环极点的一部分。因此，一个系统可以用状态反馈进行镇定的充要条件是其不能控子系统的极点都在复平面的左半平面。

例 7.21　检验系统

$$\dot{\boldsymbol{x}}=\begin{bmatrix}1 & 0 & -1\\ 0 & -2 & 0\\ -1 & 0 & 2\end{bmatrix}\boldsymbol{x}+\begin{bmatrix}0\\0\\1\end{bmatrix}u \tag{7.8.25}$$

是否可用状态反馈镇定。若可以，设计状态反馈阵镇定该系统。

解　利用定理 7.9 可以构造出状态变换矩阵如下：

$$\boldsymbol{P}=\begin{bmatrix}0 & 1 & 0\\ 0 & 0 & 1\\ 1 & 0 & 0\end{bmatrix}$$

令 $\hat{\boldsymbol{x}}=\boldsymbol{P}^{-1}\boldsymbol{x}$，可将系统转化成如下按能控性分解的形式：

$$\dot{\hat{\boldsymbol{x}}}=\left[\begin{array}{cc|c}2 & -1 & 0\\ -1 & 1 & 0\\ \hline 0 & 0 & -2\end{array}\right]\hat{\boldsymbol{x}}+\left[\begin{array}{c}1\\0\\ \hline 0\end{array}\right]u \tag{7.8.26}$$

由上式可以看出，系统不能控子系统的特征值为 $\lambda=-2$，它在左半平面，因此系统是可以用状态反馈镇定的。

为了用极点配置的方法进行镇定，设期望极点为 $\lambda_1^*=-1,\lambda_2^*=-3,\lambda_3^*=-2$。注意，这里 $\lambda_3^*=-2$ 实际上是原系统不能控子系统的极点，是不能用状态反馈改变的，即无论状态反馈阵如何设计，该极点都是闭环极点。另外两个极点 λ_1^* 和 λ_2^* 是可以根据系统的其他性能要求调整的。由于这里只考虑镇定问题，λ_1^* 和 λ_2^* 只要安排在复平面的左半平面即可。

为求状态反馈阵，可以利用算法 1 直接对原系统(7.8.25)来设计。也可以先对变换后的系统(7.8.26)来设计，然后再求出原系统相应的状态反馈阵。这里采用后一种办法。

设系统(7.8.26)的状态反馈阵为

$$\hat{\boldsymbol{K}}=\begin{bmatrix}\hat{k}_1 & \hat{k}_2 & \hat{k}_3\end{bmatrix} \tag{7.8.27}$$

则闭环系统特征方程为

$$\begin{aligned}\alpha^*(s)&=\det[s\boldsymbol{I}-\hat{\boldsymbol{A}}+\hat{\boldsymbol{B}}\hat{\boldsymbol{K}}]\\ &=\det\begin{bmatrix}s-2+\hat{k}_1 & 1+\hat{k}_2 & \hat{k}_3\\ 1 & s-1 & 0\\ 0 & 0 & s+2\end{bmatrix}\\ &=(s^2+(\hat{k}_1-3)s+(1-\hat{k}_1-\hat{k}_2))(s+2)\end{aligned} \tag{7.8.28}$$

根据期望极点的要求应有

$$\alpha^*(s) = (s+1)(s+3)(s+2)$$
$$= (s^2+4s+3)(s+2) \tag{7.8.29}$$

比较式(7.8.28)和式(7.8.29)可得

$$\hat{k}_1 - 3 = 4$$
$$1 - \hat{k}_1 - \hat{k}_2 = 3$$

于是解得

$$\hat{k}_1 = 7$$
$$\hat{k}_2 = -9$$

因此系统(7.8.26)的状态反馈阵为

$$\hat{\boldsymbol{K}} = \begin{bmatrix} 7 & -9 & \hat{k}_3 \end{bmatrix}$$

其中，$\hat{k}_3$ 为任意值，可取$\hat{k}_3=0$。再利用状态变换阵求出原系统(7.8.25)所需的状态反馈阵为

$$\boldsymbol{K} = \hat{\boldsymbol{K}}\boldsymbol{P}^{-1} = \begin{bmatrix} 7 & -9 & 0 \end{bmatrix}\begin{bmatrix} 0 & 1 & 0 \\ 0 & 0 & 1 \\ 1 & 0 & 0 \end{bmatrix}^{-1} = \begin{bmatrix} -9 & 0 & 7 \end{bmatrix}$$

例 7.22 考虑图 7.3 所示的移动倒立摆。设 $M=2\text{kg}, m=0.1\text{kg}, l=0.5\text{m}$，设计合适的状态反馈控制 $\boldsymbol{K}$，使倒立摆保持在垂直位置。

解 在例 7.5 中我们已经得到该系统的状态空间模型

$$\begin{bmatrix} \dot{x}_1 \\ \dot{x}_2 \\ \dot{x}_3 \\ \dot{x}_4 \end{bmatrix} = \begin{bmatrix} 0 & 1 & 0 & 0 \\ \dfrac{3(M+m)g}{(4M+m)l} & 0 & 0 & 0 \\ 0 & 0 & 0 & 1 \\ -\dfrac{3mg}{4M+m} & 0 & 0 & 0 \end{bmatrix}\begin{bmatrix} x_1 \\ x_2 \\ x_3 \\ x_4 \end{bmatrix} + \begin{bmatrix} 0 \\ -\dfrac{3}{(4M+m)l} \\ 0 \\ \dfrac{4}{4M+m} \end{bmatrix} F$$

其中，$x_1=\theta$ 是摆杆与垂直位置的夹角；$x_3=y$ 是小车的位移；$x_2=\dot{\theta}, \dot{x}_4=\dot{y}$ 分别表示摆杆的角速率和小车的平移速度；F 是控制输入。

代入 M、m 和 l 的值可得系统状态方程

$$\dot{\boldsymbol{x}} = \boldsymbol{A}\boldsymbol{x} + \boldsymbol{B}u$$

其中

$$\boldsymbol{A} = \begin{bmatrix} 0 & 1 & 0 & 0 \\ 15.244 & 0 & 0 & 0 \\ 0 & 0 & 0 & 1 \\ -0.363 & 0 & 0 & 0 \end{bmatrix}, \quad \boldsymbol{B} = \begin{bmatrix} 0 \\ -0.741 \\ 0 \\ 0.494 \end{bmatrix}$$

采用状态反馈控制，即

$$F=-\boldsymbol{Kx}$$

系统能控性矩阵为

$$\boldsymbol{Q}_c=[\boldsymbol{B}\quad \boldsymbol{AB}\quad \boldsymbol{A}^2\boldsymbol{B}\quad \boldsymbol{A}^3\boldsymbol{B}]=\begin{bmatrix}0 & -0.741 & 0 & -11.292\\ -0.741 & 0 & -11.292 & 0\\ 0 & 0.494 & 0 & 0.269\\ 0.494 & 0 & 0.269 & 0\end{bmatrix}$$

由于 $\text{rank}\boldsymbol{Q}_c=4$，系统完全能控。下面通过极点配置的方法来设计状态反馈阵。本例是一个镇定问题，应使闭环极点位于复平面的左半平面。为了使系统具有较短的调节时间（取 $t_s\approx 2\text{s}$）和适当的阻尼比（取 $\zeta=0.5$），期望闭环极点可取为

$\lambda_1^*=-2+\text{j}2\sqrt{3}$，$\lambda_2^*=-2-\text{j}2\sqrt{3}$，$\lambda_3^*=-10$，$\lambda_4^*=-10$。在这种情况下，$\lambda_1^*$ 和 λ_2^* 是一对主导极点，λ_3^* 和 λ_4^* 远离虚轴，对动态性能的影响较小。于是期望特征多项式为

$$\begin{aligned}\alpha^*(s)&=(s+2-\text{j}2\sqrt{3})(s+2+\text{j}2\sqrt{3})(s+10)(s+10)\\&=s^4+24s^3+196s^2+720s+1600\end{aligned}$$

原开环系统的特征多项式为

$$\alpha(s)=\det(s\boldsymbol{I}-\boldsymbol{A})=s^4-20.601s^2$$

显然，不加控制的系统是不稳定的。

下面用极点配置算法 2 计算反馈增益阵 $\boldsymbol{K}$。

根据算法 2 计算行向量

$$\begin{aligned}\bar{\boldsymbol{K}}&=[\alpha_0^*-\alpha_0\quad \alpha_1^*-\alpha_1\quad \alpha_2^*-\alpha_2\quad \alpha_3^*-\alpha_3]\\&=[1600-0\quad 720-0\quad 196+20.601\quad 24-0]\\&=[1600\quad 720\quad 216.601\quad 24]\end{aligned}$$

和状态变换阵

$$\boldsymbol{P}=[\boldsymbol{B}\quad \boldsymbol{AB}\quad \boldsymbol{A}^2\boldsymbol{B}\quad \boldsymbol{A}^3\boldsymbol{B}]\begin{bmatrix}\alpha_1 & \alpha_2 & \alpha_3 & 1\\ \alpha_2 & \alpha_3 & 1 & 0\\ \alpha_3 & 1 & 0 & 0\\ 1 & 0 & 0 & 0\end{bmatrix}$$

$$=\begin{bmatrix}3.973 & 0 & -0.741 & 0\\ 0 & 3.973 & 0 & -0.741\\ -9.908 & 0 & 0.494 & 0\\ 0 & -9.908 & 0 & 0.494\end{bmatrix}$$

因此，所要求的状态反馈增益阵为

$$\begin{aligned}\boldsymbol{K}&=\bar{\boldsymbol{K}}\boldsymbol{P}^{-1}\\&=[-545.54\quad -110.16\quad -380.39\quad -116.88]\end{aligned}$$

7.9　状态观测器设计

在极点配置过程中，假设系统所有状态都可量测并被用于反馈。然而在实际情况中，并不是所有状态都可被直接量测并用于反馈的，这就需要对不可直接量测的状态进行估计。需要注意的是，用一个状态的微分产生另一状态的办法通常是不可取的，因为噪声通常比控制信号变化更快，信号的微分会使噪声的作用增强，即减小了信噪比。对不可量测的状态进行估计的过程通常称为状态观测，观测状态变量的装置（或计算机程序）被称为状态观测器。如果状态观测器观测的是系统所有的状态，则称之为全维状态观测器，简称为全维观测器。由于输出信号是状态变量的线性组合，从输出信号可直接获得系统的部分状态变量信息，因此无需观测所有的状态，而只需观测系统的部分状态。这样的状态观测器被称为降维状态观测器，简称为降维观测器。

7.9.1　全维状态观测器

设线性定常系统的状态空间模型为

$$\begin{cases} \dot{\boldsymbol{x}} = \boldsymbol{A}\boldsymbol{x} + \boldsymbol{B}\boldsymbol{u} \\ \boldsymbol{y} = \boldsymbol{C}\boldsymbol{x} \end{cases} \tag{7.9.1}$$

所谓全维状态观测器，就是这样一个与式(7.9.1)同维数的系统，其状态变量记为 $\hat{\boldsymbol{x}}$，当时间 $t\to\infty$ 时，应有 $\hat{\boldsymbol{x}}\to\boldsymbol{x}$，即

$$\lim_{t\to\infty}\tilde{\boldsymbol{x}}(t) = \lim_{t\to\infty}[\boldsymbol{x}(t) - \hat{\boldsymbol{x}}(t)] = 0 \tag{7.9.2}$$

在状态观测过程中，假设原系统的 $\boldsymbol{A}$，$\boldsymbol{B}$，$\boldsymbol{C}$ 矩阵都是已知的。一个直观的想法就是构造一个结构与原系统完全一样的系统：

$$\begin{cases} \dot{\hat{\boldsymbol{x}}} = \boldsymbol{A}\hat{\boldsymbol{x}} + \boldsymbol{B}\boldsymbol{u} \\ \hat{\boldsymbol{y}} = \boldsymbol{C}\hat{\boldsymbol{x}} \end{cases} \tag{7.9.3}$$

其中，输入信号 $\boldsymbol{u}(t)$ 也与系统(7.9.1)中输入信号一样。只要式(7.9.3)的状态满足式(7.9.2)，则它就是系统(7.9.1)的一个状态观测器。式(7.9.3)是人为构造的系统，其状态变量 $\hat{\boldsymbol{x}}(t)$ 总是可以量测的。但问题是(7.9.2)在什么情况下会得到满足呢？一种特殊情况就是两个系统的初始状态完全一样，即 $\boldsymbol{x}(t_0)=\hat{\boldsymbol{x}}(t_0)$，则对于任意 $t\geqslant t_0$，总有 $\hat{\boldsymbol{x}}(t)=\boldsymbol{x}(t)$，此时(7.9.2)自然得到满足。然而，在实际情况中，要保证两个系统的初始值完全一样极其困难，甚至可以说是不可能的。对于 $\boldsymbol{x}(t_0)\neq\hat{\boldsymbol{x}}(t_0)$ 的情形，式(7.9.2)是否一定会得到满足呢？用系统(7.9.1)中的方

程减去系统(7.9.3)中的方程可得

$$\begin{cases}\dfrac{\mathrm{d}}{\mathrm{d}t}(\boldsymbol{x}-\hat{\boldsymbol{x}})=\boldsymbol{A}(\boldsymbol{x}-\hat{\boldsymbol{x}})\\ \boldsymbol{y}-\hat{\boldsymbol{y}}=\boldsymbol{C}(\boldsymbol{x}-\hat{\boldsymbol{x}})\end{cases}\tag{7.9.4}$$

设 $\tilde{\boldsymbol{x}}=\boldsymbol{x}-\hat{\boldsymbol{x}}$,称 $\tilde{\boldsymbol{x}}$ 为观测误差;$\tilde{\boldsymbol{y}}=\boldsymbol{y}-\hat{\boldsymbol{y}}$,称 $\tilde{\boldsymbol{y}}$ 为输出误差。于是式(7.9.4)可写成

$$\begin{cases}\dot{\tilde{\boldsymbol{x}}}=\boldsymbol{A}\tilde{\boldsymbol{x}}\\ \tilde{\boldsymbol{y}}=\boldsymbol{C}\tilde{\boldsymbol{x}}\end{cases}\tag{7.9.5}$$

系统(7.9.5)的状态响应为

$$\tilde{\boldsymbol{x}}(t)=\mathrm{e}^{\boldsymbol{A}(t-t_0)}\tilde{\boldsymbol{x}}(t_0)\tag{7.9.6}$$

显然,当 $t\to\infty$ 时,$\tilde{\boldsymbol{x}}(t)\to 0$ 的充要条件为 $\boldsymbol{A}$ 的特征值均位于复平面的左半平面,即原系统(7.9.1)是渐近稳定的。但矩阵 $\boldsymbol{A}$ 不是渐近稳定的时候,系统(7.9.3)的状态 $\hat{\boldsymbol{x}}(t)$ 不能复现系统(7.9.1)的状态,因为 $t\to\infty$ 时,$\tilde{\boldsymbol{x}}(t)$ 将趋于无穷或保持为某一常数。观测器(7.9.3)称为开环观测器。

学过镇定的概念后我们知道,对于不稳定的系统可以采用状态反馈或输出反馈来镇定它。由于这里只有输出信号是可以直接量测的,因此,可以考虑对系统(7.9.5)采用如下输出反馈:

$$\begin{cases}\dot{\tilde{\boldsymbol{x}}}=\boldsymbol{A}\tilde{\boldsymbol{x}}-\boldsymbol{H}\tilde{\boldsymbol{y}}\\ \tilde{\boldsymbol{y}}=\boldsymbol{C}\tilde{\boldsymbol{x}}\end{cases}\tag{7.9.7}$$

这相当于在开环观测器中加入反馈控制量 $\boldsymbol{H}(\boldsymbol{y}-\hat{\boldsymbol{y}})$,即

$$\begin{cases}\dot{\hat{\boldsymbol{x}}}=\boldsymbol{A}\hat{\boldsymbol{x}}+\boldsymbol{B}\boldsymbol{u}+\boldsymbol{H}(\boldsymbol{y}-\hat{\boldsymbol{y}})\\ \hat{\boldsymbol{y}}=\boldsymbol{C}\hat{\boldsymbol{x}}\end{cases}\tag{7.9.8}$$

显然,用系统(7.9.1)中状态方程减去(7.9.8)中状态方程,便得观测误差的动态方程(7.9.7)。设计的目标是保证式(7.9.7)的状态 $\tilde{\boldsymbol{x}}(t)$ 满足 $\lim\limits_{t\to\infty}\tilde{\boldsymbol{x}}(t)=0$,即系统(7.9.7)渐近稳定。将 $\tilde{\boldsymbol{y}}=\boldsymbol{C}\tilde{\boldsymbol{x}}$ 代入式(7.9.7)的状态方程得

$$\dot{\tilde{\boldsymbol{x}}}=(\boldsymbol{A}-\boldsymbol{H}\boldsymbol{C})\tilde{\boldsymbol{x}}\tag{7.9.9}$$

其特征方程为

$$\det(s\boldsymbol{I}-\boldsymbol{A}+\boldsymbol{H}\boldsymbol{C})=0$$

由于 $\det(s\boldsymbol{I}-\boldsymbol{A}+\boldsymbol{H}\boldsymbol{C})=\det(s\boldsymbol{I}-\boldsymbol{A}+\boldsymbol{H}\boldsymbol{C})^{\mathrm{T}}=\det(s\boldsymbol{I}-\boldsymbol{A}^{\mathrm{T}}+\boldsymbol{C}^{\mathrm{T}}\boldsymbol{H}^{\mathrm{T}})$,因此可得出结论,只要 $(\boldsymbol{A}^{\mathrm{T}},\boldsymbol{C}^{\mathrm{T}})$ 完全能控,就一定存在反馈增益阵 $\boldsymbol{H}^{\mathrm{T}}$,使系统(7.9.9)的极点任意配置,当然也就可以使之渐近稳定。由对偶性原理可知,$(\boldsymbol{A}^{\mathrm{T}},\boldsymbol{C}^{\mathrm{T}})$ 完全能控等价于 $(\boldsymbol{A},\boldsymbol{C})$ 完全能观,因此可得出如下重要结论:

结论　如果系统(7.9.1)完全能观,则一定可设计全维观测器(7.9.8),使得式

(7.9.2)得到满足。

由上面的分析可知,($\boldsymbol{A}^{\mathrm{T}}$,$\boldsymbol{C}^{\mathrm{T}}$)完全能控是可以设计全维观测器的充分条件。实际上,只要($\boldsymbol{A}^{\mathrm{T}}$,$\boldsymbol{C}^{\mathrm{T}}$)符合可镇定条件即可,此时,将系统($\boldsymbol{A}$,$\boldsymbol{C}$)称为可检测的。

全维状态观测器的结构如图 7.16 所示。

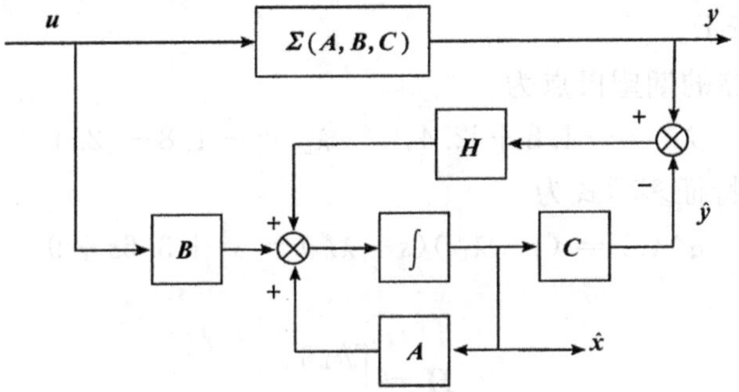

图 7.16 全维状态观测器

总结前面的分析过程,全维观测器可按如下步骤设计:

(1) 检验原系统(7.9.1)是否完全能观,若完全能观,则一定可以设计全维状态观测器。

(2) 全维观测器的方程为式(7.9.8),结构如图 7.16 所示。其中 $\boldsymbol{H}$ 是待设计的观测输出误差反馈增益阵。

(3) 确定观测器的极点,从而确定观测器的特征方程 $\alpha^*(s)$,令

$$\det(s\boldsymbol{I}-\boldsymbol{A}+\boldsymbol{HC})=\alpha^*(s)$$

比较系数可以确定出反馈增益阵 $\boldsymbol{H}$。

除了用直接法比较系数求 $\boldsymbol{H}$ 阵外,还可以用极点配置的其他方法,如能控规范型法,因为只要把 $\boldsymbol{A}-\boldsymbol{HC}$ 的极点配置问题看成 $\boldsymbol{A}^{\mathrm{T}}-\boldsymbol{C}^{\mathrm{T}}\boldsymbol{H}^{\mathrm{T}}$ 的极点配置问题,则极点配置的算法 1 和算法 2 都可以利用。

例 7.23 考虑系统

$$\begin{cases}\begin{bmatrix}\dot{x}_1\\ \dot{x}_2\end{bmatrix}=\begin{bmatrix}0 & 20.6\\ 1 & 0\end{bmatrix}\begin{bmatrix}x_1\\ x_2\end{bmatrix}+\begin{bmatrix}0\\ 1\end{bmatrix}u\\ y=\begin{bmatrix}0 & 1\end{bmatrix}\begin{bmatrix}x_1\\ x_2\end{bmatrix}\end{cases}$$

设计该系统的一个全维观测器。

解 (1) 首先检验系统的能观性。由于

$$\operatorname{rank}\boldsymbol{Q}_o=\operatorname{rank}\begin{bmatrix}0 & 1\\ 1 & 0\end{bmatrix}=2$$

系统完全能观,所以可以设计一个全维观测器观测该系统的状态。

(2) 观测器方程为

$$\begin{cases}\dot{\hat{\boldsymbol{x}}}=\begin{bmatrix}0 & 20.6\\ 1 & 0\end{bmatrix}\hat{\boldsymbol{x}}+\begin{bmatrix}0\\ 1\end{bmatrix}u+\boldsymbol{H}(y-\hat{y})\\ \hat{y}=\begin{bmatrix}0 & 1\end{bmatrix}\hat{\boldsymbol{x}}\end{cases}$$

结构如图 7.16 所示。

(3) 设观测器的期望极点为

$$\lambda_1^*=-1.8+\mathrm{j}2.4,\qquad \lambda_2^*=-1.8-\mathrm{j}2.4$$

则观测器的期望特征多项式为

$$\alpha^*(s)=(s-\lambda_1^*)(s-\lambda_2^*)=s^2+3.6s+9 \tag{7.9.10}$$

(4) 设

$$\boldsymbol{H}=\begin{bmatrix}h_1\\ h_2\end{bmatrix}$$

则

$$\det(s\boldsymbol{I}-\boldsymbol{A}+\boldsymbol{HC})=s^2+h_2s-20.6+h_1 \tag{7.9.11}$$

比较式(7.9.10)和式(7.9.11)的系数得:

$$h_1=29.6,\qquad h_2=3.6$$

所以

$$\boldsymbol{H}=\begin{bmatrix}29.6\\ 3.6\end{bmatrix}$$

例 7.24　系统 $\boldsymbol{\Sigma}(\boldsymbol{A},\boldsymbol{B},\boldsymbol{C})$的系数矩阵为

$$\boldsymbol{A}=\begin{bmatrix}1 & 0 & 0\\ 3 & -1 & 1\\ 0 & 2 & 0\end{bmatrix},\qquad \boldsymbol{B}=\begin{bmatrix}2\\ 1\\ 1\end{bmatrix},\qquad \boldsymbol{C}=\begin{bmatrix}0 & 0 & 1\end{bmatrix}$$

要求观测器极点为$\lambda_1^*=-3,\lambda_2^*=-4,\lambda_3^*=-5$,试设计状态观测器。

解　(1) 检查系统能观性。能观性矩阵为

$$\boldsymbol{Q}_o=\begin{bmatrix}\boldsymbol{C}\\ \boldsymbol{CA}\\ \boldsymbol{CA}^2\end{bmatrix}=\begin{bmatrix}0 & 0 & 1\\ 0 & 2 & 0\\ 6 & -2 & 2\end{bmatrix}$$

$\mathrm{rank}\boldsymbol{Q}_o=3$。因此,系统完全能观。

(2) 观测器方程为

$$\begin{cases}\dot{\hat{\boldsymbol{x}}}=\begin{bmatrix}1 & 0 & 0\\ 3 & -1 & 1\\ 0 & 2 & 0\end{bmatrix}\hat{\boldsymbol{x}}+\begin{bmatrix}2\\ 1\\ 1\end{bmatrix}u+\boldsymbol{H}(y-\hat{y})\\ \hat{y}=\begin{bmatrix}0 & 0 & 1\end{bmatrix}\hat{\boldsymbol{x}}\end{cases}$$

（3）观测器期望特征多项式为

$$\alpha^*(s)=(s-\lambda_1^*)(s-\lambda_2^*)(s-\lambda_3^*)$$
$$=s^3+12s^2+47s+60=s^3+\alpha_s^* s^2+\alpha_1^* s+\alpha_0^*$$

（4）设反馈增益为

$$\boldsymbol{H}=\begin{bmatrix}h_1\\h_2\\h_3\end{bmatrix}$$

将 $\boldsymbol{A}-\boldsymbol{HC}$ 的极点配置看成 $\boldsymbol{A}^{\mathrm{T}}-\boldsymbol{C}^{\mathrm{T}}\boldsymbol{H}^{\mathrm{T}}$ 的极点配置。$\boldsymbol{A}^{\mathrm{T}}$ 的特征多项式为

$$\alpha(s)=\det(s\boldsymbol{I}-\boldsymbol{A}^{\mathrm{T}})$$
$$=s^3-3s+2=s^3+\alpha_2 s^2+\alpha_1 s+\alpha_0$$

将$(\boldsymbol{A}^{\mathrm{T}},\boldsymbol{C}^{\mathrm{T}})$转化为能控规范型的状态变换阵为

$$\boldsymbol{P}=\begin{bmatrix}\boldsymbol{C}^{\mathrm{T}} & \boldsymbol{A}^{\mathrm{T}}\boldsymbol{C}^{\mathrm{T}} & (\boldsymbol{A}^{\mathrm{T}})^2\boldsymbol{C}^{\mathrm{T}}\end{bmatrix}\begin{bmatrix}\alpha_1 & \alpha_2 & 1\\ \alpha_2 & 1 & 0\\ 1 & 0 & 0\end{bmatrix}$$

$$=\begin{bmatrix}0 & 0 & 6\\ 0 & 2 & -2\\ 1 & 0 & 2\end{bmatrix}\begin{bmatrix}-3 & 0 & 1\\ 0 & 1 & 0\\ 1 & 0 & 0\end{bmatrix}$$

$$=\begin{bmatrix}6 & 0 & 0\\ -2 & 2 & 0\\ -1 & 0 & 1\end{bmatrix}$$

于是可得

$$\boldsymbol{H}^{\mathrm{T}}=\begin{bmatrix}\alpha_0^*-\alpha_0 & \alpha_1^*-\alpha_1 & \alpha_2^*-\alpha_2\end{bmatrix}\boldsymbol{P}^{-1}$$

$$=\frac{1}{6}\begin{bmatrix}58 & 50 & 12\end{bmatrix}\begin{bmatrix}1 & 0 & 0\\ 1 & 3 & 0\\ 1 & 0 & 6\end{bmatrix}$$

$$=\begin{bmatrix}20 & 25 & 12\end{bmatrix}$$

即

$$\boldsymbol{H}=\begin{bmatrix}20\\25\\12\end{bmatrix}$$

7.9.2　降维观测器

全维观测器对系统所有状态都进行观测，但在实际情况中，系统输出是可以量测的，而系统的部分状态可由输出直接得到，对于这一部分状态就没有必要进行观测，而只需对其他状态进行观测，这样的观测器称为降维观测器。例如，对系统

$$\begin{cases}\begin{bmatrix}\dot{x}_1\\ \dot{x}_2\end{bmatrix}=\begin{bmatrix}2 & 1\\ 0 & 1\end{bmatrix}\begin{bmatrix}x_1\\ x_2\end{bmatrix}+\begin{bmatrix}1\\ 0\end{bmatrix}u\\ y=\begin{bmatrix}0 & 1\end{bmatrix}\begin{bmatrix}x_1\\ x_2\end{bmatrix}\end{cases}$$

由于 $y=x_2$，因此有关状态 x_2 的信息可直接从输出 y 得到，不需再观测。再比如，考虑系统

$$\begin{cases}\begin{bmatrix}\dot{x}_1\\ \dot{x}_2\\ \dot{x}_3\end{bmatrix}=\begin{bmatrix}1 & 0 & 2\\ 2 & 1 & 3\\ 0 & 3 & -1\end{bmatrix}\begin{bmatrix}x_1\\ x_2\\ x_3\end{bmatrix}+\begin{bmatrix}0\\ 1\\ 2\end{bmatrix}u\\ y=\begin{bmatrix}1 & 0 & 0\\ 1 & 2 & 0\end{bmatrix}\begin{bmatrix}x_1\\ x_2\\ x_3\end{bmatrix}\end{cases}$$

显然，$y_1=x_1$，即 x_1 可由输出 y_1 得到，不需要用状态观测器观测。由于 $y_2=x_1+2x_2$，于是可得到 $x_2=\frac{1}{2}(y_2-y_1)$，这意味着状态 x_2 也可以直接通过输出量来获得(借助于简单的代数叠加和放大)。因此，对该系统只需构造一个一维观测器即可。

一般地，假设输出矩阵有 m 行，且各行线性无关，则用输出量可以线性表示出 m 个系统状态。因此，只需构造一个 $n-m$ 的降维观测器，这里 n 是系统的维数。若 $\boldsymbol{C}$ 矩阵的各行不是线性无关的，即 $\mathrm{rank}\boldsymbol{C}=m_1<m$，则表示有些输出量可以用其他输出量线性表出，此时由输出量只能线性表示出 m_1 个系统状态，因此降维观测器的维数应为 $n-m_1$。在下面的讨论中均假设 $\boldsymbol{C}$ 的各行线性无关，即 $\mathrm{rank}\boldsymbol{C}=m$。对于 $\mathrm{rank}\boldsymbol{C}<m$ 的情况，总可以在输出矩阵中去掉 $m-m_1$ 行(即将那些不独立的输出量排除掉)，使新的输出矩阵是行满秩的。

如何构造降维观测器呢？先考虑一种特殊情况，设在系统(7.9.1)中

$$\boldsymbol{C}=[\boldsymbol{I}_m \ \vdots\ 0] \tag{7.9.12}$$

其中，$\boldsymbol{I}_m$ 表示 $m\times m$ 的单位矩阵。此时，输出量直接代表系统的前 m 个状态 x_1，x_2，…，x_m。此时需要构造一个 $n-m$ 维的状态观测器来观测 x_{m+1}，x_{m+2}，…，x_n。将式(7.9.1)写成

$$\begin{cases}\begin{bmatrix}\dot{\boldsymbol{x}}_1\\ \dot{\boldsymbol{x}}_2\end{bmatrix}=\begin{bmatrix}\boldsymbol{A}_{11} & \boldsymbol{A}_{12}\\ \boldsymbol{A}_{21} & \boldsymbol{A}_{22}\end{bmatrix}\begin{bmatrix}\boldsymbol{x}_1\\ \boldsymbol{x}_2\end{bmatrix}+\begin{bmatrix}\boldsymbol{B}_1\\ \boldsymbol{B}_2\end{bmatrix}\boldsymbol{u}\\ \boldsymbol{y}=\boldsymbol{x}_1\end{cases} \tag{7.9.13}$$

其中，$\boldsymbol{x}_1=[x_1,\cdots,x_m]^{\mathrm{T}}$；$\boldsymbol{x}_2=[x_{m+1},\cdots,x_n]^{\mathrm{T}}$。该系统的结构如图 7.17 表示。将需要观测的子系统单独写出

$$\dot{\boldsymbol{x}}_2=\boldsymbol{A}_{22}\boldsymbol{x}_2+\boldsymbol{B}_2\boldsymbol{u}+\boldsymbol{A}_{21}\boldsymbol{y} \tag{7.9.14}$$

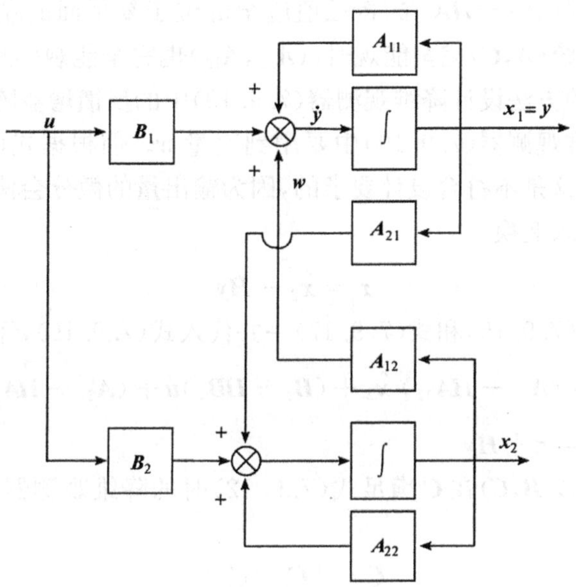

图 7.17 系统结构图

从图 7.17 中可看出该子系统的输入量是

$$v = B_2 u + A_{21} y \tag{7.9.15}$$

输出量是

$$w = A_{12} x_2 \tag{7.9.16}$$

显然，v 可以由原系统的输入量和输出量获得。

由图 7.17 中 x_1 子系统的结构关系可得

$$w = \dot{y} - A_{11} y - B_1 u \tag{7.9.17}$$

下面对 x_2 子系统

$$\begin{cases} \dot{x}_2 = A_{22} x_2 + v \\ w = A_{12} x_2 \end{cases} \tag{7.9.18}$$

构造观测器。观测器的维数为 $n-m$。观测器的构造原理与前面介绍的全维观测器原理一样，即

$$\begin{cases} \dot{\hat{x}}_2 = A_{22} \hat{x}_2 + v + H(w - \hat{w}) \\ \hat{w} = A_{12} \hat{x}_2 \end{cases} \tag{7.9.19}$$

这里 $\hat{x}_2$ 是 $x_2 = [x_{m+1}, \cdots, x_n]^{\mathrm{T}}$ 的观测量。H 是输出误差反馈增益矩阵。为保证 $\lim\limits_{t\to\infty}[x_2(t) - \hat{x}_2(t)] = 0$，系统(7.9.18)和系统(7.9.19)的误差系统

$$\frac{\mathrm{d}}{\mathrm{d}t}(x_2 - \hat{x}_2) = (A_{22} - HA_{12})(x_2 - \hat{x}_2)$$

应渐近稳定，即矩阵 $\boldsymbol{A}_{22}-\boldsymbol{H}\boldsymbol{A}_{12}$ 的特征值应全部位于复平面的左半部分。可以证明，当且仅当原系统 $(\boldsymbol{A},\boldsymbol{C})$ 完全能观时，$(\boldsymbol{A}_{22},\boldsymbol{A}_{12})$ 也完全能观(习题 7.11)。因此，可采用极点配置的方法设计降维观测器(7.9.19)中的反馈增益阵 $\boldsymbol{H}$。

注意到在降维观测器(7.9.19)中要用到变量 $\boldsymbol{w}$。但根据式(7.9.17)，$\boldsymbol{w}$ 与输出量的微分有关，这是不符合设计要求的，因为输出量的微分会使信噪比降低。为避免这一问题，引入变换

$$z=\hat{x}_2-\boldsymbol{H}\boldsymbol{y} \tag{7.9.20}$$

将式(7.9.20)、式(7.9.15)和式(7.9.17)一并代入式(7.9.19)，经整理可得

$$\begin{cases}\dot{z}=(\boldsymbol{A}_{22}-\boldsymbol{H}\boldsymbol{A}_{12})\hat{x}_2+(\boldsymbol{B}_2-\boldsymbol{H}\boldsymbol{B}_1)\boldsymbol{u}+(\boldsymbol{A}_{21}-\boldsymbol{H}\boldsymbol{A}_{11})\boldsymbol{y}\\ \hat{x}_2=z+\boldsymbol{H}\boldsymbol{y}\end{cases} \tag{7.9.21}$$

上式即为系统 $\boldsymbol{\Sigma}(\boldsymbol{A},\boldsymbol{B},\boldsymbol{C})$ 在 $\boldsymbol{C}$ 满足式(7.9.12)时的降维观测器。若 $\boldsymbol{C}$ 不满足式(7.9.12)，设

$$\boldsymbol{C}=[\boldsymbol{C}_1 \ \vdots \ \boldsymbol{C}_2] \tag{7.9.22}$$

其中，$\boldsymbol{C}_1$ 非奇异($\boldsymbol{C}_1$ 非奇异的条件总可以通过调换状态各分量的顺序得到满足)。此时只要取状态变换阵为

$$\boldsymbol{P}=\begin{bmatrix}\boldsymbol{C}_1^{-1} & -\boldsymbol{C}_1^{-1}\boldsymbol{C}_2\\ 0 & \boldsymbol{I}_{n-m}\end{bmatrix} \tag{7.9.23}$$

通过对系统 $\boldsymbol{\Sigma}(\boldsymbol{A},\boldsymbol{B},\boldsymbol{C})$ 进行状态变换 $\bar{x}=\boldsymbol{P}^{-1}\boldsymbol{x}$，总可以使变换后的输出矩阵满足

$$\bar{\boldsymbol{C}}=\boldsymbol{C}\boldsymbol{P}=[\boldsymbol{C}_1 \quad \boldsymbol{C}_2]\begin{bmatrix}\boldsymbol{C}_1^{-1} & -\boldsymbol{C}_1^{-1}\boldsymbol{C}_2\\ 0 & \boldsymbol{I}_{n-m}\end{bmatrix}=[\boldsymbol{I}_m \quad 0]$$

综上所述，降维观测设计过程可总结如下：

(1) 判断原系统 $\boldsymbol{\Sigma}(\boldsymbol{A},\boldsymbol{B},\boldsymbol{C})$ 是否能观，确认可设计降维观测器观测系统状态。

(2) 设原系统的输出矩阵为

$$\boldsymbol{C}=[\boldsymbol{C}_1 \ \vdots \ \boldsymbol{C}_2]$$

其中，$\boldsymbol{C}_1$ 非奇异，构造状态变换矩阵

$$\boldsymbol{P}=\begin{bmatrix}\boldsymbol{C}_1^{-1} & -\boldsymbol{C}_1^{-1}\boldsymbol{C}_2\\ 0 & \boldsymbol{I}_{n-m}\end{bmatrix}$$

将原系统变换成 $\boldsymbol{\Sigma}(\bar{\boldsymbol{A}},\bar{\boldsymbol{B}},\bar{\boldsymbol{C}})$，其中

$$\bar{\boldsymbol{A}}=\boldsymbol{P}^{-1}\boldsymbol{A}\boldsymbol{P}=\begin{bmatrix}\bar{\boldsymbol{A}}_{11} & \bar{\boldsymbol{A}}_{12}\\ \bar{\boldsymbol{A}}_{21} & \bar{\boldsymbol{A}}_{22}\end{bmatrix}$$

$$\bar{\boldsymbol{B}}=\boldsymbol{P}^{-1}\boldsymbol{B}=\begin{bmatrix}\bar{\boldsymbol{B}}_1\\ \bar{\boldsymbol{B}}_2\end{bmatrix}$$

$$\bar{\boldsymbol{C}}=\boldsymbol{C}\boldsymbol{P}=[\boldsymbol{I} \quad 0]$$

这里 $\bar{A}_{11}\in\mathbf{R}^{m\times n}$，$\bar{B}_1\in\mathbf{R}^{m\times l}$，其余分块矩阵维数与 $\bar{A}_{11}$ 和 $\bar{B}_1$ 相匹配。

(3) 设计反馈增益阵 $\bar{H}$ 使得矩阵

$$\bar{A}_{22}-\bar{H}\bar{A}_{12}$$

的特征值在复平面左半部分的指定位置上。

(4) 子系统 x_2 的观测器为

$$\begin{cases}\dot{z}=(\bar{A}_{22}-\bar{H}\bar{A}_{12})\hat{x}_2+(\bar{B}_2-\bar{H}\bar{B}_1)u+(\bar{A}_{21}-\bar{H}\bar{A}_{11})y\\ \hat{x}_2=z+\bar{H}y\end{cases}$$

(5) 原系统的状态观测量为

$$\begin{aligned}\hat{x}&=P\begin{bmatrix}x_1\\ \hat{x}_2\end{bmatrix}\\ &=\begin{bmatrix}C_1^{-1} & -C_1^{-1}C_2\\ 0 & I\end{bmatrix}\begin{bmatrix}y\\ \hat{x}_2\end{bmatrix}\\ &=\begin{bmatrix}C_1^{-1}y-C_1^{-1}C_2\hat{x}_2\\ \hat{x}_2\end{bmatrix}\end{aligned}$$

降维观测器的结构如图 7.18 所示。

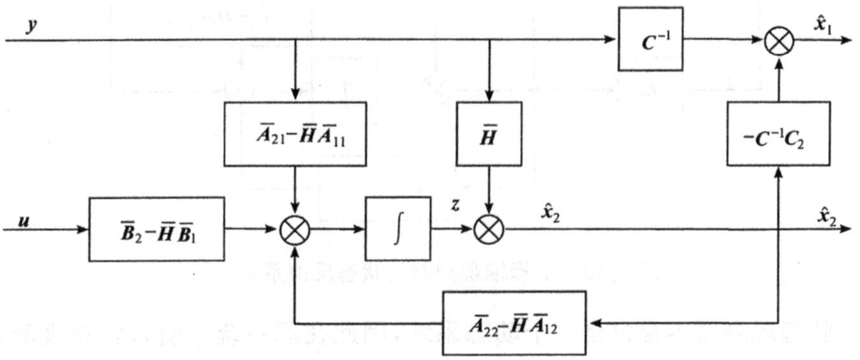

图 7.18　降维观测器结构图

7.10　带有状态观测器的反馈控制系统

对于系统

$$\begin{cases}\dot{x}=Ax+Bu\\ y=Cx\end{cases}$$

若其状态不可直接量测，可通过状态观测器估计出系统状态，再利用状态估计(重构)值进行反馈控制。图 7.19 和图 7.20 分别给出了带全维观测器和带降维观测器的反馈控制系统结构图。

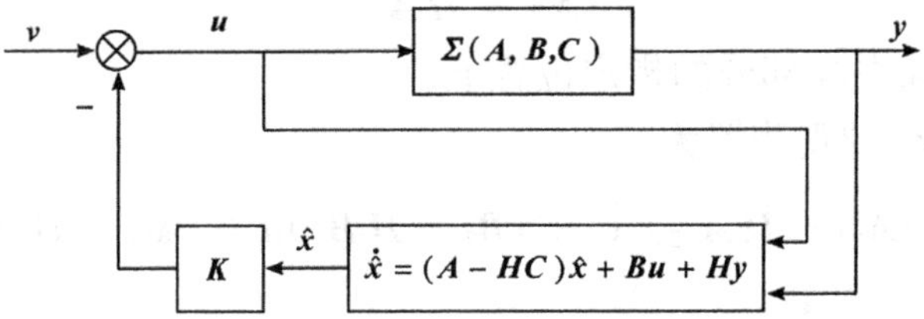

图 7.19　带全维观测器的状态反馈

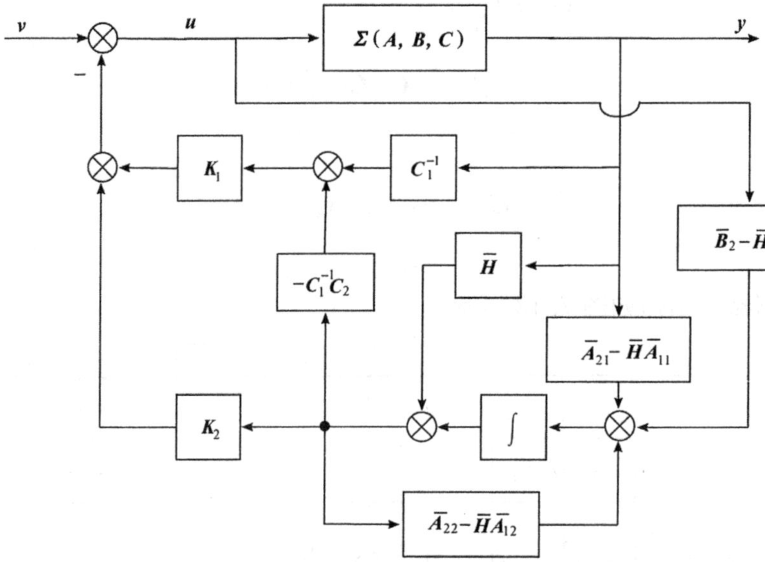

图 7.20　带降维观测器的状态反馈系统

由于状态观测器本身也是一个动态系统，因此在原系统中引入状态观测器必然会使整个系统的维数增高，结构变得复杂。如何确定整个闭环系统的瞬态性能和稳定性呢？我们从考虑闭环系统的极点情况入手。

以带全维观测器的反馈控制系统为例来分析。整个闭环系统的状态方程为

$$\begin{cases}\dot{\boldsymbol{x}} = \boldsymbol{Ax} - \boldsymbol{BK}\hat{\boldsymbol{x}} + \boldsymbol{Bv} \\ \dot{\hat{\boldsymbol{x}}} = \boldsymbol{HCx} + (\boldsymbol{A} - \boldsymbol{HC} - \boldsymbol{BK})\hat{\boldsymbol{x}} + \boldsymbol{Bv}\end{cases} \tag{7.10.1}$$

输出方程为

$$\boldsymbol{y} = \boldsymbol{Cx} \tag{7.10.2}$$

令

$$z=\begin{bmatrix}x\\ \hat{x}\end{bmatrix}$$

则式(7.10.1)和式(7.10.2)可写成

$$\begin{cases}\dot{z}=\begin{bmatrix}A & -BK\\ HC & A-HC-BK\end{bmatrix}z+\begin{bmatrix}B\\ B\end{bmatrix}v\\ y=\begin{bmatrix}C & 0\end{bmatrix}z\end{cases}\tag{7.10.3}$$

取

$$P=\begin{bmatrix}I & 0\\ I & -I\end{bmatrix}\tag{7.10.4}$$

作状态变换

$$\begin{aligned}\bar{z}&=P^{-1}z\\ &=\begin{bmatrix}I & 0\\ I & -I\end{bmatrix}\begin{bmatrix}x\\ \hat{x}\end{bmatrix}\\ &=\begin{bmatrix}x\\ x-\hat{x}\end{bmatrix}\end{aligned}$$

则系统(7.10.3)将变成

$$\dot{\bar{z}}=\bar{A}\bar{z}+\bar{B}v\tag{7.10.5}$$

其中

$$\begin{aligned}\bar{A}&=P^{-1}\begin{bmatrix}A & -BK\\ HC & A-HC-BK\end{bmatrix}P\\ &=\begin{bmatrix}A-BK & BK\\ 0 & A-HC\end{bmatrix}\\ \bar{B}&=P^{-1}B=\begin{bmatrix}B\\ 0\end{bmatrix}\\ \bar{C}&=CP=\begin{bmatrix}C & 0\end{bmatrix}\end{aligned}$$

记状态观测误差为

$$\tilde{x}=x-\hat{x}$$

则式(7.10.5)也可写成

$$\begin{cases}\begin{bmatrix}\dot{x}\\ \dot{\tilde{x}}\end{bmatrix}=\begin{bmatrix}A-BK & BK\\ 0 & A-HC\end{bmatrix}\begin{bmatrix}x\\ \tilde{x}\end{bmatrix}+\begin{bmatrix}B\\ 0\end{bmatrix}v\\ y=\begin{bmatrix}C & 0\end{bmatrix}\begin{bmatrix}x\\ \tilde{x}\end{bmatrix}\end{cases}\tag{7.10.6}$$

显然，上述系统是按能控性分解的规范型系统。观测误差是外部输入 $\boldsymbol{v}$ 所不能控制的。

此外，由于

$$\det\begin{bmatrix} s\boldsymbol{I}-(\boldsymbol{A}-\boldsymbol{BK}) & -\boldsymbol{BK} \\ 0 & s\boldsymbol{I}-(\boldsymbol{A}-\boldsymbol{HC}) \end{bmatrix}$$
$$=\det(s\boldsymbol{I}-(\boldsymbol{A}-\boldsymbol{BK}))\det(s\boldsymbol{I}-(\boldsymbol{A}-\boldsymbol{HC}))$$

可以得出如下重要结论：整个系统的特征值由两部分组成，第一部分是矩阵 $\boldsymbol{A}-\boldsymbol{BK}$ 的特征值，这部分特征值对应的运动模态是由输入 $\boldsymbol{v}$ 能控的模态；另一部分是矩阵 $\boldsymbol{A}-\boldsymbol{HC}$ 的特征值，这部分特征值对应的运动模态是由输入 $\boldsymbol{v}$ 不能控的模态。这个结论通常被称作状态反馈与观测器设计的**分离性原理**。

根据分离性原理，带状态观测器的反馈控制系统的设计可分成两步分别进行：第一步，设计状态反馈阵 $\boldsymbol{K}$ 时，可以不考虑观测器的存在，用极点配置方法设计这一部分的极点；第二步，设计观测器的反馈增益阵 $\boldsymbol{H}$ 时，可以不考虑状态反馈的作用。

根据定理 9，不完全能控系统的传递函数等于其能控子系统的传递函数，因此，系统式(7.10.6)的传递函数应为

$$G(s)=\boldsymbol{C}(s\boldsymbol{I}-(\boldsymbol{A}-\boldsymbol{BK}))^{-1}\boldsymbol{B} \tag{7.10.7}$$

由此可见，状态观测器的引入，并没有改变闭环系统的传递函数。

例 7.25　伺服电机的结构框图如图 7.21 所示。

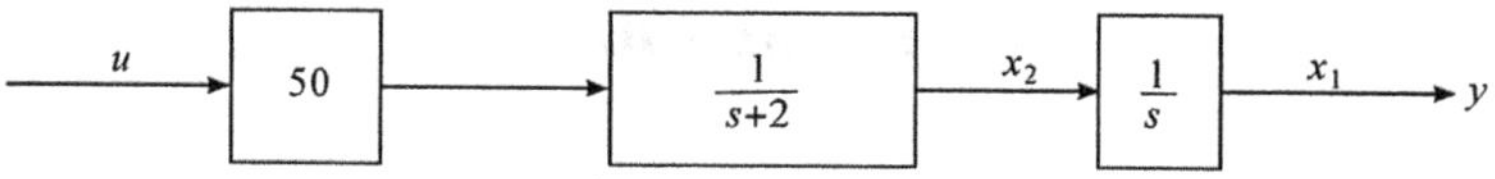

图 7.21　伺服电机结构框图

(1) 采用降维观测器重构速度值，要求观测器极点为−15。

(2) 采用基于观测器的状态反馈，使闭环系统位置稳态误差为 0，并且具有最佳阻尼比 $\zeta=0.707$。

(3) 画出整个闭环系统的方框图。

解　(1) 首先写出对象的状态方程和输出方程

$$\dot{x}_1=x_2$$
$$\dot{x}_2=-2x_2+50u$$
$$y=x_1$$

即

$$\begin{cases}\dot{\boldsymbol{x}}=\boldsymbol{Ax}+\boldsymbol{B}u\\ y=\boldsymbol{Cx}\end{cases}$$

其中

$$\boldsymbol{A}=\begin{bmatrix}0 & 1\\ 0 & -2\end{bmatrix},\quad \boldsymbol{B}=\begin{bmatrix}0\\ 50\end{bmatrix},\quad \boldsymbol{C}=\begin{bmatrix}1 & 0\end{bmatrix}$$

显然，系统是完全能观的。由于 $y=x_1$，因此只需构造观测器观测状态 $x_2=\dot{x}_1$，即电机转速值。

将 $\boldsymbol{A}$ 写成分块矩阵形式

$$\boldsymbol{A}=\begin{bmatrix}A_{11} & A_{12}\\ A_{21} & A_{22}\end{bmatrix}=\begin{bmatrix}0 & 1\\ 0 & -2\end{bmatrix}$$

由于要求降维观测器的极点为 -15，因此有

$$\det(sI-A_{22}+HA_{12})=s+15$$

即

$$s+2+H=s+15$$

于是得到降维观测器观测误差反馈系数为

$$H=13$$

状态 x_2 由如下观测器给出重构值

$$\begin{cases}\dot{z}=(A_{22}-HA_{12})\hat{x}_2+(B_2-HB_1)u+(A_{21}-HA_{11})y\\ \hat{x}_2=z+Hy\end{cases}$$

其中，$\hat{x}_2$ 为 x_2 的重构值，代入相应数据得到

$$\begin{cases}\dot{z}=-15\hat{x}_2+50u\\ \hat{x}_2=z+13y\end{cases}$$

(2) 设计状态反馈 $u=Rv-\boldsymbol{K}\hat{\boldsymbol{x}}$。

开环对象的传递函数为 $\dfrac{50}{\alpha(s)}$。不考虑状态观测器，原对象在状态反馈下仍是一个形如 $\dfrac{50R}{\alpha^*(s)}$ 的二阶系统，这里 $\alpha^*(s)$ 表示期望特征多项式。由于要求位置稳态误差为零，因此闭环稳态放大倍数应为 1。于是可设

$$\frac{50R}{\alpha^*(s)}=\frac{\omega_n^2}{s^2+2\zeta\omega_n s+\omega_n^2}$$

其中，ω_n 是自然振荡频率；ζ 是阻尼比。

取 $R=1$，得 $\omega_n^2=50$。另据要求 $\zeta=0.707$，因此期望特征多项式为

$$\begin{aligned}\alpha^*(s)&=s^2+2\times 0.707\times\sqrt{50}s+50\\ &=s^2+10s+50\end{aligned}$$

记 $\boldsymbol{K}=[k_1\quad k_2]$，则

$$\det(s\boldsymbol{I}-(\boldsymbol{A}-\boldsymbol{BK}))$$

$$=\det\begin{bmatrix} s & -1 \\ 50k_1 & s+2+50k_2 \end{bmatrix}$$
$$=s^2+(2+50k_2)s+50k_1$$
$$=s^2+10s+50$$

于是得到 $k_1=1, k_2=4/25$，即

$$\boldsymbol{K}=\begin{bmatrix}1 & 4/25\end{bmatrix}$$

(3) 闭环系统结构图如图 7.22 所示。

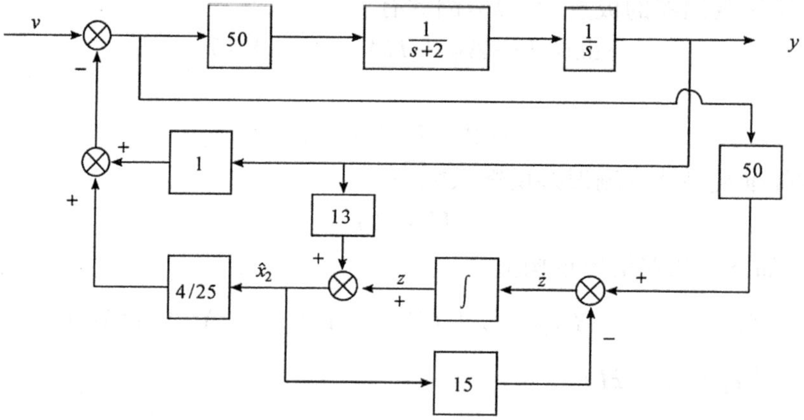

图 7.22 带降维观测器的状态反馈控制系统结构图

7.11 利用 Matlab 进行状态空间分析和设计

1. 状态空间分析

采用下列命令

```
co= ctrb(A,B); ob= obsv(A,C)
```

可以分别计算状态空间系统 $\boldsymbol{\Sigma}(\boldsymbol{A},\boldsymbol{B},\boldsymbol{C},\boldsymbol{D})$ 的可控性矩阵和可观性矩阵。

采用下列命令

```
[A1,B1,C1,P]= ctrbf(A,B,C);
[A1,B1,C1,P]= obsvf(A,B,C)
```

可以分别对状态空间系统 $\boldsymbol{\Sigma}(\boldsymbol{A},\boldsymbol{B},\boldsymbol{C},\boldsymbol{D})$ 进行可控性分解和可观性分解。

例 7.26 系统的状态方程为

$$\begin{cases}\dot{\boldsymbol{x}}=\begin{bmatrix}1 & 1 & 0\\0 & 1 & 0\\0 & 1 & 1\end{bmatrix}\boldsymbol{x}+\begin{bmatrix}0\\1\\0\end{bmatrix}\boldsymbol{u}\\ y=\begin{bmatrix}1 & 1 & 1\end{bmatrix}\boldsymbol{x}\end{cases}$$

试将其进行可控性分解。

解　程序为

```
A= [1,1,0;0,1,0;0,1,1];
B= [0,1,0]';
C= [1,1,1];
co= ctrb(A,B);
nc= rank(co)
[A1,B1,C1,P]= ctrbf(A,B,C)
```

运行结果为

```
nc= 2                                  % 表明系统有 2 个状态可控
A1= 1.0000   0.0000      0
    0.0000   1.0000   1.4142
       0        0     1.0000
B1=    0
       0
      -1
C1=    0       -1.4142    -1.0000
P= -0.7071        0        0.7071
   -0.7071        0       -0.7071
       0       -1.0000        0
```

即该可控性分解 $\hat{x}=Px$ 将系统变换成如下形式：

$$\begin{cases}\dot{\hat{x}} = \begin{bmatrix}1 & 0 & 0\\0 & 1 & 1.4142\\0 & 0 & 1\end{bmatrix}\hat{x} + \begin{bmatrix}0\\0\\1\end{bmatrix}u\\ y = \begin{bmatrix}0 & -1.4142 & -1\end{bmatrix}\hat{x}\end{cases}$$

注意，采用该可控性分解得到的系统矩阵在形式上与 7.5 节可控性分解的形式略有区别，原因是 7.5 节中是不可控状态在整个状态向量的前面部分，而此处则相反。

2. 状态反馈与观测器

采用下列命令

```
k= place(A,B,p)
```

或

```
k= acker(A,B,p)
```

可以实现对完全可控系统 $(\boldsymbol{A},\boldsymbol{B})$ 的极点配置，其中 p 表示期望的极点位置。

例 7.27　已知系统的状态方程为

$$\begin{cases}\dot{\boldsymbol{x}}=\begin{bmatrix}-2 & -3\\ 4 & -9\end{bmatrix}\boldsymbol{x}+\begin{bmatrix}3\\ 1\end{bmatrix}u\\ y=\begin{bmatrix}1 & 1\end{bmatrix}\boldsymbol{x}\end{cases}$$

要求利用状态反馈将闭环极点配置到$-1\pm2\mathrm{j}$,并设计该反馈的状态观测器,观测器的极点配置在$-1,-2$。

解　程序为

```
A= [-2,-3;4,-9];
B= [3,1]';
C= [1,1];
p= [-1+ 2i,-1-2i];
co= ctrb(A,B)
nc= rank(co)
K= place(A,B,p)        %K= acker(A,B,p)
ob= obsv(A,C);
no= rank(ob)
p1= [-1,-2];
h1= acker(A',C',p1); %利用对偶原理,实现观测器极点配置
h= h1'
Ao= A-h* C
```

运行结果为

```
 co = 3  -9
      1   3
nc = 2
K = -5.6111  7.8333
no = 2
h = -2.5714
    -5.4286
Ao = 0.5714  -0.4286
     9.4286  -3.5714
```

习　　题

7.1　求下列矩阵的若尔当型及其变换矩阵。

(1) $\begin{bmatrix}0 & 1 & 0\\ 0 & 0 & 1\\ -3 & -4 & -1\end{bmatrix}$;　(2) $\begin{bmatrix}5 & 4 & 0\\ -4 & -3 & 0\\ -4 & 6 & 1\end{bmatrix}$;

(3) $\begin{bmatrix} 4 & 2 & 1 \\ 0 & 4 & 3 \\ 5 & 2 & -1 \end{bmatrix}$；　(4) $\begin{bmatrix} 0 & 1 & 0 \\ 0 & 0 & 1 \\ 3 & 4 & 0 \end{bmatrix}$。

7.2　已知系统状态方程分别为：

(1) $\dot{\boldsymbol{x}}=\begin{bmatrix} 0 & 1 & 0 \\ 0 & 0 & 1 \\ -a_0 & -a_1 & -a_2 \end{bmatrix}\boldsymbol{x}$；

(2) $\dot{\boldsymbol{x}}=\begin{bmatrix} -a_1 & 1 & 0 \\ -a_2 & 0 & 1 \\ -a_3 & 0 & 0 \end{bmatrix}\boldsymbol{x}$。

求状态变换阵 $\boldsymbol{P}$，使系统变为对角线型（假设系统的特征值为 $\lambda_1,\lambda_2,\lambda_3$）。

7.3　证明对于具有互不相同特征值 $\lambda_1,\lambda_2,\cdots,\lambda_n$ 的矩阵

$$\boldsymbol{A}=\begin{bmatrix} -a_1 & 1 & 0 & \cdots & 0 & 0 \\ -a_2 & 0 & 1 & \cdots & 0 & 0 \\ \vdots & \vdots & \vdots & & \vdots & \vdots \\ -a_{n-1} & 0 & 0 & \cdots & 0 & 1 \\ -a_n & 0 & 0 & \cdots & 0 & 0 \end{bmatrix}$$

能将其变换为对角矩阵形式的变换矩阵为

$$\boldsymbol{P}=\begin{bmatrix} 1 & \cdots & 1 \\ \lambda_1+a_1 & \cdots & \lambda_n+a_1 \\ \lambda_1^2+a_1\lambda_1+a_2 & \cdots & \lambda_n^2+a_1\lambda_n+a_2 \\ \vdots & & \vdots \\ \lambda_1^{n-1}+a_1\lambda_1^{n-2}+\cdots+a_{n-1} & \cdots & \lambda_n^{n-1}+a_1\lambda_n^{n-2}+\cdots+a_{n-1} \end{bmatrix}$$

7.4　写出题 7.4 图所示系统的状态方程，试确定此系统是否完全能控和完全能观。

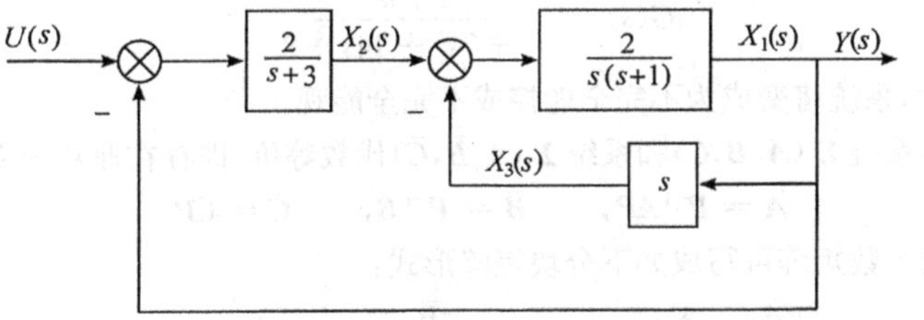

题 7.4 图

7.5　证明状态反馈不会改变系统的能控性。

7.6　已知系统状态方程为 $\dot{\boldsymbol{x}}=\boldsymbol{A}\boldsymbol{x}+\boldsymbol{B}\boldsymbol{u}$，$\boldsymbol{P}$ 为非奇异变换矩阵，已知

$$\bar{\boldsymbol{A}}=\boldsymbol{P}^{-1}\boldsymbol{A}\boldsymbol{P}=\begin{bmatrix} \bar{\boldsymbol{A}}_{11} & \bar{\boldsymbol{A}}_{12} \\ \bar{\boldsymbol{A}}_{21} & \bar{\boldsymbol{A}}_{22} \end{bmatrix}$$

$$\bar{\boldsymbol{B}}=\boldsymbol{P}^{-1}\boldsymbol{B}=\begin{bmatrix} \bar{\boldsymbol{B}}_1 \\ 0 \end{bmatrix}$$

$\bar{A}_{11}$、$\bar{A}_{12}$和$\bar{B}_1$ 均为 n_1 行矩阵，且 $\mathrm{rank}(\bar{B}_1)=n_1$，试证明$(A,B)$能控的充要条件为$(\bar{A}_{22},\bar{A}_{21})$能控。

7.7 证明 n 维系统(A,B)完全能控的必要条件是

$$\mathrm{rank}[A \quad B]=n$$

7.8 判断下列系统$\Sigma(A,B,C)$的能控性和能观性：

(1) $A=\begin{bmatrix}1&0\\0&2\end{bmatrix}, B=\begin{bmatrix}1\\0\end{bmatrix}, C=[1 \quad 1]$；

(2) $A=\begin{bmatrix}-1&1&0\\0&-1&0\\0&0&2\end{bmatrix}, B=\begin{bmatrix}1&0\\0&1\\1&0\end{bmatrix}, C=\begin{bmatrix}2&1&0\\0&1&1\end{bmatrix}$；

(3) $A=\begin{bmatrix}3&4&1\\0&3&2\\0&1&1\end{bmatrix}, B=\begin{bmatrix}0\\0\\1\end{bmatrix}, C=[1 \quad 0 \quad 1]$；

(4) $A=\begin{bmatrix}-2&2&1\\-1&2&0\\3&1&1\end{bmatrix}, B=\begin{bmatrix}1\\0\\1\end{bmatrix}, C=\begin{bmatrix}0&4&1\\0&0&1\end{bmatrix}$。

7.9 考虑系统

$$\begin{cases}\begin{bmatrix}\dot{x}_1\\\dot{x}_2\\\dot{x}_3\end{bmatrix}=\begin{bmatrix}0&1&0\\0&0&1\\-6&-11&-6\end{bmatrix}\begin{bmatrix}x_1\\x_2\\x_3\end{bmatrix}+\begin{bmatrix}0\\1\\0\end{bmatrix}u\\ y=[c_1 \quad c_2 \quad c_3]\begin{bmatrix}x_1\\x_2\\x_3\end{bmatrix}\end{cases}$$

试问，除 $c_1=c_2=c_3=0$ 外，c_1、c_2、c_3 取何值时系统是不能观的。

7.10 设系统的传递函数为

$$G(s)=\frac{s+a}{s^3+7s^2+14s+8}$$

分析当 a 为多大时，系统将变成为不完全能控或不完全能观。

7.11 设 n 维系统$\Sigma(A,B,C)$和系统$\Sigma(\bar{A},\bar{B},\bar{C})$代数等价，即存在非奇异变换矩阵 P，使得

$$\bar{A}=P^{-1}AP, \qquad \bar{B}=P^{-1}B, \qquad \bar{C}=CP$$

系统$\Sigma(\bar{A},\bar{B},\bar{C})$的系数矩阵可写成如下分块矩阵形式：

$$\bar{A}=\begin{bmatrix}\bar{A}_{11}&\bar{A}_{12}\\\bar{A}_{21}&\bar{A}_{22}\end{bmatrix}, \qquad \bar{B}=\begin{bmatrix}\bar{B}_1\\\bar{B}_2\end{bmatrix}, \qquad \bar{C}=[I_m \quad 0]$$

其中，$\bar{A}_{11}\in\mathbf{R}^{m\times m}$，$\bar{A}_{22}\in\mathbf{R}^{(n-m)\times(n-m)}$，$\bar{B}_1\in\mathbf{R}^{m\times l}$，$\bar{B}_2\in\mathbf{R}^{(n-m)\times l}$，$I_m$ 是 m 阶单位矩阵。试证明：$(\bar{A}_{22},\bar{A}_{12})$完全能观当且仅当$(A,C)$完全能观。

7.12 将下列系统化为能控规范型：

(1) $A=\begin{bmatrix}-3&0\\0&-2\end{bmatrix}, B=\begin{bmatrix}1\\1\end{bmatrix}$；

(2) $A=\begin{bmatrix}-1&0\\3&-2\end{bmatrix}, B=\begin{bmatrix}1\\1\end{bmatrix}$；

(3) $\boldsymbol{A}=\begin{bmatrix}1 & 0 & -1\\ 1 & 2 & 1\\ 2 & 2 & 3\end{bmatrix},\boldsymbol{B}=\begin{bmatrix}1\\ 0\\ 1\end{bmatrix}$。

7.13　将下列系统化为能观规范型：

(1) $\boldsymbol{A}=\begin{bmatrix}1 & 0\\ -3 & 5\end{bmatrix},\boldsymbol{C}=[-1\quad 1]$；

(2) $\boldsymbol{A}=\begin{bmatrix}-1 & 1\\ 0 & -2\end{bmatrix},\boldsymbol{C}=[1\quad 1]$；

(3) $\boldsymbol{A}=\begin{bmatrix}1 & 2 & 0\\ 3 & -1 & 1\\ 0 & 2 & 0\end{bmatrix},\boldsymbol{C}=[0\quad 0\quad 1]$。

7.14　已知系统的状态空间模型为

$$\begin{cases}\dot{\boldsymbol{x}}=\begin{bmatrix}-2 & 2 & -1\\ 0 & -2 & 0\\ 1 & -4 & 0\end{bmatrix}\boldsymbol{x}+\begin{bmatrix}0\\ 0\\ 1\end{bmatrix}u\\ y=[1\quad -1\quad 1]\boldsymbol{x}\end{cases}$$

(1) 将系统化为若尔当型，判断能控性和能观性，并判断能控状态变量和能观状态变量的个数。

(2) 画出系统状态图，利用状态图验证前面的分析结果。

7.15　将下列系统化为按能控性分解的形式，并求系统的传递函数。

(1) $\begin{cases}\dot{\boldsymbol{x}}=\begin{bmatrix}1 & 2 & -1\\ 0 & 1 & 0\\ 1 & -4 & 3\end{bmatrix}\boldsymbol{x}+\begin{bmatrix}0\\ 0\\ 1\end{bmatrix}u\\ y=[1\quad -1\quad -1]\boldsymbol{x}\end{cases}$；

(2) $\begin{cases}\dot{\boldsymbol{x}}=\begin{bmatrix}1 & 0 & -1\\ 0 & -2 & 0\\ -1 & 0 & 2\end{bmatrix}\boldsymbol{x}+\begin{bmatrix}0\\ 0\\ 1\end{bmatrix}u\\ y=[0\quad 1\quad 1]\boldsymbol{x}\end{cases}$。

7.16　将下列系统化为按能观性分解的形式，并求系统的传递函数。

(1) $\begin{cases}\dot{\boldsymbol{x}}=\begin{bmatrix}1 & 0 & 0\\ 2 & 2 & 3\\ -2 & 0 & 1\end{bmatrix}\boldsymbol{x}+\begin{bmatrix}1\\ 2\\ -2\end{bmatrix}u\\ y=[1\quad 1\quad 3]\boldsymbol{x}\end{cases}$；

(2) $\begin{cases}\dot{\boldsymbol{x}}=\begin{bmatrix}2 & 1 & 0\\ 0 & 2 & 1\\ 0 & 0 & 2\end{bmatrix}\boldsymbol{x}+\begin{bmatrix}1\\ 0\\ 1\end{bmatrix}u\\ \boldsymbol{y}=\begin{bmatrix}0 & 1 & 3\\ 0 & 2 & 4\end{bmatrix}\boldsymbol{x}\end{cases}$。

7.17　已知系统的开环传递函数为

$$G(s)=\frac{50}{s(s+3)(s+1)}$$

(1) 写出状态方程。

(2) 求状态反馈矩阵,使闭环极点为−10 和−2±j3,并画出闭环系统方框图。

7.18　设系统状态方程为

$$\dot{\boldsymbol{x}}=\begin{bmatrix}1 & 2\\0 & 1\end{bmatrix}\boldsymbol{x}+\begin{bmatrix}1\\1\end{bmatrix}u$$

求状态反馈矩阵 $\boldsymbol{K}$,使闭环极点为−3 和−4。

7.19　设受控对象的传递函数为

$$G(s)=\frac{0.5}{s(0.5s+1)(0.1s+1)}$$

试设计状态反馈使闭环系统满足:

(1) 稳态位置误差为零。

(2) 瞬态性能满足 $\delta\%\leqslant 30\%$,$t_p\leqslant 1\mathrm{s}$,其中 $\delta\%$ 为超调量,t_p 为峰值时间。

7.20　检验如下系统的状态反馈可镇定性。如果可镇定,求一状态反馈矩阵 $\boldsymbol{K}$ 使之镇定。

(1) $\dot{\boldsymbol{x}}=\begin{bmatrix}-1 & 0 & 0\\0 & 0 & 1\\0 & 1 & 3\end{bmatrix}\boldsymbol{x}+\begin{bmatrix}0\\0\\1\end{bmatrix}u$;

(2) $\dot{\boldsymbol{x}}=\begin{bmatrix}-1 & -2 & -2\\0 & -1 & 1\\1 & 0 & -1\end{bmatrix}\boldsymbol{x}+\begin{bmatrix}2\\0\\1\end{bmatrix}u$。

7.21　对系统

$$\begin{cases}\dot{\boldsymbol{x}}=\begin{bmatrix}-1 & 1\\1 & -2\end{bmatrix}\boldsymbol{x}+\begin{bmatrix}0\\1\end{bmatrix}u\\ y=\begin{bmatrix}1 & 0\end{bmatrix}\boldsymbol{x}\end{cases}$$

设计一个全维观测器,观测器的极点为 $\lambda_1=\lambda_2=-5$。

7.22　对习题 7.21 中的系统设计一个降维观测器,观测器的极点为 $\lambda=-5$。

7.23　对系统

$$\begin{cases}\dot{\boldsymbol{x}}=\begin{bmatrix}0 & 1 & 0\\0 & 0 & 1\\-5 & -6 & 0\end{bmatrix}\boldsymbol{x}+\begin{bmatrix}0\\0\\1\end{bmatrix}u\\ y=\begin{bmatrix}1 & 0 & 0\end{bmatrix}\boldsymbol{x}\end{cases}$$

设计一个全维观测器,观测器的期望极点为 $\lambda_1=-10$,$\lambda_2=-10$,$\lambda_3=-15$,画出系统和观测器的状态图。

7.24　伺服电机的传递函数为

$$G(s)=\frac{100}{s(s+3)}$$

(1) 采用降维观测器重构速度值(观测器极点为−15)。

(2) 采用状态反馈，使闭环系统的超调量≤20%，画出整个系统的方框图。

7.25　在例 7.22 中，假设倒立摆的角速度是不可直接量测的，试设计一个降维观测器重构角速度值，并设计基于观测器的状态反馈系统。

7.26　设采样系统中连续时间对象的状态方程为

$$\dot{\boldsymbol{x}}=\begin{bmatrix}0 & 1\\ -4 & 0\end{bmatrix}\boldsymbol{x}+\begin{bmatrix}0\\ 2\end{bmatrix}u$$

试确定使系统不能控的采样周期 T 的值。

第 8 章　非线性控制系统

在前面的章节中，已经详细介绍和讨论了线性定常系统的分析和设计。然而，在工程实际中面临的控制系统绝大多数都是非线性的。对于非线性特性较弱的系统，可以将系统在一定范围内近似成线性系统，从而利用线性系统理论方法来处理；对于非线性特性较强的系统，即本质非线性系统，近似成线性系统的方法无法适用，这时应考虑采用专门针对非线性系统的解决方法。

8.1　非线性控制系统概述

首先有必要从数学模型的角度来了解非线性控制系统的有关概念和知识。所谓非线性系统，是指用非线性代数方程和(或)非线性微分方程描述的系统。当系统中引入控制变量时，则称之为非线性控制系统，如用下列微分方程描述的系统

$$\ddot{x}-2\rho(1-x^2)\dot{x}+x=0 \tag{8.1.1}$$

$$\ddot{x}-2\rho(1-x^2)\dot{x}+x=u \tag{8.1.2}$$

式(8.1.1)就是通常所说的范德波尔方程，是非线性系统。式(8.1.2)与式(8.1.1)相比，等式右边多了控制变量 u，属于非线性控制系统。

如果从系统的组成来看，所谓非线性，是指元件或环节的输入输出不满足线性关系。当(控制)系统包括一个或一个以上具有非线性特性的环节时，则称该系统为非线性(控制)系统。典型的非线性特性包括死区、饱和、间隙以及继电器特性等。

8.1.1　典型的非线性特性及其对系统特性的影响

从非线性特性的产生缘由来看，可以将它们分为两种。一种是系统中原有元件所固有的非线性特性，如死区、饱和、间隙等。这些非线性特性的存在很大程度上影响着系统的动静态品质，直接导致系统模型成为非线性的模型。另外一种是为了改善系统性能而加入的元件所带来的非线性特性，如继电器特性、变增益放大器等。这类非线性特性往往能改善系统的品质，使系统具有比线性系统更好的动态性能。下面就这些特性加以讨论。

1. 死区特性

死区又称不灵敏区，其非线性特性如图 8.1 所示。当输入信号在 $-a<x<a$

的区域中时，输出信号等于零，即输出信号不随输入信号变化，该区域称为死区。死区非线性特性的数学表达式为

$$y=\begin{cases}0, & |x|\leqslant a\\ k[x-a\cdot \mathrm{sign}(x)], & |x|>a\end{cases}$$

式中，

$$\mathrm{sign}(x)=\begin{cases}1, & x>0\\ 0, & x=0\\ -1, & x<0\end{cases}$$

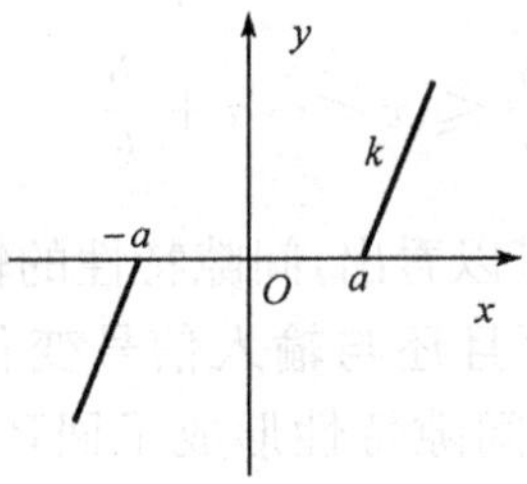

图 8.1　死区特性

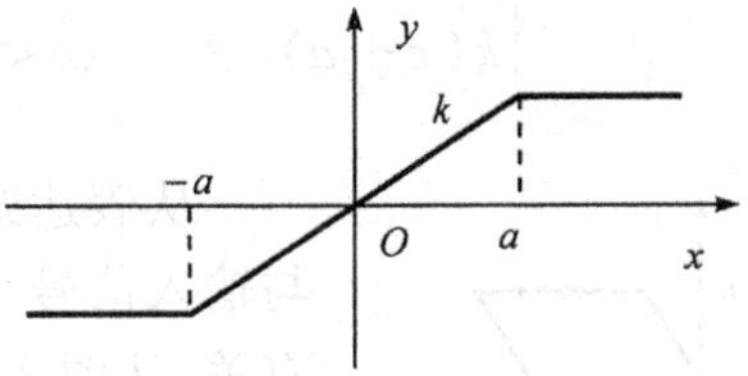

图 8.2　饱和特性

控制系统中的测量元件一般都具有死区特性，如在驾驶仪纵向稳定回路中，用来测量角度的垂直陀螺仪，由于它们的输出轴上存在摩擦，因而在测量角度时总有一个不灵敏区。同样，许多执行元件也具有死区特性，如伺服电机只有在输入电压达到一定数值时，电机才会转动。死区对系统特性影响视具体情况而定。有时会引起系统不稳定，有时反而促使系统稳定。就稳态特性而言，死区增大了系统稳态误差。

2. 饱和特性

饱和特性如图 8.2 所示。当输入信号在 $-a\leqslant x\leqslant a$ 线性区范围内时，输出随输入线性变化；当输入信号超过该范围，即 $|x|>a$ 进入饱和区时，输出不再随输入变化。其具体数学表达式为

$$y=\begin{cases}kx, & |x|\leqslant a\\ ka\cdot \mathrm{sign}(x), & |x|>a\end{cases}$$

饱和特性最明显的例子是放大器，放大器都有一定的线性工作范围，超出这个范围，放大器就出现了饱和特性。许多执行元件也具有饱和特性。如伺服电机，当输入电压超过一定数值时，电机的转速会出现饱和，即速度不再随电压变化。对系统而言，饱和特性往往促使系统稳定，但会减小放大系数，从而导致稳态精度降低。实际上，执行元件一般兼有死区和饱和特性。

3. 间隙特性

间隙特性如图 8.3 所示，其数学表达式为

$$y=\begin{cases}-b, & \dot{x}>0,-a-\dfrac{b}{k}\leqslant x\leqslant a-\dfrac{b}{k}\\ k(x-a), & \dot{x}>0,a-\dfrac{b}{k}<x\leqslant a+\dfrac{b}{k}\\ b, & \dot{x}<0,-a+\dfrac{b}{k}\leqslant x\leqslant a+\dfrac{b}{k}\\ k(x+a), & \dot{x}<0,-a-\dfrac{b}{k}\leqslant x<-a+\dfrac{b}{k}\end{cases}$$

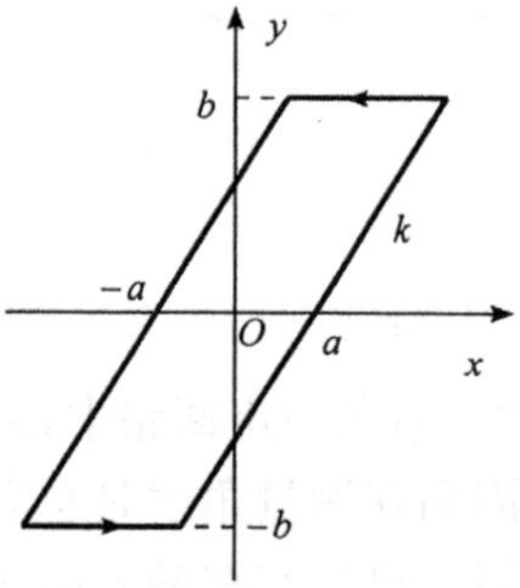

图 8.3　间隙特性

从表达式与图 8.3 可以看出，间隙特性的输出不但与输入信号大小有关，而且还与输入信号变化的方向有关。从图 8.3 还可发现间隙特性形成了回环，即输入与输出关系是非单值对应的。所以，间隙特性又称回环特性。

间隙特性一般常见于机械传动装置。如传动齿轮，由于加工精度限制和装配缺陷，主动齿轮与从动齿轮之间会产生间隙特性。由于间隙特性的存在，系统稳定性变差，稳态误差增加。

4. 继电器特性

继电器是控制系统与保护装置中常见的一种器件。按照类型的不同，继电器的特性也不同，可分为以下几类：

1) 理想继电器特性

如图 8.4(a)所示，该特性数学表达式为

$$y=b\cdot\operatorname{sign}(x)$$

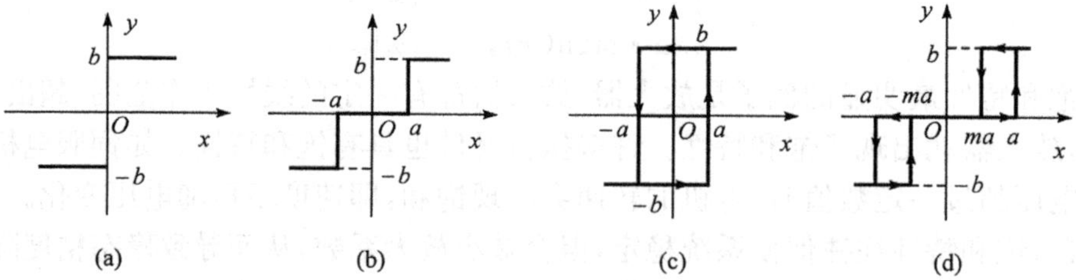

图 8.4　继电器特性

2) 带死区的继电器特性

如图 8.4(b)所示,该特性数学表达式为

$$y=\begin{cases} b\cdot \operatorname{sign}(x), & |x|\geqslant a \\ 0, & |x|<a \end{cases}$$

3) 带滞环的继电器特性

如图 8.4(c)所示,该特性数学表达式为

$$y=\begin{cases} b\cdot \operatorname{sign}(x), & |x|\geqslant a \\ -b\cdot \operatorname{sign}(\dot{x}), & |x|<a \end{cases}$$

4) 带死区和滞环的继电器特性

如图 8.4(d)所示,其相应的数学表达式为

$$y=\begin{cases} b\cdot \operatorname{sign}(x), & |x|\geqslant a \\ \dfrac{b}{2}(\operatorname{sign}(x)-\operatorname{sign}(\dot{x})), & ma\leqslant |x|<a \\ 0, & |x|<ma \end{cases}$$

其中,$0<m<1$。继电器中死区的存在是由于继电器线圈需要一定的电流才能开始吸合,而由于铁磁元件有磁滞特性,使继电器的吸上电流与释放电流不同,产生滞环。

继电器特性可以用来改善系统性能,如采用继电器控制执行电机,使电机始终工作在最大电压下,充分发挥其调节能力,有利于获得时间最优控制系统。

8.1.2　非线性系统的特点

从前面几种典型非线性特性的介绍中,可以看到非线性特性在实际系统中是普遍存在的,因此实际的控制系统几乎都是非线性控制系统。那么,与线性系统相比,非线性系统究竟有哪些本质特征呢?归纳起来,主要有以下几点。

1. 不满足叠加原理

线性系统可用线性微分方程来描述,可以应用叠加原理求解。而非线性系统是用非线性方程描述的,叠加原理不再适用,必须考虑采用其他的分析方法。对于形如

$$\dot{x} = Ax \tag{8.1.3}$$

的线性定常系统,其解的轨迹满足下列方程:

$$x(t) = \mathrm{e}^{At}x(0) \tag{8.1.4}$$

此时,系统的解与状态初值成线性关系,叠加原理成立。对非线性系统则不然。例如,考虑如下的一阶非线性系统:

$$\dot{x} =-x+x^3 =-x(1-x^2) \tag{8.1.5}$$

解上述微分方程得

$$x(t)=\frac{x(0)}{\sqrt{x^2(0)-[x^2(0)-1]e^{2t}}} \tag{8.1.6}$$

显然，此时系统的解 $x(t)$ 与状态初值 $x(0)$ 为非线性关系，叠加原理不再适用。

2. 平衡点与稳定性特性更加复杂

在线性系统中，孤立平衡点只有一个，线性系统稳定性只与其结构和参数有关，而与初始条件和外加输入信号无关。例如，式(8.1.3)所示线性系统的平衡点为 $x=0$，其稳定性只与特性矩阵 **A** 的特征值在复平面中的分布特性有关，与状态初值无关。

对于非线性系统而言，其平衡点与稳定性特性要复杂得多。以式(8.1.5)系统为例，其平衡点不止一个，令 $\dot{x}=0$ 可解得系统有 $x=0, x=-1, x=1$ 三个平衡状态。这三个平衡点的稳定性情况各不相同，这一点可以由系统时间响应曲线(图 8.5)看出。

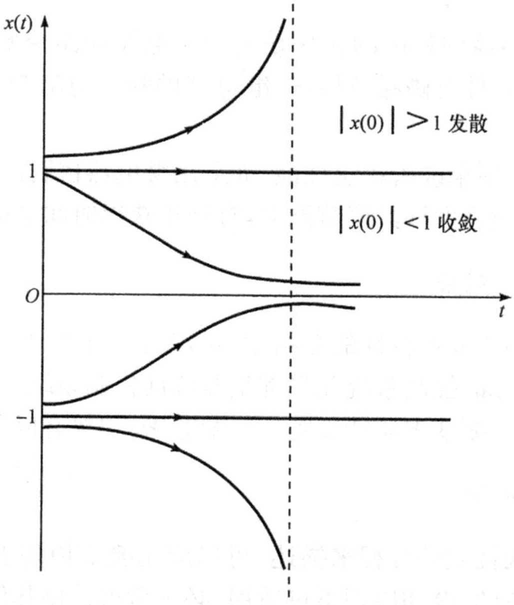

图 8.5　一阶非线性系统时间响应

当 $|x(0)|>1$ 时，$x(t)$ 随时间 t 增长而增大，当 t 趋近 $\ln\frac{|x(0)|}{\sqrt{x^2(0)-1}}$ 时，$x(t)$ 趋向无穷大；当 $|x(0)|<1$ 时，$x(t)$ 随时间增长而趋于零。所以，$x=0$ 这个平衡点是稳定的，而 $x=\pm1$ 这两个平衡点是不稳定的。这个例子表明非线性系统可以存在多个孤立平衡点，系统的稳定性除了与系统的结构参数有关之外，还与初始条

件和输入信号有关。初始条件不同,系统运动的稳定性也不相同。

3. 独特的自激振荡

线性系统常见的运动形式只有两种:收敛于平衡状态或者作发散运动。除此之外,还有一种特殊的运动形式,即系统处于临界稳定状态而作等幅振荡的周期运动。但对线性系统而言,这种特殊的运动状态实际上是不稳定的。因为一旦系统的参数发生微小变化,这一临界状态就不能继续,而是转入收敛运动或发散运动。

对非线性系统来说,它的运动形式则更为复杂,存在许多特殊现象,如自激振荡、分谐波振荡、跳跃谐振、多模态共振等现象。作为某些非线性系统的一个重要特性,自激振荡是指在没有外界作用下,非线性系统中存在的持续且具有一定稳定性的等幅振荡现象。其中,一定稳定性是指系统参数的微小变化虽然在某种程度上影响振荡的频率和振幅,但只要参数变化在一定幅度内,振荡运动就能维持下去。

4. 特殊的频率响应特性

在某种意义上,频率响应特性可以作为区分线性系统和非线性系统的一个依据。通过前面的学习我们知道,对于线性系统,当输入量是正弦信号时,系统的稳态响应是同一频率的正弦信号,输入与输出的差别只在于二者的幅值和相位上。

非线性系统在正弦信号作用下稳态输出一般不是正弦信号。根据非线性特性的不同,输出信号中可能包含输入正弦信号的倍频分频或高次谐波等各种谐波分量。此时,输出信号不存在一般规律,难以再用频率特性描述非线性系统的动态性质。

8.1.3 非线性系统的分析方法

非线性系统涵盖的范围极广,可以说除了可用线性方程描述的系统以外,其他的都是非线性系统。非线性方程类型多种多样,对于它们的分析求解缺乏成熟、通用的方法。因此,目前研究非线性系统的方法有许多种,可以说每种方法都有一定的适用范围和局限性。归结起来,常用的有以下几种。

1. 相平面法

相平面法是一种适用于一阶和二阶非线性系统的、基于图解法的时域分析法。它的基本原理是通过绘制系统相平面图,可以分析出各种可能初始条件下系统的动、静态性能,具有物理意义清晰的优点。

2. 描述函数法

描述函数法是一种适用于分析高阶非线性系统的频域分析法。它的基本原理可看成是线性系统频率特性法在非线性系统中的有条件的推广应用，有些文献称之为谐波线性化法。

3. 李雅普诺夫第二方法

李雅普诺夫第二方法又称为李雅普诺夫直接法，是一种基于稳定性分析的时域方法。该方法在原理上适用于任何非线性系统，因而成为现代控制理论中分析非线性系统的一种有效方法。但这种方法在工程运用中受到一定限制，原因是该方法要求构造李雅普诺夫函数，而对于复杂的非线性系统这往往是很困难的，需要高超的技巧。

4. 波波夫法

波波夫法本质上是一种频域分析方法。该方法适用于由一个线性环节和一个非线性环节组成的系统。它的基本原理是利用线性环节的频率特性分析非线性系统的稳定性。

本章介绍描述函数法和相平面法。

8.2 描述函数法

本节讨论用描述函数法分析非线性系统的一般方法。首先介绍描述函数法能解决什么样的系统，该方法的原理和有关假设，什么是描述函数；然后介绍几种典型非线性特性的描述函数；最后介绍如何用描述函数法分析非线性系统的稳定性。

8.2.1 描述函数法的一般原理

1. 非线性系统的典型结构

这里讨论的非线性系统的典型结构如图 8.6 所示。显然这是一个单位反馈系统，前向通道是由两部分组成：一个非线性环节 N 后面串联一个线性环节 $G(s)$。对具有上述结构的非线性系统，或者可通过结构图简化以及等值变换转换成上述结构的非线性系统，可以考虑采用描述函数法来分析。

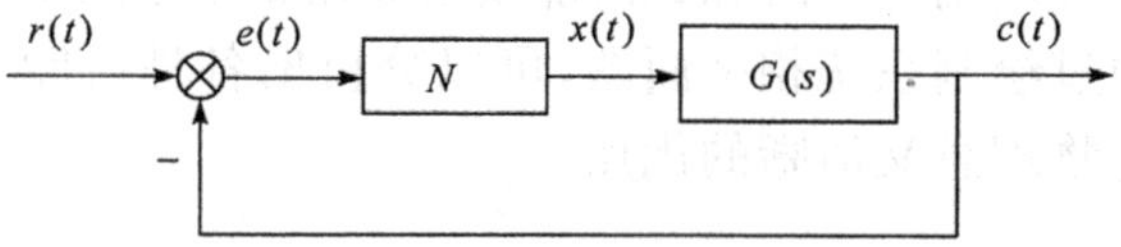

图 8.6 非线性系统的典型结构图

2. 对非线性系统的基本假设

描述函数法实质上是一种谐波线性化方法，其基本思想是对满足一定条件的非线性环节，在频域将其线性化，即用非线性环节输出信号中的基波分量来近似代替实际输出，而实际输出中的高次谐波分量被忽略。通过这种近似，就可以用线性系统理论中的频率特性法来研究非线性系统的基本特性。

当然，要采用描述函数法，图 8.6 所示典型系统还必须满足以下假设条件：

(1) 奇次对称性。

即非线性环节的输入输出特性是奇对称的，即满足 $x(-e)=-x(e)$。从物理意义上解释，这个条件保证了非线性环节在正弦输入信号作用下输出信号中不会含有直流分量，也就是说输出响应平均值为零。

(2) 线性环节低通滤波特性良好。

在整个系统中，线性环节低通滤波特性良好，意味着在正弦输入情况下，实际输出中高次谐波分量将被大大削弱。只有在这种条件下，实际输出中基波分量才能较精确地近似代替正弦输入信号下的实际输出。当然，描述函数法分析的精度也直接取决于线性环节的低通滤波特性，低通滤波特性越好，相应的分析精度也越高。

3. 描述函数法的分析过程

下面就描述函数法的分析过程加以具体说明。

设非线性环节 N 的正弦输入信号为

$$e(t) = A\sin\omega t$$

分析图 8.6 可以看出，非线性环节 N 的输出一般是非正弦的周期信号。对于这点，可以将输出信号展开成傅里叶级数来观察，即

$$\begin{aligned} x(t) &= A_0 + \sum_{n=1}^{\infty} (A_n\cos n\omega t + B_n\sin n\omega t) \qquad (8.2.1) \\ &= A_0 + \sum_{n=1}^{\infty} X_n\sin(n\omega t + \varphi_n) \end{aligned}$$

其中

$$A_0 = \frac{1}{\pi}\int_0^{2\pi} x(t)\mathrm{d}(\omega t)$$

$$A_n = \frac{1}{\pi}\int_0^{2\pi} x(t)\cos n\omega t\,\mathrm{d}(\omega t)$$

$$B_n = \frac{1}{\pi}\int_0^{2\pi} x(t)\sin n\omega t\,\mathrm{d}(\omega t)$$

$$x_n = \sqrt{A_n^2 + B_n^2}$$

$$\varphi_n = \arctan \frac{A_n}{B_n}$$

其中，A_n 和 B_n 是输出信号中各次谐波分量的幅值；x_n，φ_n 分别是输出信号中各次谐波分量的振幅以及相移。由假设 1，非线性环节满足奇次对称性，则 A_0 为零。

而由假设(2)，输出信号 $x(t)$ 中的高次谐波分量($n>1$)已被大大削弱。因此，可以用一次谐波分量($n=1$)，或称基波分量来近似代替非线性环节 N 的输出，即

$$\begin{aligned} x(t) \approx x_1(t) &= A_1 \cos\omega t + B_1 \sin\omega t \\ &= X_1 \sin(\omega t + \varphi_1) \end{aligned}$$

在此，定义非线性环节的描述函数为非线性环节的基波分量与正弦输入信号二者的复数比，用 $N(A)$ 来表示，即

$$\begin{aligned} N(A) &= \frac{X_1}{A} e^{j\varphi_1} \\ &= \frac{\sqrt{{A_1}^2 + {B_1}^2}}{A} e^{j\arctan\frac{A_1}{B_1}} \\ &= \frac{B_1}{A} + j\frac{A_1}{A} \end{aligned} \tag{8.2.2}$$

描述函数的物理意义很明显：当非线性环节满足假设条件(1)和(2) 时，非线性环节可用一个对正弦信号的幅值和相位进行变换的环节来代替，描述函数所描述的就是该等效环节的特性，该函数的模为输出信号中基波分量幅值与输入正弦信号幅值之比，相角为两信号之间的相位差。

当非线性环节退化成放大系数为 k 的线性放大器时，此时描述系数 $N(A)=k$；对于一般非线性环节，$N(A)$ 相应地可看成正弦输入的非线性复增益。该复增益的模和幅角是输入正弦信号幅值 A 的函数，这也是非线性环节等效频率特性区别于线性环节频率特性之处，因为对于线性环节而言，其频率特性与正弦输入信号的幅值是无关的。

一般而言，描述函数是正弦输入信号幅值的复函数。但也有特殊情况，例如，当非线性特性为奇对称且单值，即为奇函数时，则有 $A_1=0$，$N(A)=\frac{B_1}{A}$，描述函数为正弦输入信号幅值的实函数。也就是说，因为奇函数的非线性特性，其基波分量输出相对于正弦输入信号在相位上是同步的，不存在滞后。

8.2.2 典型非线性环节的描述函数

1. 死区特性的描述函数

死区特性在正弦输入 $e(t)=A\sin\omega t$ 作用时输出信号的波形以及其基波分量

的波形如图 8.7 所示。

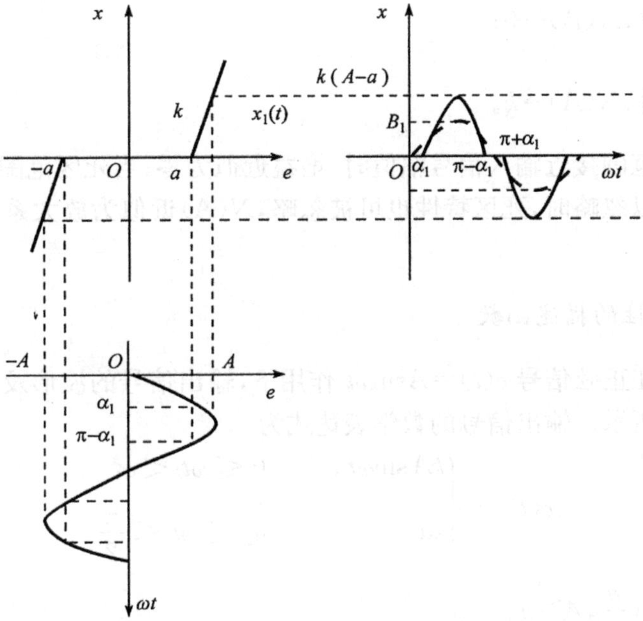

图 8.7　死区特性及其输入输出波形

输出信号 $x(t)$的数字表达式为

$$x(t)=\begin{cases}0, & 0\leqslant \omega t<\alpha_1\\ k(A\sin\omega t-a), & \alpha_1\leqslant \omega t\leqslant \dfrac{\pi}{2}\end{cases}$$

其中,$\alpha_1=\arcsin\dfrac{a}{A}$,$A\geqslant a$。由于 $x(t)$为单值且奇对称的,并且 $x(t)\sin\omega t$ 具有 1/4 波对称性,所以有 $A_0=0$,$A_1=0$,并且

$$\begin{aligned}B_1&=\frac{1}{\pi}\int_0^{2\pi}x(t)\sin\omega t\,\mathrm{d}(\omega t)\\&=\frac{4}{\pi}\int_{\alpha_1}^{\frac{\pi}{2}}k(A\sin\omega t-a)\sin\omega t\,\mathrm{d}(\omega t)\\&=\frac{2kA}{\pi}\left[\frac{\pi}{2}-\arcsin\frac{a}{A}-\frac{a}{A}\sqrt{1-\left(\frac{a}{A}\right)^2}\right],\quad A\geqslant a\end{aligned}$$

此时,可得死区特性的描述函数为

$$N(A)=\frac{B_1}{A}=\frac{2k}{\pi}\left[\frac{\pi}{2}-\arcsin\frac{a}{A}-\frac{a}{A}\sqrt{1-\left(\frac{a}{A}\right)^2}\right],\quad A\geqslant a \qquad (8.2.3)$$

对式(8.2.3)进行简单分析,不难得出输入信号幅值、死区特性以及相应描述函数

之间的一些关系,如:

当$\frac{a}{A}\to 1$时,$N(A)\to 0$;

当$\frac{a}{A}\to 0$时,$N(A)\to k$。

即当死区范围接近输入信号幅值时,增益近似为零;当死区范围相对于输入信号幅值大小可以忽略时,死区特性也可被忽略,$N(A)$近似为放大系数为 k 的线性放大器。

2. 饱和特性的描述函数

饱和特性在正弦信号 $e(t)=A\sin\omega t$ 作用下,输出信号的波形及其基波分量的波形如图 8.8 所示。输出信号的数学表达式为

$$x(t)=\begin{cases} kA\sin\omega t, & 0\leqslant \omega t<\alpha_1 \\ ka, & \alpha_1\leqslant \omega t\leqslant \frac{\pi}{2} \end{cases}$$

其中,$\alpha_1=\arcsin\frac{a}{A}$,$A\geqslant a$。

由于饱和特性为奇函数,则有 $A_0=0$,$A_1=0$,且

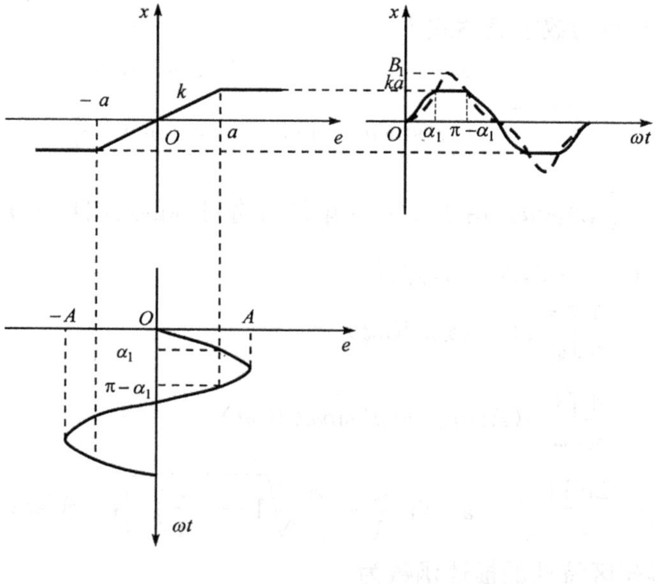

图 8.8　饱和特性及其输入输出波形

$$\begin{aligned}B_1 &= \frac{1}{\pi}\int_0^{2\pi} x(t)\sin\omega t\,\mathrm{d}(\omega t)\\&= \frac{4}{\pi}\int_0^{\frac{\pi}{2}} x(t)\sin\omega t\,\mathrm{d}(\omega t)\\&= \frac{4}{\pi}\left[\int_0^{\alpha_1} kA\sin^2\omega t\,\mathrm{d}(\omega t) + \int_{\alpha_1}^{\frac{\pi}{2}} ka\sin\omega t\,\mathrm{d}(\omega t)\right]\\&= \frac{2kA}{\pi}\left[\arcsin\frac{a}{A} + \frac{a}{A}\sqrt{1-\left(\frac{a}{A}\right)^2}\,\right],\qquad A\geqslant a\end{aligned}$$

由此得到饱和特性的描述函数为

$$N(A) = \frac{2k}{\pi}\left[\arcsin\frac{a}{A} + \frac{a}{A}\sqrt{1-\left(\frac{a}{A}\right)^2}\,\right],\qquad A\geqslant a \tag{8.2.4}$$

当$\frac{a}{A}\to 0$时，$N(A)\to 0$；

当$\frac{a}{A}\to 1$时，$N(A)\to k$。

3. 间隙特性的描述函数

间隙特性在正弦信号 $e(t)=A\sin\omega t$ 作用下输出信号的波形如图 8.9 所示。输出信号的数学表达式为

$$x(t) = \begin{cases} k(A\sin\omega t - a), & 0\leqslant \omega t < \frac{\pi}{2}\\ k(A-a), & \frac{\pi}{2}\leqslant \omega t < \pi-\alpha_1\\ k(A\sin\omega t + a), & \pi-\alpha_1\leqslant \omega t\leqslant \pi\end{cases}$$

其中 $\alpha_1=\arcsin\frac{A-2a}{A}$，$A\geqslant a$。从输出波形来看，$x(t)$不是奇函数亦非偶函数。

唯一可利用的信息是 $x(t)$具有半波对称性，有直流分量 $A_0=0$，且

$$\begin{aligned}A_1 &= \frac{1}{\pi}\int_0^{2\pi} x(t)\cos\omega t\,\mathrm{d}(\omega t)\\&= \frac{2}{\pi}\left[\int_0^{\frac{\pi}{2}} k(A\sin\omega t - a)\cos\omega t\,\mathrm{d}(\omega t) + \int_{\frac{\pi}{2}}^{\pi-\alpha_1} k(A-a)\cos\omega t\,\mathrm{d}(\omega t)\right.\\&\quad\left. + \int_{\pi-\alpha_1}^{\pi} k(A\sin\omega t + a)\cos\omega t\,\mathrm{d}(\omega t)\right]\\&= \frac{4ka}{\pi}\left(\frac{a}{A}-1\right),\qquad A\geqslant a\end{aligned}$$

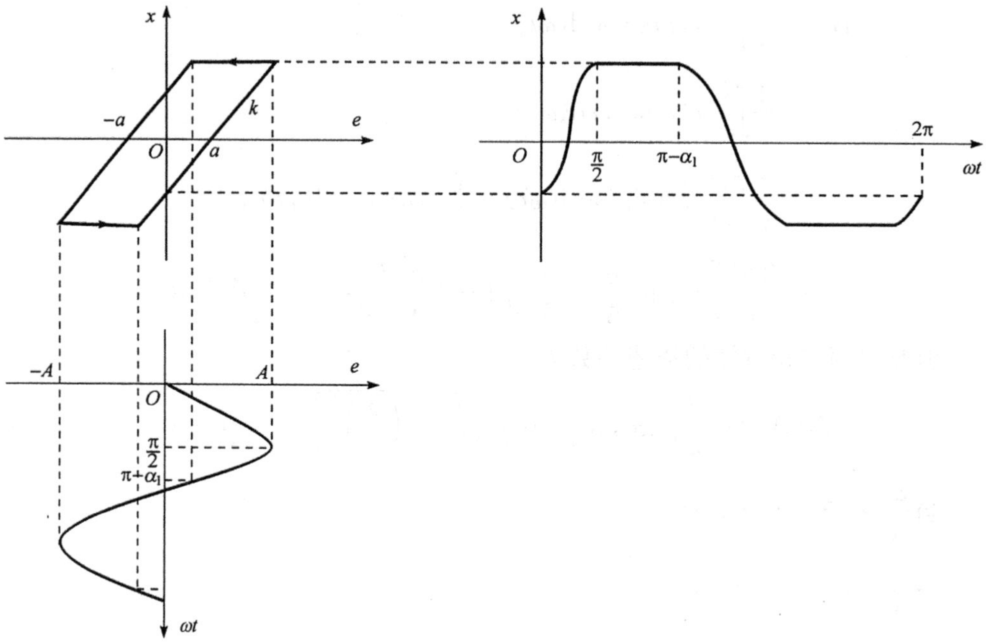

图 8.9　间隙特性及其输入输出波形

$$
\begin{aligned}
B_1 &= \frac{1}{\pi}\int_0^{2\pi} x(t)\sin\omega t\,\mathrm{d}(\omega t) \\
&= \frac{2}{\pi}\Big[\int_0^{\frac{\pi}{2}} k(A\sin\omega t - a)\sin\omega t\,\mathrm{d}(\omega t) + \int_{\frac{\pi}{2}}^{\pi-\alpha_1} k(A-a)\sin\omega t\,\mathrm{d}(\omega t) \\
&\quad + \int_{\pi-\alpha_1}^{\pi} k(A\sin\omega t + a)\sin\omega t\,\mathrm{d}(\omega t)\Big] \\
&= \frac{kA}{\pi}\left[\frac{\pi}{2} + \arcsin\left(1-\frac{2a}{A}\right) + 2\left(1-\frac{2a}{A}\right)\sqrt{\frac{a}{A}\left(1-\frac{a}{A}\right)}\right], \qquad A \geqslant a
\end{aligned}
$$

于是，间隙特性的描述函数为

$$
\begin{aligned}
N(A) &= \frac{B_1}{A} + \mathrm{j}\frac{A_1}{A} = \frac{k}{\pi}\left[\frac{\pi}{2} + \arcsin\left(1-\frac{2a}{A}\right)\right. \\
&\quad \left. + 2\left(1-\frac{2a}{A}\right)\sqrt{\frac{a}{A}\left(1-\frac{a}{A}\right)}\right] + \mathrm{j}\frac{4ka}{\pi A}\left(\frac{a}{A}-1\right), \qquad A \geqslant a \qquad (8.2.5)
\end{aligned}
$$

值得一提的是，虽然间隙特性满足奇对称性，但由于回环的存在，该特性是非单值的。这导致间隙特性的描述函数是具有实部和虚部的复函数，其基波分量对输入正弦信号存在相位滞后，滞后角为 $\varphi_1 = \arctan\dfrac{A_1}{B_1}$。

4. 继电器特性的描述函数

继电器类型较多，主要的几类特性可参见图 8.4(a)～(d)。不失一般性，首先讨论带死区和滞环的继电器特性，其在 $e(t)=A\sin\omega t$ 输入下输出波形如图 8.10 所示。$x(t)$的数学表达式为

$$x(t)=\begin{cases}0, & 0\leqslant\omega t<\alpha_1\\ b, & \alpha_1\leqslant\omega t<\pi-\alpha_2\\ 0, & \pi-\alpha_2\leqslant\omega t\leqslant\pi\end{cases}$$

其中，$\alpha_1=\arcsin\dfrac{a}{A}$，$\alpha_2=\arcsin\dfrac{ma}{A}$，$A\geqslant a$。

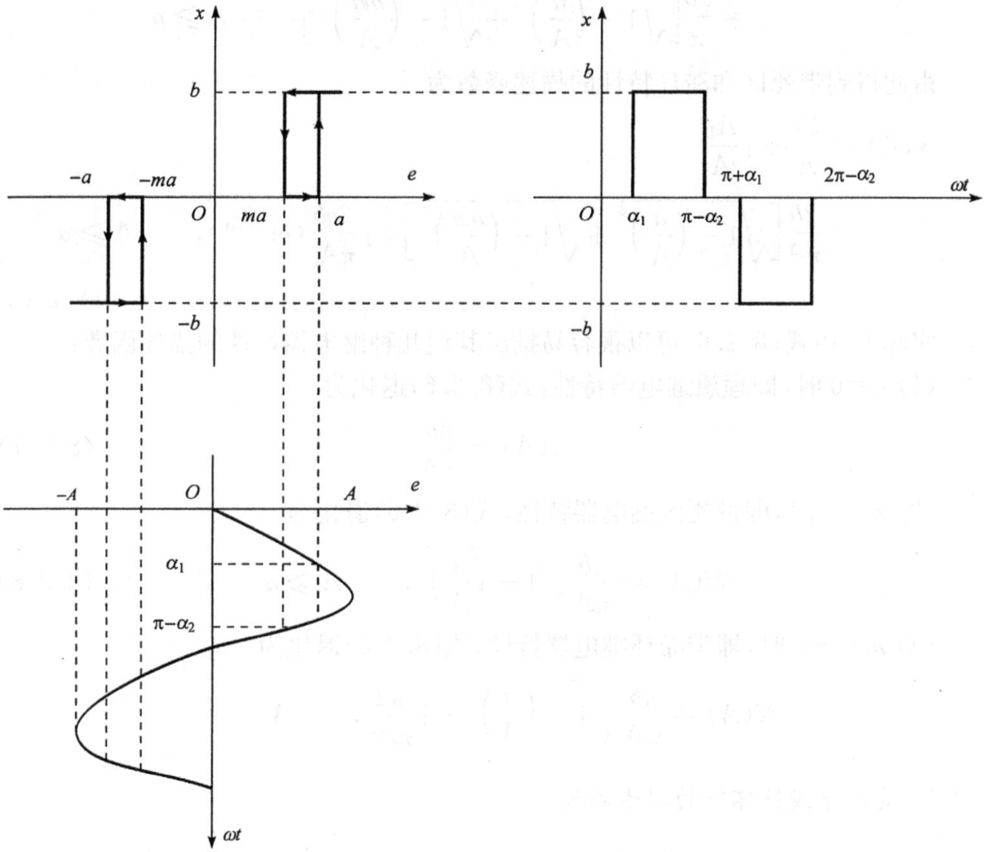

图 8.10　继电器特性及其输入输出波形

由 $x(t)$正、负半波对称性知，$A_0=0$。计算 A_1，B_1 得

$$\begin{aligned} A_1 &= \frac{1}{\pi}\int_0^{2\pi} x(t)\cos\omega t\,\mathrm{d}(\omega t) \\ &= \frac{2}{\pi}\int_{\alpha_1}^{\pi-\alpha_2} b\cos\omega t\,\mathrm{d}(\omega t) \\ &= \frac{2ab}{\pi A}(m-1), \qquad A \geqslant a \\ B_1 &= \frac{1}{\pi}\int_0^{2\pi} x(t)\sin\omega t\,\mathrm{d}(\omega t) \\ &= \frac{2}{\pi}\int_{\alpha_1}^{\pi-\alpha_2} b\sin\omega t\,\mathrm{d}(\omega t) \\ &= \frac{2b}{\pi}\left[\sqrt{1-\left(\frac{a}{A}\right)^2}+\sqrt{1-\left(\frac{ma}{A}\right)^2}\right], \qquad A \geqslant a \end{aligned}$$

由此得到带死区和滞环特性的描述函数为

$$\begin{aligned} N(A) &= \frac{B_1}{A} + \mathrm{j}\,\frac{A_1}{A} \\ &= \frac{2b}{\pi A}\left[\sqrt{1-\left(\frac{a}{A}\right)^2}+\sqrt{1-\left(\frac{ma}{A}\right)^2}\right] + \mathrm{j}\,\frac{2ab}{\pi A^2}(m-1), \qquad A \geqslant a \end{aligned} \tag{8.2.6}$$

实际上，由式(8.2.6)可以很容易推出其他几种继电器特性的描述函数：

(1) $a=0$ 时，即理想继电器特性，式(8.2.6)退化为

$$N(A) = \frac{4b}{\pi A} \tag{8.2.7}$$

(2) $m=1$ 时，即带死区继电器特性，式(8.2.6)退化为

$$N(A) = \frac{4b}{\pi A}\sqrt{1-\left(\frac{a}{A}\right)^2}, \qquad A \geqslant a \tag{8.2.8}$$

(3) $m=-1$ 时，即带滞环继电器特性，式(8.2.6)退化为

$$N(A) = \frac{4b}{\pi A}\sqrt{1-\left(\frac{a}{A}\right)^2} - \mathrm{j}\,\frac{4ab}{\pi A^2}, \qquad A \geqslant a$$

5. 其他非线性环节的描述函数

上面介绍的只是几个特殊例子，对于众多非线性环节，其描述函数的求法也是类似的。对于可以分解为两个或多个非线性子环节串联或并联的非线性环节，除了直接求解法外，是否可以通过求出这些子环节的描述函数，间接得到非线性环节的描述函数？下面讨论这个问题。

1）非线性子环节的并联

非线性子环节的并联结构如图 8.11 所示。已知两个子环节相应的描述函数为 $N_1(A)$和 $N_2(A)$，则当输入为 $e(t)=A\sin\omega t$ 时，两个子环节的基波分量分别为

$$x_{11}(t) = N_1(A)A\sin\omega t$$
$$x_{21}(t) = N_2(A)A\sin\omega t$$

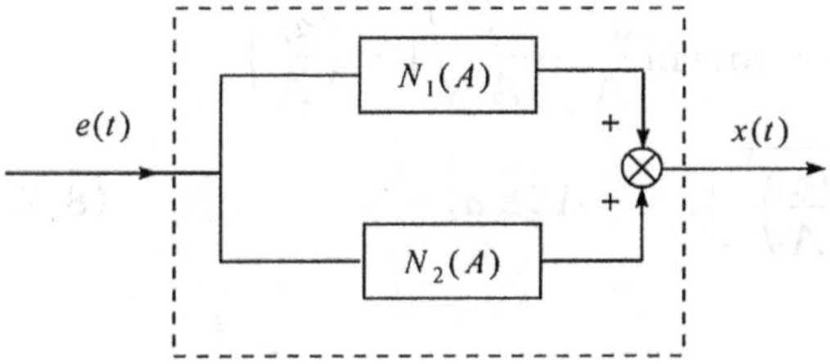

图 8.11　非线性子环节并联

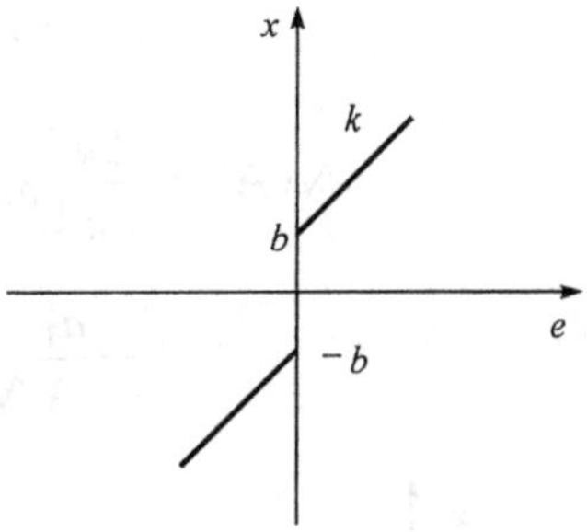

图 8.12　摩擦特性

显然，非线性环节的基波分量，可看成上面两者的叠加

$$x_1(t) = x_{11}(t) + x_{21}(t) = (N_1(A) + N_2(A))A\sin\omega t$$

所以，得出非线性环节描述函数为

$$N(A) = N_1(A) + N_2(A) \tag{8.2.9}$$

例如，如图 8.12 所示的非线性特性是一种摩擦特性。该特性可看成增益为 k 的线性放大器并联一个理想继电器特性，由式(8.2.7)以及式(8.2.9)可得摩擦特性的描述函数为

$$N(A) = k + \frac{4b}{\pi A}$$

同理，对于多个子环节并联情况，总描述函数即为每个子环节描述函数的和，这一点类似线性环节的并联方法。

当线性子环节串联时，总传递函数为每个子环节传递函数的乘积；对于非线性子环节串联情况，总描述函数求法并不是子环节描述函数的乘积。

2）非线性子环节的串联

子环节的串联结构如图 8.13 所示。仔细分析两个环节在 $e(t)=A\sin\omega t$ 作用下的输出，对于 N_1 来说，其输出 $x(t)$一般不再是正弦信号。因此，对 N_2 来说，其输入是非正弦信号 $x(t)$，此时不能用来分析描述函数。正确的作法应是将 N_1、N_2 两个非线性用一个等效的非线性 N 来表示，然后对单个非线性 N 直接求描述函数。

例如，对图 8.14 所示两个子环节串联情况，N_1 为死区环节，N_2 为饱和环节，其等效环节为一既有死区又有饱和的非线性特性，直接求描述函数得

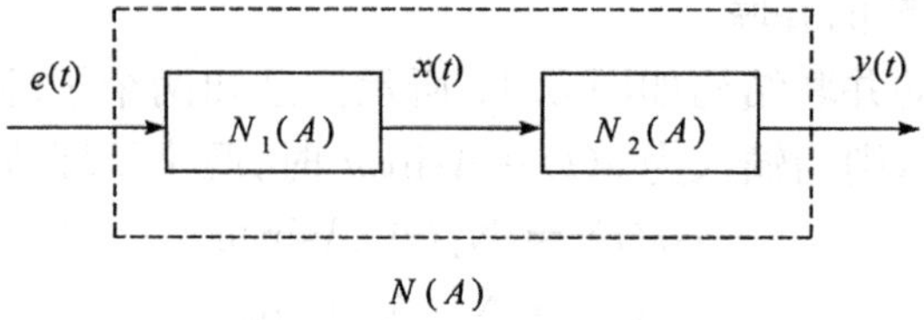

图 8.13 非线性子环节的串联

$$N(A)=\frac{2k}{\pi}\left[\arcsin\frac{a_2}{A}-\arcsin\frac{a_1}{A}+\frac{a_2}{A}\sqrt{1-\left(\frac{a_2}{A}\right)^2}-\frac{a_1}{A}\sqrt{1-\left(\frac{a_1}{A}\right)^2}\right],\qquad A\geqslant a_2 \tag{8.2.10}$$

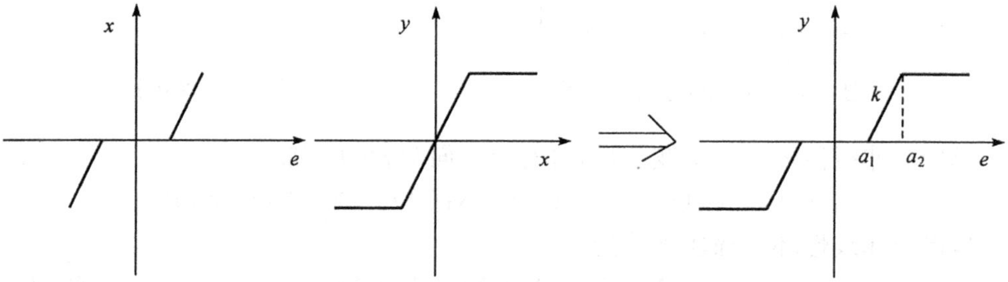

图 8.14 两个子环节串联及其等效环节

表 8.1 列出了一些常见的非线性特性的描述函数。

表 8.1 典型非线性特性的描述函数

名　　称	非线性特性	描述函数
饱和特性	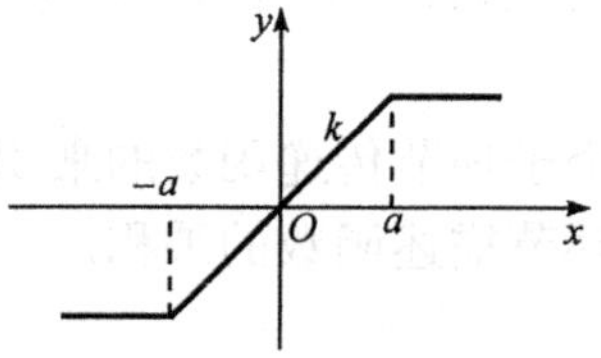	$N(A)=\frac{2k}{\pi}\left[\arcsin\frac{a}{A}+\frac{a}{A}\sqrt{1-\left(\frac{a}{A}\right)^2}\right],A\geqslant a$
死区特性	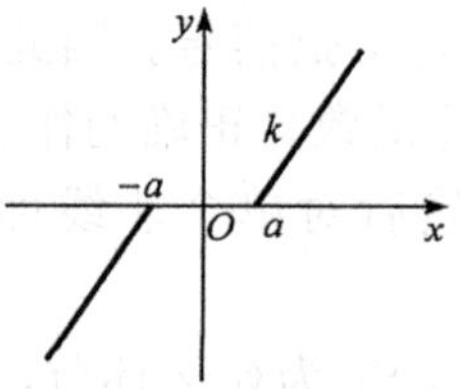	$N(A)=k-\frac{2k}{\pi}\left[\arcsin\frac{a}{A}+\frac{a}{A}\sqrt{1-\left(\frac{a}{A}\right)^2}\right],A\geqslant a$

续表

<table>
<tr><th>名　称</th><th>非线性特性</th><th>描述函数</th></tr>
<tr><td>有死区的线性特性</td><td>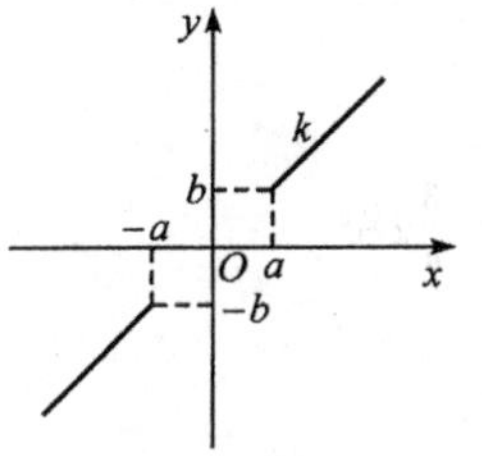
</td><td>$$N(A)=k-\frac{2k}{\pi}\arcsin\frac{a}{A}+\frac{4b-2ka}{\pi A}\sqrt{1-\left(\frac{a}{A}\right)^2},A\geqslant a$$</td></tr>
<tr><td>有死区的饱和特性</td><td>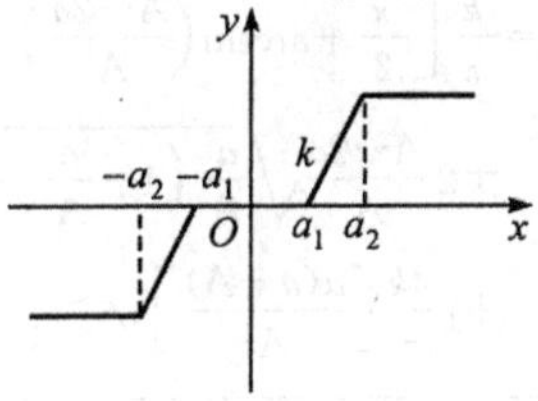
</td><td>$$N(A)=\frac{2k}{\pi}\left[\arcsin\frac{a_2}{A}-\arcsin\frac{a_1}{A}+\frac{a_2}{A}\sqrt{1-\left(\frac{a_2}{A}\right)^2}-\frac{a_1}{A}\sqrt{1-\left(\frac{a_1}{A}\right)^2}\right],$$
$$A\geqslant a_2$$</td></tr>
<tr><td>带死区和滞环的继电器特性</td><td>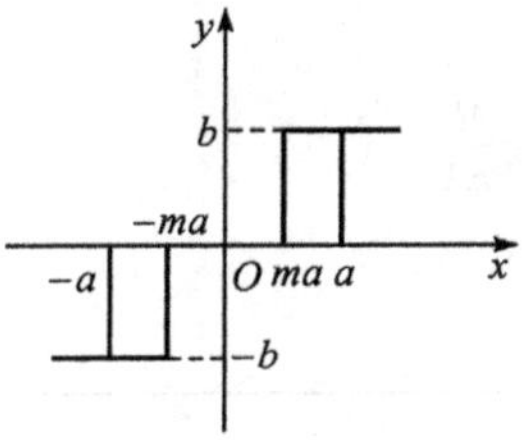
</td><td>$$N(A)=\frac{2b}{\pi A}\left[\sqrt{1-\left(\frac{a}{A}\right)^2}+\sqrt{1-\left(\frac{ma}{A}\right)^2}+\mathrm{j}\,\frac{a(m-1)}{A}\right],A\geqslant a$$</td></tr>
<tr><td>变增益特性</td><td>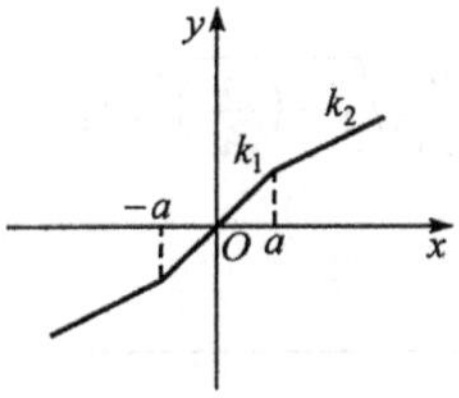
</td><td>$$N(A)=k_2+\frac{2(k_1-k_2)}{\pi}\left[\arcsin\frac{a}{A}+\frac{a}{A}\sqrt{1-\left(\frac{a}{A}\right)^2}\right],A\geqslant a$$</td></tr>
<tr><td>摩擦特性</td><td>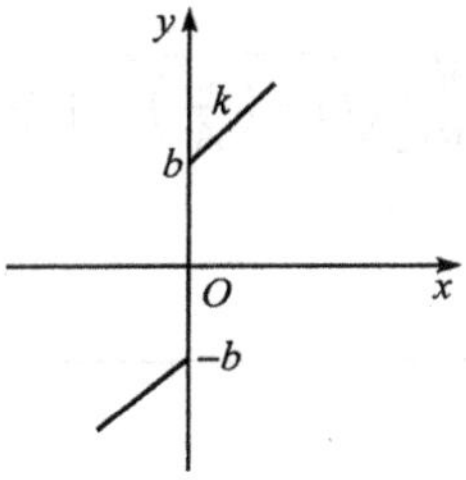
</td><td>$$N(A)=k+\frac{4b}{\pi A}$$</td></tr>
</table>

续表

名　称	非线性特性	描述函数
三次曲线	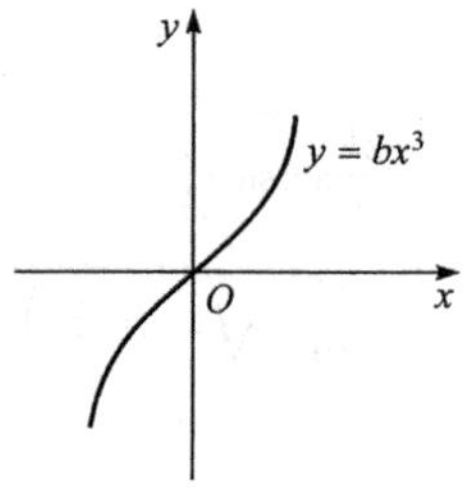	$N(A)=\frac{3}{4}bA^2$
间隙特性	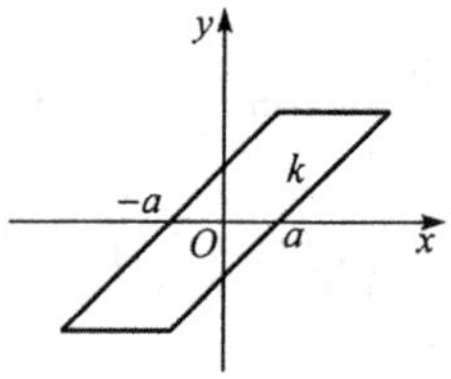	$N(A)=\frac{k}{\pi}\left[\frac{\pi}{2}+\arcsin\left(\frac{A-2a}{A}\right)+2\frac{A-2a}{A}\sqrt{\frac{a}{A}\left(1-\frac{a}{A}\right)}\right]+\mathrm{j}\frac{4k}{\pi}\left[\frac{a(a-A)}{A^2}\right],A\geqslant a$
理想继电器特性	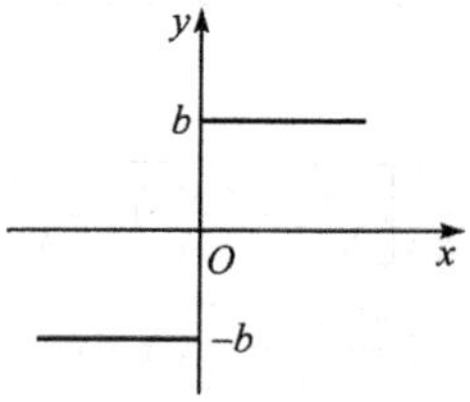	$N(A)=\frac{4b}{\pi A}$
带死区继电器特性	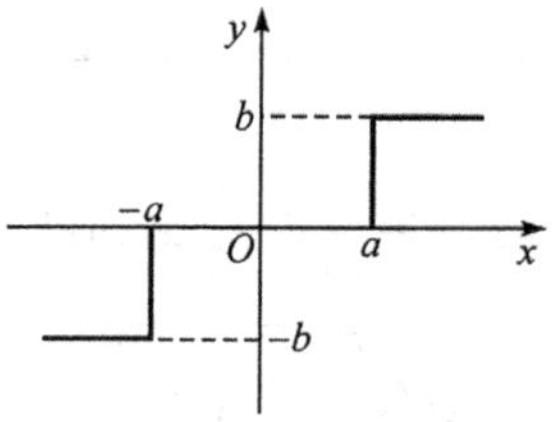	$N(A)=\frac{4b}{\pi A}\sqrt{1-\left(\frac{a}{A}\right)^2},A\geqslant a$
带滞环继电器特性	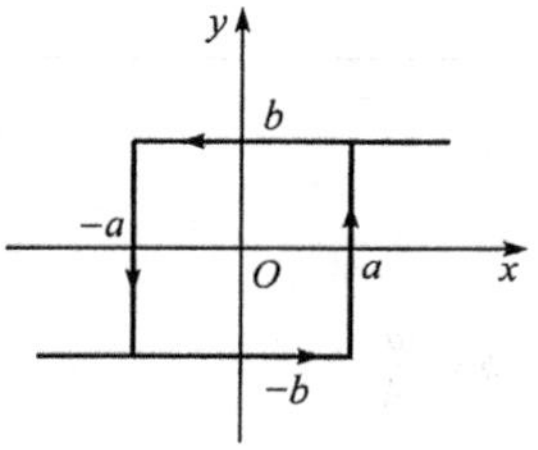	$N(A)=\frac{4b}{\pi A}\left[\sqrt{1-\left(\frac{a}{A}\right)^2}-\mathrm{j}\frac{a}{A}\right],A\geqslant a$

8.2.3　非线性系统的描述函数法分析

对于图 8.6 所示的非线性系统结构，当使用描述函数法分析时，实际是把线性系统中的奈奎斯特判据推广到非线性系统中。用基波分量等效代替图 8.6 中非线性环节 N，得到图 8.15。

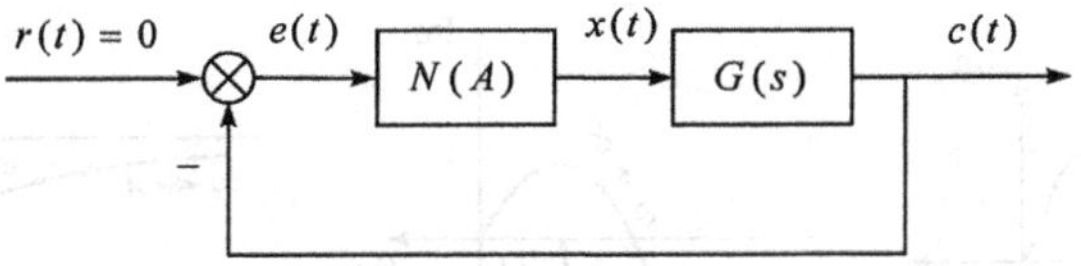

图 8.15　等效系统框图

1. 非线性系统的稳定性分析

对于图 8.15 等效系统，可以看成一个等效线性环节与线性环节串联组成的单位反馈系统。类似线性系统的稳定性分析方法，闭环系统频率特性表达式如下：

$$\frac{C(j\omega)}{R(j\omega)}=\frac{N(A)G(j\omega)}{1+N(A)G(j\omega)} \tag{8.2.11}$$

相应的特征方程为

$$1+N(A)G(j\omega)=0 \tag{8.2.12}$$

或

$$G(j\omega)=-\frac{1}{N(A)}$$

其中 $-\frac{1}{N(A)}$ 称为非线性特性的负倒描述函数。从数学表达式来看，上式意味着

$$\begin{cases}|G(j\omega)N(A)|=1\\ \angle N(A)+\angle G(j\omega)=-\pi\end{cases} \tag{8.2.13}$$

其中，$\angle$ 表示该环节的相角。设两个参数 A、ω 的解为 A_0、ω_0，从物理意义上看，方程(8.2.13)意味着系统中存在频率为 ω_0、振幅为 A_0 的等幅振荡。联系线性系统频率特性分析，相当于 $N(A)=1$ 情况，此时式(8.2.12)变为

$$G(j\omega)=-1$$

此式即线性系统产生等幅振荡条件：开环频率特性 $G(j\omega)$ 穿过临界稳定点 $(-1,j0)$。可以看出，在非线性系统中，判别系统产生等幅振荡的临界信息不再是一个固定点，而是一条随 A 变化的曲线，即非线性环节的负倒描述函数 $-\frac{1}{N(A)}$。因此，可以用 $G(j\omega)$ 和 $-\frac{1}{N(A)}$ 两者轨迹之间的相对位置判别系统稳定性。设图 8.15 中 $G(s)$ 的极点均在左半 s 平面，可以总结出下面推广的奈奎斯特判据：

(1) 若线性环节的频率特性 $G(j\omega)$ 的轨迹不包围 $-\frac{1}{N(A)}$ 轨迹，如图 8.16(a)

所示，则非线性系统是稳定的，并且 $G(\mathrm{j}\omega)$ 离 $-\dfrac{1}{N(A)}$ 越远，系统稳定程度越高。

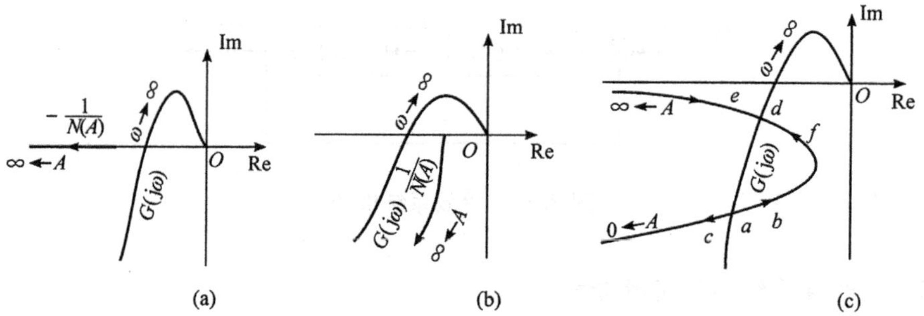

图 8.16　非线性系统的稳定性分析

(2) 若 $G(\mathrm{j}\omega)$ 轨迹包围 $-\dfrac{1}{N(A)}$ 轨迹，如图 8.16(b)，则系统是不稳定的，系统将做发散运动。

(3) 若 $G(\mathrm{j}\omega)$ 轨迹与 $-\dfrac{1}{N(A)}$ 轨迹有交点，如图 8.16(c)所示，则系统中存在着等幅振荡，其振幅和频率对应交点的振幅和频率。该等幅振荡可能是具有一定稳定性的等幅振荡，即自激振荡；也可能是不稳定的等幅振荡，即在一定条件下等幅振荡发散或收敛。

2. 自激振荡的判别

正如上面所说，$G(\mathrm{j}\omega)$ 与 $-\dfrac{1}{N(A)}$ 两者轨迹有交点只是产生自激振荡的必要条件，产生自激振荡要求等幅振荡具有一定稳定性，即系统受轻微扰动时状态会发生偏离；当扰动消失后，系统又能回到原来振幅和频率的等幅振荡状态。

下面具体分析图 8.16(c)中系统等幅振荡运动的稳定性。设系统工作在 a 点时，受到轻微的外界干扰。一种情况是使得非线性环节的输入振幅 A 增大，工作点到了 b 点，由于 b 点被 $G(\mathrm{j}\omega)$ 轨迹包围，系统不稳定，振荡加剧，导致振幅 A 继续增大，工作点向 d 点移动。另一种情况则是干扰使得 A 减小，工作点到了 c 点，而 c 点不被 $G(\mathrm{j}\omega)$ 轨迹包围，因此系统稳定，振荡衰减，A 逐渐趋于零。这说明 a 点产生的等幅振荡是不稳定的，在轻微干扰下缺乏稳定性，因此它不会产生自激振荡。

另一个交点 d 点的稳定性则不同。当系统在 d 点受到轻微扰动时，若该扰动使 A 增大，工作点从 d 点移到 e 点，由于在 e 点系统的稳定性，振荡衰减，工作点又沿着 A 减小的方向回到 d 点；若该扰动使得 A 减小，工作点相应从 d 点到 f 点，由于 f 点系统的不稳定，振荡加剧，工作点又沿着 A 增大的方向回到 d 点。显然，d

点的等幅振荡是具有一定稳定性的，系统将在 d 点产生自激振荡，振荡的频率和振幅即为 d 点的频率和振幅，表示为 ω_d 和 A_d。

总之，图 8.16(c)所示系统运动情况与正弦输入信号有关，当振幅 $A<A_a$ 时，系统稳定，状态收敛；当 $A>A_a$ 时，系统产生自激振荡，振荡频率和振幅为 ω_d 和 A_d。也就是说，系统稳定性与初始条件及输入信号有关，这也验证了非线性系统区别于线性系统的一个特性。

判别自激振荡存在与否，可以归纳如下：在复平面上，将 $G(\mathrm{j}\omega)$ 轨迹包围的区域看作不稳定区，不被其包围的区域看作稳定区，当交点处的 $-\dfrac{1}{N(A)}$ 轨迹是沿 A 增加方向由不稳定区进入稳定区时，在该交点将产生自激振荡，反之，该交点不会产生自激振荡。

值得说明的是，描述函数法是近似方法。应用描述函数法分析系统稳定性的前提假设是：非线性环节输出中高次谐波分量由于系统线性环节良好的低通滤波特性而被充分衰减。当然，实际系统中或多或少存在高次谐波分量的流通，而实际系统自激振荡波形也并非纯粹正弦波，存在一定程度的畸变。对大多数实际系统而言，近似所带来的误差在工程上是可以容忍的。

3. 非线性系统描述函数分析法举例

例 8.1　带饱和特性的非线性系统如图 8.17 所示，其中 $k=2, a=1$。

(1) 试确定使系统稳定而不出现自激振荡的 K 的临界稳定值。

(2) $K=15$ 时，求系统自激振荡的振幅和频率。

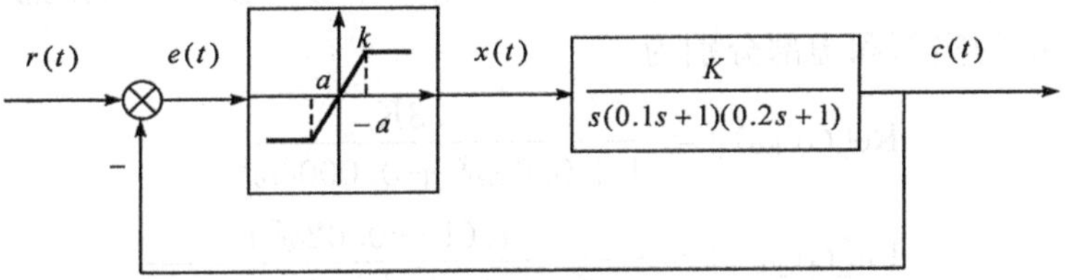

图 8.17　带饱和特性的非线性系统

解　(1) 饱和特性描述函数为

$$N(A)=\frac{2k}{\pi}\left[\arcsin\frac{a}{A}+\frac{a}{A}\sqrt{1-\left(\frac{a}{A}\right)^2}\right],\qquad A\geqslant a$$

将 $k=2$ 和 $a=1$ 代入 $N(A)$ 的负倒描述函数中，得

$$-\frac{1}{N(A)}=-\frac{\pi}{2k\left[\arcsin\dfrac{a}{A}+\dfrac{a}{A}\sqrt{1-\left(\dfrac{a}{A}\right)^2}\right]}$$

$$=-\frac{\pi}{4\left[\arcsin\frac{1}{A}+\frac{1}{A}\sqrt{1-\left(\frac{1}{A}\right)^2}\right]},\qquad 1\leqslant A<\infty$$

由上式，当 $A\to 1$ 时，$-\frac{1}{N(A)}\to-\frac{1}{2}$；当 $A\to\infty$，$-\frac{1}{N(A)}\to-\infty$，$-\frac{1}{N(A)}$ 轨迹为负实轴上从 $-\frac{1}{2}$ 到 $-\infty$ 的那一段，如图 8.18 所示。

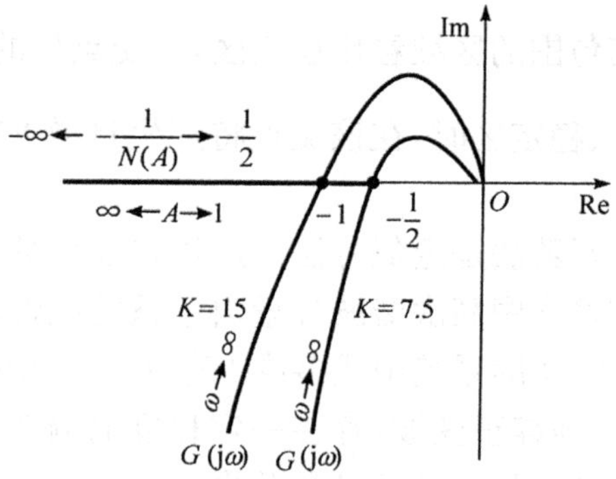

图 8.18 带饱和特性非线性系统的 $G(\mathrm{j}\omega)$ 和 $-\frac{1}{N(A)}$ 图

由 $G(\mathrm{j}\omega)$ 表达式求得

$$G(\mathrm{j}\omega)=\frac{K}{\mathrm{j}\omega(0.1\mathrm{j}\omega+1)(0.2\mathrm{j}\omega+1)}=\frac{-K[0.3\omega+\mathrm{j}(1-0.02\omega^2)]}{\omega(1+0.05\omega^2+0.0004\omega^4)}$$

$G(\mathrm{j}\omega)$ 相应的实部和虚部分别为

$$\mathrm{Re}[G(\mathrm{j}\omega)]=\frac{-0.3K}{1+0.05\omega^2+0.0004\omega^4}$$

$$\mathrm{Im}[G(\mathrm{j}\omega)]=-\frac{K(1-0.02\omega^2)}{\omega(1+0.05\omega^2+0.0004\omega^4)}$$

若要使系统稳定，$G(\mathrm{j}\omega)$ 轨迹必不能包围 $\left(-\frac{1}{2},-\infty\right)$ 区间。先求 $-\frac{1}{N(A)}$ 与 $G(\mathrm{j}\omega)$ 在实轴上交点。令

$$\mathrm{Im}[G(\mathrm{j}\omega)]=0$$

求得交点频率 $\omega=5\sqrt{2}\,\mathrm{rad/s}$。将 $\omega=5\sqrt{2}$ 代入 $\mathrm{Re}[G(\mathrm{j}\omega)]$ 表达式，求得交点幅值为

$$\mathrm{Re}[G(\mathrm{j}\omega)]\big|_{\omega=5\sqrt{2}}=\left.\frac{-0.3K}{1+0.05\omega^2+0.0004\omega^4}\right|_{\omega=5\sqrt{2}}=-\frac{K}{15}$$

因此，得到临界稳定时 K 的值 K_c，即

$$-\frac{K_c}{15}=-\frac{1}{2}\Rightarrow K_c=7.5$$

使系统稳定的增益为 $K\leqslant K_c=7.5$。

(2) 当 $K=15$ 时,$G(j\omega)$ 与 $-\frac{1}{N(A)}$ 相交,交点如图 8.18 所示,由推广的奈奎斯特判据知交点为稳定点,产生自激振荡。此时交点频率同样为 $\omega=5\sqrt{2}$rad/s,交点处 $G(j\omega)$ 幅值为

$$\begin{cases}\mathrm{Re}[G(j\omega)]\Big|_{\omega=5\sqrt{2}}=-\frac{K}{15}=\frac{-15}{15}=-1\\ \mathrm{Im}[G(j\omega)]\Big|_{\omega=5\sqrt{2}}=0\end{cases}$$

此时,可得交点处 $-\frac{1}{N(A)}$ 值为

$$-\frac{1}{N(A)}=G(j\omega)=-1$$

即

$$\frac{-\pi}{4\left[\arcsin\frac{1}{A}+\frac{1}{A}\sqrt{1-\left(\frac{1}{A}\right)^2}\right]}=-1$$

求得 $A=2.5$。所以,$K=15$ 时系统自激振荡的振幅为 $A=2.5$,频率为 $\omega=5\sqrt{2}=7.07$rad/s。

值得一提的是,当 $K=15$ 时,图 8.17 中饱和特性如果换成放大系数为 2 的线性环节,此时系统为线性的且是发散的。饱和特性的存在使响应由发散变成自激振荡,究其原因还是因为饱和特性限制了振幅的无限制增长。

例 8.2 设包含死区继电器特性的非线性系统如图 8.19 所示。其中,饱和特性输出 $b=3$,死区 $a=1$。

(1) 分析系统稳定性;

(2) 继电器参数 a、b 应怎样调整使得系统不产生自激振荡?

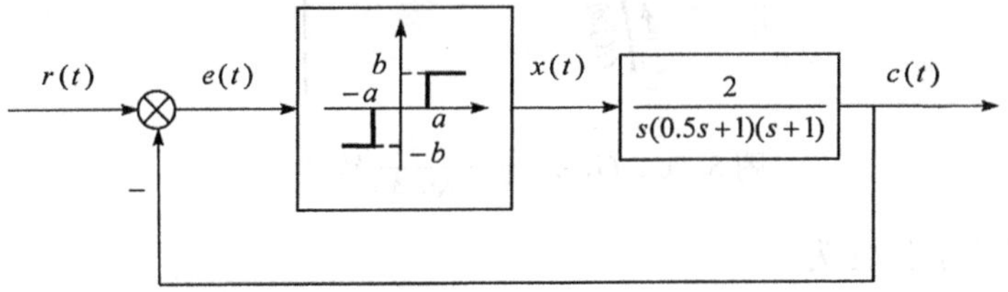

图 8.19 包含死区继电电特性的非线性系统

解　(1) 死区继电特性的描述函数为

$$N(A)=\frac{4b}{\pi A}\sqrt{1-\left(\frac{a}{A}\right)^2},\qquad A\geqslant a$$

将 $a=1$ 和 $b=3$ 代入 $-\frac{1}{N(A)}$ 得

$$-\frac{1}{N(A)}=-\frac{\pi A}{12\sqrt{1-\left(\frac{1}{A}\right)^2}},\qquad A\geqslant 1$$

注意到 $-\frac{1}{N(A)}$ 函数值随 A 的变化趋势。$1\leqslant A<\infty$，当 $A\to 1$ 时，$-\frac{1}{N(A)}\to -\infty$；当 A 从 1 增长到 $\sqrt{2}$ 时，$-\frac{1}{N(A)}$ 到达极大值，其值为

$$-\frac{1}{N(A)}=-\frac{\pi\sqrt{2}}{12\sqrt{1-\frac{1}{2}}}=-\frac{\pi}{6}$$

当 $A\to\infty$ 时，$-\frac{1}{N(A)}\to\infty$。所以 $-\frac{1}{N(A)}$ 轨迹变化趋势如图 8.20 所示，轨迹随 A 增加从 $-\infty$ 处沿负实轴从左至右到达 $-\frac{\pi}{6}$ 处后又沿着负实轴从右至左趋于 $-\infty$。

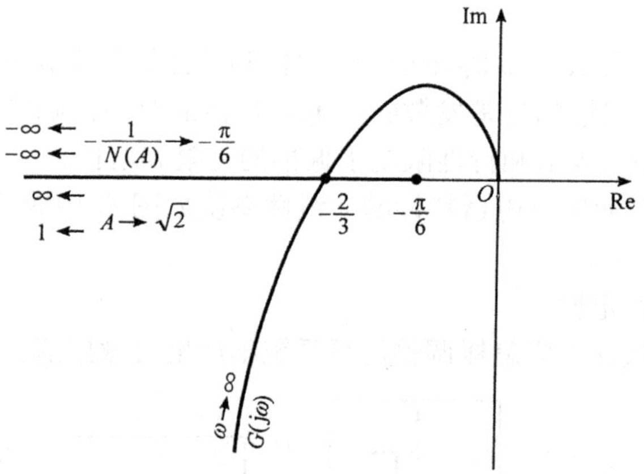

图 8.20　$G(j\omega)$ 与 $-\frac{1}{N(A)}$ 轨迹

线性环节频率特性为

$$G(j\omega)=\frac{2}{j\omega(0.5j\omega+1)(j\omega+1)}=\frac{-4[3\omega+j(2-\omega^2)]}{\omega(\omega^4+5\omega^2+4)}$$

令 $G(j\omega)$ 虚部 $\mathrm{Im}[G(j\omega)]=0$，求取 $G(j\omega)$ 与负实轴交点处的频率

$$\mathrm{Im}[G(\mathrm{j}\omega)]=-\frac{4(2-\omega^2)}{\omega(\omega^4+5\omega^2+4)}=0$$

求得交点处频率为 $\omega=\sqrt{2}\mathrm{rad/s}$，将其代入 $\mathrm{Re}[G(\mathrm{j}\omega)]$ 求得

$$\mathrm{Re}[G(\mathrm{j}\omega)]|_{\omega=\sqrt{2}}=\frac{-12}{\omega^4+5\omega^2+4}|_{\omega=\sqrt{2}}=\frac{-12}{18}=-\frac{2}{3}$$

由于 $-\frac{1}{N(A)}$ 轨迹位于 $\left(-\frac{\pi}{6},-\infty\right)$ 区间，所以 $G(\mathrm{j}\omega)$ 与 $-\frac{1}{N(A)}$ 必然相交。并且由 $-\frac{1}{N(A)}$ 轨迹变化趋势，$-\infty\rightarrow-\frac{\pi}{6}\rightarrow-\infty$（$A$ 从 $1\rightarrow\sqrt{2}\rightarrow\infty$）的特殊性，即 $\left(-\frac{\pi}{6},-\infty\right)$ 中任意一点必然对应两个不同的 A 值，即同时存在两个振幅值。由

$$-\frac{1}{N(A)}=G(\mathrm{j}\sqrt{2})=\mathrm{Re}[G(\mathrm{j}\sqrt{2})]=-\frac{2}{3}$$

即

$$-\frac{\pi A}{12\sqrt{1-\left(\frac{1}{A}\right)^2}}=-\frac{2}{3}$$

解得 $A_1=1.11$，$A_2=2.3$。$A_1=1.11$ 对应 A 从 1 至 $\sqrt{2}$ 增加的进程，即 $-\frac{1}{N(A)}$ 由稳定区进入不稳区，因此该等幅振荡是不稳定的；$A_2=2.3$ 对应 A 从 $\sqrt{2}$ 至 ∞ 增加的过程，即 $-\frac{1}{N(A)}$ 由不稳定区进入稳定区，由推广的奈奎斯特判据，该等幅振荡是稳定的。因此系统存在 $A=2.3$，$\omega=\sqrt{2}\mathrm{rad/s}$ 的自激振荡。

(2) 要使系统不产生自激振荡，只要使得 $G(\mathrm{j}\omega)$ 轨迹和 $-\frac{1}{N(A)}$ 轨迹不相交即可。$-\frac{1}{N(A)}$ 在负实轴上极值点为 $-\frac{\pi a}{2b}$，$G(\mathrm{j}\omega)$ 与负实轴交点为 $-\frac{2}{3}$，因此调整 a 和 b 满足下式即可

$$-\frac{\pi a}{2b}<-\frac{2}{3}$$

即 $\frac{b}{a}<\frac{3\pi}{4}$。

这个例子给出了消除自激振荡的一种方法，即调节非线性环节的参数。还有一种方法，可以通过在线性环节部分引入串联或反馈校正来调节 $G(s)$ 特性。两种方法最终都是为了改变 $G(\mathrm{j}\omega)$ 与 $-\frac{1}{N(A)}$ 两者轨迹的相对位置，达到消除自激振荡

并且提高系统稳定程度的目的。

在第 6 章介绍 PID 控制器参数调节方法时曾提到，可通过引入非线性环节使系统产生较为稳定的等幅振荡。下面的例子说明如何用描述函数法确定系统产生振荡时的临界增益值以及振荡周期。

例 8.3 设采用继电振荡法整定 PID 控制器参数的闭环系统如图 8.21 所示，对象为一传递函数未知的线性系统，其频率特性 $G(j\omega)$ 如图 8.22 所示。试分析如何确定系统产生振荡的临界增益值以及振荡周期。

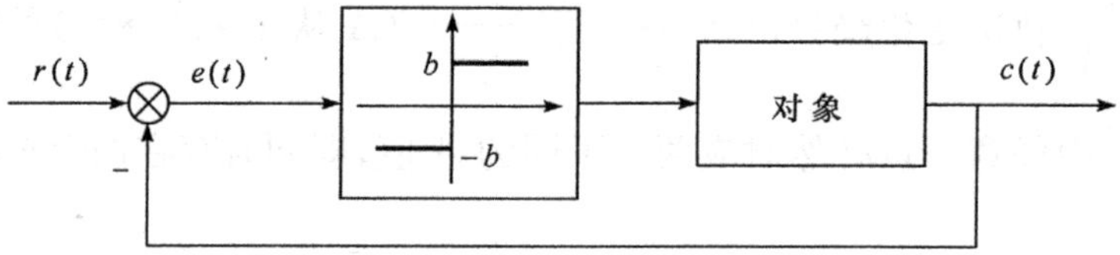

图 8.21　带继电环节的非线性系统

解　查表 8.1 可知，理想继电环节的描述函数为

$$N(A)=\frac{4b}{\pi A},\qquad -\frac{1}{N(A)}=-\frac{\pi A}{4b} \tag{8.2.14}$$

注意到 $-\dfrac{1}{N(A)}$ 函数值随 A 的变化趋势。$0\leqslant A<\infty$，当 $A\to 0$ 时，$-\dfrac{1}{N(A)}\to 0$；当 $A\to\infty$ 时，$-\dfrac{1}{N(A)}\to-\infty$。所以 $-\dfrac{1}{N(A)}$ 轨迹变化趋势如图 8.22 所示，随 A 的增加从原点沿负实轴趋于 $-\infty$。

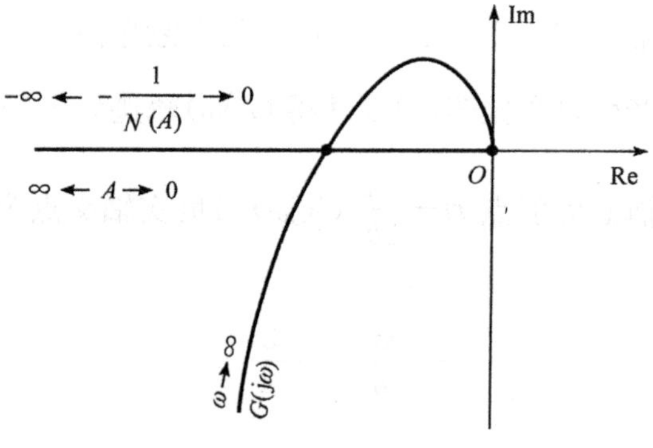

图 8.22　$G(j\omega)$ 与 $-\dfrac{1}{N(A)}$ 轨迹

线性环节 $G(j\omega)$ 与负实轴交点处的频率为 $\omega_r=\dfrac{2\pi}{P_r}$，由于 $-\dfrac{1}{N(A)}$ 轨迹位于

$(-\infty,0)$区间,$G(\mathrm{j}\omega)$与$-\dfrac{1}{N(A)}$相交。而且,交点处的$-\dfrac{1}{N(A)}$轨迹是沿 A 增加的方向由不稳定区进入稳定区,因此在该交点将产生稳定的极限环,即自激振荡。

由式(8.2.13)的等幅振荡条件有

$$\frac{1}{|N(A)|}=|G(\mathrm{j}\omega_{\mathrm{r}})|$$

$$\angle(G(\mathrm{j}\omega_{\mathrm{r}}))=-\pi$$

将式(8.2.14)代入,可得此时误差信号 $e(t)$ 的振荡幅值满足下列条件

$$A=\frac{4b}{\pi}|G(\mathrm{j}\omega_{\mathrm{r}})|$$

此时的临界振荡增益值 K_{r} 满足

$$K_{\mathrm{r}}=\frac{1}{|G(\mathrm{j}\omega_{\mathrm{r}})|}=\frac{4b}{\pi A}$$

所以,根据测得的自激振荡的幅值 A 和频率 ω_{r} 可以确定系统的临界增益 K_{r} 和振荡周期 P_{r}。

8.3 相平面法

描述函数法虽然很有效,但它对不满足两个基本假设(即非线性环节的奇对称性和线性环节良好的低通特性)的系统无法适用。这时可以考虑采用相平面法。相平面法是分析非线性系统的一种常用方法。这种方法适用的对象是一、二阶线性和非线性系统。该方法的特点是将系统运动过程形象地转化成相平面上一个点的移动过程,通过图解研究这个点的运动轨迹特点,以获得平衡状态的稳定性和系统运动的直观图像。这种方法可以看作是状态空间法在低阶情况下的应用,是一种时域分析方法。

8.3.1 相平面法的有关概念

考虑采用微分方程描述的一个二阶系统

$$\ddot{x}+f(x,\dot{x})=0 \tag{8.3.1}$$

其中,$f(x,\dot{x})$是 x 和 $\dot{x}$ 的线性或非线性函数。与相平面法相关的概念如下:

(1) 相平面(或状态平面)。

由 x 和 $\dot{x}$ 为坐标轴构成的直角坐标平面,称为相平面。

(2) 相轨迹(或相轨线)。

对于一定初始条件 $x(0)$和 $\dot{x}(0)$,在 x 和 $\dot{x}$ 相平面上绘制 x 和 $\dot{x}$ 之间关系的曲线,称为相轨迹。

(3) 相平面图。

对应 x 和 $\dot{x}$ 所有可能初始条件下绘出的相轨迹簇，称为相平面图。

如图 8.23(a)所示开环传递函数为 $G(s)=\dfrac{K}{s(Ts+1)}$ 的单位反馈系统，闭环系统自由运动方程为

$$T\ddot{e}+\dot{e}+Ke=0, \qquad e=r-c \tag{8.3.2}$$

其中，$T,K>0$。在初始条件 $e(0)>0$ 及 $\dot{e}(0)>0$ 作用下，$e(t)$ 与 $\dot{e}(t)$ 对 t 的时间响应如图 8.23(b)和(c)所示。另外一种表示时间响应的方法是：在 $e(t)$ 和 $\dot{e}(t)$ 中消去 t，直接用 $e(t)$ 和 $\dot{e}(t)$ 的关系来描述系统状态变化过程，如图 8.23(d)所示。该图中，实线轨迹对应当前 $e(0)$ 和 $\dot{e}(0)$ 初始条件下相轨迹，其他虚线描述 $e(0)$，$\dot{e}(0)$ 为其他值时系统运动的相轨迹，这些相轨迹构成了二阶线性系统的相平面图。

对系统(8.3.1)作变换，可以得到关于相轨迹的一些性质。式(8.3.1)又可写成如下形式：

$$\frac{d\dot{x}}{dt}=-f(x,\dot{x})$$

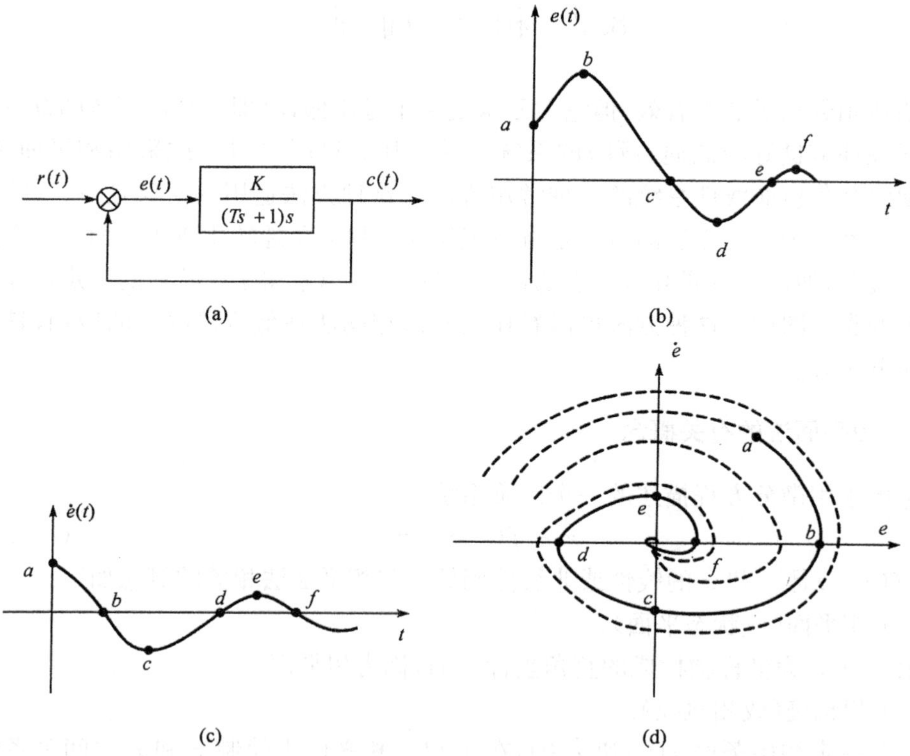

图 8.23　二阶线性系统相平面图

上式两边同时除以 $\dot{x}=\frac{\mathrm{d}x}{\mathrm{d}t}$ 有

$$\frac{\mathrm{d}\dot{x}}{\mathrm{d}x}=-\frac{f(x,\dot{x})}{\dot{x}} \tag{8.3.3}$$

对 $x-\dot{x}$ 相平面而言，$\frac{\mathrm{d}\dot{x}}{\mathrm{d}x}$ 表示相轨迹在 $(x,\dot{x})$ 处斜率，因此称式(8.3.3)为相轨迹的斜率方程。由此，可以归纳相轨迹的几个性质如下：

(1) 相轨迹对称性条件。

由式(8.3.3)，若 $f(x,\dot{x})=f(x,-\dot{x})$，即 $f(x,\dot{x})$ 是 $\dot{x}$ 的偶函数，此时相轨迹对称于 x 轴；若 $f(x,\dot{x})=-f(-x,\dot{x})$，即 $f(x,\dot{x})$ 是 x 的奇函数，则相轨迹对称于 $\dot{x}$ 轴；若 $f(x,\dot{x})=-f(-x,-\dot{x})$，则相轨迹关于原点对称。

(2) 相轨迹的走向。

系统运动状态反映在相平面及相轨迹是很有规律的。在相平面上半部，$\dot{x}>0$，所以 x 从小到大增长，相轨迹从左往右运动；反之在相平面下半部，相轨迹从右往左运动。

(3) 奇点与普通点。

观察相轨迹的斜率方程(8.3.3)，通过判断相轨迹在 $(x,\dot{x})$ 处斜率确定与否，可以将相平面上所有点分为两类：奇点与普通点。

奇点指相轨迹斜率不确定的点，即同时满足 $f(x,\dot{x})=0$ 和 $\dot{x}=0$ 的点。奇点处斜率不确定的物理原因很容易理解：奇点是相平面上无穷多条相轨迹的汇合点，每条相轨迹以不同斜率进入该点，而相轨迹到该点后不会再运动，此时 $\dot{x}=0$，系统处于平衡状态。因此，奇点又称平衡点。对于式(8.3.2)所示系统，系统的奇点即为坐标原点 $(x,\dot{x})=(0,0)$。对于非线性系统，奇点(平衡点)可以有多个，唯一可以肯定的是奇点必然出现在 x 轴上。

普通点是指相轨迹斜率唯一确定的点，即不同时满足 $f(x,\dot{x})=0$ 和 $\dot{x}=0$ 的点。在相平面上，除了奇点外，不同初始条件的相轨迹不会相交，也就是说，经过普通点的相轨迹只会有一条。

另外，若满足 $\dot{x}=0$ 和 $f(x,x)=0$ 的解为一直线，则称该直线为平衡线或奇线。

(4) 相轨迹垂直穿过 x 轴上的普通点。

相轨迹通过 x 轴时，必然有 $\dot{x}=0$，此时由斜率方程(8.3.3)，除去奇点外，相轨迹通过 x 轴上普通点的斜率为∞，即相轨迹垂直穿过 x 轴上的普通点。

(5) 高阶系统相轨迹。

状态变量初值确定后，二阶系统运动被唯一确定。通过相平面图，可以很直观地观察到这一点，除了奇点外，通过普通点的相轨迹可唯一确定。对于维数 $n\geqslant 3$

的高阶系统，理论上虽然可以选取 n 个独立变量，但若想在 n 维空间画出直观的相轨迹图，三维情况还勉强可以完成，四维以上只能在抽象空间想像完成，而这样做已经完全丧失了相平面法的最大优点：直观图解，也就失去了工程实用价值。这就是相平面法为什么只适用于一、二阶系统的原因。

8.3.2 相平面图的绘制方法

相平面的绘制关键是相轨迹的绘制，常用的方法有解析法、等倾线图解法。

1. 解析法

简单来讲，解析法指通过求解二阶微分方程得到 x 与 $\dot{x}$ 关系而进行相轨迹绘制的方法。注意到对于二阶系统 $\ddot{x}+f(x,\dot{x})=0$，求解目的是得到 x 与 $\dot{x}$ 关系或 x 与 $\dot{x}$ 之间代数方程，可以不必完全求解出 $x(t)$，$\dot{x}(t)$关于 t 的表达式。归纳起来，解析法求解相轨迹方程的方法有两种。

1）直接积分法

即在原微分方程基础上经过推导和积分得出 $x-\dot{x}$ 相轨迹代数方程。考虑斜率方程

$$\frac{\mathrm{d}\dot{x}}{\mathrm{d}x}=-\frac{f(x,\dot{x})}{\dot{x}} \tag{8.3.4}$$

若方程可以直接积分求出相轨迹方程，一般要求 $f(x,\dot{x})$关于 x 和 $\dot{x}$ 是可以分离的，即

$$f(x,\dot{x})=g(x)h(\dot{x})$$

则式(8.3.4)改写成

$$\frac{\dot{x}}{h(\dot{x})}\mathrm{d}\dot{x}=-g(x)\mathrm{d}x$$

对上式两边同时积分可得到相轨迹方程。

2）求出 $x(t)$和 $\dot{x}(t)$关于 t 的表达式的方法

根据给定二阶微分方程分别求出 $x(t)$和 $\dot{x}(t)$的显式表达，这时可以有两种处理：直接在 $x(t)$和 $\dot{x}(t)$之间消去 t 而得到相轨迹方程；或者给出一组 t 的取值，算出对应 $x(t)$与 $\dot{x}(t)$值，在相平面上绘出曲线。

例 8.4 二阶系统 $\ddot{x}+M=0$，其中 M 为常数，绘制其相平面图。

解 写成相平面斜率方程为

$$\frac{\mathrm{d}\dot{x}}{\mathrm{d}x}=-\frac{M}{\dot{x}}$$

即

$$\dot{x}\mathrm{d}\dot{x}=-M\mathrm{d}x$$

上式两边同时积分 $\int_0^t$，得到相轨迹方程

$$\dot{x}^2(t) = -2M(x(t) - x(0)) + \dot{x}^2(0)$$

另外一种方法，由 $\ddot{x} = -M$ 解微分方程，得

$$\begin{cases} x(t) = -\dfrac{1}{2}Mt^2 + x(0) + \dot{x}(0)t \\ \dot{x}(t) = -Mt + \dot{x}(0) \end{cases}$$

在以上两式中消去 t，得到相同的相轨迹方程。$M = -1$ 或 1 时，相应的相轨迹如图 8.24(a)和(b)所示。

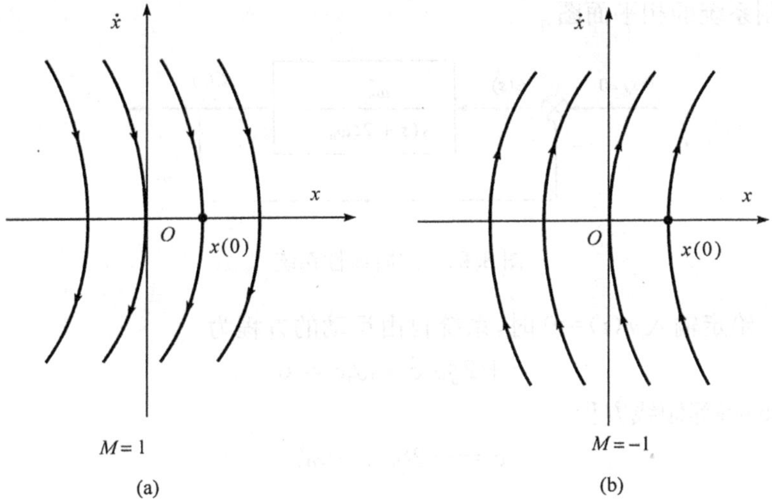

图 8.24　$\ddot{x} = -M$ 的相轨迹图

2. 等倾线图解法

解析法优点很明显，它通过直接求解二阶微分方程求出 $x-\dot{x}$ 关系后，精确作图。但对于微分方程很复杂的系统，如 $f(x,\dot{x})$ 很复杂，或 $f(x,\dot{x})$ 对 x 和 $\dot{x}$ 难以分离，这时通过求解微分方程而得到相轨迹就相当困难。在这种情况下，可以考虑采用近似的图解法绘制相平面图。

等倾线法的原理比较简单：任意光滑曲线都可以分成很多小段，每一小段曲线可以由短的直线段近似代替，这些短的直线段有不同的斜率。对于相平面而言，除了奇点外，每个普通点的斜率唯一确定，因此可以根据普通点斜率，将斜率相等的点连线，这根连线称为等倾线。由相轨线性质，这些斜率不同的等倾线除了可能相交于奇点外，不存在其他的交点，因此不同斜率的等倾线布满了整个相平面。

给定一组斜率值，在相平面便可得到一族等倾线。系统运动的相轨迹实际上可看作从一根等倾线出发，连续地穿越其他斜率的等倾线。因此在每根等倾线上

的普通点上标画出该等倾线对应的短直线段，这些短线段在相平面上形成了相轨迹的切线方向场，将这些短线段用光滑曲线连接，便得到系统的相轨迹。

对系统(8.3.4)，斜率为 α 的等倾线方程应为

$$\alpha=\frac{\mathrm{d}\dot{x}}{\mathrm{d}x}=-\frac{f(x,\dot{x})}{\dot{x}}$$

即

$$\alpha\dot{x}=-f(x,\dot{x}) \tag{8.3.5}$$

下面举例说明如何用等倾线法绘制相轨迹。

例 8.5 如图 8.25 所示二阶线性系统，其中输入 $r(t)=0$，参数 $\zeta=0.5$，$\omega_n=1$，绘制系统的相平面图。

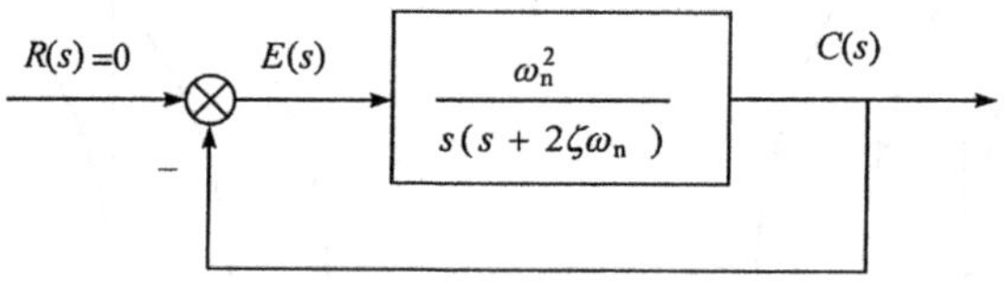

图 8.25 二阶线性系统

解 当给定输入 $r(t)=0$ 时，系统自由运动的方程为

$$\ddot{c}+2\zeta\omega_n\dot{c}+\omega_n^2c=0$$

由式(8.3.5)得等倾线方程

$$\alpha\dot{c}=-2\zeta\omega_n\dot{c}-\omega_n^2c$$

即

$$\dot{c}=-\frac{\omega_n^2}{2\zeta\omega_m+\alpha}c$$

代入 $\zeta=0.5$，$\omega_n=1$ 得

$$\dot{c}=-\frac{1}{1+\alpha}c$$

可见，在相平面上，等倾线为过原点(奇点)的直线段。等倾线斜率随 α 变化的部分取值列于下表：

α	−4	−2	−1.6	−1	−0.5	0	0.5	∞
$-\frac{1}{1+\alpha}$	$\frac{1}{3}$	1	$\frac{5}{3}$	∞	−2	−1	$-\frac{2}{3}$	0
$\arctan\left(\frac{-1}{1+\alpha}\right)$	18.4°	45°	59.0°	90°	−63.4°	−45°	−33.7°	0°

根据表中不同等倾线斜率值和倾角，在相平面作出相应的等倾线，标出相应 α

斜率的短直线段，将短线按运动方向从初始点光滑连线，即得到相应的相轨迹如图 8.26所示。

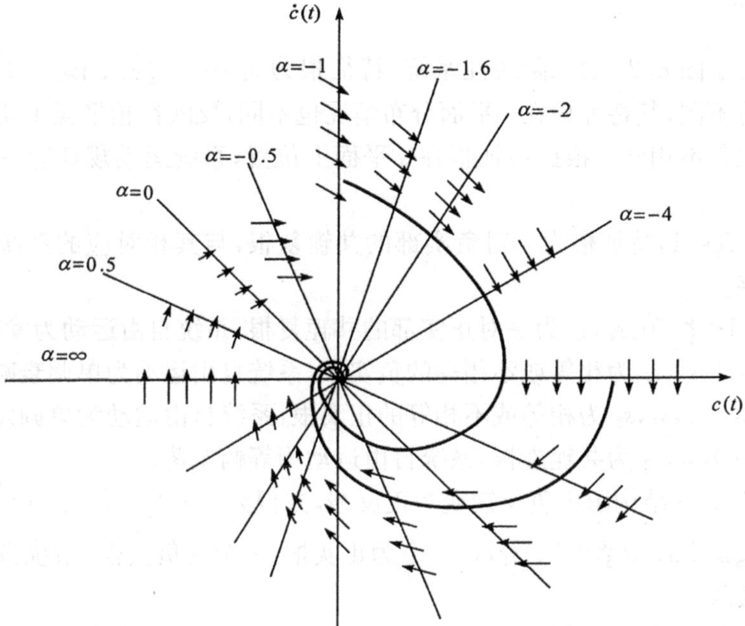

图 8.26　二阶线性系统 $\zeta=0.5, \omega_n=1$ 时的相轨迹图

需要说明的是：

(1) 利用相轨迹的对称性可以减少作图工作量。绘图前先判别函数 $f(x,\dot{x})$ 的性质，若 $f(x,\dot{x})$ 是 x 的奇函数或关于 $\dot{x}$ 的偶函数，或 $f(x,\dot{x})=-f(-x,-\dot{x})$，则相轨迹分别关于 $\dot{x}$ 轴，x 轴，原点对称，可利用这些对称性来减少绘图工作量。

(2) x 轴与 $\dot{x}$ 轴比例尺应当一致，这样 α 值才与相轨迹切线的几何斜率相同。

(3) 对于线性系统，其相轨迹的等倾线是直线，采用等倾线法比较方便；而对于许多非线性系统，等倾线是曲线，此时采用等倾线图解法比较麻烦，而且精度较差。

(4) 相平面图绘制还可以利用相轨迹的一些有用性质来定性绘图。例如，在等倾线上相轨迹斜率为 α，若等倾线是斜率为 $k=\alpha$ 的直线，则称斜率等于相轨迹斜率，即 $k=\alpha$ 的等倾线为相轨迹的渐近线。在等倾线两侧的相轨迹的斜率趋向于该等倾线的斜率。水平等倾线指 $\alpha=\frac{\mathrm{d}\dot{x}}{\mathrm{d}x}=-\frac{f(x,\dot{x})}{\dot{x}}=0$ 的曲线，即 $f(x,\dot{x})=0$ 且 $\dot{x}\neq 0$ 的曲线。在水平等倾线上，相轨迹斜率为 0。垂直等倾线即指 $\alpha=\frac{\mathrm{d}\dot{x}}{\mathrm{d}x}=-\frac{f(x,\dot{x})}{\dot{x}}=\infty$的曲线，即 $f(x,\dot{x})\neq 0, \dot{x}=0$ 的曲线，亦指横坐标轴。

8.3.3 线性系统的相轨迹

1. 奇点

其实对于图 8.25 的二阶线性系统，特征根为 $s_{1,2}=-\zeta\omega_n\pm j\omega_n\sqrt{1-\zeta^2}$，随着参数分取值不同，其特征根在 s 平面分布情况也不同，反映在相平面上奇点附近相轨迹的形状各不相同。根据特征根在 s 平面上位置，系统运动规律存在以下 6 种情况：

(1) $0<\zeta<1$，特征根为一对负实部的共轭复根，与其相对应的系统自由运动为衰减振荡。

(2) $-1<\zeta<0$，s_1，s_2 为一对正实部的共轭复根，系统自由运动为发散振荡。

(3) $\zeta\geqslant1$，s_1，s_2 为相等或不相等的负实根，系统自由运动为单调衰减。

(4) $\zeta\leqslant-1$，s_1，s_2 为相等或不相等的正实根，系统自由运动为单调发散。

(5) $\zeta=0$，s_1，s_2 为共轭虚根，系统自由运动为等幅振荡。

(6) 图 8.25 结构图中负反馈变为正反馈，方程为 $\ddot{x}+2\zeta\omega_n\dot{x}-\omega_n^2x=0$，特征根为 $s_{1,2}=-\zeta\omega_n\pm\omega_n\sqrt{\zeta^2+1}$。$s_1$，$s_2$ 一个为正实根，一个为负实根，系统自由运动一般为单调发散。

上述 6 种情况的相平面图示于表 8.2 中，与这六种情况对应的奇点分别称为稳定焦点型、不稳定焦点型、稳定节点型、不稳定节点型、中心型和鞍点型的奇点。

表 8.2 不同特征根的相轨迹形状和奇点类型

特征根 s_1，s_2 分布	相轨迹形状	奇点的类型
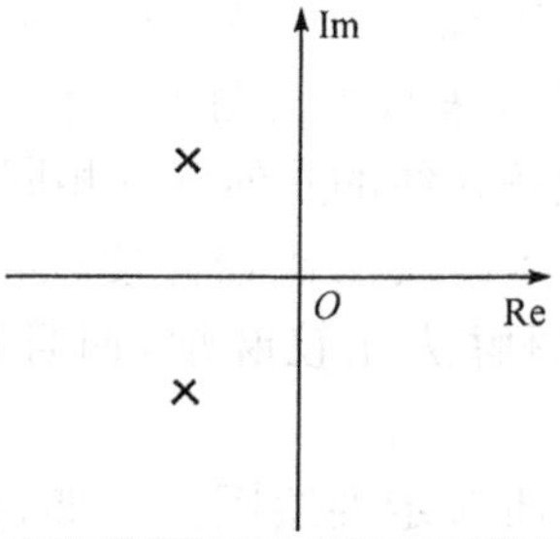	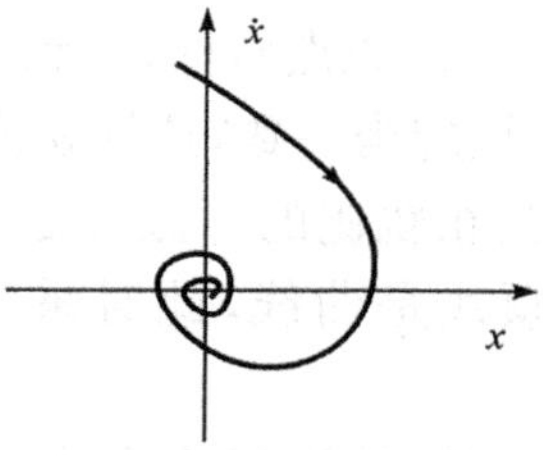	稳定的焦点
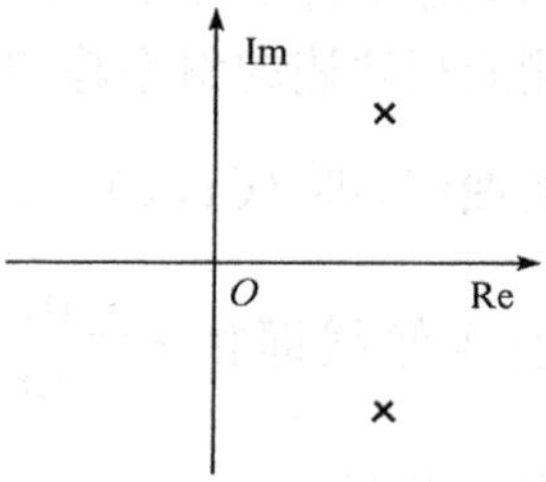	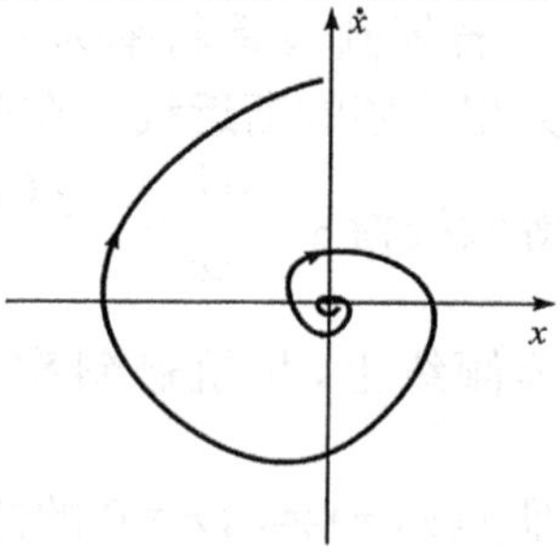	不稳定的焦点

续表

特征根 s_1, s_2 分布	相轨迹形状	奇点的类型
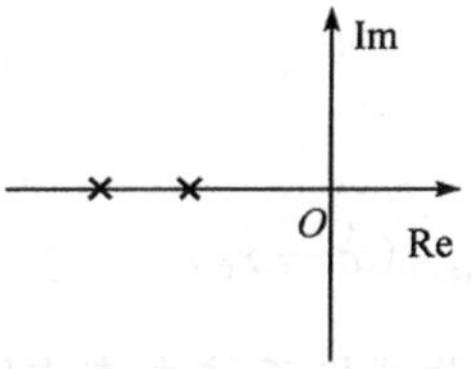	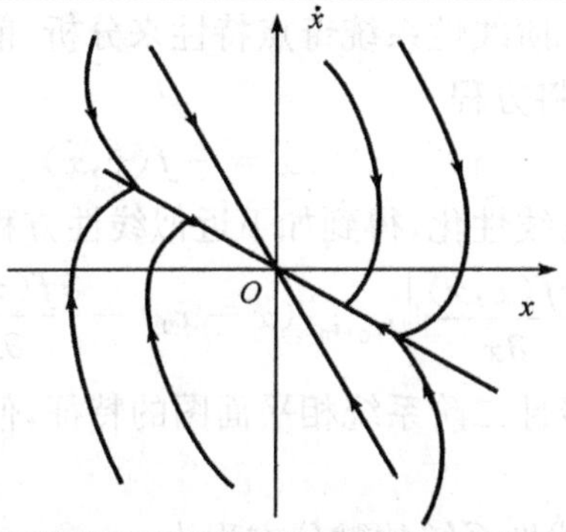	稳定的节点
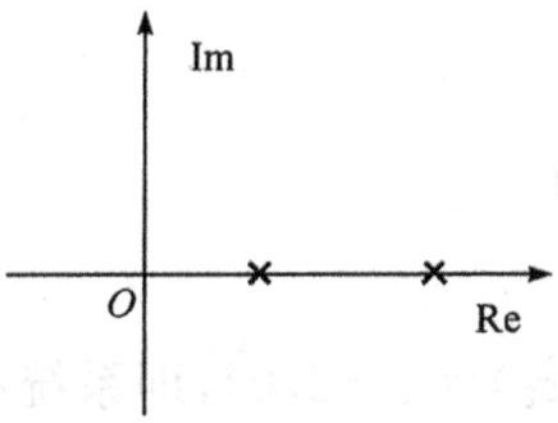	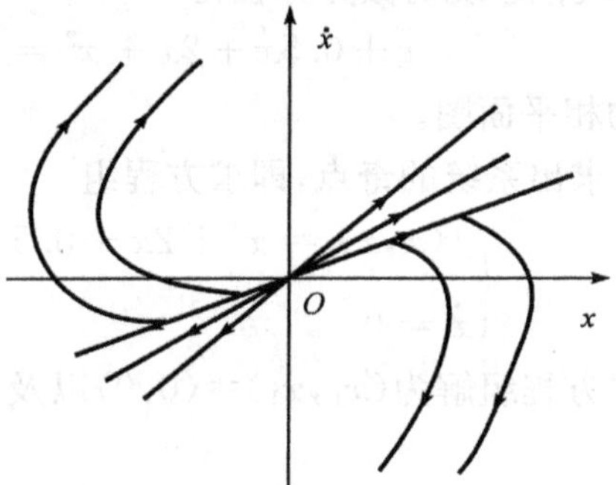	不稳定的节点
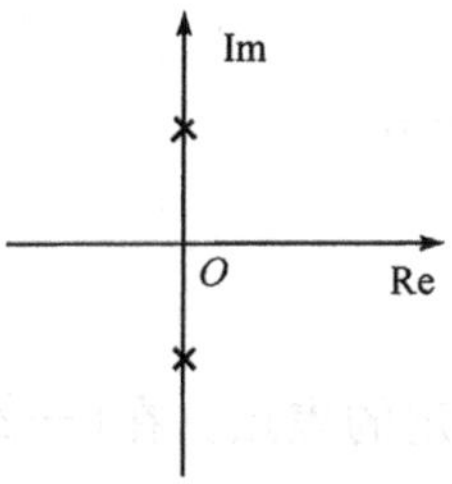	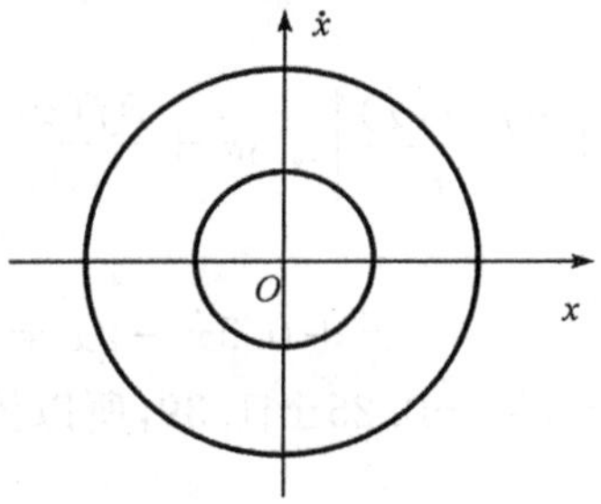	中心
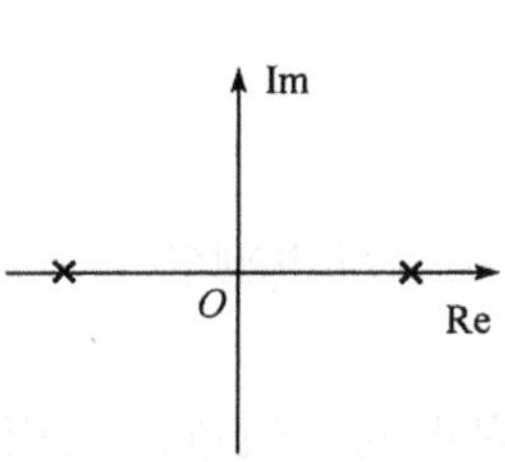	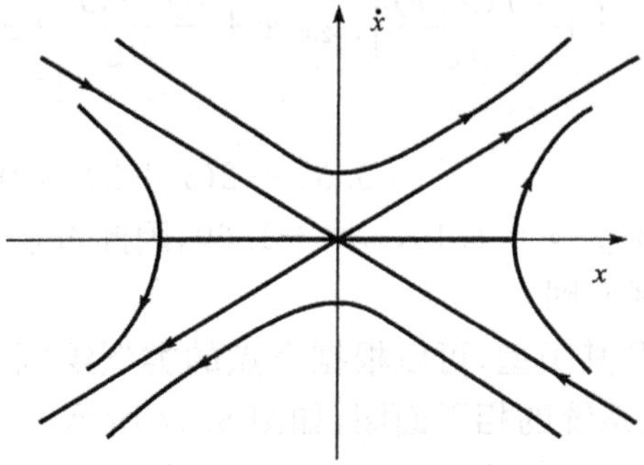	鞍点

对于线性系统而言，奇点的类型唯一确定系统自由运动的性质。对非线性系统，奇点一般不只一个，可以有多个。每个奇点附近相轨迹比线性系统奇点的复杂，但可以近似由二阶线性系统奇点特性来分析，前提是非线性系统微分方程是解析的。具体做法是将方程

$$\ddot{x}=-f(x,\dot{x})$$

在奇点$(x_0,\dot{x}_0)$附近线性化，得到如下近似线性方程：

$$\ddot{x}=-\frac{\partial f(x,\dot{x})}{\partial x}\bigg|_{(x_0,\dot{x}_0)}(x-x_0)-\frac{\partial f(x,\dot{x})}{\partial \dot{x}}\bigg|_{(x_0,\dot{x}_0)}(\dot{x}-\dot{x}_0)$$

因此，只要掌握了线性二阶系统相平面图的特征，便可确定非线性系统在奇点附近的相平面图。

例 8.6　设非线性系统的微分方程为

$$\ddot{x}+0.5\dot{x}+2x+x^2=0$$

要求绘出该系统的相平面图。

解　(1) 首先求出系统的奇点，即求方程组

$$\begin{cases}f(x,\dot{x})=x^2+2x+0.5\dot{x}=0\\ \dot{x}=0\end{cases}$$

的解。易求得上述方程组解为$(x_1,\dot{x}_1)=(0,0)$以及$(x_2,\dot{x}_2)=(-2,0)$，即系统有两个奇点。

(2) 写出系统在两个奇点附近的线性化方程，判定奇点类型。在原点附近的线性化方程为

$$\ddot{x}+\frac{\partial f(x,\dot{x})}{\partial \dot{x}}\bigg|_{(0,0)}\dot{x}+\frac{\partial f(x,\dot{x})}{\partial x}\bigg|_{(0,0)}x=0$$

即

$$\ddot{x}+0.5\dot{x}+2x=0$$

该方程特征根为$s_{1,2}=-0.25\pm j1.39$，所以该奇点为稳定的焦点。在$(-2,0)$附近的线性化方程为

$$\ddot{x}+\frac{\partial f(x,\dot{x})}{\partial \dot{x}}\bigg|_{(-2,0)}\dot{x}+\frac{\partial f(x,\dot{x})}{\partial x}(x+2)=0$$

即

$$\ddot{x}+0.5\dot{x}-2(x+2)=0$$

该方程特征根为$s_1=1.19$，$s_2=-1.69$，因此奇点$(-2,0)$是鞍点型的。

(3) 绘制相平面图。

确定了奇点及其类型，可以根据奇点的类型绘制奇点附近的相轨迹。采用等倾线法，可以绘出系统的相平面图，如图 8.27 所示。

因此，在奇点$(x_0,\dot{x}_0)$附近，非线性系统相轨迹可以由其线性化系统的相轨迹

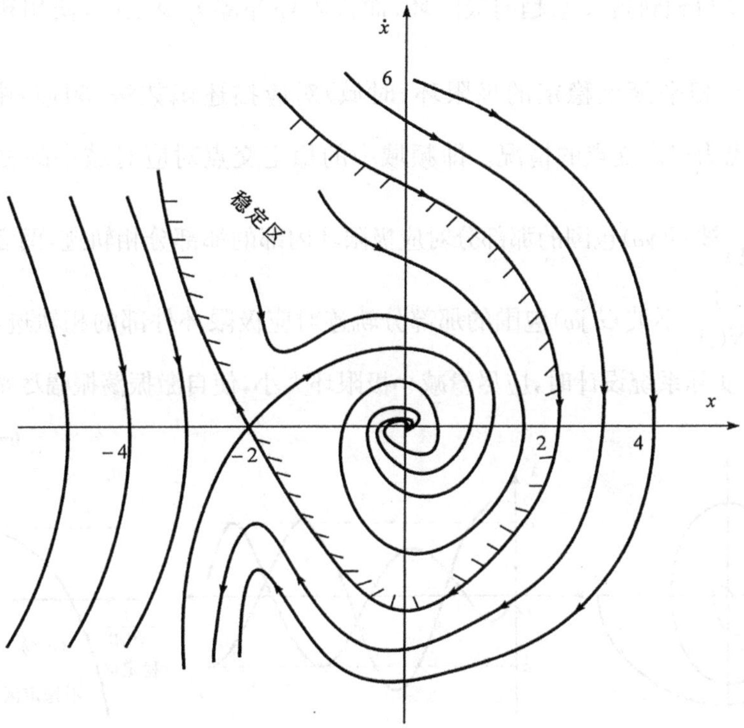

图 8.27　例 8.6 系统的相平面图

近似表示。但对于整个系统而言，由于在奇点附近是用局部线性化方法进行相轨迹分析，因此每个奇点的类型只能确定系统在奇点(平衡点)局部区域的行为。对于整个相平面的完整相轨迹，还要考虑远离奇点区域相轨迹的特点。下面要讨论的极限环就是要考虑的一个因素。

2. 极限环

极限环，顾名思义，是指相平面上一类独立封闭曲线，这类曲线附近的相轨迹作无限趋近或离开的运动。这种特殊的封闭曲线，将相平面划分为具有不同运动特点的区域，相轨迹不能从环外进入环内，也不能从环内进入环外。极限环实际是等幅振荡现象。

系统中可能存在的各种极限环，根据其邻近相轨迹特点，可以分为以下几种类型：

1) 稳定的极限环

这种类型实际指的是系统运动为自激振荡形式的极限环的特点，如图 8.28(a)所示，即极限环内部和外部的相轨迹最终都无限趋近该极限环。极限环内部为不稳定区，使得相轨迹发散趋向极限环；而极限环外部为稳定区，使相轨迹收敛趋向极限环。

实际上，相平面上稳定的极限环（时域）对应描述函数法（频域）中 $G(\mathrm{j}\omega)$ 与 $-\dfrac{1}{N(A)}$ 交点为稳定交点的情况。即频域中的稳定交点对应时域中的相平面极限环。$-\dfrac{1}{N(A)}$ 被 $G(\mathrm{j}\omega)$ 包围的那部分对应极限环内部的那部分相轨迹，两者均做发散运动；而 $-\dfrac{1}{N(A)}$ 不被 $G(\mathrm{j}\omega)$ 包围的那部分轨迹对应极限环外部的相轨迹，两者均做收敛运动。实际系统设计时，应尽量减小极限环大小，使自激振荡振幅尽量减少。

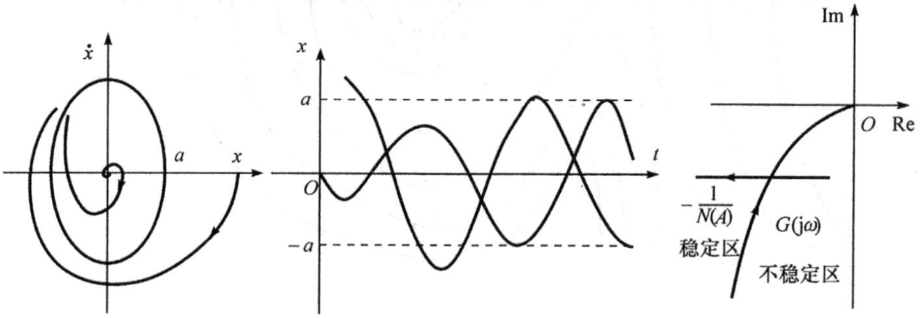

(a)

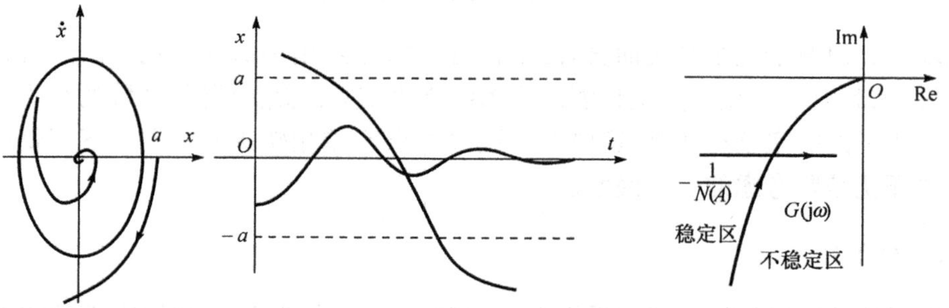

(b)

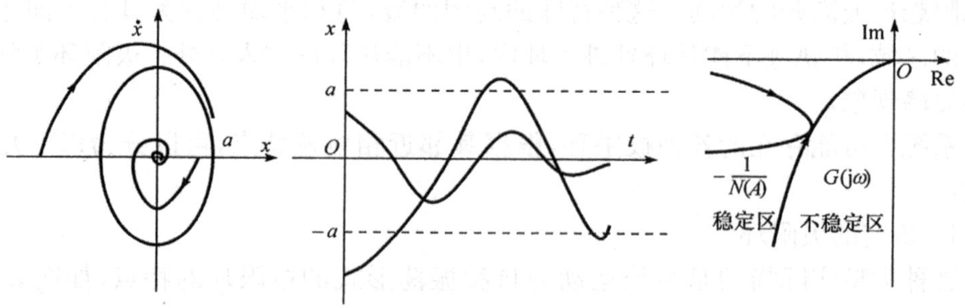

(c)

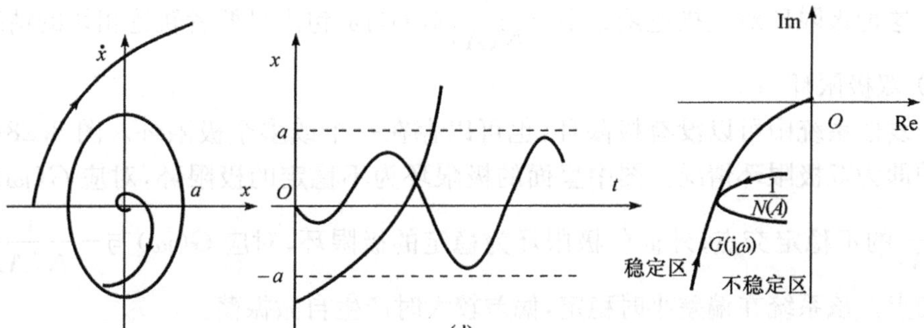

(d)

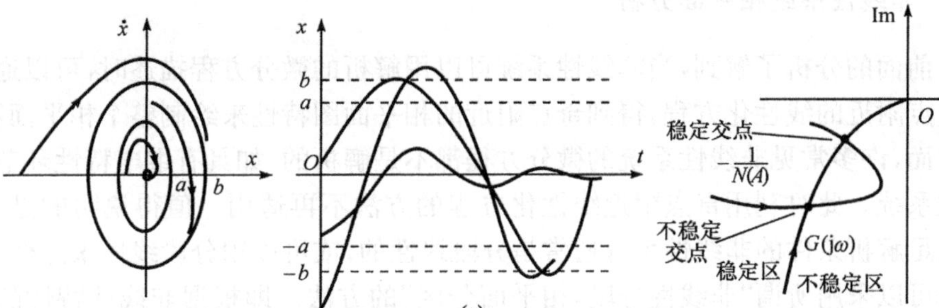

(e)

图 8.28　极限环

2) 不稳定极限环

如图 8.28(b)所示,极限环内部和外部的相轨迹均离开该极限环。这种极限环称为不稳定的极限环。与稳定的极限环相反,不稳定极限环内部为稳定区,外部为不稳定区,导致该极限环表示的等幅振荡是不稳定的,不是自激振荡,其对应描述函数分析中 $G(j\omega)$ 与 $-\frac{1}{N(A)}$ 不稳定的交点情况。

对于非线性系统,不稳定极限环意味着小偏差时系统稳定,大偏差时系统不稳定,设计时应尽量扩大极限环,以扩大稳定区。

3) 半稳定的极限环

半稳定的极限环有两种情况。一种情况如图 8.28(c)所示,即极限环外部的相轨迹收敛于极限环,而内部相轨迹离开极限环,收敛于环内的奇点。从物理意义上看,它反映小偏差时系统稳定,大偏差时系统等幅振荡现象。这种极限环对应描述函数中 $-\frac{1}{N(A)}$ 不被 $G(j\omega)$ 包围且两者轨迹相切的情况。

另一种情况如图 8.28(d)所示,即极限环外部的相轨迹发散离开极限环,而内部相轨迹发散趋近极限环。它反映了小偏差时系统等幅振荡,大偏差时不稳定的现象。这种极限环对应描述函数中$-\dfrac{1}{N(A)}$被$G(\mathrm{j}\omega)$包围且两者轨迹相切的情况。

4）双极限环

非线性系统中可以没有极限环，也可以存在一个或多个极限环。图 8.28(e)所示的即为双极限环情况。图中里面的极限环为不稳定的极限环，对应$G(\mathrm{j}\omega)$与$-\dfrac{1}{N(A)}$的不稳定交点；外面的极限环为稳定的极限环，对应$G(\mathrm{j}\omega)$与$-\dfrac{1}{N(A)}$的稳定交点。该系统在偏差小时稳定，偏差较大时产生自激振荡。

8.3.4 非线性系统相平面分析

由前面的分析了解到，当非线性系统可以用解析的微分方程描述时，可以通过求取奇点附近的线性化方程，得到奇点附近的相平面图特性来绘制整个相平面图。

然而，许多常见非线性系统的微分方程都不是解析的，如具有继电特性环节的非线性系统。此时利用奇点附近线性化方程的方法不再适用。值得说明的是，这些不满足解析条件的非线性系统通常是分段线性的，或可以用分段线性来近似，因此我们可以采用所谓“非线性分段，相平面分区”的方法。即根据非线性特性的特点，将相平面分成多个区域；每个区域由不同的线性微分方程描述，且是解析的，绘出各区的相轨迹，并在各区分界线上将相轨迹接成连续曲线，通常各区的分界线称为开关线或切换线，在切换线上相轨迹的衔接点称为切换点。

需要注意的是，对于对应不同线性工作状态的各个分区，都可能有一个奇点，而该奇点位置可以在该区域内，也可以在该区域以外。前者称为实奇点，在后一种情况中，由于该区的相轨迹无法到达该奇点，所以称为虚奇点。

下面具体讨论几种具有典型非线性特性的系统的相平面特性。

例 8.7 具有死区特性的非线性系统如图 8.29 所示。$r(t)=R\cdot 1(t)$，$k=1$。试画出系统的相轨迹图。

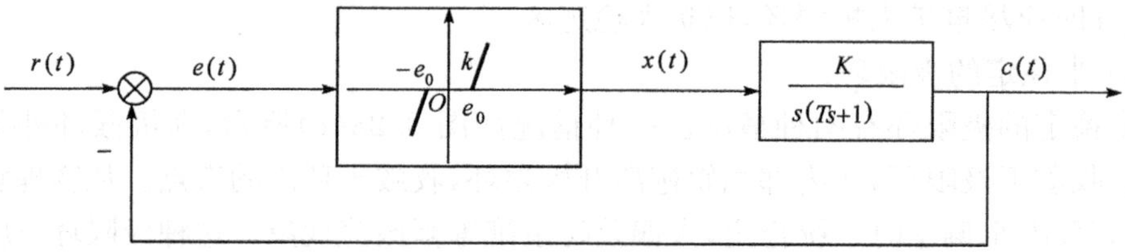

图 8.29 具有死区特性的非线性系统

解 线性环节的微分方程为

$$T\ddot{c}+\dot{c}=Kx$$

将 $c=r-e$ 代入上式，得

$$T\ddot{e}+\dot{e}+Kx=T\ddot{r}+\dot{r}$$

由 $r(t)=R\cdot 1(t)$ 知 $t>0$ 时，有 $\dot{r}=\ddot{r}=0$，因此

$$T\ddot{e}+\dot{e}+Kx=0$$

又由死区非线性特性的数学表达式

$$x=\begin{cases}0, & |e|\leqslant e_0\\ e-e_0, & e>e_0\\ e+e_0, & e<-e_0\end{cases}$$

开关线 $e=e_0$，$e=-e_0$，将平面分成三个区，即 I 区（$|e|\leqslant e_0$），II 区（$e>e_0$）以及 III 区（$e<-e_0$）。

（1）I 区：此时 $x=0$，I 区的微分方程为

$$T\ddot{e}+\dot{e}=0,\qquad |e|\leqslant e_0$$

相轨迹斜率方程为

$$\alpha=\frac{\mathrm{d}\dot{e}}{\mathrm{d}e}=\frac{-\dfrac{1}{T}\dot{e}}{\dot{e}}=-\frac{1}{T}$$

令 $\begin{cases}-\dfrac{1}{T}\dot{e}=0\\ \dot{e}=0\end{cases}$，解得 $\dot{e}=0$，$|e|\leqslant e_0$。即 I 区没有奇点，只有平衡线 $\dot{e}=0$，$|e|\leqslant e_0$。I 区的相轨迹是斜率为 $-\dfrac{1}{T}$ 的直线。

（2）II 区：此时 $x=e-e_0$，相应的微分方程为

$$T\ddot{e}+\dot{e}+K(e-e_0)=0,\qquad e>e_0$$

相轨迹斜率方程为

$$\alpha=\frac{\mathrm{d}\dot{e}}{\mathrm{d}e}=-\frac{\dfrac{1}{T}\dot{e}+\dfrac{K}{T}(e-e_0)}{\dot{e}}$$

令 $\begin{cases}\dfrac{1}{T}\dot{e}+\dfrac{K}{T}(e-e_0)=0\\ \dot{e}=0\end{cases}$，解得 II 区奇点位置为 $(e_0,0)$，即位于 I 区和 II 区分界线上，是个虚奇点。此时微分方程可看成是关于奇点的线性方程

$$T\ddot{e}+\dot{e}+K(e-e_0)=T\ddot{x}+\dot{x}+Kx=0,\qquad x=e-e_0$$

由于 $T,K>0$，因此奇点类型为稳定焦点或稳定节点。

（3）III 区：此时 $x=e+e_0$，相应微分方程为

$$T\ddot{e}+\dot{e}+K(e+e_0)=0,\qquad e<-e_0$$

类似可得 III 区奇点位置为$(-e_0,0)$，为虚奇点，奇点类型为稳定焦点或稳定节点。

设$KT>\dfrac{1}{4}$，由 II 区和 III 区线性方程(同样的特征方程)可知，此时 II 区和 III 区奇点均为稳定的焦点，对应的 II 区和 III 区相轨迹为对数螺线。设系统初始状态为静止，即相轨迹起始点坐标在$(e(0),\dot{e}(0))=(R,0)$。则系统相轨迹如图 8.30 所示。

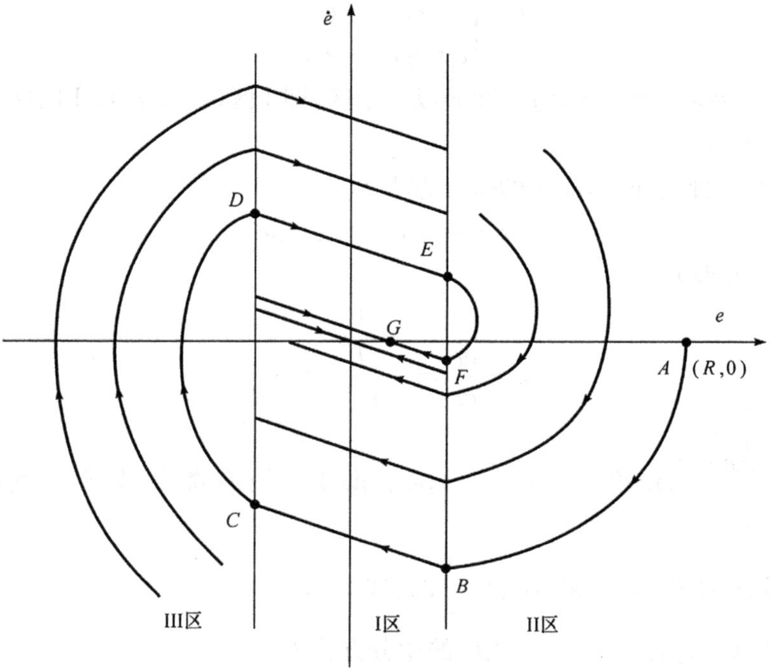

图 8.30　例 8.7 的相轨迹

从图中可看出，相轨迹从 II 区 A 点出发，经过 I，III，I，II 等各区，最终进入 I 区(死区)，停留在 G 点，即不管系统初始值取何值，相轨迹经过衰减振荡必将进入 I 区，相轨迹最终停止在 I 区中代表死区的平衡线 $\dot{e}=0,|e|\leqslant e_0$ 上的某一点。所以，由于死区的存在，系统存在稳定误差，稳态误差在$[-e_0,e_0]$区间，它的大小与初始条件及输入信号幅度 R 有关。显然，减小系统稳态误差的方法是使死区范围尽可能的小。

例 8.8　具有饱和特性的非线性系统如图 8.31 所示。

试分析 $r(t)=R\cdot 1(t)$ 和 $r(t)=R+vt$ 时系统的运动规律。

解　线性环节的微分方程为

$$T\ddot{c}+\dot{c}=Kx$$

将 $c=r-e$ 代入，得

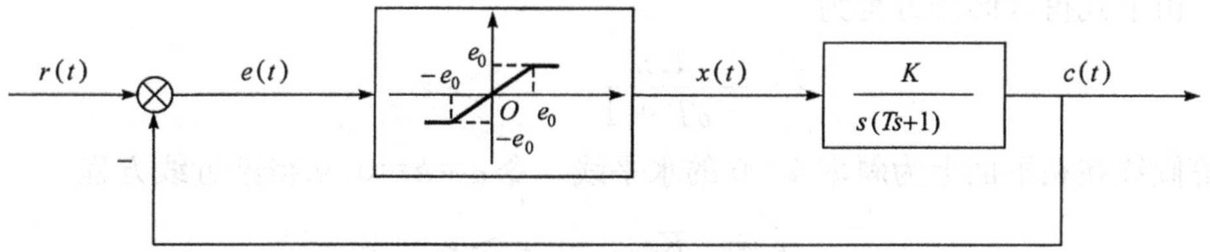

图 8.31　具有饱和特性的非线性系统

$$T\ddot{e}+\dot{e}+Kx=T\ddot{r}+\dot{r}$$

(1) 输入为阶跃信号 $r(t)=R\cdot 1(t)$。

此时若 $t>0$ 时，$\ddot{r}=\dot{r}=0$，微分方程简化为

$$T\ddot{e}+\dot{e}+Kx=0$$

根据饱和特性数学表达式

$$x=\begin{cases}e, & |e|\leqslant e_0\\ e_0, & e>e_0\\ -e_0, & e<-e_0\end{cases}$$

将相平面分成三个区：I 区，$|e|\leqslant e_0$；II 区，$e>e_0$；III 区，$e<-e_0$。

I 区：当系统状态处于 I 区时，$x=e$，系统方程为

$$T\ddot{e}+\dot{e}+Ke=0,\qquad |e|\leqslant e_0$$

相轨迹斜率方程为

$$\frac{\mathrm{d}\dot{e}}{\mathrm{d}e}=-\frac{\frac{1}{T}\dot{e}+\frac{K}{T}e}{\dot{e}},\qquad |e|\leqslant e_0$$

令$\begin{cases}\dot{e}=0\\ \frac{1}{T}\dot{e}+\frac{K}{T}e=0\end{cases}$，解得 I 区奇点为$(e,\dot{e})=(0,0)$，即相平面原点，该奇点是实奇点。根据 T,K 取值不同，当 $KT>\frac{1}{4}$时，奇点是稳定焦点；$KT\leqslant\frac{1}{4}$时，奇点为稳定节点。

II 区：此时，$x=e_0$，系统方程为

$$T\ddot{e}+\dot{e}+Ke_0=0,\qquad e>e_0$$

相轨迹的斜率方程为

$$\alpha=\frac{\mathrm{d}\dot{e}}{\mathrm{d}e}=-\frac{1}{T}\,\frac{\dot{e}+ke_0}{\dot{e}},\qquad e>e_0$$

令$\begin{cases}\dot{e}=0\\ \frac{1}{T}\dot{e}+\frac{K}{T}e_0=0\end{cases}$，该方程组无解，因此 II 区不存在奇点。

由上式得等倾线方程为

$$\dot{e}=-\frac{Ke_0}{\alpha T+1},\qquad e>e_0$$

即等倾线在相平面上为斜率 $k=0$ 的水平线。令 $\alpha=k=0$，求得渐近线方程

$$\dot{e}=-Ke_0,\qquad e>e_0$$

在渐近线附近，相轨迹斜率趋于渐近线斜率。由斜率方程 $\alpha=-\frac{1}{T}\frac{\dot{e}+Ke_0}{\dot{e}}$ 知：

当 $-\infty<\dot{e}<-Ke_0$ 时，$-\frac{1}{T}<\alpha<0$，斜率为负；

当 $-Ke_0<\dot{e}<0$ 时，$0<\alpha<\infty$，斜率为正；

当 $0<\dot{e}<\infty$ 时，$-\infty<\alpha<-\frac{1}{T}$，斜率为负。

III 区：此时，$x=-e_0$，系统方程为

$$T\ddot{e}+\dot{e}-Ke_0=0,\qquad e<-e_0$$

相轨迹斜率方程为

$$\alpha=\frac{\mathrm{d}\dot{e}}{\mathrm{d}e}=-\frac{1}{T}\cdot\frac{\dot{e}-Ke_0}{\dot{e}},\qquad e<-e_0$$

类似地，III 区也无奇点，等倾线方程为

$$\dot{e}=\frac{Ke_0}{\alpha T+1},\qquad e<-e_0$$

渐近线为 $\dot{e}=Ke_0$，$e<-e_0$。

当 $Ke_0<\dot{e}<\infty$ 时，$-\frac{1}{T}<\alpha<0$，斜率为负；

当 $0<\dot{e}<Ke_0$ 时，$0<\alpha<\infty$，斜率为正；

当 $-\infty<\dot{e}<0$ 时，$-\infty<\alpha<-\frac{1}{T}$，斜率为负。

设 $KT>\frac{1}{4}$，I 区奇点为稳定焦点，系统完整的相轨迹和图 8.32 所示。

(2) 输入信号为速度信号 $r(t)=R+vt$。

此时若 $t>0$ 时，$\dot{r}=v$，$\ddot{r}=0$，得到微分方程如下

$$T\ddot{e}+\dot{e}+Kx=v$$

同样分区讨论相轨迹特性。

I 区：此时 $x=e$，相应的微分方程为

$$T\ddot{e}+\dot{e}+Ke=v,\qquad |e|\leqslant e_0$$

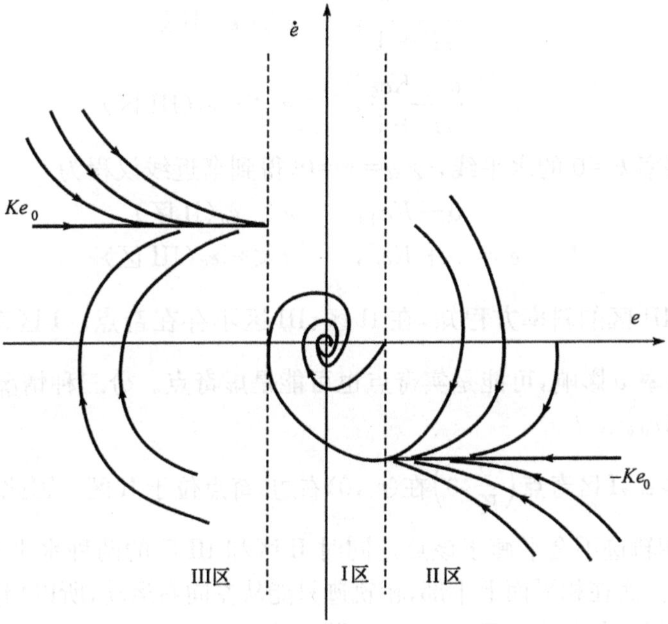

图 8.32 系统在 $r(t)=R\cdot 1(t)$ 作用下相轨迹

相轨迹斜率方程为

$$\alpha=\frac{\mathrm{d}\dot{e}}{\mathrm{d}e}=-\frac{1}{T}\frac{\dot{e}+Ke-v}{\dot{e}},\qquad |e|\leqslant e_0$$

令 $\begin{cases}\dot{e}=0\\ \dfrac{1}{T}(\dot{e}+Ke-v)=0\end{cases}$，求出奇点为 $(e,\dot{e})=\left(\dfrac{v}{K},0\right)$。注意到奇点位置与输入信号斜率 v 有关，奇点类型是稳定焦点或稳定节点，这取决于参数 T，K 的取值。

II 区，III 区：相应的微分方程分别为

$$T\ddot{e}+\dot{e}+Ke_0=v,\qquad e>e_0\text{(II 区)}$$

$$T\ddot{e}+\dot{e}-Ke_0=v,\qquad e<-e_0\text{(III 区)}$$

相轨迹斜率的方程分别为

$$\alpha=\frac{\mathrm{d}\dot{e}}{\mathrm{d}e}=-\frac{1}{T}\frac{\dot{e}+Ke_0-v}{\dot{e}},\qquad e>e_0\text{(II 区)}$$

$$\alpha=\frac{\mathrm{d}\dot{e}}{\mathrm{d}e}=-\frac{1}{T}\frac{\dot{e}-Ke_0-v}{\dot{e}},\qquad e<-e_0\text{(III 区)}$$

等倾线方程分别为

$$\dot{e}=\frac{v-Ke_0}{\alpha T+1},\qquad e>e_0(\text{II 区})$$

$$\dot{e}=\frac{v+Ke_0}{\alpha T+1},\qquad e<-e_0(\text{III 区})$$

等倾线均为斜率 $k=0$ 的水平线，令 $\alpha=k=0$，得到渐近线议程为

$$\dot{e}=v-Ke_0,\qquad e>e_0(\text{II 区})$$

$$\dot{e}=v+Ke_0,\qquad e<-e_0(\text{III 区})$$

由 II 区、III 区的斜率方程知，在 II 区、III 区不存在奇点。I 区奇点 $\left(\frac{v}{K},0\right)$ 位置受信号的斜率 v 影响，可能是实奇点也可能是虚奇点。分三种情况讨论。

(1) $v>Ke_0$。

此时，$\frac{v}{K}>e_0$，I 区奇点 $\left(\frac{v}{K},0\right)$ 在 $(e_0,0)$ 右边，奇点位于 II 区。因此系统唯一的奇点是虚奇点，相轨迹不会平衡于该点。同时 II 区和 III 区的两种水平渐近线均位于相平面上半部。而在相平面上半部，相轨迹只能从左向右运动，所以相轨迹最终会沿渐近线 $\dot{e}=v-Ke_0$ 向右趋于无穷远，系统做发散运动。相轨迹如图 8.33 所示。

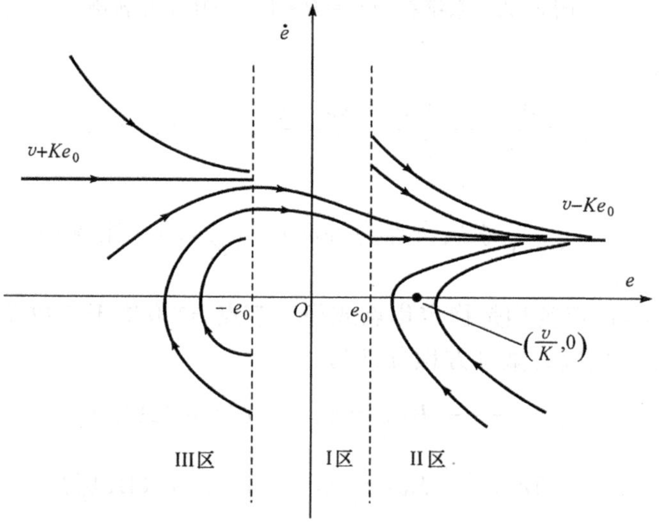

图 8.33　$v>Ke_0$ 时的相轨迹

在这种情况下，饱和特性的存在使得系统不稳定。因为若系统饱和特性不存在，即只有 I 区，系统收敛。对于速度输入信号，稳态误差只是奇点 $\left(\frac{v}{K},0\right)$ 与原点的距离，即 $\frac{v}{K}$ 是一个有限值，而不是无穷大。

(2) $v<Ke_0$。

此时奇点为 I 区内的实奇点，相轨迹将收敛于该点。而且，II 区渐近线 $\dot{e}=v-Ke_0$ 位于相平面下半部。相轨迹如图 8.34 所示，系统稳态误差为 $\frac{v}{K}<e_0$。

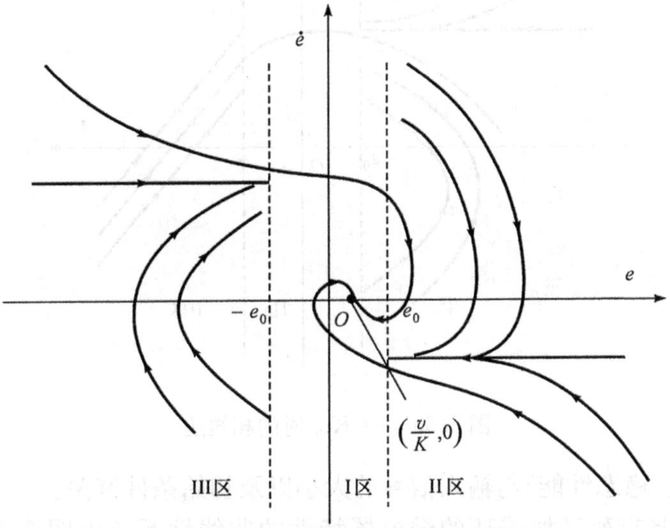

图 8.34　$v<Ke_0$ 时的相轨迹

(3) $v=Ke_0$。

此时，奇点坐标为 $(e_0,0)$，位于 I 区和 II 区的开关线上。对于 II 区，微分方程为

$$T\ddot{e}+\dot{e}=0,\qquad e>e_0$$

相轨迹斜率方程为

$$\alpha=\frac{\mathrm{d}\dot{e}}{\mathrm{d}e}=\frac{-\frac{1}{T}\dot{e}}{\dot{e}}=-\frac{1}{T},\qquad e>e_0$$

II 区相轨迹为斜率等于 $-\frac{1}{T}$ 的直线，相轨迹最终停止在横轴上 $e>e_0$ 段，如图 8.35所示。

在这种情况下，系统稳态误差在 $[e_0,+\infty]$ 区间内，具体值与初值 $(e(0),\dot{e}(0))$ 即 $(R-c(0),v-\dot{c}(0))$ 有关。此时系统的平衡状态不止一个。

由本例可以看出，含饱和特性的非线性系统能无差跟踪阶跃输入信号；对于速度输入信号，根据输入信号大小不同，系统为有差跟踪或无法跟踪响应，有差跟踪下，稳态误差与系统初值有关。这也验证了非线性系统的典型特征，即系统运动特

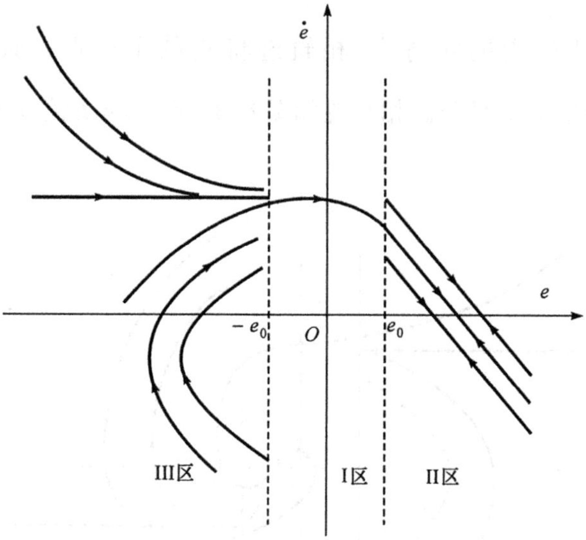

图 8.35　$v=Ke_0$ 时的相轨迹

点及稳态误差(稳态性能)与输入信号的大小以及初始条件有关。

例 8.9　具有死区加滞环的继电器特性的非线性系统如图 8.36 所示,其中 $-1<m<1$,试分析系统在阶跃信号下的响应。

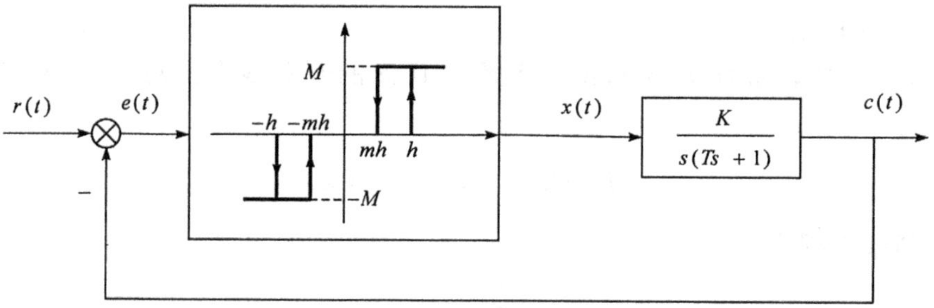

图 8.36　具有死区加滞环的非线性系统

解　由带死区加滞环的继电器特性,四根开关线 $\dot{e}>0,e=h;\dot{e}>0,e=-mh;\dot{e}<0,e=-h;\dot{e}<0,e=mh$ 将平面划分成三个区域:I 区,$\dot{e}>0,-mh<e<h;\dot{e}<0,-h<e<mh$;II 区,$e\geqslant h;\dot{e}<0,e>mh$;III 区,$e\leqslant -h;\dot{e}>0,e<-mh$。又由微分方程

$$T\ddot{c}+\dot{c}=Kx$$

可知 $e=r-c,\ddot{r}=\dot{r}=0$。

对于阶跃信号,在 I 区、II 区、III 区,系统的分段线性微分方程为

$$T\ddot{e}+\dot{e}=0 \qquad (\text{I 区})$$

$$T\ddot{e}+\dot{e}+KM=0 \qquad (\text{II 区})$$

$$T\ddot{e}+e-KM=0 \qquad (\text{III 区})$$

(1) I 区：相轨迹斜率方程为

$$\alpha=\frac{\mathrm{d}\dot{e}}{\mathrm{d}e}=-\frac{1}{T}$$

显然，I 区不存在奇点，只有平衡线 $\dot{e}=0$，相轨迹为斜率为 $-\dfrac{1}{T}$ 的直线。

(2) II 区：此时相轨迹斜率方程为

$$\alpha=\frac{\mathrm{d}\dot{e}}{\mathrm{d}e}=-\frac{1}{T}\frac{\dot{e}+KM}{\dot{e}}$$

II 区不存在奇点，等倾线方程为

$$\dot{e}=-\frac{KM}{\alpha T+1}$$

即等倾线在相平面为斜率 $k=0$ 的水平线。令 $\alpha=k$，可求得渐近线方程为

$$\dot{e}=-KM$$

(3) III 区：类似得到相轨迹斜率方程为

$$\alpha=\frac{\mathrm{d}\dot{e}}{\mathrm{d}e}=-\frac{1}{T}\frac{\dot{e}-KM}{\dot{e}}$$

渐近线方程为

$$\dot{e}=KM$$

系统完整的相轨迹如图 8.37 所示。

图 8.37(a)、(b)、(c)中对应的是 m 逐渐减小时系统相平面图的变化趋势。当 m 较大接近 1 时，系统是稳定的衰减振荡形势，如图 8.37(a)所示；当 m 逐渐减小时，图 8.37(b)中出现了不稳定的极限环 $ABCD$，即环外的相轨迹趋向该极限环，而环内的相轨迹远离它。因为极限环不具有稳定性，所以，实际的运动仍然是衰减振荡趋于平衡线的运动形式。当 $m<0$ 时，如图 8.37(c)所示，除阴影区域内的相轨迹将趋于平衡线外，其他的相轨迹均将趋于稳定的极限环 $ABCDEF$，系统出现自激振荡。

我们已经知道，$m=1$ 时，继电器特性为带死区的继电特性，$-1<m<1$ 时为带死区加滞环的继电器特性，$m=-1$ 时为带滞环的继电器特性，$h=0$ 时为理想继电器特性。m 和 h 取上述不同值时，可以采用类似的相平面法进行分析，此处只给出相应的相平面图以便于了解不同参数 m 和 h 取值对系统运动特性的影响。

显然，$m=1$ 时带死区的继电器特性的相轨迹最终均终止在 $\dot{e}=0$，$|e|<h$ 这段横轴上，这是由于继电特性的死区引起的。系统最后所处的平衡状态(平衡点)以及

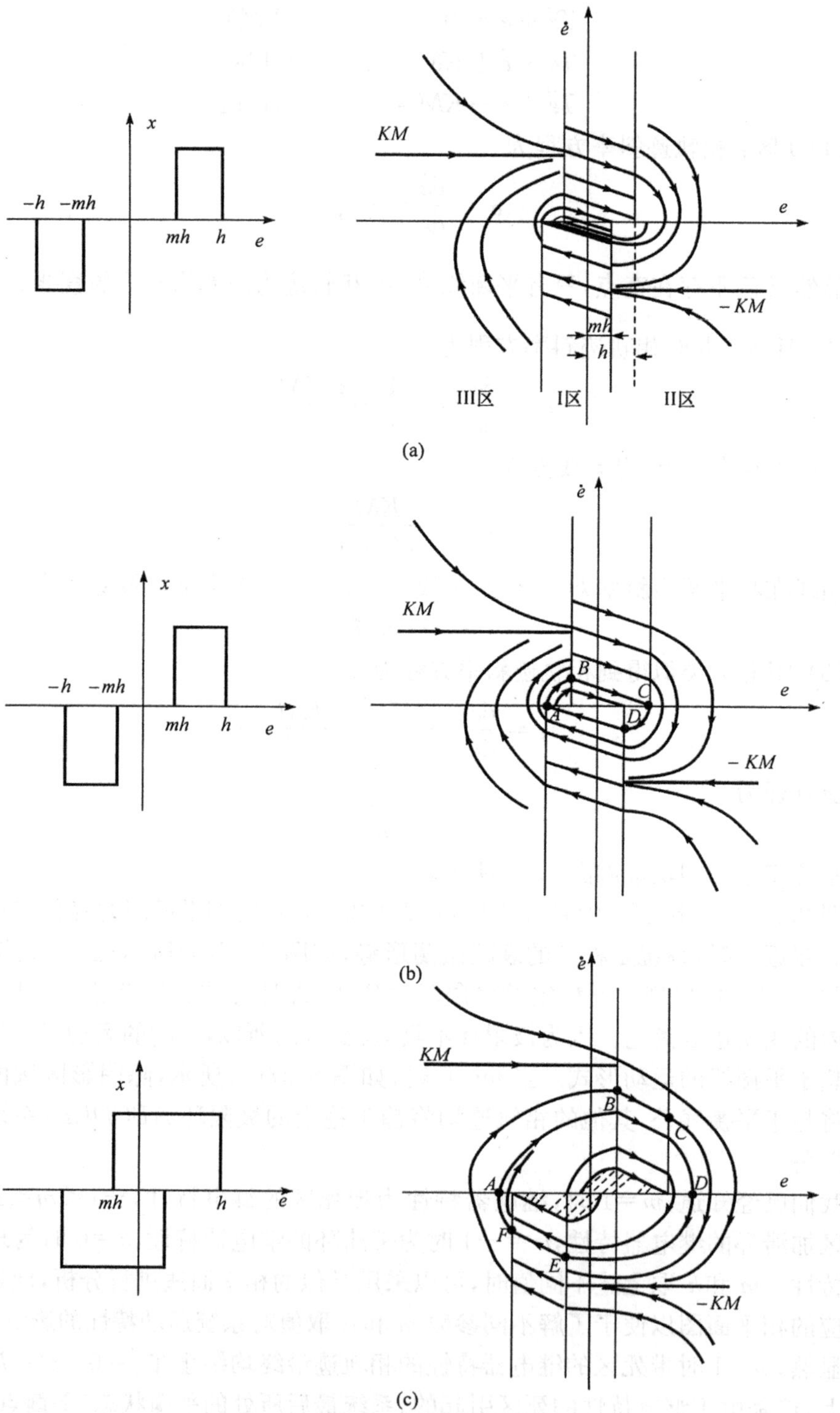

图 8.37　系统相平面图

稳态误差都与初始条件有关。系统总体运动为衰减振荡形式，如图8.38(a)所示。

当$m=-1$时，稳定极限环的吸引区扩展到了全平面，因此带滞环的继电器特性使得系统总是处于自激振荡的运动形式，如图 8.38(b)所示。

另外一种特殊形式即$h=0$的理想继电器特性，系统运动形式为衰减振荡，而且由于不存在死区，稳态误差为零，如图 8.38(c)所示。

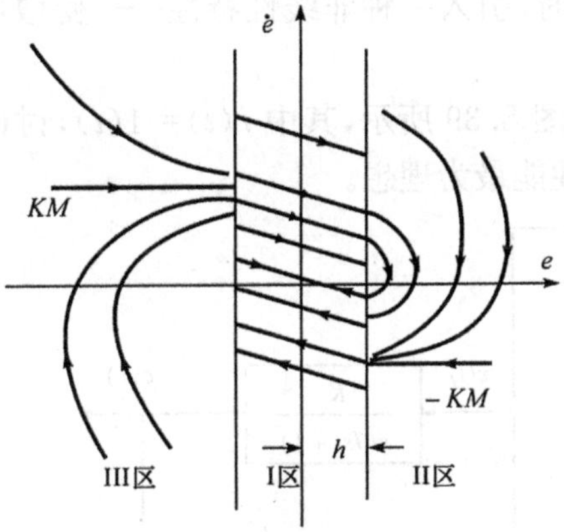

(a) $m=1$ 时系统相平面图

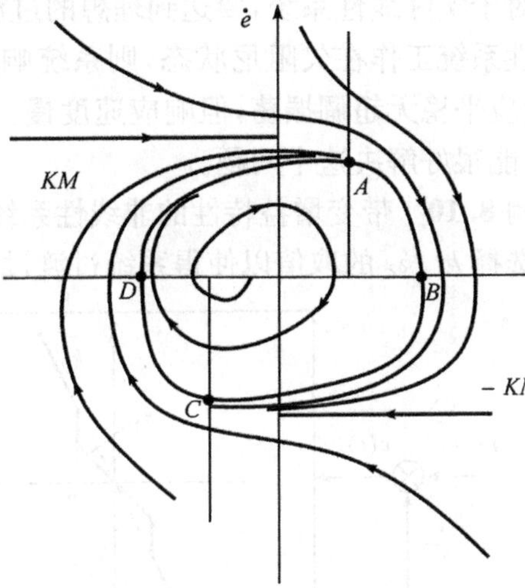

(b) $m=-1$ 时系统相平面图

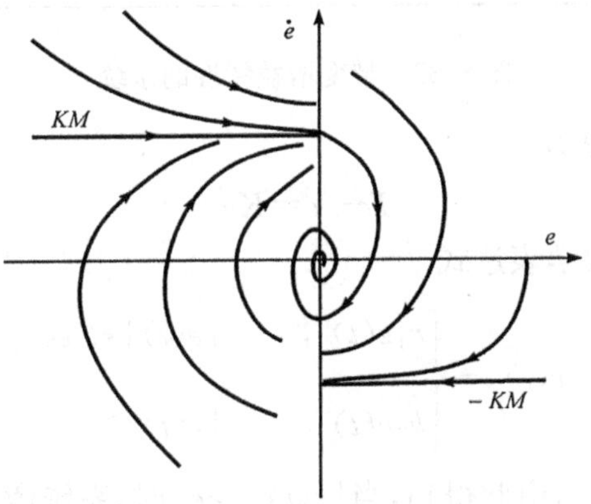

(c) $h=0$ 时系统相平面图

图 8.38　不同 m 和 h 值时系统相平面图

8.4　利用非线性特性改善系统的性能

在前面的内容中我们看到，非线性特性(如死区、滞环等)的存在往往使得系统性能变坏。其实，非线性特性不只是有不利的一面，它还有有益的一面。在某些情况下，在系统中引入合适的非线性特性能改善系统性能，而这些改变通过线性环节是无法做到的。

例如，在实际的控制系统中，为了避免执行机构不必要的频繁动作，可以在系统前向通道加入死区特性。

对于实际线性系统，要达到理想的过渡过程是比较困难的。原因很简单，若二阶线性系统工作在欠阻尼状态，则系统响应快却伴有超调和振荡，而在过阻尼状态，响应平稳无超调振荡，但响应速度慢。此时，引入一种非线性特性——变增益特性，能很好解决这个问题。

例 8.10 带变增益特性的非线性系统如图 8.39 所示，其中 $r(t)=1(t)$，讨论如何选择 k_1、k_2 的取值以使得系统过渡过程性能最为理想。

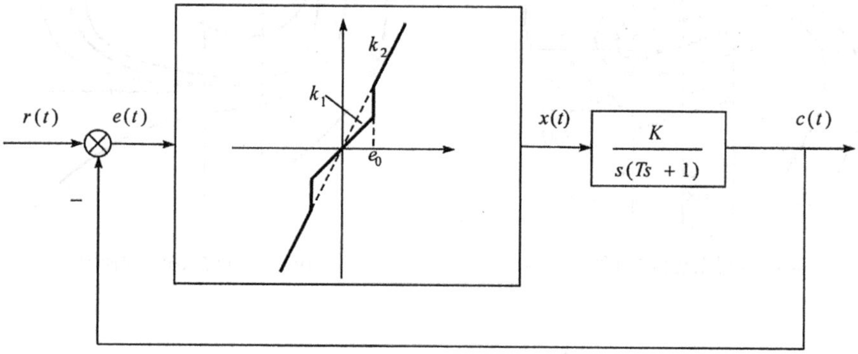

图 8.39 带变增益特性的系统

解 系统微分方程为

$$T\ddot{c}+\dot{c}=Kx$$

由变增益特性的数学表达式

$$x(t)=\begin{cases}k_1e(t), & |e(t)|<e_0\\ k_2e(t), & |e(t)|>e_0\end{cases}$$

并且有 $e=r-c$，$\dot{r}=\ddot{r}=0$，由此得到，当 $|e(t)|>e_0$ 时，系统微分方程为

$$T\ddot{e}+\dot{e}+Kk_2e=0$$

此时系统处于大偏差阶段，应重点保证响应速度，因此选择 k_2 使系统处于欠阻尼状态，即

$$k_2>\frac{1}{4TK}$$

此时系统的特征根为 $e_{1,2}=\dfrac{-1\pm \mathrm{j}\sqrt{4TKk_2-1}}{2T}$,奇点类型为稳定焦点。

同理,当$|e(t)|<e_0$ 时系统的微分方程为

$$T\ddot{e}+\dot{e}+Kk_1e=0$$

考虑到此时系统处于小偏差阶段,重点是保证响应平稳,因此选择 k_1 使系统处于过阻尼状态,即

$$k_1<\frac{1}{4TK}$$

此时系统的特征根为 $e_{1,2}=\dfrac{-1\pm\sqrt{1-4TKk_1}}{2T}<0$,奇点类型为稳定节点。

因此,选择 k_1 和 k_2 的取值使得其满足

$$k_1<\frac{1}{4TK}<k_2$$

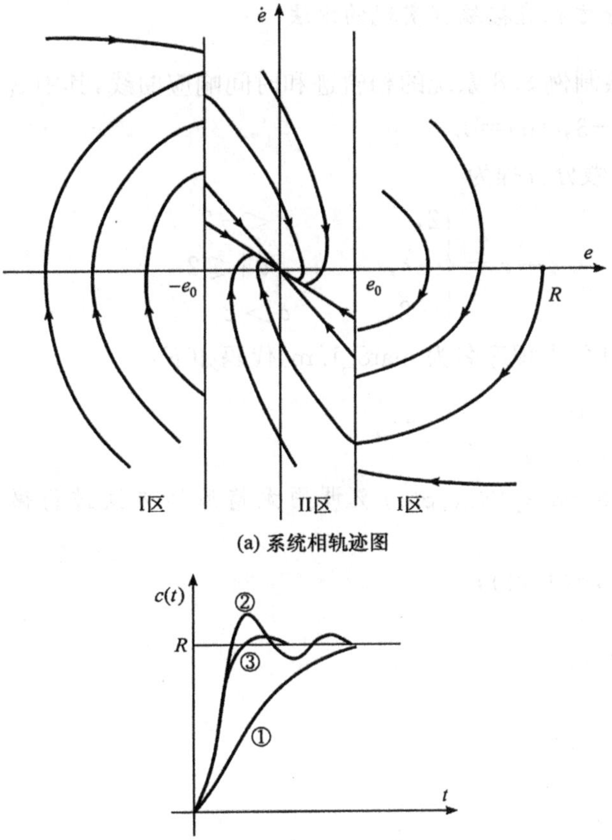

(a) 系统相轨迹图

(b) 系统输出响应曲线

图 8.40　系统的相轨迹与输出响应

系统总的相轨迹如图 8.40(a)所示，过渡过程比较见图 8.40(b)，其中曲线①为过阻尼情况，②为欠阻尼情况，③为变增益情况$\left(k_1<\frac{1}{4TK}<k_2\right)$。从图上可以看出，采用简单的变增益控制即可使得系统在快速响应的同时又兼顾保证了系统的小超调量，使引入非线性特性后的系统获得了比原线性系统更为理想的过渡过程。

总之，因为非线性特性的复杂性远甚于线性特性，这虽然一定程度上限制了它的应用，但在许多纯粹依靠线性特性不能处理好的控制系统中，应该考虑引入非线性特性来尝试解决，因为复杂性往往意味着灵活性和增加了解决方法的多样性。越来越多的控制系统设计者意识到非线性特性的这一优点，并将它们更多地引入到实际系统的控制中。

8.5　非线性系统的 Matlab 仿真分析

1. 利用微分方程直接编程实现的方法

例 8.11　绘制例 8.8 系统的相轨迹和时间响应曲线，其中 $e_0=2, T=K=1$，$r(t)=0, c(0)=-3, \dot{c}(0)=0$。

解　系统的微分方程为

$$\ddot{c}+c=\begin{cases}2, & c<-2\\ -c, & |c|\leqslant 2\\ -2, & c>2\end{cases}$$

程序分为两个程序，主程序名为 mat8_1.m，代码如下：

```
t= 0：0.1：30;
c0= [- 3;0];
[t,c]= ode45('mat8_1b',t,c0); %调用龙格库塔方法进行微分方程仿真
figure(1);
plot(c(:,1),c(:,2));
xlabel('c(t)');
ylabel('dc/dt');
figure(2);
plot(t,c(:,1));
xlabel('t/s');
ylabel('c(t)');
```

子程序名为 mat8_1b. m,代码如下：

```
function ret= mat8_1b(t,c)
if c(1)<- 2
    dc= 2- c(2);
elseif abs(c(1))<2
    dc= - c(1)- c(2);
else
    dc= - 2- c(2);
end
ret= [c(2);dc]; %系统的微分方程模型描述
```

运行主程序 mat8_1. m,可以得到如图 8.41 和图 8.42 所示的相轨迹图和响应曲线。

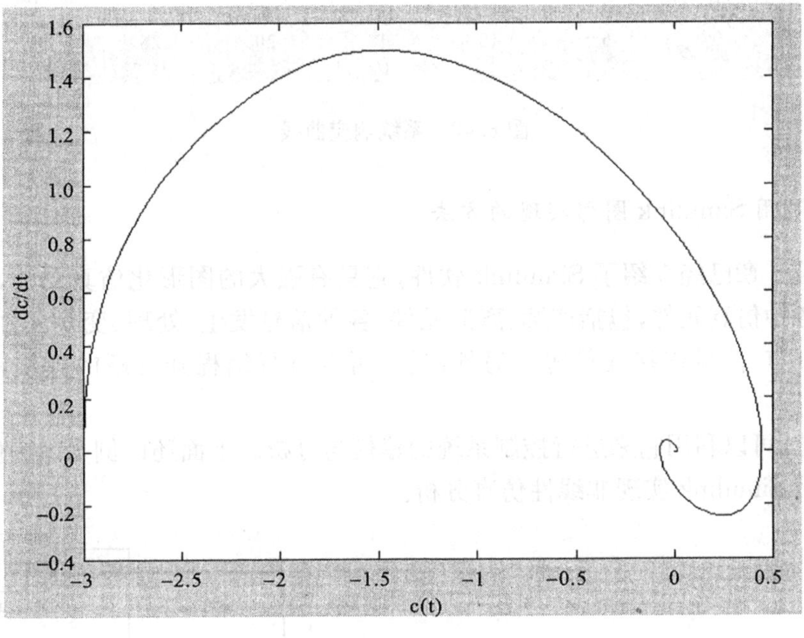

图 8.41　相轨迹图

上述编程仿真方法只是非线性系统仿真方法的一种。当系统具有较复杂的环节时,如时延环节等,编程变得更为复杂,并且不直观,这时可以考虑采用另外一种方法。

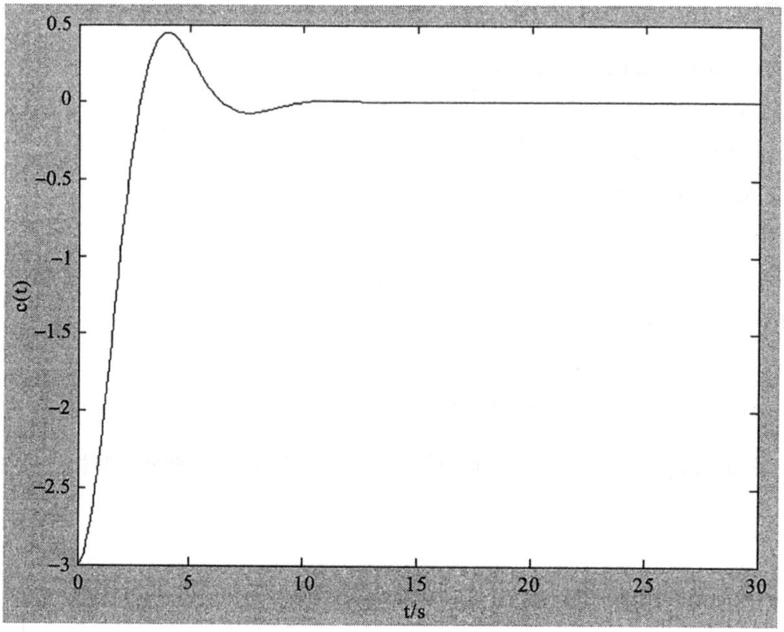

图 8.42　系统响应曲线

2. 利用 Simulink 图形实现的方法

在第 5 章已经介绍了 Simulink 软件，它具有强大的图形化仿真功能，提供了丰富的各种仿真元件，包括连续、离散元件，各种信号发生、处理、变换元件，线性、非线性环节、信号连接元件等。另外，用户可以自行编程开发新的模块，可扩充性好。

因此，可以利用它来进行控制系统的建模与分析。下面还以例 8.8 为例，介绍如何利用 Simulink 实现非线性仿真分析。

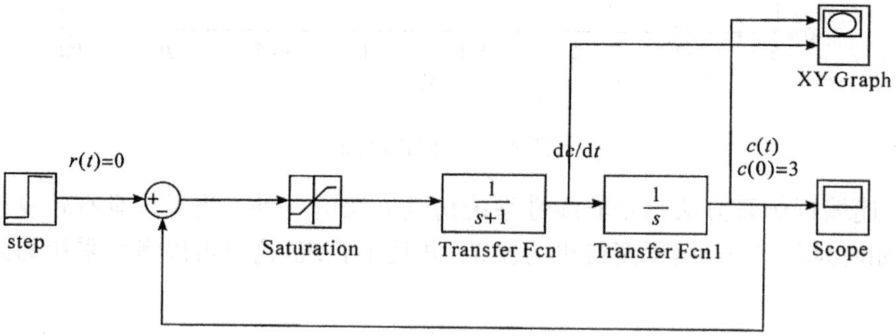

图 8.43　Simulink 实现图

利用 Simulink 搭建例 8.8 所示系统，如图 8.43 所示，图中所有模块，包括非线性饱和特性模块，均能够在 Simulink 中找到，可以方便地图形化搭建系统的实现图。

Simulink 仿真环境中，系统初值状态缺省为零。对于非零初始条件，需要点击 Simulink 仿真环境的主界面菜单上的“Simulation”的下拉菜单项“Simulation Parameters”项，在弹出的仿真参数设置界面上对初始状态项“xInitial”打钩选中，如图 8.44 所示。

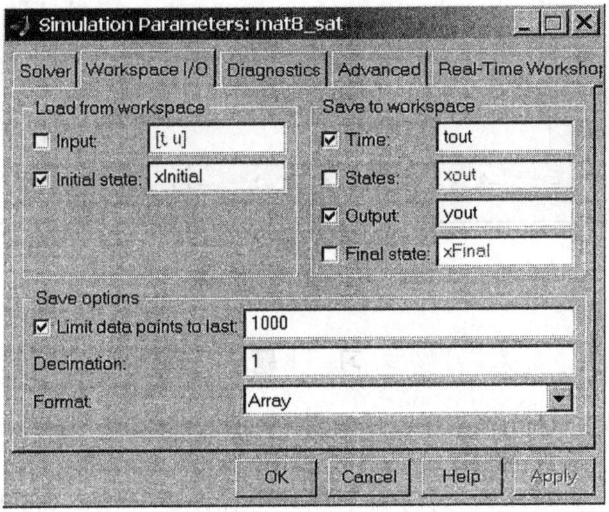

图 8.44　初值设置示意图

然后在 Matlab 命令窗口用赋值语句直接给变量 xInitial 赋值，由于本系统为二阶系统，键入如下命令即可

xInitial=[-3;0]

最后，运行该 Simulink 程序，点击图中示波器“scope”模块，可以得到如图 8.45 所示的系统输出响应曲线；点击图中示波器“XY Graph”模块，可以得到如图 8.46 所示的系统输出响应曲线，这与采用第一种方法微分方程编程方法得到的仿真曲线图 8.41、图 8.42 是一致的。

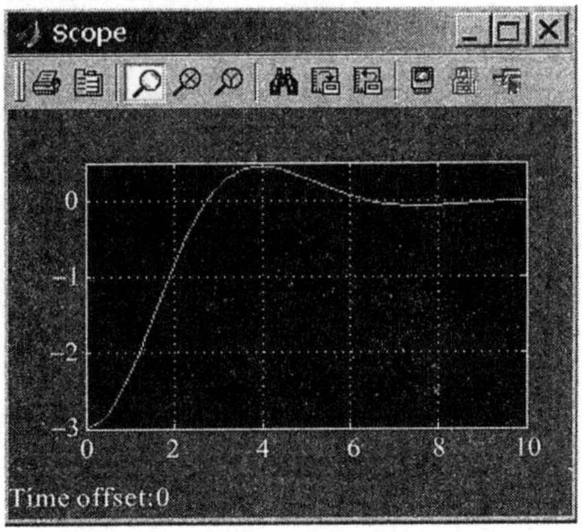

图 8.45　系统响应曲线

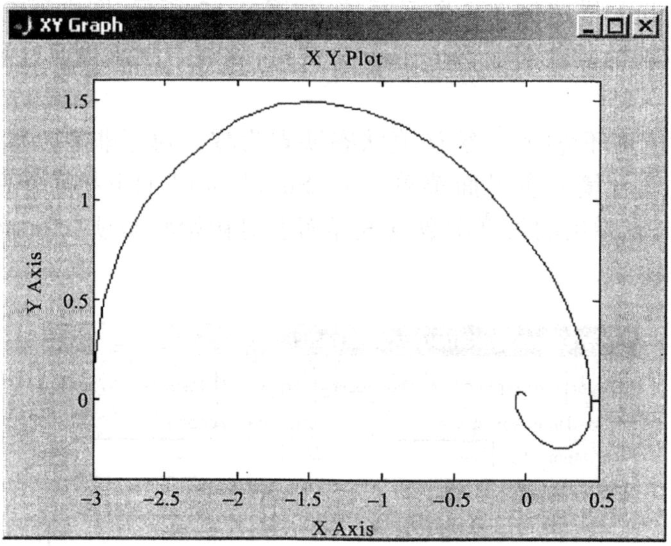

图 8.46　系统相轨迹

习　　题

8.1　三个非线性控制系统有相同的非线性特性，但线性部分各不相同，它们的传递函数分别为：

$$G_1(s)=\frac{2}{s(0.1s+1)},G_2(s)=\frac{2}{s(s+1)},G_3(s)=\frac{2(1.5s+1)}{s(s+1)(0.1s+1)}$$

试判断应用描述函数分析时，哪个系统分析准确度高。

8.2　试推导下列非线性特性的描述函数：

(1) $y=bx^3$；

(2) 有死区的线性特性(题 8.2 图(a))；

(3) 变增益特性(题 8.2 图(b))；

(4) 有死区的饱和特性(题 8.2 图(c))；

(5) 阶梯特性(题 8.2 图(d))。

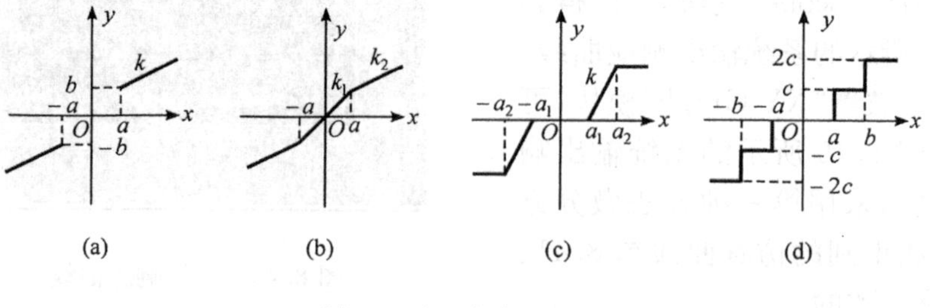

题 8.2 图　非线性特性

8.3　试将题 8.3 图所示非线性系统简化成一个闭环回路中非线性特性 $N(A)$ 与等效线性系统 $G(s)$ 相串联的典型结构，并写出 $G(s)$ 的表达式。

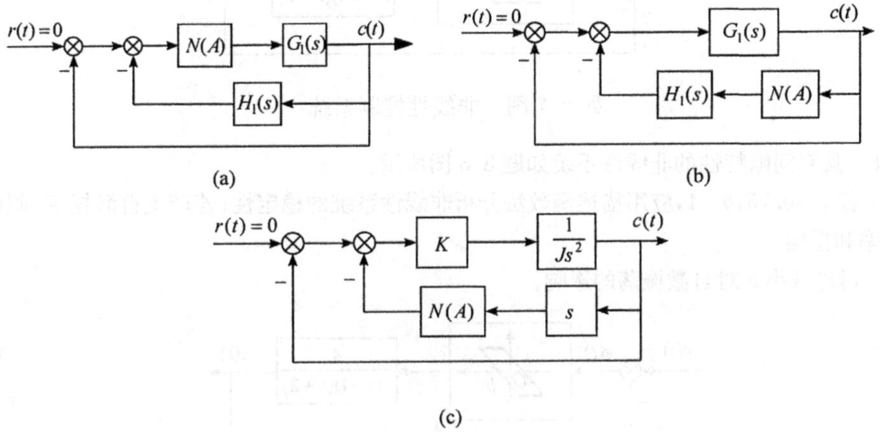

题 8.3 图　非线性系统的方块图

8.4　求题 8.4 图所示的串联非线性环节的描述函数。

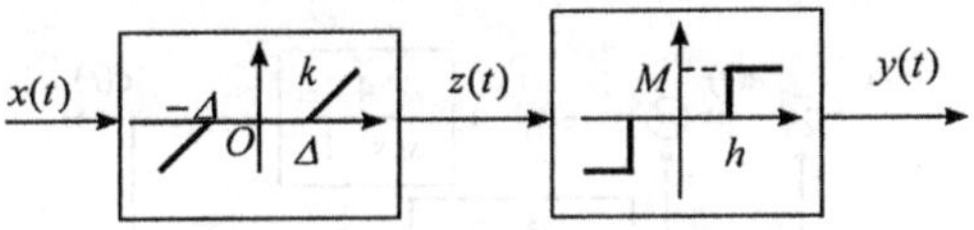

题 8.4 图　非线性环节的串联

8.5　某非线性系统如题 8.5 图所示，试确定自激振荡的振幅和频率。

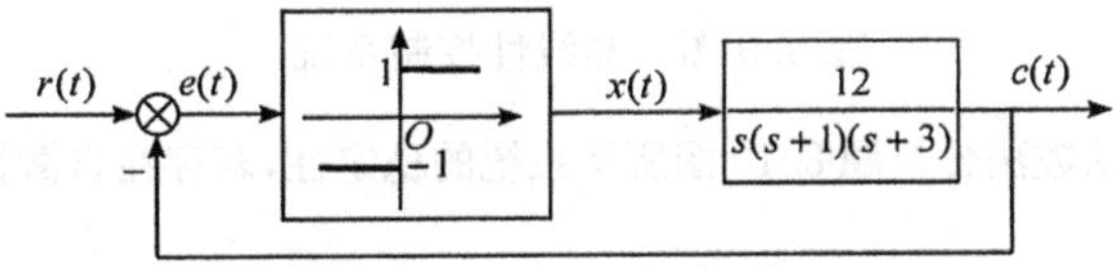

题 8.5 图　非线性控制系统

8.6　分析题 8.6 图所示非线性系统的稳定性。

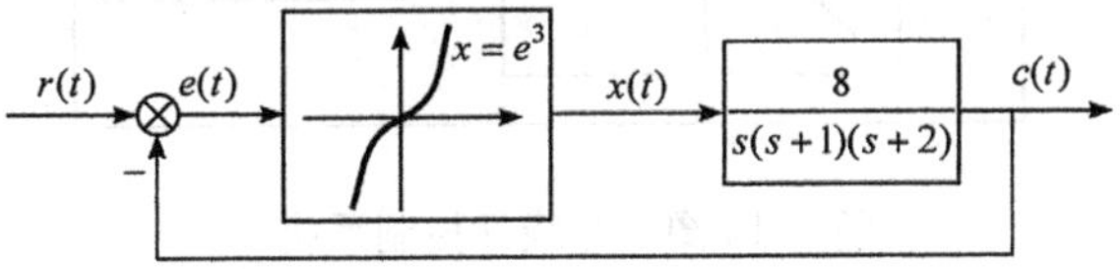

题 8.6 图　非线性控制系统

8.7　试分析如题 8.7 图所示非线性系统的稳定性。

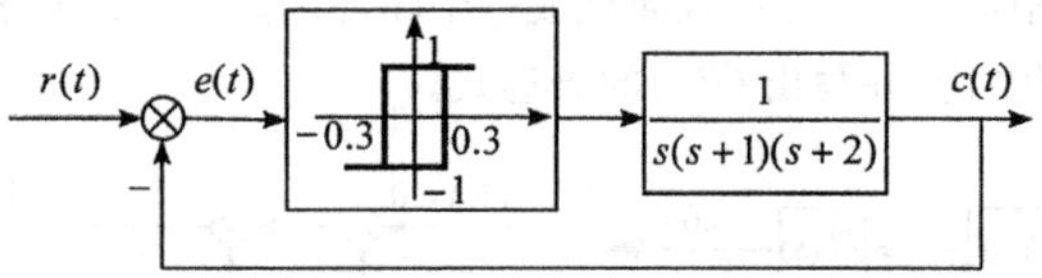

题 8.7 图　非线性控制系统

8.8　具有间隙特性的非线性系统如题 8.8 图所示。

(1) 若 $k=0.75$，$b=1$，应用描述函数法分析非线性系统的稳定性；若产生自激振荡，则确定振荡频率和振幅。

(2) 讨论减小 k 对自激振荡的影响。

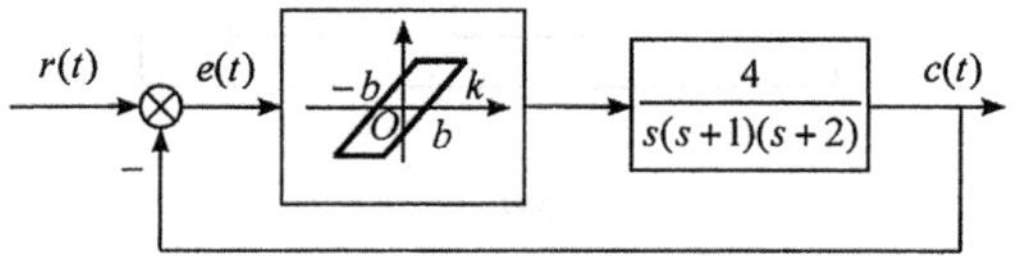

题 8.8 图　具有间隙特性的非线性系统

8.9　分析题 8.9 图所示系统的稳定性(描述函数法)。

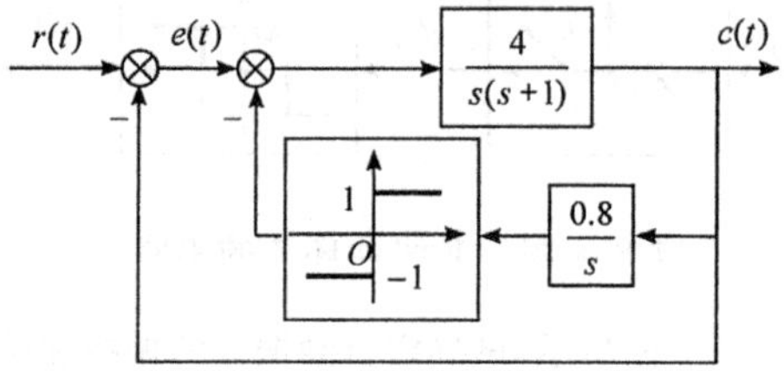

题 8.9 图　非线性控制系统

8.10　试用描述函数法分析题 8.10 图所示系统的稳定性，若存在自激振荡，确定振荡振幅和频率。

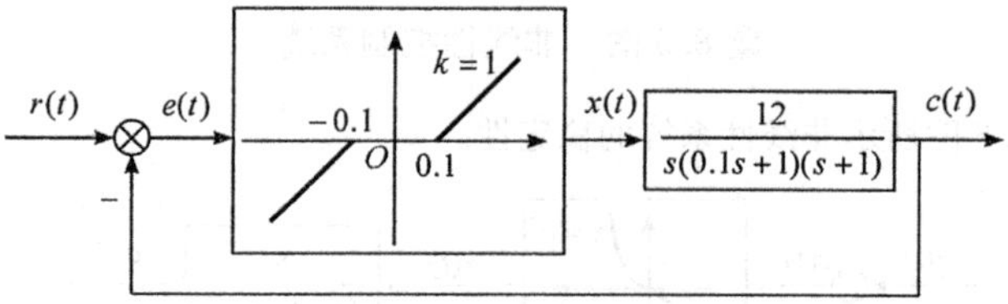

题 8.10 图　非线性控制系统

8.11　已知非线性系统如题 8.11 图所示，其中 $N(A)=\dfrac{A+6}{A+2}(A>0)$。应用描述函数法分析回答。

(1) K 取何值时，该非线性系统分别为稳定的，不稳定的，周期运动的？

(2) 分析周期运动时的稳定性，确定其振幅和频率。

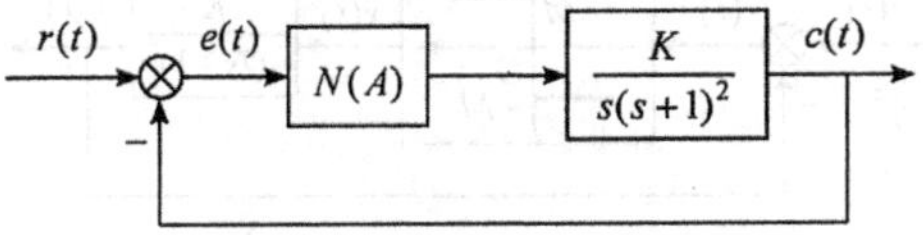

题 8.11 图　非线性系统

8.12　已知非线性系统如题 8.12 图所示，求：

(1) 延迟时间 τ 为何值时，会产生临界自振？

(2) 临界自振时，非线性元件输入信号的振幅和频率是多少？

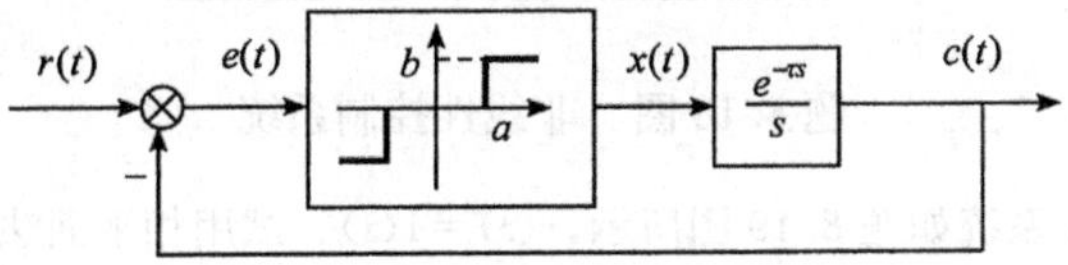

题 8.12 图　非线性控制系统

8.13　二阶非线性微分方程为：

(1) $2\ddot{e}+\dot{e}^2+e=0$；

(2) $\ddot{e}+0.5\dot{e}+2e+e^2=0$；

(3) $\ddot{e}-(1-e^2)\dot{e}+e=0$。

试确定奇点的类型和位置。

8.14　设一阶非线性系统的微分方程为

$$\dot{x}=-x+x^2$$

试确定系统的平衡状态及其稳定性，并作出系统的相轨迹。

8.15　确定下列方程的奇点及其类型，并用等倾线法绘制它们的相平面图。

(1) $\ddot{x}+\dot{x}+|x|=0$；

(2) $\ddot{x}+x+\mathrm{sign}(\dot{x})=0$；

(3) $\ddot{x}+\sin x=0$；

(4) $\ddot{x}+|x|=0$；

(5) $\begin{cases}\dot{x}_1=x_1+x_2\\ \dot{x}_2=2x_1+x_2\end{cases}$。

8.16　分析下列系统的奇点，概略绘制奇点附近的相轨迹。

(1) $\ddot{x}+(3\dot{x}-0.5)\dot{x}+x+x^2=0$；

(2) $\ddot{x}+x\dot{x}+x=0$；

(3) $\ddot{x}+\dot{x}^2+x=0$。

8.17　试画出如题 8.17 图所示系统在初始条件下的相轨迹图，并分析系统的瞬态响应，其中 $r(t)=0, c(0)>0, \dot{c}(0)>0$。

8.18　试画出如题 8.18 图所示系统的相平面图，并分析系统的运动特点，其中 $r(t)=4\cdot 1(t), k=1$。

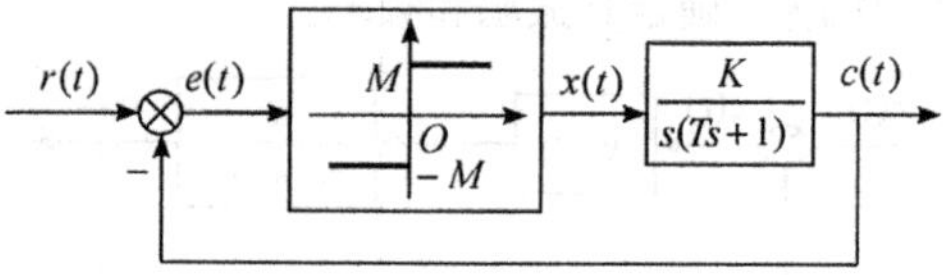

题 8.17 图　非线性控制系统

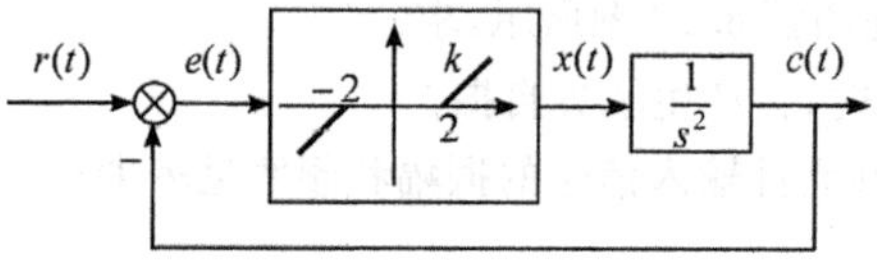

题 8.18 图　非线性控制系统

8.19　已知非线性系统如题 8.19 图所示，$r(t)=1(t)$。试用相平面法分析：

(1) 比例控制，即 $T_d=0$ 时系统的运动。

(2) 比例微分控制，$T_d=0.5$ 时系统的运动，说明 PD 控制对改善系统性能的影响。

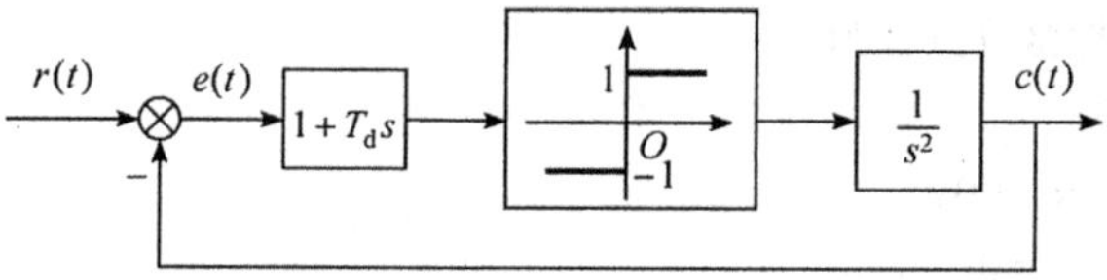

题 8.19 图　非线性控制系统

8.20　题 8.20 图是简化的带有库仑摩擦的随动系统，系统输入 $r(t)=0$。试分别绘制用初始条件分别为 $e(0)=2.1,\dot{e}(0)=0$ 和 $e(0)=3.5,\dot{e}(0)=0$ 时系统的相轨迹，并分析库仑摩擦对系统的不利影响。

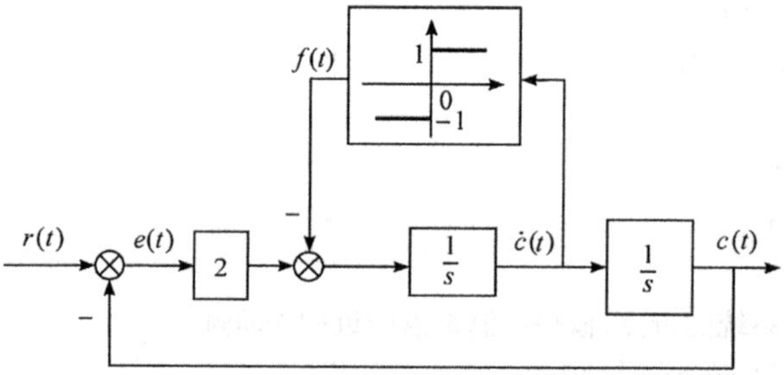

题 8.20 图　带有库仑摩擦的随动系统

8.21　带测速反馈 $K_t s$ 的非线性系统如题 8.21 图所示，其中 $a=0.5,k=8,T=0.5,K_t=0.5$，要求：

(1) 开关断开时，绘制初始值为 $e(0)=2,\dot{e}(0)=0$ 时的相轨迹。

(2) 开关闭合时，同样初始值下的相轨迹，说明测速反馈的作用。

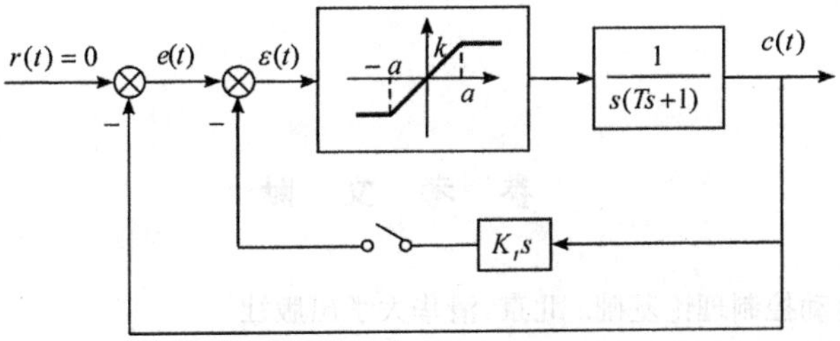

题 8.21 图　非线性控制系统

8.22　试用描述函数法和相平面法分析题 8.22 图所示系统的稳定性及自振。

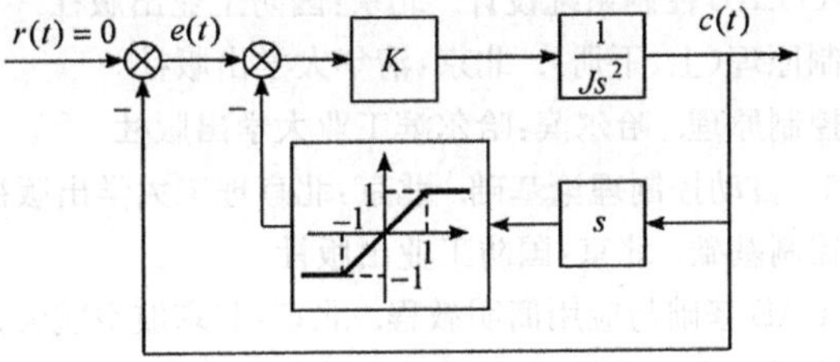

题 8.22 图　非线性控制系统

参 考 文 献

戴忠达. 1991. 自动控制理论基础. 北京:清华大学出版社

贺智修. 1996. 自动控制原理实用教程. 北京:电子工业出版社

胡寿松. 1994. 自动控制原理. 北京:国防工业出版社

纳格拉思 I J,戈帕尔 M. 1994. 控制系统工程. 刘绍球,李连升,崔士义译. 北京:电子工业出版社

欧阳黎明. 2001. MATLAB 控制系统设计. 北京:国防工业出版社

吴麒. 1992. 自动控制原理(上、下册). 北京:清华大学出版社

鄢景华. 1996. 自动控制原理. 哈尔滨:哈尔滨工业大学出版社

杨位钦,谢锡祺. 1991. 自动控制理论基础. 北京:北京理工大学出版社

余允初. 1985. 自动控制基础. 北京:国防工业出版社

张平等. 2001. MATLAB 基础与应用简明教程. 北京:北京航空航天大学出版社

周其节. 1991. 自动控制原理. 广州:华南理工大学出版社

Katsuhiko Ogata. 2000. 现代控制工程. 第 3 版. 卢伯英,于海勋等译. 北京:电子工业出版社

附录 Z 变换

1. 离散序列的 Z 变换

设连续变量 $x(t)$ 的采样数字序列为 $x^*(t)$：$\{x(0),x(T),x(2T),\cdots\}$，将它表示为

$$x^*(t)=\sum_{k=0}^{\infty}x(kT)\delta(t-kT)$$

T 为采样周期，$x^*(t)$ 的单边 Z 变换定义为

$$X(z)=\mathscr{Z}(x^*(t))=\sum_{k=0}^{\infty}x(kT)z^{-k}$$

其中，z 是一个任意的复数。

考虑一个等比序列

$$\begin{aligned}x(k)&=\{\cdots,0,1,a,a^2,\cdots\}\\&=\begin{cases}a^k, & k\geqslant 0\\0, & k<0\end{cases}\end{aligned}$$

其中，a 为任意实数。根据定义该序列的 Z 变换是

$$X(z)=\mathscr{Z}(x(k))=\sum_{k=0}^{\infty}a^kz^{-k}=\sum_{k=0}^{\infty}(az^{-1})^k$$

如果 $|az^{-1}|<1$，即 $|z|>|a|$，则上述无穷序列和收敛，即

$$X(z)=\sum_{k=0}^{\infty}(az^{-1})^k=\frac{1}{1-az^{-1}}=\frac{z}{z-a},\qquad |z|>|a|$$

相反，若 $|z|<a$，则 $X(z)$ 发散。而在圆 $|z|=|a|$ 上，$X(z)$ 可能收敛也可能不收敛，需对具体情况作具体分析。

$X(z)$ 的收敛区示于附图 1 中。

尽管 $X(z)$ 并不是在整个 z 平面上是收敛的，但根据解析延拓原理，我们把在收敛区内的函数 $\sum_{k=0}^{\infty}a^kz^{-k}=1+az^{-1}+a^2z^{-2}+\cdots$ 与在收敛区外的函数 $\dfrac{z}{z-a}$ 视为同一个函数，即在整个 z 平面上有

$$\mathscr{Z}(x(k))=X(z)=\frac{z}{z-a}$$

对于连续信号 $x(t)$，若我们只关心其在采样瞬时的值，便可以将 $x(t)$ 与 $x^*(t)$

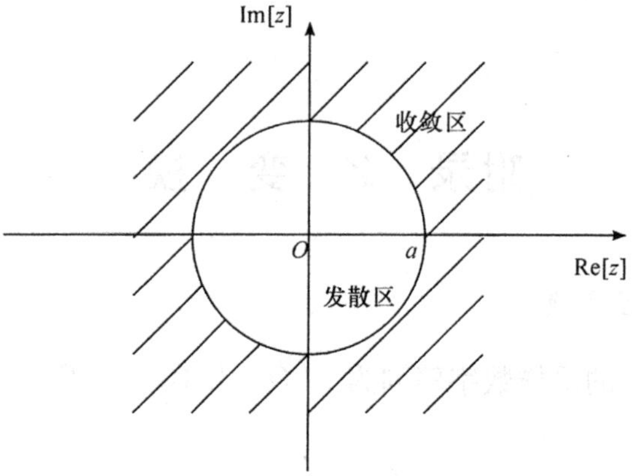

附图 1　$X(z)$的收敛区和发散区

视为一体，于是对 $x^*(t)$定义的 Z 变换可以直接作用于连续信号 $x(t)$。

附例 1　求 $x(t)=1(t)$的 Z 变换。

解　根据定义有

$$X(z)=\sum_{k=0}^{\infty} x(kT)z^{-k}=1+z^{-1}+z^{-2}+\cdots$$

$$=\frac{z}{z-1}$$

附例 2　求 $x(t)=t(t\geqslant 0)$的 Z 变换。

解　$$X(z)=\sum_{k=0}^{\infty} x(kT)z^{-k}$$

$$=T(z^{-1}+2z^{-2}+3z^{-3}+\cdots+kz^{-k}+\cdots)$$

$$=-Tz\left[\frac{\mathrm{d}(z^{-1}+z^{-2}+\cdots+z^{-k}+\cdots)}{\mathrm{d}z}\right]$$

$$=-Tz\,\frac{\mathrm{d}\left(\dfrac{z}{z-1}-1\right)}{\mathrm{d}z}=\frac{Tz}{(z-1)^2}$$

附例 3　求 $x(t)=\mathrm{e}^{-at}(t\geqslant 0)$的 Z 变换。

解　$$X(z)=\sum_{k=0}^{\infty}\mathrm{e}^{-akT}z^{-k}=\sum_{k=0}^{\infty}(\mathrm{e}^{-aT}z^{-1})^k$$

$$=\frac{1}{1-\mathrm{e}^{-aT}z^{-1}}=\frac{z}{z-\mathrm{e}^{-aT}}$$

有时连续信号 $x(t)$要用其拉普拉斯变换 $X(s)$表示。此时为了求 $x^*(t)$的 Z 变换，应先用拉普拉斯反变换求出 $x(t)$，然后再按定义求出 $X(z)=\sum_{k=0}^{\infty}x(kT)z^{-k}$。

附例 4 已知 $X(s)=\dfrac{1}{s(s+1)}$，求 $X(z)$。

解 由 $X(s)=\dfrac{1}{s(s+1)}=\dfrac{1}{s}-\dfrac{1}{s+1}$，于是用拉普拉斯反变换求得

$$x(t)=\mathscr{L}^{-1}[X(s)]=1(t)-e^{-t}$$

再利用 Z 变换的定义和线性性质，有

$$X(z)=\mathscr{Z}[1(t)]-\mathscr{Z}[e^{-t}]$$
$$=\frac{z}{z-1}-\frac{z}{z-e^{-T}}=\frac{z(1-e^{-T})}{(z-1)(z-e^{-T})}$$

应当注意 $X(z)\neq X(s)|_{s=z}$。为便于使用，我们在附表 1 中列出了常用函数的 Z 变换和拉普拉斯变换。

2. Z 变换的性质

在求函数的 Z 变换的过程中，适当利用 Z 变换的性质可以使计算大为简化。这些性质用 Z 变换的定义均不难证明。

1）线性性质

若 $\mathscr{Z}[x_1(t)]=X_1(z)$，$\mathscr{Z}[x_2(t)]=X_2(z)$，则 $\mathscr{Z}[ax_1(t)+bx_2(t)]=\mathscr{Z}[ax_1(t)]+\mathscr{Z}[bx_2(t)]=a\mathscr{Z}[x_1(t)]+b\mathscr{Z}[x_2(t)]=aX_1(z)+bX_2(z)$。

2）位移定理

若 $\mathscr{Z}[x(k)]=X(z)$，则

$$\mathscr{Z}[x(k+n)]=z^nX(z)-\sum_{i=0}^{n-1}z^{n-i}x(i)$$

$$\mathscr{Z}[x(k-n)]=z^{-n}X(z)+\sum_{i=0}^{n-1}z^{-i}x(i-n)$$

3）初值定理

若 $\lim\limits_{z\to\infty}X(z)$ 存在，则 $x(t)$ 或 $x(k)$ 的初始值为

$$x(0)=\lim_{z\to\infty}X(z)$$

4）终值定理

如果 $x(t)$ 的终值 $x(\infty)$ 存在，则

$$x(\infty)=\lim_{t\to\infty}x(t)=\lim_{z\to 1}[(z-1)X(z)]$$

Z 变换的一些常用性质列于附表 2 中。

3. Z 反变换

由函数 $X(z)$ 求出离散序列 $x(k)$ 的过程就是 Z 反变换，记为

$$x(k)=\mathscr{Z}^{-1}[X(z)]$$

下面介绍求 Z 反变换的两种常用方法。

1) 长除法

用长除法将 $X(z)$ 展开成 z^{-1} 的无穷级数，根据负位移定理可以得到 $x(k)$。

附例 5 已知 $X(z)=\dfrac{10z}{z^2-5z+4}$，求 $x(k)$。

解

$$
\begin{array}{r|l}
 & 10z^{-1}+50z^{-2}+210z^{-3}\cdots \\
\hline
z^2-5z+4 & 10z \\
 & \underline{10z-50+40z^{-1}} \\
 & 50-40z^{-1} \\
 & \underline{50-250z^{-1}+200z^{-2}} \\
 & 210z^{-1}-200z^{-2} \\
 & \underline{210z^{-1}-1050z^{-2}+840z^{-3}} \\
 & 850z^{-2}-840z^{-3}
\end{array}
$$

于是得到

$$X(z)=10z^{-1}+50z^{-2}+210z^{-3}+\cdots$$

因此

$$x(0)=0, x(1)=10, x(2)=50, x(3)=210, \cdots$$

即

$$x^*(t)=10\delta(t-T)+50\delta(t-2T)+210\delta(t-3T)+\cdots$$

2) 部分分式展开法

对于附例 5，有

$$\frac{X(z)}{z}=\frac{10}{z^2-5z+4}=\frac{10}{(z-1)(z-4)}=-\frac{10}{3(z-1)}+\frac{10}{3(z-4)}$$

故

$$X(z)=-\frac{10}{3}\cdot\frac{z}{z-1}+\frac{10}{3}\cdot\frac{z}{z-4}$$

查 Z 变换表得

$$
\begin{aligned}
x(k)&=-\frac{10}{3}\cdot 1(k)+\frac{10}{3}\cdot 4^k \\
&=\frac{10}{3}(4^k-1), \qquad k=0,1,2,\cdots
\end{aligned}
$$

应当指出，用 Z 反变换只能求出 $x^*(t)$，而不能唯一确定连续变量 $x(t)$，因为由不同的连续信号可以得到相同的采样序列。

附表 1 常用函数的单边 Z 变换表

$x(t)$	$x(kT)/x(k)$	$X(s)$	$X(z)$
$\delta(t)$	$\delta(k)$	1	1
$1(t)$	$x(k)=1,k=0,1,2,\cdots$	$\dfrac{1}{s}$	$\dfrac{z}{z-1}$
t	kT	$\dfrac{1}{s^2}$	$\dfrac{Tz}{(z-1)^2}$
t^2	$(kT)^2$	$\dfrac{2}{s^3}$	$\dfrac{T^2z(z+1)}{(z-1)^3}$
	a^k		$\dfrac{z}{z-a}$
	ka^k		$\dfrac{az}{(z-a)^2}$
e^{-at}	e^{-akT}	$\dfrac{1}{s+a}$	$\dfrac{z}{z-e^{-aT}}$
te^{-at}	kTe^{-akT}	$\dfrac{1}{(s+a)^2}$	$\dfrac{Tze^{-aT}}{(z-e^{-aT})^2}$
$\sin\omega t$	$\sin\omega kT$	$\dfrac{\omega}{s^2+\omega^2}$	$\dfrac{z\sin\omega T}{z^2-2z\cos\omega T+1}$
$\cos\omega t$	$\cos\omega kT$	$\dfrac{s}{s^2+\omega^2}$	$\dfrac{z(z-\cos\omega T)}{z^2-2z\cos\omega T+1}$
$e^{-at}\sin\omega t$	$e^{-akT}\sin\omega kT$	$\dfrac{\omega}{(s+a)^2+\omega^2}$	$\dfrac{ze^{-aT}\sin\omega T}{z^2-2ze^{-aT}\cos\omega T+e^{-2aT}}$
$e^{-at}\cos\omega t$	$e^{-akT}\cos\omega kT$	$\dfrac{s+a}{(s+a)^2+\omega^2}$	$\dfrac{z^2-ze^{-aT}\cos\omega T}{z^2-2ze^{-aT}\cos\omega T+e^{-2aT}}$

附表 2 单边 Z 变换的常用性质

性 质	$x(k)$	$X(z)$
线性	$ax_1(k)+bx_2(k)$	$aX_1(z)+bX_2(z)$
位移	$x(k+n)$	$z^nX(z)-\sum_{i=0}^{n-i}x(i)z^{n-i}$
	$x(k-n)$	$z^{-n}X(z)+\sum_{i=0}^{n-1}x(i-n)z^{-i}$
乘以 k^n	$k^nx(k)$	$\left(-z\dfrac{d}{dz}\right)^nX(z)$
乘以 a^k	$a^kx(k)$	$X(a^{-1}z)$
卷积	$\sum_{m=0}^{k}x(k-m)u(m)$	$X(z)U(z)$
初值	$x(0)$	$\lim_{z\to\infty}X(z)$
终值	$x(\infty)$	$\lim_{z\to 1}(z-1)X(z)$